Datenbankentwicklung lernen mit SQL Server 2022

Der praxisorientierte Grundkurs

Robert Panther

Datenbankentwicklung lernen mit SQL Server 2022

Der praxisorientierte Grundkurs

3. Auflage

O'REILLY®

Robert Panther

Lektorat: Alexandra Follenius
Copy-Editing: Claudia Lötschert, *www.richtiger-text.de*
Satz: Gerhard Alfes, mediaService, Siegen, *www.mediaservice.tv*
Herstellung: Stefanie Weidner
Umschlaggestaltung: Michael Oréal, *www.oreal.de*, unter Verwendung eines Fotos von der iStock-Fotografie ID 1415513909 von KanawatTH © iStock by Getty Images
Druck und Bindung: mediaprint solutions GmbH, 33100 Paderborn

Bibliografische Information der Deutschen Nationalbibliothek
Die Deutsche Nationalbibliothek verzeichnet diese Publikation in der Deutschen Nationalbibliografie; detaillierte bibliografische Daten sind im Internet über *http://dnb.d-nb.de* abrufbar.

ISBN:
Print 978-3-96009-222-3
PDF 978-3-96010-776-7
ePub 978-3-96010-777-4
mobi 978-3-96010-778-1

3. Auflage 2023

Wieblinger Weg 17
69123 Heidelberg

Dieses Buch erscheint in Kooperation mit O'Reilly Media, Inc. unter dem Imprint »O'REILLY«.
O'REILLY ist ein Markenzeichen und eine eingetragene Marke von O'Reilly Media, Inc. und wird mit Einwilligung des Eigentümers verwendet.

Hinweis:
Dieses Buch wurde mit mineralölfreien Farben auf PEFC-zertifiziertem Papier aus nachhaltiger Waldwirtschaft gedruckt. Der Umwelt zuliebe verzichten wir zusätzlich auf die Einschweißfolie. Hergestellt in Deutschland.

PEFC-zertifiziert
Dieses Buch stammt aus nachhaltig bewirtschafteten Wäldern und kontrollierten Quellen
PEFC
PEFC/04-31-0810
www.pefc.de

Schreiben Sie uns:
Falls Sie Anregungen, Wünsche und Kommentare haben, lassen Sie es uns wissen: *kommentar@oreilly.de.*

5 4 3 2 1 0

Inhalt

Vorwort ... 11

Teil I Einführung ... 13

1 Einleitung ... 15
Warum dieses Buch? ... 15
Aufbau des Buchs ... 16
Die Beispieldatenbank ... 18
Schreibweisen ... 18
Benötigte Software ... 19
Zusammenfassung ... 20

2 Der Microsoft SQL Server ... 21
Historie des Microsoft SQL Server ... 21
Neuerungen bei SQL Server 2014 ... 26
Neuerungen bei SQL Server 2016 ... 27
Neuerungen bei SQL Server 2017 ... 29
Neuerungen bei SQL Server 2019 ... 30
Neuerungen bei SQL Server 2022 ... 31
Die verschiedenen SQL Server-Editionen im Vergleich ... 32
Übungen zu diesem Kapitel ... 37
Zusammenfassung ... 38

3 Installation und erste Schritte ... 41
Systemvoraussetzungen ... 41
Installation ... 43
Die wichtigsten SQL Server-Tools ... 61
Übungen zu diesem Kapitel ... 72
Zusammenfassung ... 72

Teil II Datenbankgrundlagen ... 75

4 Allgemeine Datenbankgrundlagen ... 77
Erstellen von Datenbanken und Tabellen ... 77
Anzeigen und Ändern von Daten ... 90
Bearbeiten von Datenbanken und Tabellen ... 92
Primärschlüssel ... 97
Indizes ... 98
Übungen zu diesem Kapitel ... 102
Zusammenfassung ... 103

5 Eine Tabelle kommt selten allein ... 105
Relationen und Fremdschlüssel ... 105
Normalisierung ... 110
Datenbankdiagramme ... 112
Abfragen ... 116
Sichten (Views) ... 118
Übungen zu diesem Kapitel ... 122
Zusammenfassung ... 123

6 Kleine Einführung in SQL ... 125
Was ist eigentlich SQL? ... 125
SQL-Anweisungen im Management Studio ausführen ... 127
Datenbankabfragen mit SELECT ... 129
Daten mit UPDATE, INSERT und DELETE bearbeiten ... 135
Erstellen und Verwenden von Sichten ... 138
Übungen zu diesem Kapitel ... 145
Zusammenfassung ... 146

Teil III Datenbankentwicklung ... 147

7 SQL-Programmierung ... 149
Komplexe SQL-SELECTs ... 149
Komplexe INSERTs, UPDATEs und DELETEs ... 157
Daten abgleichen mit dem MERGE-Befehl ... 159
Common Table Expressions ... 163
Die OFFSET-Klausel ... 164
Sequenzen ... 166
Zahlenreihen ... 169
Temporale Tabellen ... 170
Übungen zu diesem Kapitel ... 176
Zusammenfassung ... 177

8 Komplexe Datentypen ... 179
Räumliche Daten ... 179
Hierarchische Daten ... 183
XML ... 186
JSON ... 193
Übungen zu diesem Kapitel ... 198
Zusammenfassung ... 199

9 SQL-Skripte ... 201
Arbeiten mit SQL-Skripten ... 201
Variablen ... 203
Fallunterscheidungen und Schleifen ... 206
Debuggen von SQL-Skripten ... 209
Fehlerbehandlung in SQL-Skripten ... 209
Sperren, Transaktionen und Deadlocks ... 212
Übungen zu diesem Kapitel ... 219
Zusammenfassung ... 219

10 Gespeicherte Prozeduren, Funktionen, Trigger und Cursor ... 221
Systemprozeduren und -funktionen ... 221
Benutzerdefinierte gespeicherte Prozeduren ... 232
Benutzerdefinierte Funktionen ... 235
Trigger ... 240
SQL-Cursor ... 246
Übungen zu diesem Kapitel ... 249
Zusammenfassung ... 250

Teil IV Datenbankadministration ... 253

11 Datenbankadministration mit SQL ... 255
Skriptgenerierung oder »SQL ist überall« ... 255
Verwalten von Datenbanken ... 262
Verwalten von Datenbankobjekten ... 268
DDL-Trigger ... 272
Übungen zu diesem Kapitel ... 276
Zusammenfassung ... 276

12 Benutzer, Rollen und Rechte ... 277
Das SQL Server-Rechtesystem ... 277
Anmeldungen und Authentifizierung ... 278
Verwalten von Datenbankbenutzern ... 285
Rechte und Rollen ... 289
Contained Databases ... 293
Verwendung von Schemas ... 296
Übungen zu diesem Kapitel ... 302
Zusammenfassung ... 303

13 Daten sichern und bewegen ... 305
Sichern von Datenbankdateien ... 305
Das Transaktionslog ... 312
Sichern und Wiederherstellen von Datenbanken ... 313
Import und Export von Daten ... 323
Übungen zu diesem Kapitel ... 333
Zusammenfassung ... 333

Teil V Fortgeschrittene Datenbankentwicklung ... 335

14 Komplexe Beziehungen mit Graphdatenbanken abbilden ... 337
Knoten und Kanten anlegen ... 338
Daten in eine Graphdatenbank einfügen ... 342
Daten einer Graphdatenbank abfragen ... 344
Daten einer Graphdatenbank ändern ... 349
Übungen zu diesem Kapitel ... 351
Zusammenfassung ... 351

15 Integration weiterer Programmiersprachen ... 353
Vorbereitung ... 354
R ... 358
Python ... 360
Übungen zu diesem Kapitel ... 365
Zusammenfassung ... 366

16 SQL Server und .NET Framework ... 367
Starten von Visual Studio ... 367
Schichtentrennung und Applikationsaufbau ... 368
Zugriff über ADO.NET ... 369
LINQ to SQL ... 372
Das ADO.NET Entity Framework ... 378
Übungen zu diesem Kapitel ... 384
Zusammenfassung ... 385

Teil VI Erweiterte Funktionen ... 387

17 Datenebenenanwendungen ... 389
Überblick über Datenebenenanwendungen ... 389
Erstellen von Datenebenenanwendungen ... 390
Verteilen von Datenebenenanwendungen ... 394
Importieren und Exportieren von Datenebenenanwendungen ... 398
Übungen zu diesem Kapitel ... 402
Zusammenfassung ... 402

18 Datenbankprojekte und die SQL Server Data Tools ... 403
Überblick über die SQL Server Data Tools ... 403
Mit Datenbankprojekten arbeiten ... 404
Die CLR-Integration von SQL Server ... 414
Sonstige nützliche Features ... 417
Ausblick ... 420
Übungen zu diesem Kapitel ... 421
Zusammenfassung ... 421

19 Berichte erstellen mit den SQL Server Reporting Services ... 423
Überblick über die Reporting Services ... 423
Konfiguration der Reporting Services ... 424
Erstellen eines Reports mit dem Report-Designer ... 428
Übungen zu diesem Kapitel ... 435
Zusammenfassung ... 436

20 Zusammenarbeit mit anderen SQL Server-Instanzen und -Editionen ... 437
Verbindung zu anderen Servern ... 437
Replikation ... 440
Die SQL Server LocalDB ... 443
Die SQL Server Compact Edition ... 446

Umstieg auf eine größere Edition ... 449
Übungen zu diesem Kapitel ... 451
Zusammenfassung ... 451

21 SQL Server und die Cloud ... 453
Überblick und verfügbare Varianten ... 454
Eine Datenbank in der Cloud anlegen ... 457
Auf SQL-Daten in der Cloud zugreifen ... 460
Eine bestehende Datenbank in die Cloud migrieren ... 464
Übungen zu diesem Kapitel ... 471
Zusammenfassung ... 471

22 Das Azure Data Studio ... 473
Installation und Überblick ... 473
Verbindungen und Abfragen ... 475
Neue Möglichkeiten durch Notebooks ... 480
Erweiterung des Tools durch Extensions ... 483
Übungen zu diesem Kapitel ... 487
Zusammenfassung ... 487

Nachwort ... 489

Teil VII Anhänge ... 491

Anhang A Kleine SQL-Referenz ... 493
SELECT ... 493
Data Manipulation Language (DML) ... 496
Data Definition Language (DDL) ... 498
Data Control Language (DCL) ... 504
SQL Server-Datentypen ... 505
Systemobjekte ... 509

Anhang B Weiterführende Infos im Web ... 515
Websites von Verlag und Autor ... 515
Microsoft-Websites zu SQL Server ... 515
Downloads zu SQL Server ... 517
Communitys, Events und Konferenzen ... 517
SQL Server-Foren und -Blogs ... 518

Anhang C Lösungen zu den Übungen ... 521

Anhang D Glossar ... 549

Index ... 561

Vorwort

Nachdem Microsoft in den letzten Jahren alle ein bis zwei Jahre eine neue Version des hauseigenen Datenbank-Management-Systems SQL Server auf den Markt brachte, entstand nach SQL Server 2019 eine etwas längere Lücke. Gerade noch rechtzeitig, um den angepeilten Produktnamen SQL Server 2022 beizubehalten, erschien dann Ende November 2022 die neueste Version von SQL Server. Für die passenden Client Tools (das SQL Server Management Studio 19) dauerte es sogar noch bis Ende Januar 2023. Doch das Warten hat sich gelohnt. Sowohl der SQL Server als auch seine Client Tools machen einen stabilen und ausgereiften Eindruck. Hier macht es sich bezahlt, dass das Produkt über viele Jahre kontinuierlich gereift ist, ohne das Rad neu zu erfinden. Zu den interessantesten Neuerungen zählt neben einigen SQL-Spracherweiterungen auch eine immer besser werdende Anbindung an die Azure Cloud, sodass man die meisten Tools nahezu unverändert nutzen kann, egal ob sich die verwendete Datenbank auf einem Server im lokalen Netzwerk oder in der Azure Cloud befindet.

Genauso, wie SQL Server immer weiterentwickelt wurde, so wird auch dieses Buch ständig weiterentwickelt, das bereits in ähnlicher Form für SQL Server 2008, SQL Server 2008 R2, SQL Server 2012, SQL Server 2016 und SQL Server 2017 verfügbar war. Lediglich SQL Server 2014 und SQL Server 2019 wurden ausgelassen, da sich die Neuerungen – zumindest im Bereich der Datenbankentwicklung – in Grenzen hielten. Nun ist SQL Server 2022 erhältlich, der zumindest auf den zweiten Blick erneut eine Vielzahl von Neuerungen für alle Editionen von SQL Server mit sich bringt. Daher erschien es sowohl Verlag als auch Autor sinnvoll, wieder eine erweiterte Neuauflage des Buchs herauszubringen.

Die im Buch beschriebenen Beispiele beziehen sich zwar wiederum auf die Express Edition von Microsoft SQL Server, sind aber allesamt auch auf den größeren Editionen von SQL Server anwendbar, sodass der Text damit als Einstieg für alle Editionen geeignet ist. Auf eine Buch-DVD wurde bewusst verzichtet, da die benötigte Software problemlos in der jeweils aktuellsten Version aus dem Internet heruntergeladen werden kann. Inzwischen sind auch die dafür benötigten Internetbandbreiten nahezu überall verfügbar, sodass man auf den Download nicht mehr allzu lange warten muss.

Damit Sie auch wissen, wer dieses Buch geschrieben hat, möchte ich mich kurz vorstellen:

Ich beschäftige mich seit etwa 1995 mit dem SQL Server (damals noch in der Version 6.0) und habe das Produkt seitdem in seinen vielfältigen Facetten kennengelernt – anfangs in Form von Performanceuntersuchungen für meine Diplomarbeit zum Thema »Optimierung von Datenbankanwendungen«, mit der ich im Jahr 1996 mein Informatikstudium an der FH Darmstadt erfolgreich abschloss, und anschließend aus der Sicht des Datenbankadministrators für ein großes Unternehmen der Reisebranche. Danach wechselte ich in ein mittelständisches Softwarehaus, in dem mich der SQL Server sowohl aus der Sicht eines Administrators als auch aus der eines Anwendungsentwicklers stets begleitete. Seit 2007 bin ich nun als Senior Consultant (mittlerweile Executive Consultant) für das große, international agierende Beratungsunternehmen CGI (bzw. deren Vorgängerunternehmen Unilog Avinci und Logica) tätig und spätestens seit diesem Zeitpunkt völlig auf den SQL

Server fokussiert. Sofern es die Projekte zulassen, bin ich auch immer wieder mal als Sprecher auf diversen Fachkonferenzen (z. B. BASTA!, SQLCON, Deutsche SQL Server Konferenz, Frankfurter Datenbanktage/IT-Tage) sowie in der offiziellen SQL Server User Community PASS (*Professional Association for SQL Server*) aktiv.

Und nach all dieser Zeit fasziniert es mich nach wie vor, dass es immer wieder Neues beim SQL Server zu entdecken gibt. Mittlerweile wird das Produkt aufgrund der vielen Zusatzdienste und -komponenten völlig zu Recht häufig auch als Microsoft-Datenplattform bezeichnet. Mit diesem Buch möchte ich versuchen, Ihnen etwas von der Begeisterung und Faszination zu diesem Produkt weiterzugeben.

Bevor ich aber mit dem eigentlichen Buchtext beginne, will ich noch ein Dankeschön an verschiedene Personen loswerden:

Beginnen möchte ich mit dem O'Reilly Verlag und hier insbesondere Alexandra Follenius erwähnen, die dieses Buch von Verlagsseite aus betreut hat.

Des Weiteren bedanke ich mich natürlich bei allen Kunden, Kollegen und Freunden, die mich immer wieder in Gesprächen oder in Form von Lesermails mit interessanten Ideen und Anregungen für dieses Buch versorgt haben.

Mein letztes Dankeschön geht – wie immer – an meine Frau Birgit, und zwar dafür, dass sie wieder einmal Verständnis dafür aufbringen konnte, dass ich für einen gewissen Zeitraum einen guten Teil meiner Freizeit für die Bearbeitung dieses Buchtexts aufbringen musste.

Robert Panther
Hattersheim, im April 2023

Teil I
Einführung

In diesem Teil:

Kapitel 1	Einleitung	15
Kapitel 2	Der Microsoft SQL Server	21
Kapitel 3	Installation und erste Schritte	41

Kapitel 1
Einleitung

In diesem Kapitel lernen Sie

- warum und für welche Zielgruppe dieses Buch entstanden ist
- wie dieses Buch aufgebaut ist
- welche Formatierungen und Symbole im Text verwendet werden

Warum dieses Buch?

Mit diesem Buch erhalten Sie einen strukturierten Einstieg in die Möglichkeiten, die SQL Server 2022 – insbesondere SQL Server 2022 Express – bietet. Selbst wenn Sie mit einer größeren Variante von Microsoft SQL Server arbeiten sollten, können Sie auf dem hier vermittelten Grundwissen aufbauen und müssen sich lediglich die zusätzlichen Features der größeren Versionen aneignen. Somit ist dieses Buch auch als Grundlagenbuch für alle anderen Editionen von SQL Server geeignet.

Mit SQL Server 2022 Express stellt Microsoft eine kostenfrei erhältliche Version des aktuellen SQL Server zur Verfügung, die bereits einen beachtlichen Funktionsumfang enthält und damit für viele Aufgaben bestens geeignet ist.

Wenn Sie schon mit einer älteren Version von SQL Server gearbeitet haben, werden Sie die vielen interessanten Neuerungen schätzen lernen, mit denen die bereits vielfach bewährten Vorgängerversionen weiter verbessert wurden.

Haben Sie stattdessen bisher mit Microsoft Access oder der MSDB einfache Datenbankanwendungen erstellt, ist SQL Server 2022 Express der nächste logische Schritt, um diese Anwendungen auf eine skalierbare Plattform zu portieren. Denn sollte die Express Edition einmal nicht mehr ausreichen, können Sie die Datenbank problemlos in einer größeren Variante von SQL Server einspielen, ohne den Code der Anwendung ändern zu müssen.

Und auch wenn Sie bisher noch gar keine Erfahrung mit der Entwicklung von Datenbankanwendungen haben, ist SQL Server 2022 Express das ideale Produkt, um in diese Thematik einzusteigen.

Aufbau des Buchs

Der Buchtext gliedert sich in sechs größere Teile, die durch einen Anhang ergänzt werden.

- **Teil I, Einführung**, gibt einen kurzen Überblick über Microsoft SQL Server. Nach einer Beschreibung der Historie werden die Neuerungen der 2022er-Variante vorgestellt, gefolgt von einem Vergleich der verschiedenen Editionen von SQL Server. Danach wird die Installation der Express Edition beschrieben. Abgerundet wird dieser Teil des Buchs durch einen Überblick über die wichtigsten Tools, die SQL Server mitbringt.
- **Teil II, Datenbankgrundlagen**, vermittelt die wichtigsten Grundlagen, die Sie benötigen, um mit Datenbank-Management-Systemen wie SQL Server 2022 zu arbeiten. Nach ein paar allgemeinen Basisinformationen folgt eine Beschreibung, wie Sie zentrale Datenbankobjekte wie Datenbanken, Tabellen, Sichten und Indizes anlegen und verwalten können. Das letzte Kapitel dieses Teils gibt eine Einführung in die wichtigsten SQL-Anweisungen zum Abfragen, Einfügen, Ändern und Löschen von Daten.
- **Teil III, Datenbankentwicklung**, befasst sich mit der Datenbankentwicklung. Ein Kapitel widmet sich der erweiterten SQL-Programmierung wie beispielsweise komplexeren SQL-Abfragen, ein weiteres den komplexen Datentypen wie beispielsweise XML und JSON (wobei JSON streng genommen eher ein Datenformat als ein Datentyp ist). Außerdem wird die Programmierung von Triggern, gespeicherten Prozeduren und Funktionen beschrieben. Dazu werden auch die Besonderheiten von SQL-Skripten behandelt, und es wird erläutert, wie man diese debuggen oder gar eine Fehlerbehandlung zur Laufzeit implementieren kann.
- **Teil IV, Datenbankadministration**, führt Sie in die Nutzung der administrativen Möglichkeiten von SQL Server ein. Dabei wird das Anlegen, Ändern und Löschen von Datenbanken, Tabellen, Indizes etc. sowohl über die Benutzeroberfläche als auch mit der Sprache SQL beschrieben. Aber auch andere wichtige administrative Themen wie die Benutzer- und Rechteverwaltung sowie das Sichern und Wiederherstellen von Daten kommen hier nicht zu kurz.
- **Teil V, Fortgeschrittene Datenbankentwicklung**, zeigt verschiedene erweiterte Themen der Datenbankentwicklung mit SQL Server auf, die für spezielle Anwendungsszenarien hilfreich sind. So befasst sich ein Kapitel mit der Implementierung von Graphdatenbanken, mit denen sich Relationen zwischen Objekten auf eine interessante Weise abbilden lassen. Ein weiteres Kapitel beschreibt, wie sich mit SQL Server auch

Programmiersprachen wie R und Python nutzen lassen. Im letzten Kapitel dieses Teils schließlich wird ein Ausblick auf das Zusammenspiel mit .NET gegeben, um zur Datenbank auch komfortable Anwendungen entwickeln zu können.

- **Teil VI, Erweiterte Funktionen**, erklärt die Nutzung von erweiterten Möglichkeiten von SQL Server Express. Die ersten beiden Kapitel dieses Teils befassen sich mit Datenebenenanwendungen und wie diese in Kombination mit Datenbankprojekten genutzt werden können. Anschließend folgt ein Kapitel, in dem die Reporting-Features beschrieben werden, die Sie mit SQL Server Express Advanced Edition nutzen können. Das nächste Kapitel zeigt die Möglichkeiten zur Zusammenarbeit mit den größeren (und kleineren) Editionen von SQL Server auf. So lässt sich SQL Server Express beispielsweise als Client für ein Replikationsszenario verwenden. Aber auch die SQL Server LocalDB wird behandelt. Der Themenbereich SQL Server in der Cloud erhält ein eigenes Kapitel, in dem gezeigt wird, wie man Datenbanken in der Cloud anlegt oder diese dorthin migriert und wie auf diese Datenbanken zugegriffen wird. Das letzte Kapitel schließlich beschreibt das Azure Data Studio, das für viele Aufgaben eine geeignete Alternative zum SQL Server Management Studio darstellt.
- Im **Anhang** finden Sie eine kurze Referenz der wichtigsten SQL-Befehle gefolgt von einem Überblick über weitere Informationsquellen zum Thema im Internet. Ebenfalls im Anhang zu finden sind die Lösungen zu den Übungsaufgaben der einzelnen Kapitel. Abgeschlossen wird der Anhang durch ein Glossar, in dem die wichtigsten Fachbegriffe erklärt sind, sowie den obligatorischen Index.

Aufbau der einzelnen Kapitel

Die Kapitel dieses Buchs sind jeweils folgendermaßen aufgebaut:

- **Lernziele** Sie finden am Anfang jedes Kapitels eine Übersicht zu den Lernzielen und Themen des Kapitels.
- **Schrittfolgen** Die Anleitungen für das Erstellen der Datenbanken sind als Schrittfolgen dargestellt. Auch wenn Sie die Beispieldatenbanken und -projekte von der Website zum Buch (unter *https://dpunkt.de/produkt/datenbankentwicklung-lernen-mit-sql-server-2022* auf der Registerkarte *Zusatzmaterial*) herunterladen können, empfehle ich Ihnen, alle Beispiele selbst zu erstellen, indem Sie Schritt für Schritt den beschriebenen Ablauf nachvollziehen. Sie werden auf diese Weise schneller mit den Oberflächen der diversen SQL Server-Tools sowie der Syntax von T-SQL vertraut.
- **Übungen** Vor der Zusammenfassung folgt meist noch ein Abschnitt mit Übungen zu dem jeweiligen Kapitel. Manchmal handelt es sich dabei um einfache Fragen, manchmal enthält eine Übung eine Aufgabe, um die im Kapitel durchgeführte Datenbankoperation noch weiter zu verfeinern. Alle Lösungen und Antworten finden Sie in *Anhang C* dieses Buchs. Versuchen Sie, die Übungen selbstständig durchzuführen, und schauen Sie sich erst dann die Lösungen im Anhang an. So werden Sie schneller in der Lage sein, eigene Datenbankprojekte zu realisieren.
- **Zusammenfassung** Am Ende jedes Kapitels finden Sie eine kurze Zusammenfassung der wichtigsten Lerninhalte, damit Sie sich das gerade Erlernte noch einmal ins Gedächtnis zurückrufen können.

Die Beispieldatenbank

Um einen echten Praxisbezug zu erreichen, wird im gesamten Buch eine einheitliche Beispieldatenbank verwendet, die im Laufe des Texts immer weiterentwickelt wird. Dabei wurde bewusst vermieden, die zweitausendundzweite Adressverwaltung zu entwerfen. Dennoch wurde ein relativ gängiges Anwendungsbeispiel in Form einer Mediendatenbank verwendet, mit der Sie Bücher, Audio-CDs und DVDs verwalten können, damit die Beispiele auch für jeden möglichst gut nachvollziehbar sind. Die Beispieldatenbank können Sie unter folgendem Link auf der Website des Verlags unter der Registerkarte *Zusatzmaterial* herunterladen:

https://dpunkt.de/produkt/datenbankentwicklung-lernen-mit-sql-server-2022

Ich selbst kenne die Notwendigkeit einer solchen Datenbank nur zu gut, gehöre ich doch – trotz der mittlerweile großen Anzahl an Streamingdiensten – noch zu den vielen »Jägern und Sammlern«, die über eine recht große Anzahl von CDs und DVDs verfügen. Hin und wieder passiert es dann, dass ich eine interessante CD oder DVD günstig erstehe, um zu Hause dann festzustellen, dass diese bereits in meinem Regal stand. (Zum Glück kommt das nicht allzu oft vor.)

Um derlei Missgeschick künftig völlig auszuschließen, benötigt man also eine Mediendatenbank (möglichst auch in einer Offlinevariante, die man dann beim nächsten Besuch des Elektronikmarkts seines Vertrauens beispielsweise im Mobiltelefon parat hat). Wenn man dann noch eine einfache Suchoberfläche zur Verfügung hat, um mit wenigen Tastendrücken nachzusehen, ob ein Titel schon in der privaten Sammlung enthalten ist, ist das Problem gelöst.

Im Vordergrund der meisten Beispiele in diesem Buch wird allerdings weniger die Benutzeroberfläche der zugehörigen Anwendung als vielmehr die Datenbank selbst stehen.

Schreibweisen

Dieses Buch verwendet einige wenige Konventionen. Wenn Sie mit ihnen vertraut sind, können Sie leichter mit dem Buch arbeiten:

- *Kursive Schrift* Die kursive Schrift wird für Dateinamen verwendet, bezeichnet Elemente der Benutzeroberfläche (in den meisten Fällen also Elemente des Menüs des SQL Server Management Studio sowie Dialogfelder und auch die Namen der Eigenschaften, wie sie im Management Studio oder in der IDE erscheinen) und wird in seltenen Fällen auch für Hervorhebungen verwendet. Datenbankobjekte wie die Namen von Datenbanken, Tabellen, Feldern etc. werden ebenfalls in kursiver Schrift dargestellt.
- `Listingschrift` Die Listingschrift wird verwendet, wenn Codefragmente aus dem Beispielcode abgedruckt werden. Im Fließtext werden die Begriffe in Listingschrift gedruckt, die auf Stellen im Quellcode verweisen.

Zusätzlich finden Sie im ganzen Buch verteilt Absätze, die mit den folgenden Symbolen versehen sind und die auf bestimmte hilfreiche Elemente hinweisen:

Symbol	Beschreibung
Wichtig	Absätze mit diesem Icon enthalten wichtige Informationen, auf die Sie unbedingt achten sollten.
Tipp	In den Tipp-Absätzen finden Sie weiterführende Informationen und Hinweise dazu, wie Sie Dinge besonders einfach und zeitsparend durchführen können.
Hintergrundinfo	Mit diesem Symbol markierte Absätze enthalten hilfreiche Hintergrundinformationen. Die Informationen sind nicht erforderlich, um eine bestimmte Schrittfolge durchzuführen, sie vertiefen jedoch Ihr Wissen über die Zusammenhänge, in denen eine bestimmte Aktion steht. Dies beinhaltet auch sogenannte Best Practices, also Beschreibungen zu gängigen Vorgehensweisen, die sich in der Praxis bewährt haben. Links zu Websites im Internet, die mit dem behandelten Thema in Zusammenhang stehen, sind ebenfalls mit diesem Icon gekennzeichnet.

Bei der Wahl von Fachbegriffen aus dem Umfeld von SQL Server wird in der Regel vorrangig die deutschsprachige Bezeichnung verwendet. Zusätzlich wird an vielen Stellen aber auch auf die englischsprachige Variante hingewiesen, da Sie diese in vielen – teilweise selbst deutschsprachigen – Quellen finden und dadurch die Suche nach weiterführenden Informationen zu einem bestimmten Thema im Internet erleichtert wird – Beispiel: Sichten (engl. *Views*).

Benötigte Software

Da die Updatezyklen immer kürzer werden, dafür aber schnelle Internetverbindungen fast überall zugänglich sind, haben sich Autor und Verlag bewusst gegen eine Buch-DVD entschieden. Stattdessen finden Sie im Buchtext an den entsprechenden Stellen Verweise darauf, wo die benötigte Software in der gerade aktuellsten Version heruntergeladen werden kann. Das betrifft vor allem *SQL Server 2022 Express with Advanced Services* sowie das *SQL Server Management Studio* und die *SQL Server Data Tools*, die für die Beispiele genutzt wurden. Die Installation der Software ist in *Kapitel 3, Installation und erste Schritte*, ausführlich beschrieben.

Um die Beispiele selbst nachzuvollziehen, benötigen Sie also lediglich einen PC auf Basis von Windows 10 (oder neuer) bzw. Windows Server 2016 (oder neuer). Alles Weitere wird im Verlauf des Buchs installiert. Die detaillierten Hard- und Softwarevoraussetzungen sind ebenfalls in *Kapitel 3, Installation und erste Schritte*, beschrieben.

Eine Ausnahme bildet *Kapitel 16, SQL Server und .NET Framework*, da hier ein Ausblick auf die Entwicklung mit .NET gegeben wird. Wenn Sie die dort gezeigten Beispiele selbst ausprobieren möchten, benötigen Sie die *Visual Studio 2022 Community Edition*, die ebenfalls per kostenfreien Download bezogen werden kann. Auf die genauen Details dazu wird zu Beginn des entsprechenden Kapitels eingegangen.

Zusammenfassung

Dieses einführende Kapitel hat Ihnen einen Überblick darüber gegeben, wie dieses Buch aufgebaut ist und welche Schreibweisen darin verwendet werden.

Es wurde selbstverständlich alles unternommen, um die Richtigkeit des Buchinhalts und des Bonusmaterials sicherzustellen. Etwaige Korrekturen (nobody is perfect) und Änderungen finden Sie auf der Verlagswebsite unter folgender Adresse:

https://dpunkt.de/produkt/datenbankentwicklung-lernen-mit-sql-server-2022

Wenn Sie Kommentare, Fragen oder Anregungen zum Inhalt dieses Buchs oder des Begleitmaterials bzw. Fragen haben, die Sie auf den oben angegebenen Websites nicht klären konnten, senden Sie eine E-Mail an folgende Adresse:

kommentar@oreilly.de

Alternativ können Sie auch direkt den Autor anschreiben:

sqlserver@rpanther.de

So, nun wünsche ich aber viel Vergnügen beim Lesen dieses Buchs und Entdecken der zahlreichen Möglichkeiten von SQL Server 2022 Express.

Robert Panther

Kapitel 2

Der Microsoft SQL Server

In diesem Kapitel lernen Sie

- wie SQL Server zu dem geworden ist, was er heute ist
- welche Neuerungen in der aktuellen 2022er-Version dazukamen
- was sich bei SQL Server 2022 geändert hat
- wodurch sich die verschiedenen Editionen des SQL Server voneinander unterscheiden

Historie des Microsoft SQL Server

Microsoft SQL Server kann auf eine bewegte Vergangenheit zurückblicken, die inzwischen über 30 Jahre dauert. Diese lange Zeit belegt natürlich auch, dass es sich bei diesem Datenbank-Management-System um ein sehr ausgereiftes Produkt handelt.

Sybase und die Anfänge des Microsoft SQL Server

Bereits 1988/89 kam die erste Version des SQL Server als Gemeinschaftsproduktion von Ashton-Tate, Sybase und Microsoft auf den Markt, damals noch primär für das Betriebssystem OS/2 gedacht. Der Funktionsumfang entsprach etwa der damaligen Sybase-Version 3.0 für Unix.

Das nächste wesentliche Release – immer noch für OS/2 – erschien vier Jahre später mit der Version 4.2, dicht gefolgt von der Version 4.21 für Windows NT, die zeitgleich mit

Windows NT 3.1 erschien. Funktionsumfang und Leistungsfähigkeit waren noch recht beschränkt, doch nicht zuletzt die intuitive Oberfläche machte dieses Produkt zumindest als Datenbank für kleine Abteilungen interessant.

Microsoft SQL Server entsteht

Im Jahr 1994 beendeten Sybase und Microsoft ihre Zusammenarbeit. Microsoft erkämpfte sich die Rechte für alle Versionen für Microsoft-Betriebssysteme, während Sybase das Produkt unter dem Namen Sybase Adaptive Server weiterentwickelte. Ein Jahr später – nachdem große Teile der Datenbank-Engine des SQL Server komplett neu programmiert waren – erschien mit Version 6.0 der erste »richtige« Microsoft SQL Server. Sowohl Leistungsumfang als auch Performance waren stark verbessert, wodurch Microsoft SQL Server eine ernst zu nehmende Alternative für die etablierten Datenbank-Management-Systeme anderer Hersteller wurde, die meist ein Vielfaches kosteten.

Im Jahr 1996 wurde SQL Server 6.0 durch die Version 6.5 abgelöst, die allerdings keine wesentlichen neuen Features brachte, sondern vielmehr jede Menge Detailverbesserungen.

Auch wenn Sybase seit Version 6.0 keinen Einfluss mehr auf die Produktentwicklung hatte, waren bis zur Version 7.0, die 1998 erschien, immer noch Teile des alten Quellcodes darin enthalten. Mit der Version 7.0 allerdings wurde der Kern komplett neu entwickelt. Ein Jahr später kamen die OLAP Tools dazu, mit denen man in Kombination mit den ebenfalls integrierten Data Transformation Services ein Data Warehouse aufbauen konnte, was bis dahin nur wesentlich teureren Softwarelösungen vorbehalten war.

Der SQL Server wird erwachsen

Ab Version 8.0 – die im Jahr 2000 erschien – wurde der offizielle Produktname umgestellt, sodass die Software nun als SQL Server 2000 auf den Markt kam. Intern wurden die Versionsnummern aber auch nach dem alten Konzept weitergeführt, sodass es seitdem eine interne Versionsnummer und eine offizielle Produktbezeichnung gibt.

Die wesentlichen Neuerungen des SQL Server 2000 waren eine deutlich verbesserte Performance, Skalierbarkeit und Zuverlässigkeit, womit das Produkt für den Unternehmenseinsatz interessanter wurde. Parallel dazu wurden zwar auch die Lizenzkosten stark angehoben, sie lagen aber immer noch deutlich unter denen der Konkurrenz. So wundert es nicht, dass SQL Server 2000 ein Jahr nach seinem Erscheinen Oracle von der Spitzenposition der Datenbank-Management-Systeme für Windows verdrängte.

Etwas später kamen dann die Reporting Services als kostenfreies Add-on hinzu, womit SQL Server 2000 alle Komponenten für eine komplette Business-Intelligence-Lösung beinhaltete. Im Jahr 2003 erschien erstmals auch eine 64-Bit-Version von SQL Server (bei den darauffolgenden Versionen wurde diese immer nahezu zeitgleich mit der 32-Bit-Version ausgeliefert).

Der SQL Server bekommt neue Tools

Erst fünf Jahre nach dem Erscheinen von SQL Server 2000 kam mit SQL Server 2005 das nächste große Release auf den Markt und wusste gleich zu Beginn mit einer Fülle an neuen Features zu überzeugen. Neben einer wiederum verbesserten Datenbankperformance wurden komplett neue Clienttools mitgeliefert. So wurde beispielsweise der Enterprise Manager des SQL Server 2000 ab 2005 durch das SQL Server Management Studio abgelöst. Aber auch im Bereich Business Intelligence gab es bahnbrechende Neuerungen: Die alten Data Transformation Services wurden durch die sehr viel leistungsfähigeren *SQL Server Integration Services* (SSIS) abgelöst. Als Tool für OLAP und Data Mining wurden die *SQL Server Analysis Services* (SSAS) eingeführt. Konsequenterweise wurden natürlich auch die bereits für den SQL Server 2000 erhältlichen *SQL Server Reporting Services* (SSRS) in das Produkt integriert. Dazu kamen viele weitere Features wie .NET Framework-Integration, XML-Unterstützung, Service Broker und Notification Services.

Im August 2008 erschien dann der SQL Server 2008. Im Vergleich zur Vorgängerversion aus dem Jahr 2005 stellte SQL Server 2008 eine weitere Evolutionsstufe dar. Die meisten Bestandteile, die sich beim SQL Server 2005 bereits bewährt hatten, wurden beibehalten und konsequent weiterentwickelt. Hinzu kamen neue Datentypen (*time*, *date*, *geometry*, *geography*, *hierarchyid*), die Filestream-Technologie zur transaktional konsistenten Speicherung von Dateien im Dateisystem sowie mit dem neuen Merge-Statement und Tabellenwertparametern auch ein paar Erweiterungen von T-SQL.

Für die größeren Editionen von SQL Server wurden mit dem Performance Data Warehouse, den Plan Guides und dem Ressource Governor auch neue Performance-Features hinzugefügt. Außerdem wurden Möglichkeiten zur transparenten Datenbankverschlüsselung sowie zur Kompression von Datenbanken und Datenbanksicherungen eingeführt.

Im April 2010 erschien dann entgegen ursprünglichen Erwartungen nicht der SQL Server 2010, sondern der SQL Server 2008 R2, der auch den inoffiziellen Beinamen »BI Refresh« erhielt, da diese Version im Wesentlichen Erweiterungen im Bereich der Business-Intelligence-Komponenten erhielt. Dass aber auch in anderen Bereichen einiges geändert wurde, zeigt der entsprechende Abschnitt weiter unten in diesem Kapitel. Die Hauptversionsnummer wurde jedoch bewusst beibehalten, da die eigentliche Datenbank-Engine von SQL Server 2008 nahezu unverändert übernommen wurde.

Neue Speichertechnologien

Im März 2012 erschien dann mit dem SQL Server 2012 endlich wieder eine komplett neue Version des Datenbankservers, bei dem es in fast allen Bereichen – vom Kern bis hin zu den Tools – maßgebliche Neuerungen gab. Einen Überblick dazu finden Sie weiter unten in diesem Kapitel. Dieser Version folgte fast genau zwei Jahre später der SQL Server 2014, der vor allem die speicheroptimierten Tabellen einführte. Aber auch bestehende Technologien wie beispielsweise die spaltenbasierten Indizes wurden erweitert. Im Juni 2016 erschien dann SQL Server 2016, bei dem sowohl speicheroptimierte Tabellen als auch die mit SQL Server 2012 eingeführten spaltenbasierten Indizes überarbeitet wurden und nun sogar kombiniert eingesetzt werden konnten.

Nachdem die letzten drei Versionen jeweils im Abstand von etwa zwei Jahren auf den Markt kamen, wich Microsoft bei den folgenden Versionen von diesen gleichmäßigen Release-Zyklen wieder ab. So erschien der SQL Server 2017 nur ein Jahr später, die Folgeversion SQL Server 2019 wieder zwei und der aktuelle SQL Server 2022 sogar ganze drei Jahre später.

Die neuen Features, die für den Einstieg in SQL Server relevant sind, werden in den restlichen Kapiteln des Buchs ausführlicher beschrieben.

Kleiner Überblick über die wichtigsten Versionen und Builds

Insbesondere bevor die jeweiligen SQL Server offiziell auf dem Markt erscheinen, werden sie meist nur mit ihren Codenamen bezeichnet, die von Microsoft schon während der Entwicklung des Produkts vergeben werden (der eigentliche Produktname wird erst später festgelegt). Da diese Codenamen auch in vielen Blogs und Internetforen auftauchen, ist es sinnvoll, sie schon einmal gehört zu haben, um entscheiden zu können, ob sich ein Artikel auch auf die selbst genutzte Version von SQL Server bezieht.

Jahr	Produktname	Version	Codename
1988/89	SQL Server 1.0	1.0 (für OS/2)	Filipi
1989	SQL Server 1.1	1.1 (für OS/2)	Pietro
1992	SQL Server 4.2	4.2 (für OS/2)	–
1993	SQL Server 4.21	4.21 (für Windows NT)	SQLNT
1995	SQL Server 6.0	6.0	SQL95
1996	SQL Server 6.5	6.5	Hydra
1998	SQL Server 7.0	7.0	Sphinx
1999	SQL Server 7.0 OLAP Tools	7.0	Plato
2000	SQL Server 2000	8.0	Shiloh
2003	SQL Server 2000 (64 Bit)	8.0	Liberty
2005	SQL Server 2005	9.0	Yukon
2008	SQL Server 2008	10.0	Katmai
2010	SQL Server 2008 R2	10.5	Kilimanjaro
2012	SQL Server 2012	11.0	Denali
2014	SQL Server 2014	12.0	Hekaton, SQL14
2016	SQL Server 2016	13.0	SQL16
2017	SQL Server 2017	14.0	Helsinki
2019	SQL Server 2019	15.0	Seattle
2022	SQL Server 2022	16.0	Dallas

Tabelle 2.1: Die Historie des SQL Server im Überblick

Mittlerweile ist Microsoft dazu übergegangen, ältere SQL Server-Versionen nach dem Erscheinungstermin noch etwa fünf Jahre lang zu supporten, sodass in diesem Zeitraum zu den meisten oben genannten Versionen diverse Updates und Service Packs erschienen sind, um dort kritische Fehler zu beheben.[1] Nach dem regulären Supportende gibt es noch einmal wiederum etwa fünf Jahre lang erweiterten Support, der – wenn er benötigt wird – dann zahlungspflichtig ist.

1 Aufgrund der kürzeren Release-Zyklen gibt es seit SQL Server 2017 keine Service Packs mehr, sondern nur noch Hotfixes und kumulative Updates.

Leider zeigt ein bereits installierter SQL Server nicht die Nummer des Service Pack, sondern nur die interne Build-Nummer an, daher hier eine kleine Übersicht der Service Packs zu den neueren SQL Server-Versionen.

Erscheinungstermin	Produktname	Build-Nummer	Service Pack
06.03.2012	SQL Server 2012	11.0.2100	–
06.11.2012	SQL Server 2012 SP1	11.0.3000	SP1
10.06.2014	SQL Server 2012 SP2	11.0.5058.0	SP2
21.11.2015	SQL Server 2012 SP3	11.0.6020.0	SP3
02.10.2017	SQL Server 2012 SP4	11.0.7001.0	SP4
01.04.2014	SQL Server 2014	12.0.2000.8	–
15.05.2015	SQL Server 2014 SP1	12.0.4100.1	SP1
11.07.2016	SQL Server 2014 SP2	12.0.5000.0	SP2
30.10.2018	SQL Server 2014 SP3	12.0.6024	SP3
01.06.2016	SQL Server 2016	13.0.1601.5	–
15.11.2016	SQL Server 2016 SP1	13.0.4001.0	SP1
09.04.2018	SQL Server 2016 SP2	13.0.5026.0	SP2
19.10.2017	SQL Server 2017	14.0.1000.169	–
04.11.2019	SQL Server 2019	15.0.2000.5	–
16.11.2022	SQL Server 2022	16.0.1000.6	–

Tabelle 2.2: Zuordnungstabelle der SQL Server-Build-Nummern und SQL Server Service Packs

Zusätzlich gibt es noch verschiedene Community Technology Previews, Release Candidates und Cumulative Updates, die hier nicht aufgeführt sind, um die Liste nicht zu unübersichtlich werden zu lassen.

Ein Punkt, in dem sich Microsoft mit dem SQL Server nach wie vor angenehm von der Konkurrenz abhebt, ist die Tatsache, dass kleinere Updates und Service Packs auch ohne Wartungsvertrag generell kostenfrei erhältlich sind.

CTPs, RTMs, Service Packs, Hotfixes und kumulative Updates

Bei den Versionsbezeichnungen aktueller Microsoft-Produkte werden verschiedene Begriffe verwendet, die zu Verwirrung führen können. Daher werden Ihnen die Begriffe hier erklärt:

- **Community Technology Preview (CTP)** Hierbei handelt es sich um Vorabversionen, die bereits den endgültigen Funktionsumfang beinhalten, aber der Benutzercommunity schon zur Verfügung gestellt werden, noch bevor sie zur eigentlichen Produktion freigegeben sind. In diesem Stadium können noch einzelne Features hinzukommen oder aber wieder wegfallen.
- **Release Candidate (RC)** Im Gegensatz zu den Community Technology Previews steht der Umfang der Features beim Release Candidate fest. Ein Release Candidate dient daher nur noch der Behebung von Fehlern. Werden beim Test Fehler gefunden, wird ein weiterer Release Candidate erstellt. Dieser Prozess wird so lange wiederholt, bis der aktuellste Release Candidate fehlerfrei ist.

- **Ready To Manufacturing (RTM)** Bei einer RTM-Version handelt es sich bereits um die endgültige Version des Produkts, die auch in derselben Form in Produktion geht.
- **Service Pack (SP)** Ein Service Pack ist ein größeres Update eines Produkts, das nicht selten auch wesentliche Erweiterungen des Funktionsumfangs beinhaltet. Ein Service Pack enthält normalerweise alle bis dahin erschienenen Updates sowie vorherige Service Packs.
- **Hotfix** Während neue Service Packs nur in relativ großen Zeitabständen verfügbar sind, erstellt Microsoft sehr häufig kleinere Updates, die nicht so umfangreiche Fehler beheben. Insbesondere wenn es sich um sicherheitsrelevante Fehler handelt, erscheinen diese sehr zeitnah nach deren Behebung in Form von Hotfixes.
- **Kumulatives Update (CU)** Da sich Hotfixes und andere Updates nach einiger Zeit ansammeln, werden diese von Zeit zu Zeit in kumulativen Updates zusammengefasst, die alle Updates seit dem letzten Service Pack beinhalten. Damit spart man sich die Einzelinstallationen der zahlreichen separaten Updates.

Schauen wir uns nun die wesentlichen Änderungen der letzten SQL Server-Versionen mal etwas genauer an. Dabei beschränke ich mich auf die noch mindestens im erweiterten Supportzeitraum befindlichen Versionen (ab SQL Server 2014).

Neuerungen bei SQL Server 2014

Bereits für SQL Server 2012 hat Microsoft drei wesentliche Slogans erdacht, die den wesentlichen Fokus dieser Version hervorheben. Diese haben sich auch mit der Version 2014 nur minimal verändert, was belegt, dass die generelle Ausrichtung des Produkts beibehalten wurde:

- *Mission Critical Performance* wurde beibehalten.
- Aus *Breakthrough Insights* wurde Faster *Insights from any Data.*
- Aus *Cloud on your Terms* wurde *Platform for Hybrid Cloud.*

Grob betrachtet, geht es also nach wie vor um die Schwerpunkte Enterprise (Mission Critical), Business Intelligence (Insights) und Cloud, allerdings unter leicht veränderten Aspekten.

Mission Critical Performance

Unter dem Aspekt Performance wurde der bereits mit SQL Server 2012 eingeführte Columnstore-Index um eine gruppierte Variante erweitert, deren Daten auch geändert werden können. Der nicht gruppierte Columnstore-Index bleibt dagegen weiterhin read-only.

Die wichtigste Neuerung in diesem Bereich ist allerdings die Einführung der In-Memory-Technologie. Damit können Tabellen in einem speicheroptimierten Format im Hauptspeicher gehalten werden, wodurch auch ein schreibender Zugriff ganz ohne Sperren ermöglicht wird. Während die Columnstore-Technologie primär auf Data-Warehouse-Lösungen abzielt, eignet sich die In-Memory-Technologie damit hervorragend für OLTP-Anwendungen mit vielen parallelen Zugriffen.

Als weitere Performanceneuerung ist es mit SQL Server 2014 auch möglich, Solid State Disks zur Erweiterung des Buffer Pool zu nutzen, wodurch mehr Daten zwischengespeichert werden können.

Auch die Hochverfügbarkeitslösung AlwaysOn wurde erweitert, sodass nun bis zu acht Replikate möglich sind. Diese können teilweise sogar auf Windows Azure-VMs in der Cloud liegen.

Platform for Hybrid Cloud

Insgesamt findet sich an vielen Stellen eine bessere Integration in die Cloud, da man eingesehen hat, dass die meisten Unternehmen nicht ihre gesamten Daten in die Cloud auslagern wollen, dass aber eine Kombination aus auf einem lokalen Server gespeicherten Daten mit Daten in der Cloud durchaus sinnvoll sein kann.

Selbst das Erstellen von Datenbanksicherungen, die in der Cloud gespeichert und aus dieser heraus direkt wiederhergestellt werden können, ist nun möglich.

Faster Insights from any Data

Im Business-Intelligence-Bereich wurden die wesentlichen Komponenten SQL Server Integration Services, Analysis Services und Reporting Services zwar nicht wesentlich weiterentwickelt, dafür wurde aber der Fokus mehr darauf gelegt, Daten aus anderen Quellen besser integrieren zu können. Insbesondere der Zugriff auf unstrukturierte Daten ist nun durch Technologien wie HDInsight möglich.

Neuerungen bei SQL Server 2016

Auch diese Version von SQL Server wurde wieder von drei Leitsätzen geprägt, die in ähnlicher Form schon von den Vorversionen SQL Server 2012 und 2014 bekannt sind:

- Mission Critical Performance
- Deeper Insights Across Data
- Hyperscale Cloud

Die grundsätzlichen Schwerpunkte Enterprise (Mission Critical), Business Intelligence (Insights) und Cloud wurden also erneut beibehalten, die Details variieren dafür wieder etwas.

Mission Critical Performance

Im Bereich Performance sind vor allem die überarbeiteten nicht gruppierten Columnstore-Indizes (jetzt auch auf änderbaren Daten) sowie die verbesserten In-Memory-optimierten Tabellen zu sehen. Beide Technologien haben nun deutlich weniger Einschränkungen als zuvor und sind sogar kombiniert einsetzbar. Bis vor Kurzem waren beide Features der Enterprise Edition von SQL Server vorbehalten. Seit dem Service Pack 1 von SQL Server 2016 sind diese sogar mit der Express Edition nutzbar, allerdings mit deutlichen Einschränkungen hinsichtlich des hierfür nutzbaren Speichers (maximal 256 MB), weshalb der Einsatz nach wie vor speziell mit der Enterprise Edition sinnvoll ist.

Bei AlwaysOn-Hochverfügbarkeitsszenarien sind nun bis zu drei synchrone Kopien sowie eine Lastverteilung unter den sekundären Datenbanken möglich.

Aber auch die Sicherheit der Daten wurde erhöht, indem diese nun sowohl auf dem Datenträger verschlüsselt vorliegen als auch verschlüsselt transportiert werden können. Mit Features wie Row Level Security (Zugriffsrechte auf einzelne Zeilen) und Dynamic Data Masking (automatisches Verschleiern von Daten) können sogar individuellere Sicherheitsanforderungen umgesetzt werden.

Zur einfacheren Überwachung der Performance von Abfragen gibt es auch ein paar Neuerungen. So wurde der Abfragespeicher (Query Data Store) neu eingeführt, über den man Abfragen und ihre Ausführungspläne zur späteren Analyse dauerhaft protokollieren lassen kann. Außerdem gibt es die Möglichkeit, mit den Live Query Statistics den tatsächlichen Ausführungsplan einer Abfrage bereits anzeigen zu lassen, während die Abfrage läuft. Dabei wird stets aktualisiert, wie viele Zeilen (und wie viel Prozent der Zeilen) einen einzelnen Knoten des Plans schon durchlaufen haben, sodass man schnell Schwachstellen im Plan erkennen, die Abfrage aber auch komplett abbrechen kann, wenn der Ausführungsplan zu ungünstig ist.

Faster Insights from any Data

Im Business-Intelligence-Bereich steht nun die Verwendung von verschiedensten Datenquellen im Vordergrund. Hier sind besonders zwei Technologien hervorzuheben: Mit PolyBase ist es möglich, über SQL-Abfragen sowohl auf relationale als auch auf nicht relationale Daten zuzugreifen. Für komplexere Auswertungen und Analysen kann inzwischen auch die bereits etablierte Sprache R genutzt werden.

Aber nicht nur die Datenquellen werden vielfältiger, sondern auch die Frontends. So gibt es unter dem Stichwort Mobile BI native Apps zur Visualisierung von Daten für Windows, iOS und Android.

Auch die BI-Tools wurden überarbeitet. Insbesondere die Master Data Services erfuhren eine Runderneuerung. Bei den Integration Services ist es nun trotz eines projektbasierten Modells wieder möglich, wahlweise auch einzelne SSIS-Pakete zu deployen.

Hyperscale Cloud

Beim Thema Cloud steht in dieser Version von SQL Server die Skalierbarkeit im Vordergrund. Bereits in der Vorgängerversion wurde unterstützt, nur einen Teil der Daten in die Cloud zu verlagern. Dies wurde nun dadurch weiter verfeinert, dass die Stretch-Database-Funktionalität eingeführt wurde, mit der die weniger häufig verwendeten Daten transparent (ohne Änderung an der Anwendung) in die Cloud verschoben werden können. Auch die Migration von Daten zu Microsoft Azure wird jetzt von neuen und verbesserten Tools unterstützt.

Sonstige Neuerungen

Während viele der oben genannten neuen Features vor allem für die größeren Editionen relevant sind, gibt es auch eine ganze Reihe von kleineren Änderungen, die nicht so recht in eine der drei genannten Schwerpunktthemen passen, dafür aber auch für die Express Edition verwendbar sind.

Bei der Installation fällt schon auf, dass die Clienttools nun konsequent von der Installation des SQL Server selbst getrennt sind. So umfasst der eigentliche Installer lediglich die Serverkomponenten, während es sowohl für die SQL Server Data Tools als auch für die übrigen Clienttools (SQL Server Management Studio, SQL Server Profiler etc.) jeweils separate Installer gibt, auf die bei der Serverinstallation lediglich verwiesen wird. In Kombination mit der Tatsache, dass die Clienttools nun besser dafür ausgelegt sind, auch ältere Versionen von SQL Server zu bedienen, gibt dies die Möglichkeit, nur noch das jeweils aktuellste SQL Server Management Studio und die aktuellsten SQL Server Data Tools zu verwenden, auch wenn im Unternehmen unterschiedliche Versionen von SQL Server im Einsatz sind.

Zur Speicherung von nicht einheitlich strukturierten Daten bietet SQL Server jetzt neben XML auch die Alternative, diese im JSON-Format abzulegen und daraus mit entsprechenden Methoden gezielt bestimmte Daten wieder herauszulesen. Mit den neuen Temporal Tables lässt sich eine automatische Versionierung von Daten einer Tabelle erreichen. Über entsprechende Abfragen können dann die Daten einer Tabelle zu einem bestimmten Zeitpunkt abgefragt werden.

Dazu kommen noch ein paar kleinere Erweiterungen des Microsoft SQL-Dialekts T-SQL wie die `DROP IF EXISTS`-Anweisung und die `STRING_SPLIT`-Funktion, die zwar nichts bahnbrechend Neues bieten, einige SQL-Skripte aber doch etwas vereinfachen und übersichtlicher werden lassen.

Neuerungen bei SQL Server 2017

Mit SQL Server 2017 wechselt Microsoft auch bei SQL Server zu schnelleren Release-Zyklen, die als Nebeneffekt mit sich bringen, dass die Änderungen zur jeweiligen Vorgängerversion nicht mehr ganz so gravierend sind, wie man es bisher gewohnt war.

Trotzdem sind zahlreiche interessante Neuerungen in verschiedenen Bereichen des Produkts enthalten:

Änderungen an der Datenbank-Engine

Die vielleicht unauffälligsten, aber trotzdem zu den wichtigsten zählenden Neuerungen beziehen sich auf die effektivere Erstellung von Ausführungsplänen für Abfragen. So gibt es nun eine automatische Plankorrektur (*Adaptive Query Processing*), die Ausführungspläne unter bestimmten Umständen noch kurz vor der Ausführung anpasst. Hierdurch können Abfragen im Idealfall – ohne dass eine einzige Zeile Code geändert wird – deutlich schneller ausgeführt werden.

Sowohl die spaltenorientierten Indizes als auch die speicheroptimierten Tabellen wurden weiterentwickelt, sodass wieder einige Restriktionen entfallen sind, denen die Technologien bisher unterworfen waren.

T-SQL wurde um ein paar neue Konstrukte erweitert, darunter auch um eine Reihe von neuen Zeichenkettenfunktionen.

Als alternative Variante, Daten und deren Beziehungen untereinander zu speichern, bietet SQL Server nun die Möglichkeit, Graphdatenbanken zu nutzen, in denen die Daten in Knoten (Nodes) und die Beziehungen in Form von Kanten (Edges) gespeichert sind.

Überarbeiteter BI Stack

Bei den *SQL Server Integration Services* (SSIS) ist es nun möglich, mit dem neuen Scale Out-Feature die Ausführung von SSIS-Paketen auf mehrere Rechner zu verteilen, wobei die Überwachung der Ausführung trotzdem auf einem zentralen Master-Computer stattfindet.

Bei den *SQL Server Analysis Services* (SSAS) ist das tabulare Datenmodell nun als Standard voreingestellt. Dazu gibt es zahlreiche Detailverbesserungen wie beispielsweise neue Datenquellen, einen `IN`-Operator für die Abfragesprache DAX und vieles mehr.

Die *SQL Server Reporting Services* (SSRS) sind jetzt nicht mehr im Installationsprogramm von SQL Server verfügbar, sondern müssen nachträglich separat installiert werden. Dafür können nun Kommentare in Reports untergebracht werden, und auch native DAX-Abfragen auf ein SSAS-tabulares Datenmodell sind in den Reporting Services möglich.

Selbst die *Master Data Services* (MDS) erfahren mit SQL Server 2017 eine Weiterentwicklung, die sich vor allem auf eine gesteigerte Performance beziehen. Aber auch die MDS-Webanwendung wurde überarbeitet und ermöglicht nun im Explorer die sortierte Anzeige von Entities, Collections und Hierarchies.

Im Bereich Machine Learning wurden die SQL Server R Services umbenannt in SQL Server Machine Learning Services und unterstützen nun neben der Sprache R auch Python, wodurch die Nutzung vieler Open-Source-Bibliotheken ermöglicht wird.

Sonstige Neuerungen

Eine der größten Neuerungen von SQL Server 2017 ist sicherlich, dass das Produkt nun auf weiteren Plattformen wie Linux oder in einem Docker-Container genutzt werden kann.

Neuerungen bei SQL Server 2019

Auch bei SQL Server 2019 wurde die grundlegende Richtung beibehalten. Die Evolution des Produkts setzt sich also fort, wie die neuen Leitsätze zeigen, die im Folgenden näher erläutert werden:

Datensilos eliminieren

Mit SQL Server 2019 können nun Daten aus dem gesamten Datenbestand abgefragt werden, ohne dass die Notwendigkeit besteht, diese vorher in einem gemeinsamen Data Warehouse zusammenzuführen. Somit lassen sich ohne zusätzliche Kopien der Daten schneller neue Erkenntnisse aus komplexen Datenanalysen gewinnen.

Wählen Sie Ihre Plattform und Sprache

Die mit der SQL Server 2017 begonnene Öffnung zu anderen Plattformen wie Linux und Docker wird konsequent weitergeführt, indem nun auch Kubernetes sowie als weitere Sprache neben R und Python jetzt auch Java unterstützt wird.

Verlassen Sie sich auf eine Leistungsstärke, die in der Branche führend ist

Performance und Skalierbarkeit bleiben wichtige Faktoren, um eine hohe Verfügbarkeit für geschäftskritische Anwendungen, Data Warehouses und Data Lakes zu gewährleisten. SQL Server gewährleistet dies, ohne dass dabei Änderungen an den Anwendungen erforderlich sind, sodass die Datenbank mit steigenden Anforderungen mitwachsen kann.

So wurde beispielsweise das mit der Vorversion eingeführte *Adaptive Query Processing* zum neuen *Intelligent Query Processing* weiterentwickelt, durch das noch bessere Ausführungspläne für SQL-Abfragen erzeugt werden.

Vertrauen Sie unserer langjährigen Führungsposition im Bereich Sicherheit

Seit vielen Jahren zählt SQL Server zu den sichersten Datenbank-Management-Systemen. Mit integrierten Features für Datenklassifizierung, Datenschutz, Überwachung und Warnungen erhält man weitere Unterstützung, um Sicherheits- und Compliance-Ziele zu erfüllen.

Treffen Sie schnellere und bessere Entscheidungen

Mit den Berichtsfunktionen der SQL Server Reporting Services und dem eingebauten Power BI Report Server lassen sich interaktive Power BI-Berichte umsetzen, mit denen auf verschiedenen Endgeräten schnell Erkenntnisse aus den Daten gewonnen werden können.

Neuerungen bei SQL Server 2022

Die Entwicklungszeit bis zum SQL Server 2022 war wieder etwas länger als bei den vorangegangenen Releases, zumal das Produkt erst Mitte November des Jahres 2022 in der finalen RTM-Version verfügbar war. Das lässt jedoch hoffen, dass das Produkt dafür umso ausgereifter und stabiler ist, zumal die wesentlichen Leitsätze der Vorversion in abgewandelter Version beibehalten wurden:

Business Continuity dank Azure

Durch besseres Zusammenspiel mit einer in der Cloud befindlichen Azure SQL Managed Instance lässt sich eine neue – vollständig verwaltete – Form der Notfallwiederherstellung realisieren. Dazu werden Daten zwischen der Datenbank on-premise und in der Cloud kontinuierlich repliziert, sodass im Falle eines Ausfalls die Datenbank in der Cloud schnell einspringen kann.

Durchgängige Analyse von On-Premise-Betriebsdaten

Mit dem neuen Azure Synapse Link können sowohl Spark- als auch SQL-Runtimes in der Cloud genutzt werden, um Daten, die on-premise vorgehalten werden, übergreifend zu analysieren. Dabei spielt es keine Rolle, ob es sich um operative (transaktionale) Daten oder analytische Daten (beispielsweise in einem Data Warehouse) handelt.

Transparenz für Ihren gesamten Datenbestand

Das Überwinden von Datensilos wird im neuen SQL Server mit der Integration von Azure Purview unterstützt, mit dessen Hilfe der gesamte Datenbestand verwaltet werden kann. So können Metadaten von On-Premise-Datenbanken automatisiert ausgelesen werden. Anschließend können Daten über vorgefertigte oder benutzerdefinierte Regeln klassifiziert werden, um festzulegen, wie sensibel und damit schützenswert diese sind.

Eine der sichersten Datenbanken der letzten 10 Jahre

Der gerade im Geschäftsumfeld wichtige Aspekt der Datensicherheit steht auch bei der aktuellen Version stark im Fokus. Dies wird durch die Einführung eines unveränderlichen Ledgers, mit dem Daten vor Manipulation durch Dritte geschützt werden können, noch verbessert.

Branchenführende Performance und Verfügbarkeit

Das *Intelligent Query Processing* wurde zum *Intelligent Query Processing NextGen* weiterentwickelt, um eine schnellere Ausführung von Abfragen ohne jegliche Codeänderungen zu ermöglichen. Dabei werden auch Ergebnisse aus dem Abfragespeicher (Query Store) genutzt, der nun standardmäßig aktiviert ist.

Neben diesen Hauptbereichen gab es aber auch viele Detailänderungen und kleine Verbesserungen. Selbst im Sprachumfang von T-SQL kamen einige neue Funktionen hinzu, auf die im weiteren Verlauf des Buchs noch eingegangen wird.

Die verschiedenen SQL Server-Editionen im Vergleich

Vom Microsoft SQL Server gibt es mittlerweile eine ganze Reihe von unterschiedlichen Editionen, von denen die in diesem Buch hauptsächlich behandelte Express Edition nur eine Variante darstellt. Dazu gibt es vor allem die Haupteditionen Standard (für kleinere und mittlere Unternehmen) und Enterprise (für große Unternehmen mit Bedarf an hoher Ausfallsicherheit). Die mit SQL Server 2012 eingeführte Business Intelligence Edition ist dagegen seit SQL Server 2016 wieder weggefallen, sodass man sich für BI-Szenarien zwischen den beiden verbleibenden Haupteditionen (Standard und Enterprise) entscheiden muss.

Um abzuschätzen, welche Edition für welches Datenbankprojekt am sinnvollsten ist, habe ich hier eine kleine Übersicht zusammengestellt:

	Express Edition	Web Edition	Standard Edition	Enterprise Edition	Developer Edition
max. CPUs/Cores	1/4	4/16	4/24	unbegrenzt	unbegrenzt
max. DB-Größe	10 GB	524 PB	524 PB	524 PB	524 PB
max. Buffer pro Instanz	1.410 MB	64 GB	128 GB	unbegrenzt	unbegrenzt
max. Columnstore pro Instanz	352 MB	16 GB	32 GB	unbegrenzt	unbegrenzt
max. InMemory pro Datenbank	352 MB	16 GB	32 GB	unbegrenzt	unbegrenzt

Tabelle 2.3: Obergrenzen der verschiedenen SQL Server 2022-Editionen für CPUs, Hauptspeicher und Datenbankgröße

Da sich die Lizenzen inzwischen nicht mehr auf die echten Prozessoren, sondern auf die Anzahl der Prozessorkerne beziehen, wurden auch die Beschränkungen für die Editionen entsprechend angepasst, sodass hier jeweils Obergrenzen für CPUs und Prozessorkerne zu finden sind.

Hardware- und Betriebssystembeschränkungen beachten

Auch dort, wo in der obigen Tabelle »unbegrenzt« angegeben ist, gelten natürlich die Obergrenzen, die vom Betriebssystem und der verwendeten Hardware vorgegeben werden.

SQL Server Compact Edition

Während alle anderen Editionen des SQL Server aufeinander aufbauen (und jeweils alle Features der kleineren Editionen beinhalten), nimmt SQL Server Compact Edition eine Sonderstellung ein. Hierbei handelt es sich nicht um eine Datenbank, die von einem speziellen Datenbankdienst verwaltet wird, sondern eher um ein einfaches Datenbankmodul, das prozessintern verwendet werden kann und für die lokale Speicherung von Daten ausgelegt ist.

Dadurch lässt es sich leicht in Anwendungen einbetten und ist sogar für mobile Geräte auf Basis von Windows Mobile (wie beispielsweise Smartphones) nutzbar. Hier ist auch die Herkunft des Produkts zu sehen, das seine Ursprünge in SQL Server CE bzw. später in SQL Server Mobile hat. Dieses Datenbankformat war jedoch ausschließlich auf mobilen Geräten nutzbar, was das Entwerfen von Datenbanken nicht gerade vereinfachte. Mit der Ablösung von SQL Server Mobile durch die Compact Edition wurde diese Beschränkung aufgehoben, sodass es endlich ein einheitliches Datenformat für mobile Geräte und Desktop-PCs gab.

Komplizierter wurde es allerdings wieder mit der Einführung von Windows Phone. Während mit Windows Phone 7 die SQL Compact Edition für Entwickler gar nicht nutzbar war, wurde dies mit Windows Phone 7.5 (Codename Mango) wieder etwas korrigiert. Allerdings liegen die Datenbanken hier im sogenannten Isolated Storage, der von außen nicht ansprechbar ist. Es ist also nicht mehr möglich, eine SQL Server Compact-Datenbank einfach auf das Smartphone zu kopieren, wie es mit Windows Mobile 6.x noch der

Fall war. Der Zugriff aus der Anwendung auf die Daten ist auch ausschließlich per LINQ to SQL möglich und nicht direkt per T-SQL.

SQL Server Compact und Windows Phone

Der Grund dafür, dass SQL Server Compact auf Windows Phone 7 ursprünglich gar nicht und mit Windows Phone 7.5 nur eingeschränkt möglich ist, liegt im Gesamtkonzept von Windows Phone. Dieses sieht vor, dass auf dem Gerät keine größeren Datenmengen gespeichert werden, sondern auf diese bei Bedarf online (beispielsweise aus einer SQL Azure-Datenbank) zugegriffen wird. Für die lokale Speicherung von kleinen Datenmengen – wie beispielsweise Konfigurationsdaten – werden XML-Dateien favorisiert.

Mittlerweile spielt Windows Phone jedoch keine Rolle mehr, wodurch auch die SQL Server Compact Edition an Bedeutung verloren hat und auch seit vielen Jahren nicht mehr weiterentwickelt wird.

Wesentlicher Nachteil bei diesem Produkt ist, dass sich die Compact Edition aufgrund der prozessinternen Nutzung nicht für Mehrbenutzerszenarien eignet. Ideal dagegen ist die Compact Edition für selbst entwickelte Desktop- oder Pocket PC- bzw. Smartphone-Anwendungen, die eine Möglichkeit der internen Datenspeicherung benötigen (beispielsweise für die Speicherung von Konfigurationseinstellungen).

Wie die Express Edition kann auch die Compact Edition kostenlos heruntergeladen, verwendet und zusammen mit eigenen Anwendungen weiterverteilt werden. Da SQL Server Compact jedoch nicht mehr weiterentwickelt wird, ist für die meisten Anwendungsszenarien die Verwendung der SQL Server LocalDB vorzuziehen.

SQL Server Compact Edition wird in *Kapitel 20* im Abschnitt *»Die SQL Server Compact Edition«* auf Seite 446 ausführlicher behandelt.

SQL Server Express Edition

Die Express Edition ist ebenfalls kostenfrei erhältlich. Im Gegensatz zur Compact Edition handelt es sich hierbei jedoch um ein vollwertiges Multiuser-Datenbank-Management-System, das auch einen dedizierten Datenbankserverdienst beinhaltet. Obwohl der Schwerpunkt auf die lokale Datenspeicherung gelegt wurde, ist die Express Edition auch für Client-Server-Szenarien nutzbar. Damit bildet SQL Server Express (den es seit der 2005er-Generation des SQL Server gibt) das Nachfolgeprodukt der *Microsoft Data Engine* (MSDE). Die zugrunde liegende Technik ist jedoch dieselbe wie die der größeren SQL Server-Editionen, wodurch eine einfache Skalierbarkeit gewährleistet wird. Eine existierende Datenbank kann also einfach in eine größere Server-Edition »umgehängt« werden, wenn die Leistung der Express Edition einmal nicht mehr ausreichen sollte.

Aber selbst von der Express Edition gibt es Untervarianten. Die eigentliche Express Edition beinhaltet keine Administrationsoberfläche. *SQL Server Express mit Advanced Services* enthält einige Zusätze wie beispielsweise die Reporting Services, mit denen sich ansprechende Berichte erstellen und verwalten lassen, die Integration der Programmiersprachen R und Python sowie die weiter unten beschriebene SQL Server LocalDB. Vor SQL Server 2016 gab es noch eine dritte Variante mit der Bezeichnung *SQL Server Express mit Tools*, die der Grundvariante ergänzt um eine einfache Version des SQL Server Management Studio entsprach. Da das SQL Server Management Studio mittlerweile ohnehin separat installiert werden muss, ist diese Variante überflüssig geworden und weggefallen.

Ab dem Service Pack 1 von SQL Server 2016 (und damit auch mit SQL Server 2017, 2019 und 2022) ging Microsoft dazu über, viele Features, die bis dahin nur den größeren Editionen vorbehalten waren, auch in der Express Edition nutzbar zu machen, damit möglichst jeder diese Features ausprobieren kann und auch T-SQL-Code möglichst für alle Editionen unverändert genutzt werden kann. Der Unterschied zu den größeren Editionen liegt seitdem vor allem in den unterschiedlichen Begrenzungen für Datenbankgrößen sowie die Hauptspeicher- und Prozessornutzung (siehe Tabelle zu Beginn dieses Abschnitts).

SQL Server Web Edition

Die SQL Server Web Edition ist – wie der Name schon vermuten lässt – speziell für den Einsatz auf Webservern vorgesehen. In den meisten Punkten entspricht der Leistungsumfang in etwa der Standard Edition. Lediglich bei den Entwicklungstools sowie dem Management Studio (das auch hier nur in der Grundvariante enthalten ist) orientiert sich die Ausstattung an der Express Edition.

Das Alleinstellungsmerkmal im Vergleich zu den anderen Editionen ist aber sicherlich das Lizenzierungsmodell, da bei dieser Edition nicht nach Clients lizenziert wird (was sich beim Webeinsatz auch schwer ermitteln ließe), sondern ein Betrag pro CPU bzw. Prozessorkern und Monat der Nutzung anfällt.

SQL Server Standard Edition

Die SQL Server Standard Edition ist, wie der Name bereits sagt, als Standardlösung für produktive Server gedacht. Im Gegensatz zur größeren Enterprise Edition richtet sich die Standard Edition aber primär an kleine und mittelgroße Unternehmen und beinhaltet alle wesentlichen Features inklusive der Business-Intelligence-Komponenten.

SQL Server Enterprise Edition

Die Enterprise Edition ist vor allem für den Einsatz in großen Unternehmen konzipiert. Selbstverständlich bietet die Enterprise Edition alle verfügbaren Features der kleineren Editionen, wobei vor allem großer Wert auf Ausfallsicherheit und Hochverfügbarkeit gelegt wurde.

Da die Nutzung der Enterprise Edition mit recht hohen Lizenzkosten verbunden ist, gibt es hierzu auch eine Evaluationsversion, mit der man das Produkt 180 Tage lang kostenfrei testen kann. Diese Zeit sollte sicherlich ausreichen, um auch komplexere Testszenarien aufbauen zu können.

Da die Datacenter Edition – die mit SQL Server 2008 R2 eingeführt wurde – bei SQL Server 2012 wieder weggefallen ist, sind damit auch die (ohnehin recht weit gefassten) Beschränkungen zu CPU und Hauptspeicher für die Enterprise Edition wieder aufgehoben worden.

StreamInsight jetzt auch für kleinere Editionen verwendbar

Das bisher der Datacenter Edition und der Parallel Data Warehouse Edition vorbehaltene StreamInsight, mit dem sich eine Echtzeitdatenverarbeitung von komplexen Ereignissen realisieren lässt, ist nun auch für kleinere Editionen nutzbar. So gibt es für SQL Server 2012 Enterprise eine Premium-Edition von StreamInsight, die auch Hochverfügbarkeit unterstützt, während die Standard-Edition von StreamInsight mit SQL Server 2012 sogar für die Standard und Web Edition verwendbar ist.

SQL Server Parallel Data Warehouse Edition

Die Parallel Data Warehouse Edition ist eigentlich keine wirklich separate Edition, sondern vom Funktionsumfang mit der Enterprise Edition vergleichbar, jedoch auf massiv parallele Verarbeitung von Datenbanken bis zu über einem Petabyte (1 PB = 1.000 TB) ausgelegt. Da spätestens hier auch eine optimale Abstimmung der Hardware auf die Anforderungen nötig ist, ist diese Edition nicht als selbst zu installierende Software verfügbar, sondern wird ausschließlich durch Microsoft-Partner als fertig konfigurierte Komplettlösung zusammen mit zertifizierter Hardware angeboten.

Um die massiv parallele Verarbeitung zu nutzen, können mehrere Server wahlweise als sogenannte Control Nodes oder Compute Nodes miteinander arbeiten. Dazu ist eine Partitionierung von extrem großen Tabellen über mehrere Knoten hinweg (Sharding) möglich.

SQL Server Developer Edition

Die Developer Edition stellt eine Besonderheit dar, da sie alle Features der Enterprise Edition beinhaltet, jedoch mittlerweile kostenlos erhältlich ist.[2] Die Ursache dafür erklärt sich daraus, dass die Developer Edition nicht zum produktiven Serverbetrieb lizenziert ist, sondern lediglich zur Entwicklung von Datenbanken bzw. Datenbankanwendungen. Dazu gibt es noch eine weitere Abweichung, die die Developer Edition interessant macht: Während die Enterprise Edition nur auf den Servervarianten von Windows eingesetzt werden kann, lässt sich die Developer Edition auch auf den Arbeitsplatzversionen – wie beispielsweise Windows 10 – installieren und verwenden.

Daher ist es in vielen Entwicklerteams üblich, dass die Entwickler lokal mit einer Developer Edition entwickeln und die größeren Editionen wie beispielsweise Standard oder Enterprise Edition lediglich als Staging- und Testserver zum Einsatz kommen.

SQL Server LocalDB

Bei allen zuvor genannten Editionen – mit Ausnahme von SQL Server Compact – wird seit SQL Server 2012 die SQL Server LocalDB mitgeliefert, die aber auch separat aus dem Internet heruntergeladen werden kann. Dabei handelt es sich um eine Variante von SQL Server Express, die nicht im Kontext eines Serverdiensts läuft, sondern als Benutzerins-

2 Vor einiger Zeit waren hier noch geringe Lizenzkosten fällig. Mit der Einführung von SQL Server 2016 ist Microsoft dazu übergegangen, die Developer Edition von SQL Server 2016 (und auch die Vorgängerversion SQL Server 2014) für Entwicklungszwecke kostenfrei zum Download anzubieten. Dies wurde auch für die Developer-Editionen von SQL Server 2017, 2019 und 2022 beibehalten.

tanz bei Bedarf gestartet wird. Im Gegensatz zu SQL Server Compact ist sie voll kompatibel zur jeweils passenden Version von SQL Server 2016, sodass diese Komponente zumindest im Desktopbereich die Compact Edition ablösen dürfte.

SQL Azure

Im Zusammenhang mit der neuen Windows Azure Service Platform wird natürlich auch ein entsprechender Datenbankservice angeboten. Dieser war ursprünglich unter dem Namen SQL Data Services geplant, wurde inzwischen aber durch SQL Azure abgelöst. In beiden Fällen handelt es sich aber nicht um ein Produkt, das Sie auf einem lokalen Server installieren können, sondern um einen Service, der in einem Microsoft Data Center gehostet wird. Mittlerweile wurde aus SQL Azure die Azure SQL Datenbank (Azure SQL Database), zu der später als Alternative auch noch die Verwaltete Azure SQL Instanz (Azure SQL Managed Instance) dazu kam.

Beide Varianten werden in *Kapitel 21, SQL Server und die Cloud*, ausführlicher behandelt.

Übungen zu diesem Kapitel

In diesem Abschnitt finden Sie einige Übungen, mit denen Sie das in diesem Kapitel Erlernte vertiefen können. Die richtigen Antworten und Lösungen finden Sie in *Anhang C* dieses Buchs.

Übung 2.1

Wodurch unterscheidet sich das mit SQL Server 2022 neu überarbeitete Intelligent Query Processing NextGen von der Vorversion?

Übung 2.2

Welche Möglichkeit bietet SQL Server neben dem XML-Format noch, um nicht einheitlich strukturierte Daten zu speichern?

Übung 2.3

Welche der beiden verfügbaren Express-Editionen (Express, Express mit Advanced Services) können Sie verwenden, wenn Sie die SQL Server Reporting Services nutzen möchten?

Übung 2.4

Wodurch unterscheiden sich Enterprise und Developer Edition von SQL Server?

Zusammenfassung

Nach einem kurzen Überblick über die Historie des Produkts hat dieses Kapitel Sie mit den Neuerungen der 2022er-Generation des SQL Server vertraut gemacht.[3]

Änderungen an der Datenbank-Engine:

- Intelligent Query Processing NextGen
- Query Store standardmäßig aktiviert
- T-SQL-Erweiterungen

Zusammenarbeit mit der Cloud:

- Verbindung mit einer Azure SQL Managed Instance
- Analysieren von On-Premise-Datenbanken mit Azure Synapse Link
- Verwalten und Klassifizieren von On-Premise-Daten mit Azure Purview

Überarbeiteter BI Stack:

- Machine Learning: Neben R und Python wird nun auch Java unterstützt.

Sonstiges:

- SQL Server Ledger zur Sicherstellung der Datenintegrität
- Nutzung von SQL Server mit Kubernetes

Anschließend haben Sie einen Überblick über die verschiedenen Editionen des SQL Server bekommen:

- SQL Server Compact Edition kostenfreies, prozessintern verwendetes Datenbankmodul, das in Form von Assemblies mit eigenen Anwendungen verteilt werden kann
- SQL Server Express Edition kostenfreie Variante des SQL Server, die vor allem für Privatanwender sowie zum Kennenlernen der SQL Server-Produktfamilie geeignet ist
- SQL Server Web Edition für den Einsatz auf Webservern optimierte Variante, die nicht pro Client, sondern ausschließlich pro Prozessorkern und Nutzungsmonat lizenziert wird
- SQL Server Standard Edition Standardvariante des SQL Server, die für kleinere und mittelgroße Unternehmen konzipiert ist
- SQL Server Business Intelligence Edition Edition, die für die Nutzung im BI-Umfeld optimiert ist
- SQL Server Enterprise Edition Edition, die für große Unternehmen gedacht und auf Stabilität und optimale Skalierbarkeit ausgelegt ist
- SQL Server Developer Edition gleicher Funktionsumfang wie die Enterprise Edition, aber nur zu Entwicklungszwecken lizenziert

3 Die folgende Liste der Neuerungen erhebt keinen Anspruch auf Vollständigkeit, da die Neuerungen von SQL Server 2022 sehr vielfältig sind und eine komplette Auflistung aller Änderungen den Rahmen dieses Buchs sprengen würde.

- SQL Server Parallel Data Warehouse Edition vom Funktionsumfang mit der Enterprise Edition vergleichbar, wird aber als Komplettlösung zusammen mit zertifizierter Hardware angeboten
- SQL Azure Cloud-basierte Variante des SQL Server

Nun wird es Zeit, die Express Edition von SQL Server zu installieren, damit Sie das Produkt gleich ausprobieren können.

Kapitel 3
Installation und erste Schritte

In diesem Kapitel lernen Sie

- welche Systemvoraussetzungen für die Installation von SQL Server 2022 Express erfüllt sein müssen
- wo Sie die Installationsdateien für SQL Server 2022 Express erhalten können
- welche Einstellungen bei der Installation vorzunehmen sind
- welche die wichtigsten Tools für SQL Server sind und was Sie damit machen können

Systemvoraussetzungen

Um SQL Server installieren zu können, muss eine Reihe von Systemvoraussetzungen gegeben sein, die sich sowohl auf die Hardware als auch auf die Software Ihres PCs beziehen. Je nachdem, welche Variante von SQL Server Express Sie installieren möchten, unterscheiden sich diese ein wenig. Sofern aber im Folgenden nicht explizit darauf hingewiesen wird, gelten die Beschreibungen für beide verfügbaren Varianten (SQL Server 2022 Express und SQL Server 2022 Express mit Advanced Services).

Hardwarevoraussetzungen

Prozessor:

- Intel-kompatibler x64-Prozessor mit mindestens 1,4 GHz
- generell werden 2 GHz oder mehr empfohlen
- nur ein einzelner Prozessor wird unterstützt

Hauptspeicher:

- mindestens 512 MB RAM
- 1 GB oder mehr werden empfohlen

Festplatte:

- 6,6 GB freier Festplattenspeicherplatz für SQL Server 2022 Express mit Advanced Services
- der Platzbedarf für die Variante ohne Tools und Advanced Services ist entsprechend geringer
- während der Installation wird temporär zusätzlicher Platz für die entpackten Installationsdateien benötigt

Generell muss man die Prozessorfrequenz nicht ganz so genau nehmen, wichtiger sind der freie Plattenplatz, damit das Produkt überhaupt installiert werden kann, sowie die Angaben zum Hauptspeicher, damit SQL Server auch in vertretbarer Geschwindigkeit ausgeführt wird.

Will man die SQL Server-Performance durch Aufrüstung der Hardware steigern, lässt sich das am einfachsten und günstigsten durch Vergrößern des Hauptspeichers erreichen.

Softwarevoraussetzungen

Im Gegensatz zu den größeren Varianten von SQL Server, die (mit Ausnahme der Developer Edition) nur auf den Windows Server-Varianten lauffähig sind, können Sie SQL Server 2022 Express auch auf den gängigen Desktopbetriebssystemen nutzen. Da analog zu Windows Server mittlerweile auch SQL Server nur noch in der 64-Bit-Variante verfügbar ist, muss bei den Desktopbetriebssystemen darauf geachtet werden, dass hier ebenfalls die 64-Bit-Variante zum Einsatz kommt.

Unterstützte Betriebssysteme:

- Windows 10 (64 Bit) Home / Professional / Enterprise / IoT Enterprise
- Windows 11 (64 Bit) Home / Professional / Enterprise / IoT Enterprise
- Windows Server 2016 Essentials / Standard / Datacenter / Core
- Windows Server 2019 Essentials / Standard / Datacenter / Core
- Windows Server 2022 Essentials / Standard / Datacenter / Core

Betriebssysteme und Service Packs

Generell ist es empfehlenswert, immer das aktuellste final verfügbare Service Pack zum verwendeten Betriebssystem zu installieren (also keine Betaversionen!).

Neben dieser Grundvoraussetzung sind noch ein paar weitere Komponenten – wie beispielsweise das .NET Framework 4.7.2 – erforderlich, die bei Bedarf automatisch mitinstalliert werden. Die Installation wird vom Setup-Programm bei Bedarf automatisch vorgenommen. Nur wenn hierbei Probleme auftreten, ist es sinnvoll, sie vorab separat zu installieren. Die Installation der Komponenten ist selbsterklärend. Lediglich die Lizenzbedingungen müssen akzeptiert werden.

Installation

Nachdem die entsprechenden Voraussetzungen erfüllt sind, kann endlich die eigentliche Installation von SQL Server beginnen. Je nach benötigter Funktionalität haben Sie zwei verschiedene Varianten von SQL Server 2022 Express zur Auswahl. Sofern Sie über ausreichend Plattenplatz verfügen, wird die Installation der umfangreicheren Variante (SQL Server 2022 Express mit Advanced Services) empfohlen, die auch im Folgenden beschrieben wird. Bei der kleineren Variante fällt der eine oder andere Installationsschritt weg.

Benutzerkontensteuerung

Jeweils kurz nach dem Start der Installation von SQL Server oder auch der später nachzuinstallierenden Zusatzpakete kann es sein (je nach verwendetem Betriebssystem), dass das Betriebssystem einen Sicherheitshinweis bringt, in dem Ihnen die folgende Frage gestellt wird: Möchten Sie zulassen, dass durch diese App Änderungen an Ihrem Gerät vorgenommen werden?

Dies ist unbedingt zu bejahen, da die Installation sonst nicht fortgesetzt werden kann. Hintergrund ist, dass Windows erkennt, dass ein Programm versucht, in die Systemverzeichnisse zu schreiben. Für die Installation von SQL Server ist das erforderlich.

Download von SQL Server 2022 Express

Der Link zum Download von SQL Server 2022 Express ist auf der folgenden Website zu finden:

https://www.microsoft.com/de-de/sql-server/sql-server-downloads

Auf dieser Seite sind die Downloadlinks zu verschiedenen Varianten von SQL Server zusammengefasst. Neben Links zum Einstieg in SQL Server in der Azure Cloud oder auf IoT-Geräten führt Sie ein Link zu einem Formular, mit dem man eine zeitlich begrenzte Testversion von SQL Server anfordern kann. Etwas weiter unten auf der Seite sind die Links für die kostenfreien Editionen (Developer und Express) zu finden.

32 oder 64 Bit

Während man bei älteren Versionen von SQL Server noch die Auswahl zwischen einer 32-Bit- und einer 64-Bit-Variante hatte, ist SQL Server seit der Version 2016 nur noch in der 64-Bit-Variante verfügbar. Einerseits ist dadurch zwingend die Verwendung eines 64-Bit-Betriebssystems Voraussetzung für die Installation von SQL Server, andererseits ist aber auch sichergestellt, dass der volle Hauptspeicher des Rechners genutzt werden kann.

Wenn Sie nun bei der Express Edition auf die Schaltfläche Jetzt herunterladen klicken, wird die etwa 4 MB große Datei *SQL2022-SSEI-Expr.exe* heruntergeladen und im standardmäßig definierten Downloadordner (z.B. *C:\Users\rpanther\Downloads*) abgelegt.

Durch Aufrufen dieser Datei (idealerweise im Admin-Modus, indem man die Datei im Windows Explorer mit der rechten Maustaste anklickt und dann Als Administrator ausführen auswählt) wird die Installation gestartet. Dabei stehen folgende Optionen zur Auswahl[1]:

- **Standard** Hierüber werden lediglich die Serverkomponenten in einer Standardkonfiguration installiert.
- **Benutzerdefiniert** Mit dieser Auswahl werden die Dateien für SQL Server Express mit Advanced Services in einer selbstextrahierenden Archivdatei heruntergeladen und sofort entpackt. Anschließend wird automatisch die Datei *SETUP.EXE* aufgerufen, wodurch die eigentliche Installation gestartet wird.
- **Medien herunterladen** Diese Option bietet die Möglichkeit, das komplette Paket für Express Core, Express Advanced oder auch nur die LocalDB als selbstextrahierende Archivdatei herunterzuladen, um sie zu einem späteren Zeitpunkt (bei Bedarf auch auf einem Rechner, der nicht mit dem Internet verbunden ist) zu installieren.

Für die maximale Auswahl dessen, was genau installiert wird, bei möglichst geringem Aufwand wählen Sie hier die Option *Benutzerdefiniert*. Anschließend müssen Sie nur noch einen Medienspeicherort angeben. Damit ist ein Verzeichnis gemeint, in dem die eigentlichen Installationsdateien abgelegt werden.

Installationsdateien löschen oder aufbewahren?

Nach erfolgter Installation können Sie das Medienverzeichnis wieder komplett löschen. Um einer bereits durchgeführten Installation später weitere Komponenten hinzuzufügen oder auch eine beschädigte Installation reparieren zu können, empfiehlt es sich, die Installationsdateien dort liegen zu lassen (sofern Sie über ausreichend Plattenplatz verfügen).

Alternativ können Sie die Dateien nach der Installation auch auf einen anderen Datenträger (beispielsweise eine externe Festplatte) verschieben, um auf diese bei Bedarf schnell wieder zugreifen zu können.

Installation von SQL Server Express mit Advanced Services

Nachdem die eigentlichen Installationsdateien entpackt sind und die Installation automatisch gestartet wurde, erscheint nach einiger Zeit das *SQL Server-Installationscenter*. Über das Menü auf der linken Seite lassen sich verschiedene Bereiche aufrufen, die jeweils unterschiedliche Auswahlmöglichkeiten bieten: angefangen bei der Vorbereitung einer Installation (*Planen*) über die Installation selbst, die Wartung danach und einige Extras bis hin zu einer Übersicht mit Links auf weitere Informationsquellen zum Thema (*Ressourcen*).

Wenn Sie sichergehen wollen, können Sie die auf der ersten Seite angebotene *Systemkonfigurationsprüfung* ausführen oder aber gleich auf der zweiten Seite des Installationscenters mit der eigentlichen Installation beginnen. Wählen Sie dazu die Option *Neue eigenständige SQL Server-Installation oder Hinzufügen von Funktionen zu einer vorhandenen Installation.*

1 Bei allen drei Varianten können Sie die Sprache auswählen, in der Sie SQL Server installieren möchten. Auch wenn für die Beispiele und Screenshots in diesem Buch die deutsche Version verwendet wurde, ziehen viele Entwickler es vor, mit englischen Versionen zu arbeiten, was natürlich genauso geht.

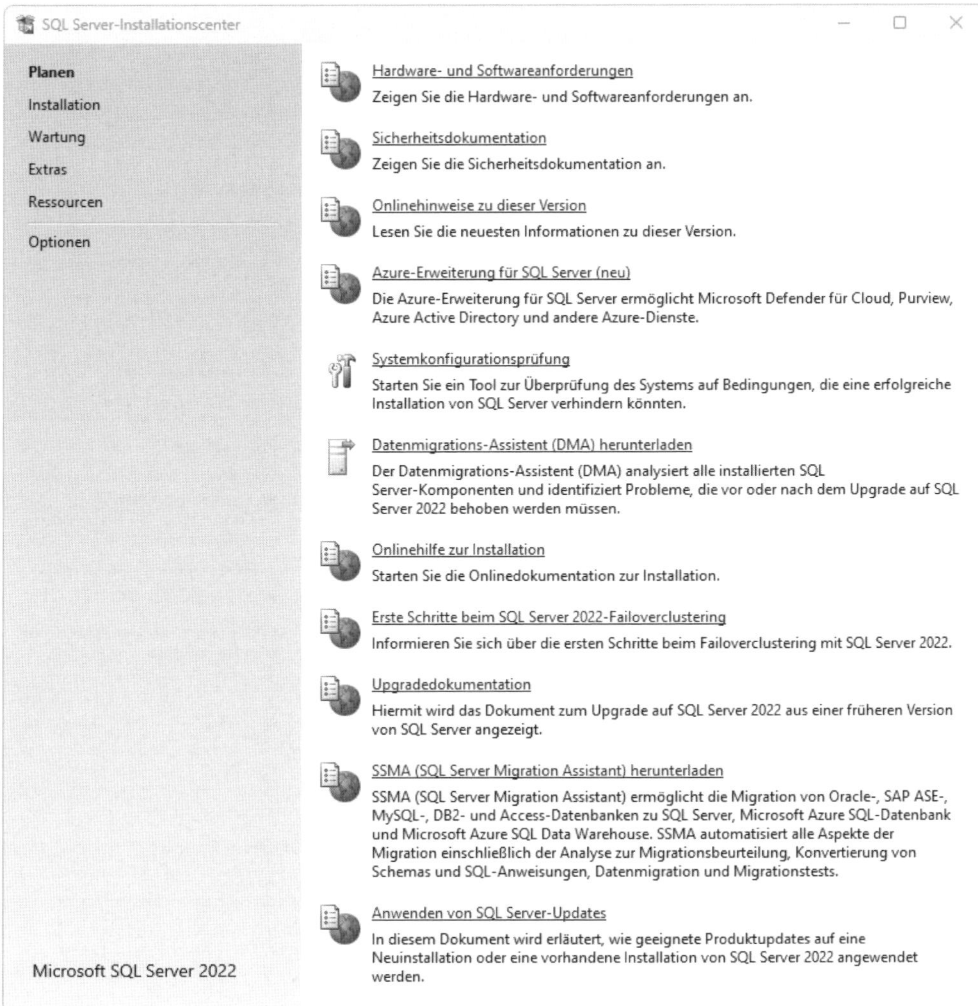

Abbildung 3.1: Das SQL Server-Installationscenter

Es folgt ein Dialogfeld, in dem Sie die Lizenzbedingungen präsentiert bekommen und bestätigen müssen, dass Sie diese akzeptieren. Anschließend können Sie über ein Optionsfeld auswählen, ob automatisch nach Aktualisierungen für SQL Server gesucht werden darf (was zu empfehlen ist), die daraufhin auch automatisch installiert werden.

Nach der anschließenden Installation der Setup-Dateien folgen einige Tests zur Systemkonfiguration (hier *Installationsregeln* genannt) sowie ein Dialogfeld, in dem die Azure-Erweiterungen für SQL Server aktiviert und deren Zugriff konfiguriert werden kann. Da dies ausführlicher in *Kapitel 21, SQL Server und die Cloud*, behandelt wird, können Sie hier das Häkchen vorerst entfernen, sodass wir uns zu gegebener Zeit damit befassen können.

Im nächsten Schritt (*Funktionsauswahl*) geht es weiter mit der Auswahl der zu installierenden Features.

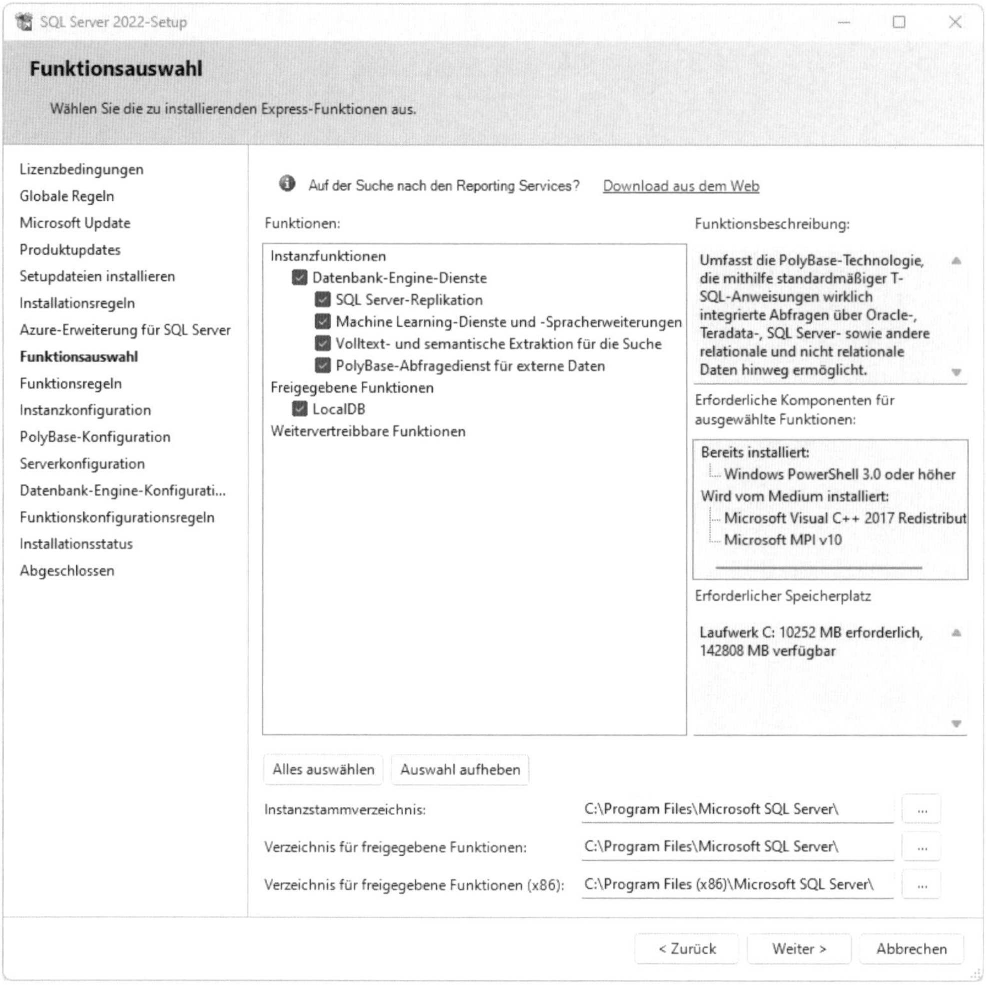

Abbildung 3.2: Die Auswahl der zu installierenden Features

Die *Datenbank-Engine-Dienste* sind Grundvoraussetzung, wenn Sie mit dem SQL Server arbeiten wollen. Die Features *SQL Server-Replikation*, *Machine Learning-Dienste und -Spracherweiterungen*, *Volltext- und semantische Extraktion für die Suche* sowie *PolyBase-Abfragedienst für externe Daten* sind optional, einige davon werden aber später in diesem Buch noch benötigt, sodass Sie auch diese auswählen sollten.

Reporting Services

Wenn Sie bereits ältere Versionen von SQL Server installiert haben, werden Sie in der Feature-Auswahl die Reporting Services vermissen. Diese können hier nicht mehr direkt ausgewählt werden, sondern werden über einen separaten Download aus dem Internet heruntergeladen und installiert. Eine genauere Beschreibung dazu folgt später in diesem Kapitel.

Unter *Freigegebene Funktionen* waren früher jede Menge Zusatzoptionen auswählbar, darunter diverse SDKs und Dokumentationskomponenten. Mittlerweile hat Microsoft hier etwas aufgeräumt, sodass nun nur noch die LocalDB auszuwählen ist. Bei der *LocalDB* handelt es sich um die mit SQL Server 2012 eingeführte Variante von SQL Server, die als Benutzerinstanz läuft und erst bei Bedarf gestartet wird.

Wenn Sie genügend Platz auf der Festplatte haben, empfiehlt es sich, diese gleich mit zu installieren, denn eine spätere Nachinstallation einzelner Bestandteile ist zwar möglich, kostet aber immer viel Zeit.

SQL Server Management Studio und SQL Server Data Tools

Wenn Sie bereits mit älteren Versionen von SQL Server gearbeitet haben, vermissen Sie an dieser Stelle vielleicht die Optionen *SQL Server Data Tools* und *Verwaltungstools – Einfach* (SQL Server Management Studio). Seit Version 2016 hat Microsoft die Installationsroutinen für die Server- und Clienttools aber bewusst getrennt, was verschiedene Vorteile mit sich bringt:

- Für die Clienttools können häufiger Updates bereitgestellt werden, ohne die Serverinstallation verändern zu müssen. So gibt es derzeit für das SQL Server Management Studio etwa jeden Monat eine neue Version.
- Wenn Sie mit unterschiedlichen Versionen von SQL Server arbeiten, reicht es künftig aus, lediglich die neueste Version von SQL Server Management Studio und SQL Server Data Tools installiert zu haben. Diese können Sie dann auch mit älteren SQL Server-Versionen nutzen.

Daher erfolgt die Installation der Clienttools zu einem späteren Zeitpunkt.

Sowohl für die SQL Server-Instanz als auch für die freigegebenen Funktionen wird das jeweilige Installationsverzeichnis angezeigt. Dazu gibt es eine Anzeige des benötigten und verfügbaren Speicherplatzes auf den beteiligten Laufwerken, sodass man bei Bedarf die Verzeichnisse ändern kann.

Nach der anschließenden Funktionsüberprüfung, mit der noch einmal sichergestellt wird, dass auch alle erforderlichen Softwarevoraussetzungen erfüllt sind, geht es weiter mit der Konfiguration der SQL Server-Instanz.

SQL Server-Instanzen

Die Begriffe Server, SQL Server und SQL Server-Instanz werden oft durcheinandergebracht, daher finden Sie an dieser Stelle eine Klärung der jeweiligen Bedeutung:

- **Server** bezeichnet normalerweise die Gesamtheit der Serverhardware mit darauf laufendem Serverbetriebssystem (also beispielsweise Windows Server 2022).
- **SQL Server** wird im alltäglichen Sprachgebrauch oft für die Gesamtheit aus SQL Server-Software und der Hardware, auf der diese läuft, verwendet. Streng genommen bezeichnet der Begriff SQL Server allerdings lediglich die Datenbank-Management-Software, die auf dieser Hardware läuft, zumal SQL Server auch der offizielle Produktname für die entsprechende Software von Microsoft ist. Verwirrung kann insbesondere dadurch aufkommen, dass oft die Versionsnummern für den SQL Server und das Betriebssystem, das auf der Serverhardware läuft (also beispielsweise Windows Server 2019 oder Windows Server 2022) durcheinandergebracht werden.

- **SQL Server-Instanz** ist als Begriff schwieriger klar verständlich zu definieren. Im Prinzip geht es dabei darum, dass auf einer Hardware mehrere SQL Server-Instanzen (derselben oder unterschiedlicher Editionen und Versionen) laufen können, die unabhängig voneinander agieren. Dies wird beispielsweise gern genutzt, um Entwicklungs- und Testumgebung klar voneinander zu trennen, auch wenn es dafür nur eine Serverhardware gibt. Dazu erhalten die SQL Server-Instanzen separate Namen. Der Zugriff auf diese benannten Instanzen erfolgt dann durch Angabe des Rechnernamens (oder dessen IP-Adresse) gefolgt vom Namen der Instanz. Eine einzige Instanz pro Rechner kann als Standardinstanz definiert werden, für die dann die Angabe des Rechnernamens (oder dessen IP-Adresse) ausreicht. Dies ist auch der Standardfall, wenn Sie auf einem Rechner nur eine Instanz installieren, wobei es prinzipiell zu empfehlen ist, generell benannte Instanzen zu verwenden.

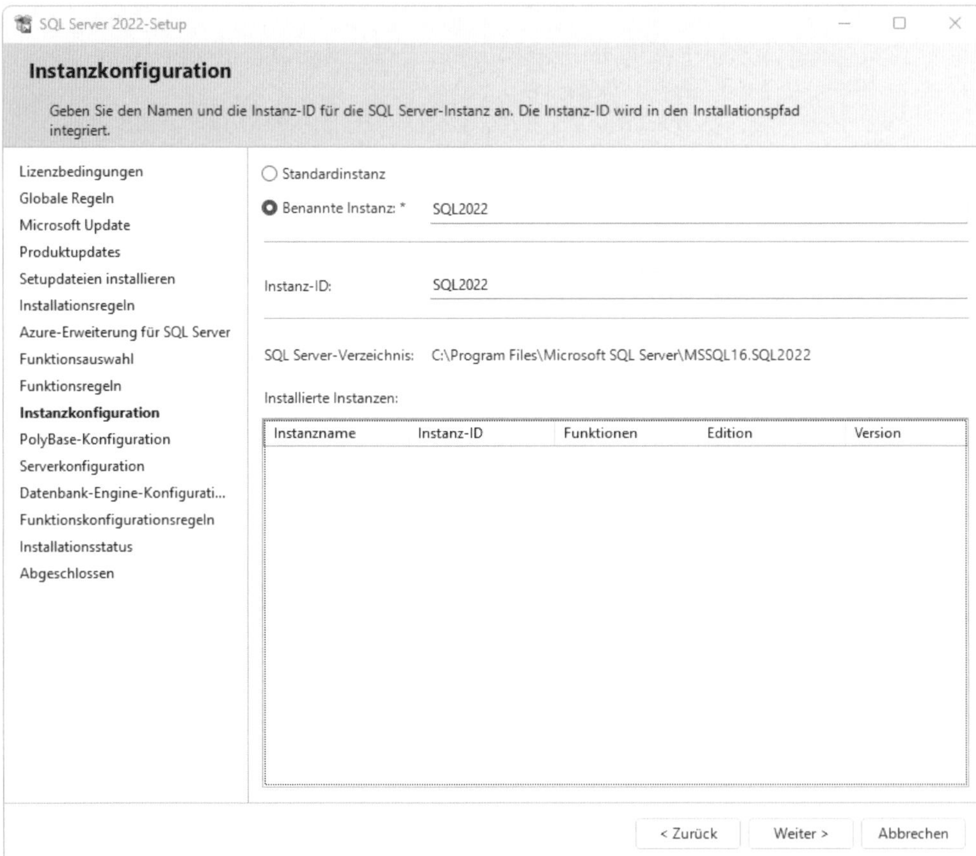

Abbildung 3.3: Die Instanzkonfiguration

Im oberen Bereich des Dialogfelds können Sie auswählen, ob es sich bei dem zu installierenden SQL Server um die Standardinstanz oder eine benannte Instanz handeln soll, und im letzteren Fall gleich den Instanznamen angeben. Sollten irgendwann einmal mehrere Instanzen auf dem Rechner installiert sein, ist es sinnvoll, im Instanznamen zumindest die Version des SQL Server unterzubringen, in diesem Fall also beispielsweise »SQL2022«. (Als Voreinstellung schlägt das Installationsprogramm zwar *SQLExpress* vor, es ist jedoch wahrscheinlicher, dass Sie im Laufe der Zeit unterschiedliche Versionen von SQL Server auf einem Rechner installiert haben als unterschiedliche Editionen der gleichen Version.)

Der Instanzname wird auch automatisch als Instanz-ID übernommen, was sich zwar ändern lässt, aber nicht nötig ist. Auf Basis des zuvor definierten Instanzstammverzeichnisses und des Instanznamens wird hier auch das Verzeichnis für den SQL Server angezeigt. (Der Name des Unterverzeichnisses setzt sich aus dem Instanzstammverzeichnis, dem jeweiligen SQL Server-Dienst, der internen SQL Server-Versionsnummer und der Instanz-ID zusammen.)

Darunter ist eine Auflistung eventuell bereits vorhandener SQL Server-Instanzen zu sehen.

Im nächsten Schritt folgt die PolyBase-Konfiguration, bei der Sie die Vorauswahl für den Portbereich einfach beibehalten können.

Anschließend geht es weiter mit der Konfiguration der Serverdienste.

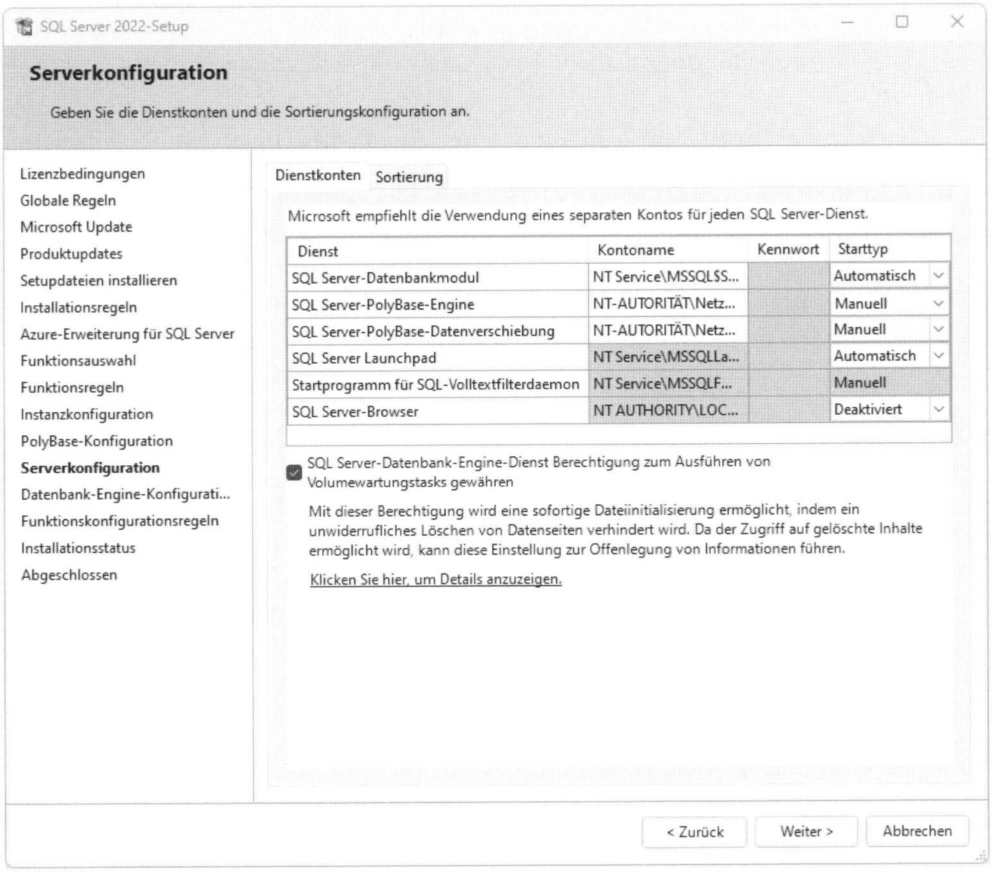

Abbildung 3.4: Konfiguration der Serverdienste

Hier ist anzugeben, wie mit den vom SQL Server benötigten Diensten verfahren werden soll. Dies sind das *SQL Server-Datenbankmodul* (der eigentliche SQL Server-Prozess), die *SQL Server-PolyBase-Engine*, die *SQL Server-PolyBase-Datenverschiebung*, das *SQL Server*

Launchpad, das *Startprogramm für den SQL-Volltextfilterdaemon* (wird im Zusammenhang mit der Volltextsuche benötigt) und der *SQL Server-Browser*.

Zusätzliche Dienste der größeren SQL Server-Editionen

Wenn Sie eine größere Edition von SQL Server installieren, erscheinen an dieser Stelle natürlich auch die anderen Dienste (sofern Sie die entsprechenden Features zur Installation ausgewählt haben). Das sind der SQL Server Agent, die SQL Server Analysis Services sowie die SQL Server Integration Services.

Für jeden dieser Dienste ist der Starttyp auszuwählen, der angibt, ob der Dienst beim Systemstart (also bereits bevor ein Benutzer angemeldet ist) automatisch gestartet wird, manuell gestartet werden muss oder komplett deaktiviert ist. Zumindest das SQL Server-Datenbankmodul sollte auf *Automatisch* gestellt werden, die anderen Dienste können auf *Manuell* oder *Deaktiviert* stehen, da sie sich bei Bedarf später leicht aktivieren und starten lassen. Der Einfachheit halber können Sie aber auch die Voreinstellung weitgehend beibehalten und nur die beiden PolyBase-Dienste auf *Manuell* stellen, da Sie diese erst mal nicht benötigen. Die Einstellungen für die übrigen Dienste lassen sich auch später noch problemlos ändern.

Außerdem muss für jeden Dienst ein Konto angegeben werden, unter dem (also auch mit dessen Berechtigungen) der Dienst läuft. Für produktive Datenbankserver in großen Netzwerken wird generell empfohlen, separate User für jeden Dienst zu erstellen und diesen gezielt nur die Berechtigungen zuzuweisen, die für den jeweiligen Dienst benötigt werden. (In diesem Fall wären hier die entsprechenden Kennwörter mit anzugeben.) Auch an dieser Stelle kann inzwischen die Voreinstellung ohne Sicherheitsbedenken beibehalten werden, da mittlerweile für die meisten Dienste automatisch ein entsprechender Dienst-User angelegt wird. Lediglich der SQL Server-Browser nutzt das Benutzerkonto *Lokaler Dienst*.

Standardbenutzerkonten

Sofern Sie keine selbst erstellten Benutzerkonten verwenden, stehen Ihnen folgende Standardbenutzerkonten zur Verfügung:

- **Lokales System (Local System)** ist ein lokales Systemkonto, das über weitreichende Rechte auf dem Rechner selbst, aber nicht im Netzwerk verfügt.
- **Lokaler Dienst (Local Service)** ist vergleichbar mit Local System, allerdings mit dem Unterschied, dass dieses Konto keine Berechtigung zur Anmeldung an die Benutzeroberfläche des Betriebssystems hat, da es speziell für die Nutzung von Diensten vorgesehen ist.
- **Netzwerkdienst (Network Service)** ist ein Systemkonto, das im Gegensatz zu den beiden zuvor genannten auch über die Berechtigung für Netzwerkzugriffe verfügt.

Egal für welche Benutzerkonten und Starttypen Sie sich entscheiden, Sie können auch diese Einstellungen später problemlos wieder ändern, ohne eine erneute Installation durchführen zu müssen.

Zur Liste der Dienstkonten ist seit SQL Server 2016 eine weitere neue Option hinzugekommen:

Hinter der etwas unhandlichen Bezeichnung *SQL Server-Datenbank-Engine-Dienst Berechtigung zum Ausführen von Volumewartungstasks gewähren* verbirgt sich die Option, SQL Server eine sogenannte sofortige Dateiinitialisierung zu ermöglichen. Damit können neue Datenbankdateien schneller bereitgestellt werden, indem diese nicht explizit mit 0-Bytes überschrieben werden. Dies ist lediglich für Umgebungen mit sehr hohen Sicherheitsanforderungen nicht zu empfehlen, da rein theoretisch die Möglichkeit besteht, mit Tricks auf bereits gelöschte Daten wieder zugreifen zu können, sofern diese noch nicht überschrieben wurden. Bei normalen Sicherheitsanforderungen, wie sie auf den meisten Entwickler-PCs gelten, können Sie dieses Optionsfeld guten Gewissens markieren, um sich die Möglichkeit der sofortigen Dateiinitialisierung offenzuhalten.

Im selben Schritt befindet sich auf der Registerkarte *Sortierung* noch die Möglichkeit, die Standardsortierung für die SQL Server-Instanz festzulegen. Im Normalfall kann hier aber die Vorauswahl *Latin1_General_CI_AS* beibehalten werden. (Die Erläuterung zu dieser etwas kryptischen Bezeichnung ist direkt darunter zu sehen. Bei der Vorauswahl sehen Sie das Kürzel CI für *Case Insensitive*, also ohne Unterscheidung der Groß-/Kleinschreibung. Das Kürzel AS steht für *Accent Sensitive*, also Unterscheidung nach Akzent.)

Auch im nächsten Schritt geht es um Konten und Berechtigungen, allerdings nun darum, mit welchen Konten sich eine Anwendung oder ein Benutzer am Datenbankserver anmelden kann. Hier sind zwei verschiedene Arten der Authentifizierung möglich:

- **Windows-Authentifizierung** bedeutet, dass die Authentifizierung durch das Betriebssystem erfolgt, also Benutzer und Passwörter des Betriebssystems verwendet werden, um sicherzustellen, dass der angemeldete Benutzer auch der ist, für den er sich ausgibt.
- **SQL Server-Authentifizierung** bedeutet, dass die Authentifizierung durch ausschließlich vom SQL Server verwaltete Benutzer und Passwörter erfolgt. Allerdings lässt sich dieser Authentifizierungsmodus nicht allein aktivieren, sodass er lediglich zusammen mit der Windows-Authentifizierung als sogenannter *Gemischter Modus* ausgewählt werden kann.

Wenn Sie den gemischten Modus verwenden, ist noch ein Kennwort für den SQL-Systemadministrator-User anzugeben. Dieser Benutzer hat den Benutzernamen *sa* und wird automatisch nach der Installation angelegt, sofern Sie den gemischten Authentifizierungsmodus nutzen.

Unabhängig vom gewählten Authentifizierungsmodus empfiehlt es sich, auch einen Betriebssystembenutzer zum Administrator zu machen. Im Normalfall wird man hier über die Schaltfläche *Aktuellen Benutzer hinzufügen* den Benutzer zum Administrator machen, der die Installation gestartet hat, mittlerweile ist dieser auch schon voreingestellt. Alternativ lassen sich ein oder mehrere andere Benutzer ebenfalls angeben bzw. auswählen.

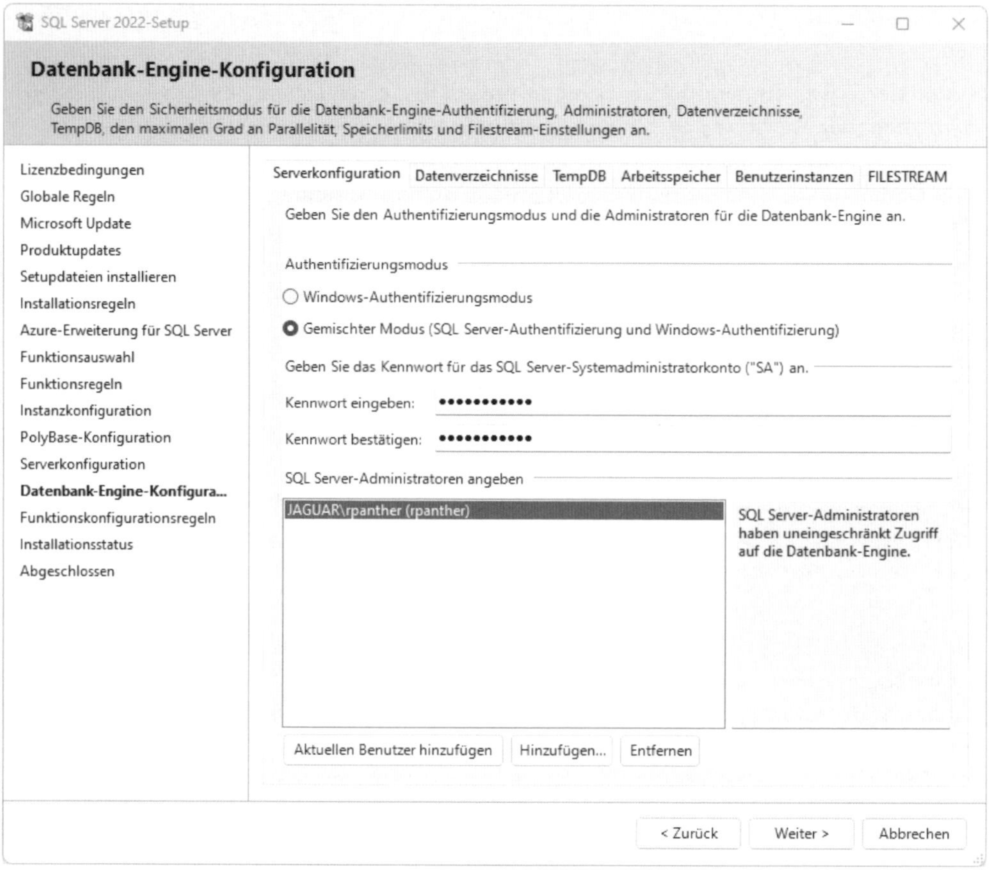

Abbildung 3.5: Auswahl des Authentifizierungsmodus und Konfiguration der Administratoren

Auf der Registerkarte *Datenverzeichnisse* können Sie verschiedene Verzeichnisse für Benutzerdatenbanken, Benutzerdatenbankprotokolle, Datenbanksicherungen sowie das Datenstammverzeichnis angeben. Auf einem produktiven Datenbankserver mit mehreren Festplattensystemen ist es aus Performancegründen sinnvoll, die gerade genannten Verzeichnisse auf getrennte Platten zu verteilen. Auf einem »normalen« PC sieht das natürlich anders aus, sodass Sie hier lediglich das Datenstammverzeichnis auf eine zweite Platte (oder Partition) legen sollten, sofern Sie über eine solche verfügen. Wenn Sie möchten, können Sie das Datenstammverzeichnis auch direkt im Root-Verzeichnis anlegen (z.B. *C:\SQLServer*), damit die Pfade zu den anderen Verzeichnissen – die entsprechend darunter einsortiert werden – nicht zu lang werden.

Bei Versionen vor SQL Server 2016 waren hier auch die Verzeichnisse für temporäre Datenbanken und deren Protokolle anzugeben. Diese sind mittlerweile auf eine separate Registerkarte (*TempDB*) gewandert, da man dort nun zusätzlich zu den Pfaden auch die Anzahl der TempDB-Datendateien sowie Anfangsgröße und Vergrößerungsschritte von Datendateien und Protokolldateien der TempDB angeben kann. Die vorgeschlagenen Werte entsprechen jedoch den Best Practices von Microsoft und können daher einfach übernommen werden.

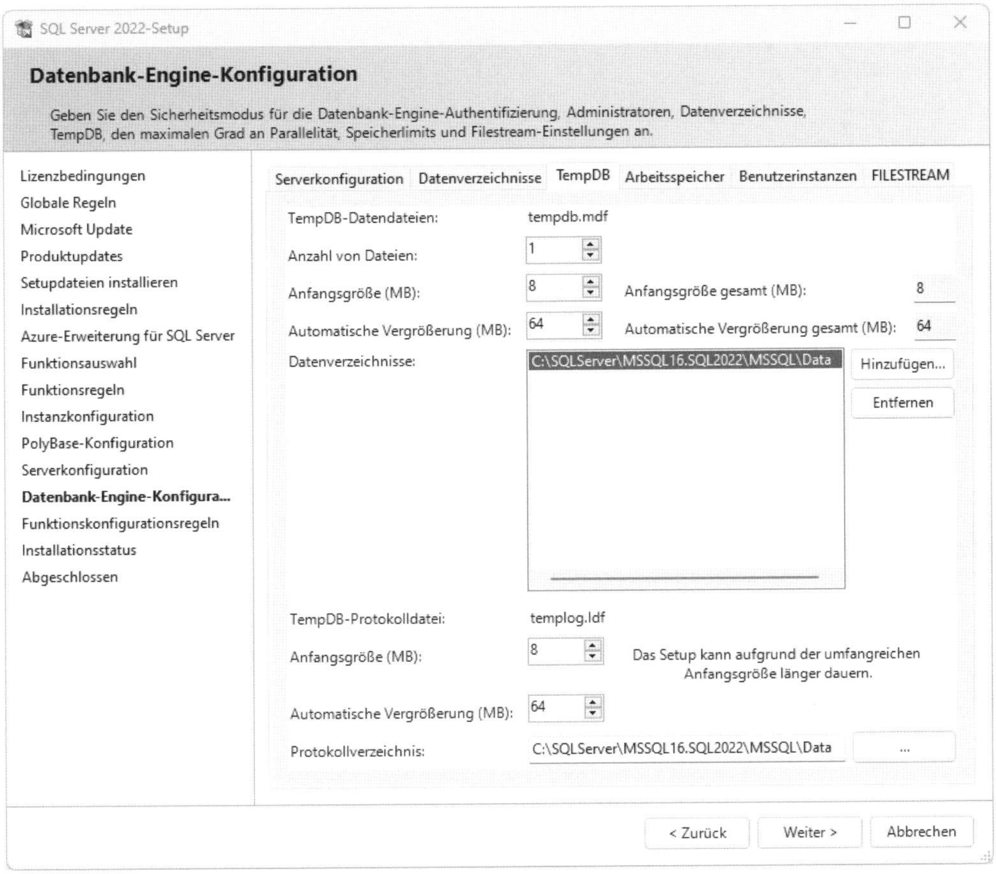

Abbildung 3.6: Konfiguration der TempDB

Während die Voreinstellung auf der Registerkarte *Benutzerinstanzen* ebenfalls beibehalten werden kann, sollten Sie auf der Registerkarte *FILESTREAM* die ersten beiden Optionen aktivieren, sodass dieses Feature später auch genutzt werden kann. Dabei aktiviert die erste Option das Filestream-Feature, während die zweite Option eine Windows-Freigabe für den Dateizugriff anlegt. Lediglich die dritte Option (*Zugriff von Remoteclients auf FILESTREAM-Daten zulassen*) sollte inaktiv bleiben, solange der Zugriff von einem separaten Rechner nicht explizit erwünscht ist.

Anschließend erfolgt eine weitere Prüfung einiger Installationsvoraussetzungen (hier *Funktionskonfigurationsregeln* genannt).

Sofern alle Voraussetzungen erfüllt sind, startet die eigentliche Installation von SQL Server, nach deren Abschluss eine Zusammenfassung angezeigt wird, aus der zu ersehen ist, welche Schritte erfolgreich verlaufen und wo Fehler aufgetreten sind.

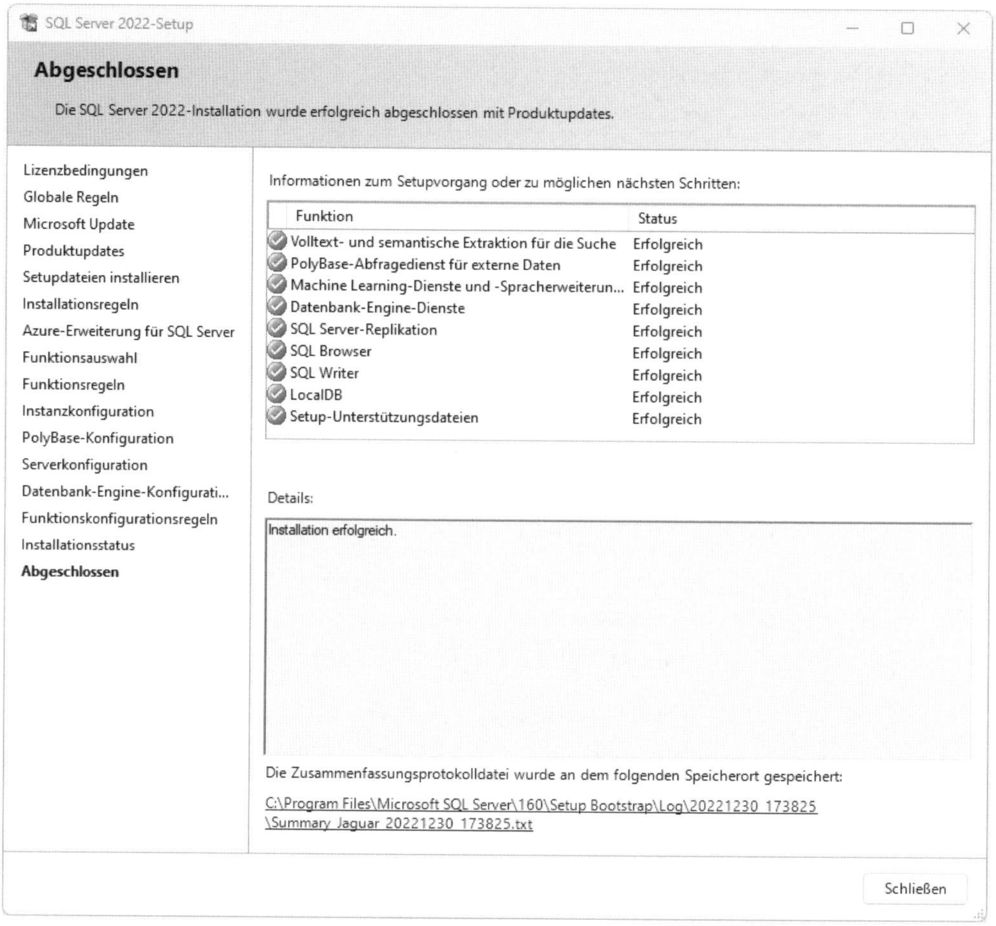

Abbildung 3.7: Meldung nach erfolgreicher Installation

Verhalten bei Installationsfehlern

Im unwahrscheinlichen Fall eines Installationsfehlers empfiehlt es sich, den Link für die Zusammenfassungsprotokolldatei aufzurufen, um weitere Details zu erhalten. Da die Fehlermeldungen leider für Einsteiger oft unverständlich oder gar irreführend sind, kann es in vielen Fällen auch zum Erfolg führen, die Installation einfach neu zu versuchen und vorher alle Anwendungen und nicht benötigten Dienste zu beenden. Insbesondere Virenscanner können eine erfolgreiche Installation leicht verhindern (denken Sie dann aber auf jeden Fall daran, die Virenscannersoftware nach der Installation wieder zu aktivieren).

Nach dem Schließen des Setup-Tools folgt dann in der Regel noch eine Meldung, die darauf hinweist, dass ein Computerneustart erforderlich ist, um den Setupvorgang zu komplettieren.

Installation der SQL Server Reporting Services

Seit SQL Server 2017 ist die Installation der SQL Server Reporting Services nicht mehr über die Komponentenauswahl bei der Installation des SQL Server möglich. Stattdessen gibt es nun ein separates Installationsprogramm, das jedoch auch über das SQL Server-Installationscenter gestartet werden kann.

Auf der Seite *Installation* finden Sie unter dem Link für die eigentliche Installation von SQL Server auch die Links für die Installation der SQL Server Reporting Services, der SQL Server-Verwaltungstools sowie der SQL Server Data Tools, die (wie weiter unten beschrieben) ebenfalls separat zu installieren sind.

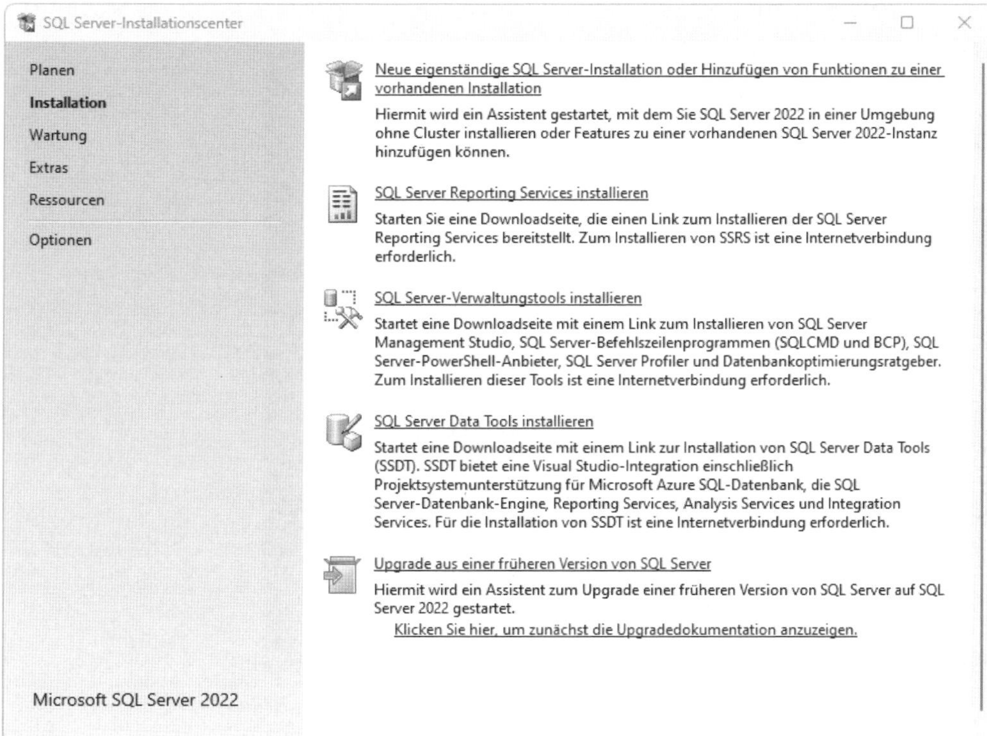

Abbildung 3.8: Links zur Installation verschiedener Komponenten von SQL Server

SQL Server Reporting Services

Wenn Sie die Reporting Services installieren möchten, ohne dafür den Weg über das SQL Server-Installationscenter zu gehen, finden Sie auf der folgenden Website den Link zur jeweils aktuellsten Version:

https://www.microsoft.com/download/details.aspx?id=104502

Dieselbe Seite wird auch aufgerufen, wenn Sie die entsprechende Option im SQL Server-Installationscenter auswählen und dort auf den Download-Link klicken.

Der Link führt zu einer Seite, in der Download und Installation der Reporting Services beschrieben sind. Gleich am Anfang ist dort ein weiterer Link untergebracht, der Sie auf die richtige Seite im Microsoft Download Center führt. Hier können Sie nach Auswahl der Sprache die Installationsdatei *SQLServerReportingSevices.exe* herunterladen. Dazu lassen sich die Systemanforderungen für die Reporting Services sowie Anweisungen zur Installation einblenden. Ist der Download der etwa 111 MB großen Datei abgeschlossen, kann diese direkt ausgeführt werden, um die eigentliche Installation zu starten.

Da die Installationsroutine alle Varianten der SQL Server Reporting Services beinhaltet, folgt nach dem Startbildschirm ein Dialogfenster, in dem für die kostenpflichtigen Editionen ein *Product Key* eingegeben werden kann oder alternativ für die kostenlosen Editionen die gewünschte Edition auszuwählen ist. Dabei werden neben der Express Edition, die wir hier verwenden, auch die Developer Edition (die Entwicklerversion) und eine 180-Tage-Testversion angeboten.

Abbildung 3.9: Auswahl der zu installierenden SQL Server Reporting Services Edition

Nach Auswahl der Express Edition folgt der übliche Dialog zu den Lizenzbedingungen, denen Sie durch Anklicken eines Ankreuzfelds zustimmen müssen. Das folgende Dialogfenster können Sie durch Anklicken der *Weiter*-Schaltfläche bestätigen, da hier ohnehin nur die Option *Nur Reporting Services installieren* auswählbar ist. Schließlich folgt noch die Frage nach dem Installationspfad mit einem Vorschlag, den Sie beibehalten oder bei Bedarf auch ändern können. Durch Anklicken der Schaltfläche *Installieren* beginnt dann die eigentliche Installation, die nur kurze Zeit dauert.

Sobald diese abgeschlossen ist, erscheint ein abschließendes Dialogfeld mit zwei Schaltflächen zum *Berichtsserver konfigurieren* oder *Schließen* des Setups. Mit der Konfiguration des Berichtsservers befassen wir uns im Kapitel zu den SQL Server Reporting Services, sodass momentan das Schließen des Reporting Services-Setups über die entsprechende Schaltfläche ausreicht.

Installation der SQL Server-Verwaltungstools

Bereits seit SQL Server 2016 ist auch die Installation des SQL Server Management Studio nicht mehr komplett in die Installation von SQL Server selbst integriert, sondern ein separat auszuführender Schritt, der ebenfalls über das SQL Server-Installationscenter gestartet werden kann.

Auf der Seite *Installation* finden Sie unter dem Link für die Installation der SQL Server Reporting Services den Link für die Installation der SQL Server-Verwaltungstools.

Die Trennung der Installation ist aus verschiedenen Gründen sinnvoll. Zum einen findet die Installation häufig auf unterschiedlichen Rechnern statt und betrifft verschiedene Zielgruppen. Während der SQL Server selbst häufig auf einem separaten Server installiert wird, der genau zu diesem Zweck eingesetzt wird, sind im Unternehmensumfeld oft mehrere Datenbankadministratoren beschäftigt, die auf ihren Arbeitsplatzrechnern die SQL Server-Verwaltungstools installieren. Die SQL Server Data Tools hingegen sind vor allem für Datenbankentwickler interessant, die beispielsweise SSIS-Pakete oder Berichte entwerfen, doch dazu später mehr.

Der andere Grund für die getrennten Installationspakete ist, dass auf diesem Weg die Updates für die Verwaltungstools (und auch die SQL Server Data Tools), die sehr viel häufiger erscheinen, schneller installiert werden können, während man eine Serverinstallation in der Regel nur bei wichtigen Sicherheitsupdates oder grundlegenden Service Packs (die seit SQL Server 2017 ja weggefallen sind) aktualisiert.

SQL Server-Verwaltungstools

Wenn Sie die Verwaltungstools installieren möchten, ohne dafür den Weg über das SQL Server-Installationscenter zu gehen, finden Sie auf der folgenden Website den Link zur jeweils aktuellsten Version:

https://aka.ms/ssmsfullsetup?clcid=0x407

Dieselbe Seite wird auch aufgerufen, wenn Sie die entsprechende Option im SQL Server-Installationscenter auswählen und auf der dann erscheinenden Website den Link zum Download der deutschsprachigen Version aufrufen.

Nach Aufruf des Links erscheint eine Website mit Informationen zum Herunteraden von SQL Server Management Studio. Wenn Sie hier auf den Link *Kostenloser Download von SQL Server Management Studio (SSMS) 19.0.1* klicken, wird das englischsprachige Installationspaket mit dem Dateinamen *SSMS-Setup-ENU.exe* heruntergeladen, das etwa 621 MB groß ist. (Je nach Zeitpunkt des Downloads kann die Versionsnummer auch etwas höher sein, da das Produkt ständig weiterentwickelt wird. Wenn Sie aber die deutschsprachige Version bevorzugen (die auch in diesem Buch verwendet wird), finden Sie den Link etwas weiter unten auf der Website unter dem Abschnitt »*Verfügbare Sprachen*«. Die Download-Datei heißt dann *SSMS-Setup-DEU.exe* und ist ca. 638 MB groß.

Azure Data Studio

Seit der Version 18.7 des SQL Server Management Studio ist in der Installationsdatei auch das Azure Data Studio enthalten, das vorher nur als separater Download verfügbar war.

Nach dem Aufruf der gerade heruntergeladenen Installationsdatei erfolgt die übliche Frage, ob Sie zulassen möchten, dass durch diese App Änderungen an Ihrem Gerät vorgenommen werden, die Sie mit *Ja* bestätigen.

Anschließend erfolgt ein Dialogfeld, in dem Sie das Installationsverzeichnis bei Bedarf anpassen können, was jedoch nicht erforderlich ist. Darunter steht ein Hinweis, der Ihnen sagt, dass durch Anklicken der Schaltfläche *Installieren* die Lizenzbedingungen und Datenschutzbedingungen akzeptiert werden, die dort über entsprechende Links einzusehen sind. Alles Weitere geschieht komplett automatisch und dauert lediglich einige Zeit.

Anschließend finden Sie im Startmenü neben dem SQL Server Management Studio auch den Bereitstellungs-Assistenten für Analysis Services, den Datenbankoptimierungsratgeber sowie den SQL Server Profiler. Diese Tools waren bisher eigentlich eher den größeren Editionen von SQL Server vorbehalten. Da es inzwischen aber nur noch eine einheitliche Installationsroutine für die SQL Server-Verwaltungstools gibt, werden diese Tools unabhängig von der verwendeten Edition mit installiert.

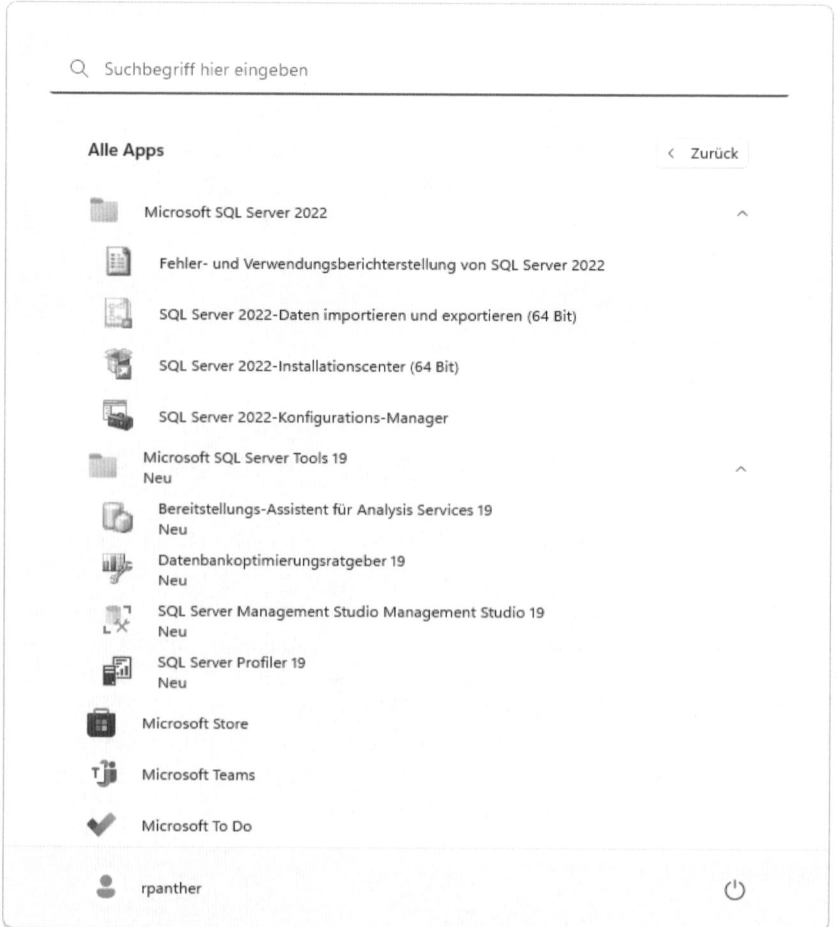

Abbildung 3.10: Das Windows-Startmenü nach Installation der SQL Server-Verwaltungstools

Das bereits erwähnte Azure Data Studio taucht seltsamerweise nicht in der Gruppe der Microsoft SQL Server Tools, sondern an anderer Stelle im Startmenü auf. Dieses finden Sie direkt am Anfang (unter A) als separaten Eintrag.

Installation der SQL Server Data Tools

Genau wie die Verwaltungstools sind auch die SQL Server Data Tools separat zu installieren, was wiederum durch das SQL Server-Installationscenter gestartet werden kann.

SQL Server Data Tools

Wenn Sie die SQL Server Data Tools installieren möchten, ohne dafür den Weg über das SQL Server-Installationscenter zu gehen, finden Sie auf der folgenden Website den Link zur jeweils aktuellsten Version:

https://learn.microsoft.com/de-de/sql/ssdt/download-sql-server-data-tools-ssdt?view=sql-server-ver16

Dieselbe Seite wird auch aufgerufen, wenn Sie die entsprechende Option im SQL Server-Installationscenter auswählen.

Hier gelangen Sie zu einer Website, auf der verschiedene Varianten zur Installation dargestellt sind. Dazu ist es wichtig, zu wissen, dass die SQL Server Data Tools die Benutzeroberfläche von Visual Studio nutzen.

Bis zur Version 2017 von Visual Studio gab es dafür einen separaten Installer, der lediglich die Benutzeroberfläche von Visual Studio zusammen mit den SQL Server Data Tools installiert hat, wobei Sie bei der Installation die gewünschten SQL Server-Funktionen (SQL Server-Datenbank, SQL Server Analysis Services, SQL Server Reporting Services und SQL Server Integration Services) auswählen konnten.

Mit den später folgenden Versionen Visual Studio 2019 und Visual Studio 2022 ist die Funktionalität der SQL Server-Datenbankprojekte im Installationspaket aller Visual Studio-Varianten enthalten, während die Projekttypen für SQL Server Analysis Services, SQL Server Reporting Services und SQL Server Integration Services nachträglich als Erweiterungen dazu installiert werden können.

Um die aktuellste Version zu nutzen, muss also eine Version von Visual Studio 2022 installiert werden, wofür die kostenfreie Community Edition – die primär für Studierende, Mitwirkende an Open-Source-Projekten und Einzelentwickler gedacht ist – für unsere Zwecke völlig ausreicht. Den Link für die Installation finden Sie auf der oben genannten Website oder direkt unter der Adresse *https://visualstudio.microsoft.com/de/downloads*.

Auf der dann folgenden Website finden Sie eine Gegenüberstellung der verschiedenen Varianten von Visual Studio 2022 und unter dem Absatz zur Community Edition auch direkt einen Link zum kostenlosen Download. Neben der Community Edition werden dort auch noch Testversionen der Professional und Enterprise Edition sowie Visual Studio Code zum Download angeboten. Doch für die hier gezeigten Beispiele ist die Community Edition völlig ausreichend.

Wenn Sie nun über den entsprechenden Link die Datei *VisualStudioSetup.exe* herunterladen, erhalten Sie nicht das vollständige Installationspaket, sondern lediglich einen etwa 2 MB großen Web Installer, der nach dem Aufruf die zur Installation benötigten Dateien aus dem Internet herunterlädt. Das ist vor allem deshalb sinnvoll, weil bei der Installation eine Vielfalt an Komponenten ausgewählt werden kann, die installiert oder auch weggelassen werden (siehe Abbildung 3.11).

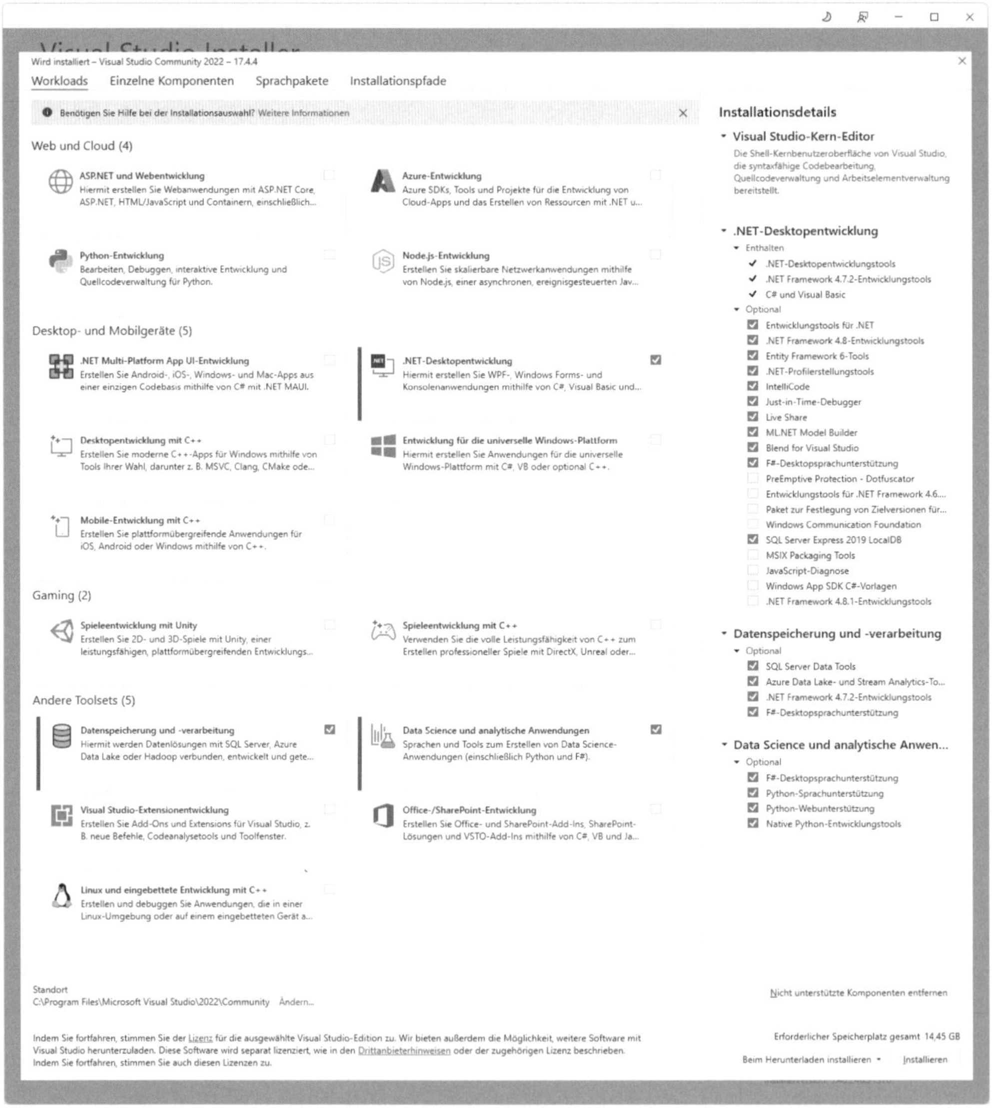

Abbildung 3.11: Auswahl der zu installierenden Komponenten

Somit müssen die nicht ausgewählten Komponenten auch gar nicht erst aus dem Internet heruntergeladen werden, was sowohl Zeit als auch Plattenplatz spart. Wählen Sie auf der Registerkarte *Workloads* folgende Komponenten zusätzlich aus:

- **Desktop- und Mobilgeräte**
  .NET-Desktopentwicklung

- **Andere Toolsets**
  Datenspeicherung und -verarbeitung (inklusive Azure Data Lake- und Stream Analytics-Tools)
  Data Science und analytische Anwendungen (inklusive Native Python-Entwicklungstools)

Auch wenn es verlockend ist, bei den optionalen Komponenten der .NET-Desktopentwicklung das Häkchen beim Punkt *SQL Server Express 2019 LocalDB* zu entfernen, sollten Sie dies nicht tun, da diese intern für die SQL Server Data Tools benötigt wird (auch wenn Sie schon die neuere SQL Server Express 2022 LocalDB installiert haben).

Auf der Registerkarte *Einzelne Komponenten* ergänzen Sie dann noch die folgenden Punkte:

- **Cloud, Datenbank und Server**
  Datenquelle für die SQL Server-Unterstützung
  Datenquellen und Dienstverweise
- **Codetools**
  Klassen-Designer
  LINQ to SQL-Tools

Wenn Sie möchten, können Sie auf der Registerkarte *Sprachpakete* zu dem deutschen Sprachpaket noch zusätzlich das englische installieren. Damit ergibt sich ein Speicherbedarf von 14,49 GB (mit englischem Sprachpaket 15,3 GB).

Auf der letzten Registerkarte können Sie neben den Installationspfaden auch angeben, ob der Downloadcache nach der Installation erhalten bleiben soll. Wenn Sie das Häkchen dort entfernen, werden die Dateien nach der Installation gelöscht, was etwas mehr Plattenplatz spart, aber auch zur Folge hat, dass diese bei erneutem Bedarf wieder heruntergeladen werden müssen.

Nach der Installation, die einige Zeit dauert, findet sich im Windows-Startmenü unter *Visual Studio 2022* eine ganze Reihe neuer Einträge. Darunter stehen auch die Links zu *Visual Studio 2022* selbst (das ja auch die SQL Server Data Tools beinhaltet) sowie zum Installer, über den man auch später bei Bedarf fehlende Komponenten nachinstallieren oder auch die Installation wieder entfernen kann.

Die wichtigsten SQL Server-Tools

Nachdem nun SQL Server sowie die dazugehörigen Tools installiert sind, möchte ich Ihnen kurz die wichtigsten Tools vorstellen, damit Sie den SQL Server auch gleich ausprobieren können. Die meisten dieser Tools finden Sie im Windows-Startmenü unter *Microsoft SQL Server 2022*.

SQL Server-Installationscenter

Das SQL Server-Installationscenter haben Sie bereits bei der gerade beschriebenen Installation des SQL Server kennengelernt. Dieses Programm wird aber auch nach einer erfolgreichen Installation eventuell noch einmal benötigt, etwa um eine beschädigte Installation (falls beispielsweise versehentlich eine Datei gelöscht wurde) wieder zu reparieren oder aber um auf eine größere Edition umzusteigen.

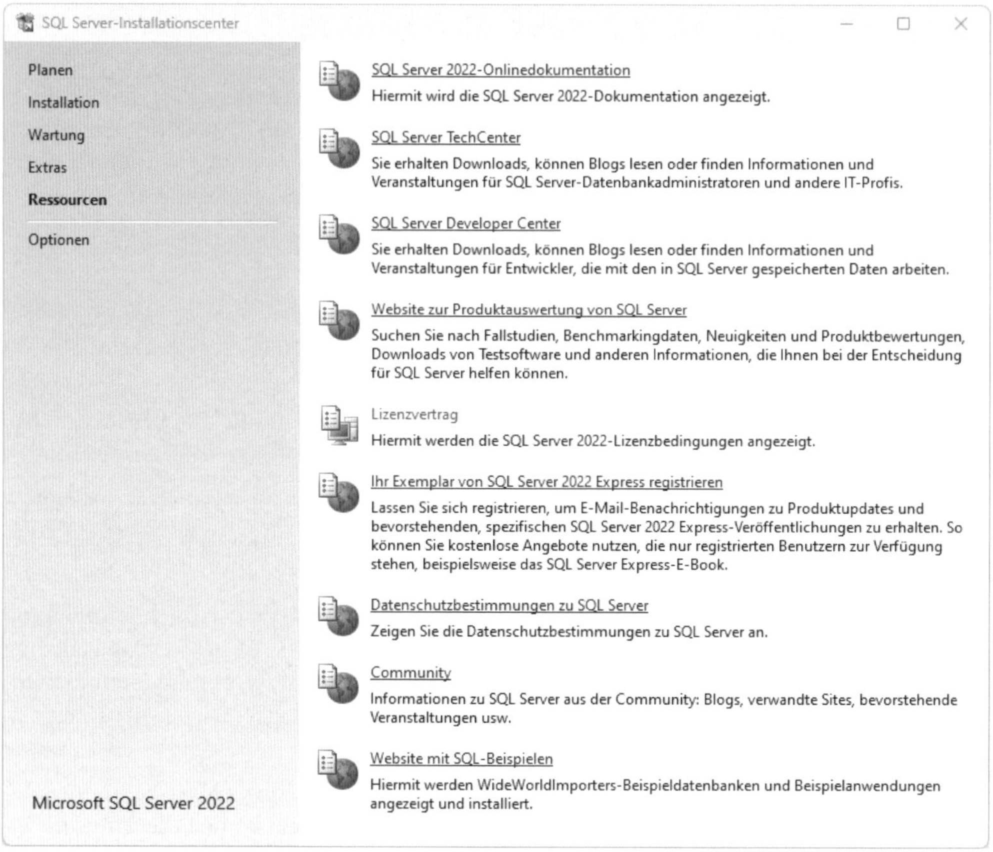

Abbildung 3.12: Die Zusammenstellung der verschiedenen SQL Server-Ressourcen im Installationscenter

Auf der Seite *Ressourcen* finden Sie eine ganze Auflistung an Links, unter denen weitere Informationen zum SQL Server zu finden sind: angefangen bei der Onlinedokumentation über diverse Websites mit Downloads und Zusatzinformationen bis hin zu offiziellen Dokumenten wie beispielsweise dem Lizenzvertrag, dem Sie die genauen Bestimmungen zur Nutzung von SQL Server entnehmen können.

SQL Server-Konfigurations-Manager

Dieses Tool dient – wie der Name schon andeutet – der Konfiguration Ihrer SQL Server-Installation. Dabei ist der Konfigurations-Manager genau genommen kein eigenes Tool, sondern bedient sich der Microsoft Management Console, um darin die wichtigsten SQL Server-Konfigurationseinstellungen zu verwalten. Auf diesem Weg können Sie beispielsweise einige bei der Installation vorgenommene Einstellungen prüfen und gegebenenfalls anpassen.

Nach dem Aufruf des Konfigurations-Managers sehen Sie in einer Baumstruktur auf der linken Seite drei Hauptbereiche, auf die ich im Folgenden näher eingehen will.

Doppelte Einträge für 32 & 64 Bit

Sofern Sie eine 64-Bit-Variante von SQL Server installiert haben (was bei SQL Server 2022 immer der Fall ist), erscheinen die Bereiche *SQL Server-Netzwerkkonfiguration* und *SQL Native Client 11.0-Konfiguration* doppelt. Dabei sind die 32-Bit-Varianten entsprechend gekennzeichnet, während die Einträge ohne Zusatz die 64-Bit-Varianten der Konfigurationsbereiche repräsentieren. Da SQL Server 2022 mittlerweile nur noch als 64-Bit-Version verfügbar ist, sollte der Bereich *SQL Server-Netzwerkkonfiguration (32 Bit)* keine Elemente enthalten, sofern Sie nicht noch eine ältere Version von SQL Server installiert haben. Lediglich der Client ist nach wie vor auch als 32-Bit-Variante verfügbar, die Sie im Normalfall aber auch ignorieren können, sodass sich die folgenden Beschreibungen – wenn nicht explizit darauf hingewiesen wird – immer auf die 64-Bit-Variante beziehen.

SQL Server-Dienste

Hier werden alle Dienste aufgeführt, die von SQL Server verwendet werden. Dazu sehen Sie jeweils den aktuellen Status, den Startmodus sowie den Account, unter dem der Dienst läuft. Sie erinnern sich sicherlich, dass Sie diese Einstellungen während der Installation vorgeben mussten.

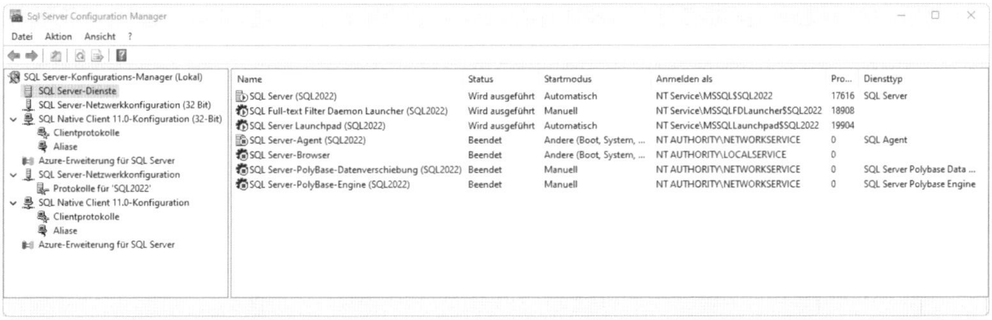

Abbildung 3.13: Die Anzeige der SQL Server-Dienste im Konfigurations-Manager

Die Starttypen haben folgende Bedeutung:

- **Automatisch** Der Dienst wird bei jedem Systemstart automatisch ausgeführt (auch wenn keine Benutzeranmeldung erfolgt).
- **Manuell** Der Dienst wird erst dann gestartet, wenn Sie das explizit tun.
- **Deaktiviert** Der Dienst ist inaktiv und lässt sich erst starten, wenn der Starttyp geändert wurde. In der Übersicht der SQL Server-Dienste wird dieser Starttyp als *Andere (Boot, System, deaktiviert oder unbekannt)* angezeigt.

Über einen Rechtsklick auf einen der Einträge können Sie den jeweiligen Dienst starten oder beenden oder alternativ die Eigenschaften aufrufen, in denen Sie die anderen oben genannten Einstellungen anpassen können.

Alternative zur Anzeige der ausgeführten Dienste

Die Diensteinstellungen können Sie auch über den vom Betriebssystem bereitgestellten Weg (Windows-Startmenü, dann durch Eingabe von *Dienste* die entsprechende App aufrufen) vornehmen, allerdings sehen Sie dort alle Dienste (nicht nur die des SQL Server), sodass es hier deutlich schwieriger ist, die Übersicht zu behalten.

SQL Server-Netzwerkkonfiguration

Unter diesem Punkt finden Sie einen Eintrag für jede lokal installierte SQL Server-Instanz. Klicken Sie eine davon an (zumindest die installierte SQL Server 2022 Express-Instanz mit Namen *SQL2022* sollte hier auftauchen), werden im Detailbereich auf der rechten Seite die verfügbaren Kommunikationsprotokolle mit deren Status angezeigt. Dies sind:

- **Shared Memory** Zwei Prozesse nutzen einen gemeinsamen Teil des Hauptspeichers, daher ist auf diesem Weg keine Kommunikation zwischen verschiedenen Rechnern möglich. Wenn sich sowohl SQL Server als auch Client (die Anwendung) auf demselben Rechner befinden, ist das die direkteste und damit auch schnellste Art der Kommunikation.
- **Named Pipes** Basiert auf benannten Datenströmen nach dem FIFO-Prinzip (*First In First Out*) und kann bidirektional auch zwischen verschiedenen Rechnern genutzt werden.
- **TCP/IP (Transmission Control Protocol/Internet Protocol)** Betriebssystemunabhängige Familie von Netzwerkprotokollen, auf der auch das Internet basiert. Die Identifizierung von Rechnern erfolgt durch IP-Adressen.

Über einen rechten Mausklick auf den Namen eines der Protokolle können Sie den Status von *Aktiviert* auf *Deaktiviert* (oder zurück) ändern. Nutzen Sie den Server nur lokal, reicht es völlig aus, wenn lediglich *Shared Memory* aktiv ist, damit andere Anwendungen mit dem SQL Server-Dienst kommunizieren können. Wollen Sie von anderen Rechnern im Netzwerk darauf zugreifen, sollten Sie zumindest auch *Named Pipes* und/oder *TCP/IP* aktivieren, wobei TCP/IP inzwischen die gebräuchlichere Variante ist.

SQL Native Client 11.0-Konfiguration

In der Native Client-Konfiguration finden sich unter dem Knoten *Clientprotokolle* fast die gleichen Einstellungen, die gerade beschrieben wurden, allerdings beziehen sich diese darauf, mit welchen Protokollen Sie über den ebenso installierten Native Client auf einen entfernten SQL Server zugreifen können. Die ebenfalls angegebene Reihenfolge definiert, in welcher Reihenfolge die jeweiligen Protokolle genutzt werden, um einen Verbindungsaufbau zu versuchen.

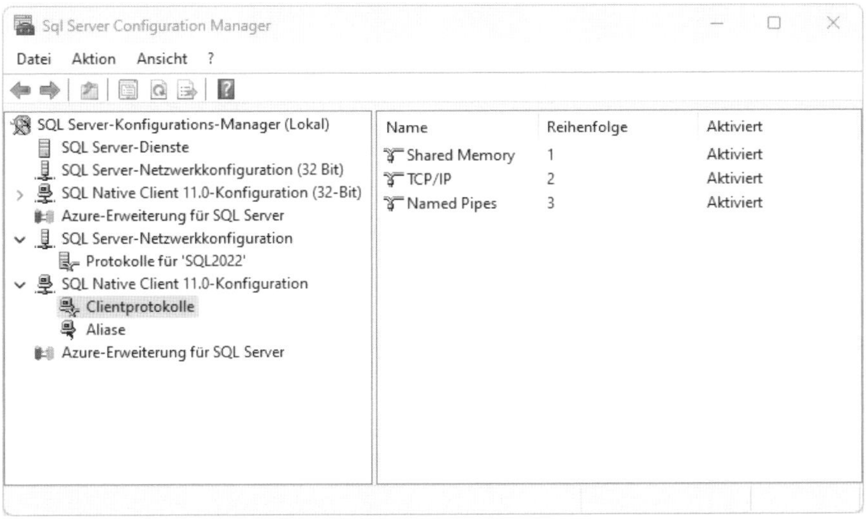

Abbildung 3.14: Übersicht der Clientprotokolle im Konfigurations-Manager

Über den Knoten *Aliase* können Sie einen neuen Alias einrichten, mit dem versucht wird, über einen bestimmten Port und ein bestimmtes Protokoll auf einen verbundenen SQL Server zuzugreifen.

Da wir den SQL Server aber erst einmal nur lokal nutzen möchten, brauchen Sie sich um die Native Client-Konfiguration vorerst nicht zu kümmern.

Konfigurations-Manager für Reporting Services

Für die SQL Server Reporting Services steht ein eigener Konfigurations-Manager zur Verfügung, auf den in *Kapitel 19, Berichte erstellen mit den SQL Server Reporting Services*, näher eingegangen wird.

SQL Server Management Studio

Das *SQL Server Management Studio* (kurz SSMS) ist die integrierte Benutzeroberfläche, mit der Sie die meisten Aktionen für den SQL Server durchführen können. Es beinhaltet sowohl eine grafische Oberfläche, um einzelne Datenbankobjekte auszuwählen und zu bearbeiten, als auch ein Abfragefenster, in dem Sie SQL-Kommandos eingeben und direkt ausführen können. (Wenn Sie schon mit SQL Server 2000 gearbeitet haben, werden Sie feststellen, dass das neue Management Studio die Funktionalität des alten Enterprise Manager und des Query Analyzer in einem Tool vereint.) Damit wird dies sicherlich auch das SQL Server-Tool sein, das Sie am häufigsten verwenden werden.

Mit Einführung von SQL Server 2012 wurde das SQL Server Management Studio komplett überarbeitet und ist nun näher an die Optik von Visual Studio angelehnt. Dadurch lassen sich beispielsweise einzelne Fenster nahezu stufenlos zoomen, und auch Umgebungen mit mehreren Monitoren werden unterstützt, indem Sie einzelne Fenster einfach mit der Maus aus dem Anwendungsfenster herausziehen können.

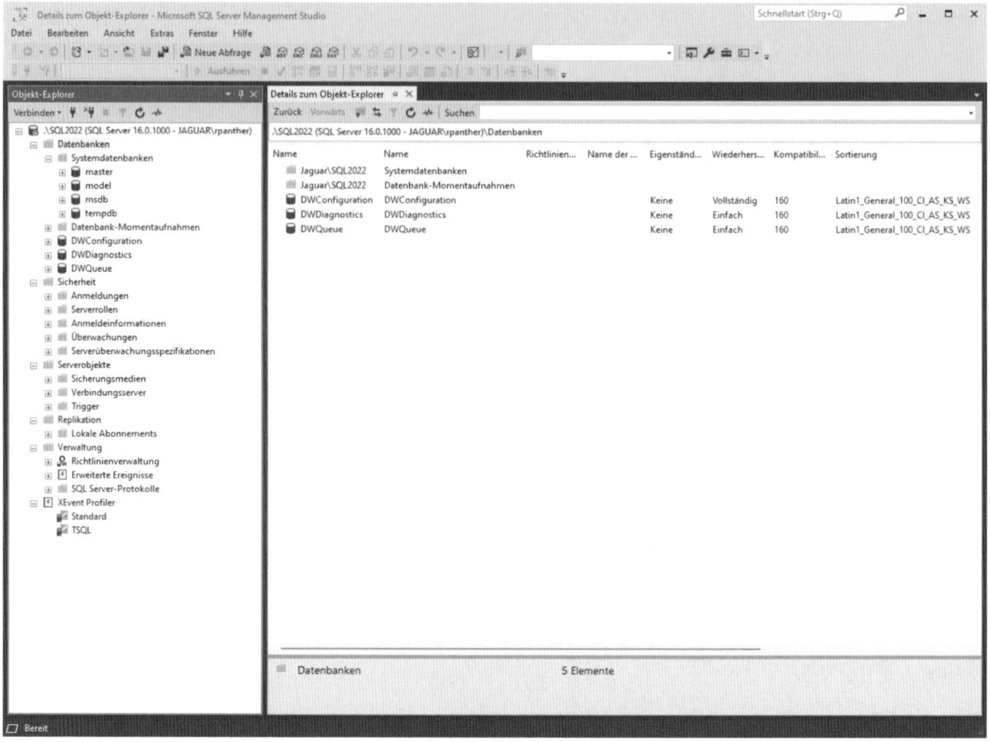

Abbildung 3.15: Das SQL Server Management Studio

Beibehalten wurde die grundsätzliche Bildschirmaufteilung mit dem *Objekt-Explorer* auf der linken Seite, den Eigenschaften auf der rechten und der Detailansicht (bzw. alternativ den Abfragefenstern und Designern) dazwischen.

Ab SQL Server 2016 wurde das Management Studio, wie Sie bereits gemerkt haben, von der SQL Server-Installation entkoppelt, sodass es nun häufiger Updates der Verwaltungsoberfläche gibt, die nicht nur mit der neuesten Version von SQL Server, sondern teilweise auch mit älteren Versionen noch verwendet werden kann. Die Version 19 des SQL Server Management Studio unterstützt offiziell SQL Server ab Version 2014, die grundlegenden Funktionalitäten sind aber auch mit älteren Versionen von SQL Server nutzbar (mit leichten Einschränkungen bis hin zu SQL Server 2000).

Über die Verwendung des SQL Server Management Studio werden Sie in den nächsten Kapiteln viele Details erfahren, daher nun erst mal weiter mit der Übersicht.

Azure Data Studio

Das Azure Data Studio (das anfangs unter dem Namen *SQL Operations Studio* entwickelt wurde, was in der deutschen Übersetzung der Onlinedokumentation zu interessanten Stilblüten wie »SQL-Vorgänge Studio« führte), ist ein weiteres lizenzkostenfrei nutzbares Verwaltungstool von Microsoft für den SQL Server, das mittlerweile auch im gleichen Installationspaket wie das SQL Server Management Studio enthalten ist.

Die Oberfläche erscheint etwas gewöhnungsbedürftig und sieht mit der Dashboard-Ansicht fast wie eine Weblösung aus. Das hat seine Ursache unter anderem darin, dass hier die Benutzeroberfläche von Visual Studio Code genutzt wird. Der Vorteil dabei ist, dass das Tool nicht nur unter Windows, sondern auch unter macOS und Linux läuft. Die Dashboards sind anpassbar, und auch Kommandozeilentools können in einem integrierten Terminalfenster ausgeführt werden. Dazu ist das Tool über im Internet herunterladbare Extensions erweiterbar.

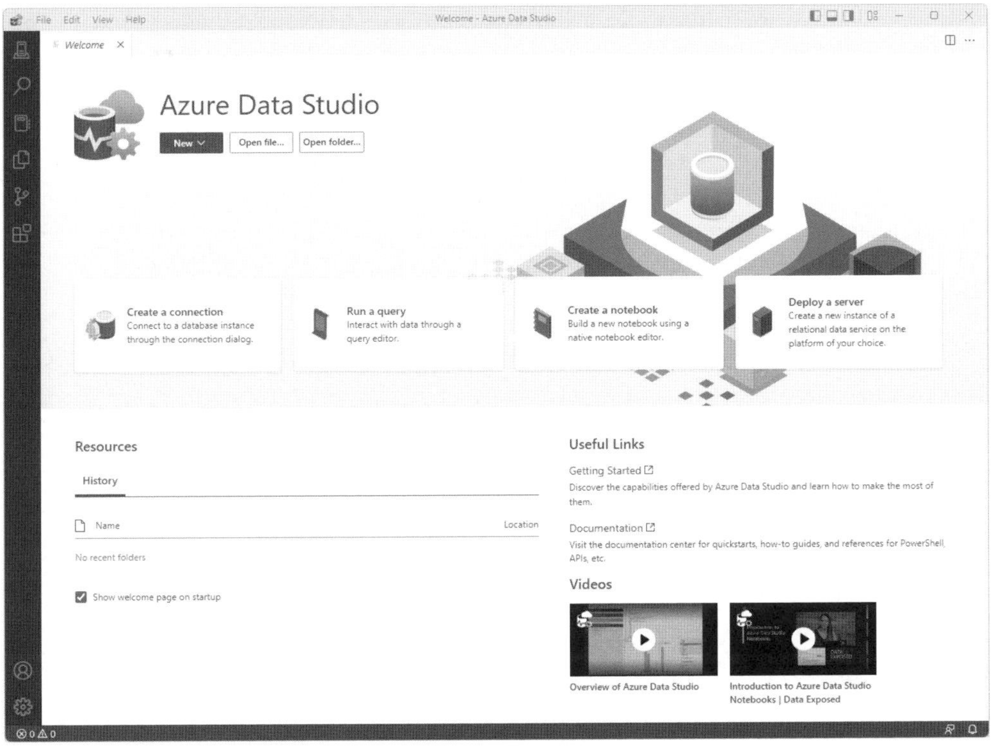

Abbildung 3.16: Der Startbildschirm des Azure Data Studio

Viele der Aufgaben, die mit dem SQL Server Management Studio durchführbar sind, lassen sich auch mit dem Azure Data Studio erledigen, sodass es hier starke Überschneidungen in der Funktionalität gibt. Vom Schwerpunkt her ist das Management Studio allerdings etwas mehr auf Aspekte der Administration ausgelegt, während das Azure Data Studio seine Stärken im Bereich der Datenanalysen hat. Für die Programmierung mit SQL sind beide Tools bestens geeignet. Aufgrund der größeren Verbreitung wird für die Beispiele in diesem Buch nach wie vor primär das SQL Server Management Studio verwendet. Da das Azure Data Studio aber trotzdem ein sehr interessantes Tool ist, wird dieses im gleichnamigen *Kapitel 22* ausführlich vorgestellt.

SQL Server Data Tools/Visual Studio

Die SQL Server Data Tools (bzw. die entsprechenden Projekttypen in Visual Studio) sind das Tool zum Arbeiten mit Datenbankprojekten sowie – über entsprechende Extensions – mit den Business-Intelligence-Projekttypen für die SQL Server Analysis Services, SQL Server Integration Services und SQL Server Reporting Services).

Auch dieses Tool ist relativ unabhängig von der verwendeten SQL Server-Version und kann daher mit verschiedenen Versionen genutzt werden. Durch die Entkopplung von SQL Server sind die SQL Server Data Tools im Startmenü auch nicht mehr unter einer bestimmten SQL Server-Version zu finden, sondern tauchen als separate Anwendung *Visual Studio 2022* auf. Dabei bezieht sich die Zahl 2022 auf die Version der verwendeten Visual Studio-Benutzeroberfläche, die von der Jahreszahl der verwendeten SQL Server-Version abweichen kann.

Von den Business-Intelligence-Projekten unterstützt die Express Edition von SQL Server offiziell lediglich die Reporting Services, auf die in *Kapitel 19, Berichte erstellen mit den SQL Server Reporting Services*, noch detailliert eingegangen wird. Allerdings ist es auch möglich, in der Entwicklungsumgebung SSIS-Pakete für die Integration Services zu entwerfen, zu bearbeiten und laufen zu lassen. Lediglich das Veröffentlichen von SSIS-Paketen auf einem SSIS-Serverdienst und Starten davon bleibt den größeren Editionen von SQL Server vorbehalten.

Die Verwendung von Datenbankprojekten wird ausführlich in *Kapitel 18, Datenbankprojekte und die SQL Server Data Tools*, behandelt.

Visual Studio oder SQL Server Data Tools?

Sie sollten sich nicht davon verwirren lassen, dass die SQL Server Data Tools unter der Bezeichnung *Visual Studio 2022* in Ihrem Startmenü auftaucht. Aufgrund der gemeinsam genutzten Benutzeroberfläche (Visual Studio Shell) beinhaltet diese Anwendung im Prinzip die SQL Server Data Tools.

Im Gegensatz zu älteren Versionen von Visual Studio ist die Anzahl der unterstützten Projekttypen so umfangreich (und je nach Auswahl der installierten Pakete auch variabel), sodass man mittlerweile auf eine Baumstruktur bei der Auswahl des Projekttyps verzichtet hat. Stattdessen gibt es eine lange Liste, die sich aber filtern und durchsuchen lässt. Sucht man nach SQL (oder filtert den Projekttyp nach SQL), erscheint sehr schnell das SQL Server-Datenbankprojekt als Projektvorlage.

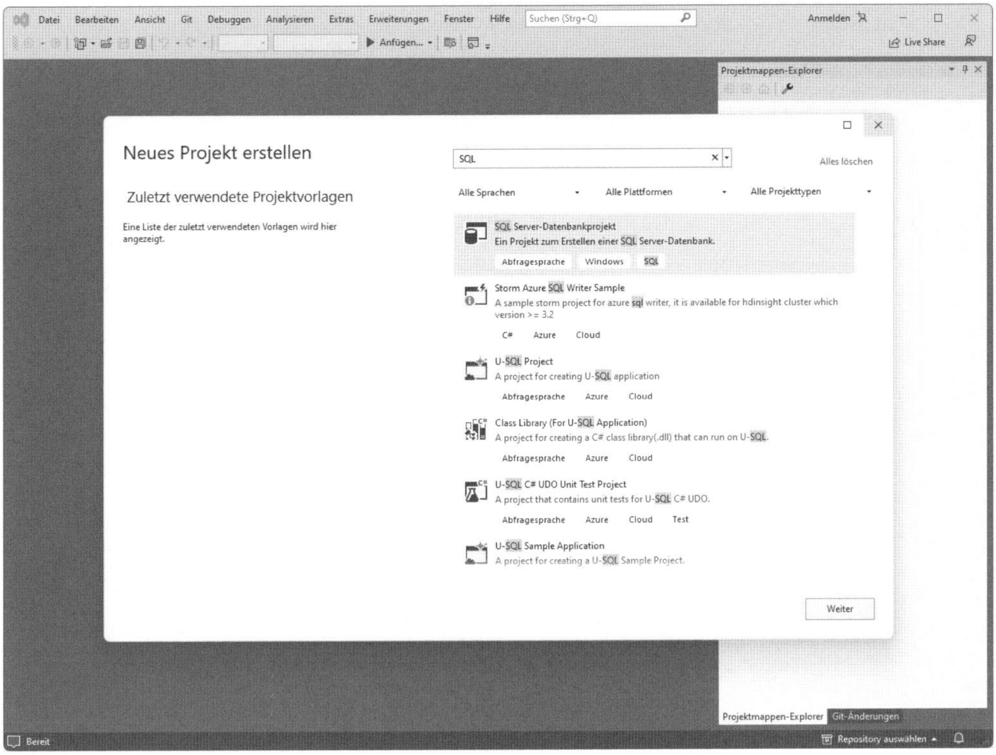

Abbildung 3.17: Die Auswahl des Projekttyps in Visual Studio

Die Projektvorlagen für die Business Intelligence-Projekttypen sind dagegen erst auswählbar, nachdem die entsprechenden Extensions installiert sind.

SQL Server-Import/Export-Assistent

Auch wenn die SQL Server Integration Services, die zum Erstellen von komplexen Datenübertragungen prädestiniert sind, nicht Bestandteil der Express Edition sind, so gibt es mit dem Import/Export-Assistenten zumindest eine einfache Möglichkeit, verschiedene Datenquellen anzubinden.

Das Tool taucht unter der Bezeichnung *SQL Server 2022-Daten importieren und exportieren (64 Bit)* im Windows-Startmenü auf und bietet – wie der Name schon vermuten lässt – sowohl die Möglichkeit des Imports von Daten aus einer beliebigen Datenquelle in den SQL Server als auch die des Exports von SQL Server-Daten in ein beliebiges Datenziel.

Als mögliche Datenquellen stehen dabei diverse OLE DB und .NET Framework Data Provider (z.B. ODBC, Oracle, SQL Server) sowie Flatfile-Quellen zur Verfügung. Wird eine Datenbankquelle angegeben, lassen sich die zu kopierenden Daten entweder aufgrund von Tabellen, Sichten oder SQL-Abfragen auswählen.

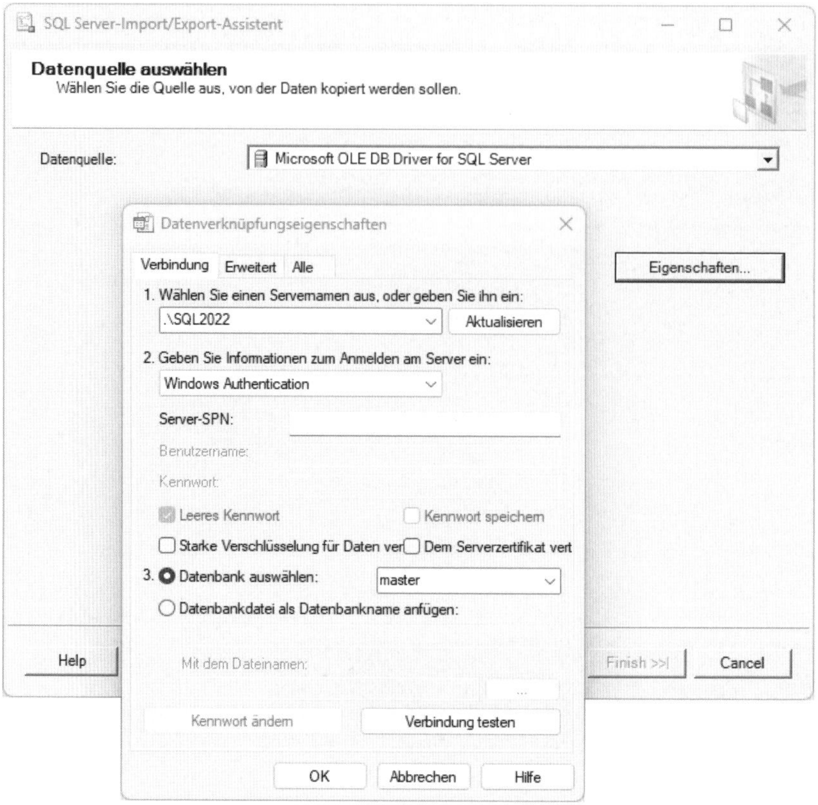

Abbildung 3.18: Der SQL Server-Import/Export-Assistent

Sind alle Einstellungen vorgenommen, kann der zuvor konfigurierte Datentransfer direkt ausgeführt oder bei den größeren SQL Server-Editionen sogar als SSIS-Paket gespeichert werden, das später erneut ausgeführt oder sogar nachträglich bearbeitet werden kann.

Verschiedene Aufrufmöglichkeiten für 32- und 64-Bit-Version

Während im Windows-Startmenü nur die 64-Bit-Version des Import/Export-Assistenten aufrufbar ist (und diese aktuell noch fehlerbehaftet zu sein scheint), lässt sich über das SQL Server Management Studio auch noch die 32-Bit-Version desselben Tools starten, die stabiler funktioniert. Zusätzlich bietet diese Variante den Vorteil, dass auch Office-Dateiformate wie Access und Excel als Datenquelle unterstützt werden.

Kommandozeilentools SQLCMD und BCP

Die letzten Tools, die für diese Übersicht erwähnenswert sind, haben keinen Eintrag im Windows-Startmenü, da es sich hierbei um reine Kommandozeilentools handelt, die im Verzeichnis *C:\Program Files\Microsoft SQL Server\Client SDK\ODBC\170\Tools\Binn* zu finden sind.

Mit der ausführbaren Programmdatei *SQLCMD.EXE* können Sie SQL-Abfragen oder ganze SQL-Skripte ausführen lassen. Dazu übergeben Sie dem Programm neben dem Namen der SQL-Skriptdatei die Verbindungsdaten für den SQL Server (also den Namen des SQL Server sowie Benutzer und Passwort), und das SQL-Skript wird auf dem entsprechenden Server ausgeführt, sofern die Berechtigungen des Benutzers dies zulassen.

Das ginge natürlich mit dem SQL Server Management Studio deutlich komfortabler, jedoch ist SQLCMD eher dafür gedacht, Abläufe zu automatisieren, weil die Ausführung des SQL-Skripts in Batchdateien eingebunden werden kann.

Über das Kommandozeilentool *BCP.EXE* (BCP steht für *Bulk Copy Program*) können ähnlich wie beim Import/Export-Assistent Daten aus einer SQL Server-Datenbank exportiert oder in eine SQL Server-Datenbank importiert werden. Das übliche Exportziel (oder beim Import die Datenquelle) ist dabei eine kommagetrennte (CSV-)Datei.

Weitere Tools

Im Startmenüordner *Microsoft SQL Server 2022* sind noch einige weitere Programme zu finden, die mit SQL Server 2022 Express aber nur bedingt nutzbar sind, da sie eher für die größeren Editionen vorgesehen sind. Damit Sie zumindest eine grobe Vorstellung davon haben, wozu diese Tools dienen, möchte ich die wichtigsten hier trotzdem kurz auflisten:

- Fehler- und Verwendungsberichterstellung von SQL Server 2022 – Hier kann eingestellt werden, ob Daten zu aufgetretenen Fehler und/oder der Verwendung von SQL Server an Microsoft gesendet werden dürfen.

Die mit den Verwaltungstools installierten Anwendungen sind im Startmenüordner *Microsoft SQL Server Tools 18* zu finden:

- Analysis Services Deployment Wizard 18 – Assistant zum Veröffentlichen von Analysis Service-Projekten auf einem Zielserver.
- Datenbankoptimierungsratgeber 18 – Tool, mit dem aufgrund einer Datenbank und optional zusätzlichen SQL-Skripten Optimierungsvorschläge für die Datenbank (insbesondere Indizes etc.) gemacht werden (funktioniert leider nicht mit SQL Server Express).
- SQL Server Profiler 18 – Tools zum Protokollieren von Aktivitäten auf dem SQL Server, um darauf basierend beispielsweise Performanceanalysen durchführen zu können. Der SQL Server Profile ist eigentlich eingestellt und wird seit einigen Versionen nicht mehr weiterentwickelt. Vergleichbare Protokollierungen werden mittlerweile eher mit den Extended Events durchgeführt.

Zuletzt gibt es noch einen Eintrag, der in keinem separaten Startmenüordner, sondern als einzelner Eintrag direkt unter R zu finden ist und damit leicht übersehen werden kann:

- Report Server Configuration Manager – Konfigurationstool, mit dem die Reporting Services verwaltet werden.

Übungen zu diesem Kapitel

In diesem Abschnitt finden Sie einige Übungen, mit denen Sie das in diesem Kapitel Erlernte vertiefen können. Die richtigen Antworten und Lösungen finden Sie in *Anhang C* dieses Buchs.

Übung 3.1

Womit können Sie Ihre Systemhardware am einfachsten aufrüsten, damit der SQL Server möglichst schnell arbeiten kann?

Übung 3.2

Wie können Sie verschiedene Versionen oder Editionen von SQL Server auf einem Rechner installieren?

Übung 3.3

Welcher Dienst muss für die Verwendung des SQL Server auf jeden Fall gestartet sein?

Übung 3.4

Welche zusätzlichen Möglichkeiten bietet der gemischte Authentifizierungsmodus im Gegensatz zum Windows-Authentifizierungsmodus?

Übung 3.5

Welche Varianten gibt es, um das Konto, unter dem ein SQL Server-Dienst ausgeführt wird, nachträglich zu ändern?

Zusammenfassung

In diesem Kapitel haben Sie gelernt, welche Systemvoraussetzungen nötig sind, um den SQL Server 2022 in der Express Edition zu installieren. Dazu haben Sie erfahren, welche Einstellungen bei der Installation vorzunehmen sind:

- **Featureauswahl** Die Datenbankmoduldienste sollten auf jeden Fall ausgewählt werden, der Rest ist wünschenswert (sofern genug Platz vorhanden), aber nicht zwingend notwendig.
- **Instanzkonfiguration** Im Zweifelsfall immer eine benannte Instanz verwenden, aus deren Instanzname zumindest die Version des SQL Server hervorgeht (z. B. SQL2022).
- **Dienstkonten** Auswahl von Starttyp und verwendetem Konto für die verschiedenen SQL Server-Dienste. Die Database Engine sollte automatisch gestartet werden, die anderen Dienste können manuell gestartet werden.

- **Authentifizierungsmodus** Im Zweifelsfall immer den gemischten Modus auswählen, um sich alle Möglichkeiten offenzuhalten, und den eigenen Netzwerk-User als SQL Server-Administrator definieren.

Nach der Installation des SQL Server selbst wurde auf die separate Installation der Verwaltungstools (insbesondere SQL Server Management Studio) und der SQL Server Data Tools/Visual Studio eingegangen.

Am Ende des Kapitels haben Sie einen Überblick über die wichtigsten SQL Server-Tools erhalten:

- **SQL Server-Installationscenter** Oberfläche zum Installieren von SQL Server, aber auch zur Vorbereitung, Reparatur oder Anpassung einer bestehenden Installation.
- **SQL Server-Konfigurations-Manager** Tool zum Konfigurieren der verschiedenen Dienste und Kommunikationsprotokolle, die vom SQL Server verwendet werden.
- **SQL Server Management Studio** Komplexes Verwaltungstool, mit dem nahezu alle Datenbankoperationen komfortabel mit der Maus gesteuert werden können, mit dem aber auch die Eingabe und Ausführung von SQL-Kommandos möglich ist.
- **Azure Data Studio** Auf Visual Studio Code basierende Oberfläche für Anwendungsentwickler und Datenanalysten, die mit Extensions erweitert werden kann.
- **SQL Server Data Tools** Entwicklungsoberfläche, die für die Entwicklung von Business Intelligence-Projekten (basierend auf SQL Server Analysis Services, Integration Services und Reporting Services) sowie für das Arbeiten mit Datenbankprojekten verwendet werden kann. Für die Express Edition von SQL Server sind davon allerdings neben den Datenbankprojekten nur die Reporting Services und mit Einschränkungen auch die Integration Services nutzbar.
- **SQL Server-Import/Export-Assistent** Tool zum Importieren von Daten aus einer beliebigen Datenquelle in den SQL Server bzw. Export von SQL Server-Daten in ein beliebiges Datenziel.
- **SQLCMD** Kommandozeilentool zum Ausführen von einzelnen Anweisungen oder ganzen SQL-Skriptdateien.
- **BCP** Kommandozeilentool zum Import und Export von Daten.

Nachdem SQL Server nun betriebsbereit auf Ihrem Rechner vorliegt, benötigen Sie ein paar theoretische Grundlagen, um sinnvoll mit ihm arbeiten zu können. Diese Grundlagen sind Thema der nächsten Kapitel.

Teil II
Datenbankgrundlagen

In diesem Teil:

Kapitel 4	Allgemeine Datenbankgrundlagen	77
Kapitel 5	Eine Tabelle kommt selten allein	105
Kapitel 6	Kleine Einführung in SQL	125

Kapitel 4

Allgemeine Datenbankgrundlagen

In diesem Kapitel lernen Sie

- die wichtigsten Grundlagen zum Arbeiten mit relationalen Datenbanken
- das Erstellen und Ändern von Datenbanken und Tabellen
- wie man mit dem SQL Server Management Studio Daten anzeigen und ändern kann
- was es mit Primärschlüsseln und Indizes auf sich hat

Erstellen von Datenbanken und Tabellen

Auch wenn der Microsoft SQL Server umgangssprachlich gern als Datenbank bezeichnet wird, handelt es sich dabei streng genommen um ein Datenbank-Management-System[1] (also ein System zur Verwaltung von Datenbanken). Eine Datenbank dagegen ist eine Sammlung unterschiedlicher Daten, die thematisch in irgendeiner Form zusammengehören. Diese wiederum setzt sich vor allem aus Tabellen zusammen, die jeweils Daten in einer einheitlichen Struktur enthalten.

In unsere Beispielanwendung übersetzt, heißt dies, dass es eine Datenbank (nennen wir sie einfach »MediaBase«) gibt, die verschiedene Tabellen für Bücher, CDs und DVDs enthält.

1 Da der Begriff Datenbank-Management-System ein wenig unhandlich ist, kann man als Kurzform auch »Datenbanksystem« verwenden.

Jede dieser Tabellen setzt sich aus Zeilen und Spalten zusammen, wobei die Zeilen alle die gleiche Struktur haben, während die Spalten jeweils eine Eigenschaft eines Objekts (z.B. den Titel eines Buchs) beschreiben.

Allerdings gibt es auch zwischen Datenbanken und Tabellen noch eine Schicht, die vielen nicht so geläufig ist: die Datenbankschemas. Bei einem Datenbankschema handelt es sich um eine Gruppe von Datenbankobjekten wie beispielsweise Tabellen und Sichten, die eine Untergruppe der Datenbank bilden und daher auch ein gemeinsames Präfix bekommen. Ist nicht explizit ein Schema angegeben, wird standardmäßig das *dbo*-Schema verwendet. Der Sinn eines Datenbankschemas besteht aus zweierlei: Erstens wird so die Übersicht verbessert, da alle Tabellen eines Schemas im Management Studio untereinanderstehen, und zweitens lassen sich auf diese Weise leichter Rechte auf alle Tabellen eines Schemas erteilen, ohne gleich die ganze Datenbank freigeben zu müssen.

Anlegen einer Datenbank

Beginnen wir erst einmal mit dem Erstellen einer Datenbank:

1. Starten Sie das *Microsoft SQL Server Management Studio 19* über das Windows-Startmenü (unter *Microsoft SQL Server Tools 19*) und verbinden Sie sich mit der lokalen Serverinstanz *SQL2022*. Dabei können Sie alternativ zum Servernamen auch einen Punkt oder *localhost* angeben, da es sich ja um den Rechner handelt, auf dem Sie bereits in Windows lokal angemeldet sind.

Abbildung 4.1: Verbindung mit SQL Server herstellen

2. Sofern nicht bereits sichtbar, blenden Sie über den Menüpunkt *Ansicht/Objekt-Explorer* den Objekt-Explorer ein.
3. Klicken Sie im Objekt-Explorer mit der rechten Maustaste auf *Datenbanken* und wählen Sie den Befehl *Neue Datenbank* aus.
4. Es erscheint das Dialogfeld zum Erstellen einer neuen Datenbank. Im linken Bereich können Sie eine von drei möglichen Seiten mit Einstellungen auswählen: *Allgemein*, *Optionen* und *Dateigruppen*.

5. Nehmen Sie auf der Seite *Allgemein* folgende Einstellungen vor:
   - *Datenbankname*: MediaBase
   - *Besitzer*: <Standard>
   - *ROWS (Daten)* = Zeilendaten (erste Zeile in der Liste mit Datenbankdateien)

     Logischer Name: MediaBase

     Anfangsgröße (MB): 16

     Automatische Vergrößerung: Um 16 MB, *Maximale Größe*: unbegrenzt (diese Einstellung können Sie vornehmen, wenn Sie auf die Schaltfläche mit den drei Punkten hinter dem entsprechenden Feld klicken)
   - *LOG* = Protokoll (zweite Zeile in der Liste mit Datenbankdateien)

     Logischer Name: MediaBase_log

     Anfangsgröße (MB): 8

     Automatische Vergrößerung: Um 8 MB, *Maximale Größe*: unbegrenzt

   Wenn Sie möchten, können Sie hier auch noch die Pfade, in denen die Datenbankdateien abgelegt werden, prüfen und bei Bedarf anpassen.

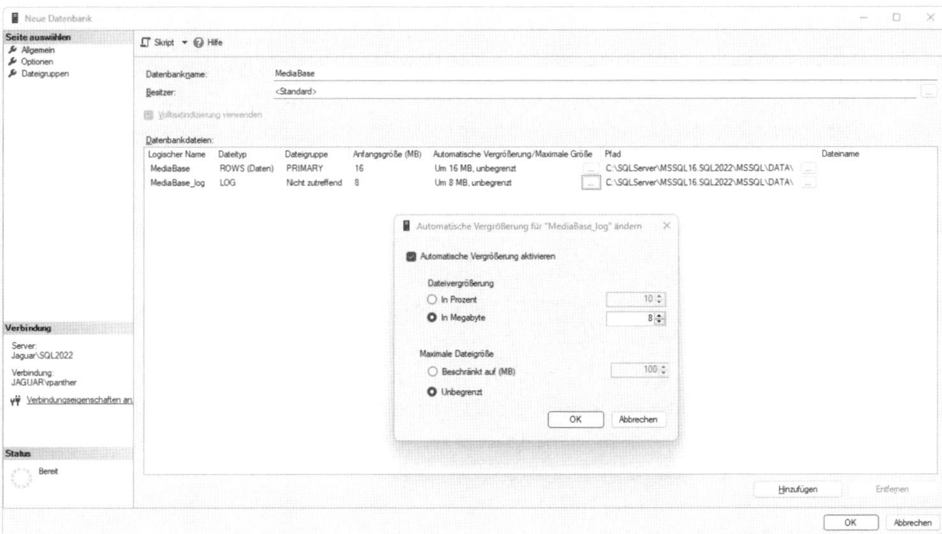

Abbildung 4.2: Das Dialogfeld zum Erstellen einer neuen Datenbank

6. Überprüfen Sie (und korrigieren Sie gegebenenfalls) auf der Seite *Optionen* die folgenden Einstellungen:
   - *Sortierung*: <Standard>
   - *Wiederherstellungsmodell*: Vollständig
   - *Kompatibilitätsgrad*: SQL Server 2022 (160)
   - *Einschlusstyp*: Keine

7. Überprüfen Sie (und korrigieren Sie gegebenenfalls) auf der Seite *Dateigruppen* die folgenden Einstellungen:
   - *Name*: PRIMARY
   - *Dateien*: 1
   - *Standard*: (angekreuzt)
   - *Automatische Vergrößerung aller Dateien*: (nicht angekreuzt)
8. Klicken Sie auf *OK*, und die neue Datenbank wird angelegt.

Sie haben nun eine neue Datenbank mit Namen *MediaBase* angelegt. Bevor wir beginnen, mit dieser Datenbank zu arbeiten, möchte ich Ihnen kurz die gerade vorgenommenen Einstellungen erläutern:

- **Datenbankname** ist die Bezeichnung, über die Sie später auf die Datenbank zugreifen. Der Einfachheit halber empfiehlt es sich, hier eine Bezeichnung ohne Leerzeichen und Sonderzeichen (wie beispielsweise Umlaute) zu verwenden, da dies sonst an anderer Stelle zu Problemen führen kann.
- **Besitzer** ist der Datenbankbenutzer, der automatisch volle Berechtigungen auf die gesamte Datenbank erhält. Mit der Einstellung *<Standard>* ist das automatisch der Benutzer, mit dem Sie während der Erstellung mit dem Datenbankserver verbunden sind (also Sie selbst).
- **Datenbankdateien** Datenbanken werden in mehreren Dateien auf der Festplatte abgelegt. Im Normalfall reichen zwei Dateien aus – eine für die eigentlichen Daten (hier Zeilendaten genannt) und eine für das Protokoll. An dieser Stelle können Sie den Namen und die Anfangsgröße für diese Dateien definieren und auch festlegen, in welchen Schritten und bis zu welcher Maximalgröße die Dateien bei Bedarf automatisch wachsen dürfen. Ein Anlegen von weiteren Dateien ist vor allem aus zwei Gründen sinnvoll:
  - **Platz** Wenn auf der Festplatte, auf der die Dateien bisher liegen, kaum noch Platz frei ist, stellt man diese auf nicht mehr wachsend und fügt eine weitere Datei auf einer zweiten Festplatte hinzu.
  - **Performance** Durch das Anlegen von mehreren Dateien auf mehreren Platten kann man unter Umständen Performance gewinnen, sofern auf diese Dateien parallel zugegriffen werden kann (mehrere Partitionen auf derselben Platte ergeben hier also keinen Sinn).

Zeilendaten und Protokoll

Auch wenn dieses Thema an anderer Stelle noch einmal ausführlicher behandelt werden wird, möchte ich hier kurz erläutern, was es mit den Zeilendaten- und Protokolldateien auf sich hat.

Zeilendaten sind die eigentlichen Daten, die in der Datenbank (oder in den Zeilen der Tabellen einer Datenbank) enthalten sind. Diese Datei sollte möglichst bei ihrer Erstellung schon so groß gewählt werden, dass sie die zu erwartende Menge an Daten aufnehmen kann, da die automatische Vergrößerung zusätzlich Zeit kostet und daher nicht unnötig verwendet werden sollte.

Protokoll Im Protokoll (oder auch Transaktionslog) werden Änderungen an den Zeilendaten zwischengespeichert, bevor sie endgültig in den Zeilendaten abgelegt werden. Dieser Mechanismus ist aus verschiedenen Gründen sinnvoll: So sind dadurch einerseits Transaktionen möglich, andererseits kann mithilfe des Protokolls (bzw. einer Sicherung desselben) nach einem Ausfall wieder ein Datenbankstand zu einem nahezu frei wählbaren Zeitpunkt hergestellt werden (sofern gewisse Rahmenbedingungen erfüllt sind). Beide Themen werden aber in späteren Kapiteln noch ausführlicher angesprochen. Im Moment reicht es völlig aus, zu wissen, dass die Größe des Transaktionslogs von Häufigkeit und Umfang der Datenänderungen abhängt. Je mehr und umfangreichere Änderungen anfallen, desto größer wird das Protokoll.

- **Sortierung** legt den Modus der Sortierung (Case Sensitive, Accent Sensitive etc.) für die gesamte Datenbank fest. Sofern Sie hier beim Installieren des SQL Server die richtige Auswahl getroffen haben (empfehlenswert ist beispielsweise *Latin1_General_CI_AS*), können Sie die Voreinstellung *<Standard>* übernehmen. Wesentlich ist, dass möglichst alle Ihre Datenbanken die gleiche Sortierung haben sollten, da es zu Problemen kommt, wenn Sie in einer Abfrage Tabellen mit unterschiedlichen Sortierungen verwenden wollen.
- **Wiederherstellungsmodell** steuert den Grad, in dem Änderungen an Daten mitprotokolliert werden, um bei Bedarf die Datenbank zu einem bestimmten Stand wiederherstellen zu können. *Vollständig* gibt Ihnen hier alle Freiheiten, die Alternativen *Einfach* und *Massenprotokolliert* schreiben weniger Daten, bieten dafür aber auch weniger Möglichkeiten bei Backup und Restore. Dieses Thema wird detaillierter in *Kapitel 13* im Abschnitt *»Das Transaktionslog«* auf Seite 312 behandelt.
- **Kompatibilitätsgrad** Sollten Sie Datenbanken und/oder Skripte von einer älteren SQL Server-Version übernehmen, können Sie an dieser Stelle die Kompatibilität zu *SQL Server 2008 (100), SQL Server 2012 (110), SQL Server 2014 (120), SQL Server 2016 (130), SQL Server 2017 (140)* oder *SQL Server 2019 (150)* erzwingen, allerdings unter Verzicht auf die neuen Features und Datentypen. Daher sollte man möglichst die Voreinstellung *SQL Server 2022 (160)* beibehalten.
- **Dateigruppen** Bei den Dateigruppen handelt es sich um eine logische Zwischenschicht, die zwischen Datenbankobjekten (wie beispielsweise Tabellen) und Datenbankdateien liegt. Beim Erstellen von Datenbankobjekten können Sie nur angeben, in welcher Dateigruppe das Objekt angelegt wird. Die Datenbankdateien selbst werden bei ihrer Erstellung ebenfalls Dateigruppen zugeordnet. Sofern es sich nicht um sehr große Datenbanken handelt (und das wird bei der Express Edition normalerweise nicht der Fall sein), werden Sie voraussichtlich nur mit einer Dateigruppe arbeiten, die standardmäßig *PRIMARY* heißt.

Klicken Sie nun im Management Studio den Knoten *Datenbanken* an, um die neu erstellte Datenbank zu sehen. Eventuell müssen Sie mit einem Rechtsklick auf den Punkt *Datenbanken* erst die Option *Aktualisieren* auswählen, damit die Darstellung auf den aktuellen Stand gebracht wird. Dieser Schritt funktioniert auf jeder Ebene des Objekt-Explorers und ist insbesondere dann notwendig, wenn Datenbankobjekte von anderen Benutzern oder per SQL-Skript erstellt wurden.

Mit einem Rechtsklick auf die neu erstellte Datenbank können Sie über die Option *Eigenschaften* die gerade vorgenommenen Einstellungen überprüfen. Teilweise lassen sie sich hier auch ändern.

Anlegen von Tabellen

Nachdem nun eine Datenbank vorliegt, ist es an der Zeit, darin auch ein paar Tabellen anzulegen.

1. Klicken Sie im Objekt-Explorer mit der rechten Maustaste auf den Knoten *Datenbanken/MediaBase/Tabellen* und wählen Sie den Befehl *Neu/Tabelle* aus.

   Im Detailbereich erscheint nun die Entwurfsansicht für Tabellen, in der Sie die benötigten Spalten direkt angeben können.

2. Tragen Sie in der ersten Zeile als Spaltenname *ID* ein und wählen Sie als Datentyp *int* aus. Das Feld *NULL-Werte zulassen* sollte nicht angekreuzt werden.
3. Tragen Sie in derselben Weise die weiteren Felder in die nächsten Zeilen ein (die Bedeutung der verschiedenen Datentypen wird weiter unten erklärt):

Spaltenname	Datentyp	NULL-Werte zulassen	Sonstiges
ID	int	nein	Primärschlüssel
ISBN10	nchar(10)	ja	
ISBN13	nchar(14)	ja	
Autor	nvarchar(80)	ja	
Titel	nvarchar(80)	ja	
Verlag	nvarchar(80)	ja	
Seiten	int	ja	
Auflage	tinyint	ja	
Sprache	nvarchar(20)	ja	
Hardcover	bit	ja	
Erscheinungsjahr	int	ja	
Bewertung	tinyint	ja	
Beschreibung	nvarchar(MAX)	ja	

Tabelle 4.1: Die Felder der Tabelle Buch

4. Wenn Sie alle Felder erfasst haben, klicken Sie noch einmal auf die erste Zeile (in der die Spalte mit dem Namen *ID* definiert ist) und wählen anschließend im Menü *Tabellen-Designer* die Option *Primärschlüssel festlegen* aus. Damit wird das Feld *ID* als Primärschlüssel definiert. (Was es damit genau auf sich hat, wird weiter unten in diesem Kapitel erläutert.)
5. Um die Tabellendefinition zu speichern, klicken Sie in der Symbolleiste auf das Diskettensymbol oder wählen im *Datei*-Menü den Befehl *Speichern von Table_1* aus. Der Name *Table_1* ist dabei nur ein automatisch generierter Vorschlag, den Sie beim Speichern überschreiben können (und sollten).
6. Geben Sie als Tabellennamen *Buch* an und schließen Sie anschließend die Tabellenentwurfsansicht durch einen Klick auf das kleine *x* rechts neben dem Namen der Registerkarte. (Achtung! Hier ist natürlich das kleine *x* in der Titelleiste des Detailbereichs gemeint, mit dem anderen ganz rechts oben würden Sie das gesamte SQL Server Management Studio schließen.)

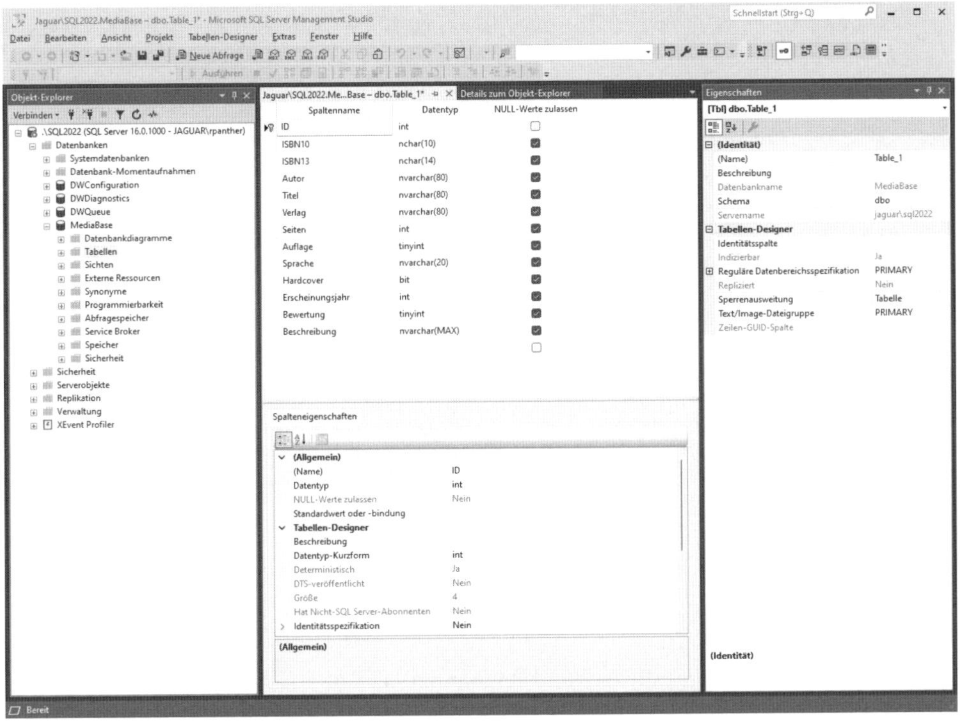

Abbildung 4.3: Die Tabelle im Entwurfsmodus

7. Wenn Sie nun im Objekt-Explorer mit dem Pluszeichen vor den *Tabellen* die nächste Ebene einblenden, sollte dort auch die neue Tabelle *Buch* zu finden sein. Falls die Tabelle dort nicht auftaucht, muss die Anzeige – wie bereits geschrieben – aktualisiert werden. Da Sie nicht explizit ein Schema angegeben haben, wird automatisch das Standardschema *dbo* verwendet, sodass die Tabelle als *dbo.Buch* angezeigt wird.
8. Erstellen Sie nun analog zu dem eben dargestellten Vorgehen zwei weitere Tabellen:

Spaltenname	Datentyp	NULL-Werte zulassen	Sonstiges
ID	int	nein	Primärschlüssel
Titel	nvarchar(80)	ja	
Interpret	nvarchar(80)	ja	
Songs	nvarchar(MAX)	ja	
AnzahlCDs	tinyint	ja	
Erscheinungsjahr	int	ja	
Bewertung	tinyint	ja	

Tabelle 4.2: Die Felder der Tabelle CD

Spaltenname	Datentyp	NULL-Werte zulassen	Sonstiges
ID	int	nein	Primärschlüssel
Titel	nvarchar(80)	ja	
Originaltitel	nvarchar(80)	ja	
Schauspieler	nvarchar(MAX)	ja	
Produzent	nvarchar(80)	ja	
Regie	nvarchar(80)	ja	
Land	nvarchar(20)	ja	
Dauer	tinyint	ja	
Laendercode	tinyint	ja	
Ton	nvarchar(20)	ja	
Untertitel	nvarchar(20)	ja	
Extras	nvarchar(MAX)	ja	
AnzahlDVDs	tinyint	ja	
Erscheinungsjahr	int	ja	
Bewertung	tinyint	ja	

Tabelle 4.3: Die Felder der Tabelle DVD

Schreibweise von Tabellen- und Feldnamen

Die Tabellennamen wurden alle bewusst im Singular gewählt, auch wenn klar ist, dass in der Tabelle *Buch* mehrere Bücher gespeichert werden (genau wie bei den CDs und DVDs auch). Lediglich bei den Feldnamen wurde hier und da bewusst der Plural verwendet, nämlich genau dann, wenn ein Feld auch mehrere der bezeichneten Elemente enthält. (So werden beispielsweise im Feld *Songs* mehrere Songtitel abgespeichert.)

Auch auf Leerzeichen und Umlaute sollte in Tabellen- und Feldnamen möglichst verzichtet werden. SQL Server kann damit zwar umgehen, jedoch kann es an anderen Stellen (z. B. bei Programmen, die mit diesen Daten arbeiten) zu Problemen kommen. Daher wurde bei der *DVD*-Tabelle das Feld für den Ländercode mit *Laendercode* bezeichnet.

Setzt sich ein Name aus mehreren Wörtern zusammen, können Sie diese entweder mit einem Unterstrich (»_«) voneinander trennen oder aber die als Pascal Casing bekannte Schreibweise verwenden, die darauf beruht, dass der erste Buchstabe jedes Worts großgeschrieben wird.[2]

9. Im Objekt-Explorer sollten nun die drei Tabellen *dbo.Buch*, *dbo.CD* und *dbo.DVD* zu sehen sein.

2 Ich verwende primär Pascal Casing und nutze den Unterstrich nur, um ein Präfix vom eigentlichen Bezeichner zu trennen.

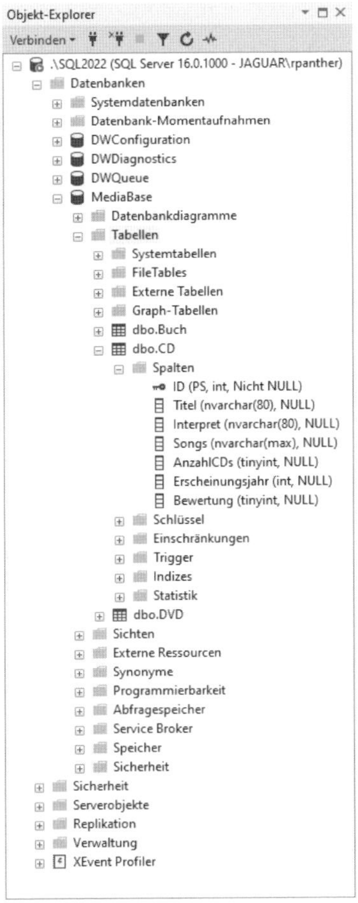

Abbildung 4.4: Die drei neu angelegten Tabellen im Objekt-Explorer

Spalten und Datentypen

Auch wenn die Spalten der Tabellen, die Sie gerade angelegt haben, im Entwurfsmodus als verschiedene Zeilen angezeigt wurden, handelt es sich dabei natürlich doch um Spalten (die später auch als solche sichtbar sind), während die Zeilen einer Tabelle dann Datensätzen (gleicher Struktur) entsprechen.

Ich möchte an dieser Stelle aber noch etwas detaillierter auf die verschiedenen Eigenschaften einer Spalte eingehen. Neben dem Namen, der relativ frei wählbar ist, ist hier vor allem der Datentyp relevant, denn jede Spalte benötigt einen Datentyp, der vorgibt, welche Inhalte für diese Spalte zugelassen sind.

SQL Server 2022 bietet eine ganze Reihe an Datentypen an. Diese lassen sich unterteilen in numerische Datentypen, alphanumerische Datentypen, binäre Datentypen, Zeit- und Datumstypen sowie diverse weitere spezielle Datentypen.

Lassen Sie sich von der Vielzahl der aufgelisteten Datentypen nicht erschrecken. Für die meisten (und insbesondere bei kleineren) Anwendungen reicht eine Handvoll der im Folgenden genannten Typen völlig aus. Daher will ich hier auch nicht allzu detailliert auf alle Datentypen eingehen und mich primär auf die gängigsten konzentrieren. Eine komplette Auflistung aller verfügbaren Datentypen finden Sie in *Anhang A* dieses Buchs.

Datentypen im Management Studio anzeigen

Irgendwo in den Tiefen der Onlinehilfe ist natürlich ebenfalls eine Übersicht der SQL Server-Datentypen zu finden. Einfacher geht es aber, wenn Sie im Objekt-Explorer unterhalb einer beliebigen Datenbank den Zweig *Programmierbarkeit/Typen/Systemdatentypen* öffnen. Darunter bekommen Sie alle verfügbaren Datentypen (nach Kategorien geordnet) angezeigt.

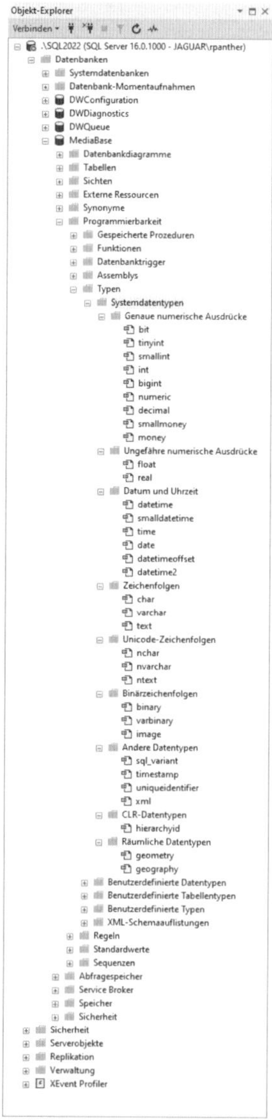

Abbildung 4.5: Anzeige der Datentypen im SQL Server Management Studio

Numerische Datentypen

Die numerischen Datentypen lassen sich in drei Untergruppen unterteilen. Da sind einmal die ganzzahligen Datentypen mit unterschiedlichen Wertebereichen, angefangen beim Typ *bit*, der nur die Werte 0 und 1 (bzw. *false* und *true*) speichern kann, über *tinyint*, *smallint* und *int* bis hin zu *bigint*. Mit den Typen *bit*, *tinyint* (0 bis 255) und *int* (–2.147.483.648 bis 2.147.483.647) kommt man für die meisten Anwendungen allerdings gut aus, wobei *bit* primär für logische Felder verwendet wird, deren Inhalte Ja oder Nein repräsentieren.

Die zweite Gruppe numerischer Datentypen sind die Kommazahlen fester Genauigkeit, zu denen auch die Währungstypen *money* und *smallmoney* gehören (Letzterer beschränkt sich allerdings nicht – wie der Name vielleicht irrtümlich vermuten lässt – auf Kleingeld, sondern kann immerhin Werte von –214.748,3648 bis 214.748,3647 aufnehmen, was in der Währung Euro in manchen Teilen Deutschlands noch für ein kleines Einfamilienhaus ausreichend wäre). Beide Währungstypen (*money* und *smallmoney*) speichern ihre Werte mit vier Nachkommastellen, was die Gefahr von Rundungsfehlern im Cent-Bereich minimiert. Für die anderen beiden numerischen Datentypen mit fester Genauigkeit wird die Anzahl der Nachkommastellen explizit angegeben. So entspricht *decimal(10,2)* beispielsweise einer zehnstelligen Zahl, zwei davon sind Nachkommastellen.

Als dritte Gruppe gibt es dann noch die Gleitkommazahlen mit ungefährer Genauigkeit, mit denen sich dafür extrem hohe Zahlenwerte darstellen lassen. Hier stehen *float*(n) und *real* zur Auswahl, wobei *real* mit einem Zahlenbereich von –3,4E+38 bis +3,4E+38 für die meisten Fälle ausreichen dürfte.

Alphanumerische Datentypen

Für die Auswahl des richtigen alphanumerischen Datentyps gilt es, zwei Entscheidungen zu treffen; aus der Kombination der Antworten ergibt sich dann der passende Datentyp. Die eine betrifft die Länge des Datenfelds. Diese kann entweder konstant, variabel (mit einer definierten Obergrenze) oder völlig unbestimmt sein. In der Praxis werden Sie Datentypen fester Länge nur relativ selten (und dann ganz gezielt) verwenden, da die wenigsten typischen Datenbankinhalte eine immer gleich bleibende Feldgröße aufweisen und Sie somit unnötig Speicherplatz »verschenken« würden.

Neben der Länge des Datenfelds steht die Frage, ob ein Zeichensatz mit einem Byte pro Zeichen ausreicht (der regional unterschiedlich ist, um die nationalen Sonderzeichen zu berücksichtigen) oder ob der alle internationalen Sonderzeichen umfassende Zeichensatz (Unicode) benötigt wird, der pro Zeichen allerdings zwei Byte Speicherplatz erfordert.

Unicode-Komprimierung (engl. Unicode Compression)

Seit SQL Server 2008 R2 gibt es ab der Enterprise Edition die Möglichkeit, für Tabellen und Indizes eine Komprimierung von Unicode-Spalten zu aktivieren, sodass der Mehrbedarf an Speicherplatz im Vergleich zu Nicht-Unicode-Spalten vernachlässigbar wird. Aber auch ohne die Unicode-Komprimierung ist die Verwendung von Unicode-Spalten meist die bessere Wahl, da man sich Probleme mit unterschiedlichen nationalen Zeichensätzen spart und das .NET-Framework (auf dem die meisten Windows-Anwendungen basieren) ohnehin intern mit Unicode arbeitet. Wenn es also nicht darauf ankommt, möglichst jedes entbehrliche Byte an Speicher einzusparen, empfehle ich, für Textinformationen generell Unicode-Datentypen zu nutzen, was bei den Beispielen in diesem Buch auch konsequent befolgt wird.

	Feste Länge	Variable Länge (mit Obergrenze)	Variable Länge (ohne Obergrenze)[a]
Kein Unicode	*char(n)*	*varchar(n)*	*varchar(max)*
Unicode	*nchar(n)*	*nvarchar(n)*	*nvarchar(max)*

Tabelle 4.4: Entscheidungstabelle für alphanumerische Datentypen

a. Die Angabe »ohne Obergrenze« ist streng genommen nicht ganz korrekt, denn es gibt eine technische Obergrenze, die bei ca. 2 GB (genau 2.147.483.647 Byte) liegt.

Die Zahl *n* repräsentiert dabei die Anzahl der maximal speicherbaren Zeichen, wobei diese bei Typen konstanter Länge auf jeden Fall belegt (und mit Leerzeichen aufgefüllt) werden.

Der Datentyp *text* und dessen Unicode-Äquivalent *ntext* werden nur noch aus Kompatibilitätsgründen unterstützt und sollten nicht mehr verwendet werden (dafür gibt es seit SQL Server 2005 *varchar(max)* und *nvarchar(max)*).

Unicode- und Nicht-Unicode-Datentypen nicht mischen!

Die Entscheidung, ob Sie Unicode-Datentypen benötigen oder nicht, sollten Sie möglichst einmal für die gesamte Datenbank treffen. Eine gemischte Verwendung von Unicode- und Nicht-Unicode-Feldern kann zu Problemen führen, die beispielsweise eine schlechtere Performance zur Folge haben.

Binäre Datentypen

Die binären Datentypen enthalten mit dem Typ *image* auch einen nicht mehr aktuellen Datentyp, der daher nicht mehr verwendet werden sollte. Stattdessen sind die neueren Typen *binary(n)*, *varbinary(n)* und *varbinary(max)* vorzuziehen, wobei *n* die Anzahl der maximal speicherbaren Bytes bezeichnet. In der Praxis werden binäre Datentypen verwendet, um ganze Dateien – wie beispielsweise Grafiken oder Sounds – direkt in der Datenbank zu speichern. Aus diesem Grund ist *varbinary(max)* sicherlich der meistverwendete dieser Typen, da die Dateien ja auch völlig unterschiedliche Größen haben können. Mit der *Filestream*-Option gibt es für diesen Datentyp noch eine interessante Erweiterung, mit der sich große Mengen von Binärdaten konsistent im Dateisystem speichern lassen.

Temporale Datentypen

Die Datentypen zur Speicherung von temporalen Informationen beschränkten sich lange Zeit auf den Typ *datetime*, der Datum und Uhrzeit in einem Feld ablegte. Mit SQL Server 2008 kamen dann getrennte Datentypen für Zeit (*time*) und Datum (*date*) hinzu. Dazu gibt es ein paar weitere Varianten von *datetime,* die einen anderen Zeitraum umfassen (*smalldatetime* und *datetime2(n)*) oder zusätzlich noch Informationen über die entsprechende Zeitzone speichern (*datetimeoffset(n)*).

Sonstige Datentypen

Neben den bisher erwähnten allgemeinen Datentypen gibt es eine ganze Menge spezieller Datentypen, mit denen man XML-Dokumente (*xml*), Globally Unique Identifiers (*uniqueidentifier*), hierarchische Strukturen (hierarchyid) geografische Informationen (*geometry* und *geography*) und vieles mehr speichern kann. Die interessantesten dieser Datentypen werden an späterer Stelle noch einmal ausführlich behandelt.

NULL-Werte und Defaults

Neben der Auswahl des richtigen Datentyps ist noch zu definieren, ob für das entsprechende Feld NULL-Werte erlaubt sind. Dabei ist nicht die Zahl 0 gemeint, vielmehr handelt es sich bei NULL um einen Wert, der einen nicht definierten Zustand repräsentiert und damit für Felder verwendet werden kann, die noch nicht gefüllt wurden (beispielsweise weil sie unbekannt sind). In vielen Fällen ist es jedoch sinnvoll, eine Spalte zum Pflichtfeld zu erklären, also bereits auf Datenbankebene dafür zu sorgen, dass hier ein Wert angegeben werden muss. Dies erreicht man, indem man das Häkchen bei *NULL-Werte zulassen* für die entsprechende Spalte entfernt. Dadurch wird bei jedem Speichern einer Zeile geprüft, ob alle Pflichtfelder belegt sind, ansonsten wird das Speichern verweigert.

NULL ? "" ? 0

Beachten Sie auch, dass NULL weder der Zahl 0 noch einer leeren Zeichenkette "" entspricht. Für NULL-Werte ist später im Programmcode oder in SQL-Abfragen immer eine Sonderbehandlung erforderlich. So ist NULL generell weder gleich noch ungleich einem konstanten Wert. (Hier liegt der Vergleich zum Roulette nahe, denn auch dort ist die 0 weder rot noch schwarz, sondern eben nur 0.) Stattdessen muss explizit geprüft werden, ob ein Feld den Wert NULL enthält.

Eine einfache Variante, mit NULL-Werten umzugehen, liegt darin, diese bei der Tabellendefinition gar nicht erst zuzulassen und stattdessen einen Standardwert (Default-Wert) zu definieren, der automatisch angenommen wird, wenn für die entsprechende Spalte kein Inhalt angegeben wird. Damit ist sichergestellt, dass eine Spalte immer einen gültigen Wert enthält, und man kann auf eine umständliche Sonderbehandlung von NULL-Werten verzichten.

SQL-Funktionen für Default-Werte nutzen

Neben konstanten Werten kann man auch die integrierten SQL Server-Funktionen nutzen, um Felder mit dynamischen Default-Werten zu füllen. So bietet es sich beispielsweise an, für ein Feld, in dem der Zeitpunkt der letzten Änderung gespeichert wird, die Funktion `getdate()` als Standardwert anzugeben, mit der immer der aktuelle Zeitpunkt (Datum und Uhrzeit) gesetzt wird.

Anzeigen und Ändern von Daten

Nachdem nun die Tabellen erstellt sind, sollen sie natürlich auch mit Daten gefüllt werden.

Dies kann einerseits mit der Datenbanksprache SQL geschehen (darauf wird an anderer Stelle in diesem Buch noch ausführlich eingegangen). Am komfortabelsten geht es aber direkt mit dem SQL Server Management Studio.

Ändern von Tabelleninhalten

Da die Tabellen bisher ja noch keine Daten beinhalten, ist es sinnvoll, hier gleich ein paar Zeilen einzugeben.

1. Suchen Sie im Objekt-Explorer den Eintrag für die Tabelle *Buch* und klicken Sie diesen mit der rechten Maustaste an. Wählen Sie im anschließend erscheinenden Kontextmenü die Option *Oberste 200 Zeilen bearbeiten* aus, um die Tabelle im Bearbeitungsmodus zu öffnen.
2. In der folgenden Ansicht wird die Tabelle *Buch* mit allen Spalten dargestellt (eventuell müssen Sie den Detailbereich nach rechts scrollen, um auch die hinteren Spalten sehen zu können).
3. Geben Sie nun in der ersten Zeile folgende Werte ein:
   - *ID*: 1
   - *ISBN10*: 3960090412
   - *ISBN13*: 978-3960090410
   - *Autor*: Robert Panther
   - *Titel*: Datenbankentwicklung lernen mit SQL Server 2016
   - *Verlag*: O'Reilly
   - *Auflage*: 1
   - *Sprache*: Deutsch
   - *Hardcover*: False
   - *Erscheinungsjahr*: 2017

   Die Spalten, die hier nicht angegeben wurden (*Seiten* und *Bewertung*), lassen Sie einfach leer. Sobald Sie die ersten Eingaben vorgenommen haben, erscheint in dem grauen Kästchen links neben der Tabellenzeile ein kleines Stiftsymbol, das anzeigt, dass hier ungespeicherte Änderungen vorliegen. In den einzelnen Feldern der Zeile sehen Sie kleine rote Kreise mit Ausrufezeichen darin, die im Prinzip dasselbe (ungespeicherte Informationen) auf Feldebene anzeigen. In dem Moment, in dem Sie in die nächste Zeile springen, wird die Zeile gespeichert, und die kleinen Symbole verschwinden wieder.

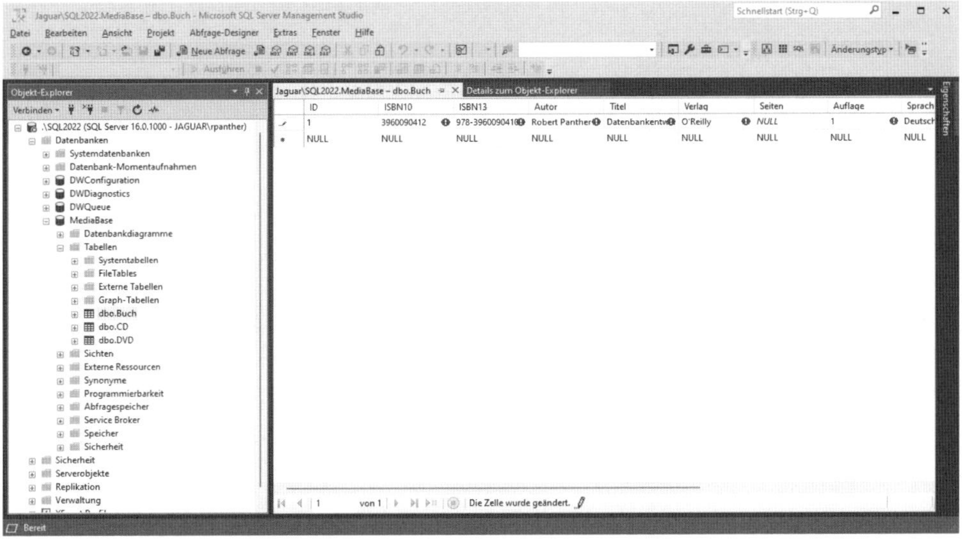

Abbildung 4.6: Die Tabelle Buch im Bearbeitungsmodus

Begrenzte Zeilenanzahl im Auswahl- und Bearbeitungsmodus

Sowohl der Auswahl- als auch der Bearbeitungsmodus von Tabellen sind im SQL Server Management Studio standardmäßig auf eine bestimmte Zeilenanzahl begrenzt (1.000 Zeilen im Auswahlmodus, 200 Zeilen im Bearbeitungsmodus). Dies wurde so eingerichtet, um im Client-Server-Betrieb zu vermeiden, dass unnötig viele Zeilen gesperrt werden, wenn jemand einfach nur einen Blick auf die Tabelle werfen will. Diese Standardeinstellung lässt sich bei Bedarf aber recht einfach umgehen.

Im Bearbeitungsmodus sehen Sie auf der rechten Seite bei den Eigenschaften (die Sie über die Taste F4 oder den Menüpunkt *Ansicht/Eigenschaftenfenster* einblenden können, sofern sie noch nicht sichtbar sind) eine Einstellung *Oberste Angabe*. Wenn Sie durch Anklicken des Pluszeichens davor die Unteroptionen aufklappen, können Sie hier die Einstellung *(Top)* auf *Nein* setzen. Wählen Sie anschließend im Menü *Abfrage-Designer* die Option *SQL ausführen*, wird die Anzeige aktualisiert, und es werden alle Zeilen eingeblendet.

4. Beenden Sie den Bearbeitungsmodus der Tabelle, indem Sie auf das kleine *x* in der Titelleiste des Detailbereichs klicken.
5. Fügen Sie auf die gleiche Weise ein paar weitere Zeilen in die Tabelle ein.

Anzeigen von Daten

Nachdem Sie nun Daten erfasst haben, möchten Sie sie auch wieder anzeigen können. Dies geht natürlich einerseits, indem Sie auch hierfür den Bearbeitungsmodus verwenden. Einfacher funktioniert es aber im Auswahlmodus:

1. Suchen Sie im Objekt-Explorer den Eintrag für die Tabelle *Buch* und klicken Sie diesen mit der rechten Maustaste an. Wählen Sie im anschließend erscheinenden Kontextmenü die Option *Erste 1000 Zeilen auswählen* aus, um die Tabelle im Auswahlmodus zu öffnen.

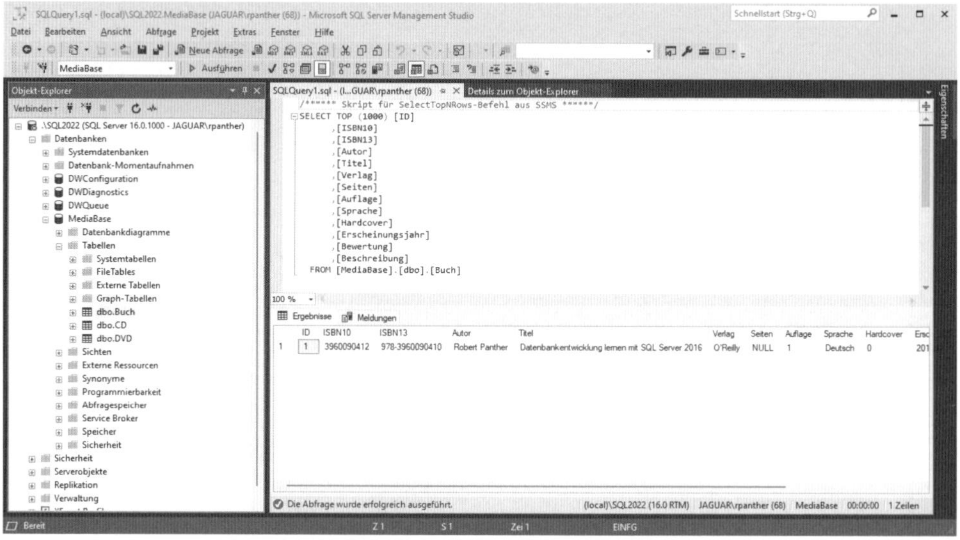

Abbildung 4.7: Die Tabelle Buch im Auswahlmodus

2. Der Detailbereich wird nun vertikal geteilt: Im unteren Bereich sehen Sie die ersten 1.000 Zeilen der Tabelle (eventuell müssen Sie auch hier ein wenig nach oben/unten bzw. links/rechts scrollen, um alle Zeilen und Spalten sehen zu können). Im oberen Bereich sehen Sie die SQL-Abfrage, die automatisch ausgeführt wurde, um diese Daten anzuzeigen.
3. Löschen Sie den Teil *TOP (1000)* aus der Abfrage, sodass in der entsprechenden Zeile nur noch *SELECT [ID]* steht, und führen Sie die Abfrage durch Anklicken des Texts *Ausführen* (mit dem kleinen grünen Pfeil davor) in der Symbolleiste erneut aus. Das Ergebnis im unteren Bereich ändert sich scheinbar nicht, allerdings würden nun alle Zeilen angezeigt, auch wenn mehr als 1.000 Zeilen in der Tabelle enthalten wären.
4. Schließen Sie den Auswahlmodus der Tabelle wieder, indem Sie das kleine *x* in der Titelleiste des Detailbereichs anklicken. Dabei beantworten Sie die Frage, ob die Änderungen an der Abfrage gespeichert werden sollen, mit *Nein*.

Abfrage für Auswahlmodus anpassen

Sie können die Abfrage für den Auswahlmodus auch weiter anpassen, indem Sie beispielsweise Spaltennamen entfernen, deren Inhalte Sie nicht sehen möchten, oder aber eine Bedingung hinzufügen, um nur einen Teil der Zeilen zu sehen. Die genaue Syntax für die SQL-`SELECT`-Anweisung wird in *Kapitel 6, Kleine Einführung in SQL*, behandelt.

Bearbeiten von Datenbanken und Tabellen

Zu Beginn dieses Kapitels haben Sie gelernt, wie Sie Datenbanken und Tabellen anlegen. Aber was ist, wenn sich die Anforderungen später ändern? SQL Server bietet die Möglichkeit, sowohl Datenbanken als auch Tabellen nachträglich anzupassen.

Ändern von Datenbankeinstellungen

Eine Änderung der Datenbank sollte eher selten notwendig sein – zumal sich einige Eigenschaften im Nachhinein nicht mehr ändern lassen. Wenn aber beispielsweise der Fall eintritt, dass die Datenbankdatei so sehr angewachsen ist, dass kein Platz mehr auf der Festplatte vorhanden ist, sollten Sie eine zweite Datenbankdatei auf einer weiteren Platte (die hoffentlich verfügbar ist) anlegen und diese mit der Datenbank verbinden.

1. Klicken Sie mit der rechten Maustaste im Objekt-Explorer auf die Datenbank und wählen Sie die Option *Eigenschaften* aus. Daraufhin erscheint ein Dialogfeld ähnlich dem, mit dem Sie die Datenbank erstellt haben.

   Auf der Seite *Allgemein* sehen Sie die aktuelle Datenbankgröße sowie den noch verfügbaren Speicherplatz. Mit dem letztgenannten Wert ist nicht der freie Platz auf dem Datenträger, sondern der unbelegte Platz in den bereits vorhandenen Datenbankdateien gemeint.

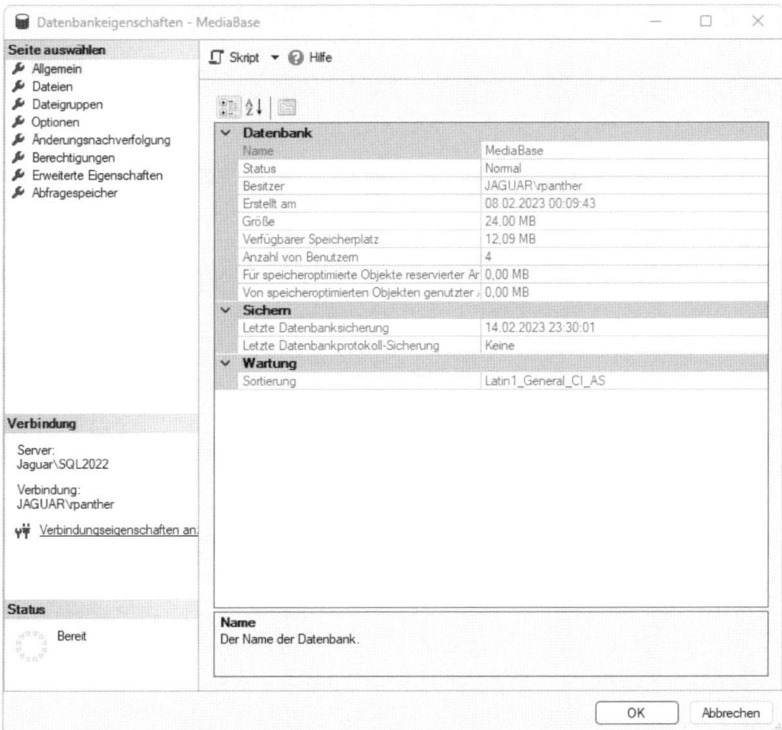

Abbildung 4.8: Datenbankeigenschaften

2. Wechseln Sie zur Seite *Dateien*. Hier sehen Sie die bereits genutzte Zeilendatendatei (*ROWS*) und die Protokolldatei (*LOG*). Wenn Sie in der Zeile zu den Zeilendaten auf die drei Punkte in der Spalte *Automatische Vergrößerung* klicken, können Sie dort das Häkchen bei *Automatische Vergrößerung aktivieren* entfernen, da ja ohnehin kein Platz mehr auf der Platte ist.

3. Nachdem Sie das auch für die Protokolldatei ausgeführt haben, klicken Sie auf der Seite *Dateien* auf die Schaltfläche *Hinzufügen*. Es erscheint ein weiterer Eintrag in der Liste der Datenbankdateien. Aktualisieren Sie diesen Eintrag mit folgenden Einstellungen:
   - *Logischer Name*: MediaBase2
   - *Dateityp*: ROWS (Daten)
   - *Dateigruppe*: PRIMARY
   - *Anfangsgröße*: 16 MB
   - *Automatische Vergrößerung (MB)*: Um 16 MB, *Maximale Größe*: unbegrenzt

   In der Spalte *Pfad* können Sie das Verzeichnis nun so anpassen, dass die Datei auf einem separaten Laufwerk erstellt wird, falls Sie ein solches verfügbar haben.
4. Verfahren Sie ebenso, um eine zweite Protokolldatei mit den folgenden Einstellungen hinzuzufügen:
   - *Logischer Name*: MediaBase2_log
   - *Dateityp*: LOG
   - *Dateigruppe*: Nicht zutreffend
   - *Anfangsgröße*: 8 MB
   - *Automatische Vergrößerung (MB)*: Um 8 MB, *Maximale Größe*: unbegrenzt

   Auch hier können Sie in der Spalte *Pfad* das Verzeichnis so anpassen, dass die Datei auf einem separaten Laufwerk erstellt wird, sofern vorhanden.
5. Wenn Sie jetzt wieder auf die Seite *Allgemein* zurückwechseln, sollten Sie dort sehen, dass der verfügbare Speicherplatz durch die neu hinzugefügten Dateien nun wieder deutlich größer geworden ist. Dies funktioniert allerdings erst, nachdem Sie das Dialogfeld mit der Schaltfläche *OK* geschlossen haben (da dann die Änderungen erst durchgeführt werden) und anschließend die Eigenschaften der Datenbank erneut öffnen. Da die beschriebene Änderung für unsere Beispielumgebung aber momentan nicht notwendig ist, können Sie das Dialogfeld mit der Schaltfläche *Abbrechen* schließen.

Anpassen der Felddefinitionen einer Tabelle

Ähnlich einfach wie das Bearbeiten von Datenbanken können Sie auch Tabellen nachträglich ändern. Die gängigsten nachträglichen Änderungen sind sicherlich das Hinzufügen eines neuen und die Vergrößerung eines bestehenden Felds. Aber auch das Setzen von Standardwerten geschieht auf dem gleichen Weg. Diese und andere Aktionen sind mit SQL Server glücklicherweise problemlos durchführbar, ohne dass man die Tabelle neu anlegen muss.

1. Suchen Sie im Objekt-Explorer den Eintrag für die Tabelle *DVD* und klicken Sie diesen mit der rechten Maustaste an. Wählen Sie im anschließend erscheinenden Kontextmenü die Option *Entwerfen* aus, um die Tabellendefinition zu bearbeiten.
2. Ändern Sie den Typ der Spalte *Dauer* von *tinyint* auf *int*, um auch die wenigen Filme, die länger sind als 255 Minuten, korrekt speichern zu können.

3. Klicken Sie auf die erste freie Zeile und definieren Sie dort eine neue Tabellenspalte mit den folgenden Einstellungen:
   - *Spaltenname*: Kategorie
   - *Datentyp*: nvarchar(80)
   - *NULL-Werte zulassen*: Ja
4. Klicken Sie die Spalte *AnzahlDVDs* an und geben Sie bei den Spalteneigenschaften im unteren Teil des Detailbereichs bei der Eigenschaft *Standardwert oder -bindung* den Wert *1* ein. Damit haben Sie den Default-Wert für diese Spalte auf *1* festgelegt.
5. Setzen Sie auf die gleiche Weise den Standardwert für die Spalte *Laendercode* auf *2* (das ist der Ländercode für DVDs, die in Europa verkauft werden).
6. Auf der Registerkarte des Detailbereichs ist neben dem Tabellennamen (*DVD*) ein Sternchen zu sehen, das anzeigt, dass es hier noch nicht gespeicherte Änderungen gibt. Klicken Sie nun auf das Diskettensymbol in der Symbolleiste, um die vorgenommenen Änderungen dauerhaft zu speichern.

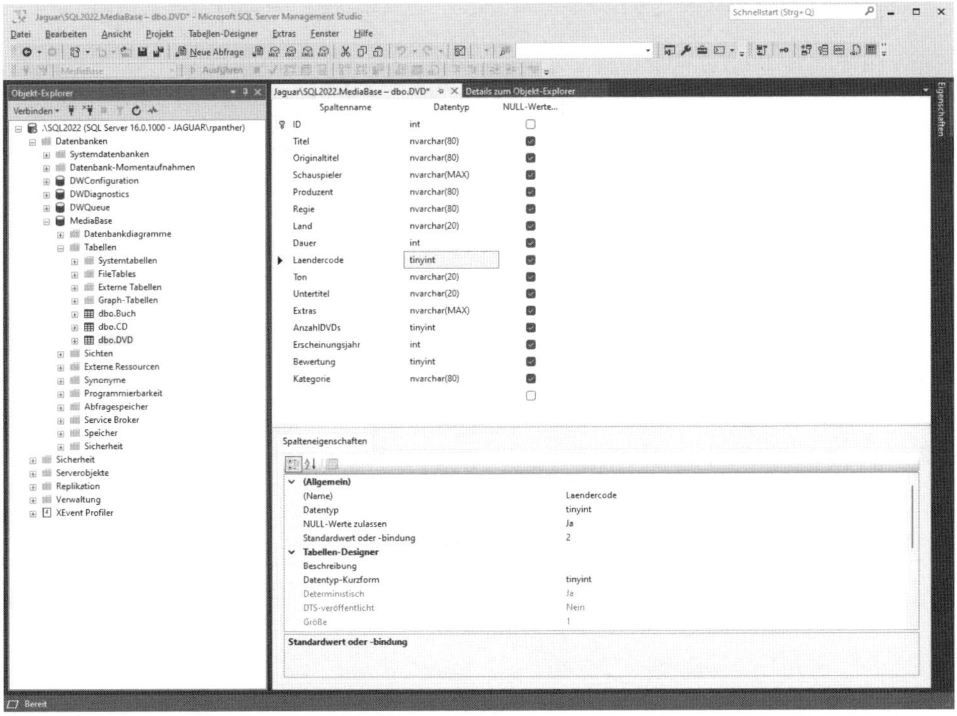

Abbildung 4.9: Nachträgliche Änderung des Tabellenentwurfs

7. Es erscheint ein Hinweis, der Ihnen mitteilt, dass einige der vorgenommenen Änderungen ein Neuerstellen der Tabelle erfordert. (In unserem Beispiel ist die nachträgliche Änderung des Datentyps dafür verantwortlich.) Dies ist standardmäßig aber nicht zugelassen, um das Neuerstellen von sehr großen Tabellen zu verhindern. Da es bei den geringen Datenmengen, mit denen wir aktuell arbeiten, kein Problem darstellt, werden wir diese Einstellung nun ändern. Klicken Sie dazu zuerst auf *Abbrechen*, um die Fehlermeldung wieder verschwinden zu lassen.

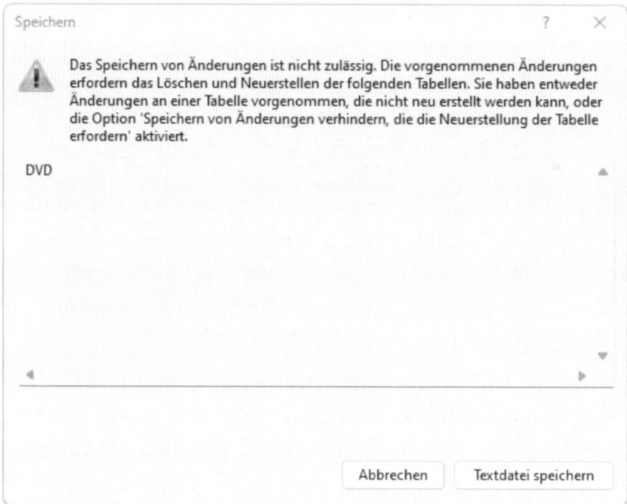

Abbildung 4.10: Fehlermeldung beim Speichern von Änderungen des Tabellenentwurfs

8. Wählen Sie dann im Menü *Extras* den Befehl *Optionen* und klicken Sie in der Baumstruktur links die Option *Designer* an. Auf der rechten Seite erscheinen nun Optionen, die sich auf den Designmodus des SQL Server Management Studio beziehen. Entfernen Sie hier das Häkchen vor der Einstellung *Speichern von Änderungen verhindern, die die Neuerstellung der Tabelle erfordern* und schließen Sie anschließend das Dialogfeld mit einem Klick auf *OK*.

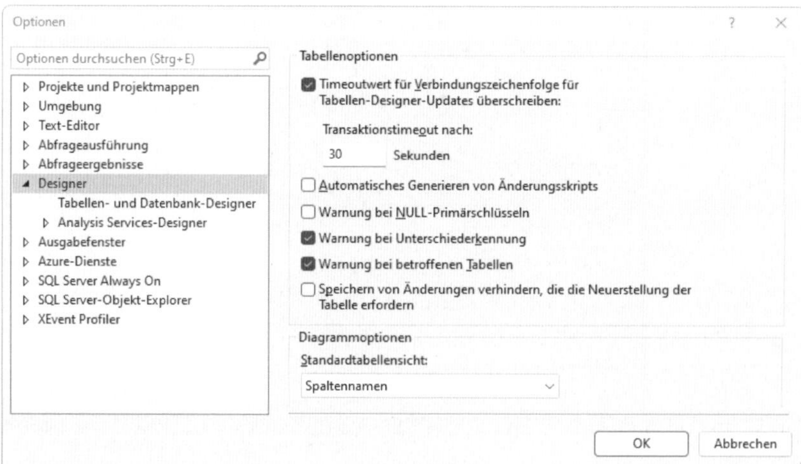

Abbildung 4.11: Einstellung der Option zum Ermöglichen von komplexen Tabellenänderungen

9. Wenn Sie jetzt noch einmal auf das Diskettensymbol in der Symbolleiste klicken, werden die Änderungen an der Tabellendefinition gespeichert.
10. Beenden Sie den Entwurfsmodus, indem Sie das kleine *x* in der rechten oberen Ecke des Detailbereichs anklicken.

Primärschlüssel

Beim Anlegen der Tabellen haben wir ein Feld mit *ID* bezeichnet und es über das kleine gelbe Schlüsselsymbol als Primärschlüssel definiert. Damit wurde festgelegt, dass jede Zeile der Tabelle über die Angabe der ID eindeutig identifiziert werden kann. Durch diese Primärschlüsseldefinition wird also sichergestellt, dass kein ID-Wert (in einer Tabelle) doppelt vorkommen kann.

Wenn Sie im Objekt-Explorer unterhalb von der Tabelle *Buch* den Bereich *Schlüssel* weiter aufklappen, sehen Sie dort einen Eintrag *PK_Buch*, der ebenfalls mit einem kleinen Schlüsselsymbol davor dargestellt wird, das den Primarschlüssel der Tabelle *Buch* repräsentiert.

Nun ist es aber müßig, die IDs jedes Mal, wenn Sie eine neue Zeile erfassen, von Hand zu vergeben. Insbesondere dann, wenn die Anzeige der Daten vielleicht nach einem anderen Feld sortiert ist, ist es ja auch nicht auf den ersten Blick ersichtlich, welche die höchste bereits vergebene ID ist. Die Lösung für dieses Dilemma ist die Verwendung der *Identity*-Eigenschaft. Damit wird ein numerisches Feld automatisch mit fortlaufenden Zahlen gefüllt.

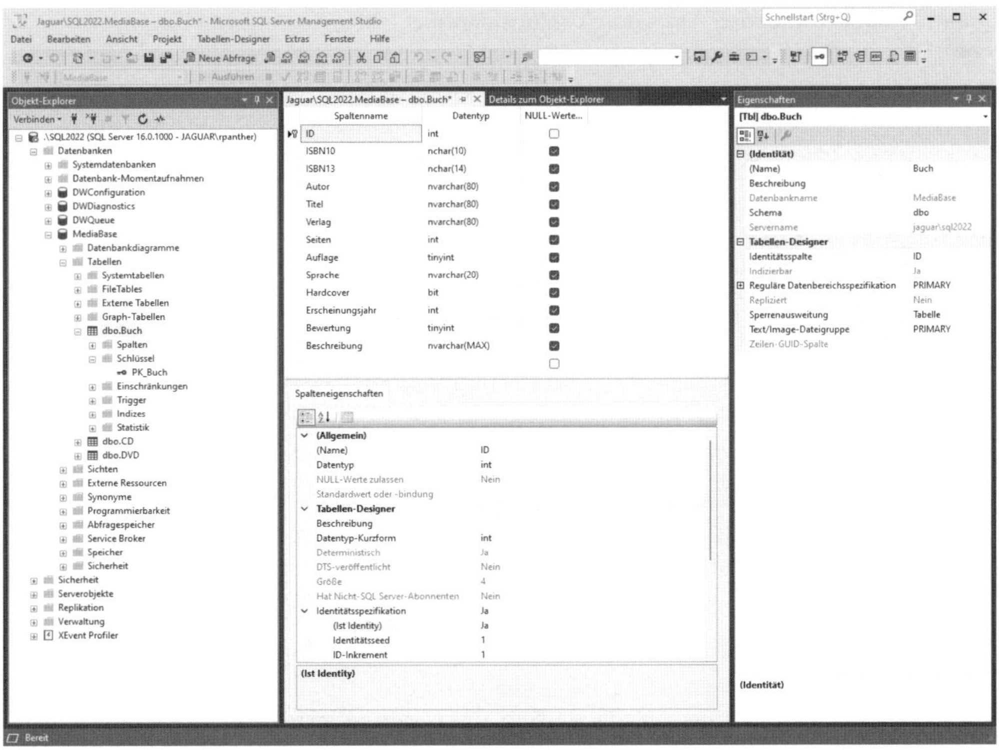

Abbildung 4.12: Setzen der Identitätsspezifikation

Passen wir nun die ID-Felder der drei angelegten Tabellen so an, dass diese mithilfe der *Identity*-Eigenschaft automatisch gefüllt werden.

1. Suchen Sie im Objekt-Explorer den Eintrag für die Tabelle *Buch* und klicken Sie diesen mit der rechten Maustaste an. Wählen Sie im anschließend erscheinenden Kontextmenü die Option *Entwerfen* aus, um die Tabellendefinition zu bearbeiten.

2. Klicken Sie nun in die Zeile, in der das ID-Feld definiert wird, und vergrößern Sie bei Bedarf den Bereich unten, in dem die erweiterten Eigenschaften des ausgewählten Felds angezeigt werden.
3. Suchen Sie in den Eigenschaften den Eintrag *Identitätsspezifikation* und klappen Sie dazu die Untereinträge durch Anklicken des Pfeils davor auf.
4. Wenn Sie jetzt den Untereintrag *(Ist Identity)* auf *Ja* setzen, definieren Sie damit, dass die Werte für dieses Feld künftig automatisch vergeben werden. Mit den Einstellungen *ID-Ausgangswert* und *ID-Inkrement* können Sie bei Bedarf auch den Startwert und die Schrittweite anpassen, was im Normalfall aber nicht notwendig ist, da die Standardvorgaben für die meisten Fälle passen sollten.
5. Speichern Sie anschließend die Änderungen durch einen Klick auf das Diskettensymbol in der Symbolleiste und schließen Sie danach den Entwurfsmodus der Tabelle wieder.
6. Wenn Sie die Tabelle nun erneut im Bearbeitungsmodus öffnen, werden Sie feststellen, dass das Feld *ID* nicht mehr von Ihnen eingegeben werden kann, sondern in dem Moment automatisch gesetzt wird, in dem Sie einen neuen Datensatz speichern.

Global eindeutige Werte durch uniqueidentifier

Die gerade genannten IDs sind nur innerhalb einer Tabelle eindeutig. Wenn Sie Primärschlüssel benötigen, die auch tabellenübergreifend (und sogar rechnerübergreifend) eindeutig sind, können Sie anstelle eines numerischen Datentyps den Typ *uniqueidentifier* verwenden. Dabei handelt es sich um eine 32-stellige hexadezimale Zahl (entspricht 16 Byte), deren Werte Sie über die `newid()`-Funktion setzen können. Die so generierten Werte sind praktisch weltweit eindeutig, daher werden sie auch als *Globally Unique Identifier* bezeichnet. Damit eignet sich dieser Datentyp hervorragend für Daten, die auf verschiedenen (nicht miteinander verbundenen) Rechnern erfasst und später in einer Tabelle zusammengeführt werden, ohne dass dabei die Primärschlüssel neu gesetzt werden müssen.

Den Effekt des automatischen Vorbelegens des Primärschlüssels können Sie bei Unique Identifiers erreichen, indem Sie die `newid()`-Funktion als Standardwert des Felds eintragen.

Für Primärschlüssel, die zwar tabellen-, aber nicht rechnerübergreifend eindeutig sein müssen, wurde mit SQL Server eine weitere Alternative eingeführt. Hier gibt es benannte Sequenzen, die ähnlich wie Identitätsspezifikationen arbeiten, aber unabhängig von der Tabelle unter einem Sequenznamen gespeichert werden. Eine ausführliche Erklärung dazu finden Sie in *Kapitel 7, SQL-Programmierung*.

Indizes

Unabhängig davon, ob Sie für das ID-Feld die *Identity*-Eigenschaft nutzen oder nicht, wurde durch die Definition als Primärschlüssel dafür automatisch ein Index erstellt. Dies lässt sich nachvollziehen, wenn man im Objekt-Explorer unterhalb der Tabelle *Buch* den Zweig *Indizes* aufklappt und dort den Eintrag *PK_Buch (gruppiert)* vorfindet. Es wurde also ein gruppierter Index mit Namen *PK_Buch* erstellt.

Doch was hat es mit Indizes genau auf sich?

Funktionsweise von Indizes

Indizes sind Hilfskonstrukte, die insbesondere das Suchen und Sortieren nach bestimmten Feldern beschleunigen. Dabei unterscheidet man zwischen gruppierten (clustered) und nicht gruppierten (non-clustered) Indizes.

Am einfachsten lässt sich das am Beispiel eines Buchs erklären: Wenn Sie in einem Buch nach allen Vorkommen eines bestimmten Begriffs suchen, müssten Sie ohne einen Index das gesamte Buch komplett lesen. Übertragen auf die Datenbankwelt, entspricht dies dem kompletten Lesen einer gesamten Tabelle (auch *Table Scan* genannt). Das kostet natürlich extrem viel Zeit, und mithilfe eines Index gilt dies nun zu optimieren.

Wenn das Buch über ein Stichwortverzeichnis verfügt, können Sie darin – aufgrund der alphabetischen Sortierung des Stichwortverzeichnisses – gezielt suchen, um dann die dort beim gesuchten Begriff angegebene Seite direkt aufzuschlagen. Die Entsprechung bei den Datenbanken ist ein nicht gruppierter Index, in dem aufgrund seiner Struktur gezielt gesucht werden kann (man nennt das auch *Index Seek*).

Für den Fall, dass die genaue Schreibweise des gesuchten Begriffs nicht bekannt ist oder dieser auch als Bestandteil eines zusammengesetzten Begriffs vorkommen kann, muss das gesamte Stichwortverzeichnis gelesen werden, um die Verweise auf die relevanten Seiten zu finden (was immer noch deutlich weniger Aufwand ist, als das ganze Buch lesen zu müssen). Datenbankseitig wäre das ein nicht gruppierter Index, der komplett gelesen werden muss, weil die vorsortierte Reihenfolge nicht sinnvoll genutzt werden kann (*Index Scan*).

Im Gegensatz zur gängigen Praxis bei Büchern gibt es bei Tabellen oft mehr als einen Index. Dazu können Datenbank-Indizes auch aus mehreren Feldern bestehen, während ein Stichwortverzeichnis in einem Buch normalerweise aus ein bis maximal zwei Ebenen besteht.

In vereinfachter Form kann man sich einen nicht gruppierten Index als sortierte Liste vorstellen, deren Einträge auf die entsprechende Zeile in der eigentlichen Tabelle verweisen.

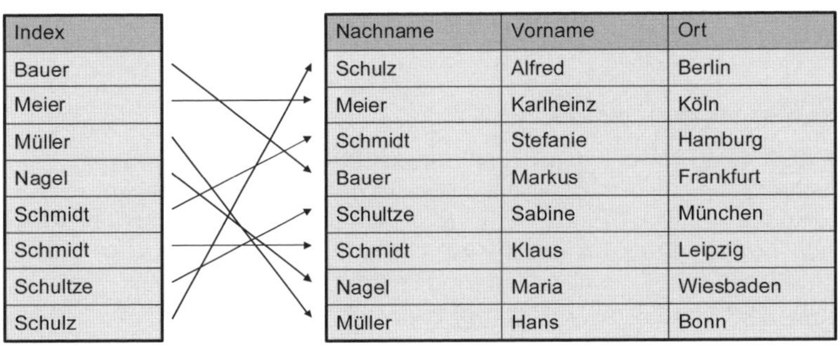

Abbildung 4.13: Nicht gruppierter Index (vereinfachte Darstellung)

Die tatsächliche technische Umsetzung ist allerdings etwas komplexer: Die eigentlichen Zeilendaten der Tabelle sind auf 8 KB große Speicherseiten verteilt. Der Index liegt in Form eines ausbalancierten Baums vor, dessen Blätter auf die Speicherseiten verweisen. Somit kann mit nur wenigen Vergleichen die richtige Speicherseite gefunden werden.

Bei einem gruppierten Index dagegen liegen die Daten selbst in sortierter Form vor. Die Entsprechung bei einem Buch wäre beispielsweise ein Lexikon, das ja auch nach den

Schlagwörtern sortiert ist. Dadurch kann der Zugriff auf die Daten noch etwas schneller erfolgen als über einen nicht gruppierten Index. Außerdem ist zu beachten, dass es natürlich nur einen gruppierten Index pro Tabelle geben kann, denn die Daten selbst können ja lediglich in einer Reihenfolge sortiert sein.

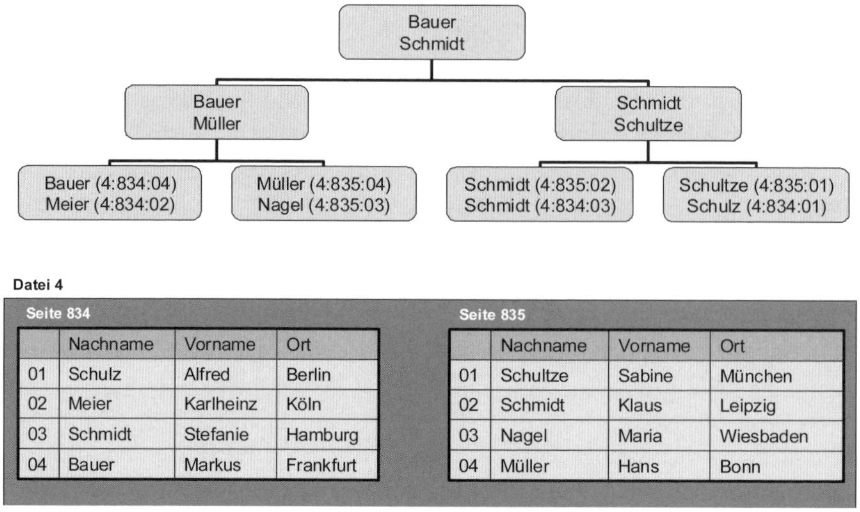

Abbildung 4.14: Nicht gruppierter Index (korrekte Darstellung)

Während Indizes die Abfrage von Daten deutlich beschleunigen können, werden Datenänderungen (einfügen, ändern oder löschen) etwas langsamer, da neben den eigentlichen Daten auch die Indizes aktualisiert werden müssen. Besonders aufwendig sind diese Aktualisierungen bei gruppierten Indizes. Aufgrund dieser Tatsache sollte man Indizes bewusst einsetzen und gezielt für solche Felder definieren, nach denen oft gesucht oder sortiert wird. Insbesondere für gruppierte Indizes bieten sich solche Felder an, deren Inhalte sich nachträglich nicht mehr oder nur sehr selten ändern.

Spaltenbasierte (Columnstore) Indizes

Seit SQL Server 2012 gibt es mit den sogenannten spaltenbasierten (engl. *Columnstore*) Indizes noch eine Sonderform, die damals als nicht gruppierter Index eingeführt wurde und ab SQL Server 2014 auch in einer gruppierten Variante existiert (die beide mit SQL Server 2016 und 2017 nochmals überarbeitet wurden). Wie die meisten High-Performance-Features ist diese Indexform – die vor allem im Data-Warehouse-Umfeld hohe Geschwindigkeitsvorteile bringen kann – leider nur für die Enterprise Edition von SQL Server verfügbar.

Ab dem Service Pack 1 von SQL Server 2016 (und damit auch mit SQL Server 2022) steht dieses Feature auch der Express Edition zur Verfügung, allerdings mit deutlichen Speicherrestriktionen. Somit liegt die Vermutung nahe, dass die Columnstore-Indizes hier nicht mehr sehr effektiv arbeiten, sondern lediglich aus Gründen der Kompatibilität von Datenbanken nun für alle Editionen unterstützt werden.

Erstellen von Indizes

Erstellen wir nun einige zusätzliche Indizes für die Tabelle *Buch*.

1. Suchen Sie im Objekt-Explorer den Eintrag für die Tabelle *Buch* und klicken Sie darunter den Eintrag *Indizes* mit der rechten Maustaste an. Wählen Sie im anschließend erscheinenden Kontextmenü die Option *Neuer Index/Nicht gruppierter Index* aus, um das Dialogfeld für die Indexerstellung zu öffnen.
2. Geben Sie im Feld *Indexname* die Bezeichnung *IX_Titel* an.
3. Der *Indextyp* ist korrekterweise bereits mit *Nicht gruppiert* voreingestellt, denn für die Tabelle gibt es ja bereits einen gruppierten Index.
4. Wenn Sie das Kästchen *Eindeutig* anklicken, können Sie erreichen, dass jeder Inhalt des Index nur einmal vorkommen darf. (Diese Option kann alternativ für einzelne Felder auch direkt auf Feldebene gesetzt werden.) Da es aber durchaus mehrere Bücher (von verschiedenen Autoren) mit dem gleichen Titel geben kann, lassen Sie das Kästchen hier einfach leer.
5. Fügen Sie über die Schaltfläche *Hinzufügen* dem Index das Feld *Titel* hinzu, das dann in der Tabelle *Indexschlüssel-Spalten* angezeigt wird.

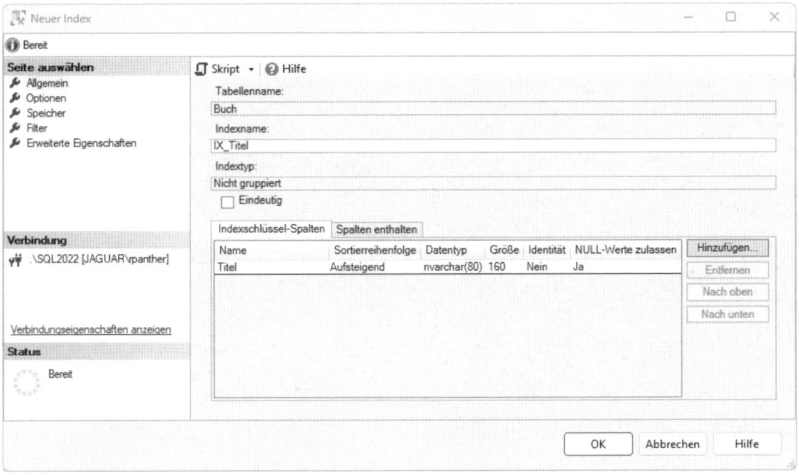

Abbildung 4.15: Das Dialogfeld zum Erstellen von Indizes

> **Mehrspaltige Indizes**
>
> Sie können auch Indizes erstellen, die mehrere Spalten beinhalten. Hier ist dann die Reihenfolge maßgeblich, die Sie mit den entsprechenden Schaltflächen *Nach oben* und *Nach unten* modifizieren können. Wenn Sie den Index ebenfalls nutzen möchten, um nur nach einer der angegebenen Spalten zu suchen, sollte diese zuerst in der Liste stehen.

6. Sobald Sie das Dialogfeld mit *OK* schließen, wird der Index erstellt und daraufhin im Objekt-Explorer angezeigt: *IX_Titel (nicht eindeutig, nicht gruppiert)*.
7. Erstellen Sie nun analog drei weitere Indizes für die Spalten *ISBN10*, *ISBN13* und *Autor*.

Übungen zu diesem Kapitel

In diesem Abschnitt finden Sie einige Übungen, mit denen Sie das in diesem Kapitel Erlernte vertiefen können. Die richtigen Antworten und Lösungen finden Sie in *Anhang C* dieses Buchs.

Übung 4.1

Was können Sie tun, wenn auf der aktuellen Partition kein Platz mehr ist, um die Datenbankdatei weiter automatisch zu vergrößern?

Übung 4.2

Erfassen Sie für die Tabellen *CD* und *DVD* ein paar Einträge mit Beispieldaten.

Übung 4.3

Fügen Sie für die Tabellen *Buch* und *CD* ebenfalls eine Spalte *Kategorie* mit den folgenden Einstellungen hinzu:

- *Datentyp*: nvarchar(80)
- *NULL-Werte zulassen*: Ja

Übung 4.4

Setzen Sie in der Tabelle *Buch* den Standardwert für das Feld *Sprache* auf *Deutsch*.

Setzen Sie in der Tabelle *CD* den Standardwert für das Feld *AnzahlCDs* auf *1*.

Übung 4.5

Definieren Sie die Spalte *ID* in den Tabellen *CD* und *DVD* als Identitätsspalte.

Übung 4.6

Erstellen Sie folgende Indizes für die Tabelle *CD*:

- *IX_Titel* (Spalte: Titel, nicht eindeutig, nicht gruppiert)
- *IX_Interpret* (Spalte: Interpret, nicht eindeutig, nicht gruppiert)

Erstellen Sie folgende Indizes für die Tabelle *DVD*:

- `IX_Titel` (Spalte: Titel, nicht eindeutig, nicht gruppiert)
- *IX_Originaltitel* (Spalte: Originaltitel, nicht eindeutig, nicht gruppiert)

Zusammenfassung

Sie haben in diesem Kapitel die wichtigsten Grundlagen kennengelernt, um mit SQL Server Management Studio Datenbanken und Tabellen anzulegen und zu bearbeiten.

Dabei wurden beim Erstellen von Datenbanken sowohl die Initialgrößen von Zeilendaten- und Protokolldatei festgelegt als auch deren automatische Vergrößerung konfiguriert. Anschließend wurden Tabellen angelegt und dabei einige der wichtigsten Datentypen verwendet:

- Numerische Datentypen: *bit*, *tinyint*, *int*, *money*, *real*
- Alphanumerische Datentypen: *char(n)*, *varchar(n)*, *varchar(max)* bzw. deren Unicode-Entsprechungen: *nchar(n)*, *nvarchar(n)*, *nvarchar(max)*
- Zeit- und Datumstypen: *date*, *time*, *datetime*
- Sonstige Datentypen: *varbinary(max)*, *uniqueidentifier*, *xml*

Mit dem SQL Server Management Studio kann man sowohl Datenbankeinstellungen nachträglich ändern als auch Tabellenstrukturen anpassen. Davor wurden aber die Inhalte der erstellten Tabellen angezeigt und bearbeitet.

Um die Zeilen einer Tabelle später einfacher identifizieren zu können, wurden Primärschlüssel definiert, die mithilfe der Identitätseigenschaft automatisch einen eindeutigen Wert zugewiesen bekommen. Diese Primärschlüssel wurden implizit als gruppierte Indizes angelegt, nach denen die Zeilendaten sortiert angelegt werden. Anschließend wurden zusätzlich einige nicht gruppierte Indizes angelegt, mit deren Hilfe man schneller nach den darin verwendeten Spalten suchen kann.

Damit wurden in diesem Kapitel die wichtigsten Mittel behandelt, um mit einzelnen Tabellen arbeiten zu können. Wie man Tabellen miteinander in Beziehung setzen kann, ist Thema des nächsten Kapitels.

Kapitel 5

Eine Tabelle kommt selten allein

In diesem Kapitel lernen Sie

- wozu Relationen und Fremdschlüssel verwendet werden
- wie und warum man Datenbanken normalisiert
- die Verwendung von Datenbankdiagrammen
- wie man Datenbankabfragen erzeugen kann, ohne SQL-Code schreiben zu müssen
- die Erstellung und Verwendung von Sichten

Bis jetzt haben wir lediglich mit einzelnen Tabellen gearbeitet, die in keinem direkten Zusammenhang stehen. Im »richtigen Leben« dürfte das eher der Ausnahmefall sein, zumal relationale Datenbanksysteme ihre Stärken eben genau dann ausspielen können, wenn die Tabellen miteinander in Beziehung stehen.

Relationen und Fremdschlüssel

Nehmen wir uns einmal die Tabelle *CD* vor. Hier sind alle Songtitel, die auf der CD enthalten sind, in einem einzigen Feld abgespeichert. Das ist zwar einerseits relativ einfach in der Handhabung, aber auch sehr unflexibel.

Die bessere Variante liegt darin, eine separate Tabelle anzulegen, in der ein Datensatz pro Track gespeichert ist, zusammen mit einem Hinweis, zu welcher CD dieser Track gehört.

Dieser Hinweis stellt eine Beziehung zwischen beiden Tabellen dar – eine sogenannte Relation.

Zur technischen Umsetzung dieser Relation wird ein Feld benötigt, das auf den Primärschlüssel der CD-Tabelle verweist. Da dieses Feld auf den Primärschlüssel einer »fremden« Tabelle verweist, wird es Fremdschlüssel genannt.

Verschiedene Typen von Relationen

Je nach Anzahl der passenden Datensätze auf beiden Seiten der Relation gibt es verschiedene Relationstypen:

1:1-Relation Jeder Datensatz der Tabelle A hat genau einen passenden Datensatz in Tabelle B. Das wird realisiert, indem ein Fremdschlüssel in einer der beiden Tabellen auf den Primärschlüssel der anderen Tabelle zeigt. Dieser Relationstyp tritt in der Praxis nicht sehr häufig auf, da man für diesen Fall die Felder der Tabellen A und B auch in einer Tabelle zusammen ablegen kann.

1:n-Relation Für jeden Datensatz in Tabelle A gibt es n (einen oder mehrere) passende Datensätze in Tabelle B. Das wird realisiert, indem ein Fremdschlüssel in Tabelle B auf den Primärschlüssel von Tabelle A verweist. Ein Praxisbeispiel dafür sind die Tabellen *CD* und *CD_Track*, deren Relation weiter unten in diesem Kapitel angelegt wird.

m:n-Relation Für jeden Datensatz in Tabelle A gibt es einen oder mehrere Datensätze in Tabelle B, für jeden Datensatz in Tabelle B können aber auch mehrere Datensätze in Tabelle A existieren. Die Umsetzung im Datenmodell sieht so aus, dass zwischen den Tabellen A und B eine Hilfstabelle eingefügt wird, die Fremdschlüssel sowohl für Tabelle A als auch für Tabelle B beinhaltet. Ein typisches Beispiel aus der Praxis findet sich in fast jeder Adressverwaltung. Hier können an einer Adresse mehrere Personen wohnen, aber es kann auch für jede Person mehrere Adressen geben (Privatadresse, Firmenadresse etc.).

Legen wir nun zuerst die neue Tabelle mit dem Namen *CD_Track* an:

1. Starten Sie das SQL Server Management Studio und verbinden Sie sich mit der lokalen Serverinstanz *SQL2022*.
2. Suchen Sie im Objekt-Explorer die Datenbank *MediaBase* und legen Sie dort die Tabelle *CD_Track* mit den folgenden Feldern an:

Spaltenname	Datentyp	NULL-Werte zulassen	Sonstiges
ID	int	nein	Primärschlüssel
ID_CD	int	nein	
CDNr	tinyint	ja	Standardwert 1
TrackNr	tinyint	ja	
Titel	nvarchar(80)	ja	
Interpret	nvarchar(80)	ja	
Dauer	time(7)	ja	
Bewertung	tinyint	ja	

Tabelle 5.1: Die Felder der Tabelle CD_Track

Während die Bedeutung der meisten Felder offensichtlich ist, sollte erwähnt werden, dass die Spalte *TrackNr* die Nummer des Tracks auf der CD enthält. Die Spalte *CDNr* dagegen ist für die laufende CD-Nummer einer Mehrfach-CD (z. B. Doppel-CD) vorgesehen und erhält den Standardwert *1*, da die meisten CD-Pakete natürlich einfache CDs sind.

3. Bevor Sie die Tabelle speichern, achten Sie darauf, die Spalte *ID* als Primärschlüssel zu definieren und für diese Spalte die Identitätsspezifikation mit Ausgangswert *1* und Inkrement *1* zu setzen.

Benennung von Tabellen

Sie fragen sich vielleicht, warum die Tabelle nicht einfach *Track* – oder gar *Tracks* – genannt wurde. Die Einzahl wurde für den Tabellennamen verwendet, weil ein Datensatz genau einem Track entspricht (auch wenn die gesamte Tabelle später natürlich mehrere Tracks beinhaltet). Das alte Feld *Songs* in der Tabelle *CD* dagegen beinhaltete mehrere Songtitel in einem Datensatz (daher wurde dafür die Mehrzahl verwendet).

Das Präfix *CD* wurde der Tabelle vorangestellt, um zu verdeutlichen, dass diese Tabelle Detailinfos zu den Daten der Tabelle *CD* enthält. Um beide Bestandteile des Tabellennamens optisch voneinander zu trennen, wurde der Unterstrich als Verbindung benutzt. Dies ist zwar nicht zwingend notwendig, macht die Darstellung im Objekt-Explorer aber deutlich übersichtlicher, da die Tabellen *CD* und *CD_Track* somit direkt untereinanderstehen.

Nachdem nun die Tabelle erstellt ist, muss noch die Verbindung zwischen den Tabellen *CD* und *CD_Track* hergestellt werden:

1. Klicken Sie mit der rechten Maustaste im Objekt-Explorer unterhalb der neuen Tabelle *dbo.CD_Track* auf den Eintrag *Schlüssel* und wählen Sie die Option *Neuer Fremdschlüssel*. Es erscheint das Dialogfeld *Fremdschlüsselbeziehungen*, in dem bereits ein Fremdschlüssel eingetragen wurde, der nur noch angepasst werden muss.
2. Klicken Sie auf die Zeile *Tabellen- und Spaltenspezifikation* und anschließend auf die Schaltfläche mit den drei Punkten in dieser Zeile. Dadurch erscheint ein weiteres Dialogfeld, in dem Sie die Zieltabelle und die Spalten festlegen können, mit denen die Relation erstellt wird. Stellen Sie die *Primärschlüsseltabelle* auf *CD* und die Spalte dazu auf *ID*.

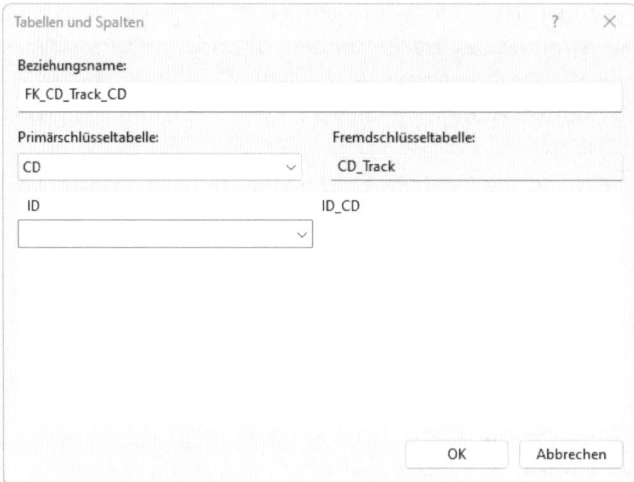

Abbildung 5.1: Definition der Primär- und Fremdschlüsselspalten

3. Die *Fremdschlüsseltabelle* ist auf *CD_Track* voreingestellt. Ändern Sie hier die darunter angezeigte Spalte auf *ID_CD* und schließen Sie das Dialogfeld anschließend mit *OK*. Im Dialogfeld für die *Fremdschlüsselbeziehungen* wurden nun der Name sowie die *Tabellen- und Spaltenspezifikation* (sofern Sie diese durch Anklicken des kleinen Pfeils davor aufklappen) aktualisiert.
4. Im Abschnitt *Identität* sollte jetzt der Namen der Beziehung auf *FK_CD_Track_CD* voreingestellt sein, um zu verdeutlichen, dass hier ein Fremdschlüssel (FK = *Foreign Key*) definiert wird, der von der Tabelle *CD_Track* auf die Tabelle *CD* verweist.

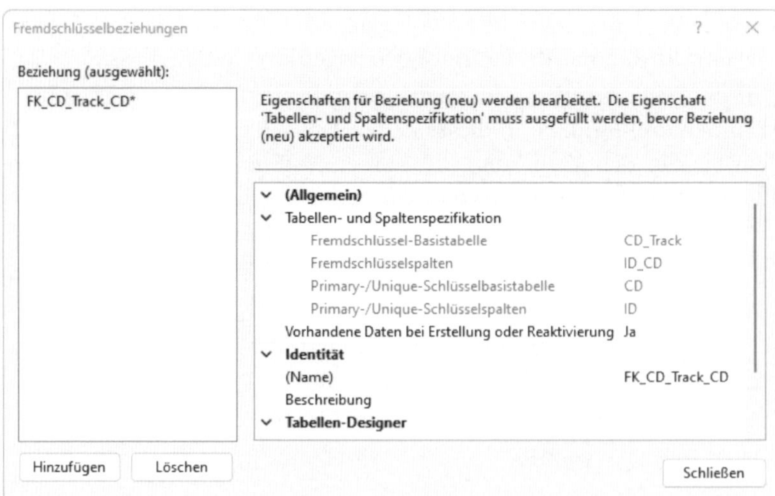

Abbildung 5.2: Das Dialogfeld zum Definieren der Fremdschlüsselbeziehungen

5. Über den Knoten *INSERT- und UPDATE-Spezifikation* weiter unten können Sie sogenannte Integritätsregeln auswählen, die festlegen, wie beim Aktualisieren oder Löschen des übergeordneten Datensatzes (also des entsprechenden Eintrags in der *CD*-Tabelle) verfahren werden soll. *Regel aktualisieren* gibt an, was geschieht, wenn eine ID in der *CD*-Tabelle geändert wird (was durch die Identitätsspezifikation eigentlich nicht vorkommen kann). *Regel löschen* definiert, was mit den Fremdschlüsseln geschieht, wenn ein Datensatz in der *CD*-Tabelle, auf den diese verweisen, gelöscht wird: Mit *Keine Aktion* erfolgt keine Änderung, mit *Überlappend* werden auch die entsprechenden Datensätze in der *CD_Track*-Tabelle automatisch gelöscht, und mit den Optionen *NULL festlegen* und *Standard festlegen* wird der Fremdschlüssel (*ID_CD*) auf NULL bzw. den definierten Standardwert gesetzt.
6. Schließen Sie jetzt das Dialogfeld für die Definition der Fremdschlüsselbeziehungen über die Schaltfläche *Schließen*. Sie befinden sich nun im Entwurfsmodus der Tabelle *CD_Track*. Damit der gerade definierte Fremdschlüssel auch wirklich gespeichert wird, müssen Sie in der Symbolleiste auf das Diskettensymbol zum Speichern klicken und die Frage, ob die Änderungen, die sich auf die Tabellen *dbo.CD* und *dbo.CD_Track* auswirken, gespeichert werden sollen, mit *Ja* beantworten. Anschließend können Sie den Entwurfsmodus der Tabelle wieder verlassen.

Prüfung der referenziellen Integrität

Sofern die Einstellung *Fremdschlüsseleinschränkung erzwingen* aktiviert ist, erfolgt eine Fehlermeldung, sobald ein Zustand entstehen würde, der die über Fremdschlüssel definierte referenzielle Integrität verletzt. Würde also nach Löschung eines CD-Datensatzes in der Tabelle *CD_Track* ein Verweis auf eine nicht vorhandene CD übrig bleiben, wird die Löschung des CD-Datensatzes verhindert (es sei denn, die Lösch-Weitergabe wurde aktiviert, wodurch auch die entsprechenden *CD_Track*-Einträge automatisch gelöscht werden, oder aber der Fremdschlüssel wird durch die entsprechende Spezifikation automatisch auf einen anderen gültigen Wert gesetzt).

Die gleiche Prüfung erfolgt natürlich auch, wenn ein Datensatz in die Tabelle *CD_Track* eingefügt oder darin geändert wird (daher auch der Name *INSERT- und UPDATE-Spezifikation*).

Nun sollten Sie noch ein paar Indizes für die Tabelle *CD_Track* definieren:

1. Erstellen Sie zuerst separate nicht gruppierte Indizes für die Spalten *Titel* (*IX_Titel*) und *Interpret* (*IX_Interpret*), damit in diesen später schneller gesucht werden kann.
2. Erzeugen Sie einen weiteren Index *IX_ID_CD* für die Fremdschlüsselspalte. Mit diesem wird später ein schnellerer Zugriff auf alle Titel, die zu einer CD gehören, möglich.
3. Wenn Sie nun im Objekt-Explorer die Bereiche *Schlüssel* und *Indizes* für die Tabelle *CD_Track* aktualisieren und einblenden, sollten Sie folgende Darstellung erhalten:

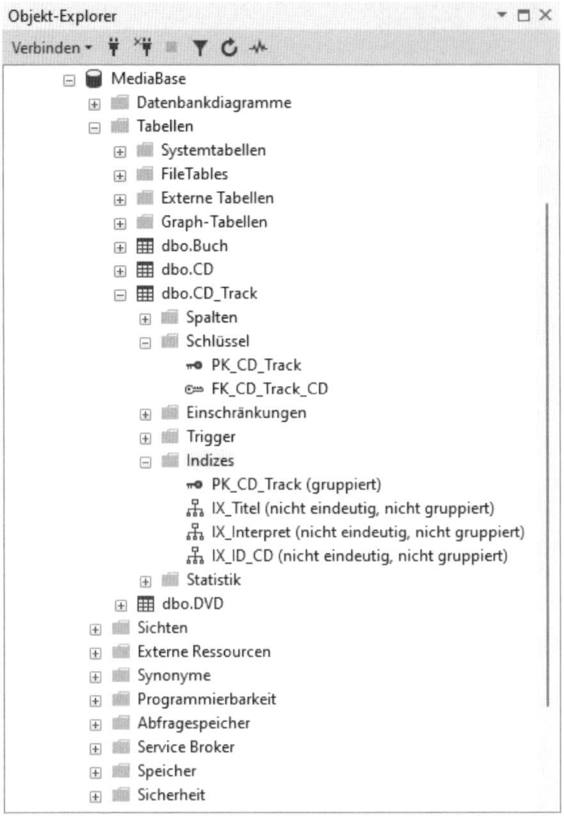

Abbildung 5.3: Schlüssel und Indizes der Tabelle dbo.CD_Track

4. Da die Songtitel nun in der separaten Tabelle *CD_Track* gespeichert werden, können Sie die Spalte *Songs* aus der Tabelle *CD* löschen, indem Sie im Objekt-Explorer die Spaltenauflistung dieser Tabelle suchen, die Spalte *Songs* mit der rechten Maustaste anklicken und die Option *Löschen* auswählen. (Haben Sie hier bereits Informationen erfasst, sollten Sie diese vorher natürlich in die Tabelle *CD_Track* übernehmen.)

Normalisierung

Alternativ zu der im vorigen Abschnitt beschriebenen Aufteilung auf zwei Tabellen hätte man natürlich auch alle Informationen in der *CD_Track*-Tabelle ablegen können, indem man diese um den Namen der CD, das Erscheinungsjahr etc. ergänzt. Dies hätte allerdings den Nachteil, dass alle diese Informationen mehrfach (redundant) – nämlich einmal pro Track – gespeichert würden, was natürlich unnötig Platz belegt und auch noch ein paar weitere Probleme mit sich bringt.

Das bewusste Aufteilen von logisch zusammengehörenden Daten auf mehrere Tabellen, um eine saubere Struktur zu erhalten, nennt sich Normalisierung. Damit werden vor allem folgende Ziele erreicht:

- **Vermeidung von redundanten Informationen** Informationen, die für mehrere Zeilen gleich sind, werden nicht mehrfach gespeichert, sondern in einer separaten Tabelle abgelegt.
- **Einsparung von Speicherplatz** Dadurch, dass identische Informationen nicht mehrfach gespeichert werden, wird Speicherplatz eingespart.
- **Änderungen an nur einer Stelle nötig** Sollte eines der Felder, die für mehrere Zeilen gleich sind, geändert werden müssen, muss diese Information in der normalisierten Form nur noch an einer Stelle geändert werden, wobei sich diese Änderung trotzdem automatisch auf alle dazugehörenden Zeilen auswirkt.

Normalformen

In der Datenbanktheorie wird die Normalisierung über verschiedene Normalformen definiert, die bestimmte Bedingungen an die Datenbankstruktur enthalten. Die wichtigsten dieser Normalformen (die alle aufeinander aufbauen) sind die ersten drei:

1. Normalform Jedes Feld der Tabelle muss einen atomaren Wertebereich haben. Damit ist gemeint, dass zur Erfüllung der 1. Normalform keine zusammengesetzten Felder erlaubt sind.

Beispiel: Ein Namensfeld, das Vor- und Nachname enthält, verletzt die 1. Normalform. Ebenso sieht es bei Adressfeldern aus, die Straße und Hausnummer oder Postleitzahl und Ort enthalten. Damit die 1. Normalform erfüllt wird, müssen diese Informationen auf separate Felder verteilt werden.

2. Normalform Jedes Nichtschlüsselfeld ist vom Primärschlüssel (nicht nur von einem Teil davon) voll funktional abhängig. Außerdem muss die Bedingung der 1. Normalform erfüllt sein.

Beispiel: Eine Tabelle hat als Primärschlüssel die Kombination der Felder *Nachname* und *Vorname*. Wenn diese Tabelle Felder beinhaltet, die lediglich vom Nachnamen abhängig sind (z. B. die Adresse), ist die 2. Normalform nicht erfüllt. Dazu müssten diese Felder in eine zweite Tabelle ausgelagert werden, deren Primärschlüssel der Nachname ist.

3. Normalform Alle Nichtschlüsselfelder müssen direkt (nicht indirekt) vom Primärschlüssel abhängen. Außerdem müssen die Bedingungen der 2. Normalform erfüllt sein.

Beispiel: In einer Adresstabelle hängt die Postleitzahl direkt vom Primärschlüssel ab. Der Ortsname dagegen hängt nicht vom Primärschlüssel, sondern vielmehr von der Postleitzahl ab (zumindest dann, wenn man für dieses Beispiel vernachlässigt, dass es Postleitzahlen gibt, die mehrere Orte betreffen). Damit dieses Modell die 3. Normalform erfüllt, muss eine separate Tabelle angelegt werden, die alle Ortsnamen enthält und deren Primärschlüssel die Postleitzahl ist.

Es existiert noch eine ganze Menge weiterer Normalformen, die allerdings sehr speziell werden und deren Erläuterung an dieser Stelle sicherlich zu weit führte.

Es gibt jedoch Situationen, in denen redundante Informationen bewusst in Kauf genommen oder manchmal sogar gezielt denormalisiert werden (also normalisiert vorliegende Tabellen in eine Gesamttabelle aufgelöst werden). Letzteres ist beispielsweise Grundlage für Data Warehouses, in denen die Daten für Anzeige und Auswahl optimiert aufbereitet werden, wofür allerdings zusätzlicher Speicherplatz (in teilweise erheblichem Ausmaß) benötigt wird.

Die für Sie im Moment relevantere Variante ist aber das bewusste Akzeptieren von Redundanzen, wenn der für die Normalisierung nötige Verwaltungsaufwand stärker ins Gewicht fällt als der Vorteil, den man durch die Normalisierung erhält. Das ist insbesondere dann der Fall, wenn die redundanten Felder eine relativ geringe Größe haben und nur selten geändert werden. Es würde beispielsweise nicht unbedingt Sinn ergeben, eine separate Tabelle anzulegen, in der alle verfügbaren Interpreten gespeichert sind, da sich diese für eine CD im Nachhinein nicht mehr ändern. Auch die zu erwartende Speicherplatzersparnis wäre verhältnismäßig gering im Vergleich zu der Komplexität, die durch eine weitere Tabelle hinzukommt. Allgemein lässt sich sagen, dass die Normalisierung vor allem die sinnvolle Verwaltung von Datenänderungen unterstützt, während denormalisierte Daten eher für den lesenden Zugriff Sinn ergeben können.

Generell sollte man die Grundprinzipien der Normalisierung zwar kennen, sie aber nicht allzu dogmatisch anwenden, sondern immer nach gesundem Menschenverstand entscheiden, wie die Felder auf Tabellen aufzuteilen sind. So ist es beispielsweise durchaus üblich, bei Adressen bewusst auf die 1. Normalform zu verzichten, indem man Straße und Hausnummer in einer Spalte speichert.

Datenbankdiagramme

Zur übersichtlichen Darstellung der Zusammenhänge von Tabellen können Sie im SQL Server Management Studio Datenbankdiagramme nutzen. Dabei wählen Sie zuerst die Tabellen aus, die in einem Diagramm dargestellt werden sollen. Anschließend werden die Tabellen mit ihren Relationen gezeigt. Gerade bei komplexeren Datenbanken ist es sinnvoll, Diagramme für einzelne Teilbereiche des Datenmodells zu definieren. Bei überschaubaren Datenmodellen dagegen können Sie auch alle Tabellen auf einmal darstellen.

Erstellen von Datenbankdiagrammen

Erzeugen Sie nun ein Datenbankdiagramm, das alle bisher erstellten Tabellen und deren Relationen zeigt:

1. Im Objekt-Explorer finden Sie unterhalb des Eintrags für die Datenbank *MediaBase* einen Punkt *Datenbankdiagramme.* Sobald Sie auf diesen doppelklicken, erhalten Sie eine Meldung, die Sie darauf hinweist, dass hierfür noch ein paar Unterstützungsobjekte angelegt werden müssen. Bestätigen Sie sie mit *Ja.* Die Erstellung dieser Unterstützungsobjekte kann einen Moment dauern, ist aber nur einmalig erforderlich.

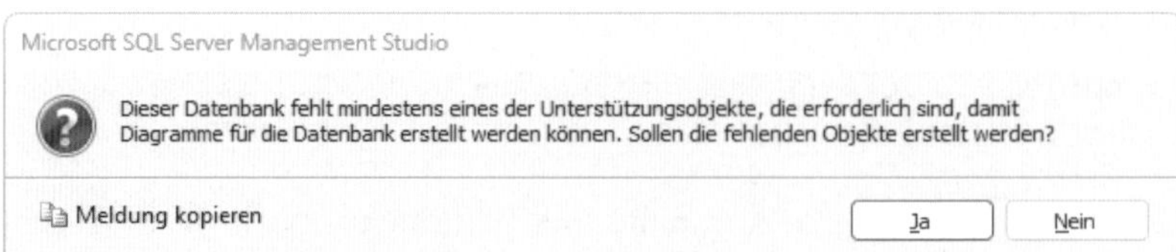

Abbildung 5.4: Rückfrage zur Erstellung von Datenbankunterstützungsobjekten

2. Nachdem die Unterstützungsobjekte angelegt sind, klicken Sie mit der rechten Maustaste in den Detailbereich (oder auf den Eintrag *Datenbankdiagramme* im Objekt-Explorer) und wählen die Option *Neues Datenbankdiagramm.*

3. Es erscheint ein Dialogfeld, mit dem Sie komfortabel Tabellen zum Diagramm hinzufügen können. Da die Datenbank noch recht übersichtlich ist, können Sie hier alle vier Tabellen auswählen und über die Schaltfläche *Hinzufügen* im Datenbankdiagramm einbinden. Danach schließen Sie das Dialogfeld mit der entsprechenden Schaltfläche, um das erstellte Diagramm zu sehen.

Mehrfachauswahl in Listen

Um mehrere Einträge in einer Liste auszuwählen, klicken Sie zunächst auf den ersten Eintrag. Danach können Sie entweder alle weiteren Einträge mit gedrückter [Strg]-Taste anklicken, oder aber Sie klicken den letzten Eintrag mit gedrückter [⇧]-Taste an, damit alle Einträge zwischen dem ersten und dem letzten Eintrag ausgewählt werden. Beide Vorgehensweisen sind nicht nur im SQL Server Management Studio, sondern in den meisten Windows-Anwendungen verfügbar.

4. In dem Diagramm werden alle vier Tabellen mit ihren Spalten angezeigt. Zwischen den Tabellen *CD* und *CD_Track* wird durch eine Verbindungslinie sogar die Relation zwischen den Tabellen dargestellt. Sie können die Tabellen nun beliebig anordnen und das gesamte Diagramm über das Zoomen-Feld der Symbolleiste vergrößern oder verkleinern, bis Sie alle vier Tabellen auf einmal im Blick haben.
5. Speichern Sie das Diagramm jetzt durch einen Klick auf das Diskettensymbol in der Symbolleiste und benennen Sie es mit *MediaBase_Gesamt*. Das Diagramm erscheint nun auch im Objekt-Explorer, sodass Sie es von hier künftig wieder öffnen können.

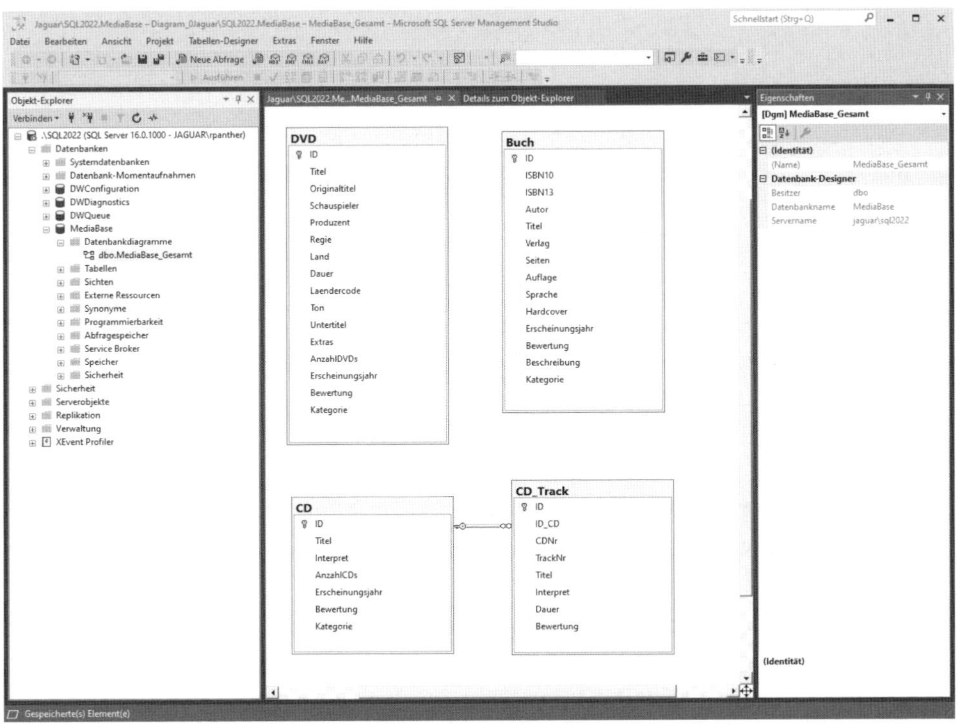

Abbildung 5.5: Das fertige Datenbankdiagramm zur Datenbank MediaBase

Vielleicht haben Sie bemerkt, dass während der Arbeit mit dem Diagramm im oberen Bereich des Management Studio eine neue Symbolleiste eingeblendet ist, die spezielle Funktionen zum Arbeiten mit Datenbankdiagrammen bietet. (Eventuell müssen Sie diese dazu erst mit der Maus so anordnen, dass sie unter der Hauptsymbolleiste erscheint und – je nach verwendeter Version des SQL Server Management Studio – einzelne Optionen davon einmalig einblenden.) Alternativ erreichen Sie die meisten Optionen auch über das Kontextmenü, das Sie mit einem rechten Mausklick auf den Hintergrund zwischen den Tabellen öffnen können. So können Sie über das Symbol *a|b* eine Textanmerkung an beliebiger Stelle im Diagramm einfügen. Wenn Sie stattdessen einen rechten Mausklick auf einer Tabelle ausführen, erhalten Sie ebenfalls ein Kontextmenü, aber mit Optionen, die sich auf die angeklickte Tabelle (oder auch mehrere, wenn diese zuvor ausgewählt waren) beziehen. Hier können Sie beispielsweise über die Option *Tabellensicht* die Darstellung der zuvor ausgewählten Tabellen anpassen, sodass neben den Feldnamen auch die Datentypen angezeigt werden. Über die Option *Benutzerdefinierte Einstellungen ändern* lässt sich die Darstellung um recht viele zusätzliche Informationen erweitern (sofern Ihr Monitor groß genug ist). Diesem Problem können Sie aber begegnen, wenn Sie über den Menüpunkt *Ansicht/Ganzer Bildschirm* auf Vollbilddarstellung umschalten, wodurch auch der Objekt-Explorer ausgeblendet wird. Wenn Sie nun noch die Eigenschaften am rechten Bildschirmrand ausblenden, haben Sie fast den ganzen Bildschirm für das Datenbankdiagramm zur Verfügung.

Abbildung 5.6: Das Datenbankdiagramm mit Zusatzinformationen zu Datentypen, NULL-Werten, Standardwerten und Identitätsspezifikation in Vollbilddarstellung

Auf diesem Weg können Sie Datenbankdiagramme nutzen, um sich einen Überblick zu verschaffen oder das Datenmodell zu dokumentieren (die Diagramme lassen sich auch ausdrucken). Doch mit Datenbankdiagrammen ist noch weit mehr zu machen.

Ändern von Datenstrukturen mit Datenbankdiagrammen

Sie können sowohl Feldnamen als auch Datentypen direkt im Datenbankdiagramm ändern. Über einen Klick mit der rechten Maustaste auf die Tabelle im Diagramm oder mit dem Menü *Tabellen-Designer* können Sie Spalten löschen, neue Spalten hinzufügen, Spalteneigenschaften ändern sowie Beziehungen zwischen Tabellen und Indizes verwalten. All diese Änderungen werden erst dann in der Datenbank ausgeführt, wenn Sie das Diagramm speichern.

Es gibt aber noch eine weitere interessante Aktion, die Sie mit einem Datenbankdiagramm ausführen können. Wenn Sie eine Datenbankänderung noch nicht gespeichert haben und im Menü *Tabellen-Designer* den Punkt *Änderungsskript generieren…* aufrufen (oder das entsprechende Symbol in der Symbolleiste anklicken), wird ein SQL-Skript generiert, das alle noch nicht durchgeführten Änderungen beinhaltet. Dieses können Sie als SQL-Datei speichern und bei Bedarf auch in anderen Datenbanken ausführen.

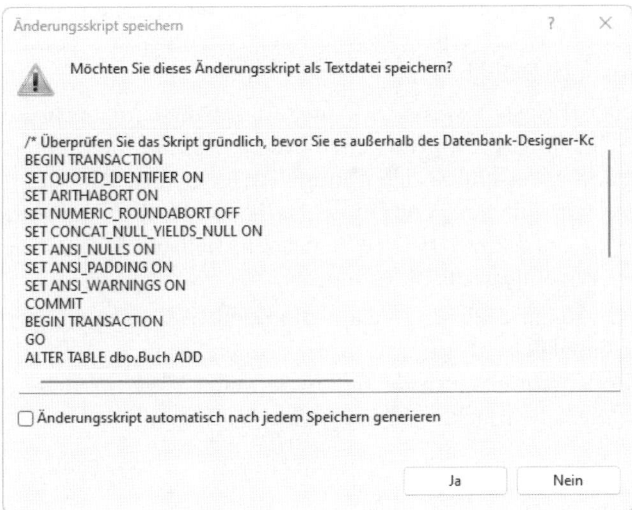

Abbildung 5.7: Das Dialogfeld mit dem generierten Änderungsskript

SQL-Skripte generieren, um Test- und Produktionsumgebungen anzupassen

Die Möglichkeit zum Generieren von Änderungsskripten können Sie nutzen, um Datenbankstrukturen von Test- und Produktionsumgebungen zu aktualisieren, wenn Sie die Änderungen erst auf einer separaten Entwicklungsumgebung ausführen.

Dabei bleiben die Daten der anderen Umgebungen erhalten, denn die generierten Skripte erstellen die Tabellen wenn nötig zwar neu, übertragen dabei aber alle Daten, die vorher in der Tabelle enthalten waren. (Genau genommen wird zuerst eine temporäre Kopie der Tabelle mit der neuen Struktur erstellt, dann werden die Daten aus der alten Tabelle in die neue Tabelle kopiert, die alte Tabelle wird gelöscht, und schließlich wird die neue Tabelle umbenannt, sodass sie wieder den ursprünglichen Namen hat.) Sie können die Strukturen der verschiedenen Umgebungen also anpassen, aber trotzdem mit unterschiedlichen Datenständen arbeiten, um Testdaten von Produktionsdaten zu trennen.

Abfragen

Möchten Sie nun mit Daten aus mehreren Tabellen arbeiten, können Sie diese mit einer SQL-Anweisung vom Server abfragen. Das wird allerdings erst im nächsten Kapitel behandelt. Sofern Sie sich mit der SQL-Syntax nicht herumschlagen möchten, können Sie auch mithilfe von SQL Server Management Studio und des darin enthaltenen Abfrage-Designers eine solche Abfrage interaktiv erstellen.

1. Wählen Sie in der Symbolleiste die Option *Neue Abfrage* aus und verbinden Sie sich mit der SQL Server-Instanz *SQL2022*. Letzteres ist nur notwendig, wenn Sie nicht ohnehin bereits im Objekt-Explorer mit der Instanz verbunden waren.
2. Nun erscheint im Detailbereich der Abfrage-Editor, mit dem Sie SQL-Abfragen eingeben können. In der neu erschienenen Symbolleiste sehen Sie, mit welcher Datenbank das Abfragefenster verbunden ist. Wenn Sie zuvor im Objekt-Explorer einen Untereintrag einer Datenbank ausgewählt haben, ist auch diese Datenbank voreingestellt. Ist das nicht der Fall, verweist die Verbindung auf die Datenbank *master*. Klappen Sie die Liste mit einem Klick auf und ändern Sie durch Auswahl der Datenbank *MediaBase* die Verbindung auf die gleichnamige Datenbank.
3. Da wir uns mit dem manuellen Erfassen von SQL-Anweisungen erst im nächsten Kapitel beschäftigen, wählen Sie im neu erschienenen Menü *Abfrage* den Punkt *Abfrage in Editor entwerfen…* aus. Es erscheint der Abfrage-Designer, bei dem gleich ein Dialogfeld zum Hinzufügen von Tabellen geöffnet ist. Darin sollten die von Ihnen erstellten Tabellen *Buch*, *CD*, *CD_Track* und *DVD* zu sehen sein (falls nicht, sind Sie wahrscheinlich nicht mit der richtigen Datenbank verbunden).
4. Wählen Sie nun die Tabelle *CD* aus und klicken Sie auf die Schaltfläche *Hinzufügen*. Verfahren Sie genauso mit der Tabelle *CD_Track*. Alternativ können Sie auch erst beide Tabellen auswählen (siehe Tipp *Mehrfachauswahl in Listen* weiter oben in diesem Kapitel) und anschließend auf die Schaltfläche *Hinzufügen* klicken.

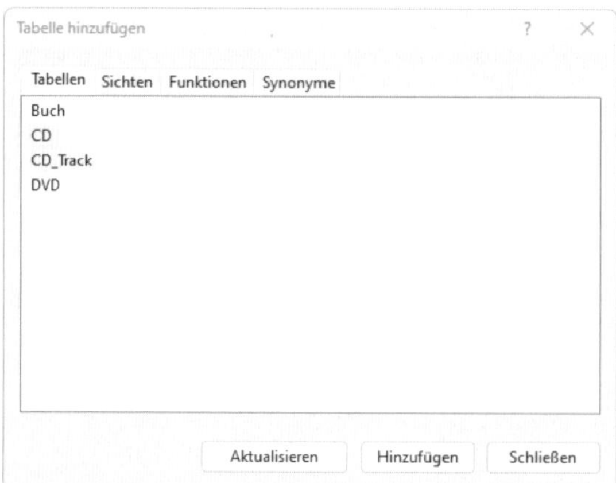

Abbildung 5.8: Das Dialogfeld zum Hinzufügen von Tabellen

5. Schließen Sie das Dialogfeld über die Schaltfläche *Schließen*. Sie sehen nun den Abfrage-Designer, der in drei Bereiche aufgeteilt ist: Im oberen Bereich sind die beiden

von Ihnen ausgewählten Tabellen mit ihrer Verknüpfung zu sehen. Im unteren Bereich steht die vom Designer automatisch generierte SQL-Abfrage. Dazwischen ist eine – momentan leere – Tabelle, in der alle von der Abfrage zurückzugebenden Spalten aufgelistet sind.

6. Vergrößern Sie die Ansicht der Tabellen im oberen Drittel so, dass alle Spalten zu sehen sind. Klicken Sie anschließend in der Liste der Tabelle *CD* das Kästchen vor dem Eintrag ** (Alle Spalten)* an und in der Liste der Tabelle *CD_Track* die Spalten *CDNr*, *TrackNr*, *Titel* und *Interpret*. Sie werden feststellen, dass auch die anderen beiden Bereiche des Abfrage-Designers automatisch um die ausgewählten Spalten erweitert werden.
7. Weil in der Tabelle *CD_Track* mit *Titel* und *Interpret* zwei Spalten ausgewählt wurden, deren Bezeichnungen auch in der Tabelle *CD* vorhanden sind, wurden hier automatisch Aliasnamen (*Expr1* und *Expr2*) vergeben, um die Felder voneinander unterscheiden zu können. Überschreiben Sie diese Aliasnamen in der Tabelle in der Mitte nun mit den aussagekräftigeren Bezeichnungen *TrackTitel* und *TrackInterpret*.
8. Damit die Abfrage auch sortierte Daten ausgibt, klicken Sie für die Spalte *TrackTitel* in das Feld *Sortiertyp*. In der nun über einen kleinen Pfeil aufklappbaren Liste wählen Sie die Option *Aufsteigend*, damit die *TrackTitel* in aufsteigender Reihenfolge sortiert werden.

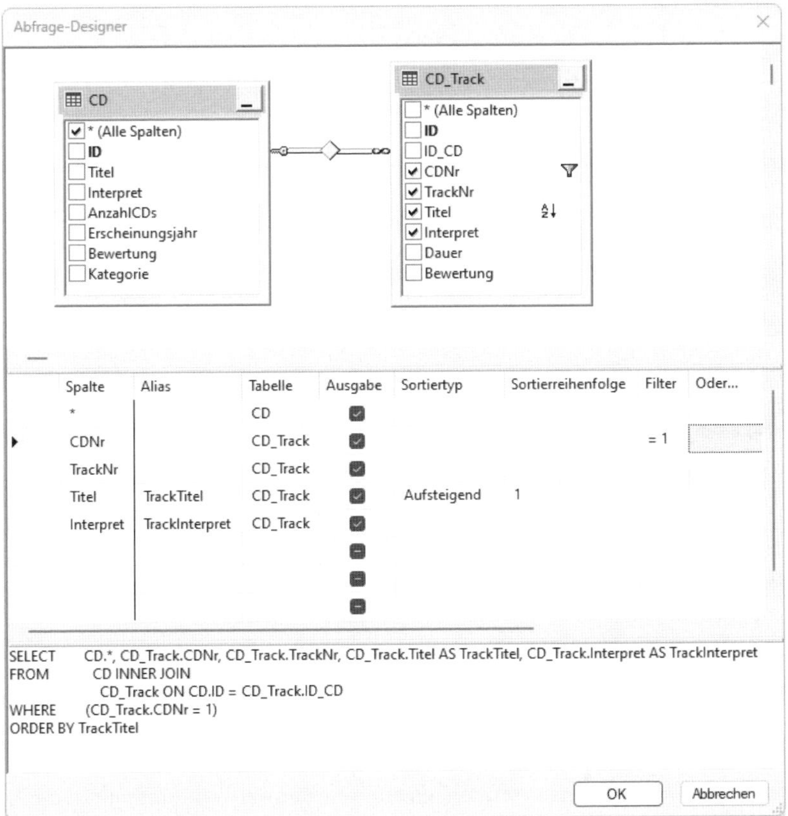

Abbildung 5.9: Der Abfrage-Designer

9. Klicken Sie dann für die Spalte *CDNr* in das Feld *Filter* und geben Sie dort eine *1* ein. Damit werden von Mehrfach-CDs nur die Titel der ersten CD angezeigt. Der Abfrage-Designer sollte nun wie folgt aussehen:
10. Schließen Sie den Designer mit der Schaltfläche *OK*, und Sie sehen im Abfrage-Editor nur noch den SQL-Quelltext, den Sie durch einen Klick auf die entsprechend bezeichnete Schaltfläche ausführen können. Et voilà – Sie haben Ihre erste Abfrage entworfen, ohne auch nur ein Wort SQL selbst schreiben zu müssen.
11. Nach der Ausführung der Abfrage können Sie diese durch einen Klick auf das kleine *x* in der Titelleiste des Detailbereichs wieder schließen und die Rückfrage, ob das Skript gespeichert werden soll, mit *Nein* beantworten.

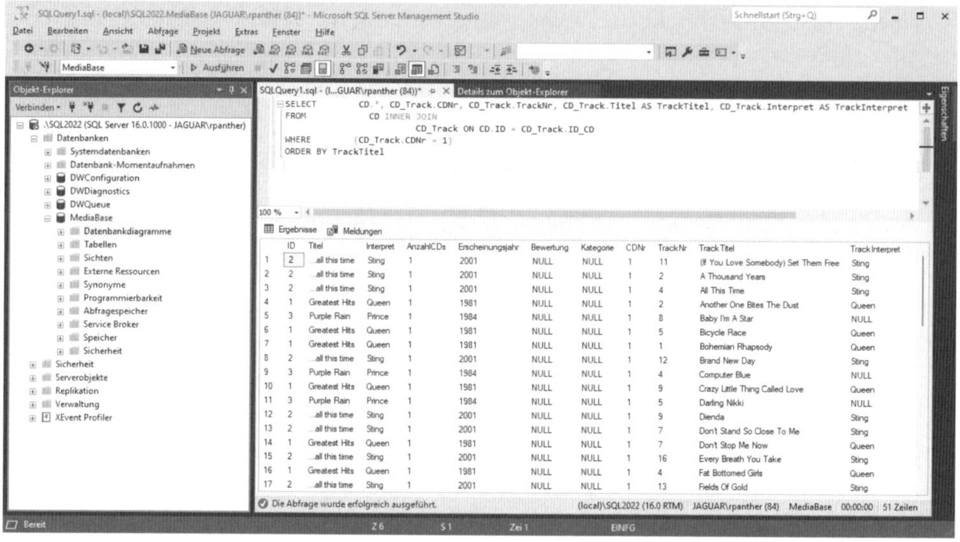

Abbildung 5.10: Der Abfrage-Editor mit der generierten Abfrage

Sichten (Views)

Nun drängt sich die Befürchtung auf, dass es auf Dauer sehr mühsam und umständlich werden kann, für jede Abfrage immer wieder die gleichen Daten (z.B. eine CD mit dazugehörigen Tracks) aus den verschiedenen Tabellen zusammenzusuchen. SQL Server bietet aber ein passendes Mittel, um diesen Vorgang künftig weitgehend zu automatisieren: die Sichten (engl. *Views*).

Mit Sichten lässt sich ein frei definierbarer Ausschnitt aus einer oder mehreren Tabellen definieren, die dann später auf einmal abgerufen werden. Dabei werden nicht die Daten selbst noch einmal zwischengespeichert, sondern lediglich die Definitionen dazu, wie und woher die Sicht die Daten abrufen soll. Sichten können bei Bedarf sowohl die Auswahl der Zeilen anhand von Bedingungen einschränken als auch nur einen Teil der Spalten einer Tabelle zurückliefern. Das Vorgehen beim Erstellen einer Sicht ist dabei dem zum Erstellen einer Abfrage sehr ähnlich.

Sichten auf eine Tabelle

Beginnen wir mit einer einfachen Sicht, die Daten aus einer einzigen Tabelle abruft:

1. Suchen Sie im Objekt-Explorer den Eintrag *Sichten* unterhalb der Datenbank *MediaBase* und klicken Sie diesen mit der rechten Maustaste an.
2. Wählen Sie im darauf erscheinenden Kontextmenü die Option *Neue Sicht* aus.
3. Es erscheint ein Dialogfeld, in dem Sie die Tabellen für die Sicht auswählen können. Nutzen Sie hier die Tabelle *CD* und klicken Sie anschließend erst auf *Hinzufügen* und dann auf *Schließen*.
4. Die folgende Ansicht erinnert ein wenig an den Abfrage-Designer: Im oberen Bereich sehen Sie die beteiligten Tabellen mit ihren Spalten (und ein Kontrollkästchen vor jedem Spaltennamen). Darunter finden sich wieder die tabellarische Darstellung der in der Sicht verwendeten Spalten sowie die der Abfrage zugrunde liegende SQL-Abfrage. Neu dagegen ist der Ergebnisbereich darunter, der das Ergebnis der Abfrage anzeigt, sobald Sie diese zum Testen ausführen.

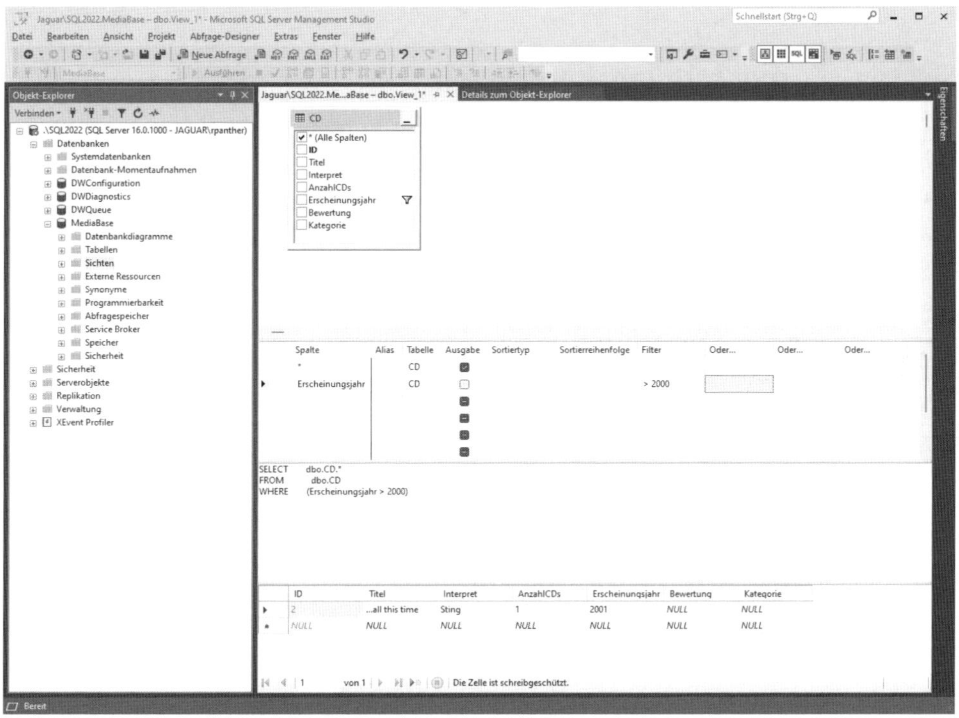

Abbildung 5.11: Der Entwurfsmodus für Sichten

5. Klicken Sie nun in der Diagrammdarstellung das Kästchen vor dem Sternchen an (das Sternchen symbolisiert alle Spalten der Tabelle). Klicken Sie anschließend ebenfalls das Kästchen vor dem Feld *Erscheinungsjahr* an, da Sie dieses später für einen Filter benötigen.
6. Sowohl das Sternchen als auch das Feld *Erscheinungsjahr* wurden damit in der Tabelle in der Mitte des Detailbereichs hinzugefügt, und auch der generierte SQL-Befehl

wurde aktualisiert. Entfernen Sie nun das Häkchen in der Spalte *Ausgabe* für das Feld *Erscheinungsjahr*, da dieses ja schon durch die Angabe des Sternchens mit im Ergebnis ausgegeben wird.

7. Geben Sie dann für die Spalte *Erscheinungsjahr* als Filter > *2000* an. Damit werden nur CDs ausgewählt, die nach dem Jahr 2000 erschienen sind. In der Diagrammansicht wird die Spalte ebenfalls durch ein entsprechendes Symbol markiert, aus dem hervorgeht, dass die Spalte *Erscheinungsjahr* für einen Filter verwendet wird.
8. Führen Sie die Abfrage nun aus, indem Sie auf den kleinen grünen Pfeil in der Symbolleiste klicken oder alternativ aus dem Menü *Abfrage-Designer* den Menüpunkt *SQL ausführen* auswählen. Je nachdem, welche Testdaten Sie in der Tabelle erfasst haben, werden im Ergebnisbereich jetzt die passenden Zeilen angezeigt.
9. Speichern Sie die Sicht, indem Sie das Diskettensymbol anklicken, und geben Sie der Sicht den Namen *VW_AktuelleCDs* (das Präfix *VW* kommt von View und wird verwendet, damit später schneller erkennbar ist, dass es sich hierbei um eine Sicht und nicht um eine Tabelle handelt). Anschließend können Sie die Sicht schließen, indem Sie das kleine *x* in der Titelleiste des Detailbereichs anklicken.

Sichten, die mehrere Tabellen nutzen

Noch interessanter wird es, wenn Sichten definiert werden, die sich Daten aus mehreren Tabellen zusammensuchen. Für unser Beispiel bietet es sich an, eine Sicht zu erstellen, die alle CDs mit den dazugehörigen Tracks auswählt:

1. Öffnen Sie die gerade erstellte Sicht durch einen Klick mit der rechten Maustaste auf den Sichtnamen im Objekt-Explorer und die Auswahl der Option *Entwerfen*.

   Nachdem die Sichtdefinition geöffnet wurde, sehen Sie, dass nun jedes einzelne Feld angekreuzt ist, das Sternchen allerdings nicht mehr. Dies wurde automatisch durchgeführt, ändert aber nichts am Ergebnis der Sicht.
2. Rufen Sie den Menüpunkt *Abfrage-Designer/Tabelle hinzufügen* auf (oder klicken Sie das entsprechende Symbol in der Symbolleiste an), um das Fenster mit den verfügbaren Tabellen wieder einzublenden.
3. Wählen Sie hier die Tabelle *CD_Track* aus und klicken Sie nacheinander auf die Schaltflächen *Hinzufügen* und *Schließen*. Die Tabelle *CD_Track* erscheint jetzt ebenfalls im Abfrage-Designer und wird automatisch mit der Tabelle *CD* verbunden.
4. Klicken Sie nun die Kontrollkästchen vor allen Spalten der Tabelle *CD_Track* bis auf die Spalten *ID* und *ID_CD* an, um diese ebenfalls im Ergebnis anzuzeigen.
5. Spalten mit den Namen *Titel*, *Interpret* und *Bewertung* existieren bereits in der Tabelle *CD*, daher wird diesen Spalten in der Tabelle *CD_Track* automatisch ein Alias zugewiesen, damit sie von den anderen Feldern unterscheidbar sind. Da diese Aliase (*Expr1*, *Expr2* und *Expr3*) nicht besonders aussagekräftig sind, ersetzen Sie sie durch die Bezeichnungen *TrackTitel*, *TrackInterpret* und *TrackBewertung*. Nun können Sie die Abfrage ausführen und erhalten das entsprechende Ergebnis im unteren Bereich angezeigt.

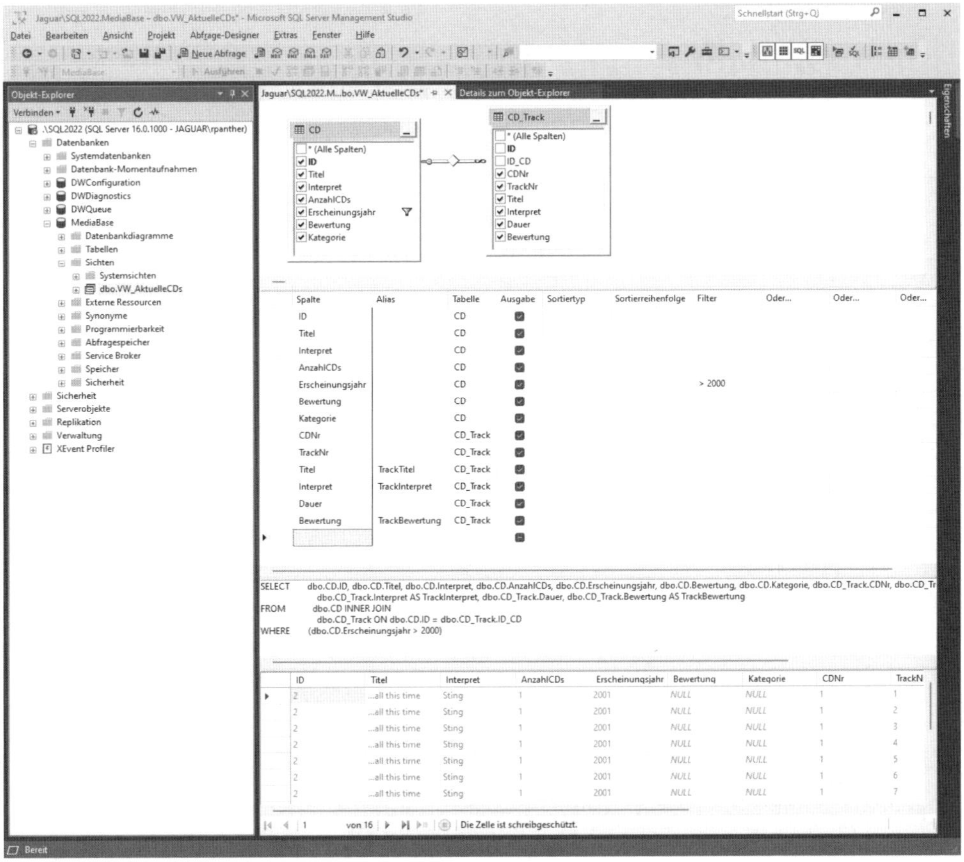

Abbildung 5.12: Die erweiterte Sicht mit Spalten aus zwei Tabellen

6. Speichern und schließen Sie die überarbeitete Sicht.

Um Daten für eine Sicht abzurufen, können Sie – genau wie bei Tabellen auch – deren Namen mit der rechten Maustaste anklicken und die Option *Oberste 1000 Zeilen auswählen* anklicken. Insgesamt lässt sich mit Sichten recht ähnlich arbeiten wie mit echten Tabellen.

Lediglich bei Sichten, die auf mehreren Tabellen basieren, gilt es einige Einschränkungen beim Ändern von Daten zu beachten. Das Hinzufügen und Ändern von Einträgen ist beispielsweise nur dann erlaubt, wenn sich die Änderungen auf lediglich eine der hinter der Sicht verborgenen Tabellen beziehen. Das funktioniert beim Ändern von Zeilen unter Umständen noch ganz gut, das Einfügen von Zeilen in Sichten wird – zumindest in Kombination mit einer Fremdschlüsseleinschränkung – fast unmöglich. Aus demselben Grund lassen sich auch keine Zeilen in Sichten, die auf mehreren Tabellen basieren, entfernen. Stattdessen sollte man diese Operationen direkt in den zugrunde liegenden Basistabellen ausführen.

Übungen zu diesem Kapitel

In diesem Abschnitt finden Sie einige Übungen, mit denen Sie das in diesem Kapitel Erlernte vertiefen können. Die richtigen Antworten und Lösungen finden Sie in *Anhang C* dieses Buchs.

Übung 5.1

Wie können Sie verhindern, dass Datensätze mit ungültigen Fremdschlüsseln entstehen, sobald die Datensätze mit den entsprechenden Primärschlüsseln gelöscht werden?

Übung 5.2

Welcher Normalform entspricht die Tabelle *CD*, bevor deren Inhalte auf zwei Tabellen (*CD* und *CD_Track*) aufgeteilt wurden?

Übung 5.3

Erstellen Sie ein Datenbankdiagramm *MediaBase_CD*, das lediglich die Tabellen *CD* und *CD_Track* enthält.

Übung 5.4

Erstellen Sie eine Abfrage, die alle CD-Titel nach Interpreten und Erscheinungsjahr (Letzteres in absteigender Reihenfolge, sodass die neueren CDs zuerst erscheinen) sortiert zurückliefert.

Übung 5.5

Erstellen Sie eine Sicht *VW_Fachbuch*, die alle Bücher der Kategorie *Fachbuch* nach Autoren sortiert zurückliefert. Um die Sicht ausprobieren zu können, sollten natürlich auch einige der Beispieldatensätze die Kategorie *Fachbuch* haben.

Zusammenfassung

In diesem Kapitel haben Sie gelernt, wie Sie mehrere Tabellen miteinander in Beziehung setzen können. Mithilfe von Fremdschlüsseln haben Sie Relationen definiert. Dazu haben Sie etwas Theorie über die Normalisierung von Datenbanken erfahren, die die Grundlage für ein gutes Datenbankdesign bildet.

Datenbankdiagramme können Sie einerseits nutzen, um einen besseren Überblick über Datenstrukturen zu erhalten (oder diese damit zu dokumentieren). Andererseits lassen sich Datenbankdiagramme auch ändern, um damit ein Delta-Skript zu erzeugen, das die vorgenommenen Änderungen auch auf anderen Datenbanken (und Servern) durchführen kann.

Im Abschnitt über Abfragen haben Sie erfahren, wie sich SQL-Abfragen generieren lassen, ohne dass Sie SQL-Code selbst schreiben müssen. Nach einem ähnlichen Verfahren haben Sie anschließend Sichten, die auf mehreren Tabellen basieren, definiert, um diese komfortabel abzufragen. Mit einigen Einschränkungen sind sogar Datenänderungen über Sichten möglich.

Nachdem bis zu diesem Punkt alle Datenbankoperationen ausgeführt wurden, ohne dass Sie selbst eine einzige Zeile SQL schreiben mussten, werden im folgenden Kapitel einige SQL-Grundlagen vermittelt, mit denen Sie noch mehr Leistung und Flexibilität als über die grafische Benutzeroberfläche bekommen.

Kapitel 6

Kleine Einführung in SQL

In diesem Kapitel lernen Sie

- wozu man SQL benötigt
- wie Sie mit SQL Daten abfragen
- wie Sie mit SQL Daten einfügen, ändern und löschen
- wie Sie mit SQL Sichten definieren
- was bei der Verwendung von Sichten zu beachten ist

Was ist eigentlich SQL?

SQL steht für *Structured Query Language* und ist aus der 1975 von IBM entwickelten Datenbankabfragesprache SEQUEL (*Structured English Query Language*) entstanden. Aus diesem Grund wird SQL auch heute oft noch wie das englische Wort »sequel« (Fortsetzung) ausgesprochen, was eigentlich ganz gut passt, denn zu dem SQL von damals gab es in den Jahren danach einige Fortsetzungen.

Seit 1986 wurde SQL durch das ANSI (*American National Standards Institute*) standardisiert. Dieser Standard wurde 1987 dann auch durch die ISO (*International Organization for Standardization*) aufgegriffen.

Jahr	Produktname
1975	SEQUEL, der Vorgänger von SQL, entsteht.
1986	SQL1 wird als ANSI-Standard verabschiedet.
1987	SQL1 wird als ISO-Standard verabschiedet.
1992	SQL-92/SQL2 wird als ISO-Standard verabschiedet.
1999	SQL:1999/SQL3 wird als ISO-Standard verabschiedet.
2003	SQL:2003 wird als ISO-Standard verabschiedet.
2006	SQL/XML:2006 wird als ISO-Standard verabschiedet.
2008	SQL:2008 wird als ISO-Standard verabschiedet.
2011	SQL:2011 wird als ISO-Standard verabschiedet.
2016	SQL:2016 wird als ISO-Standard verabschiedet.
2019	SQL/MDA:2019 wird als ISO-Standard verabschiedet.

Tabelle 6.1: Die verschiedenen SQL-Standards im Überblick

Seit vielen Jahren ist SQL die Abfragesprache für relationale Datenbanken und wird von allen namhaften Herstellern unterstützt. Dabei verlief die Historie meist so, dass zuerst im SQL-Standard gewisse Vorgaben definiert wurden, die dann nach und nach von den verschiedenen Herstellern in den eigenen Produkten implementiert wurden.

Der Begriff Abfragesprache ist allerdings etwas irreführend, denn SQL geht weit über reine Abfragen hinaus. Neben der klassischen SELECT-Anweisung (zum Auswählen von Daten) umfasst SQL auch drei weitere Anweisungsgruppen:

- DML (*Data Manipulation Language*) zum Ändern von Daten, genauer gesagt, Einfügen, Ändern und Löschen von Daten
- DDL (*Data Definition Language*) zum Verwalten (Anlegen, Ändern, Löschen) von Datenbankobjekten wie Tabellen, Sichten, Indizes, aber auch Datenbanken selbst
- DCL (*Data Control Language*) zum Verwalten von Benutzern, Rollen und Zugriffsrechten

Die SELECT-Anweisung selbst wird gelegentlich auch als DQL (*Data Query Language*) bezeichnet, diese Abkürzung ist jedoch bei Weitem nicht so geläufig wie die anderen drei.[1]

Der von Microsoft verwendete SQL-Dialekt heißt T-SQL (*Transact-SQL*) und basiert ebenfalls auf dem ISO- bzw. ANSI-Standard. Dazu kommen jedoch zahlreiche Erweiterungen.

Es gibt verschiedene Stellen, an denen SQL eingesetzt werden kann. So können SQL-Anweisungen in Form von Inline-SQL bzw. Embedded SQL in Anwendungen eingebunden sein. Mit Dynamic SQL können auch SQL-Anweisungen zur Laufzeit zusammengesetzt und dann ausgeführt werden.

Als weitere Variante können Sie mithilfe des Kommandozeilentools SQLCMD SQL-Anweisungen oder gar ganze SQL-Skripte, die in Dateien gespeichert sind, ausführen. In den meisten Fällen werden Sie zur Ausführung von SQL-Befehlen das SQL Server Manage-

1 Sowohl die Befehle der DDL als auch die der DCL werden nicht in diesem Kapitel, sondern weiter unten im Buch behandelt. Die Anweisungen der DDL werden in *Kapitel 11, Datenbankadministration mit SQL*, beschrieben, die DCL wird in *Kapitel 12, Benutzer, Rollen und Rechte*, berücksichtigt.

ment Studio verwenden, da dieses eine sehr komfortable Benutzeroberfläche für die Eingabe und Ausführung von SQL-Kommandos bietet.

SQL-Anweisungen im Management Studio ausführen

Bevor ich mit der Beschreibung der wichtigsten SQL-Anweisungen beginne, möchte ich noch kurz erläutern, wo man diese am besten ausprobieren kann. Bereits seit der 2005er-Generation bietet Microsoft mit dem SQL Server Management Studio eine einheitliche Oberfläche, mit der man sowohl Datenbanken verwalten als auch SQL-Anweisungen – oder gar komplette Skripte – komfortabel erfassen und ausführen kann. Wenn Sie bereits mit einer SQL Server-Instanz verbunden sind, brauchen Sie dazu nur auf die Schaltfläche *Neue Abfrage* in der linken oberen Ecke zu klicken, und schon erscheint im Detailbereich ein Abfragefenster. Dazu gibt es eine entsprechende Symbolleiste, die Ihnen die wichtigsten Möglichkeiten für das Arbeiten mit Abfragen liefert.

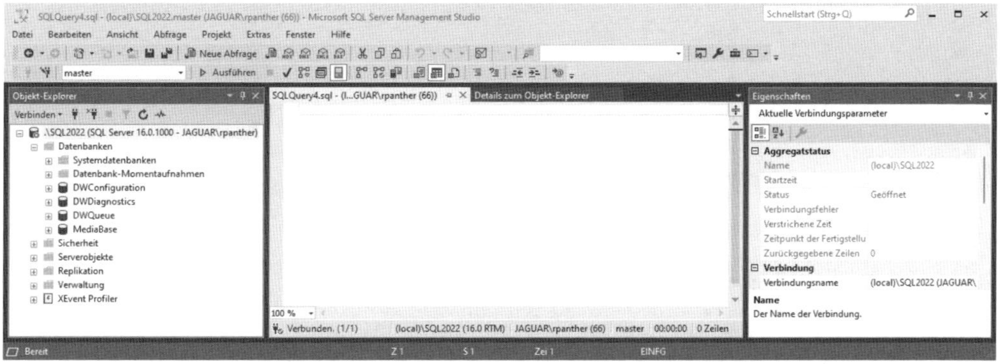

Abbildung 6.1: Der Abfrage-Editor des SQL Server Management Studio mit eingeblendeter Symbolleiste

Mit den beiden Schaltflächen an der linken Seite der Symbolleiste kann man eine Verbindung zu einem SQL Server herstellen (was im Normalfall schon geschehen ist, wenn Sie sich im Abfrage-Editor befinden, daher ist das erste Symbol in Abbildung 6.1 inaktiv) bzw. die bestehende Verbindung ändern. Letzteres ist beispielsweise dann sinnvoll, wenn Sie eine Abfrage nacheinander auf mehreren Servern ausführen möchten.

Rechts daneben sehen Sie eine Auswahlliste für die Datenbank, in der die Abfrage ausgeführt werden soll. Wenn Sie nicht vorher – beispielsweise über den Objekt-Explorer – eine andere Datenbank ausgewählt haben, ist hier die *master*-Datenbank voreingestellt (bzw. die Datenbank, die für das verwendete Log-in als Standarddatenbank angegeben wurde). Wenn Sie die Liste aufklappen, werden alle Datenbanken angezeigt, auf die Sie zugreifen können. Alternativ können Sie aber auch direkt im Skript die Datenbank wechseln, indem Sie die `USE`-Anweisung nutzen.

Beispiel: `USE MediaBase`

Dank IntelliSense bekommen Sie nach Eingabe des Schlüsselworts `USE` gefolgt vom ersten Zeichen des Datenbanknamens unmittelbar die möglichen Datenbanken zur Auswahl angezeigt, die mit dem bereits eingegebenen Zeichen beginnen.

Kommen wir jedoch zurück zur Symbolleiste: Rechts neben der Datenbankauswahl befindet sich ein grünes Dreieck gefolgt vom Text *Ausführen*. Wie die Bezeichnung schon erahnen lässt, können Sie mit diesem Symbol die eingegebenen SQL-Anweisungen ausführen, was im unteren Bereich des Fensters durch eine entsprechende Meldung quittiert wird.

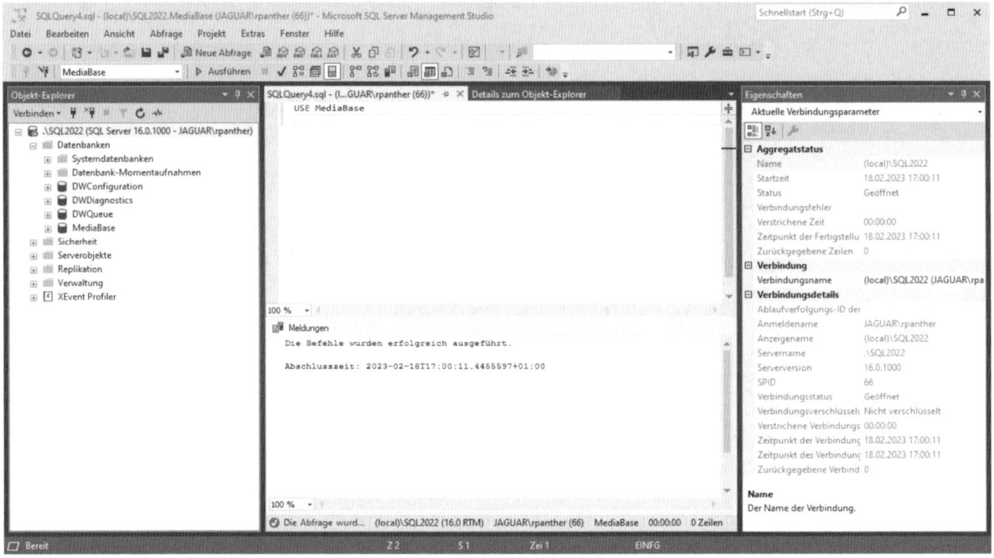

Abbildung 6.2: Der Abfrage-Editor mit eingeblendeter Ergebnismeldung

Teile eines SQL-Skripts ausführen

Wenn im Abfragefenster mehrere SQL-Anweisungen eingegeben wurden, werden diese ausgeführt, sofern Sie die entsprechende Schaltfläche in der Symbolleiste anklicken. Um nur einen Teil der Anwendungen auszuführen, markieren Sie diese mit der Maus (bzw. den Cursortasten). Klicken Sie nun auf die *Ausführen*-Schaltfläche, werden lediglich die markierten Anweisungen ausgeführt.

Rechts neben der *Ausführen*-Schaltfläche ist ein kleines Viereck zu sehen, das während der Ausführung einer Abfrage rot dargestellt wird. Mit diesem Symbol können Sie die Ausführung einer Abfrage unterbrechen. Das schwarze Häkchen rechts daneben dient dem Analysieren einer Abfrage. So können Sie einfach testen, ob eine Abfrage syntaktische Fehler beinhaltet, ohne sie ausführen zu müssen.

Dies soll im Moment ausreichen, damit wir endlich mit den ersten Abfragen loslegen können. Die weiteren Symbole werden weiter unten im Buch ausführlich erläutert.

Abschließend sollte aber noch die Statusleiste unterhalb des Ergebnis- und Meldungsbereichs erwähnt werden, in der neben den Verbindungsdaten (Datenbankinstanz und Login) sowie der Datenbank auch die Dauer und die Zeilenanzahl der letzten Abfrageausführung zu sehen sind. Aber nun weiter mit SQL.

Datenbankabfragen mit SELECT

Die sicherlich bekannteste, aber auch wichtigste SQL-Anweisung ist das `SELECT`-Statement. Mit dieser Anweisung lassen sich Daten aus einer oder mehreren Tabellen abfragen. Angefangen von sehr einfachen einzeiligen Anweisungen bis hin zu komplexen mehrseitigen Abfragen mit verschachtelten Unterabfragen, JOINs und Gruppierungen, bildet der `SELECT`-Befehl das Herzstück der Sprache SQL.

Dabei setzen sich SQL-Anweisungen aus mehreren Bestandteilen (sogenannten Klauseln) zusammen, die jeweils durch ein Schlüsselwort eingeleitet werden. Die meisten dieser Klauseln sind optional, sodass wir mit einer einfachen Variante beginnen, bevor wir uns den komplizierteren `SELECT`-Abfragen zuwenden.

Abfragen auf einer Tabelle

Die einfachste Form der `SELECT`-Anweisung ist die folgende:

```
SELECT * FROM xyz
```

Dies bedeutet, dass alle Zeilen und Spalten der Tabelle `xyz` abgefragt werden sollen. Dabei ist das `xyz` natürlich durch einen existierenden Tabellennamen zu ersetzen. Das Sternchen ist ein Platzhalter, der alle Felder der verwendeten Tabelle(n) repräsentiert. Würde man diesen Platzhalter nicht verwenden, müsste man die gewünschten Spaltennamen (durch Kommata getrennt) aufzählen.

Beispiel: `SELECT Autor, Titel FROM Buch`

> **Drag-and-drop spart Tipparbeit**
>
> Wenn Sie sich das Tippen von Tabellennamen, Feldnamen etc. sparen wollen, können Sie die entsprechenden Objekte auch im Objekt-Explorer auswählen und per Drag-and-drop ins Abfragefenster ziehen. Durch Drag-and-Drop des Unterpunkts Spalten einer beliebigen Tabelle erhalten Sie eine kommagetrennte Auflistung aller Spaltennamen der entsprechenden Tabelle. Damit brauchen Sie weder alle Spaltennamen von Hand einzugeben noch viele Spalten einzeln per Drag-and-drop ins Abfragefenster zu ziehen.

Mit dem Zusatz `DISTINCT` lässt sich das Ergebnis einer Abfrage so einschränken, dass doppelt auftretende Zeilen nur noch einmal erscheinen. Dazu ist das entsprechende Schlüsselwort direkt hinter `SELECT` anzugeben.

Beispiel: `SELECT DISTINCT Autor FROM Buch`

Wenn die angezeigten Ergebniszeilen sortiert werden sollen, verwendet man die sogenannte `ORDER BY`-Klausel. Diese steht am Ende einer `SELECT`-Anweisung, gefolgt von den Namen der Spalten (durch Kommata getrennt), nach denen sortiert werden soll.

Beispiel: `SELECT * FROM Buch ORDER BY Autor, Titel`

Dabei wird standardmäßig in aufsteigender Reihenfolge sortiert, was man auch explizit durch den Zusatz `ASC` (Kurzform für *ascending* = aufsteigend) dokumentieren kann. Will man stattdessen in absteigender Reihenfolge sortieren, ist der Zusatz `DESC` (für *descending* = absteigend) zu nutzen.

Beispiel: `SELECT * FROM Buch ORDER BY Autor ASC, Erscheinungsjahr DESC`

SQL-Codeformatierung

Bei SQL-Anweisungen spielt die Groß-/Kleinschreibung eigentlich keine Rolle. Dennoch ist es weitverbreitete Praxis, die SQL-Schlüsselwörter komplett großzuschreiben, um sie optisch besser von Objektnamen (Tabellennamen, Feldnamen etc.) abzuheben.

Sobald die SQL-Anweisungen etwas komplexer werden, bietet es sich an, sie auf mehrere Zeilen zu verteilen. Dies wird dann üblicherweise so umbrochen, dass jede Zeile mit einer neuen Klausel beginnt. Die oben stehende Abfrage würde damit wie folgt aussehen:

```
SELECT *

FROM Buch

ORDER BY Autor ASC, Erscheinungsjahr DESC
```

Zum Eingrenzen der Ergebnismenge kann in der `WHERE`-Klausel eine Filterbedingung (oder auch mehrere) angegeben werden. Dabei nutzt man meist einen oder mehrere Spaltennamen in Kombination mit den üblichen Vergleichsoperatoren.

Beispiel: `SELECT * FROM CD WHERE Interpret = 'Prince'`

Mit den Verknüpfungsoperatoren `AND` und `OR` lassen sich mehrere Bedingungen kombiniert einsetzen:

Beispiele:

```
SELECT *
FROM CD
WHERE Interpret = 'Prince' AND Erscheinungsjahr > 1985

SELECT *
FROM CD
WHERE Interpret = 'Prince' OR Interpret = 'Queen'
```

Geht es aber – wie im letzten Beispiel – darum, verschiedene Möglichkeiten für ein Feld abzufragen, kann man auch den Operator `IN` verwenden und dazu in Klammern eine kommagetrennte Liste von möglichen Werten angeben. Damit würde folgende Abfrage dasselbe Ergebnis liefern:

```
SELECT *
FROM CD
WHERE Interpret IN ('Prince', 'Queen')
```

Für den Vergleich von Zeichenketten gibt es aber noch einen weiteren nützlichen Operator. Mit dem Schlüsselwort `LIKE` können Sie die Platzhalter _ (für genau ein beliebiges Zeichen) und `%` (für eine unbekannte Anzahl von beliebigen Zeichen) verwenden.

Bei einer Abfrage einer Personentabelle würde damit die Bedingung `WHERE Nachname LIKE 'M_ller'` sowohl die Nachnamen *Müller* als auch *Möller* und *Miller* erfassen. Wollten Sie jedoch auch Namen wie *Moeller* und *Mueller* abdecken, müssten Sie schon folgende Form nutzen: `WHERE Nachname LIKE 'M%ller'`, wodurch aber auch etwa der Name *Meisenstaller* mit erfasst würde.

Als weitere Möglichkeit können Sie beim LIKE-Operator verschiedene Zeichen in eckigen Klammern angeben, von denen eines vorkommen muss. Mit der folgenden Abfrage würden beispielsweise die Namen *Müller* und *Möller* gefunden, nicht aber *Miller* oder Ähnliche:

```
SELECT * FROM Adressen WHERE Nachname LIKE 'M[üö]ller'
```

Insbesondere bei sehr großen Tabellen ist es sinnvoll, die Ergebnismenge einzuschränken. Hierfür gibt es bei der SELECT-Anweisung den optionalen Zusatz TOP, der auf zweierlei Art verwendbar ist. Entweder gibt man die Anzahl der Zeilen an oder aber einen Prozentwert, gefolgt vom Schlüsselwort PERCENT, der definiert, welcher Teil des Gesamtergebnisses zurückgegeben werden soll.

Um beispielsweise die ersten zehn Prozent aller CD-Tracks zu erhalten, könnte man folgende Abfrage verwenden:

```
SELECT TOP 10 PERCENT *
FROM CD_Track
```

Oft verwendet man den TOP-Zusatz auch in Verbindung mit der ORDER BY-Klausel, um genau steuern zu können, welche Zeilen man im Ergebnis erhält. Die folgende Anweisung liefert beispielsweise die drei aktuellsten CDs zurück:

```
SELECT TOP 3 *
FROM CD
ORDER BY Erscheinungsjahr DESC
```

Anstatt die Beschränkung für jede SQL-Anweisung anzugeben, lässt sich die Eingrenzung auf eine bestimmte Zeilenzahl mit der ROWCOUNT-Option auch generell für alle Abfragen einer Session (SQL Server-Verbindung) festlegen. Nutzen Sie die folgende Anweisung, um für alle folgenden Abfragen maximal fünf Zeilen zurückzugeben:

```
SET ROWCOUNT 5
```

Um künftig wieder alle Ergebniszeilen einer Abfrage zu erhalten, können Sie dies mit der Anweisung SET ROWCOUNT 0 aufheben.

Aggregatfunktionen und Gruppierungen

Für einfache Berechnungen über mehrere Zeilen stellt SQL Server ein paar Funktionen zur Verfügung. Die gängigsten sind folgende:

- COUNT gibt die Anzahl der Zeilen zurück.
- AVG gibt den Durchschnittswert des Felds zurück.
- MAX gibt den größten in der Tabelle vorkommenden Wert des Felds zurück.
- MIN gibt den kleinsten in der Tabelle vorkommenden Wert des Felds zurück.
- SUM liefert die Summe der Werte des Felds in der Tabelle.

Dabei wird für die meisten Funktionen ein Feldname in Klammern als Parameter angegeben. Lediglich die COUNT-Funktion wird meist in der Form COUNT(*) genutzt, da es hier eigentlich nur um die Anzahl der Zeilen geht. Geben Sie an dieser Stelle dennoch einen Spaltennamen an, werden nur diejenigen Zeilen gezählt, bei denen das Feld einen Wert ungleich `NULL` hat. Die beiden folgenden Abfragen liefern damit dasselbe Ergebnis:

```
SELECT COUNT(*) FROM Buch WHERE Auflage IS NOT NULL
SELECT COUNT(Auflage) FROM Buch
```

Das Ergebnis einer so berechneten Spalte wird mit dem Titel *(kein Spaltenname)* angezeigt. Dies kann man beheben, indem man in der Abfrage eine explizite Bezeichnung für die berechnete Spalte vergibt.

```
SELECT COUNT(*) AS AnzahlBuecher
FROM Buch
```

Als alternative – aber weniger verbreitete – Schreibweise ist auch die folgende Form möglich:

```
SELECT AnzahlBuecher  = COUNT(*)
FROM Buch
```

Bei den bisher beschriebenen Fällen wird die Berechnung immer über alle Zeilen der Tabelle ausgeführt. In der Praxis wird aber normalerweise eher ein Wert für eine Gruppe von Zeilen benötigt. Um dies zu erreichen, lassen sich die Ergebnisse mit der `GROUP BY`-Klausel anhand der darin angegebenen Spalten gruppieren. Die folgende Abfrage liefert beispielsweise die Anzahl Bücher pro Autor:

```
SELECT COUNT(*) AS Anzahl, Autor
FROM Buch
GROUP BY Autor
```

Dabei ist zu beachten, dass in der Feldauswahl für das Ergebnis – abgesehen von den Aggregatfunktionen – nur Spalten angegeben werden dürfen, die auch in der `GROUP BY`-Klausel stehen.

Mit einer zusätzlichen `HAVING`-Klausel lassen sich die Ergebniszeilen weiter filtern. Der Unterschied zu einer `WHERE`-Klausel liegt darin, dass sich eine `WHERE`-Klausel immer auf einzelne Zeilen bezieht, während `HAVING` die Ergebnisse einer Gruppierung filtert. Damit lässt sich die Abfrage von oben über eine `HAVING`-Klausel auf Autoren, von denen es mehr als ein Buch in der Tabelle gibt, eingrenzen:

```
SELECT COUNT(*) AS Anzahl, Autor
FROM Buch
GROUP BY Autor
HAVING COUNT(*)>1
```

Abfragen auf mehreren Tabellen

Die bisher behandelten Abfragen wurden nur auf jeweils einer einzelnen Tabelle ausgeführt. Interessanter wird es aber, wenn mehrere Tabellen in einer Abfrage gemeinsam genutzt werden.

Spalten aus mehreren Tabellen mit JOIN verknüpfen

Die gängigste Variante hierfür ist eine Verknüpfung per `INNER JOIN`. Hierbei werden die beiden Tabellennamen in der `FROM`-Klausel durch die Schlüsselwörter `INNER JOIN` verbunden, gefolgt vom Schlüsselwort `ON`, nach dem die Felder angegeben sind, mit denen die Tabellen verknüpft werden.

```
SELECT *
FROM CD INNER JOIN CD_Track ON CD.ID = CD_Track.ID_CD
```

Das Sternchen repräsentiert in diesem Fall alle Felder aller beteiligten Tabellen. Soll das auf alle Felder lediglich einer Tabelle oder gar einzelne Felder eingegrenzt werden, kann man hier das Sternchen oder explizite Feldnamen in Kombination mit dem Tabellennamen angeben. Die folgende Abfrage listet beispielsweise alle Felder der Tabelle *CD* auf und lediglich die Felder *TrackNr* und *Titel* aus der Tabelle *CD_Track*:

```
SELECT CD.*, CD_Track.TrackNr, CD_Track.Titel
FROM CD INNER JOIN CD_Track ON CD.ID = CD_Track.ID_CD
```

Wenn Sie nun zahlreiche Felder explizit aufzählen, ist es mitunter recht unübersichtlich, jedes Mal den kompletten Tabellennamen mit anzugeben (insbesondere dann, wenn dieser deutlich länger ist als im obigen Beispiel). Um diesem Umstand abzuhelfen, können Sie innerhalb der Abfrage Aliasnamen für die einzelnen Tabellen definieren. In der Praxis bewährt haben sich hier Kürzel mit zwei oder drei Buchstaben. Damit würde die folgende Abfrage dasselbe Ergebnis liefern wie das vorige Beispiel:

```
SELECT CD.*, CDT.TrackNr, CDT.Titel
FROM CD INNER JOIN CD_Track AS CDT ON CD.ID = CDT.ID_CD
```

Für die Tabelle *CD* wurde hier natürlich kein Alias definiert, weil dieser Tabellenname ja ohnehin schon kurz genug ist.

Neben dem gerade verwendeten `INNER JOIN`, für den passende Daten in beiden Tabellen erforderlich sind, gibt es noch weitere `JOIN`-Arten (dabei sind die in Klammern angegebenen Schlüsselwörter optional):

- `(INNER) JOIN` – alle Datensätze der ersten Tabelle, die entsprechende Datensätze in der zweiten Tabelle haben (und umgekehrt)
- `LEFT (OUTER) JOIN` – alle Datensätze der ersten Tabelle mit entsprechenden Daten aus der zweiten Tabelle (sofern vorhanden)
- `RIGHT (OUTER) JOIN` – alle Datensätze der zweiten Tabelle mit entsprechenden Daten aus der ersten Tabelle (sofern vorhanden)
- `FULL (OUTER) JOIN` – Kombination aus `LEFT JOIN` und `RIGHT JOIN`: alle Datensätze beider Tabellen mit entsprechenden Daten der jeweils anderen Tabelle (sofern vorhanden)
- `CROSS JOIN` – jeder Datensatz der ersten Tabelle wird mit jedem Datensatz der zweiten Tabelle verknüpft

In der Praxis werden `FULL OUTER JOIN` und insbesondere `CROSS JOIN` aber eher selten verwendet. Ich persönlich vermeide nach Möglichkeit auch `RIGHT OUTER JOIN`, indem ich diese zu `LEFT OUTER JOIN` umforme, was komplexe Abfragen besser lesbar macht, als würden `LEFT JOIN` und `RIGHT JOIN` gemischt verwendet werden.

Wenn man in dem obigen Beispiel den `INNER JOIN` durch einen `LEFT JOIN` ersetzt, werden auch CDs mit ausgegeben, zu denen keine Tracks erfasst sind:

```
SELECT CD.*, CDT.TrackNr, CDT.Titel
FROM CD LEFT JOIN CD_Track AS CDT ON CD.ID = CDT.ID_CD
```

Die Felder *TrackNr* und *Titel* werden für solche CDs dann als `NULL`-Werte ausgegeben.

Zeilen aus mehreren Tabellen mit UNION verknüpfen

Neben der Möglichkeit, Tabellen über `JOIN`-Bedingungen zu verknüpfen, gibt es noch eine weitere grundlegende Variante, Daten aus verschiedenen Tabellen mithilfe einer Abfrage zu verbinden. `UNION SELECT` wird verwendet, um Abfragen, die Ergebnisse mit der gleichen Struktur zurückliefern, miteinander zu verbinden.

Für unsere Beispieltabellen wären etwa folgende Abfragen verwendbar:

```
SELECT Titel, Interpret, Erscheinungsjahr FROM CD
SELECT Titel, Autor, Erscheinungsjahr FROM Buch
SELECT Titel, Regie, Erscheinungsjahr FROM DVD
```

Alle drei liefern drei Spalten zurück, von denen die ersten beiden alphanumerisch sind und die dritte vom Typ Integer ist. Verbinden Sie die Abfragen nun mit dem Schlüsselwort `UNION`, werden die Ergebnisse in einer Abfrage zusammengefasst:

```
SELECT Titel, Interpret, Erscheinungsjahr FROM CD
UNION SELECT Titel, Autor, Erscheinungsjahr FROM Buch
UNION SELECT Titel, Regie, Erscheinungsjahr FROM DVD
```

Dabei werden die Feldnamen der ersten Tabelle (bzw. Teilabfrage) übernommen. Das zweite Feld heißt also *Interpret*, auch wenn es sowohl Autoren als auch Regisseure beinhaltet. Zur besseren Unterscheidung der Datenquelle kann man jeder Teilabfrage ein Typfeld mit einem konstanten Wert hinzufügen:

```
SELECT Titel, Interpret AS InterpretAutorRegie, Erscheinungsjahr, 'CD' as Quelle FROM CD
UNION SELECT Titel, Autor, Erscheinungsjahr, 'Buch' FROM Buch
UNION SELECT Titel, Regie, Erscheinungsjahr, 'DVD' FROM DVD
```

Eine Besonderheit der `UNION`-Anweisung liegt darin, dass die Daten implizit sortiert und doppelte Ergebniszeilen ausgefiltert werden (also ein impliziter `DISTINCT` auf die gesamte Ergebnismenge angewendet wird). Wenn das nicht gewünscht ist, lässt es sich durch den Zusatz `ALL` verhindern, wodurch die Zeilen aller drei Teilabfragen auch in der Reihenfolge der Teilabfragen zurückgegeben werden.

```
SELECT Titel, Interpret AS InterpretAutorRegie, Erscheinungsjahr, 'CD' as Quelle FROM CD
UNION ALL SELECT Titel, Autor, Erscheinungsjahr, 'Buch' FROM Buch
UNION ALL SELECT Titel, Regie, Erscheinungsjahr, 'DVD' FROM DVD
```

Bessere Performance durch UNION ALL

Wenn Sie vorab schon wissen, dass bei einer `UNION`-Abfrage ohnehin keine doppelten Ergebniszeilen zurückkommen, ist die `UNION ALL`-Variante ebenfalls sinnvoll, da der SQL Server dann nicht noch einmal prüfen muss, ob doppelte Zeilen vorkommen, und die Abfrage damit schneller ausführen kann.

Das reicht vorerst einmal zum Thema Abfragen von Daten. Kommen wir nun zu den wichtigsten Anweisungen, um Daten zu bearbeiten.

Daten mit UPDATE, INSERT und DELETE bearbeiten

Die Anweisungen `UPDATE`, `INSERT` und `DELETE` bilden die wesentlichen Bestandteile der sogenannten *Data Manipulation Language* (DML) und werden oft auch als CRUD-Anweisungen bezeichnet (*CReate, Update, Delete*).[2]

INSERT und SELECT INTO zum Einfügen von Daten

Die `INSERT`-Anweisung gibt es in zwei Grundformen. Mit der ersten Variante fügen Sie eine einzelne Zeile ein und geben dabei die Inhalte der einzelnen Felder an:

```
INSERT INTO [Tabelle] ([Felder])
VALUES ([Daten])
```

Um der Tabelle *Buch* einen neuen Eintrag hinzuzufügen, können Sie eine Abfrage der folgenden Form verwenden:

```
INSERT INTO Buch (Autor, Titel, Hardcover)
VALUES ('Johanna Rohling', 'Harald Töpfer und die schlechte Übersetzung', 0, 'Roman')
```

Dabei müssen nicht alle Spalten der Tabelle angegeben werden, lediglich die als `NOT NULL` deklarierten Felder müssen auf jeden Fall aufgeführt werden (sofern dafür kein Standardwert definiert ist).

Mit der zweiten Variante der `INSERT`-Anweisung können mehrere Zeilen auf einmal eingefügt werden, indem man eine entsprechende `SELECT`-Abfrage angibt. Dabei können die Daten auch aus einer komplett anderen Tabelle stammen, sofern die Datentypen kompatibel sind. Wenn Sie beispielsweise zu allen erfassten DVDs die entsprechende Soundtrack-CD gekauft haben, können Sie diese mit folgender Anweisung einfach erfassen:

```
INSERT INTO CD (Titel, Kategorie)
SELECT Titel, 'Soundtrack' FROM DVD
```

Alternativ zur `INSERT`-Anweisung gibt es auch einen anderen SQL-Befehl, mit dem Sie Daten einfügen und dabei sogar gleichzeitig die Zieltabelle anlegen können. Über die `INTO`-Klausel können Sie eine beliebige `SELECT`-Abfrage so erweitern, dass das Ergebnis nicht ausgegeben, sondern in eine neue Tabelle geschrieben wird.

```
SELECT [Felder]
INTO [Zieltabelle]
FROM [Quelltabelle]
WHERE [Bedingung]
```

Mit der folgenden Anweisung kopieren Sie einen Teil der Tabelle *Buch* in eine neue Tabelle mit Namen *MeineBuecher*:

---

2 Genau genommen steht die Abkürzung CRUD für *Create*, *Read*, *Update* und *Delete* und beinhaltet damit neben den DML-Anweisungen auch die `SELECT`-Anweisung.

```
SELECT *
INTO MeineBuecher
FROM Buch
WHERE Autor = 'Robert Panther'
```

Genau wie bei der INSERT INTO-Anweisung kann beim SELECT … INTO ein beliebiger SELECT verwendet werden, der beispielsweise auch auf mehreren Tabellen basieren darf. Da hier aber auf Basis der Abfrage eine neue Tabelle erstellt wird, müssen die Bezeichnungen der Spalten eindeutig sein.

Die folgende Anweisung würde also nicht funktionieren, da sowohl aus der Tabelle *CD* als auch aus der Tabelle *CD_Track* eine Spalte mit dem Namen *Titel* zurückgegeben wird:

```
SELECT CD.*, CDT.TrackNr, CDT.Titel
INTO CDMitTracks
FROM CD LEFT JOIN CD_Track as CDT ON CD.ID = CDT.ID_CD
```

Wenn Sie die Abfrage aber wie folgt anpassen, funktioniert es, da die Spalte *Titel* aus der Tabelle *CD_Track* nun den neuen Spaltennamen *TrackTitel* bekommen hat:

```
SELECT CD.*, CDT.TrackNr, CDT.Titel AS TrackTitel
INTO CDMitTracks
FROM CD LEFT JOIN CD_Track AS CDT ON CD.ID = CDT.ID_CD
```

UPDATE zum Ändern von Daten

Für Datenänderungen stellt die Sprache SQL die UPDATE-Anweisung zur Verfügung. Dabei wird zuerst angegeben, welche Tabelle geändert werden soll. In einer SET-Klausel geschehen dann die eigentlichen Änderungen. Am Ende folgt noch eine WHERE-Klausel, in der eingeschränkt wird, für welche Zeilen der Tabelle die Änderungen durchgeführt werden.

```
UPDATE [Tabelle]
SET [Zuweisung]
WHERE [Bedingung]
```

Die folgende Anweisung setzt das Feld *Verlag* für alle Zeilen, in denen das Feld nicht belegt war (also den Wert NULL enthält), auf die konstante Zeichenkette *(unbekannt)*:

```
UPDATE Buch
SET Verlag = '(unbekannt)'
WHERE Verlag IS NULL
```

Unbedingt WHERE-Klausel verwenden!

Bei der Verwendung des UPDATE-Befehls ist der Einsatz einer passenden WHERE-Klausel extrem wichtig, da sich die Änderungen sonst auf alle Datensätze der Tabelle auswirken, was in den meisten Fällen nicht beabsichtigt ist.

Innerhalb der SET-Klausel kann man auch Bezug auf Felder der Tabelle selbst nehmen, was unter anderem dafür genutzt werden kann, den Wert eines numerischen Felds zu erhöhen. Um beispielsweise in der Tabelle *MeineBuecher* die Seitenanzahl um die vier Umschlagseiten zu erhöhen, können Sie folgende Abfrage verwenden:

```
UPDATE MeineBuecher
SET Seiten = Seiten + 4
WHERE Hardcover
```

In diesem Fall wird sogar bewusst auf eine WHERE-Klausel verzichtet. Allerdings muss man beachten, dass diese UPDATE-Anweisung nicht mehrmals ausgeführt wird, da sonst natürlich auch das Feld *Seiten* mehrfach erhöht wird.

In der SET-Klausel können auch mehrere Änderungen auf einmal durchgeführt werden, wenn diese mit Kommata voneinander getrennt werden.

```
UPDATE MeineBuecher
SET Bewertung=1,
    Beschreibung='Einer der großen Klassiker der Weltliteratur'
WHERE Titel='SQL Server Performance-Ratgeber'
```

UPDATE und DELETE mit JOINs verwenden

Sowohl UPDATE als auch DELETE können mit Tabellenverknüpfungen kombiniert werden, um auch spezielle Anforderungen realisieren zu können. Diese komplexeren Formen der entsprechenden SQL-Anweisungen werden in *Kapitel 7* in den Abschnitten *»UPDATE auf Basis von mehreren Tabellen«* und *»DELETE auf Basis von mehreren Tabellen«* ab Seite 158 behandelt.

DELETE und TRUNCATE TABLE zum Löschen von Daten

Um Daten zu löschen, steht die DELETE-Anweisung zur Verfügung. In der Grundform reicht es aus, neben der Tabelle eine entsprechende WHERE-Klausel anzugeben, mit der die zu löschenden Zeilen eingeschränkt werden.

```
DELETE FROM [Tabelle]
WHERE [Bedingung]
```

Die folgende Anweisung löscht alle Bücher aus der Tabelle *MeineBuecher*, die weniger als 300 Seiten haben:

```
DELETE FROM CD
WHERE Kategorie = 'Soundtrack'
```

Unbedingt WHERE-Klausel verwenden!

Wie beim UPDATE ist auch bei der DELETE-Anweisung der Einsatz einer passenden WHERE-Klausel extrem wichtig, da sonst alle Datensätze der Tabelle gelöscht werden, was nur in den wenigsten Fällen beabsichtigt sein dürfte.

Sollten Sie wirklich einmal alle Datensätze einer Tabelle löschen wollen, können Sie statt des DELETE-Befehls die Anweisung TRUNCATE TABLE (gefolgt vom Tabellennamen) verwenden. Da die Löschoperation im Gegensatz zu DELETE bei TRUNCATE TABLE nicht protokolliert wird, läuft sie – insbesondere bei großen Tabellen – deutlich schneller ab.

```
TRUNCATE TABLE MeineBuecher
```

DELETE und TRUNCATE TABLE löschen nur Daten, keine Tabellen

Sowohl `DELETE` als auch `TRUNCATE TABLE` löschen nur die Datenzeilen, nicht die Tabellen selbst. Die SQL-Anweisungen zum Anlegen und Löschen von Tabellen werden in *Kapitel 11, Datenbankadministration mit SQL*, behandelt.

Erstellen und Verwenden von Sichten

Sichten können das Arbeiten mit Daten erheblich vereinfachen. Dabei gibt es allerdings ein paar Besonderheiten zu beachten, auf die ich in diesem Abschnitt näher eingehen will. Bevor Sie aber mit Sichten arbeiten, müssen erst einmal welche existieren. Im vorigen Kapitel haben Sie schon gelernt, wie man Sichten mithilfe der grafischen Oberfläche im SQL Server Management Studio erstellen kann. Wenn Sie allerdings ohnehin mit SQL-Anweisungen arbeiten, geht es auch etwas schneller.

Erstellen von Sichten

Eine Sicht lässt sich beinahe genauso leicht erzeugen wie eine SQL-Abfrage. Dazu müssen Sie vor die entsprechende SQL-Anweisung, für die Sie eine Sicht erstellen wollen, lediglich die Schlüsselwörter `CREATE VIEW` gefolgt vom Namen der Sicht und dem Schlüsselwort `AS` setzen.

Erstellen wir nun eine Sicht, die Ihnen alle CD-*Titel* (sowie deren *ID* und *Erscheinungsjahr*) Ihrer Sammlung zurückgibt, die ab 1985 erschienen sind. Geben Sie dazu folgende Anweisung in ein Abfragefenster ein, nachdem Sie sich mit der Datenbank *MediaBase* verbunden haben:

```
CREATE VIEW dbo.VW_CDsAb1985 AS
SELECT ID, Titel, Erscheinungsjahr
FROM dbo.CD
WHERE (Erscheinungsjahr >= 1985)
```

Erst die Abfrage testen, dann die Sicht erstellen

Sie stellen am einfachsten sicher, dass die Sicht auch so arbeitet, wie Sie es beabsichtigen, wenn Sie zuerst die zugehörige `SELECT`-Abfrage erstellen und diese aufrufen. Erst wenn die syntaktischen und logischen Fehler behoben sind, setzen Sie die `CREATE VIEW`-Anweisung davor und erstellen dadurch eine auf der getesteten Abfrage basierende Sicht.

Wollen Sie eine Sicht später anpassen, können Sie sie mit der `DROP`-Anweisung löschen und mit der neuen Definition neu anlegen. Mit den folgenden Anweisungen können Sie der Sicht ein weiteres Feld hinzufügen:

```
DROP VIEW dbo.VW_CDsAb1985

CREATE VIEW dbo.VW_CDsAb1985 AS
SELECT ID, Titel, Interpret, Erscheinungsjahr
FROM dbo.CD
WHERE (Erscheinungsjahr >= 1985)
```

Wenn Sie diese beiden Anweisungen in einem Schritt ausführen, erhalten Sie folgende Fehlermeldung:

CREATE VIEW muss die erste Anweisung in einem Abfragebatch sein.

Diesen Fehler können Sie umgehen, wenn Sie beide Anweisungen separat ausführen (indem vorher nur die jeweils auszuführende Anweisung markiert wird). Alternativ können Sie auch die Anweisung `GO` zwischen die beiden SQL-Kommandos setzen, die dafür sorgt, dass die Anweisungen wie separate SQL-Skripte (Abfragebatchs) interpretiert werden.

Noch einfacher lässt sich die Sicht nachträglich ändern, indem Sie die `ALTER VIEW`-Anweisung verwenden:

```
ALTER VIEW dbo.VW_CDsAb1985 AS
SELECT ID, Titel, Interpret, Erscheinungsjahr
FROM dbo.CD
WHERE (Erscheinungsjahr > 1985)
```

Das funktioniert natürlich nur, wenn die entsprechende Sicht schon existiert. Ist keine Sicht mit dem angegebenen Namen vorhanden, erhalten Sie eine entsprechende Fehlermeldung.

Gelegentlich kann es vorkommen, dass Sie ein Datenbankobjekt – wie beispielsweise eine Sicht – anlegen wollen, aber nicht sicher sind, ob das Objekt schon existiert und vorher gelöscht werden muss. Wenn Sie nun eine `DROP`-Anweisung ausführen, erhalten Sie eventuell eine Fehlermeldung, die Ihnen mitteilt, dass das Objekt nicht existiert. Bei einem `CREATE` dagegen tritt möglicherweise ein Fehler auf, da das Objekt schon vorhanden ist. Um das zu lösen, gibt es ab SQL Server 2016 ein Sprachkonstrukt, das den folgenden Syntaxaufbau hat:[3]

```
DROP [Objekttyp] IF EXISTS [Objektname]
```

Dabei muss der Objekttyp nicht zwingend eine Sicht sein, da die Anweisung für nahezu jedes Datenbankobjekt verwendet werden kann. Für die Neuanlage oder Änderung einer vielleicht bereits vorhandenen Sicht kann beispielsweise folgendes Skript verwendet werden:

```
DROP VIEW IF EXISTS dbo.VW_CDsAb1985

GO

CREATE VIEW dbo.VW_CDsAb1985 AS
SELECT ID, Titel, Interpret, Erscheinungsjahr
FROM dbo.CD
WHERE (Erscheinungsjahr >= 1985)
```

Seit SQL Server 2016 SP1 (und damit auch für SQL Server 2022) ist eine weitere Variante verfügbar, die das Problem noch kompakter löst:

3 Das geschilderte Problem lässt sich natürlich auch mit älteren Versionen von SQL Server lösen. Allerdings wird die Lösung dort deutlich aufwendiger, da man dazu über eine Abfrage in den Systemtabellen nachschauen muss, ob das Objekt schon vorhanden ist.

```
CREATE OR ALTER VIEW dbo.VW_CDsAb1985 AS
SELECT ID, Titel, Interpret, Erscheinungsjahr
FROM dbo.CD
WHERE (Erscheinungsjahr >= 1985)
```

Die Anweisung `CREATE OR ALTER VIEW` ändert eine eventuell vorhandene Sicht oder erstellt diese neu, wenn sie noch nicht vorhanden war.

Verwenden von Sichten in SELECT-Abfragen

So einfach wie das Erstellen ist auch die Nutzung von Sichten. Sie können in SQL-Abfragen fast genauso verwendet werden wie Tabellen, da diese zur Ausführung aufgelöst werden. Das bedeutet, dass die Sichtnamen vor der Ausführung intern durch die Abfragen ersetzt werden, auf deren Basis die Sichten definiert sind.

Insbesondere bei `SELECT`-Anweisungen gibt es eigentlich keinen Unterschied. Für die gerade erstellte Sicht liefert die Abfrage `SELECT * FROM VW_CDsAb1985` das gleiche Ergebnis wie die Abfrage, die der Sicht hinterlegt ist.

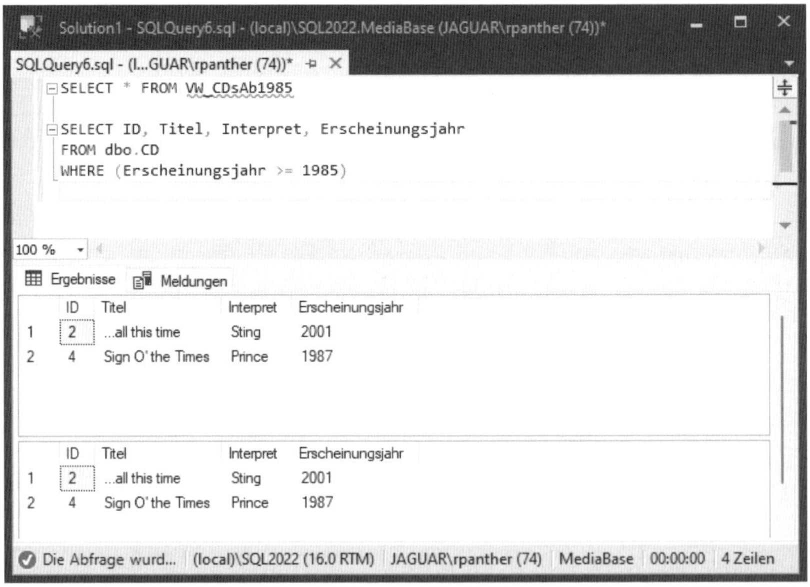

Abbildung 6.3: Zwei Abfragen – das gleiche Ergebnis

Dabei ist zu beachten, dass trotz der Angabe des Sternchens nicht alle Felder der Tabelle zurückgegeben werden, sondern nur diejenigen, die in der Sicht definiert sind. Somit können Sie Sichten nutzen, um Felder zu verstecken.

Sichten nutzen, um technische Felder zu verbergen

In der Praxis werden Sichten tatsächlich oft genutzt, um technische Felder (also solche, die keinen fachlichen Hintergrund haben) vor den Nutzern der Sicht zu verbergen. So stellen beispielsweise in größeren Entwicklungsteams Datenbankentwickler Sichten zur Verfügung, die keine ID-Felder, interne Kennzeichen etc. nach außen geben. Diese Sichten werden dann von Anwendungsentwicklern genutzt, um fachliche Anforderungen umzusetzen, ohne direkt auf die Tabellen zuzugreifen.

Sichten lassen sich aber auch – genauso wie Tabellen selbst – mit weiteren SQL-Klauseln kombiniert nutzen, um diese beispielsweise mit zusätzlichen Bedingungen einzuschränken, mit anderen Tabellen zu verknüpfen etc.

Die folgende Abfrage liefert alle CDs der Erscheinungsjahre 1985 bis 1995, wobei die Untergrenze (1985) durch die Sicht definiert wird, während die Obergrenze (1995) in der Abfrage hinzugefügt wurde:

```
SELECT *
FROM VW_CDsAb1985
WHERE (Erscheinungsjahr <= 1995)
```

Die folgende Abfrage liefert alle CDs ab 1985 mit den dazugehörenden Track-Titeln:

```
SELECT *
FROM VW_CDsAb1985 AS CD1985
INNER JOIN dbo.CD_Track AS TRK ON CD1985.ID=TRK.ID_CD
```

Dabei wurde *CD1985* als Alias für die Sicht verwendet, damit bei der `JOIN`-Bedingung nicht der komplette Name der Sicht wiederholt werden muss. Die Feldangaben in der `SELECT`-Klausel lassen sich natürlich auch genauer spezifizieren, sodass beispielsweise beide in der Sicht definierten Felder plus einige ausgewählte Felder aus der Tabelle *CD_Track* zurückgeliefert werden:

```
SELECT CD1985.*, TRK.Titel as TrackTitel, TRK.Interpret as TrackInterpret
FROM VW_CDsAb1985 AS CD1985
INNER JOIN dbo.CD_Track AS TRK ON CD1985.ID=TRK.ID_CD
```

Verwenden von Sichten für Datenänderungsoperationen

Bei Datenänderungsoperationen auf Sichten sind einige Einschränkungen zu berücksichtigen. Sofern sich die Sicht auf lediglich eine Tabelle bezieht, können Sie Zeilen ändern und löschen, als würden Sie in der Tabelle selbst arbeiten. Beim Einfügen von Zeilen ist zu beachten, dass alle Pflichtfelder der Tabelle (also solche, die als `NOT NULL` deklariert sind) Bestandteil der Sicht sind, damit für sie bei der `INSERT`-Anweisung ein Wert angegeben werden kann. Das ist natürlich für Felder mit Identitätsspezifikation und für Felder, die einen Standardwert in der Tabellendefinition hinterlegt haben, nicht nötig, da diese ja automatisch einen Wert zugewiesen bekommen.

Da für die *CD*-Tabelle lediglich die *ID*-Spalte als Pflichtfeld definiert ist, diese aber über eine Identitätsspezifikation automatisch Werte erhält, können Sie mit der View *VW_CDsAb1985* problemlos weitere Zeilen einfügen:

```
INSERT INTO VW_CDsAb1985 (Interpret, Titel, Erscheinungsjahr)
VALUES ('Erwin Mustermann', 'Best Of Erwin Mustermann', 1970)
```

Wenn Sie die Sicht danach noch einmal abfragen, werden Sie feststellen, dass die neue Zeile nicht angezeigt wird. Das liegt daran, dass das bei `INSERT` angegebene Erscheinungsjahr (1970) durch die `WHERE`-Klausel `Erscheinungsjahr >= 1985` in der Sicht ausgeschlossen wird. Nun könnte man sich fragen, warum der SQL Server dann das Einfügen des Datensatzes über die Sicht überhaupt zugelassen hat. Das liegt daran, dass die Bedingungen einer Sicht bei Änderungsoperationen normalerweise nicht überprüft werden. Dies lässt sich aber ändern, indem Sie die Sicht mit `CHECK OPTION` erstellen. Setzen wir nun diese Option nachträglich mit dem `ALTER VIEW`-Befehl:

```
ALTER VIEW dbo.VW_CDsAb1985 AS
SELECT ID, Titel, Interpret, Erscheinungsjahr
FROM dbo.CD
WHERE (Erscheinungsjahr >= 1985)
WITH CHECK OPTION
```

Wenn Sie nun noch einmal versuchen, über die Sicht eine Zeile einzufügen, die ein Erscheinungsjahr beinhaltet, das nicht größer als 2004 ist, wird die Aktion mit folgender Fehlermeldung quittiert:

Meldung 550, Ebene 16, Status 1, Zeile 1

Fehler beim Einfügen oder Aktualisieren, da die Zielsicht WITH CHECK OPTION angibt oder sich auf eine Sicht erstreckt, die WITH CHECK OPTION angibt, und mindestens eine Ergebniszeile nicht der CHECK OPTION-Einschränkung entsprach.

Diese Einschränkung gilt ebenfalls für `UPDATE`- oder `DELETE`-Anweisungen, die sich auf Zeilen der Tabelle beziehen, die durch die `WHERE`-Bedingung in der Sicht ausgeschlossen sind.

Noch etwas komplizierter wird es bei Datenänderungsaktionen auf Sichten, die auf mehreren Tabellen basieren. Hierbei dürfen sich die Änderungen nur auf eine der in der Sicht verwendeten Tabellen beziehen.

Bereits in *Kapitel 5* im Abschnitt *»Sichten auf eine Tabelle«* auf Seite 119 wurde eine Sicht *VW_AktuelleCDs* definiert, die sich auf Daten aus den Tabellen *CD* und *CD_Track* bezieht. Falls die Sicht noch nicht auf dem Server vorhanden ist, können Sie sie mit folgender Anweisung erstellen:

```
CREATE VIEW dbo.VW_AktuelleCDs
AS
SELECT TOP (100) PERCENT dbo.CD.ID, dbo.CD.Titel, dbo.CD.Interpret, dbo.CD.AnzahlCDs,
   dbo.CD.Erscheinungsjahr, dbo.CD.Bewertung, dbo.CD_Track.CDNr,
   dbo.CD_Track.TrackNr, dbo.CD_Track.Titel AS TrackTitel,
   dbo.CD_Track.Interpret AS TrackInterpret, dbo.CD_Track.Dauer,
   dbo.CD_Track.Bewertung AS TrackBewertung, dbo.CD.Kategorie
FROM dbo.CD
   INNER JOIN dbo.CD_Track ON dbo.CD.ID = dbo.CD_Track.ID_CD
WHERE dbo.CD.Erscheinungsjahr > 2000
ORDER BY dbo.CD.Titel
```

Eine `DELETE`-Anweisung ist hier praktisch nicht mehr verwendbar, da sich die Sicht auf zwei Tabellen bezieht und nicht in beiden Tabellen mit einer Anweisung gelöscht werden kann.

Die Anweisung `DELETE FROM VW_AktuelleCDs WHERE ID=2` würde beispielsweise mit folgender Fehlermeldung quittiert:

Meldung 4405, Ebene 16, Status 1, Zeile 1

Die Sicht oder Funktion 'VW_AktuelleCDs' kann nicht aktualisiert werden, da die Änderung sich auf mehrere Basistabellen auswirkt.

Die gleiche Einschränkung gilt für `INSERT`- und `UPDATE`-Anweisungen, sodass auch die folgende Anweisung mit einer Fehlermeldung scheitert:

```
INSERT INTO VW_AktuelleCDs (Interpret, Titel, Erscheinungsjahr, TrackNr)
VALUES ('Erwin Mustermann', 'The Very Best Of Erwin Mustermann', 2007, 1)
```

Wenn man aber die Spalte aus der zweiten Tabelle weglässt, funktioniert es, da nun lediglich noch Felder aus der Tabelle *CD* verwendet werden:

```
INSERT INTO VW_AktuelleCDs (Interpret, Titel, Erscheinungsjahr)
VALUES ('Erwin Mustermann', 'The Very Best Of Erwin Mustermann', 2007)
```

Ein `INSERT` auf Felder der Tabelle *CD_Track* ist über die View *VW_AktuelleCDs* generell nicht möglich, da das Pflichtfeld *ID_CD* nicht Bestandteil der Sicht ist und damit nicht gesetzt werden kann. Der Befehl:

```
INSERT INTO VW_AktuelleCDs (TrackTitel)
VALUES ('SingSang')
```

wird daher mit folgender Fehlermeldung quittiert:

Meldung 515, Ebene 16, Status 2, Zeile 1

Der Wert NULL kann in die 'ID_CD'-Spalte, 'MediaBase.dbo.CD_Track'-Tabelle nicht eingefügt werden. Die Spalte lässt NULL-Werte nicht zu. Fehler bei INSERT.

Beim `UPDATE` lassen sich Felder aus beiden beteiligten Tabellen ändern, aber eben nicht mit einer Anweisung. Um die Bewertung für eine CD und deren Tracks auf die Note 1 zu setzen, funktionieren also folgende Anweisungen:

```
UPDATE VW_AktuelleCDs
SET Bewertung=1 WHERE ID=1
-- setzt die Bewertung für die CD

UPDATE VW_AktuelleCDs
SET TrackBewertung=1 where ID=1
-- setzt die Bewertung für die CD-Tracks
```

Der Versuch, beide Felder mit einer Anweisung zu setzen, schlägt dagegen fehl:

```
UPDATE VW_AktuelleCDs
SET Bewertung=1, TrackBewertung=1 where ID=1
```

ergibt folgende Fehlermeldung:

Meldung 4405, Ebene 16, Status 1, Zeile 1

Die Sicht oder Funktion 'VW_AktuelleCDs' kann nicht aktualisiert werden, da die Änderung sich auf mehrere Basistabellen auswirkt.

Möglich ist allerdings, in einem UPDATE auf eine Sicht die Felder einer Tabelle zu nutzen, um die Felder einer anderen Tabelle zu ändern. Somit lässt sich beispielsweise die Gesamtbewertung der CD als Einzelbewertungen für die verschiedenen Tracks übernehmen:

```
UPDATE VW_AktuelleCDs
SET TrackBewertung=Bewertung
WHERE TrackBewertung IS NULL
```

Mit der zusätzlichen WHERE-Klausel wird erreicht, dass die Änderung nur für diejenigen Tracks erfolgt, für die noch keine individuelle Bewertung gespeichert war.

Übungen zu diesem Kapitel

In diesem Abschnitt finden Sie einige Übungen, mit denen Sie das in diesem Kapitel Erlernte vertiefen können. Die richtigen Antworten und Lösungen finden Sie in *Anhang C* dieses Buchs.

Übung 6.1

Wie können Sie erreichen, dass nur ein Teil eines SQL-Skripts im Abfrage-Editor des SQL Server Management Studio ausgeführt wird?

Übung 6.2

Schreiben Sie eine SQL-Abfrage, die die Anzahl aller in der Datenbank erfassten CDs zurückliefert.

Übung 6.3

Erstellen Sie eine Abfrage, die alle CD-Titel mit der Anzahl der darauf enthaltenen Tracks ausgibt.

Übung 6.4

Erstellen Sie einige `INSERT`-Anweisungen, um jeweils mindestens ein Buch, eine DVD und eine CD (mit Tracks) in die jeweiligen Tabellen einzufügen.

Übung 6.5

Erstellen Sie eine `UPDATE`-Anweisungen, die allen Büchern eines Autors aus Ihren Beispieldaten die Bewertung 1 gibt.

Übung 6.6

Stellen Sie sich vor, Sie würden alle Ihre Bücher, die Ihnen gar nicht gefallen, wegwerfen. Um das auch in der Datenbank zu berücksichtigen, schreiben Sie eine Abfrage, die alle Bücher mit einer Bewertung schlechter als 4 (einem Wert größer als 4) löscht.

Übung 6.7

Erstellen Sie eine Sicht mit dem Namen *VW_BestOfMedia*, die Ihnen die Titel aller Bücher, CDs und DVDs mit Bewertung 1 in einer Gesamtliste zurückgibt.

Zusammenfassung

In diesem Kapitel haben Sie gelernt, wie Sie SQL-Anweisungen mit dem SQL Server Management Studio absetzen können. Danach wurden die wichtigsten SQL-Anweisungen behandelt:

- `SELECT` zum Abfragen von Daten aus einer oder mehreren Tabellen
- `INSERT` zum Einfügen von Daten in eine Tabelle
- `UPDATE` zum Ändern von Daten in einer Tabelle
- `DELETE` zum Löschen von Daten aus einer Tabelle

Im letzten Abschnitt des Kapitels wurde auf die Erstellung und Nutzung von Sichten eingegangen. Für die Nutzung von Sichten sind folgende Punkte zu beachten:

- Sichten können im Prinzip verwendet werden wie Tabellen, allerdings mit ein paar Einschränkungen.
- Damit Sichten für Einfügeoperationen genutzt werden können, müssen sie alle Pflichtfelder der beteiligten Tabellen enthalten, die weder über eine Identitätsspezifikation noch über einen Standardwert verfügen.
- Löschoperationen sind nur für solche Sichten sinnvoll anwendbar, die auf lediglich einer Tabelle basieren.
- Einfüge- und Änderungsaktionen über Sichten können nicht Felder in mehreren Tabellen (die von einer Sicht verwendet werden) schreiben.

An diesem Punkt haben Sie mit den Kapiteln 1 bis 6 die wichtigsten Grundlagen erlernt, um mit dem SQL Server arbeiten zu können. Je nachdem, ob Sie sich mehr für Datenbankentwicklung interessieren oder eher etwas über die Administration von Datenbanken erfahren möchten, können Sie nun mit *Teil III, Datenbankentwicklung*, fortfahren oder gleich zu *Teil IV, Datenbankadministration*, springen.

Teil III
Datenbankentwicklung

In diesem Teil:

Kapitel 7	SQL-Programmierung	149
Kapitel 8	Komplexe Datentypen	179
Kapitel 9	SQL-Skripte	201
Kapitel 10	Gespeicherte Prozeduren, Funktionen, Trigger und Cursor	221

Kapitel 7
SQL-Programmierung

In diesem Kapitel lernen Sie

- wie Sie mithilfe von Unterabfragen komplexe `SELECT`-Abfragen schreiben können
- welche Möglichkeiten es gibt, um komplexere Datenänderungsanweisungen zu schreiben
- wie man mit dem neuen `MERGE`-Befehl effizient Tabellen abgleichen kann
- was es mit Common Table Expressions auf sich hat
- wie Sie mit der neuen `OFFSET`-Klausel gezielt einen Ausschnitt aus einer Tabelle selektieren können
- wie Sequenzen eingesetzt werden können, um tabellenübergreifende Laufnummern zu erzeugen

Komplexe SQL-SELECTs

Im vorigen Kapitel haben Sie gelernt, wie man einfache SQL-Abfragen schreiben kann. Die Möglichkeiten der SQL-Anweisung `SELECT` gehen jedoch deutlich weiter. In vielen Umgebungen werden Abfragen verwendet, die über mehrere Tausend Zeichen lang sind und sich damit über mehrere Bildschirmseiten ziehen (und das nicht nur aufgrund einer langen Aufzählung von Feldnamen).

Fallunterscheidung mit CASE

Oft gibt es Situationen, in denen in Abhängigkeit von einem Feld die Daten oder die Berechnung für ein weiteres Feld variieren sollen. Dies lässt sich realisieren, indem Sie alle möglichen Fälle in verschiedenen `SELECT`-Abfragen abhandeln und diese dann mit `UNION` verbinden. Als konkretes Beispiel fragen wir alle Zeilen der Tabelle *dbo.Buch* ab. Je nachdem, ob das Kennzeichen `Hardcover` gesetzt ist oder nicht, wird in einer weiteren Spalte der Text *Hardcover* oder *Softcover* ausgegeben. Unter Verwendung von `UNION SELECT` sieht die entsprechende Abfrage wie folgt aus:

```
SELECT *, 'Hardcover'
FROM dbo.Buch
WHERE Hardcover=1
UNION
SELECT *, 'Softcover'
FROM dbo.Buch
WHERE Hardcover=0
```

Wenn Sie die Abfrage ausführen, erhalten Sie alle Zeilen der Tabelle *dbo.Buch* und jeweils dahinter eine Spalte, die im Klartext aussagt, ob das Buch ein Hardcover oder ein Softcover hat. Diese Variante der Abfrage funktioniert zwar, bringt jedoch zwei wesentliche Nachteile mit sich:

- Die Tabelle wird bei der Ausführung mehrfach durchlaufen, was nicht gerade zu einer optimalen Gesamtperformance beiträgt.
- Der größte Teil der Abfrage muss für jeden Fall wiederholt werden, was die Abfrage unübersichtlich und schwer lesbar macht.

Um diesem Dilemma abzuhelfen, kann man eine Fallunterscheidung innerhalb einer `SELECT`-Klausel nutzen. Diese hat die Grundform `CASE WHEN Bedingung THEN Wert1 ELSE Wert2 END` und liefert `Wert1` zurück, wenn die Bedingung erfüllt ist, und `Wert2`, wenn die Bedingung nicht erfüllt ist.

Angewendet auf das oben genannte Beispiel, ergibt sich damit die folgende Abfrage:

```
SELECT *, CASE
                WHEN Hardcover=1 THEN 'Hardcover'
                ELSE 'Softcover'
          END AS Cover
FROM dbo.Buch
```

Die Abfrage liefert bei Ausführung im Prinzip das gleiche Ergebnis wie die erste Variante (eventuell in unterschiedlicher Reihenfolge der Zeilen), läuft aber deutlich schneller ab, weil die Tabelle *dbo.Buch* nur einmal durchlaufen werden muss. Auch wenn das bei den momentan verwendeten Beispieltabellen bisher keine Rolle spielt, weil die Zeilenanzahl noch sehr gering ist, darf man diesen Aspekt nicht vernachlässigen, denn im produktiven Einsatz können die Datenmengen schnell anwachsen.

Der einzige inhaltliche Unterschied besteht darin, dass aufgrund des `ELSE`-Zweigs auch die Bücher als *Softcover* interpretiert werden, bei denen das `Hardcover`-Kennzeichen auf `NULL` steht, doch auch dafür gibt es eine Lösung:

Es können durchaus mehrere `WHEN`-Bedingungen verwendet werden, sodass man das oben gezeigte Beispiel noch verfeinern kann, indem man die Fälle `0` und `NULL` explizit unterscheidet:

```
SELECT *, CASE
                WHEN Hardcover=1 THEN 'Hardcover'
                WHEN Hardcover=0 THEN 'Softcover'
```

```
                ELSE '(unbekannt)'
         END AS Cover
FROM dbo.Buch
```

Sofern sich die Bedingungen alle auf dasselbe Feld beziehen, gibt es noch eine verkürzte Schreibweise, bei der das zu prüfende Feld nur einmal angegeben wird und hinter dem Schlüsselwort `WHEN` nur noch der entsprechende Wert angegeben wird:

```
SELECT *, CASE Hardcover
                WHEN 1 THEN 'Hardcover'
                WHEN 0 THEN 'Softcover'
                ELSE '(unbekannt)'
         END AS Cover
FROM dbo.Buch
```

Fallunterscheidungen schachteln

Wenn Sie einmal mehrstufige Fallunterscheidungen benötigen, lassen sich diese auch beliebig schachteln. Dabei sollte man möglichst Klammern verwenden, damit eindeutig klargestellt ist, welche THEN- und ELSE-Zweige sich auf welche CASE-Bedingung beziehen.

Fallunterscheidung mit IIF und CHOOSE

Bereits mit SQL Server 2012 wurden zwei neue Funktionen eingeführt, mit denen sich Fallunterscheidungen, für die man bis dahin das `CASE`-Konstrukt verwenden musste, nun deutlich kompakter formulieren lassen.

Bei der `IIF`-Funktion können Sie sowohl die Bedingung als auch die beiden Rückgabewerte (für den Fall, dass die Bedingung erfüllt und dass sie nicht erfüllt ist) als Parameter angeben, sodass damit das Beispiel von oben wie folgt aussieht:

```
SELECT *, IIF(Hardcover=1, 'Hardcover', 'Softcover') AS Cover
FROM dbo.Buch
```

Allerdings lassen sich auf diese Weise nur zwei Fälle unterscheiden. Der Fall, dass das Feld den Wert `NULL` beinhaltet, ist hier nicht berücksichtigt. Sollte das erforderlich sein, kommt man um eine `CASE`-Anweisung nicht herum.

Die Funktion `CHOOSE` gibt aus einer variablen Anzahl von Parametern denjenigen als Ergebnis zurück, der mit dem ersten Parameter – der einen ganzzahligen Indexwert enthält – identifiziert wird. So gibt das folgende Beispiel die zweite der drei Zeichenketten als Ergebnis zurück:

```
SELECT CHOOSE(2, 'eins', 'zwei', 'drei')
```

In unserer Beispieldatenbank kann diese Funktion sinnvoll genutzt werden, um für die DVD-Tabelle die Bedeutung des jeweiligen Ländercodes im Klartext auszugeben.

```
SELECT *, CHOOSE(Laendercode, 'USA', 'Europa/Südafrika/Naher Osten/Japan', 'Südostasien',
'Australien/Mittelamerika/Südamerika', 'Osteuropa/ehem.UdSSR/Indien/Afrika', 'China') AS
LaendercodeText
FROM dbo.DVD
```

Leider funktioniert das nur problemlos für Codes, die mit 1 beginnen. Da die möglichen Ländercodes von DVDs aber mit 0 beginnen, kann man sich hier eines kleinen Tricks bedienen, indem man sowohl den Index als auch die folgende Werteliste um den Wert 1 verschiebt:

```
SELECT *, CHOOSE(Laendercode+1, 'alle Regionen', 'USA', 'Europa/Südafrika/Naher Osten/Japan',
'Südostasien', 'Australien/Mittelamerika/Südamerika', 'Osteuropa/ehem.UdSSR/Indien/Afrika',
'China') AS LaendercodeText
FROM dbo.DVD
```

Statt des Ländercodes 0 wird nun die 1 als erster Parameter übergeben und entsprechend der erste Wert aus der folgenden Parameterliste zurückgegeben. Der in unserer Region zutreffende Ländercode 2 ist dafür an die dritte Stelle gerutscht.

Unterabfragen

Im vorigen Kapitel wurde gezeigt, wie Sie mehrere Tabellen durch `JOIN`s und `UNION SELECT`s miteinander verbinden können. Es gibt aber noch eine weitere Möglichkeit, mehrere Tabellen oder Sichten in einer Abfrage unterzubringen: die Unterabfragen (Sub-`SELECT`s).

Unterabfragen werden verwendet, um das Ergebnis einer Abfrage in einer übergeordneten Abfrage weiterzuverwenden. Dabei unterscheidet man zwischen zwei Arten von Unterabfragen: sogenannten korrelierten Unterabfragen, die mit der aufrufenden Abfrage verknüpft sind, und nicht korrelierten Unterabfragen, die auch ohne die übergeordnete Abfrage ausführbar sind.

Beginnen wir der Einfachheit halber mit der letztgenannten Variante. Wenn Sie beispielsweise über eine Abfrage die Titel aller CDs ausgeben wollen, die mehr als zehn Tracks beinhalten, können Sie damit beginnen, eine Abfrage zu erstellen, die alle CD-IDs ausgibt, zu denen es mehr als zehn Datensätze in der Tabelle *dbo.CD_Track* gibt:

```
SELECT ID_CD
FROM dbo.CD_Track
GROUP BY ID_CD
HAVING COUNT(*)>10
```

Diese Abfrage wollen wir später als Unterabfrage verwenden. Der Vorteil einer nicht korrelierten Unterabfrage ist, dass Sie sie zunächst separat entwickeln und testen können und erst dann in die übergeordnete Abfrage einbauen, wenn sie das richtige Ergebnis liefert.

Führen Sie die Abfrage nun aus. Wenn das Ergebnis Ihren Erwartungen entspricht, können Sie an die übergeordnete Abfrage gehen. Hier wird der bereits aus dem vorigen Kapitel bekannte `IN`-Operator genutzt, allerdings nun nicht mit einer konstanten Wertmenge, sondern mit der Unterabfrage:

```
SELECT Titel, Interpret
FROM dbo.CD
WHERE ID IN
(SELECT ID_CD
   FROM dbo.CD_Track
   GROUP BY ID_CD
   HAVING COUNT(*)>10)
```

Neben dem IN-Operator gibt es noch einen zweiten Operator, der oft im Zusammenhang mit Unterabfragen genutzt wird. Der EXISTS-Operator wird normalerweise bei korrelierten Unterabfragen verwendet und ist genau dann wahr, wenn die Unterabfrage mindestens eine Ergebniszeile liefert. Das letzte Beispiel lässt sich leicht in eine korrelierte Unterabfrage mit EXISTS umwandeln:

```
SELECT Titel, Interpret
FROM dbo.CD
WHERE EXISTS
   (SELECT ID_CD
   FROM dbo.CD_Track
   WHERE ID_CD = dbo.CD.ID
   GROUP BY ID_CD
   HAVING COUNT(*)>10)
```

Um die Unterabfrage mit der aufrufenden Abfrage zu verknüpfen, wurde eine zusätzliche WHERE-Bedingung eingebaut, die sicherstellt, dass für jeden Durchlauf der Tabelle *dbo.CD* nur diejenigen Einträge der Tabelle *dbo.CD_Track* gezählt werden, die auch die entsprechende *ID_CD* haben.

Genauso gut hätte man die Bedingung auch zur HAVING-Klausel der Unterabfrage hinzufügen können:

```
SELECT Titel, Interpret
FROM dbo.CD
WHERE EXISTS
   (SELECT ID_CD
   FROM dbo.CD_Track
   GROUP BY ID_CD
   HAVING COUNT(*)>10 AND ID_CD = dbo.CD.ID)
```

Das Ergebnis der Gesamtabfrage ist für alle drei genannten Varianten dasselbe, und selbst der verwendete Ausführungsplan ist in allen drei Fällen gleich. Trotzdem ist die erste Variante zu bevorzugen, da sie besser lesbar und auch besser wartbar ist.

Zusätzlich zu IN und EXISTS können Sie Unterabfragen auch wie normale Funktionen verwenden, sofern Sie sicherstellen, dass die Unterabfrage nur einen einzigen Wert liefert. Wenn wir die Unterabfrage nun so umformulieren, dass sie die Anzahl Tracks für die jeweilige CD zurückliefert, würde das wie folgt aussehen (und nach wie vor dasselbe Ergebnis liefern):

```
SELECT Titel, Interpret
FROM dbo.CD
WHERE (SELECT COUNT(*)
      FROM dbo.CD_Track
      WHERE ID_CD = dbo.CD.ID)>10
```

In dieser Form können Sie die Unterabfrage aber auch in der SELECT-Klausel verwenden, um beispielsweise die Anzahl der Tracks für jede CD auszugeben:

```
SELECT Titel, Interpret,
   (SELECT COUNT(*)
   FROM dbo.CD_Track
   WHERE ID_CD = dbo.CD.ID) AS Anzahl
FROM dbo.CD
```

Dasselbe Ergebnis lässt sich allerdings auch mit einer geschickten Kombination aus `LEFT JOIN` und `GROUP BY` erzielen:

```
SELECT CD.Titel, CD.Interpret, COUNT(CD_Track.ID) as Anzahl
FROM dbo.CD
   LEFT JOIN dbo.CD_Track ON CD.ID=CD_Track.ID_CD
GROUP BY CD.Titel, CD.Interpret
```

Der `LEFT JOIN` ist in diesem Fall nötig, da ein `INNER JOIN` sonst die CDs weglassen würde, zu denen keine Tracks gespeichert sind. Die Angabe einer Spalte aus der Tabelle *CD_Track* für die `COUNT`-Funktion ist wichtig, da bei einem `COUNT(*)` für die CDs ohne Tracks der Wert 1 zurückgeliefert würde (denn der `LEFT JOIN` erzeugt ja auch für diese CDs eine Zeile, bei denen die Felder der Tabelle *CD_Track* allerdings mit `NULL` gefüllt sind). Der Aufruf `COUNT(CD_Track.ID)` dagegen liefert die Anzahl der Zeilen, für die das Feld *CD_Track.ID* nicht `NULL` ist.

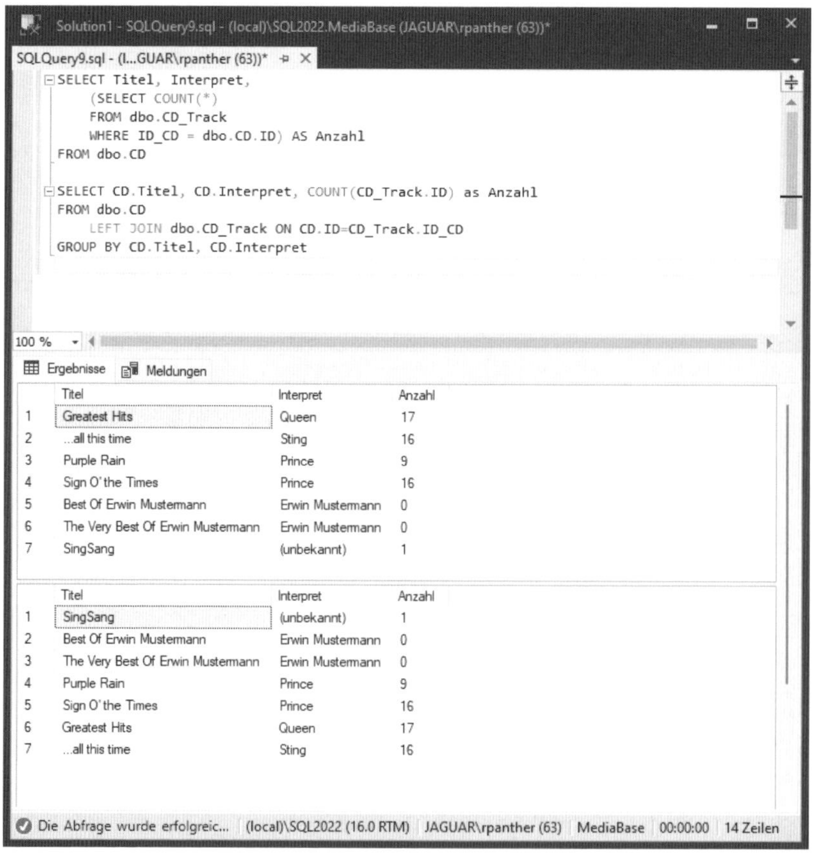

Abbildung 7.1: Zwei Abfragen – das gleiche Ergebnis (abgesehen von der Reihenfolge)

Es gibt noch eine weitere Möglichkeit, dasselbe Ergebnis zu erzielen: Eine Unterabfrage, die die CD-ID und deren *TrackAnzahl* zurückgibt, kann über einen `LEFT JOIN` mit der Tabelle *CD* verbunden werden. Diese Variante hat den Charme, dass die Unterabfrage für sich selbst lauffähig ist und daher auch allein getestet werden kann, bevor sie in die übergeordnete `SELECT`-Abfrage eingebaut wird.

```
SELECT CD.Titel, CD.Interpret, TrackAnzahl.Anzahl
FROM dbo.CD
   LEFT JOIN
      (SELECT ID_CD, COUNT(*) AS Anzahl
      FROM dbo.CD_Track
      GROUP BY ID_CD) AS TrackAnzahl
   ON CD.ID = TrackAnzahl.ID_CD
```

Dabei ist aber noch ein weiterer Unterschied zu beachten: Da die Unterabfrage für die CDs, zu denen keine Tracks gespeichert sind, auch keine Zeilen liefert, enthält das Feld *TrackAnzahl.Anzahl* in der übergeordneten Abfrage aufgrund des `LEFT JOIN` nicht – wie bei den anderen Varianten der Abfrage – den Wert 0, sondern stattdessen `NULL`, was genau genommen sogar eher der Realität entspricht, weil die Anzahl Tracks zu den betreffenden CDs sicherlich nicht 0, sondern eher unbekannt ist.

Generell empfiehlt es sich, für eine bessere Performance auf Unterabfragen möglichst zu verzichten und sie beispielsweise durch einen `JOIN` zu ersetzen. Allerdings sollte dies im Einzelfall überprüft werden, da hier auch andere Faktoren (wie die Größe der Tabellen, Indizes etc.) eine nicht unbedeutende Rolle spielen.

Unterabfragen schachteln

Genau wie Fallunterscheidungen lassen sich auch Unterabfragen nahezu beliebig schachteln. Da das aber weder der Lesbarkeit der Abfrage noch der Performance zuträglich ist, sollte man diese Möglichkeit nur dann nutzen, wenn es nicht anders geht.

Aggregatfunktionen mit ROLLUP kumulieren

Bereits im letzten Kapitel haben Sie die Verwendung von Aggregatfunktionen im Zusammenhang mit der `GROUP BY`-Klausel kennengelernt. Durch die Kombination aus Gruppierung und Aggregatfunktion erhalten Sie beispielsweise die Anzahl (`COUNT`) von Datensätzen innerhalb einer Gruppe, nicht jedoch die Gesamtanzahl.

Wenn Sie beispielsweise mit der folgenden Abfrage die Anzahl CDs pro Interpret ermitteln ...

```
SELECT Interpret, COUNT(*) as Anzahl
FROM dbo.CD
GROUP BY Interpret
```

... benötigen Sie eine weitere Abfrage, um die Gesamtsumme der CDs herauszufinden:

```
SELECT 'Summe', COUNT(*) as Anzahl
FROM dbo.CD
```

Das lässt sich natürlich per UNION SELECT zu einer Gesamtabfrage verbinden:

```
SELECT Interpret, COUNT(*) as Anzahl
FROM dbo.CD
GROUP BY Interpret
UNION
SELECT 'Summe', COUNT(*) as Anzahl
FROM dbo.CD
```

Beide Varianten haben den Nachteil, dass die Tabelle *dbo.CD* dafür mehrfach durchlaufen werden muss – einmal für die Ermittlung der Anzahl pro Interpret und ein weiteres Mal für die Ermittlung der Gesamtsumme. Mit dem Schlüsselwort ROLLUP lässt sich die GROUP BY-Klausel jedoch so erweitern, dass die Gesamtsumme automatisch ausgegeben wird:

```
SELECT Interpret, COUNT(*) as Anzahl
FROM dbo.CD
GROUP BY Interpret WITH ROLLUP
```

Als letzte Zeile des Ergebnisses erscheint nun die Gesamtsumme in der *Anzahl*-Spalte, während das Feld *Interpret* den Wert NULL enthält.

Hierbei handelt es sich jedoch um eine veraltete Syntax, die nur noch aus Kompatibilitätsgründen unterstützt wird. Verwenden Sie stattdessen besser die neue Syntax, die auch dem ISO-SQL-Standard entspricht:

```
SELECT Interpret, COUNT(*) as Anzahl
FROM dbo.CD
GROUP BY ROLLUP (Interpret)
```

Wenn die Gruppierung auf mehr als einer Spalte erfolgt, erzeugt ROLLUP auch Zwischensummen für Untergruppen:

```
SELECT Interpret, Titel, COUNT(*) as Anzahl
FROM dbo.CD
GROUP BY ROLLUP (Interpret, Titel)
```

COMPUTE wird nicht mehr unterstützt

Sollten Sie bereits mit einer älteren Version von SQL Server (bis 2008 R2) gearbeitet haben, kennen Sie vielleicht noch das Schlüsselwort COMPUTE, mit dem sich Aggregatfunktionen noch einfacher kumulieren ließen. Leider wird diese Klausel seit SQL Server 2012 nicht mehr unterstützt.

Probieren wir einmal ein etwas komplexeres Beispiel aus:

1. Öffnen Sie im SQL Server Management Studio ein Abfragefenster und verbinden Sie sich mit der lokalen SQL Server-Instanz *SQL2022* und der Datenbank *MediaBase* (z. B. durch die Anweisung USE MediaBase).
2. Führen Sie im Abfrage-Editor folgende SQL-Anweisung aus:

```
SELECT Interpret, COUNT(*) as Anzahl, MIN(Erscheinungsjahr) as Von, MAX(Erscheinungsjahr)
as Bis
FROM dbo.CD
GROUP BY ROLLUP (Interpret)
```

3. Das Ergebnis ist eine Liste aller Interpreten mit deren Anzahl CDs, gefolgt vom Zeitraum, in dem diese erschienen sind. In der letzten Zeile des Ergebnisses sind die Gesamtanzahl CDs sowie das älteste und das jüngste Erscheinungsjahr zu sehen.

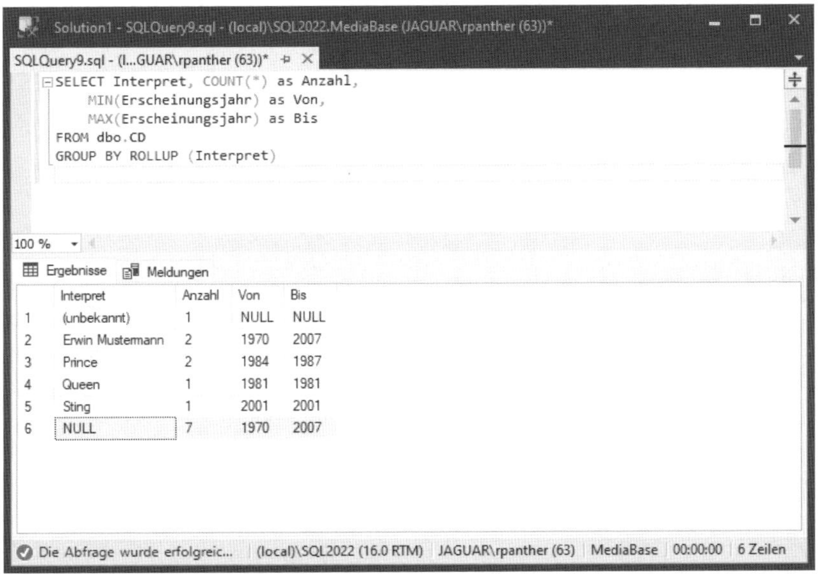

Abbildung 7.2: SELECT-Abfrage mit ROLLUP

Komplexe INSERTs, UPDATEs und DELETEs

Ähnlich wie die `SELECT`-Anweisung lassen sich auch die Befehle zum Ändern von Dateninhalten mit Fallunterscheidungen, Unterabfragen etc. versehen.

INSERT auf Basis von mehreren Tabellen

Bereits im vorigen Kapitel wurde mit der Anweisung `SELECT ... INTO` eine neue Tabelle *CDMitTracks* erzeugt, die Daten sowohl aus der Tabelle *CD* als auch aus der Tabelle *CD_Track* beinhaltet. Wenn Sie diese Tabelle nun mit der folgenden Anweisung leeren:

```
TRUNCATE TABLE CDMitTracks
```

kann sie später wieder mit einem `INSERT` gefüllt werden, dessen `SELECT`-Teil einen `JOIN` beinhaltet:

```
INSERT INTO CDMitTracks
SELECT CD.*, CDT.TrackNr, CDT.Titel as TrackTitel
FROM CD LEFT JOIN CD_Track as CDT ON CD.ID = CDT.ID_CD
```

Somit können Sie die Daten jederzeit mit denen aus den ursprünglichen Tabellen wieder aktualisieren. Alternativ wäre es natürlich auch möglich, die Tabelle komplett zu löschen und mit einem erneuten `SELECT ... INTO` wieder anzulegen. Diese Methode hat allerdings den Nachteil, dass sämtliche abhängigen Objekte wie beispielsweise Indizes ebenfalls wieder neu erstellt werden müssten.

Dadurch, dass die zweite Hälfte des INSERT INTO-Befehls eine beliebige SELECT-Anweisung ist, können Sie hier nach Bedarf auch alle erweiterten Möglichkeiten dieser Anweisung – wie beispielsweise Unterabfragen, Fallunterscheidungen mit CASE etc. – nutzen.

UPDATE auf Basis von mehreren Tabellen

Sie erinnern sich vielleicht noch an ein Beispiel aus dem letzten Kapitel, in dem ein UPDATE auf eine Sicht ausgeführt wurde, die Daten aus mehreren Tabellen beinhaltete:

```
UPDATE VW_AktuelleCDs
SET TrackBewertung=Bewertung
WHERE TrackBewertung IS NULL
```

Dasselbe Ergebnis können Sie auch ohne eine Sicht erzielen. Zwei mögliche Varianten dazu möchte ich nun vorstellen. Die Variante, die der Sicht am ehesten entspricht, ist die Verwendung eines JOIN. Dazu wird in der UPDATE-Anweisung eine FROM-Klausel angegeben – ähnlich wie Sie das von SELECT-Abfragen bereits kennen. Nach dem UPDATE selbst wird dann die Tabelle angegeben, in der die Datenänderungen ausgeführt werden. Denn wie bei einem UPDATE auf eine Sicht können Sie auch hier nur Daten in einer der beteiligten Tabellen ändern. Damit sieht die Anweisung, die die Bewertung aus der *CD*-Tabelle auf die *CD_Tracks* anwendet (sofern hier noch keine gesetzt ist), wie folgt aus:

```
UPDATE dbo.CD_Track
SET CD_Track.Bewertung=CD.Bewertung
FROM dbo.CD
   INNER JOIN dbo.CD_Track ON CD.ID=CD_Track.ID_CD
WHERE CD_Track.Bewertung IS NULL
```

Die Einschränkung auf CDs ab einem gewissen Erscheinungsjahr habe ich hier der Einfachheit halber weggelassen. Alternativ dazu kann man auch den Wert, auf den das Feld *Bewertung* gesetzt wird, über eine (korrelierte) Unterabfrage auslesen:

```
UPDATE dbo.CD_Track
SET Bewertung=(SELECT Bewertung FROM dbo.CD WHERE CD.ID=CD_Track.ID_CD)
WHERE CD_Track.Bewertung IS NULL
```

DELETE auf Basis von mehreren Tabellen

Ähnlich wie beim Ändern von Daten lassen sich auch bei DELETE Unterabfragen, JOINs etc. nutzen. Hier kann man in einer zusätzlichen FROM-Klausel mehrere Tabellen mit entsprechenden JOIN-Bedingungen ebenfalls angeben.

Vorher erstellen wir jedoch eine Kopie der Tabelle *dbo.CD*, um die bereits angelegten Beispieldaten nicht zu zerstören:

```
SELECT * INTO dbo.CD2 FROM dbo.CD
```

Transaktionen

Um Änderungsaktionen gefahrlos ausprobieren zu können, ohne die Daten dauerhaft zu verändern, würde man normalerweise eher Transaktionen nutzen, die man dann abschließend rückgängig machen kann, um den Ausgangszustand wiederherzustellen. Dieses Thema wird allerdings erst im nächsten Kapitel behandelt, sodass hier stattdessen mit einer Tabellenkopie gearbeitet wird.

Mit der folgenden Abfrage lassen sich nun in der Tabelle *dbo.CD2* alle CDs löschen, zu denen keine Tracks in der Tabelle *dbo.CD_Track* erfasst sind:

```
DELETE FROM dbo.CD2
FROM dbo.CD2 LEFT JOIN dbo.CD_Track ON CD2.ID = CD_Track.ID_CD
WHERE CD_Track.ID_CD IS NULL
```

Wenn Sie danach einen Blick in die Tabelle *dbo.CD2* werfen, werden Sie feststellen, dass nur noch die Einträge übrig geblieben sind, zu denen es auch Datensätze in der Tabelle *dbo.CD_Track* gibt. Etwas verwirrend ist bei der verwendeten Anweisung die doppelte `FROM`-Klausel, wobei die erste angibt, in welcher Tabelle gelöscht wird, und die zweite definiert, welche Tabellen gelesen werden, um die zu löschenden Zeilen zu ermitteln. Für die erste `FROM`-Klausel ist das Schlüsselwort allerdings optional. Wenn Sie es also weglassen, wird die Anweisung dadurch besser lesbar (der Aufbau entspricht dann im Prinzip der `UPDATE`-Anweisung, nur ohne `SET`-Klausel):

```
DELETE dbo.CD2
FROM dbo.CD2 LEFT JOIN dbo.CD_Track ON CD2.ID = CD_Track.ID_CD
WHERE CD_Track.ID_CD IS NULL
```

Dasselbe Ergebnis lässt sich auch auf eine andere Weise – mit einer Unterabfrage – erzielen. Um das auszuprobieren, muss davor allerdings die Tabelle *dbo.CD2* gelöscht und neu aufgebaut werden, damit wieder Daten zum Löschen vorhanden sind:

```
DROP TABLE dbo.CD2
SELECT * INTO dbo.CD2 FROM dbo.CD
```

Nun können Sie die folgende SQL-Anweisung ausführen, die in einer Unterabfrage alle CD-IDs auflistet, zu denen Tracks gespeichert sind, und diese Informationen nutzt, um alle CDs aus der Tabelle *dbo.CD2* zu löschen, deren IDs nicht in dieser Liste auftauchen:

```
DELETE FROM dbo.CD2
WHERE ID NOT IN (SELECT DISTINCT ID_CD FROM dbo.CD_Track)
```

Wenn Sie anschließend durch einen Blick in die Tabelle *dbo.CD2* das Ergebnis überprüft haben, können Sie sie mit der `DROP TABLE`-Anweisung wieder löschen.

Daten abgleichen mit dem MERGE-Befehl

Oft kommt es in der Praxis vor, dass Daten in eine Tabelle geschrieben werden sollen, von denen nicht bekannt ist, ob die entsprechenden Zeilen bereits existieren und diese nur aktualisiert werden müssen oder ob sie komplett neu anzulegen sind.

Das im Folgenden verwendete Beispiel nutzt eine Tabelle *dbo.BuchImport*, um damit die Daten der bestehenden Tabelle *dbo.Buch* zu aktualisieren. Allerdings soll dafür nicht die Tabelle *dbo.Buch* selbst verwendet werden, da wir deren Daten noch für spätere Beispiele benötigen. Stattdessen nutzen wir eine Kopie *dbo.Buch2*, die mit der folgenden Anweisung erstellt werden kann:

```
SELECT *
INTO dbo.Buch2
FROM dbo.Buch
```

Bevor Sie das Beispiel selbst ausprobieren können, benötigen Sie allerdings die Tabelle *dbo.BuchImport*. Um sie zu erstellen, geben Sie folgende Anweisung:

```
SELECT Top 1 *
INTO dbo.BuchImport
FROM dbo.Buch2
```

Ändern Sie nun den Inhalt dieser Zeile – damit es später auch etwas zu aktualisieren gibt – mit folgender Anweisung:

```
UPDATE dbo.BuchImport
SET Kategorie = 'IT-Fachbuch'
```

Fügen Sie außerdem eine neue Zeile hinzu, die ein Buch enthält, das noch nicht in der ursprünglichen Tabelle vorhanden ist:

```
INSERT INTO dbo.BuchImport (Autor, Titel, Kategorie)
VALUES ('Robert Panther', 'SQL-Abfragen optimieren', 'Fachbuch')
```

Wenn Sie die Tabelle *dbo.BuchImport* nun öffnen (vorher muss die Ansicht im Objekt-Explorer noch aktualisiert werden), sehen Sie zwei Zeilen: die neu hinzugefügte sowie die aus der Tabelle *dbo.Buch* kopierte, bei der allerdings das Feld *Beschreibung* geändert wurde.

Die klassische Variante (ohne MERGE)

Um nun die Tabelle *dbo.Buch2* mit den Daten der Tabelle *dbo.BuchImport* zu aktualisieren, würde man folgende `UPDATE`-Anweisung verwenden:

```
UPDATE dbo.Buch2
SET Buch2.Autor = BuchImport.Autor,
    Buch2.Titel = BuchImport.Titel,
    Buch2.Kategorie = BuchImport.Kategorie
FROM dbo.Buch2
    INNER JOIN dbo.BuchImport ON Buch2.Titel=BuchImport.Titel
```

Anschließend wäre ein `INSERT` nötig, um die noch fehlenden Zeilen zu ergänzen:

```
INSERT INTO dbo.Buch2 (Autor, Titel, Kategorie)
SELECT Autor, Titel, Kategorie
FROM dbo.BuchImport
WHERE Titel NOT IN (SELECT Titel FROM dbo.Buch2)
```

(Der Einfachheit halber werden in den oben dargestellten Abfragen nur die Felder *Autor*, *Titel* und *Kategorie* genutzt. Für einen vollständigen Abgleich müsste man hier noch alle weiteren Felder – bis auf das *ID*-Feld, das durch eine Identitätsspezifikation automatisch gefüllt wird – ergänzen.)

Um auch die Zeilen zu entfernen, die in der Tabelle *dbo.Buch* vorhanden sind, aber in der aktuelleren Tabelle *dbo.BuchImport* nicht, wäre noch eine separate DELETE-Anweisung nötig (die Sie hier aber nicht ausführen sollten, um die Beispieldaten nicht zu sehr zu dezimieren):

```
DELETE FROM dbo.Buch
WHERE Titel NOT IN (SELECT Titel FROM dbo.BuchImport)
```

Die neue Variante (mit MERGE)

Seit SQL Server 2008 gibt es mit dem MERGE-Befehl endlich eine Möglichkeit, alle drei Aktionen in einer Anweisung gemeinsam auszuführen. Dadurch wird auch die Ausführungsgeschwindigkeit deutlich erhöht, was die Anweisung für das Aktualisieren von Data Warehouses ebenfalls interessant macht.

Der Grundaufbau der Anweisung ist relativ einfach: Nach dem Schlüsselwort MERGE INTO wird angegeben, welche Tabelle aktualisiert werden soll. Darauf folgt die USING-Klausel, in der die Datenquelle sowie die zugehörige JOIN-Bedingung angegeben sind. Anschließend folgen bis zu drei Blöcke, die dem Schema WHEN Bedingung THEN Aktion folgen. Dabei sind als Bedingungen folgende Varianten zulässig:

- WHEN MATCHED – Es gibt eine Entsprechung der Zeile in beiden Tabellen.
- WHEN NOT MATCHED – Die Zeile fehlt in der zu aktualisierenden Datei.
- WHEN NOT MATCHED BY SOURCE – Zur Zeile der zu aktualisierenden Datei ist in der Quelldatei keine Entsprechung vorhanden.

Geänderte Syntax!

In frühen Betaversionen und Technology Previews von SQL Server 2008 hieß die Klausel WHEN NOT MATCHED BY SOURCE noch WHEN SOURCE NOT MATCHED. Diese alte Syntax ist daher auch noch in einigen Dokumentationen und Büchern zu finden, sie ist aber nicht mehr gültig.

Bevor Sie die Variante mit der MERGE-Anweisung ausprobieren, muss jedoch der ursprüngliche Zustand der *Buch2*-Tabelle wiederhergestellt werden:

```
DROP TABLE dbo.Buch2

SELECT *
INTO dbo.Buch2
FROM dbo.Buch
```

Aus den oben geschilderten Bestandteilen ergibt sich für die Beispieldatenbank folgende Anweisung:

```
MERGE INTO dbo.Buch2
USING BuchImport ON Buch2.Titel=BuchImport.Titel
WHEN MATCHED
    THEN UPDATE SET Buch2.Autor = BuchImport.Autor,
```

```
        Buch2.Titel = BuchImport.Titel,
        Buch2.Kategorie = BuchImport.Kategorie
WHEN NOT MATCHED
    THEN INSERT (Autor, Titel, Kategorie)
    VALUES (BuchImport.Autor, BuchImport.Titel, BuchImport.Kategorie)
WHEN NOT MATCHED BY SOURCE THEN
    DELETE;
```

Wichtig!

Wie in vielen anderen Programmiersprachen (z.B. C#, Java etc.) schon lange üblich, ist es mittlerweile auch in SQL möglich, Anweisungen mit einem Semikolon abzuschließen. Während das in T-SQL bei den meisten Anweisungen optional ist, ist es beim `MERGE`-Befehl zwingend erforderlich.

Um die Auswirkungen des `MERGE`-Befehls zu prüfen, ergibt es Sinn, sowohl vor der Ausführung als auch nach der Ausführung den Inhalt der Tabelle *dbo.Buch2* über eine einfache `SELECT`-Anweisung auszugeben.

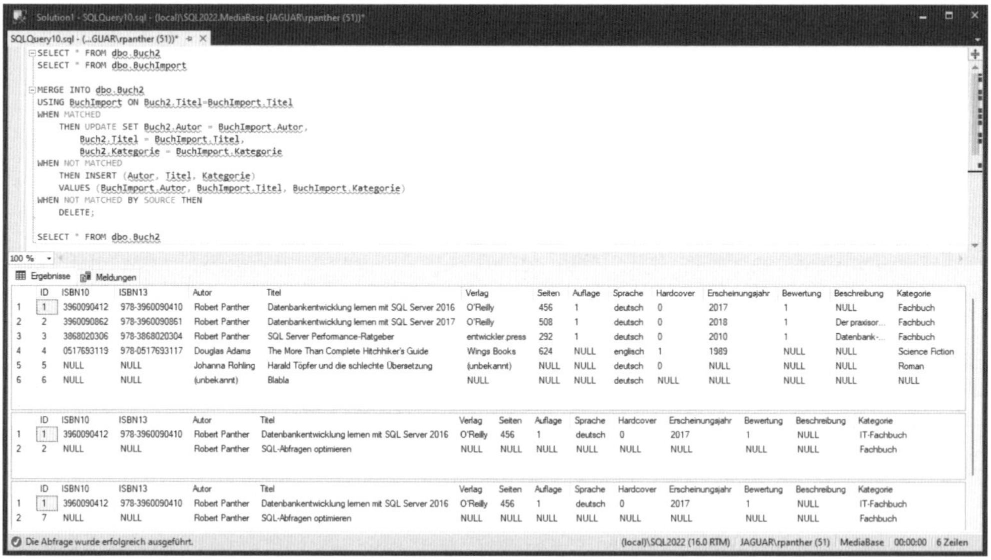

Abbildung 7.3: Der MERGE-Befehl und seine Auswirkungen

Das Ergebnis des `MERGE`-Befehls lässt sich nun leicht nachprüfen. Beim Datensatz mit der *ID* 1 wurde der Inhalt der Spalte *Kategorie* aktualisiert. Die Zeilen mit *ID* 2 bis 6 wurden durch die Option `NOT MATCHED BY SOURCE` gelöscht, weil die Titel nicht in der Tabelle *dbo.BuchImport* vorhanden waren. Dafür ist die Zeile zum Buch mit dem Titel *SQL-Abfragen optimieren* neu hinzugekommen, hat nun aber durch die Identitätsspezifikation die neue *ID* 7 bekommen.

Mehr als nur Standard-SQL

Wie die meisten SQL-Anweisungen ist auch der `MERGE`-Befehl keine Erfindung von Microsoft, sondern im ISO-SQL-Standard definiert. Microsoft hat diese Definition implementiert, aber noch um die Option `WHEN NOT MATCHED BY SOURCE` erweitert.

Da die Tabellen *dbo.Buch2* und *dbo.BuchImport* nun nicht mehr benötigt werden, können diese mit den folgenden Anweisungen wieder entfernt werden:

```
DROP TABLE dbo.Buch2
DROP TABLE dbo.BuchImport
```

Common Table Expressions

Das Konzept der *Common Table Expressions* (kurz: CTE) wurde mit SQL Server 2005 eingeführt und sieht auf den ersten Blick komplizierter aus, als es eigentlich ist. Im Wesentlichen geht es nur darum, dass man eine Abfrage – die als Common Table Expression fungiert – mit einem Namen versieht und auf diesen dann in einer übergeordneten Abfrage verweisen kann, als würde es sich um eine echte Tabelle handeln. Das ginge im Prinzip auch mit einer Sicht oder einer temporären Tabelle, allerdings ist die Common Table Expression nur für die aufrufende Abfrage verfügbar.

```
WITH CTE_Name AS
(SELECT * FROM Test)
SELECT * FROM CTE_Name
```

In der Praxis kann das beispielsweise genutzt werden, um innerhalb der Common Table Expression Aggregierungen durchzuführen, auf deren Ergebnisse in der übergeordneten Abfrage zugegriffen werden kann, als wären es Spalten in einer Tabelle. Die folgende Abfrage nutzt eine Common Table Expression mit dem aussagekräftigen Namen `CTE`, um die Anzahl Tracks zu jeder CD-ID zu bestimmen. Die äußere Abfrage verknüpft dann die CD-Tabelle mit dieser CTE, um *Interpret*, *Titel* und *AnzahlSongs* pro CD auszugeben:

```
WITH CTE AS
(
   SELECT ID_CD, COUNT(*) AS AnzahlSongs
   FROM dbo.CD_Track
   GROUP BY ID_CD
)
SELECT CD.Interpret, CD.Titel, CTE.AnzahlSongs
FROM dbo.CD as CD
   INNER JOIN CTE on CD.id=CTE.ID_CD
```

Common Table Expressions bieten noch eine Fülle weiterer Möglichkeiten. Die Königsdisziplin sind dabei rekursive Abfragen. Diese zu erläutern, würde jedoch für ein Einsteigerbuch zu weit führen, sodass dieses Thema hier nicht weiter vertieft wird.

Wichtig!

Da eine Common Table Expression mit dem Schlüsselwort `WITH` eingeleitet wird, das aber auch in anderen SQL-Konstrukten Verwendung findet, muss die Common Table Expression die erste Anweisung in einem SQL-Batch sein. Alternativ reicht es auch aus, `WITH` entweder durch ein Semikolon oder die Anweisung `GO` vor den davorstehenden Anweisungen zu trennen.

Die OFFSET-Klausel

Sie haben bereits in *Kapitel* 6 im Abschnitt *»Datenbankabfragen mit SELECT«* auf Seite 129 das Schlüsselwort `TOP` kennengelernt, mit dem sich das Ergebnis einer Abfrage auf die ersten n Zeilen einschränken lässt. Was ist aber zu tun, wenn Sie nicht die ersten n Zeilen, sondern beispielsweise die Zeilen 11 bis 20 einer Tabelle abfragen wollen?

Mithilfe von Common Table Expressions lässt sich dafür eine – wenn auch etwas umständliche – Lösung finden. Wenn Sie beispielsweise von der Tabelle *dbo.CD_Track* die Zeilen 11 bis 20 lesen wollen, ginge das mit der folgenden Abfrage, die sogar zwei CTEs verwendet:

```
WITH CTE1 AS
(
   SELECT TOP 20 *
   FROM dbo.CD_Track
   ORDER BY ID
),
CTE2 AS
(
   SELECT TOP 10 *
   FROM CTE1
   ORDER BY ID DESC
)
SELECT *
FROM CTE2
ORDER BY ID
```

Dabei liest `CTE1` die ersten 20 Zeilen, `CTE2` dreht dieses Zwischenergebnis um und liest davon die ersten zehn Zeilen (also im Prinzip die letzten zehn), die dann aber in falscher Reihenfolge vorliegen. Die äußere Abfrage bringt diese Zeilen letztendlich wieder in die richtige Reihenfolge. Nachteilig ist hierbei, dass die Daten teilweise mehrfach gelesen werden müssen, was die Ausführung der Abfrage nicht gerade beschleunigt (auch wenn das bei den Datenmengen unseres Beispiels noch nicht spürbar ist). Es gibt noch einige andere Lösungen für das Problem, die aber nicht weniger komplex sind und allesamt das Problem haben, dass auch die ersten zehn Zeilen gelesen werden müssen.

Nun könnte man auf die findige Idee kommen, hierfür die *ID*-Spalte zu benutzen. So funktioniert die folgende Abfrage auf den ersten Blick einwandfrei:

```
SELECT *
FROM dbo.CD_Track
WHERE ID BETWEEN 11 AND 20
```

Allerdings können in den IDs durch Löschen von Zeilen Lücken entstehen, sodass danach das Ergebnis nicht mehr korrekt wäre. Außerdem setzt dieser Lösungsansatz voraus, dass das Sortierkriterium auf einer numerischen Spalte basiert.

Mit SQL Server 2012 wurde ein Sprachkonstrukt eingeführt, mit dem diese Probleme eleganter gelöst werden können. Hier können Sie als Erweiterung der `ORDER BY`-Klausel mit dem Schlüsselwort `OFFSET` angeben, wie viele Zeilen übersprungen werden sollen. Optional gibt es noch den weiteren Zusatz `FETCH NEXT n ROWS ONLY`, mit dem Sie angeben, wie viele Zeilen ab dort gelesen werden sollen. Für das oben genannte Beispiel genügt damit die folgende Abfrage:

```
SELECT *
FROM dbo.CD_Track
ORDER BY ID
   OFFSET 10 ROWS
   FETCH NEXT 10 ROWS ONLY
```

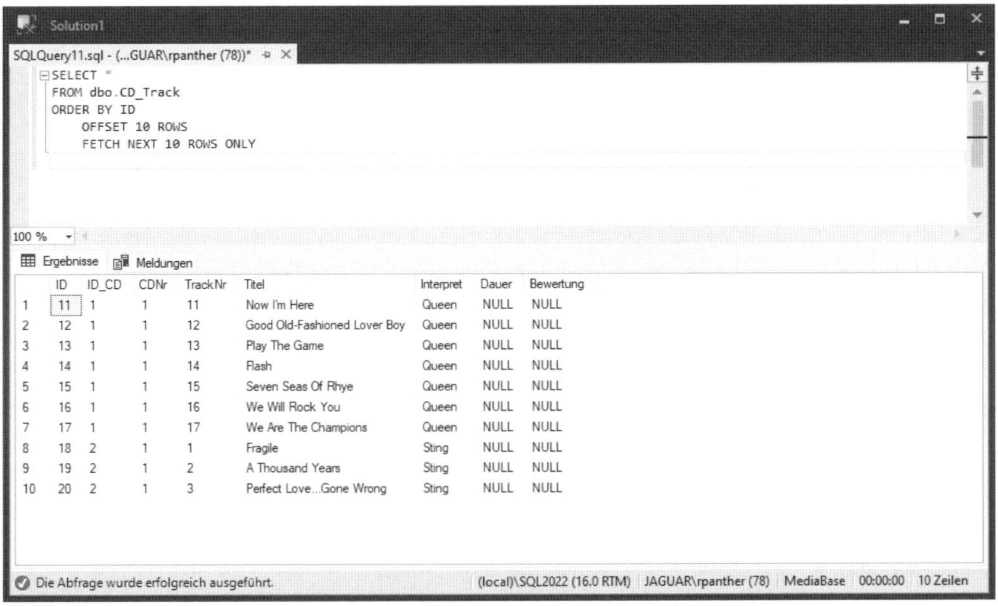

Abbildung 7.4: Verwendung von OFFSET zum Lesen eines Ausschnitts der Ergebnismenge

Das funktioniert auch, wenn die Zeilen beispielsweise nach Titel sortiert werden. Wichtig ist nur, dass eine Sortierung vorgegeben wird.

Paging mit OFFSET und FETCH NEXT

In der Praxis wird die Kombination aus `OFFSET` und `FETCH NEXT` meist genutzt, um in Anwendungen – insbesondere Webanwendungen – ein sogenanntes Paging zu realisieren. Dabei werden große Ergebnismengen einer Abfrage nur in Ausschnitten von beispielsweise 20 Zeilen angezeigt, durch die man quasi blättern kann.

Sequenzen

Sequenzen wurden ebenfalls mit SQL Server 2012 eingeführt und ermöglichen die Vergabe von fortlaufenden Nummern unabhängig von einer Tabelle. Dazu werden diese benannt und separat gespeichert. Im einfachsten Fall wird eine Sequenz erstellt, indem Sie lediglich den Namen (inklusive Schema), den Startwert und die Schrittweite angeben:

```
CREATE SEQUENCE Sequenzname START WITH Startwert INCREMENT BY Schrittweite
```

Standardmäßig wird dadurch eine Sequenz des Datentyps `BIGINT` angelegt. Es sind jedoch alle ganzzahligen Datentypen verwendbar (selbst `DECIMAL` und `NUMERIC`, sofern Sie ganzzahlige Startwerte und Schrittweiten verwenden). Um eine Sequenz mit einem anderen Datentyp anzulegen, ist die Anweisung wie folgt zu erweitern:

```
CREATE SEQUENCE Sequenzname START WITH Startwert INCREMENT BY Schrittweite AS Datentyp
```

Ist die Sequenz erst einmal angelegt, können Sie den nächsten Sequenzwert mit der folgenden Anweisung abrufen:

```
SELECT NEXT VALUE FOR Sequenzname
```

Für unsere Beispieldatenbank ist das beispielsweise einsetzbar, um eine tabellenübergreifende Medien-ID zu definieren.

Probieren wir einmal ein etwas komplexeres Beispiel aus:

1. Öffnen Sie im SQL Server Management Studio ein Abfragefenster und verbinden Sie sich mit der lokalen SQL Server-Instanz *SQL2022* und der Datenbank *MediaBase* (z. B. durch die Anweisung `USE MediaBase`).
2. Führen Sie die folgende Anweisung aus, um eine Sequenz namens *MediaId* mit Startwert und Schrittweite 1 zu erstellen:

   ```
   CREATE SEQUENCE dbo.MediaId START WITH 1 INCREMENT BY 1
   ```

   Die neu angelegte Sequenz finden Sie im Objekt-Explorer unter *MediaBase/Programmierbarkeit/Sequenzen*. Hier lassen sich neue Sequenzen auch dialoggesteuert anlegen. Wenn Sie die Sequenz *dbo.MediaId* mit der rechten Maustaste anklicken und dann *Eigenschaften* auswählen, erscheint ein Dialogfeld mit den Details zu der gerade erstellten Sequenz.

   Hier ist neben dem Namen (mit Schema) auch der Datentyp der Sequenz zu sehen, der sich allerdings nachträglich nicht mehr ändern lässt. Ändern lassen sich dagegen die Schrittweite (*Erhöhen um*) sowie der Mindest- und der Maximalwert, die standardmäßig der Unter- und Obergrenze des gewählten Datentyps entsprechen.

   Mit der Option *Zyklus* können Sie die Sequenz zu einer zirkulären Sequenz machen, die – sobald der Maximalwert überschritten ist – mit dem Mindestwert weitermacht. (Bei nicht zirkulären Sequenzen führt das Überschreiten des Maximalwerts zu einer Fehlermeldung.) Über das Kontrollkästchen *Sequenz neu starten* schließlich können Sie die Sequenz mit einem danach einzugebenden Startwert neu beginnen lassen. Da wir momentan jedoch nichts an der Sequenzdefinition verändern wollen, schließen Sie das Dialogfeld einfach über die Schaltfläche *Abbrechen*.

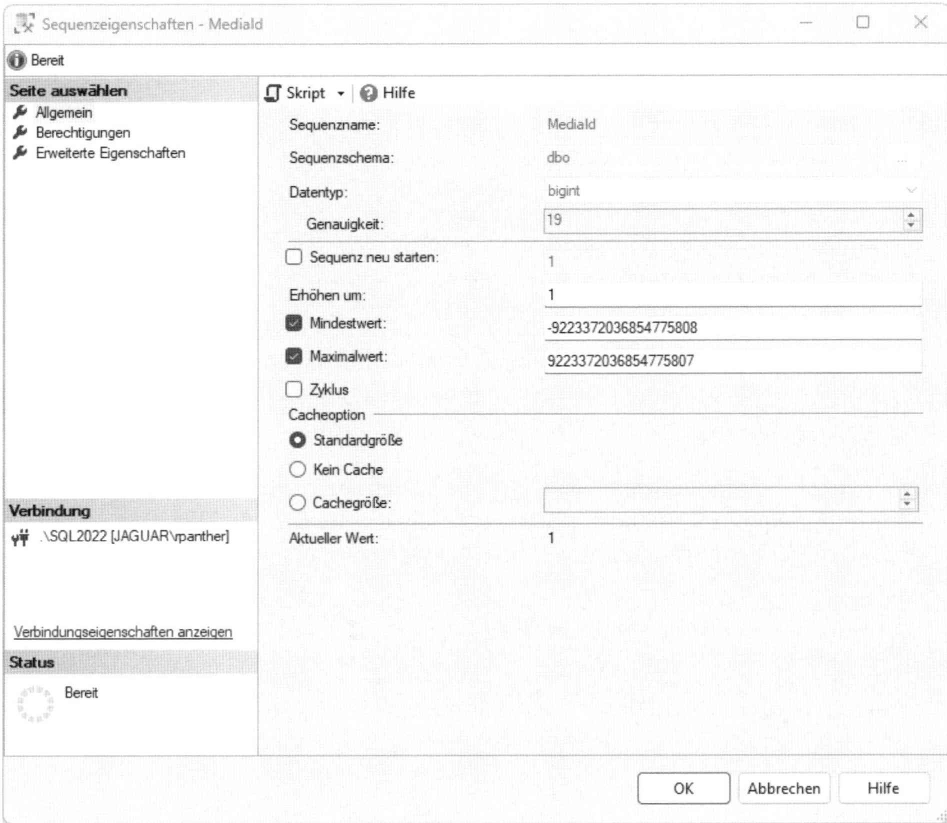

Abbildung 7.5: Das Dialogfeld zum Erstellen/Ändern einer Sequenz

3. Um nun den nächsten freien Sequenzwert abzurufen, führen Sie die folgende Abfrage aus:

   ```
   SELECT NEXT VALUE FOR dbo.MediaId
   ```

   Der interne Zähler der Sequenz wird dabei automatisch erhöht, sodass der abgerufene Sequenzwert damit verbraucht ist. Wenn Sie die letzte Anweisung erneut ausführen, erhalten Sie wieder einen neuen Wert der Sequenz.

4. Um einen Überblick über alle in einer Datenbank definierten Sequenzen zu bekommen, können Sie die folgende Abfrage verwenden:

   ```
   SELECT * FROM sys.sequences
   ```

5. Öffnen Sie nun die drei Tabellen *Buch*, *CD* und *DVD* im Entwurfsmodus und fügen Sie jeweils ein neues Feld *MediaId* vom Typ *INT* hinzu, das folgenden Standardwert bekommt:

   ```
   NEXT VALUE FOR dbo.MediaId
   ```

   Auf diesem Weg wird bei Anlage eines neuen Datensatzes in einer der drei Tabellen automatisch ein neuer Wert aus der Sequenz gezogen und im Feld *MediaId* abgelegt.

Da alle drei Tabellen dieselbe Sequenz nutzen, sind die Werte tabellenübergreifend eindeutig.

6. Fügen Sie jetzt mit den folgenden Anweisungen jeweils einen neuen Datensatz in die Tabellen *CD* und *Buch* ein:

```
INSERT INTO dbo.CD (Titel, Interpret)
VALUES ('Greatest Hits 2', 'Queen')

INSERT INTO dbo.Buch (Titel, Autor)
VALUES ('Datenbanken entwickeln mit SQL Server 2012', 'Robert Panther')
```

7. Wenn Sie nun die beiden Tabellen zur Ansicht öffnen, werden Sie feststellen, dass für die neuen Datensätze aufeinanderfolgende *MediaIds* vergeben wurden:

```
SELECT * FROM dbo.CD
SELECT * FROM dbo.Buch
```

8. Das einzig Unschöne daran ist, dass die Datensätze, die bereits vorhanden waren, bevor die Sequenz verwendet wurde, in der Spalte *MediaId* den Wert `NULL` haben. Dies lässt sich mit der folgenden Anweisung aber leicht beheben:

```
UPDATE dbo.Buch
SET MediaId = NEXT VALUE FOR dbo.MediaId
WHERE MediaId IS NULL
```

9. Fragen Sie anschließend die Daten der Tabelle erneut ab, werden Sie sehen, dass für die älteren Zeilen ebenfalls neue *MediaId*-Werte aus der Sequenz vergeben wurden:

```
SELECT * FROM dbo.Buch
```

10. Fügen Sie die gleiche Anweisung anschließend auch analog für die anderen beiden Tabellen aus, damit auch hier die *MediaIds* komplett gefüllt sind:

```
UPDATE dbo.CD
SET MediaId = NEXT VALUE FOR dbo.MediaId
WHERE MediaId IS NULL

UPDATE dbo.DVD
SET MediaId = NEXT VALUE FOR dbo.MediaId
WHERE MediaId IS NULL
```

IDENTITY, UNIQUEIDENTIFIER oder SEQUENCE?

Welche der drei genannten Technologien man für einen Primärschlüssel einsetzt, hängt von verschiedenen Faktoren ab, da jede Variante ihre eigenen Vor- und Nachteile mit sich bringt:

IDENTITY Primärschlüssel mit `IDENTITY`-Eigenschaft sind am einfachsten zu handhaben, da man sich um die Vergabe der Werte nicht selbst kümmern muss. Dazu belegt der Schlüssel nur wenig Platz (z. B. 4 Byte bei einer INT-Spalte).

UNIQUEIDENTIFIER `UNIQUEIDENTIFIER` müssen explizit erstellt werden (was sich durch ein `DEFAULT CONSTRAINT` automatisieren lässt), belegen mit 16 Byte aber vergleichsweise viel Platz. Der große Vorteil liegt darin, dass sie global eindeutig sind, sich damit also für Tabellen anbieten, in denen auch dezentral (z. B. mit Mobile Devices) Datensätze erzeugt werden, die später wieder zusammengeführt werden sollen.

SEQUENCE Sequenzen bieten einen Kompromiss zwischen `IDENTITY` und `UNIQUEIDENTIFIER` an. Der Speicherbedarf ist gering, dafür müssen Sequenzwerte explizit erzeugt werden (auch hier über ein `DEFAULT CONSTRAINT` automatisierbar). Die Werte für eine Sequenz sind zwar nicht global, aber zumindest tabellenübergreifend eindeutig.

Zahlenreihen

Während Sequenzen genutzt werden, um einzelne Werte zu erzeugen, gibt es beispielsweise beim Erzeugen von Testdaten oft Situationen, in denen Zahlenreihen generiert werden müssen. Dazu wurde mit SQL Server 2022 der relationale Operator `GENERATE_SERIES` neu eingeführt.

In der einfachsten Form werden dazu nur ein Anfangs- und Endwert benötigt:

```
SELECT value
FROM GENERATE_SERIES(1, 10)
```

Das Ergebnis der Abfrage ist eine Tabelle mit einer Spalte namens *value*, die in zehn Zeilen die Ziffern 1 bis 10 enthält. Die Schrittweite der Zahlenreihe ist dabei standardmäßig auf 1 eingestellt, kann aber auch über einen optionalen dritten Parameter angegeben werden, um beispielsweise rückwärts oder in nicht-ganzzahligen Schritten zu zählen.

```
SELECT value
FROM GENERATE_SERIES(6.0, 1.0, -0.5)
```

Dabei ist zu beachten, dass auch Start- und Endwert mit Nachkommastelle angegeben werden, da alle Parameter denselben Datentyp haben müssen, der aufgrund der übergebenen Werte automatisch festgelegt wird.

In Kombination mit `SELECT INTO` lassen sich so leicht größere Mengen von Testdatensätzen generieren, die Sie anschließend abfragen können:

```
SELECT value AS ID, NEWID() AS Schluessel
INTO dbo.Testdaten
FROM GENERATE_SERIES(1, 100)

SELECT *
FROM dbo.Testdaten
```

Da wir die gerade erzeugten Testdaten aber später nicht mehr benötigen, können sie gleich wieder gelöscht werden:

```
DROP TABLE dbo.Testdaten
```

Temporale Tabellen

Ein wichtiges Feature, das mit SQL Server 2016 neu hinzugekommen ist (und mit SQL Server 2017 noch einmal verbessert wurde), sind die sogenannten temporalen Tabellen (nicht zu verwechseln mit den schon lange verfügbaren temporären Tabellen). Dabei handelt es sich um systemversionierte Tabellen, für die in einer separaten Tabelle automatisch eine Historie erzeugt wird. Dazu muss die Tabelle mit zwei zusätzlichen Spalten des Typs *datetime2* angelegt werden, die Start- und Enddatum des Gültigkeitszeitraums speichern. In der eigentlichen Tabelle wird aber nur der aktuell gültige Datensatz gespeichert, die nicht mehr gültigen Datensätze werden in eine Historientabelle verschoben.

Dadurch kann man in gewohnter Weise die aktuellen Daten abfragen, mit speziellen Abfragen aber auch den Stand zu einem bestimmten Zeitpunkt auslesen oder sogar die Historientabelle selbst direkt abfragen. Doch sehen wir uns erst einmal an, wie eine temporale Tabelle erstellt wird. Für jede temporale Tabelle muss ein Primärschlüssel definiert sein. Dazu kommen die beiden bereits erwähnten Spalten vom Typ *datetime2*, die einen beliebigen Namen bekommen können, aber mit dem Zusatz `GENERATED ALWAYS AS ROW START` (bzw. `ROW END`) `NOT NULL` angelegt werden. Danach folgt eine weitere Definition `PERIOD FOR SYSTEM_TIME (<Von>, <Bis>)`, bei der `<Von>` und `<Bis>` durch die Spaltennamen der *datetime2*-Spalten zu ersetzen sind. Damit die Versionierung aktiv wird, ist außerdem die folgende Option zu setzen:

```
WITH (SYSTEM_VERSIONING = ON)
```

Um nun eine versionierte Version der Tabelle *dbo.Buch* zu erstellen, gehen Sie wie folgt vor:

1. Öffnen Sie im SQL Server Management Studio ein Abfragefenster und verbinden Sie sich mit der lokalen SQL Server-Instanz *SQL2022* und der Datenbank *MediaBase* (z. B. durch die Anweisung `USE MediaBase`).
2. Führen Sie die folgende Anweisung aus, um eine nahezu strukturgleiche Kopie der Tabelle *dbo.Buch* unter dem Namen *dbo.BuchTemp* zu erstellen (dabei können Sie sich viel Tipparbeit ersparen, wenn Sie die `CREATE TABLE`-Anweisung für die Tabelle *dbo.Buch* generieren lassen und anschließend anpassen):

```
CREATE TABLE dbo.BuchTemp
(
    ID int IDENTITY(1,1) NOT NULL,
    ISBN10 char(10) NULL,
    ISBN13 char(14) NULL,
    Autor varchar(80) NULL,
    Titel varchar(80) NULL,
    Verlag varchar(80) NULL,
    Seiten int NULL,
    Auflage tinyint NULL,
    Sprache varchar(20) NULL,
    Hardcover bit NULL,
    Erscheinungsjahr int NULL,
    Bewertung tinyint NULL,
    Beschreibung varchar(max) NULL,
    Kategorie varchar(80) NULL,
    MediaId int NULL,
```

```
    SystemTimeStart datetime2 GENERATED ALWAYS AS ROW START NOT NULL,
    SystemTimeEnd datetime2 GENERATED ALWAYS AS ROW END NOT NULL,
    PERIOD FOR SYSTEM_TIME (SystemTimeStart, SystemTimeEnd),

    CONSTRAINT PK_BuchTemp PRIMARY KEY CLUSTERED (ID ASC)
)
WITH (SYSTEM_VERSIONING = ON (HISTORY_TABLE = dbo.BuchTemp_Hist));
```

Die Angabe des Namens für die Historientabelle kann man auch weglassen. In diesem Fall wird von SQL Server dann automatisch ein Tabellenname vergeben, der allerdings – zumindest am Ende – etwas kryptischer ist.

3. Anschließend erstellen Sie noch die beiden Default-Constraints:

```
ALTER TABLE dbo.BuchTemp ADD CONSTRAINT DF_BuchTemp_Sprache
   DEFAULT ('deutsch') FOR Sprache
GO

ALTER TABLE dbo.BuchTemp ADD DEFAULT (NEXT VALUE FOR dbo.MediaId) FOR MediaId
GO
```

Wenn Sie sich nun die Tabelle im Objekt-Explorer ansehen, werden Sie feststellen, dass sie mit dem Zusatz *System-Mit Versionsangabe* angezeigt wird, was noch durch ein kleines Uhrensymbol visuell verdeutlicht wird. Klappt man die Tabelle nun auf, findet man darunter auch die Historientabelle *dbo.BuchTemp_Hist*, die ebenfalls mit einem Zusatz (*Verlauf*) versehen ist. Die Struktur ist im Prinzip identisch mit der ursprünglichen Tabelle, allerdings ohne die Constraints und mit anderen Indizes.

4. Um die temporale Variante der Tabelle mit Daten zu befüllen, führen Sie die folgende Abfrage aus:

```
SET IDENTITY_INSERT dbo.BuchTemp ON

INSERT INTO dbo.BuchTemp (ID, ISBN10, ISBN13, Autor, Titel, Verlag, Seiten, Auflage,
   Sprache, Hardcover, Erscheinungsjahr, Bewertung, Beschreibung, Kategorie, MediaId)
   SELECT ID, ISBN10, ISBN13, Autor, Titel, Verlag, Seiten, Auflage, Sprache, Hardcover,
   Erscheinungsjahr, Bewertung, Beschreibung, Kategorie, MediaId
FROM dbo.Buch

SET IDENTITY_INSERT dbo.BuchTemp OFF
```

Mit der Anweisung `SELECT * FROM dbo.BuchTemp` können Sie die Daten in der versionierten Tabelle abfragen und werden dabei feststellen, dass die Spalten *SystemTimeStart* und *SystemTimeEnd* automatisch befüllt wurden. Dabei erhielt die erste Spalte den aktuellen Zeitpunkt und die zweite das maximal mögliche Datum (*31.12.9999 23:59:59*), da diese Version der Daten erst mal ab sofort und ohne echtes Enddatum gültig ist.

5. Ändern Sie nun einen einzelnen Datensatz und fragen Sie abschließend sowohl die Original- als auch die Historientabelle ab, um zu prüfen, wie sich die Änderung auf beide Tabellen auswirkt:

```
UPDATE dbo.BuchTemp
SET Autor = 'Robert F. Panther'
WHERE ID = 1
```

```
SELECT * FROM dbo.BuchTemp
SELECT * FROM dbo.BuchTemp_Hist
```

In der Originaltabelle wurde ein Datensatz geändert und hat als *SystemTimeStart*-Wert den aktuellen Zeitpunkt bekommen, da ab diesem Zeitpunkt der neue Inhalt gilt. Dazu wurde in der Historientabelle eine Kopie des bisherigen Datensatzes angelegt, bei der derselbe Zeitpunkt als *SystemTimeEnd*-Wert verwendet wurde.

6. Mit zunehmenden Datenänderungen füllt sich die Historientabelle also nach und nach, sodass man in ihr den Verlauf der Datenänderungen nachvollziehen kann. Die temporalen Tabellen bieten jedoch auch komfortablere Möglichkeiten, auf die Historie zuzugreifen. So kann man über den Zusatz `FOR SYSTEM_TIME AS OF` direkt in der Originaltabelle die Inhalte zu einem bestimmten Zeitpunkt abfragen (die dann im Hintergrund transparent aus Original- und Historientabelle zusammengefügt werden).

   Führen Sie beispielsweise die folgende Abfrage aus und ersetzen dabei die Datums-/Zeitangabe durch einen Zeitpunkt zwischen Anlage und Änderung der Daten, erhalten Sie den Stand, bevor die Änderung stattgefunden hat:

```
SELECT * FROM dbo.BuchTemp
FOR SYSTEM_TIME AS OF '2023-02-18 T23:25:00'
```

   Mit dem Zusatz `FOR SYSTEM_TIME BETWEEN` können Sie die Datenveränderung sogar in einem frei wählbaren Zeitraum anzeigen lassen:

```
SELECT * FROM dbo.BuchTemp
FOR SYSTEM_TIME BETWEEN '2023-02-18 T23:00:00' AND '2023-02-18 T23:30:00'
```

7. Etwas schwieriger wird es, wenn Sie die Daten wieder komplett aus der Tabelle löschen wollen. So führt die folgende Anweisung zu einem Fehler, weil die minimal protokollierte `TRUNCATE`-Aktion dem Konzept der Historisierung widerspricht:

```
TRUNCATE TABLE dbo.BuchTemp
```

   Stattdessen können Sie natürlich ein normales `DELETE` ohne `WHERE`-Bedingung ausführen und anschließend wieder einen Blick in Original- und Historientabelle werfen:

```
DELETE FROM dbo.BuchTemp

SELECT * FROM dbo.BuchTemp
SELECT * FROM dbo.BuchTemp_Hist
```

   Das Ergebnis ist, dass alle Datensätze einen neuen *SystemTimeEnd*-Wert bekommen haben und in die Historientabelle verschoben wurden.

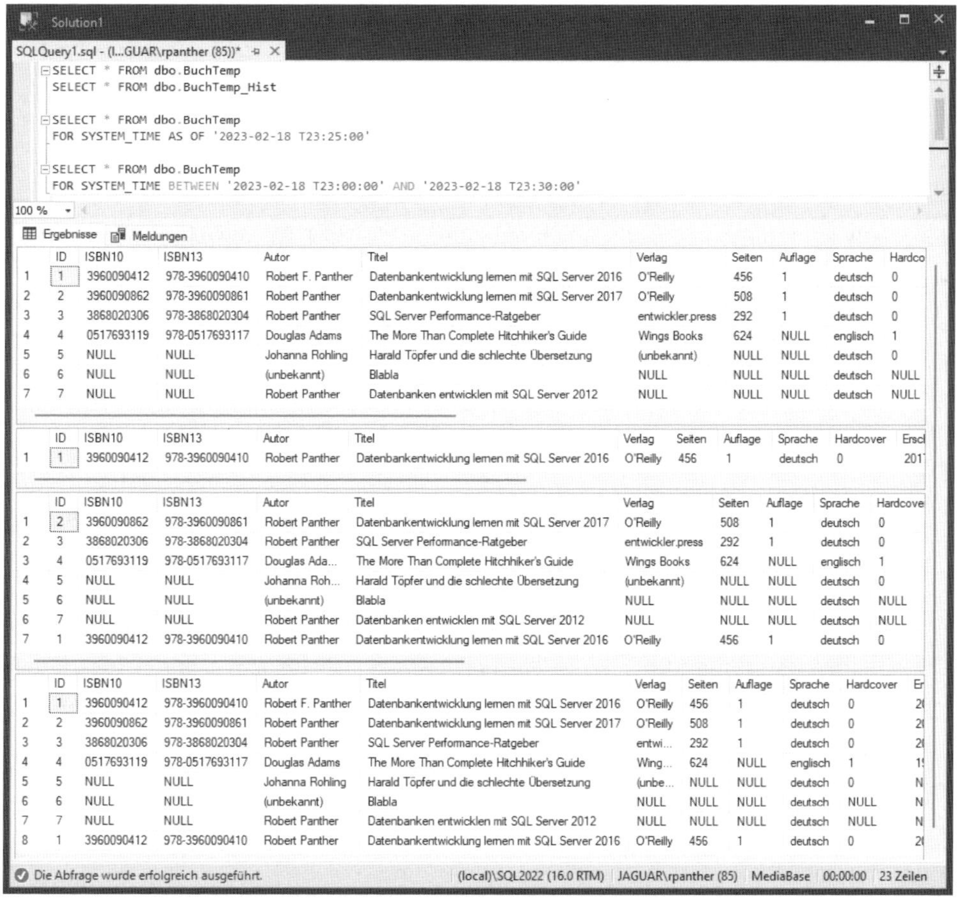

Abbildung 7.6: Die Auswirkungen von Updates auf temporale Tabellen

Einschränkungen von temporalen Tabellen

Bei der Arbeit mit temporalen Tabellen sind einige Einschränkungen zu beachten:

- keine `INSTEAD OF`-Trigger
- keine Optimierung durch *In-Memory Online Transaction Processing* (OLTP)
- kein Filetable
- kein `INSERT` oder `UPDATE` auf den Spalten für Start- und Endzeit
- kein `TRUNCATE TABLE`
- kein `DROP TABLE`

Während sich die oben erwähnten Einschränkungen auf Original- und Historientabelle beziehen, gibt es für die Historientabelle noch ein paar zusätzliche Einschränkungen, die sich primär dadurch ergeben, dass diese Tabellen automatisch verwaltet werden:

- keine `AFTER`-Trigger
- keine Constraints
- keine direkten Änderungen

Seit SQL Server 2017 lässt sich pro Tabelle sogar definieren, wie lange die Daten in der Historie erhalten bleiben. Dazu wird im Idealfall direkt bei der Erstellung der Tabelle die Option `SYSTEM_VERSIONING` noch um die Angabe von `HISTORY_RETENTION_PERIOD` erweitert:

```
CREATE TABLE
…
WITH (SYSTEM_VERSIONING = ON (HISTORY_RETENTION_PERIOD = 1 MONTH))
```

Alternativ kann das auch nachträglich über eine `ALTER TABLE`-Anweisung geschehen:

```
ALTER TABLE dbo.BuchTemp
SET (SYSTEM_VERSIONING = ON (HISTORY_RETENTION_PERIOD = 1 MONTH))
```

Dabei sind als Einheiten für die Lebensdauer der Historie die Schlüsselwörter `DAY`, `WEEK`, `MONTH`, `YEAR` und `INFINITE` zulässig, wobei Letzteres für eine unbegrenzte Lebensdauer steht und daher keine numerische Angabe dazu benötigt. Bei den anderen Einheiten ist die Schreibweise sowohl im Singular als auch im Plural zulässig.

Über eine Abfrage auf die Systemtabelle *sys.tables* lässt sich auslesen, ob diese gerade systemversioniert ist und welche Lebensdauer für deren Historie definiert ist:

```
SELECT NAME, TEMPORAL_TYPE_DESC, HISTORY_RETENTION_PERIOD, HISTORY_RETENTION_PERIOD_UNIT
FROM sys.tables
```

Dabei haben die numerischen Angaben bei `HISTORY_RETENTION_PERIOD_UNIT` folgende Bedeutung:

- `-1` – INFINITE
- `3` – DAY(S)
- `4` – WEEK(S)
- `5` – MONTH(S)
- `6` – YEAR(S)

Trotz dieser Erweiterung haben auch die temporalen Tabellen immer noch ihre Grenzen. So gibt es keine einfache Möglichkeit, den Benutzer, der die jeweilige Änderung vorgenommen hat, automatisch mit zu speichern. Man könnte zwar eine entsprechende Spalte vorsehen, die per Default-Constraint mit dem Rückgabewert der `SYSTEM_USER`-Funktion gefüllt wird, dies funktioniert aber nur bei Neuanlage einer Zeile. Jede weitere Änderung überschreibt diesen Wert nicht mehr, da ja schon ein Wert darin steht. Dies lässt sich dann nur durch einen `BEFORE UPDATE TRIGGER` lösen. (Eine ausführliche Beschreibung zu Triggern finden Sie in *Kapitel 10, Gespeicherte Prozeduren, Funktionen, Trigger und Cursor*.)

Wenn Sie die versionierte Tabelle wieder komplett entfernen möchten, führt die einfache Anweisung `DROP TABLE dbo.BuchTemp` ebenfalls zu einer Fehlermeldung. Daher muss die Versionierung erst über die folgende Anweisung deaktiviert werden:

```
ALTER TABLE dbo.BuchTemp SET (SYSTEM_VERSIONING = OFF)
```

Als Nebeneffekt erscheint die Historientabelle nun als normale Tabelle. (In diesem Zustand würde auch `TRUNCATE TABLE` funktionieren.) Anschließend wäre es möglich, beide Tabellen mit der bekannten Anweisung zu entfernen, was Sie aber noch nicht ausführen sollten:

```
DROP Table dbo.BuchTemp
DROP Table dbo.BuchTemp_Hist
```

Stattdessen können Sie die Versionierung wieder aktivieren, da die Beispieltabelle noch für eine Übung benötigt wird:

```
ALTER TABLE dbo.BuchTemp
SET (SYSTEM_VERSIONING = ON (HISTORY_TABLE = dbo.BuchTemp_Hist))
```

Temporale Tabellen bieten also die Möglichkeit, Daten automatisch zu versionieren, was man bisher nur mit einer Kombination aus manuell angelegten Historientabellen und Triggern selbst implementieren konnte.

Übungen zu diesem Kapitel

In diesem Abschnitt finden Sie einige Übungen, mit denen Sie das in diesem Kapitel Erlernte vertiefen können. Die richtigen Antworten und Lösungen finden Sie in *Anhang C* dieses Buchs.

Übung 7.1

Entwickeln Sie eine `SELECT`-Anweisung, die zu allen Titeln der Tabelle *dbo.Buch* angibt, ob auch eine entsprechende DVD mit demselben Titel gespeichert ist.

Übung 7.2

Schreiben Sie eine `UPDATE`-Anweisung, die das Feld *Kategorie* der Tabelle *dbo.Buch* mit Kategorieeinträgen von gleichnamigen Filmen aus der Tabelle *dbo.DVD* aktualisiert, sofern das Feld vorher leer war.

Übung 7.3

Entwerfen Sie eine `MERGE`-Anweisung, die die Tabelle *dbo.DVD* mit einer strukturgleichen Tabelle *dbo.DVDImport* abgleicht, ohne bereits bestehende Datensätze in der Tabelle *dbo.DVD* zu löschen. Benutzen Sie für die Verknüpfung die Felder *Titel* und *Erscheinungsjahr*. Abzugleichen sind die Felder *Titel*, *Schauspieler*, *Produzent* und *Kategorie*.

Übung 7.4

Schreiben Sie eine `SELECT`-Abfrage, mit der die Zeilen aus der Tabelle *dbo.CD_Track* nach *Titel* sortiert werden und mit der dann davon die Zeilen 6 bis 10 selektiert werden.

Übung 7.5

Erzeugen Sie eine Sequenz mit Namen *dbo.Wochentage*, die zyklisch Werte von 1 bis 7 erzeugt und dafür den kleinstmöglichen Datentyp nutzt. Fragen Sie zum Test der Sequenz anschließend die nächsten acht Sequenzwerte ab.

Übung 7.6

Beschreiben Sie den Unterschied zwischen einer temporalen und einer temporären Tabelle.

Übung 7.7

Schreiben Sie eine Abfrage, die alle Daten der temporalen Tabelle *dbo.BuchTemp* abfragt, die unverändert länger als einen Tag in der Datenbank vorhanden waren.

Zusammenfassung

In diesem Kapitel haben Sie gelernt, wie man mithilfe von CASE WHEN, IIF und CHOOSE Fallunterscheidungen in SELECT-Abfragen unterbringen kann. Anschließend wurden komplexere Abfragen mit Unterabfragen diskutiert, die entweder mit den Operatoren IN oder EXISTS verbunden werden oder aber nur einen einzigen Wert zurückliefern dürfen.

Auch für die üblichen Datenänderungsanweisungen INSERT, UPDATE und DELETE ist die Nutzung von Fallunterscheidungen und Unterabfragen möglich. Dazu können Sie auch direkt mehrere Tabellen nutzen, wenn eine entsprechende FROM-Klausel angegeben wird.

Mit dem MERGE-Befehl lassen sich zwei Tabellen abgleichen, ohne dafür separate INSERT-, UPDATE- und DELETE-Anweisungen ausführen zu müssen. Common Table Expressions ermöglichen es, einen Abfrageausdruck zu definieren, der in einer übergeordneten Abfrage genauso wie eine echte Tabelle verwendet werden kann.

Mit dem OFFSET-Zusatz zur ORDER BY-Klausel lassen sich gezielt Teilmengen eines Abfrageergebnisses auslesen, was sich optimal für ein Paging einsetzen lässt. Anschließend haben Sie mit Sequenzen und Zahlenreihen zwei verschiedene Möglichkeiten kennengelernt, fortlaufende Nummern generieren zu lassen.

Zu guter Letzt wurden temporale Tabellen behandelt, für die eine systemgesteuerte Versionierung vorgenommen wird. Damit sind sämtliche Änderungen an einzelnen Datensätzen zusammen mit deren Zeitpunkt nachvollziehbar. Über entsprechende Abfragezusätze kann auch auf den Stand einer Tabelle zu einem frei wählbaren Zeitpunkt zugegriffen werden.

Kapitel 8

Komplexe Datentypen

In diesem Kapitel lernen Sie

- wofür die räumlichen Datentypen `geometry` und `geography` verwendet werden können
- wie hierarchische Daten mit dem Datentyp `hierarchyid` verwaltet werden können
- wie Sie mithilfe von XML und JSON komplexe Daten in einzelnen Spalten ablegen
- wie Sie gezielt auf einzelne Dateninhalte von XML- oder JSON-Dokumenten zugreifen

Neben den einfachen Datentypen, die Sie bereits kennengelernt haben, bietet SQL Server auch eine Reihe von komplexen Datentypen an, die für bestimmte Einsatzszenarien genutzt werden können. Die wichtigsten davon werden hier kurz vorgestellt.

Räumliche Daten

SQL Server stellt zwei verschiedene Datentypen zum Arbeiten mit räumlichen Daten zur Verfügung, die umgangssprachlich auch gerne als Geodatentypen bezeichnet werden. Dabei dient der Datenyp `geometry` zum Speichern von geometrischen Objekten in einem flachen Modell. Das können im einfachsten Fall Punkte sein, aber auch Linien, Kreisbögen und Polygone sind möglich.

Der Datentyp `geography` dagegen nutzt das Erdkugel-Modell, um Punkte in Form von Längen- und Breitengrad zu speichern. Auch hier können neben Punkten auch andere geometrische Formen definiert werden, wobei die gängigste Verwendung sicherlich darin liegt, Adressdaten mit deren Geokoordinaten anzureichern, die dann in einer einzigen Spalte mit dem Datentyp `geography` gespeichert werden.

Die Implementierung der Geodatentypen basiert auf .NET. Beide Datentypen nutzen spezielle Methoden, um mit den Daten zu arbeiten. Bei der Definition von Punkten oder anderen Objekten wird neben den eigentlichen Koordinaten immer auch eine sogenannte Spatial Reference ID (oder kurz SRID) benötigt. Dabei handelt es sich um einen numerischen Bezeichner für das verwendete Koordinatensystem. Während hier bei geometrischen Daten normalerweise einfach 0 verwendet werden kann, ist für geografische Daten, die Breiten- und Längengrad verwenden, die SRID 4326 vorgesehen.

geometry zum Speichern von zweidimensionalen Objekten

Die Syntax, um einen einfachen Punkt zu definieren, ist zwar etwas gewöhnungsbedürftig, aber im Prinzip einfach:

```
SELECT geometry::STGeomFromText('POINT (1 1)', 0)
```

Damit wird ein Punkt mit den Koordinaten 1 und 1 definiert, die 0 am Ende ist die Spatial Reference ID, die einheitlich sein muss, um verschiedene Objekte miteinander vergleichen zu können. Wenn Sie die Abfrage oben ausführen, wird also ein Punkt mit den Koordinaten 1, 1 im Koordinatensystem 0 gezeichnet. Als Ergebnis der Abfrage erhalten Sie eine hexadezimale Darstellung des Objekts, mit der man im Normalfall wenig anfangen kann. Dazu taucht bei den Ergebnissen aber eine weitere Registerkarte mit der Beschriftung *Räumliche Ergebnisse* auf, die eine grafische Darstellung des Koordinatensystems inklusive des definierten Punkts darin enthält. Letzterer ist aber eher schlecht zu erkennen, da er von einer Linie des Koordinatensystems verdeckt wird.

Besser funktioniert dies, wenn man mit der folgenden Anweisung eine Linie definiert:

```
SELECT geometry::STGeomFromText('LINESTRING(1 1, 2 3)', 0)
```

Wenn Sie nun im Ergebnisbereich auf die Registerkarte *Räumliche Ergebnisse* wechseln, ist dort eine Linie zu sehen, die sich von links unten (Position 1, 1) nach rechts oben (Position 2, 3) zieht. Die Methode `LINESTRING` verkraftet aber auch mehr als zwei Punkte, sodass auch eine aus mehreren Segmenten bestehende Linie definiert werden kann:

```
SELECT geometry::STGeomFromText('LINESTRING(1 1, 2 3, -4 2)', 0)
```

Wenn Anfangs und Endpunkt übereinstimmen, kann man mit denselben Koordinaten auch ein Polygon definieren, das auch eine gefüllte Fläche beinhaltet:

```
SELECT geometry::STGeomFromText('POLYGON((1 1, 2 3, -4 2, 1 1))', 0)
```

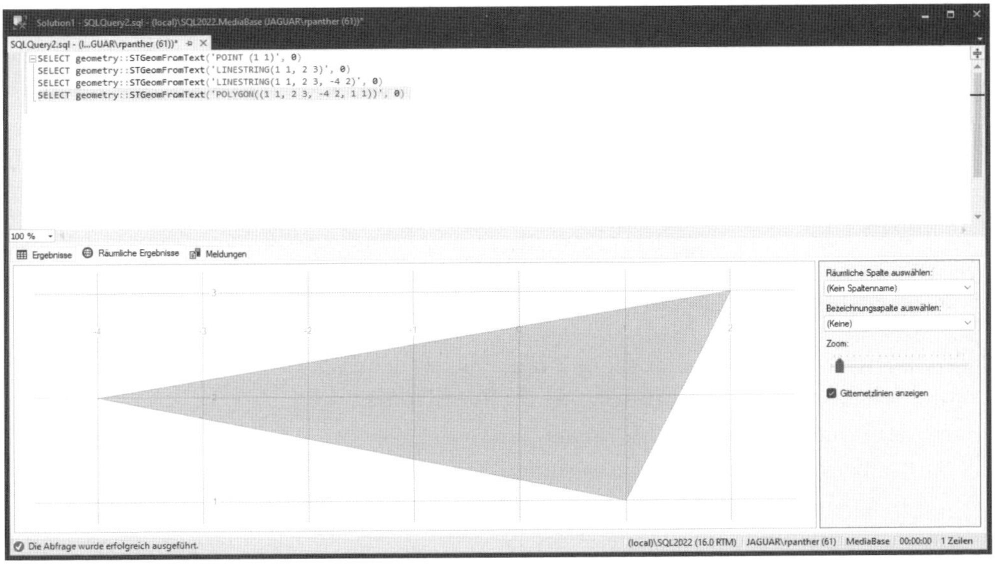

Abbildung 8.1: Ein mit SQL definiertes Polygon

Analog zu den Methoden `POINT`, `LINESTRING` und `POLYGON` gibt es auch die Pendants `MULTIPOINT`, `MULTILINESTRING` und `MULTIPOLYGON`, mit denen sich gleich mehrere geometrische Objekte in einem Aufruf definieren lassen, wie die folgenden Beispiele zeigen:

```
SELECT geometry::STGeomFromText('MULTIPOINT ((1 1), (2 2))', 0)

SELECT geometry::STGeomFromText('MULTILINESTRING((1 1, 2 3), (1 3, 2 1))', 0)

SELECT geometry::STGeomFromText('MULTIPOLYGON(((1 1, 2 3, -4 2, 1 1)), ((-1 -1, -2 -3, 4 -2,
-1 -1)))', 0)
```

Wenn man in einer Tabelle eine Spalte vom Typ `geometry` definiert, lassen sich darin beliebige geometrische Objekte speichern. Allerdings gibt es für diesen Datentyp nur selten praktische Verwendung.

geography zum Speichern von GPS-Koordinaten

Deutlich praxisnäher ist dagegen der Datentyp `geography`, mit dem sich im Prinzip auch beliebige Objekte, allerdings in einem Erdkugel-Modell, erzeugen lassen. In den meisten Fällen wird man aber hauptsächlich mit einzelnen Punkten arbeiten, die – wenn man die fest definierte Spatial Reference ID 4326 verwendet – in Form von Breiten- und Längengrad angegeben werden.

Probieren wir dies nun anhand eines einfachen Beispiels aus:

1. Öffnen Sie im SQL Server Management Studio ein Abfragefenster und verbinden Sie sich mit der lokalen SQL Server-Instanz *SQL2022* und der Datenbank *MediaBase* (z.B. durch die Anweisung `USE MediaBase`).

2. Erstellen Sie nun eine neue Tabelle mit Namen *HotSpots* mit den folgenden Spalten:

Spaltenname	Datentyp	NULL-Werte zulassen	Sonstiges
ID	int	nein	Primärschlüssel
Bezeichnung	nvarchar(80)	nein	
Latitude	numeric(8,5)	ja	
Longitude	numeric(8,5)	ja	
Geocode	geography	ja	

Tabelle 8.1: Die Felder der Tabelle HotSpots

3. Definieren Sie für die Spalte *ID* nun die übliche Identitätsspezifikation (mit Startwert und Schrittweite 1) und speichern Sie die Tabellendefinition.
4. Fügen Sie nun ein paar Beispieldaten in die Tabelle ein, indem Sie zunächst nur Bezeichnung sowie Breiten- und Längengrad als Inhalte angeben.

```
INSERT INTO HotSpots (Bezeichnung, Latitude, Longitude)
VALUES ('Kölner Dom', 50.94149, 6.95906),
('La Sagrada Familia', 41.40360, 2.17444),
('Eiffelturm', 48.85851, 2.29489),
('Big Ben', 51.50079, -0.12444)
```

Geokoordinaten über Google-Maps ermitteln

Wenn Sie mit echten Geokoordinaten arbeiten möchten, können Sie diese leicht über Google-Maps (*https://www.google.de/maps*) ermitteln. Suchen Sie dort einfach den gewünschten Ort und klicken Sie dann mit der rechten Maustaste darauf. Es erscheint ein kleines Kontextmenü, das als oberste Option die Geokoordinaten des gewählten Punkts beinhaltet. Wählen Sie diese Option aus, werden die Geokoordinaten in die Zwischenablage kopiert (und das mit bis zu 15 Nachkommastellen, wovon ich im Beispiel oben nur die ersten fünf verwendet habe, damit es nicht zu unübersichtlich wird).

5. Mit der folgenden Anweisung wird die Spalte *Geocode* auf Basis der bereits erfassten Längen- und Breitengrade aktualisiert:

```
UPDATE HotSpots
SET Geocode=geography::Point(Latitude, Longitude, 4326)
```

6. Wenn Sie die Tabelle nun mit der Anweisung `SELECT * FROM HotSpots` anzeigen lassen, werden Sie feststellen, dass man mit der hexadezimalen Darstellung der Geodaten erst einmal nicht viel anfangen kann. Auch die grafische Darstellung auf der Registerkarte *Räumliche Ergebnisse* stellt zwar die Punkte in einem zweidimensionalen Diagramm dar, ist aber auch nicht wirklich hilfreich.
7. Ermitteln Sie nun mit Google-Maps die Geokoordinaten eines beliebigen Ausgangspunkts (zum Beispiel Ihrer Adresse) und nutzen Sie diese Koordinaten für das folgende kurze Skript (in dem ich exemplarisch meine eigene Adresse verwendet habe):

```
DECLARE @Startpunkt GEOGRAPHY

SET @Startpunkt = geography::Point(50.06959, 8.48747, 4326)

SELECT Bezeichnung, @Startpunkt.STDistance(Geocode) AS Entfernung
FROM HotSpots ORDER BY 2
```

8. Die ersten beiden Anweisungen definieren eine Variable `@Startpunkt` und weisen dieser die Geodaten zu. Mit der anschließenden Abfrage wird diese Variable in Kombination mit der `STDistance`-Methode genutzt, um die Entfernung zu den in der Tabelle gespeicherten Hotspots zu ermitteln. Wie Sie mit Google-Maps leicht nachprüfen können, ist die ermittelte Entfernung (Luftlinie) in Metern angegeben.

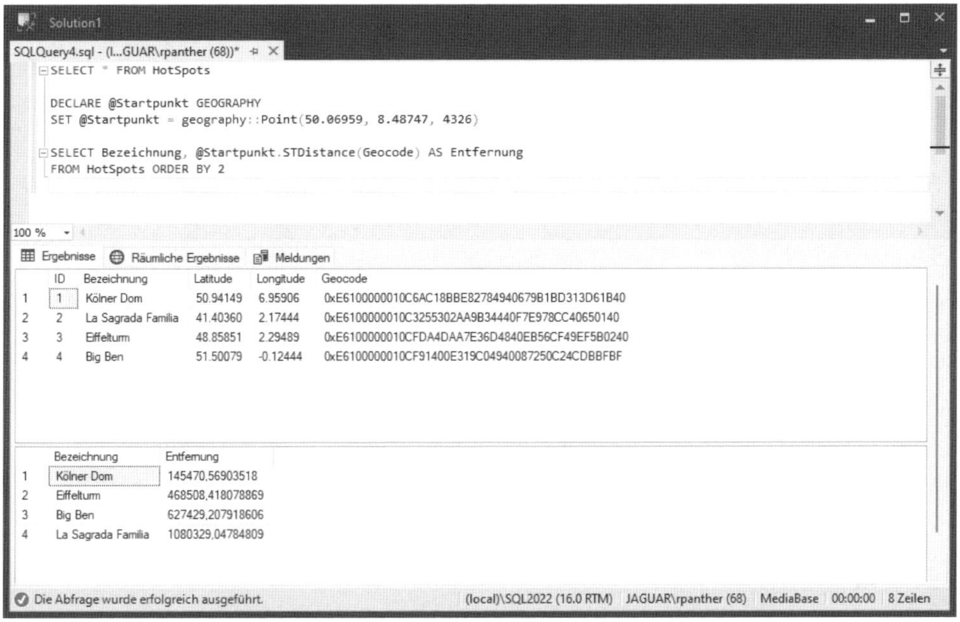

Abbildung 8.2: Nutzung von geography zur Entfernungsbestimmung

Man kann sich leicht vorstellen, wie sich auf ähnliche Weise Datenbanken zur Routenoptimierung entwickeln lassen.

Hierarchische Daten

Ein weiterer spezieller Datentyp ist der Datentyp `hierarchyid`, mit dem sich hierarchische Strukturen abbilden lassen. Das bedeutet, dass jeder Eintrag keinen, einen oder mehrere Untereinträge haben kann (ähnlich wie die Kapitel und Abschnitte in einem Inhaltsverzeichnis).

Um dies auszuprobieren, benötigen wir wieder eine neue Tabelle, die diesmal den Namen *Orte* und neben zwei `nvarchar`-Spalten eine Spalte vom Typ `hierarchyid` bekommt, die auch gleichzeitig als Primärschlüssel definiert wird:

Spaltenname	Datentyp	NULL-Werte zulassen	Sonstiges
HID	hierarchyid	nein	Primärschlüssel
Bezeichnung	nvarchar(80)	nein	
Typ	nvarchar(20)	ja	

Tabelle 8.2: Die Felder der Tabelle Orte

Die Hierarchiestufen werden numerisch benannt und durch Schrägstriche voneinander getrennt. Der Eintrag auf der obersten Hierarchiestufe enthält daher nur einen Schrägstrich:

```
INSERT Orte (HID, Bezeichnung, Typ)
VALUES ('/', 'Erde', 'Planet')
```

Auf der nächsten Ebene folgen dann die Kontinente:

```
INSERT Orte (HID, Bezeichnung, Typ)
VALUES ('/1/', 'Amerika', 'Kontinent'),
          ('/2/', 'Europa', 'Kontinent'),
          ('/3/', 'Asien', 'Kontinent'),
          ('/4/', 'Afrika', 'Kontinent'),
          ('/5/', 'Australien', 'Kontinent')
```

Dann Länder und wieder eine Ebene tiefer Städte, bis auf der tiefsten Hierarchieebene wieder die Sehenswürdigkeiten aus dem Geodaten-Beispiel auftauchen:

```
INSERT Orte (HID, Bezeichnung, Typ)
VALUES ('/2/1/', 'Deutschland', 'Land'),
     ('/2/2/', 'Frankreich', 'Land'),
          ('/2/3/', 'England', 'Land'),
          ('/2/4/', 'Spanien', 'Land'),
          ('/2/1/1/', 'Hamburg', 'Stadt'),
          ('/2/1/2/', 'Köln', 'Stadt'),
          ('/2/2/1/', 'Paris', 'Stadt'),
          ('/2/2/2/', 'Marseille', 'Stadt'),
          ('/2/3/1/', 'London', 'Stadt'),
          ('/2/4/1/', 'Madrid', 'Stadt'),
          ('/2/4/2/', 'Barcelona', 'Stadt'),
          ('/2/1/2/1/', 'Kölner Dom', 'Sehenswürdigkeit'),
          ('/2/2/1/1/', 'Eiffelturm', 'Sehenswürdigkeit'),
          ('/2/3/1/1/', 'Big Ben', 'Sehenswürdigkeit'),
                              ('/2/3/1/2/', 'Tower Bridge', 'Sehenswürdigkeit'),
          ('/2/4/2/1/', 'La Sagrada Familia', 'Sehenswürdigkeit')
```

Dabei spielt die Reihenfolge, in der die Datensätze eingefügt werden, keine Rolle, da die Anordnung in der Hierarchie ja durch die Spalte *HID* vorgegeben wird. Wenn man die Tabelle nun per `SELECT * FROM Orte` abfragt, wird man feststellen, dass die Spalte *HID* in hexadezimaler Form dargestellt wird.

Um die ursprüngliche Form der Hierarchie zu sehen, muss die `ToString`-Methode des `hierarchyid`-Datentyps benutzt werden:

```
SELECT *, HID.ToString() AS HIDKlartext
FROM Orte ORDER BY HID
```

Es gibt in dem Zusammenhang aber noch eine weitere Reihe von interessanten Methoden:

- `ToString()`: zeigt die Hierarchiestufe in numerischer Darstellung mit Schrägstrichen getrennt
- `GetLevel()`: zeigt die Ebene der Hierarchiestufe, wobei die oberste Ebene 0 ist
- `GetLevel()`: zeigt die Ebene der Hierarchiestufe, wobei die oberste Ebene 0 ist

- `GetAncestor(n` : ermittelt das n Stufen übergeordnete Element in der Hierarchie
- `GetDescendant(NULL, NULL)`: ermittelt das erste untergeordnete Element in der Hierarchie
- `IsDescendantOf(h)`: prüft, ob das aktuelle Element ein direkt oder indirekt untergeordnetes Element des Elements `h` ist

So verwirrend das auf den ersten Blick aussehen mag, wird es wahrscheinlich klarer, wenn man die Methoden auf die Beispieldaten anwendet:

```
SELECT *,
        HID.ToString() AS HIDKlartext,
        HID.GetLevel() AS Level,
        HID.GetAncestor(1) AS Parent,
        HID.GetDescendant(NULL, NULL) AS Child,
        HID.IsDescendantOf(hierarchyid::GetRoot()) AS NachfolgerVonRoot,
        HID.IsDescendantOf(HID.GetAncestor(1)) AS NachfolgerVonVorgaenger,
        HID.IsDescendantOf(HID.GetDescendant(NULL, NULL)) AS
NachfolgerVonNachfolger
FROM Orte ORDER BY HID
```

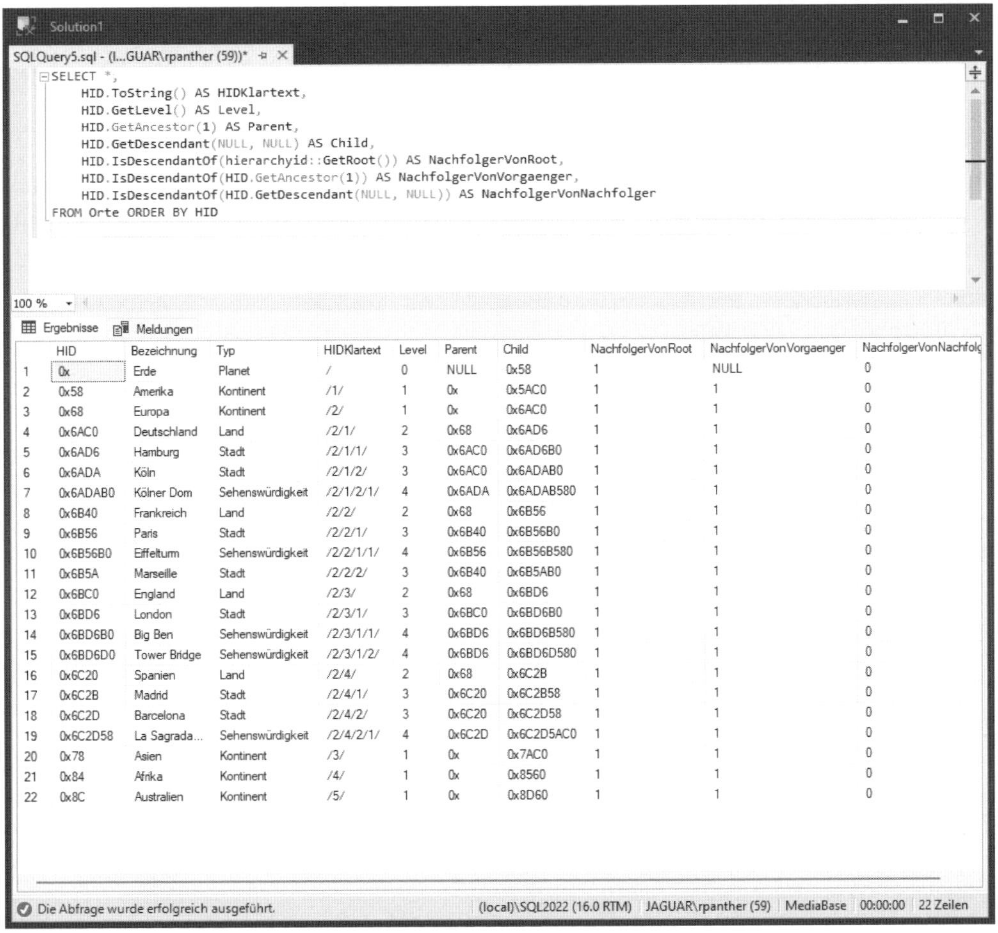

Abbildung 8.3: Verschiedene Methoden des hierarchyid-Datentyps und ihre Wirkung

Die Spalte *Parent* zeigt die HID der direkt übergeordneten Hierarchiestufe, `Child` die erste HID der direkt untergeordneten Stufe. `NachfolgerVonRoot` ist immer wahr, weil alle Elemente direkt oder indirekt unter dem Root-Element hängen. Ähnlich ist es bei `NachfolgerVonVorgaenger`, das nur beim Root-Element nicht erfüllt ist, da dieses kein übergeordnetes Element hat. Aus ähnlichem Grund ist `NachfolgerVonNachfolger` auch immer falsch, da kein Element der Nachfolger von sich selbst sein kann.

In der Praxis findet der Datentyp `hierarchyid` aber recht selten Anwendung, weil ein ähnlicher Effekt auch durch einen Fremdschlüssel, der auf die *Id*-Spalte derselben Tabelle zeigt, erzielt werden kann.

XML

Die *Extensible Markup Language* (kurz XML) ist ein plattformübergreifender Standard, der es ermöglicht, sowohl relationale als auch hierarchische Daten strukturiert abzuspeichern. Dabei werden die Metadaten – die bei Tabellen beispielsweise den Tabellen- und Spaltennamen entsprechen – in Form von Tags, die in spitze Klammern eingeschlossen sind, im selben Dokument abgelegt. Es gibt stets ein öffnendes und ein schließendes Tag mit der gleichen Bezeichnung, wobei dem schließenden Tag noch ein Schrägstrich vorangestellt wird.

Beispiel: `<name>Erwin Mustermann</name>`

Die XML-Tags lassen sich beliebig schachteln, um auch komplexere Strukturen abzubilden. Somit lässt sich das Beispiel so abwandeln, dass Vor- und Nachname sauber getrennt gespeichert werden:

```
<name>
    <vorname>Erwin</vorname>
    <nachname>Mustermann</nachname>
</name>
```

Dazu kann ein Element auch sogenannte Attribute beinhalten, die Eigenschaften des Elements darstellen. Durch die Verwendung von Attributen ist folgende Variante ebenfalls möglich:

```
<name vorname="Erwin" nachname="Mustermann"></name>
```

Dabei hat das Element selbst nun allerdings keinen Inhalt mehr, da zwischen dem öffnenden und dem schließenden Tag keine weiteren Informationen mehr stehen. Dafür gibt es auch eine verkürzte Schreibweise, in der der Schrägstrich ans Ende des öffnenden Tags gesetzt wird und dafür das schließende Tag entfallen kann:

```
<name vorname="Erwin" nachname="Mustermann"/>
```

Ein sogenanntes XML-Dokument besteht nun aus einer nahezu beliebig großen Menge an Tags, die durch ein Wurzelelement (engl. *Root Tag*) umschlossen werden. Dazwischen können sich einzelne Elemente auch wiederholen, was in der Analogie zu Tabellen verschiedenen Datensätzen entspricht:

```
<personen>
    <name vorname="Erwin" nachname="Mustermann"/>
    <name vorname="Toni" nachname="Testfall"/>
</personen>
```

Da die Tags zu diesen Elementen jedes Mal wieder angegeben werden, muss die Struktur nicht zwingend einheitlich sein, sondern kann variieren. Das ist gleichzeitig ein großer Vorteil wie auch Nachteil von XML. Durch die häufigen Wiederholungen werden die XML-Dokumente schnell relativ groß, dafür sind sie recht gut lesbar und können auch Daten strukturiert speichern, die für eine relationale Tabelle zu uneinheitlich wären.

HTML

Es gibt eine ganze Reihe Ausprägungen von XML, bei denen die möglichen Tags fest definiert sind. Die sicherlich bekannteste unter ihnen ist der vor allem im Internet verwendete HTML-Standard, der unter anderem die folgenden Elemente verwendet:

- <html> als Wurzelelement
- <p> für einen Absatz
- <b> für fette Schrift (bold)
- <i> für kursive Schrift (italic)
- <ul> für eine Aufzählung
- <ol> für eine nummerierte Aufzählung
- <li> für ein Listenelement

XML ist natürlich noch weitaus komplexer. Eine ansatzweise komplette Beschreibung des Standards würde jedoch den Rahmen dieses Texts sprengen, sodass dies erst einmal als kurze allgemeine Einführung genügen soll.

In den meisten Fällen werden XML-Daten in reinen Textdateien gespeichert, die mit nahezu jedem Editor (z. B. Notepad) bearbeitet werden können. SQL Server bietet jedoch durch einen eigenen Datentyp bereits seit einigen Versionen die Möglichkeit, XML-Dokumente auch in Tabellen abzulegen und per T-SQL auf deren Inhalte zuzugreifen.

Daten im XML-Format ausgeben

Der einfachste Weg, Daten aus einer SQL Server-Tabelle in XML auszugeben, führt über die Klausel `FOR XML`. In der Grundform (mit dem Zusatz `AUTO`) wird jede Zeile als ein Element zurückgegeben, in dem jeder Spaltenwert als ein Attribut auftaucht.

Wenn Sie einmal die folgende Anweisung auf der Beispieldatenbank *MediaBase* ausprobieren ...

```
SELECT *
FROM dbo.Buch
FOR XML AUTO
```

... erscheint im Ergebnisbereich eine einzelne Ergebniszelle, deren Inhalt wie ein Hyperlink im Internet unterstrichen und farbig unterlegt ist. Durch einen Klick darauf öffnet sich ein neues Fenster im Management Studio, in dem das gesamte Ergebnis größer dargestellt wird. Auffällig ist dabei, dass in den Zeilen, in denen einzelne Spalten den Wert `NULL` haben, die entsprechenden Attribute gar nicht aufgeführt sind.

Für ein sogenanntes wohlgeformtes XML fehlt außerdem noch ein Wurzelelement, das Sie hinzufügen können, indem Sie die Anweisung wie folgt ergänzen:

```
SELECT *
FROM dbo.Buch
FOR XML AUTO, ROOT('Bücher')
```

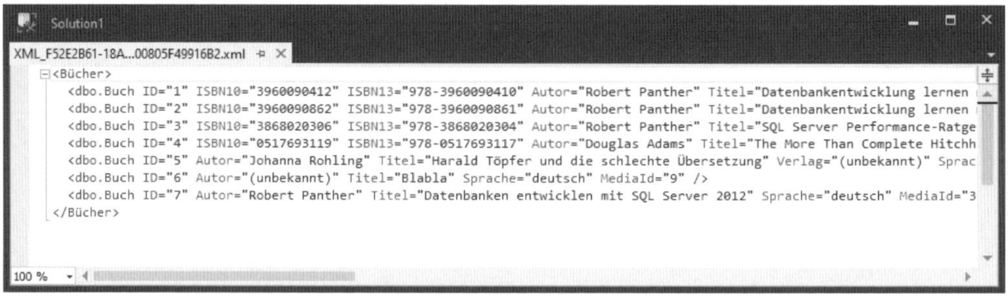

Abbildung 8.4: XML mit Root-Element und Attributen

Gerade bei Abfragen, die viele Spalten zurückgeben, werden die Zeilen leicht zu lang, sodass man horizontal scrollen muss. Übersichtlicher ist es dagegen, wenn die Spalten nicht als Attribute, sondern als untergeordnete Elemente dargestellt werden. Um das zu erreichen, ersetzen Sie einfach das Schlüsselwort `AUTO` durch das Schlüsselwort `PATH`:

```
SELECT *
FROM dbo.Buch
FOR XML PATH, ROOT('Bücher')
```

Wenn Sie nun wieder den Link im Ergebnisfeld anklicken, erscheint das Ergebnis deutlich übersichtlicher. Wenn Sie in der XML-Darstellung weiter nach unten scrollen, wird es noch deutlicher, dass für nicht gefüllte Spaltenwerte auch keine Elemente im Ergebnis erzeugt werden.

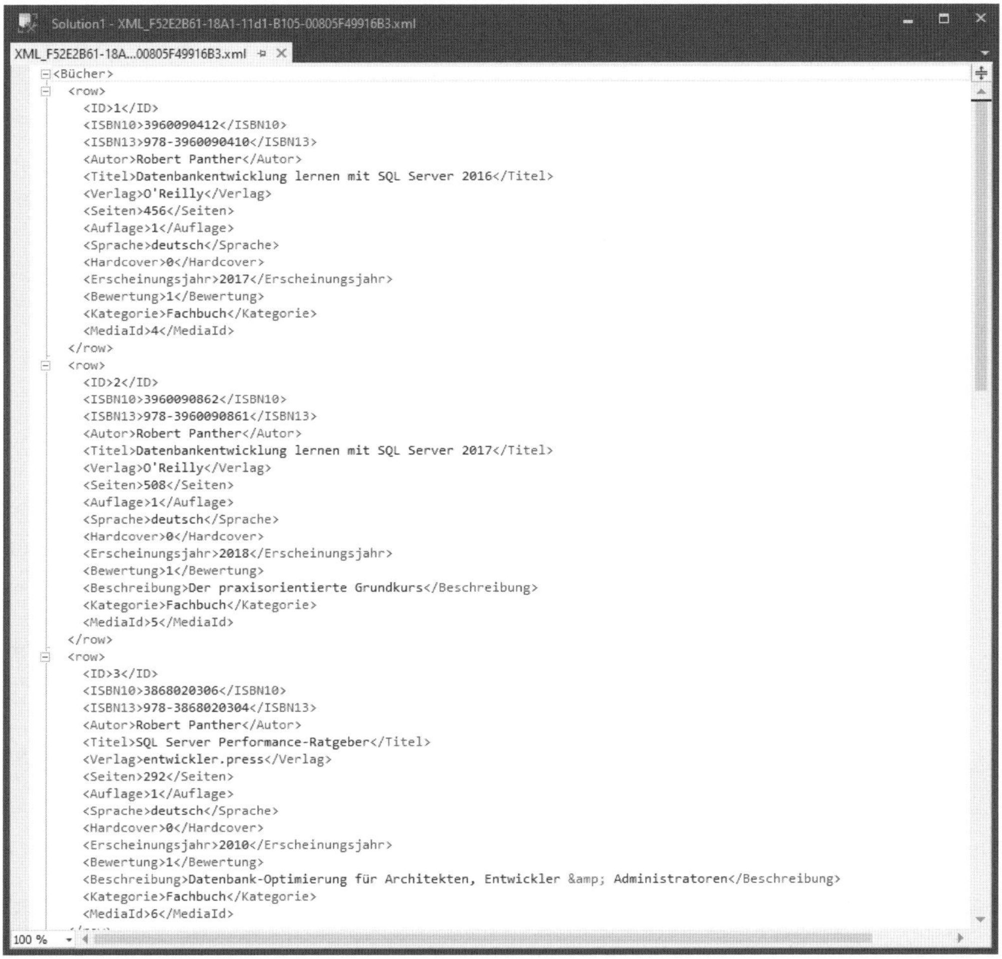

Abbildung 8.5: XML mit Root-Element und geschachtelten Elementen

Daten im XML-Format speichern

Jetzt, da Sie erfahren haben, wie man XML-Daten mithilfe einer SQL-Abfrage generieren kann, ist der nächste sinnvolle Schritt, diese auch zu speichern. Dazu bietet SQL Server einen eigenen XML-Datentyp. Das kann beispielsweise dann hilfreich sein, wenn man Detaildaten nicht in einer separaten Tabelle, sondern in einer solchen XML-Spalte ablegen will.

Bei unserer Beispieldatenbank bieten sich dafür die Tabellen *CD* und *CD_Track* an, deren Informationen wir nun in einer einzigen Tabelle zusammen speichern möchten.

1. Öffnen Sie im SQL Server Management Studio ein Abfragefenster und verbinden Sie sich mit der lokalen SQL Server-Instanz *SQL2022* und der Datenbank *MediaBase* (z. B. durch die Anweisung `USE MediaBase`).

2. Führen Sie im Abfrage-Editor folgende SQL-Anweisung aus:

```
SELECT TrackNr, Interpret, Titel
FROM dbo.CD_Track cdt
FOR XML AUTO, ROOT('Tracklist')
```

   Das Ergebnis ist eine Liste aller Tracks im XML-Format (aufgrund der geringen Spaltenanzahl ist hier die Variante, in der die Spalten als Attribute dargestellt werden, übersichtlicher). Allerdings fehlt noch der Bezug zu den Daten der jeweiligen CD.

3. Diese Abfrage wird nun als Unterabfrage verwendet und über eine `WHERE`-Klausel mit einer Abfrage verknüpft, die alle Daten der Tabelle *dbo.CD* zurückgibt:

```
SELECT *,
    (SELECT TrackNr, Interpret, Titel
    FROM dbo.CD_Track cdt
    WHERE cdt.ID_CD=cd.ID
    FOR XML AUTO, ROOT('Tracklist')) AS TrackListXML
FROM dbo.CD cd
```

   Das Ergebnis ist eine Liste aller CDs mit einer zusätzlichen Spalte *TrackListXML*, die alle Tracks zu der jeweiligen CD im XML-Format darstellt. Allerdings fehlen hier die Hyperlinks in der Spalte mit den XML-Daten, über die man diese vergrößert darstellen kann. Das liegt daran, dass die Daten der Unterabfrage zwar im XML-Format erzeugt werden, die übergeordnete Abfrage diese Daten aber als reine Textdaten bekommt und nicht weiß, dass es sich um XML-Daten handelt.

   Fügen Sie der Abfrage eine Konvertierungsfunktion hinzu, um die XML-Spalte explizit in den XML-Datentyp umzuwandeln:

```
SELECT *,
    CONVERT(XML, (SELECT TrackNr, Interpret, Titel
    FROM dbo.CD_Track cdt
    WHERE cdt.ID_CD=cd.ID
    FOR XML AUTO, ROOT('Tracklist'))) AS TrackListXML
FROM dbo.CD cd
```

   Wenn Sie die Abfrage nun erneut ausführen, erscheint auch der Hyperlink in der XML-Spalte, über den Sie das Ergebnis vergrößert darstellen lassen können.

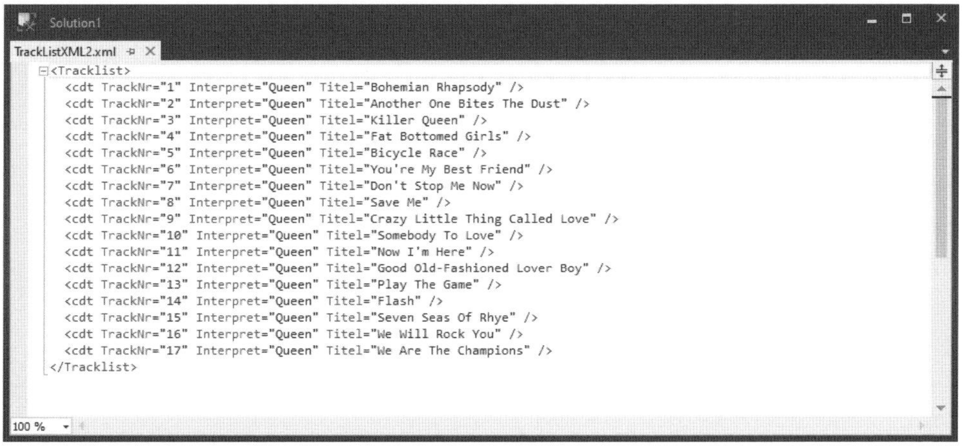

Abbildung 8.6: Die Tracklist einer einzelnen CD

4. Um das Ergebnis der Abfrage zu speichern, erweitern Sie diese nun um eine `INTO`-Klausel:

```
SELECT *,
    CONVERT(XML, (SELECT TrackNr, Interpret, Titel
    FROM dbo.CD_Track cdt
    WHERE cdt.ID_CD=cd.ID
    FOR XML AUTO, ROOT('Tracklist'))) AS TrackListXML
INTO dbo.CDMitTracks_XML
FROM dbo.CD cd
```

   Wenn Sie die Tabellenansicht im Objekt-Explorer aktualisieren, ist dort jetzt die neue Tabelle *dbo.CDMitTracks_XML* mit der Spalte *TrackListXML* vom Typ *XML* zu sehen.

Nachdem die Daten nun im XML-Format geschrieben wurden, ist es natürlich auch wichtig, zu wissen, wie man auf sie lesend zugreifen kann.

Daten aus XML-Spalten auslesen

Natürlich lassen sich die XML-Spalten – wie bereits geschehen – wie jede andere Spalte auch abfragen, und dann kann mit einem Klick auf den angezeigten Link das komplette XML-Dokument, das in einer Zelle gespeichert ist, angezeigt werden. Oft ist es aber auch sinnvoll, gezielt auf einzelne Informationen, die in einer XML-Spalte gespeichert sind, zuzugreifen. Dafür bietet SQL Server verschiedene Methoden an. Um beispielsweise auf ein Attribut eines Elements zuzugreifen, kann man die `value`-Methode nutzen.

Groß-/Kleinschreibung beachten!

Da es sich bei der `value`-Methode um eine .NET-Methode des (ebenfalls in .NET implementierten) Datentyps `XML` handelt, ist hier – im Gegensatz zu den normalen SQL-Schlüsselwörtern – auch die Groß-/Kleinschreibung von Bedeutung.

Doch sehen wir uns erst einmal die Struktur der Daten in der XML-Spalte an (siehe Abbildung 8.6). Unter dem Wurzelelement *Tracklist* ist für jeden Track ein Element *cdt* (die Bezeichnung wurde aus dem Alias der Abfrage, mit dem die XML-Struktur erzeugt wurde, übernommen) mit den Attributen *TrackNr*, *Interpret* und *Titel* zu finden. Um nun beispielsweise auf den Titel des ersten Elements (Tracks) zuzugreifen, kann folgende Abfrage verwendet werden:

```
SELECT ID, Titel, Interpret,
    TrackListXML.value('(/Tracklist/cdt/@Titel)[1]', 'varchar(80)') AS Track1
FROM dbo.CDMitTracks_XML
```

Dabei beschreibt der erste Parameter der `value`-Funktion das Attribut (*@Titel*) sowie den Weg zu dem gesuchten Element. Die *1* in den eckigen Klammern stimmt dabei nur zufällig mit der *TrackNr* überein, sie bezeichnet vielmehr das erste *cdt*-Element in der *Tracklist*.

Der zweite Parameter definiert den Datentyp des zurückgegebenen Werts, wobei hier auch eine Konvertierung in einen anderen Datentyp stattfinden kann, sofern dieser dazu geeignet ist, die Inhalte aufzunehmen.

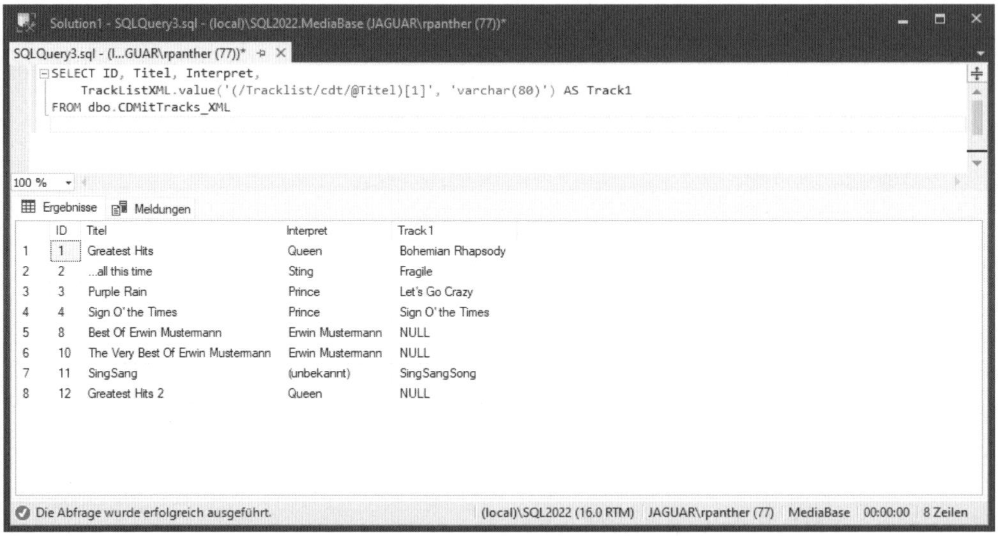

Abbildung 8.7: Abfrage von Detailinformationen aus einer XML-Spalte

Wenn Sie das in Abbildung 8.7 dargestellte Abfrageergebnis genau ansehen, fällt Ihnen sicher auf, dass bei den Elementen, in denen ein Attribut nicht definiert ist oder sogar die gesamte Tracklist leer ist, diese wieder als `NULL`-Werte erscheinen.

Attribut oder Element?

Wäre die XML-Struktur nicht mit `FOR XML AUTO`, sondern mit `FOR XML PATH` generiert worden, sodass der Titel nicht als Attribut, sondern als untergeordnetes Element in der XML-Struktur gespeichert worden wäre, müsste man bei der oben genannten Abfrage lediglich das @-Zeichen weglassen, damit diese funktioniert.

XML bietet noch viele weitere Möglichkeiten wie beispielsweise Methoden zum Suchen von Inhalten in Dokumenten und sogar spezielle XML-Indizes. Als kleine Einführung in die Thematik soll dies jedoch erst einmal ausreichen.

JSON

Als Alternative zu XML bietet SQL Server ab der 2016er-Generation auch eine Unterstützung der *JavaScript Object Notation* (JSON) an. Dabei handelt es sich ebenfalls um ein Datenformat, in dem nicht einheitlich strukturierte Daten strukturiert abgelegt werden können. Im Gegensatz zu XML ist JSON in der Schreibweise zwar kompakter, dadurch aber auch etwas schlechter lesbar. An die Stelle der Tags treten hier geschweifte Klammern, die JSON-Objekte definieren und ebenfalls beliebig geschachtelt werden können. Die eigentlichen Daten werden stets als Paar von Schlüssel und Wert angegeben, die durch einen Doppelpunkt voneinander getrennt sind. Verschiedene Schlüssel werden durch Kommata voneinander getrennt. Aufzählungen von sich wiederholenden Strukturen (Arrays) werden dagegen in eckige Klammern eingefasst. Das Beispiel aus der kurzen XML-Einführung vom Beginn dieses Kapitels sieht damit in JSON wie folgt aus:

```
{"personen":
     [
       {"name": {"vorname": "Erwin", "nachname": "Mustermann" }},
       {"name": {"vorname": "Toni", "nachname": "Testfall" }}
    ]
}
```

Je nach Struktur des Dokuments ist dieses im JSON-Format deutlich kompakter als in XML. Durch die zahlreichen eckigen und geschweiften Klammern werden die Dokumente dafür etwas unübersichtlicher.

Anders als bei XML stellt SQL Server zwar keinen eigenen JSON-Datentyp zur Verfügung, die Dokumente lassen sich jedoch in jedem alphanumerischen Datentyp ablegen, der groß genug ist (wobei sich hierfür aufgrund der variablen Größe insbesondere der Datentyp `varchar(max)` oder dessen Unicode-Variante `nvarchar(max)` anbietet). Dafür bietet SQL Server eine Reihe von Spracherweiterungen und Funktionen, die das Arbeiten mit JSON ermöglichen.

Daten im JSON-Format ausgeben

Die Ausgabe von Abfrageergebnissen im JSON-Format gestaltet sich ähnlich wie die Ausgabe im XML-Format. Im einfachsten Fall ergänzen Sie eine Abfrage lediglich durch den Zusatz `FOR JSON AUTO`, wodurch das Abfrageergebnis wieder in einer einzigen Zelle mit Hyperlink dargestellt wird:

```
SELECT Id, Titel, Autor
FROM dbo.Buch
FOR JSON AUTO
```

Durch einen Klick auf diesen Link wird das JSON-Dokument in einem separaten Fenster dargestellt, wobei die Darstellung aufgrund fehlender Zeilenumbrüche recht unübersichtlich ist. Erst wenn man manuell ein paar Zeilenumbrüche und Einrückungen hinzufügt, verbessert sich die Lesbarkeit etwas:

```
[
    {"Id":1,"Titel":"Datenbankentwicklung lernen mit SQL Server 2016","Autor":"Robert
     Panther"},
    {"Id":2,"Titel":"Datenbankentwicklung lernen mit SQL Server 2017","Autor":"Robert
     Panther"},
    {"Id":3,"Titel":"SQL Server Performance-Ratgeber","Autor":"Robert Panther"},
    {"Id":4,"Titel":"The More Than Complete Hitchhiker's Guide","Autor":"Douglas Adams"},
    {"Id":5,"Titel":"Harald Töpfer und die schlechte Übersetzung","Autor":"Johanna Rohling"},
    {"Id":6,"Titel":"Blabla","Autor":"(unbekannt)"},
    {"Id":7,"Titel":"Datenbanken entwickeln mit SQL Server 2012","Autor":"Robert Panther"}
]
```

Wie bei XML kann man auch bei JSON-Dokumenten durch den Zusatz des Schlüsselworts `ROOT` ein einfaches Wurzelelement hinzufügen. Somit ergibt die folgende Abfrage ...

```
SELECT Id, Titel, Autor
FROM dbo.Buch
FOR JSON AUTO, ROOT('Bücher')
```

... dieses Ergebnis:

```
{"Bücher":
    [
        {"Id":1,"Titel":"Datenbankentwicklung lernen mit SQL Server 2016","Autor":"Robert
         Panther"},
        {"Id":2,"Titel":"Datenbankentwicklung lernen mit SQL Server 2017","Autor":"Robert
         Panther"},
        {"Id":3,"Titel":"SQL Server Performance-Ratgeber","Autor":"Robert Panther"},
        {"Id":4,"Titel":"The More Than Complete Hitchhiker's Guide","Autor":"Douglas Adams"},
        {"Id":5,"Titel":"Harald Töpfer und die schlechte Übersetzung","Autor":"Johanna
         Rohling"},
        {"Id":6,"Titel":"Blabla","Autor":"(unbekannt)"},
        {"Id":7,"Titel":"Datenbanken entwickeln mit SQL Server 2012","Autor":"Robert Panther"}
    ]
}
```

Tauscht man nun den Zusatz `FOR JSON AUTO` gegen `FOR JSON PATH` aus, ändert das vorerst noch nichts am Ergebnis. Um dieses weiter zu strukturieren, können Sie nun aber zusätzliche Aliase in der Spaltenauflistung verwenden. Damit ergibt sich beispielsweise die folgende Abfrage:

```
SELECT Id, Titel, Autor, ISBN10 AS [ISBN.ISBN10], ISBN13 AS [ISBN.ISBN13]
FROM dbo.Buch
FOR JSON PATH, ROOT('Bücher')
```

Das wiederholte Präfix *ISBN* in den Aliasen für die Spalten *ISBN10* und *ISBN13* sorgt dafür, dass diese beiden Werte in einem Objekt *ISBN* zusammengefasst werden. Das JSON-Dokument sieht damit nach nachträglicher Ergänzung von Zeilenumbrüchen und Einrückungen wie folgt aus:

```
{"Bücher":
    [
        {"Id":1,"Titel":"Datenbankentwicklung lernen mit SQL Server 2016","Autor":"Robert
         Panther","ISBN":
            {"ISBN10":"3960090412","ISBN13":"978-3960090410"}
```

```
        },
        {"Id":2,"Titel":"Datenbankentwicklung lernen mit SQL Server 2017","Autor":"Robert
         Panther","ISBN":
        "ISBN10":"3960090862","ISBN13":"978-3960090861"}
        },
        {"Id":3,"Titel":"SQL Server Performance-Ratgeber","Autor":"Robert Panther","ISBN":
        {"ISBN10":"3868020306","ISBN13":"978-3868020304"}
        },
        {"Id":4,"Titel":"The More Than Complete Hitchhiker's Guide","Autor":"Douglas
         Adams","ISBN":
        {"ISBN10":"0517693119","ISBN13":"978-0517693117"}
        },
        {"Id":5,"Titel":"Harald Töpfer und die schlechte Übersetzung","Autor":"Johanna
         Rohling"},
        {"Id":6,"Titel":"Blabla","Autor":"(unbekannt)"},
        {"Id":7,"Titel":"Datenbanken entwickeln mit SQL Server 2012","Autor":"Robert Panther"}
    ]
}
```


Daten im JSON-Format speichern

Beim Speichern von Daten im JSON-Format ist zu berücksichtigen, dass SQL Server anders als bei XML keinen eigenen JSON-Datentyp zur Verfügung stellt. XML-Dokumente lassen sich aber in jedem beliebigen alphanumerischen Datentyp abspeichern, sofern dieser groß genug ist.

Um das einmal auszuprobieren, gehen Sie wie folgt vor:

1. Öffnen Sie im SQL Server Management Studio ein Abfragefenster und verbinden Sie sich mit der lokalen SQL Server-Instanz *SQL2022* und der Datenbank *MediaBase* (z.B. durch die Anweisung `USE MediaBase`).
2. Führen Sie im Abfrage-Editor folgende SQL-Anweisung aus:

   ```
   SELECT *,
      (SELECT TrackNr, Interpret, Titel
      FROM dbo.CD_Track cdt
      WHERE cdt.ID_CD=cd.ID
      FOR JSON AUTO, ROOT('Tracklist')) AS TrackListJSON
   FROM dbo.CD cd
   ```

   Das Ergebnis der bereits in ähnlicher Form für das XML-Beispiel verwendeten Abfrage stellt alle CD-Daten mit der Auflistung der Tracks in einer separaten JSON-Spalte dar.
3. Um das Ergebnis der Abfrage in einer separaten Tabelle zu speichern, erweitern Sie diese um eine `INTO`-Klausel:

   ```
   SELECT *,
      (SELECT TrackNr, Interpret, Titel
      FROM dbo.CD_Track cdt
      WHERE cdt.ID_CD=cd.ID
      FOR JSON AUTO, ROOT('Tracklist')) AS TrackListJSON
   INTO dbo.CDMitTracks_JSON
   FROM dbo.CD cd
   ```

Wenn Sie die Tabellenansicht im Objekt-Explorer aktualisieren, ist dort nun die neue Tabelle *dbo.CDMitTracks_JSON* mit der Spalte *TrackListJSON* zu sehen. Da die JSON-Dokumente bei dieser Abfrage nicht explizit in einen bestimmten Datentyp konvertiert wurden, verwendet SQL Server dafür standardmäßig den Datentyp `nvarchar(max)`.

Daten aus JSON-Spalten auslesen

Ähnlich wie bei XML lassen sich auch bei JSON gezielt einzelne Werte aus einem JSON-Dokument auslesen. Dazu stellt SQL Server verschiedene Funktionen zur Verfügung:

- `ISJSON` prüft, ob die übergebene Zeichenkette ein gültiges JSON-Dokument beinhaltet.
- `JSON_QUERY` selektiert Teile aus einem JSON-Dokument anhand eines übergebenen Pfads.
- `JSON_VALUE` liest einzelne Werte anhand eines übergebenen Pfads aus einem JSON-Dokument.

So kann beispielsweise die `JSON_QUERY`-Funktion genutzt werden, um den kompletten Inhalt der Tracklist (aber ohne das Tracklist-Tag selbst) auszulesen:

```
SELECT ID, Titel, Interpret, TrackListJSON,
   JSON_QUERY(TrackListJSON, '$.Tracklist') TrackListJSON_Part
FROM dbo.CDMitTracks_JSON
```

Das Ergebnis der Funktion ist also wieder ein JSON-Dokument. Zum Auslesen von einzelnen Werten wird dagegen die `JSON_VALUE`-Funktion verwendet. Im folgenden Beispiel wird damit aus der Tracklist der Titel des jeweils ersten Tracks herausgesucht:

```
SELECT ID, Titel, Interpret, ISJSON(TrackListJSON),
   ISJSON(TrackListJSON) AS IsValidJson,
   JSON_VALUE(TrackListJSON, '$.Tracklist[0].Titel') AS Track1
FROM dbo.CDMitTracks_JSON
```

Dabei ist zu beachten, dass die Zählung für das Track-Objekt in der Tracklist hier bei 0 beginnt (und nicht wie bei den XML-Dokumenten bei 1). Dazu wurde in der Beispielabfrage die `ISJSON`-Funktion genutzt, um für jede Zeile zu prüfen, ob die Spalte *TrackListJSON* ein gültiges JSON-Dokument beinhaltet. Wenn Sie die Tabelle wie weiter oben beschrieben aufgebaut haben, sollte hier entweder eine *1* (für gültige JSON-Dokumente) stehen oder *NULL*, falls das JSON-Dokument selbst leer ist. *0* würde dagegen nur dann auftauchen, wenn die Spalte zwar Text beinhaltet, dieser aber kein gültiges JSON-Dokument darstellt.

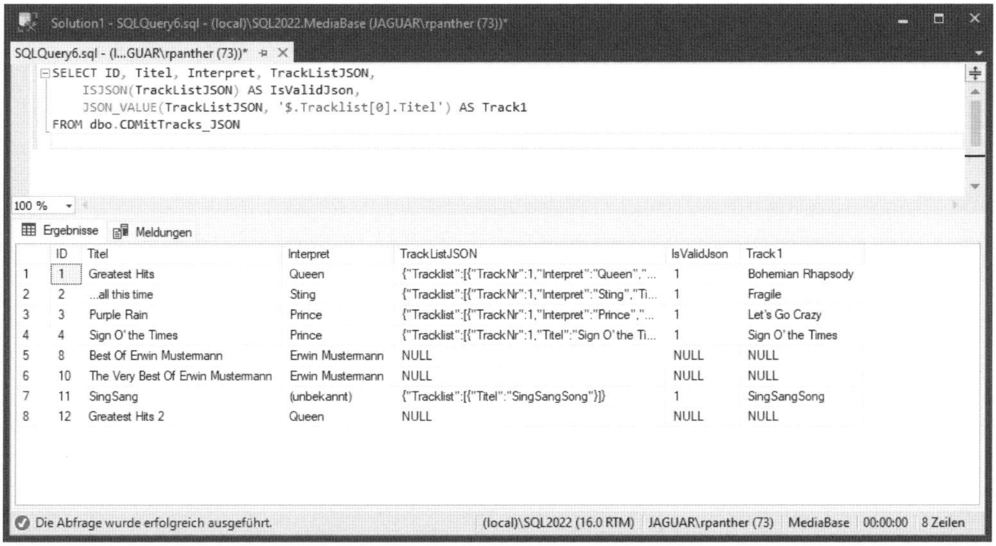

Abbildung 8.8: Abfrage von Detailinformationen aus einer JSON-Spalte

Daten in JSON-Spalten ändern

Jetzt, da Sie wissen, wie man gezielt einzelne Informationen aus JSON-Spalten auslesen kann, fragen Sie sich vielleicht, ob man diese auch genauso gezielt ändern kann. Hierzu stellt SQL Server die Funktion `JSON_MODIFY` zur Verfügung, mit der einzelne Werte in einem JSON-Dokument anhand eines als Parameter übergebenen Pfads geändert werden können.

Hierzu ein kleines Beispiel:

```
SELECT ID, Titel, Interpret, TrackListJSON,
   JSON_MODIFY(TrackListJSON, '$.Tracklist[0].Titel', 'Böhmische Rhapsodie') AS
   TrackListJSON_Modified
FROM dbo.CDMitTracks_JSON
WHERE ID=1
```

Mit dieser Abfrage wird wieder der Titel aus dem ersten Element der Tracklist angesprochen, diesmal aber nicht, um ihn auszulesen, sondern um dessen Wert zu ändern. Der Rückgabewert der Funktion ist das modifizierte JSON-Dokument, das zusammen mit der ursprünglichen Variante ausgegeben wird.

Übungen zu diesem Kapitel

In diesem Abschnitt finden Sie einige Übungen, mit denen Sie das in diesem Kapitel Erlernte vertiefen können. Die richtigen Antworten und Lösungen finden Sie in *Anhang C* dieses Buchs.

Übung 8.1

Ermitteln Sie auf Basis der Daten in der Tabelle *HotSpots* die Entfernung zwischen Kölner Dom und Eiffelturm.

Übung 8.2

Fügen Sie der Tabelle *Orte* eine NULLable-Spalte mit Namen *Geocode* und Datentyp `geography` hinzu. Aktualisieren Sie mit einer `UPDATE`-Anweisung für den Eintrag mit der Bezeichnung *Big Ben* die Geodaten, die Sie zuvor über Google-Maps ermitteln.

Übung 8.3

Schreiben Sie eine SQL-Abfrage, die ID, Titel, Schauspieler, Regie, Erscheinungsjahr und Kategorie aus der Tabelle *dbo.DVD* ausliest und alles in einem XML-Dokument mit dem Wurzelelement *DVDList* ausgibt.

Übung 8.4

Schreiben Sie eine SQL-Abfrage, die alle Autoren aus der Tabelle *dbo.Buch* ausliest und zusammen mit einer neuen Spalte *Bibliographie* in der Tabelle *dbo.AutorBibliographie* ablegt. Dabei soll die Spalte *Bibliographie* eine Auflistung aller Titel mit Erscheinungsjahr desselben Autors (absteigend sortiert nach Erscheinungsjahr) im JSON-Format enthalten.

Übung 8.5

Schreiben Sie eine SQL-Abfrage, die aus der in der vorigen Übung erzeugten Tabelle *dbo.AutorBibliographie* alle Autoren zusammen mit dem Titel des aktuellsten Buchs ausgibt. Dabei ist es hilfreich, sich daran zu erinnern, dass die Titel absteigend sortiert nach Erscheinungsjahr im JSON-Dokument abgelegt wurden.

Übung 8.6

Schreiben Sie eine SQL-Abfrage, die alle Autoren aus der Tabelle *dbo.Buch* ausliest und zusammen mit einer neuen XML-Spalte *Bibliographie* ausgibt. Dabei soll die Spalte *Bibliographie* eine Auflistung aller Titel mit Erscheinungsjahr desselben Autors (absteigend sortiert nach Erscheinungsjahr) im XML-Format enthalten. Dazu soll diese Spalte explizit in das XML-Format konvertiert ausgegeben werden, sodass auch der Hyperlink angezeigt wird, über den man das XML-Dokument in einem separaten Fenster vergrößert anzeigen kann.

Zusammenfassung

In diesem Kapitel haben Sie gelernt, wie die räumlichen Datentypen `geometry` und `geography` verwendet werden und wie Sie die Datenformate `hierarchyid`, `XML` und `JSON` nutzen können, um relationale, aber auch hierarchische Daten zu speichern. Dazu wurde gezeigt, wie gezielt auf einzelne Informationen in diesen Daten zugegriffen werden kann.

Kapitel 9
SQL-Skripte

In diesem Kapitel lernen Sie

- wie Sie SQL-Skripte nutzen können, um komplexere Aufgabenstellungen zu lösen
- die Nutzung von Variablen, um Skripte flexibler zu gestalten
- wie Sie mithilfe von Fallunterscheidungen und Schleifen den Ablauf eines Skripts steuern können
- die Möglichkeiten der gezielten Fehlerbehandlung
- was es mit Sperren, Transaktionen und Deadlocks auf sich hat

Arbeiten mit SQL-Skripten

Bisher haben wir nur mit einzelnen SQL-Anweisungen gearbeitet. Für komplexere Aufgabenstellungen reicht das allerdings oft nicht aus. Dafür bietet SQL Server die Möglichkeit, ganze Skripte von SQL-Anweisungen – quasi SQL-Programme – zu schreiben, um diese dann in einem Schritt auszuführen.

SQL-Skripte werden – wie einzelne SQL-Anweisungen auch – im Abfrage-Editor des SQL Server Management Studio entworfen, mit dem man sie auch speichern und wieder laden kann. Als Dateiendung wird dabei *.SQL* verwendet. Alternativ kann man SQL-Skripte auch mit anderen Entwicklungstools wie beispielsweise Visual Studio, dem Azure Data Studio oder auch einem beliebigen Texteditor – wie beispielsweise Notepad – schreiben und mit der Dateiendung *.SQL* abspeichern.

Zur Ausführung von SQL-Skripten gibt es vor allem zwei Varianten:

- Das SQL Server Management Studio bietet den Vorteil, dass man die Skripte hier sowohl schreiben als auch sofort ausführen kann und das Ergebnis direkt angezeigt bekommt.
- Mit dem Kommandozeilentool SQLCMD lassen sich sowohl einzelne SQL-Anweisungen als auch ganze SQL-Skripte ausführen. Dabei muss allerdings neben der SQL-Anweisung bzw. der SQL-Skriptdatei auch die Verbindung zur entsprechenden Datenbank als Parameter mit übergeben werden. Diese Variante ist allerdings nur für DDL- und DML-Anweisungen sinnvoll, da sie für SELECT-Abfragen keine Möglichkeit bietet, das Ergebnis anzuzeigen.

Zusätzliche Möglichkeiten mit den größeren Editionen von SQL Server

Die größeren Editionen von SQL Server bieten noch ein paar weitere Möglichkeiten zur Ausführung von SQL-Skripten an. So können diese als Bestandteil von SQL Server Agent-Jobs zeitgesteuert ausgeführt oder alternativ auch in SQL Server Integration Services-Pakete integriert werden.

In den meisten Fällen werden Sie jedoch mit dem SQL Server Management Studio arbeiten. Im Zusammenspiel mit SQL-Skripten gibt es darüber hinaus ein paar Besonderheiten zu beachten:

SQL-Anweisungen können bekanntlich generell mehrzeilig sein. Um nun eindeutig zu kennzeichnen, dass eine Anweisung zu Ende ist und in der nächsten Zeile eine neue Anweisung beginnt, gibt es bei T-SQL die Möglichkeit, die Anweisungen mit einem Semikolon abzuschließen. Bis auf wenige Ausnahmen (wie beispielsweise nach dem MERGE-Befehl und vor einer Common Table Expression) ist die Verwendung des Semikolons allerdings optional.

Wenn Sie mehrere Anweisungen in einem Schwung ausführen, wird der SQL Server-Datenbankobjekte, die innerhalb des SQL-Skripts erstellt wurden, nicht automatisch für anschließende Anweisungen verfügbar haben. Die folgende Kombination von Anweisungen würde also zu einer Fehlermeldung führen, da die Sicht beim unteren SELECT noch nicht bekannt ist:

```
CREATE VIEW VW_NeueBuecher AS
SELECT * FROM dbo.Buch WHERE Erscheinungsjahr > 2010

SELECT * FROM VW_NeueBuecher
```

Als Lösung hierfür können Sie nach der entsprechenden CREATE-Anweisung den GO-Befehl einfügen, der dafür sorgt, dass die Änderungen verarbeitet werden, bevor mit der nächsten Anweisung fortgefahren wird. Damit wird sichergestellt, dass die neu erstellten Tabellen, Sichten etc. auch in weiteren Befehlen verwendbar sind:

```
CREATE VIEW VW_NeueBuecher AS
SELECT * FROM dbo.Buch WHERE Erscheinungsjahr > 2010
GO

SELECT * FROM VW_NeueBuecher
```

Genauso werden Sie eine Fehlermeldung erhalten, wenn irgendwo in der Mitte eines SQL-Skripts eine CREATE-Anweisung auftaucht, da diese immer am Anfang eines SQL-Batchs stehen müssen. Auch dieses Problem können Sie lösen, indem Sie vor die entsprechende CREATE-Anweisung einen GO-Befehl einfügen, der dafür sorgt, dass nach der GO-Anweisung quasi ein neuer SQL-Batch beginnt.

Die Kombination

```
SELECT * FROM dbo.Buch

CREATE VIEW VW_NeueBuecher AS
SELECT * FROM dbo.Buch WHERE Erscheinungsjahr > 2010
```

führt also zu einer Fehlermeldung, mit einem GO dazwischen funktioniert es:

```
SELECT * FROM dbo.Buch
GO

CREATE VIEW VW_NeueBuecher AS
SELECT * FROM dbo.Buch WHERE Erscheinungsjahr > 2010
```

Variablen

Wie in fast jeder Programmiersprache kann man auch in T-SQL Variablen deklarieren, um Daten für eine spätere Verwendung in derselben Sitzung zwischenzuspeichern. Vor der ersten Verwendung müssen Variablen deklariert werden. Dazu wird das Schlüsselwort DECLARE gefolgt vom Variablennamen und dem Datentyp verwendet (zwischen Variablenname und Typ kann optional auch das Schlüsselwort AS stehen, was zwar unnötig ist, die Anweisung aber etwas besser lesbar macht). Der Variablenname ist im Prinzip frei wählbar, muss jedoch mit einem @-Zeichen beginnen. Als Datentyp sind alle Typen verwendbar, die Sie auch für die Definition von Tabellenspalten nutzen können (also int, char(n), nchar(n), varchar(n), nvarchar(n), datetime etc.).

Für die Zuweisung von Variablenwerten gibt es zwei gängige Methoden. Die erste ist die SET-Anweisung, die vor allem benutzt wird, um einer Variablen einen konstanten oder berechneten Wert zuzuweisen.

Um beispielsweise eine Variable @CDAnzahl zu deklarieren und dieser einen konstanten Wert zuzuweisen, der anschließend mit einer SELECT-Anweisung wieder ausgegeben wird, können Sie folgende Anweisungen verwenden:

```
DECLARE @CDAnzahl AS int
SET @CDAnzahl = 0
SELECT @CDAnzahl
```

Die zweite Methode, einer Variablen einen Wert zuzuweisen, wird verwendet, wenn der Wert aus einer SQL-Abfrage kommt. Dann können Sie die Zuweisung direkt in der Abfrage vornehmen:

```
DECLARE @CDAnzahl AS int
SELECT @CDAnzahl = COUNT(*) FROM dbo.CD
```

In diesem Fall wird von der `SELECT`-Anweisung noch keine Ausgabe erzeugt, da das Ergebnis quasi in die Variable umgeleitet wird. Zur Anzeige muss noch eine weitere `SELECT`-Abfrage auf die Variable ergänzt werden:

```
DECLARE @CDAnzahl AS int
SELECT @CDAnzahl = COUNT(*) FROM dbo.CD
SELECT @CDAnzahl AS AnzahlCDs
```

Systemvariablen

Neben der Möglichkeit, eigene Variablen zu definieren, stellt SQL Server selbst eine Reihe von Systemvariablen zur Verfügung, die man beispielsweise in eigenen Abfragen verwenden kann.

Systemvariablen sind an dem doppelten `@` als Präfix erkennbar. Probieren Sie einmal folgende Abfrage im SQL Server Management Studio aus:

```
SELECT @@VERSION AS Version, @@LANGUAGE AS Sprache, @@SERVERNAME AS SQLServer
```

Die Variable `@@VERSION` gibt die genaue Version des benutzten SQL Server (inklusive Build-Nummer und Service Pack) zurück, `@@LANGUAGE` zeigt die verwendete Sprache an, und `@@SQLSERVERNAME` schließlich liefert den Namen der SQL Server-Instanz.

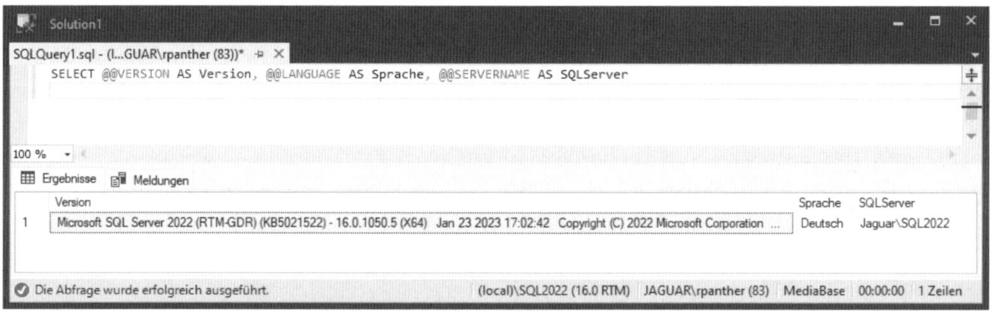

Abbildung 9.1: Abfrage einiger Systemvariablen

Eine vollständige Auflistung der verfügbaren Systemvariablen finden Sie in *Anhang A* unter »*Systemobjekte*« auf Seite 509.

Tabellenvariablen und temporäre Tabellen

Zusätzlich zu den bereits behandelten Datentypen gibt es noch zwei weitere, die nicht für Tabellenspalten, sondern ausschließlich für Variablen verwendet werden können. Das sind einerseits der `CURSOR`, der im nächsten Kapitel behandelt wird, und andererseits der Typ `TABLE`, mit dem ganze Tabellen in Variablen abgelegt werden können. Dazu müssen Sie bei der Deklaration der Tabellenvariablen die darin enthaltenen Felder mit angeben. Anschließend lässt sich die Tabellenvariable wie eine normale Tabelle nutzen:

```
DECLARE @CDTitel AS TABLE (ID int, Titel nvarchar(80))
INSERT INTO @CDTitel SELECT ID, Titel FROM dbo.CD
SELECT * FROM @CDTitel
```

Tabellenvariablen werden – wie andere Variablen auch – im Hauptspeicher des Servers gehalten und nur dann, wenn sie zu groß werden, in der *tempdb* abgelegt. Das geschieht jedoch transparent, sodass Sie sich nicht selbst darum kümmern müssen.

Lebensdauer von Variablen

Variablen bleiben innerhalb einer Session erhalten. Das hat zur Folge, dass Sie eine Fehlermeldung erhalten, wenn Sie zuerst die Variable deklarieren, diese Anweisung einzeln ausführen und anschließend versuchen, die Variable zu verwenden. Obwohl Sie sich noch im selben Abfragefenster und damit in derselben Datenbankverbindung befinden, wird für jede Ausführung – auch wenn sie sich nur auf einen Teil des SQL-Skripts bezieht – eine neue Session geöffnet und anschließend wieder geschlossen.

Um dem Problem der kurzen Lebensdauer von Tabellenvariablen zu begegnen, stellt SQL Server noch eine alternative Möglichkeit zur Verfügung: die temporären Tabellen. Diese werden automatisch in der *tempdb* gespeichert und müssen auch nicht wie Tabellenvariablen deklariert werden. Stattdessen erzeugt man sie meist mit einer `SELECT INTO`-Anweisung auf Basis einer SQL-Abfrage oder über die `CREATE TABLE`-Anweisung[1], mit der man auch normale Tabellen erstellen kann.

Temporäre Tabellen gibt es in zwei verschiedenen Ausprägungen: Lokale temporäre Tabellen sind durch das Präfix # im Tabellennamen gekennzeichnet. Sie bleiben während einer Datenbankverbindung erhalten, sind aber für andere Verbindungen nicht zugreifbar. Globale temporäre Tabellen erhalten als Präfix ## für den Tabellennamen und sind auch für andere Verbindungen zugreifbar. Sie werden erst dann wieder entfernt, wenn die letzte Verbindung, die auf die Tabelle zugegriffen hat, geschlossen wird.

Tabellen direkt in der tempdb anlegen

Alternativ zu den gerade beschriebenen temporären Tabellen kann man auch Tabellen explizit in der *tempdb* anlegen. Hier ist dann kein Präfix für den Tabellennamen nötig, und die Tabellen bleiben so lange erhalten, bis der Datenbankdienst gestoppt und neu gestartet wird (da dadurch die gesamte *tempdb* neu aufgebaut wird).

Nun ein kleines Beispiel, um die Unterschiede der verschiedenen Varianten von temporären Tabellen zu verdeutlichen:

1. Öffnen Sie im SQL Server Management Studio ein Abfragefenster und verbinden Sie sich mit der lokalen SQL Server-Instanz und der Datenbank *MediaBase* (z. B. durch die Anweisung `USE MediaBase`).
2. Erstellen Sie eine lokale temporäre Tabelle, die die Titel aller gespeicherten CDs enthält:

```
SELECT ID, Titel
INTO #CDTitel
FROM dbo.CD
```

3. Erstellen Sie mit derselben Abfrage eine globale temporäre Tabelle, indem Sie das Präfix des Tabellennamens anpassen:

1 Die `CREATE TABLE`-Anweisung wird in *Kapitel 11, Datenbankadministration mit SQL*, behandelt.

```
SELECT ID, Titel
INTO ##CDTitel
FROM dbo.CD
```

4. Erstellen Sie mit derselben Abfrage eine Tabelle in der *tempdb*, indem Sie den Tabellennamen anpassen und um den Datenbank- und Schemanamen erweitern:

```
SELECT ID, Titel
INTO tempdb.dbo.CDTitel
FROM dbo.CD
```

5. Fragen Sie alle drei Varianten von temporären Tabellen ab, und es werden drei Mal alle CD-Titel aufgelistet:

```
SELECT * FROM #CDTitel
SELECT * FROM ##CDTitel
SELECT * FROM tempdb.dbo.CDTitel
```

6. Öffnen Sie ein neues Abfragefenster und führen Sie die drei `SELECT`-Anweisungen zur Anzeige der CD-Titel einzeln erneut aus.
7. Bei der Abfrage auf die Tabelle *#CDTitel* erhalten Sie die Fehlermeldung *Ungültiger Objektname "#CDTitel"*, da diese lokale temporäre Tabelle für andere Verbindungen nicht sichtbar ist. Die anderen beiden Varianten funktionieren dagegen.
8. Schließen Sie nun alle Abfragefenster und öffnen Sie danach ein neues Abfragefenster, in dem Sie erneut alle drei SQL-`SELECT`-Anweisungen einzeln ausführen.
9. Nun erhalten Sie sowohl bei der lokalen als auch bei der globalen temporären Tabelle die Fehlermeldung, da auch die globale temporäre Tabelle gelöscht wurde, als die letzte offene Verbindung, die diese Tabelle genutzt hat, geschlossen wurde.
10. Die Abfrage auf die Tabelle *CDTitel* in der Datenbank *tempdb* funktioniert allerdings immer noch. Diese Tabelle wird erst nach einem Neustart des SQL Server-Diensts automatisch entfernt, da hierbei die Datenbank *tempdb* geleert wird.

Verwendung von Tabellenvariablen und temporären Tabellen

Sowohl Tabellenvariablen als auch temporäre Tabellen werden meist dazu benutzt, in komplexeren SQL-Skripten Zwischenergebnisse zu speichern, um dadurch umfangreiche Abfragen in mehrere kleine Abfragen aufteilen zu können. Das bringt insbesondere dann einen signifikanten Vorteil, wenn ein so gespeichertes Zwischenergebnis in der Weiterverarbeitung von mehreren Abfragen verwendet werden kann.

Fallunterscheidungen und Schleifen

Auch Fallunterscheidungen und Schleifen sind zentrale Bestandteile fast jeder Programmiersprache, da sich mit diesen Konstrukten auch nicht lineare Abläufe gestalten lassen.

Fallunterscheidung mit IF

Mit der `CASE WHEN`-Anweisung haben Sie bereits ein Konstrukt kennengelernt, mit dem eine Fallunterscheidung realisierbar ist, allerdings ist diese nur innerhalb einer SQL-Abfrage verwendbar. Wenn es darum geht, zu unterscheiden, welche Anweisungen überhaupt ausgeführt werden, ist – wie in den meisten Programmiersprachen – die `IF`-Anweisung das Mittel der Wahl.

```
IF (SELECT COUNT(*) FROM dbo.Buch) > 10
    PRINT 'Viele Bücher, nur lesen muss man sie auch! '
ELSE
    PRINT 'Der Trend geht zum Zweitbuch!'
```

Bei der Gelegenheit habe ich auch zum ersten Mal in diesem Buch die `PRINT`-Anweisung verwendet, die nichts anderes macht, als den angegebenen Text im Ergebnisbereich auszugeben.

Gemeinsamkeiten und Unterschiede zwischen SELECT und PRINT

Beide Anweisungen kann man verwenden, um Werte anzuzeigen. Allerdings kann die `PRINT`-Anweisung nicht direkt auf Tabellen zugreifen und gibt das Ergebnis im Meldungsfenster aus, während die `SELECT`-Anweisung auch einen konstanten Meldungstext wie eine Tabelle (mit einer Zeile und einer Spalte) interpretiert und diesen im Ergebnisbereich ausgibt. Im Meldungsfenster steht dann stattdessen:

(1 Zeile(n) betroffen)

Anweisungsblöcke mit BEGIN ... END

In den oben gezeigten Beispielen beinhalteten sowohl der `IF`-Zweig als auch der `ELSE`-Zweig jeweils nur eine einzige SQL-Anweisung. Wenn hier mehrere Anweisungen benötigt werden, sind diese in die Schlüsselwörter `BEGIN` und `END` einzufassen, wodurch ein Anweisungsblock definiert wird.

```
IF (SELECT COUNT(*) FROM dbo.Buch) > 10
    BEGIN
        PRINT 'Viele Bücher, nur lesen muss man sie auch! '
        PRINT '(vielleicht hilft es aber auch, sie unter das Kopfkissen zu legen)'
    END
ELSE
    BEGIN
        PRINT 'Der Trend geht zum Zweitbuch!'
        PRINT '... manch einer hat sogar drei!'
    END
```

Anweisungsblöcke werden auch für Funktionen und gespeicherte Prozeduren verwendet, die im nächsten Kapitel behandelt werden.

WHILE-Schleifen

Ein weiteres wesentliches Konstrukt einer jeden Programmiersprache sind die Schleifen. Mit ihnen kann eine Wiederholung einer Anweisung (oder eines Blocks aus mehreren Anweisungen) erreicht werden.

Das folgende Beispiel soll das verdeutlichen:

1. Öffnen Sie im SQL Server Management Studio ein Abfragefenster und verbinden Sie sich mit der lokalen SQL Server-Instanz und der Datenbank *MediaBase* (z.B. durch die Anweisung `USE MediaBase`).
2. Führen Sie folgende SQL-Anweisungen aus, um der Tabelle *dbo.Buch* so lange leere Einträge hinzuzufügen, bis diese 100 Zeilen enthält:

   ```
   WHILE (SELECT COUNT(*) FROM dbo.Buch) < 100
      INSERT INTO dbo.Buch (Titel) VALUES (NULL)
   ```

3. Überprüfen Sie das Ergebnis durch Eingabe der folgenden Abfrage:

   ```
   SELECT * FROM dbo.Buch
   ```

4. Dabei fällt auch auf, dass die Spalten, für die Default-Werte definiert wurden (z.B. *Sprache*), Daten enthalten, obwohl beim `INSERT` keine echten Inhalte angegeben wurden.
5. Entfernen Sie die hinzugefügten Zeilen nun wieder, indem Sie diese Anweisung ausführen:

   ```
   DELETE FROM dbo.Buch WHERE Titel IS NULL
   ```

Natürlich lassen sich auch beim `WHILE`-Konstrukt ganze Blöcke von Anweisungen wiederholen, die in `BEGIN` und `END` eingefasst sind. In diesem Zusammenhang bietet `WHILE` aber noch zwei Zusatzanweisungen, mit denen man die Codeausführung weiter beeinflussen kann:

- `BREAK` beendet die Schleife und fährt mit den Anweisungen danach fort.
- `CONTINUE` überspringt die folgenden Anweisungen der Schleife und fährt mit dem nächsten Schleifendurchlauf fort (sofern die Schleifenbedingung immer noch erfüllt ist).

Probieren Sie hierzu das folgende Beispielskript einmal aus:

```
DECLARE @Zaehler int = 0
WHILE @Zaehler < 20
    BEGIN
        SET @Zaehler = @Zaehler+1
        IF @Zaehler = 13
            CONTINUE
        PRINT @Zaehler
    END
```

Zu Beginn wird eine Variable `@Zaehler` deklariert und auf 0 gesetzt. Anschließend wird die Schleife wiederholt, solange der Wert der Variablen kleiner als 20 ist. Innerhalb der Schleife wird `@Zaehler` um 1 erhöht und mit einer `PRINT`-Anweisung ausgegeben. Lediglich dann, wenn die Zahl 13 erreicht ist, wird die `PRINT`-Anweisung übersprungen (quasi die Ausnahme für Abergläubische). Wenn Sie das Skript starten, werden demnach die Zahlen 1 bis 20 – allerdings ohne die Zahl 13 – ausgegeben.

Ersetzen Sie nun die `CONTINUE`-Anweisung durch `BREAK`, wird die Schleife bei der Zahl 13 komplett verlassen (bevor die Zahl angezeigt wird), sodass nur die Zahlen von 1 bis 12 ausgegeben werden.

Debuggen von SQL-Skripten

Bis zur Version 17 des SQL Server Management Studio gab es noch die Möglichkeit, SQL-Skripte zu debuggen, indem das Skript nur schrittweise ausgeführt wird oder an verschiedenen Stellen Haltepunkte gesetzt werden. Damit konnte man beispielsweise prüfen, welcher Weg bei einer `IF`-Abfrage eingeschlagen wird. Leider wurde dieses Feature bereits mit der Version 18 des SQL Server Management Studio entfernt, sodass man nun zum Debuggen von Skripten auf alternative Tools wie beispielsweise Visual Studio ausweichen muss.

Fehlerbehandlung in SQL-Skripten

Das Debuggen von Skripten dient dazu, Fehlern Schritt für Schritt manuell auf die Schliche zu kommen. Aber gerade in Skripten, die künftig häufig – und mit verschiedenen Daten – ausgeführt werden, ist es unmöglich, alle denkbaren Fehler vorherzusehen oder gar im Vorfeld zu beseitigen. Um für einen kontrollierten Umgang mit Fehlern zu sorgen, bietet SQL Server zwei grundlegende Möglichkeiten:

- Fehler generieren mit `RAISERROR` oder `THROW`
- Fehler abfangen mit `TRY...CATCH`

RAISERROR

Sie haben sicherlich schon versehentlich verschiedene Fehlermeldungen im Abfrage-Editor des SQL Server Management Studio erzeugt. Wenn Sie sich beispielsweise bei einem Tabellennamen vertippen und daher die Abfrage ...

```
SELECT * FROM dbo.Huch
```

... eingeben, erscheint eine Fehlermeldung ähnlich der folgenden:

Meldung 208, Ebene 16, Status 1, Zeile 1
Ungültiger Objektname 'dbo.Huch'.

Dabei ist die Meldungsnummer 208 eine eindeutige ID für allgemeine Fehler (in diesem Fall für die Meldung *Ungültiger Objektname*). Die Ebene (in diesem Fall 16) steht für den Schweregrad des Fehlers, und die 1 kennzeichnet den Status. Danach folgen die Zeilennummer im Skript, an der der Fehler auftritt, sowie die Fehlermeldung noch einmal im Klartext.

Die Ebene (der Schweregrad) des Fehlers liegt zwischen 0 und 25, wobei die höheren Nummern auch die schwerwiegenderen Fehler bezeichnen. Fehlerebenen ab 20 werden als fatale Fehler eingestuft, nach denen die Clientverbindung automatisch unterbrochen wird. Der Status kann zwischen 0 und 255 liegen und kann benutzt werden, um gleiche Fehler, die an unterschiedlichen Servern auftreten, voneinander zu unterscheiden.

Mit der `RAISERROR`-Anweisung können Sie eine solche Fehlermeldung nun explizit erzeugen. Dabei werden sowohl die Fehlermeldung als auch Ebene und Status als Parameter übergeben. Die oben dargestellte Fehlermeldung lässt sich beispielsweise nahezu identisch künstlich erzeugen, wenn Sie folgendes SQL-Kommando ausführen:

```
RAISERROR ('Ungültiger Objektname dbo.Huch', 16, 1)
```

In der Fehlermeldung, die Sie dadurch erhalten, ist ein wesentlicher Unterschied zu erkennen:

Die Nummer der Fehlermeldung ist nicht 208, sondern 50000. Das liegt daran, dass Sie den Fehlermeldungstext direkt als Parameter übergeben haben. Damit handelt es sich um einen individuellen Fehler, der automatisch die Fehlermeldungsnummer 50000 bekommt.

Alternativ zum Fehlermeldungstext könnten Sie auch die Fehlernummer übergeben, wobei die Standardfehlermeldungsnummern hier ausgeschlossen sind. Stattdessen können Sie eine eigene Fehlermeldung speichern und dieser eine Nummer zwischen 50.001 und 2.147.483.647 geben. Zum Erzeugen von eigenen Fehlermeldungen kann man die Systemprozedur[2] `sp_addmessage` verwenden, die als Parameter die Fehlernummer, die Ebene und den Fehlertext übergeben bekommt. Dazu kommt als weiterer Parameter noch die Sprache, sodass die Fehlermeldung immer in der richtigen Sprache des Clients ausgegeben werden kann. Dieser Parameter wird benötigt, da die Fehlermeldungstexte immer erst in der US-amerikanischen Variante erfasst werden müssen, bevor andere Sprachvarianten hinzukommen. Führen Sie daher folgende Anweisungen aus, um eine neue Fehlermeldung mit den dazugehörenden Fehlertexten in Englisch und Deutsch zu erstellen:

```
EXEC sp_addmessage 50001, 16, 'Custom Error', us_english
EXEC sp_addmessage 50001, 16, 'Benutzerdefinierter Fehler', german
```

Diese Fehlermeldung können Sie nun auch für die `RAISERROR`-Anweisung nutzen. Der Aufruf

```
RAISERROR (50001, 16, 1)
```

gibt Ihnen die folgende Fehlermeldung zurück:

Meldung 50001, Ebene 16, Status 1, Zeile 1
Benutzerdefinierter Fehler

Wenn Sie die `RAISERROR`-Anweisung von einem englischsprachigen Client aus aufrufen, erhalten Sie automatisch die englischsprachige Fehlermeldung.

Vorhandene Fehlermeldungen anzeigen

Eine Übersicht über alle bereits vorhandenen Fehlermeldungen bekommen Sie, wenn Sie die Systemsicht `sys.messages` öffnen. In dieser Sicht sind auch die von Ihnen selbst erstellten Meldungen enthalten.

TRY ... CATCH

Die zweite Möglichkeit, eine Fehlerbehandlung in SQL-Skripten zu realisieren, ist das Abfangen von Fehlern mit dem `TRY...CATCH`-Konstrukt. Damit können Sie einen Block von SQL-Anweisungen in die Anweisungen `BEGIN TRY` und `END TRY` einfassen. Sollte nun in diesem Bereich ein Fehler auftreten, wird die Ausführung nicht abgebrochen, sondern mit den Anweisungen im `CATCH`-Block (der mit `BEGIN CATCH` und `END CATCH` eingefasst ist) fortgesetzt. Hier kann dann eine individuelle Fehlerbehandlung – wie beispielsweise ein Protokollieren des Fehlers in einer Datenbanktabelle – erfolgen.

2 Systemprozeduren werden detailliert im nächsten Kapitel behandelt.

Testen wir das gemeinsam an einem einfachen Beispiel (einer Division durch 0):

1. Führen Sie in einem Abfragefenster die folgende SQL-Anweisung aus:

   ```
   SELECT 1/0
   ```

2. Sie erhalten die folgende Fehlermeldung:

   Meldung 8134, Ebene 16, Status 1, Zeile 1
   Fehler aufgrund einer Division durch null.

3. Erweitern Sie das SQL-Skript nun so, dass die `SELECT`-Anweisung in einen `TRY`-Block eingefasst ist:

   ```
   BEGIN TRY
      SELECT 1/0
   END TRY

   BEGIN CATCH
      PRINT 'Division durch 0!'
   END CATCH
   ```

4. Wenn Sie das Skript jetzt ausführen, erhalten Sie kein Ergebnis, aber im Meldungsfenster steht folgender Text:

   (0 Zeile(n) betroffen)
   Division durch 0!

   Für eine effektivere Fehlerbehandlung ist natürlich noch etwas mehr nötig. So gibt es einige Systemfunktionen[3], die Ihnen helfen können, mehr Informationen über den aufgetretenen Fehler zu bekommen.

5. Ergänzen Sie den `CATCH`-Block dazu mit folgender Abfrage (direkt hinter der `PRINT`-Anweisung):

   ```
   SELECT
           ERROR_NUMBER() AS ErrorNumber,
           ERROR_SEVERITY() AS ErrorSeverity,
           ERROR_STATE() as ErrorState,
           ERROR_PROCEDURE() as ErrorProcedure,
           ERROR_LINE() as ErrorLine,
           ERROR_MESSAGE() as ErrorMessage;
   ```

Fehlernummer (`ErrorNumber`), Schweregrad (`ErrorSeverity`) und Status (`ErrorState`) dürften Ihnen genauso bekannt vorkommen wie die Fehlermeldung (`ErrorMessage`). Dazu werden noch die Zeilennummer (`ErrorLine`) sowie – falls vorhanden – der Name der gespeicherten Prozedur (`ErrorProcedure`) ausgegeben, in der der Fehler aufgetreten ist.

Fehler protokollieren

Es hat sich bewährt, die gerade gezeigten Fehlerinformationen zusammen mit dem Zeitpunkt, an dem der Fehler aufgetreten ist, in einer zuvor selbst erstellten Fehlerprotokolltabelle zu speichern. Damit können Sie auch im Nachhinein noch nachvollziehen, wann welche Fehler aufgetreten sind.

---

3 Systemfunktionen werden detailliert im nächsten Kapitel behandelt. Im Moment reicht es aus, zu wissen, dass diese wie Systemvariablen verwendet werden können.

Alternativ zu den beschriebenen Funktionen erhält auch die Systemvariable `@@ERROR` die Fehlernummer des zuletzt aufgetretenen Fehlers. Allerdings bezieht sich diese immer nur auf die zuletzt ausgeführte Anweisung. Wenn Sie also im Catch-Block zuerst mit der `PRINT`-Anweisung eine Fehlermeldung ausgeben, wird die Systemvariable `@@ERROR` wieder auf 0 zurückgesetzt, da die `PRINT`-Anweisung ja ohne Fehler ausgeführt wurde. Mit den Systemfunktionen können Sie dagegen die Fehlerinformationen auch später oder sogar mehrfach abfragen, solange Sie sich innerhalb des `CATCH`-Blocks befinden.

THROW

Neben der bereits dargestellten Fehlergenerierung mit `RAISERROR` bietet SQL Server auch die Möglichkeit, dies mit der `THROW`-Anweisung durchzuführen und dabei neben dem Status sowohl eine Fehlernummer als auch eine individuelle Meldung mitzugeben.

So erzeugt die Anweisung ...

```
THROW 50001, 'neuer benutzerdefinierter Fehler', 1;
```

... die folgende Ausgabe:

Meldung 50001, Ebene 16, Status 1, Zeile 1
neuer benutzerdefinierter Fehler

Wird die `THROW`-Anweisung in einem `CATCH`-Block verwendet, benötigt sie dagegen gar keine Parameter und gibt den gleichen Fehler nach außen, der zuvor vom `TRY…CATCH`-Konstrukt abgefangen wurde. Dadurch lässt sich eine individuelle Fehlerbehandlung im `CATCH`-Block realisieren und anschließend trotzdem der ursprüngliche Fehler an die aufrufende Anwendung zurückgeben.

Sperren, Transaktionen und Deadlocks

Sperren, Transaktionen und Deadlocks sind drei Begriffe, die eng zusammengehören und deren Bedeutung daher am besten auch zusammen zu erklären ist.

Sperren

Insbesondere beim Schreiben von Daten ist es wichtig, dass die entsprechenden Datenobjekte vorher für den Zugriff von anderen Benutzern oder Prozessen gesperrt werden. Dies kann auf Datensatzebene geschehen, auf Speicherseitenebene (in *Kapitel 4, Allgemeine Datenbankgrundlagen*, wurde bereits beschrieben, dass Datenzeilen auf 8 KB großen Speicherseiten angeordnet sind), auf Tabellen- oder sogar auf Datenbankebene, sofern eine kritische Anzahl an Elementen der untergeordneten Kategorie gesperrt ist. Wenn also viele Zeilen, die in derselben Speicherseite abgelegt sind, gesperrt werden, wird stattdessen die gesamte Speicherseite gesperrt. Sind viele Speicherseiten zu einer Tabelle gesperrt, wird stattdessen automatisch die ganze Tabelle gesperrt, und wenn viele Tabellen gesperrt sind, wird das in eine komplette Datenbanksperre umgewandelt. Man nennt diesen Vorgang Lock Escalation (Lock = engl. für *Sperre*).

Dabei wird zwischen verschiedenen Arten von Sperren unterschieden. Die wichtigsten Sperrtypen sind:

- Shared Lock (S) – lesender Zugriff
- Update Lock (U) – Ankündigung eines schreibenden Zugriffs
- Exclusive Lock (X) – schreibender Zugriff

Wie der Name schon andeutet, können gleichzeitig mehrere Shared Locks auf einen Speicherbereich bestehen. Diese verhindern nur einen gleichzeitigen schreibenden Zugriff. Mit einem Update Lock allein kann noch kein Schreibzugriff erfolgen, allerdings wird er automatisch in einen Exclusive Lock umgewandelt, sobald alle anderen Sperren freigegeben sind. Der Exclusive Lock schließlich gewährleistet den alleinigen Zugriff auf den Speicherbereich und ermöglicht damit den schreibenden Zugriff.

Transaktionen

Trotz automatischer Lock Escalation kann es oft sinnvoll sein, Datensätze aus verschiedenen Tabellen (und eventuell sogar Datenbanken) explizit gemeinsam zu sperren, um zusammenhängende Änderungen durchführen zu können, bevor ein anderer Prozess oder Benutzer darauf zugreifen kann. Hierfür gibt es Transaktionen, die dafür sorgen, dass die Sperren auf die beteiligten Datenbankobjekte so lange aufrechterhalten werden, bis die gesamte Transaktion beendet ist. Die Bestätigung einer beendeten Transaktion nennt sich `COMMIT` und bewirkt, dass die Änderungen, die in der Transaktion durchgeführt wurden, dauerhaft gespeichert werden. Alternativ lässt sich auch ein sogenannter `ROLLBACK` ausführen, der ebenfalls die Sperren wieder freigibt, vorher aber alle Änderungen der Transaktion rückgängig macht. Ein `ROLLBACK` wird auch automatisch ausgelöst, falls innerhalb der Transaktion ein Fehler auftritt oder gar der SQL Server-Dienst beendet wird (im Extremfall auch, wenn der Server abstürzt und neu gebootet wird). Damit erhält die Transaktion einen »Ganz-oder-gar-nicht-Charakter«, da entweder alle darin enthaltenen Änderungen endgültig ausgeführt (bei erfolgreichem `COMMIT`) oder alle begonnenen Änderungen wieder rückgängig gemacht werden (durch einen expliziten oder automatischen `ROLLBACK`).

Implizite Transaktionen

Jede einzelne SQL-Anweisung wird implizit als eine Transaktion ausgeführt. Wenn Sie also beispielsweise alle Datensätze einer Tabelle mit einem `UPDATE` ändern und irgendwo in der Mitte ein Fehler auftritt, werden auch die bereits durchgeführten Änderungen automatisch wieder rückgängig gemacht.

Ein typisches Beispiel für eine Transaktion ist eine Geldüberweisung: Im ersten Schritt wird der Kontostand des ersten Kontos um den Betrag x reduziert, anschließend wird der Kontostand des zweiten Kontos um den Betrag x erhöht. Findet dazwischen ein Serverausfall statt, würde das ohne Transaktionen bedeuten, dass der Geldbetrag für beide Konten verloren wäre. Bei einem von einer Transaktion automatisch ausgeführten `ROLLBACK` aber wäre der Betrag wieder auf dem ursprünglichen Konto vorhanden und könnte erneut überwiesen werden.

In T-SQL gibt es drei Anweisungen, mit denen Sie Transaktionen steuern können:

- `BEGIN TRANSACTION` startet eine neue Transaktion.
- `COMMIT TRANSACTION` bestätigt das erfolgreiche Ende der Transaktion und führt die Änderungen endgültig durch.
- `ROLLBACK TRANSACTION` macht alle Änderungen der Transaktion wieder rückgängig.

Führen wir nun ein Beispiel durch, um das Arbeiten mit Transaktionen auszuprobieren:

1. Öffnen Sie im SQL Server Management Studio ein Abfragefenster und verbinden Sie sich mit der lokalen SQL Server-Instanz und der Datenbank *MediaBase* (z. B. durch die Anweisung `USE MediaBase`).
2. Lassen Sie mit einer Abfrage ID, Titel und Erscheinungsjahr der Tabelle *dbo.Buch* anzeigen:

   ```
   SELECT ID, Titel, Erscheinungsjahr FROM dbo.Buch
   ```

3. Öffnen Sie nun eine Transaktion, indem Sie die folgende Anweisung ausführen:

   ```
   BEGIN TRANSACTION
   ```

4. Führen Sie anschließend mit den nächsten Anweisungen eine Datenänderung durch und prüfen Sie die Auswirkung der Änderung:

   ```
   UPDATE dbo.Buch SET Erscheinungsjahr = 2010
   SELECT ID, Titel, Erscheinungsjahr FROM dbo.Buch
   ```

5. Durch die erneute Anzeige des Tabelleninhalts ist zu sehen, dass das Erscheinungsjahr bei allen Datensätzen geändert wurde, weil die `UPDATE`-Anweisung keine `WHERE`-Klausel hatte (ein beliebter Leichtsinnsfehler, der auch erfahrenen Entwicklern passieren kann). Zum Glück können Sie die Transaktion per `ROLLBACK` wieder abbrechen und anschließend den Inhalt der Tabelle *dbo.Buch* erneut prüfen:

   ```
   ROLLBACK TRANSACTION
   SELECT ID, Titel, Erscheinungsjahr FROM dbo.Buch
   ```

6. Die Änderungen sind durch den `ROLLBACK` wieder rückgängig gemacht worden, und die ursprünglichen Daten werden angezeigt. Hätten Sie anstelle des `ROLLBACK` ein `COMMIT TRANSACTION` ausgeführt, wären die Änderungen dauerhaft und unwiderruflich durchgeführt worden.

Transaktionen zum Ausprobieren nutzen

Sie können Transaktionen auch zweckentfremden, um Datenänderungsanweisungen in SQL gefahrlos ausprobieren zu können. Dazu starten Sie mit `BEGIN TRANSACTION` eine neue Transaktion, führen anschließend Ihre `INSERT`-, `UPDATE`- oder `DELETE`-Anweisungen durch und prüfen, ob das Ergebnis Ihren Erwartungen entspricht. Ist das der Fall, können Sie die Änderungen mit `COMMIT TRANSACTION` bestätigen. Falls sich aber ein Fehler in die entsprechende Anweisung eingeschlichen hat, können Sie die Änderungen mit `ROLLBACK TRANSACTION` rückgängig machen und die Anweisung korrigieren.

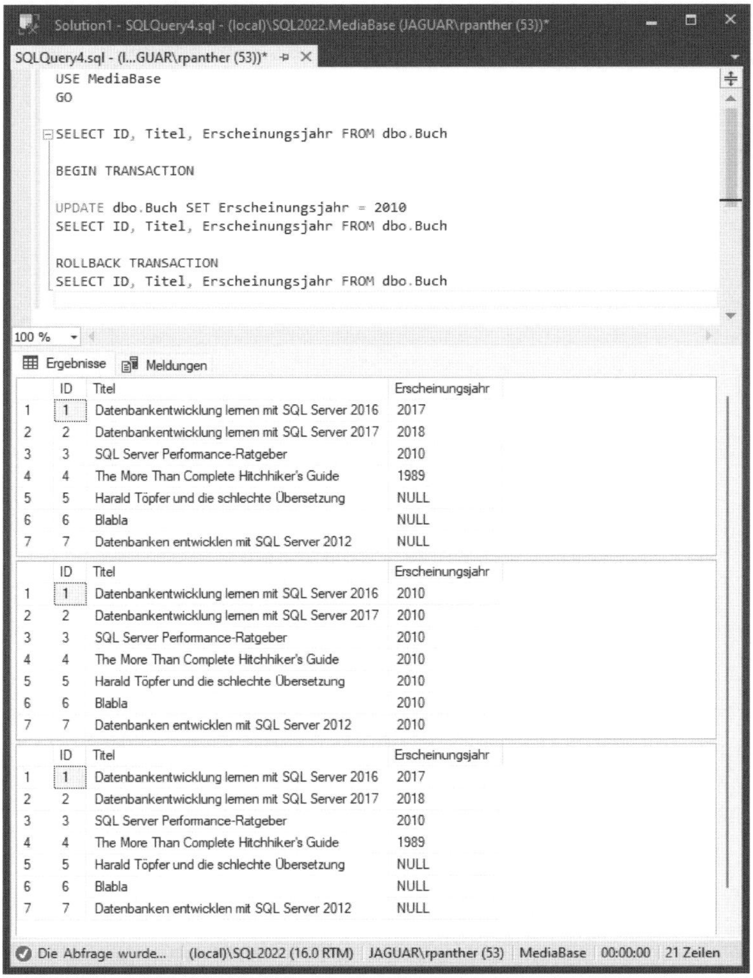

Abbildung 9.2: Die Daten der Tabelle vor, während und nach Abbruch der Transaktion

Transaktionen können auch geschachtelt werden, was im Prinzip schon bei der ersten expliziten Transaktion geschieht, da jede SQL-Anweisung innerhalb dieser Transaktion wiederum eine (implizite) Transaktion darstellt. Aber auch explizite Transaktionen können ineinander geschachtelt werden, wobei sich jede `COMMIT`-Anweisung immer auf die zuletzt geöffnete der noch offenen Transaktionen bezieht. Die Datenänderungen sind also dann erst endgültig durchgeführt, wenn für jede geöffnete Transaktion auch ein `COMMIT` erfolgt ist.

Etwas gewöhnungsbedürftig verhält sich dagegen die `ROLLBACK`-Anweisung, da mit ihr alle zu diesem Zeitpunkt offenen Transaktionen zurückgerollt werden.

Über die Systemvariable `@@TRANCOUNT` können Sie die Anzahl der offenen Transaktionen abfragen, wie das in Abbildung 9.3 dargestellte SQL-Skript und dessen Ergebnis zeigen.

Abbildung 9.3: Geschachtelte Transaktionen und die @@TRANCOUNT-Systemvariable

Sie sehen in dieser Abbildung außerdem, dass sich der Begriff `TRANSACTION` auch mit `TRAN` abkürzen lässt. Bei `COMMIT` und `ROLLBACK` kann man dieses Schlüsselwort sogar ganz weglassen, da sich diese Anweisungen immer auf Transaktionen beziehen.

Deadlocks

So vorteilhaft Sperren und Transaktionen auch sein mögen, so bringen sie doch auch ein neues Problem mit sich: die Deadlocks. Dabei handelt es sich um eine Situation, die eintreten kann, wenn sich zwei Transaktionen (aus unterschiedlichen Prozessen) gegenseitig blockieren.

SQL Server erkennt Deadlocks allerdings automatisch und löst sie auf, indem einer der Prozesse zum Deadlock-Opfer erklärt und abgebrochen wird. Dadurch wird für die dazugehörige Transaktion automatisch ein Rollback ausgeführt, während die andere Transaktion problemlos durchlaufen kann, da sie ja nun nicht mehr blockiert wird. Die Entscheidung, welche Transaktion abgebrochen wird, trifft SQL Server primär aufgrund der bereits verursachten Transaktionskosten (damit ist die Kombination aus Prozessorzeit und Speicher gemeint, die von der Transaktion belegt wird). Da ein Rollback in der Regel um ein Vielfaches aufwendiger ist als die ursprüngliche Ausführung der Anweisungen selbst, wird der kostengünstigere Prozess abgebrochen. Nachdem der teurere Prozess durchgelaufen ist, kann die abgebrochene Transaktion erneut ausgeführt werden. Dies geschieht jedoch nicht automatisch, sondern muss manuell (oder durch eine Anwendung gesteuert) initiiert werden.

Probieren wir auch das anhand eines einfachen Beispiels aus:

1. Öffnen Sie im SQL Server Management Studio ein Abfragefenster und verbinden Sie sich mit der lokalen SQL Server-Instanz und der Datenbank *MediaBase* (z. B. durch die Anweisung `USE MediaBase`).
2. Beginnen Sie hier eine Transaktion und führen Sie eine Änderung auf der Tabelle *dbo.Buch* aus:

   ```
   BEGIN TRANSACTION
   UPDATE dbo.Buch SET Bewertung = 1
   ```

3. Öffnen Sie ein weiteres Abfragefenster, das ebenfalls mit der lokalen SQL Server-Instanz und der Datenbank *MediaBase* verbunden ist.
4. Beginnen Sie auch hier eine Transaktion und führen Sie eine Änderung auf der Tabelle *dbo.CD* aus:

   ```
   BEGIN TRANSACTION
   UPDATE dbo.CD SET Bewertung = 2
   ```

5. Wechseln Sie nun zurück zum ersten Abfragefenster und führen Sie hier ebenfalls eine Änderung auf der Tabelle *dbo.CD* aus:

   ```
   UPDATE dbo.CD SET Bewertung = 1
   ```

   Sie werden jetzt keine direkte Bestätigung erhalten, dass das `UPDATE` ausgeführt wurde, da die Verbindung nun versucht, die Tabelle *dbo.CD* exklusiv zu sperren, diese aber von der anderen Verbindung bereits gesperrt ist.
6. Wechseln Sie wieder zurück zum zweiten Abfragefenster und führen Sie hier eine Änderung auf der Tabelle *dbo.Buch* aus:

   ```
   UPDATE dbo.Buch SET Bewertung = 2
   ```

7. Sie haben nun einen Deadlock erzeugt, da die erste Verbindung die Tabelle *dbo.Buch* gesperrt hat und auf Freigabe der Tabelle *dbo.CD* wartet, während die zweite Verbindung die Tabelle *dbo.CD* gesperrt hat und auf Freigabe der Tabelle *dbo.Buch* wartet. Nach einer kurzen Pause wird einer der beiden Prozesse zum Deadlock-Opfer erklärt und automatisch abgebrochen, sodass im anderen Prozess auch die zweite `UPDATE`-Anweisung ausgeführt werden kann. Als Ergebnis der abgebrochenen Abfrage erhalten Sie eine Meldung der folgenden Art:

   Meldung 1205, Ebene 13, Status 51, Zeile 1

   Die Transaktion (Prozess-ID 59) befand sich auf Sperre Ressourcen aufgrund eines anderen Prozesses in einer Deadlocksituation und wurde als Deadlockopfer ausgewählt. Führen Sie die Transaktion erneut aus.
8. Durch Abfragen der Systemvariablen `@@TRANCOUNT` können Sie verifizieren, dass bei der abgebrochenen Transaktion aufgrund des automatischen `ROLLBACK` keine Transaktion mehr offen ist, während im anderen Abfragefenster (in dem beide `UPDATE`-Anweisungen erfolgreich ausgeführt wurden) die Transaktion noch geöffnet ist. Diese können Sie nun ebenfalls mit der `ROLLBACK`-Anweisung abbrechen, wodurch die Änderungen wieder rückgängig gemacht werden.

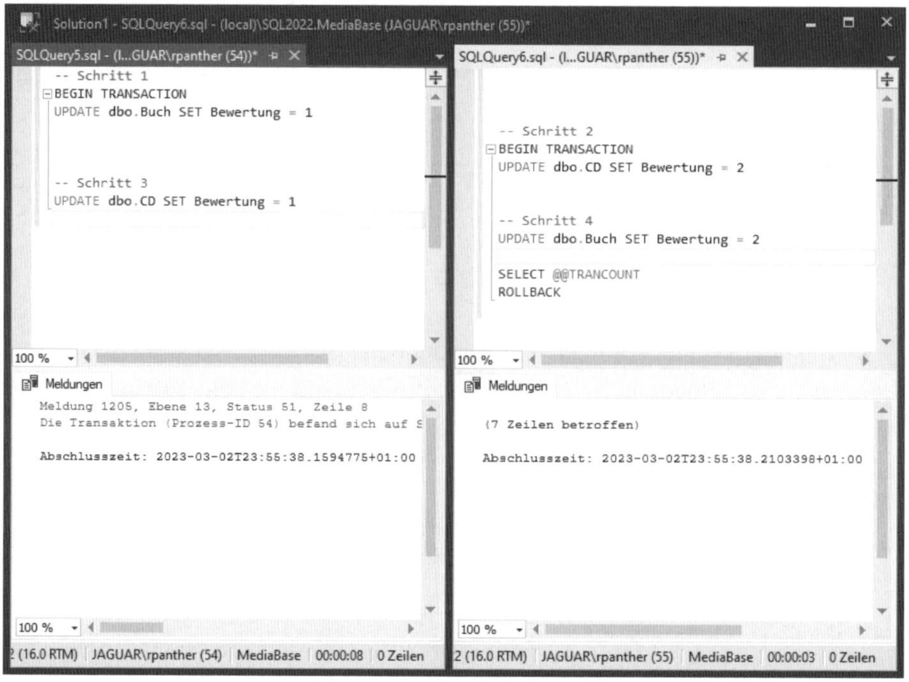

Abbildung 9.4: Die Transaktion links wurde als Deadlock-Opfer ausgewählt und abgebrochen

Da das Erkennen von Deadlocks Zeit erfordert und die abgebrochenen Skripte der Deadlock-Opfer erneut ausgeführt werden müssen, sollte man Deadlocks möglichst von vornherein vermeiden oder das Deadlock-Risiko zumindest auf ein Minimum reduzieren. Dafür gibt es vor allem zwei einfache Grundregeln:

- Halten Sie Transaktionen so klein wie möglich. Insbesondere sollte innerhalb einer Transaktion nicht auf eine Anwenderaktion (wie beispielsweise eine Eingabe) gewartet werden.
- Definieren Sie eine einheitliche Reihenfolge, in der auf die Tabellen schreibend zugegriffen wird.

Übungen zu diesem Kapitel

In diesem Abschnitt finden Sie einige Übungen, mit denen Sie das in diesem Kapitel Erlernte vertiefen können. Die richtigen Antworten und Lösungen finden Sie in *Anhang C* dieses Buchs.

Übung 9.1

Schreiben Sie ein SQL-Skript, das alle Tracks der CD mit der ID 1 in eine (lokale) temporäre Tabelle (*#CD1Tracks*) speichert und anschließend aus dieser temporären Tabelle die Tracks einmal nach *TrackNr* sortiert und einmal alphabetisch sortiert ausgibt.

Übung 9.2

Entwerfen Sie ein SQL-Skript, das die Jahre 1980 bis 2009 in einer Schleife durchläuft und für jedes Jahr prüft, ob CDs gespeichert sind, die in diesem Jahr erschienen sind. Ist das der Fall, sind die entsprechenden Titel und Interpreten (der CD, nicht der einzelnen Tracks) auszugeben, ansonsten soll die Meldung *Keine CD aus diesem Jahr gespeichert* erscheinen.

Übung 9.3

Schreiben Sie ein SQL-Skript, das ausgibt, wie viel Prozent der gespeicherten Bücher mit 1 oder 2 bewertet wurden. Fügen Sie diesem Skript eine Fehlerbehandlung hinzu, um den Fall abzufangen, dass noch keine Bücher erfasst wurden. Statt des üblichen Fehlers wegen Division durch 0 soll dann der Text *Keine Daten zum Auswerten vorhanden* ausgegeben werden.[4]

Übung 9.4

Zwei Transaktionen in separaten Prozessen greifen zuerst auf die Tabelle *dbo.Buch* und anschließend auf die Tabelle *dbo.DVD* zu. Welche der beiden Transaktionen kann komplett durchlaufen?

Zusammenfassung

In diesem Kapitel haben Sie viele Möglichkeiten kennengelernt, die Sie nutzen können, um mit SQL Server auch komplexere Skripte schreiben und ausführen zu können. Während die reine Ausführung auch mit dem Kommandozeilentool SQLCMD möglich ist, bietet der Abfrage-Editor des SQL Server Management Studio zahlreiche Hilfestellungen, mit denen Sie SQL-Skripte nicht nur besser entwerfen, sondern auch testen können. Dazu zäh-

4 Um das Skript testen zu können, müssen Sie vorher eventuell noch einige Bewertungen in der Tabelle *Buch* ergänzen.

len das zeilenweise Abarbeiten sowie die Verwendung von Haltepunkten. Eventuell auftretende Fehler können Sie mit einem TRY...CATCH-Konstrukt abfangen oder eigene Fehler mit der RAISERROR- oder der THROW-Anweisung erzwingen.

An SQL-Sprachfeatures wurden Systemvariablen sowie selbst definierbare Variablen behandelt, die auch ganze Tabellen beinhalten können. Für Letzteres sind als Alternative aber auch temporäre Tabellen verwendbar.

Zur Steuerung des Skriptablaufs können Fallunterscheidungen mit der IF-Anweisung oder WHILE-Schleifen verwendet werden, die sich entweder auf einzelne Zeilen oder ganze Anweisungsblöcke beziehen, die mit BEGIN und END eingefasst sind.

Zum Schluss des Kapitels wurde noch ein Thema behandelt, das vor allem für Mehrbenutzerumgebungen eine wichtige Rolle spielt: die Zusammenhänge von Sperren, Transaktionen und Deadlocks. Transaktionen können aber auch genutzt werden, um die Korrektheit von Datenänderungen zu prüfen, bevor diese endgültig ausgeführt werden.

Kapitel 10

Gespeicherte Prozeduren, Funktionen, Trigger und Cursor

In diesem Kapitel lernen Sie

- wie Sie mithilfe von gespeicherten Prozeduren oft benötigte SQL-Skripte speichern und parametrisieren können
- welche Möglichkeiten Funktionen bieten, um immer wiederkehrende Berechnungen zu vereinfachen
- wie man mit Triggern Aufgaben automatisieren kann
- was es mit SQL-Cursorn auf sich hat

Systemprozeduren und -funktionen

SQL Server stellt eine ganze Reihe von vorgefertigten Systemprozeduren und -funktionen zur Verfügung, die man direkt verwenden kann.

Systemprozeduren

Systemprozeduren sind in großer Menge vorhanden, werden für alltägliche Aufgaben aber eher selten benötigt. Daher folgt an dieser Stelle nur eine Beschreibung der Nutzung von Systemprozeduren anhand einiger ausgewählter Beispiele.

Zum Aufrufen von gespeicherten Prozeduren wird der `EXECUTE`-Befehl (oder kurz `EXEC`) verwendet. Über die Systemprozedur `sys.sp_databases` erhalten Sie beispielsweise eine Auflistung aller Datenbanken mit ihrer Größe (in Megabytes).

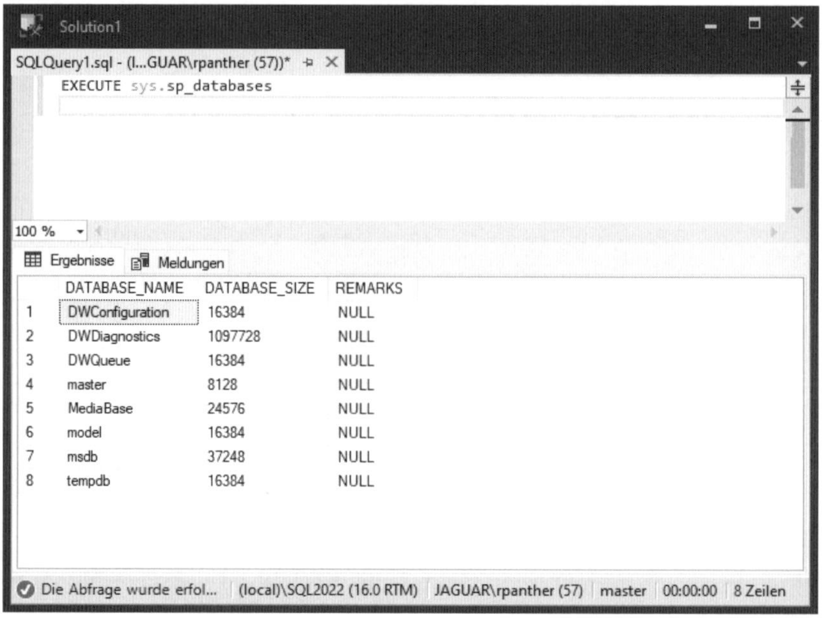

Abbildung 10.1: Das Ergebnis der Systemprozedur sys.sp_databases

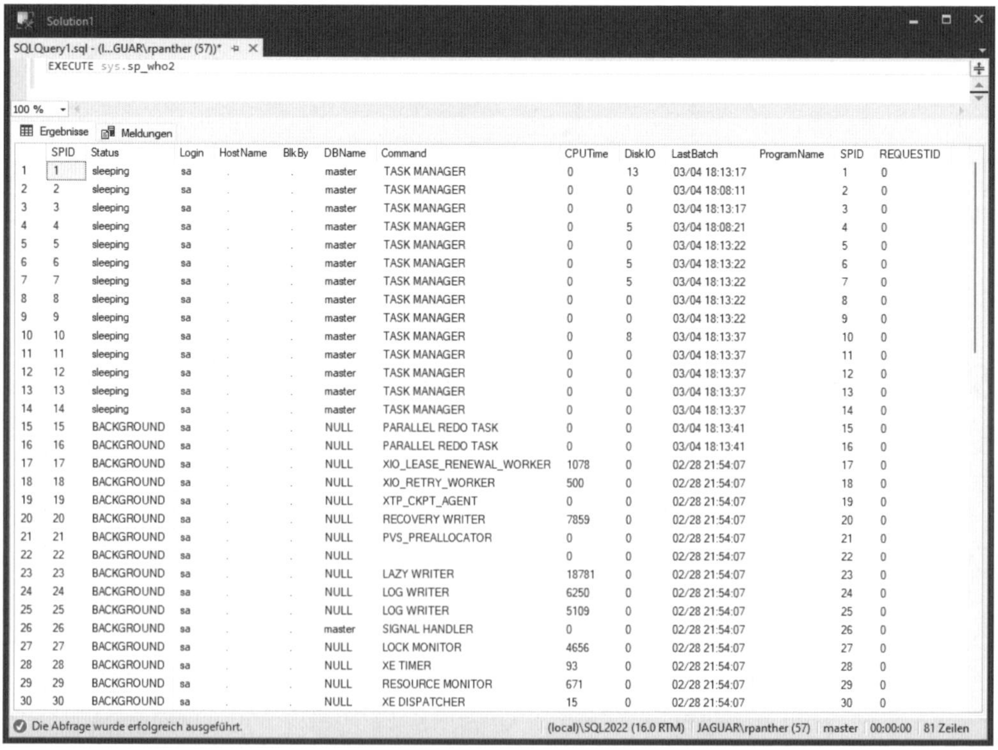

Abbildung 10.2: Das Ergebnis der Systemprozedur sys.sp_who2

Eine weitere hilfreiche Systemprozedur ist `sys.sp_who` bzw. deren Nachfolger `sys.sp_who2`, die alle SQL Server-Prozesse auflisten. Beide zeigen neben der SQL Server-internen Prozess-ID (SPID) Informationen wie Status, Log-in-Name, Hostname und Datenbank an. Die neuere Variante `sp_who2` liefert hier allerdings noch ein paar Details mehr, wie beispielsweise die Prozessorzeit (*CPUTime*) und die Festplattenaktivität (*DiskIO*) der jeweiligen Prozesse.

Sollte ein Prozess von einem anderen blockiert werden, ist dessen Prozess-ID in der Spalte *BlkBy* zu finden.

Blockierungen aufheben

Wenn Sie mit der Systemprozedur `sys.sp_who2` feststellen, dass ein Prozess von einem anderen blockiert wird, können Sie den blockierenden Prozess mit der SQL-Anweisung `KILL` abbrechen. Dabei muss lediglich die SPID des abzubrechenden Prozesses als Parameter übergeben werden.

Mit der Systemprozedur `sys.sp_renamedb` können Sie Datenbanken umbenennen. Dazu werden sowohl der alte als auch der neue Name der Datenbank als Parameter übergeben. Mit der folgenden Anweisung könnten Sie der Datenbank *MediaBase* einen neuen Namen geben:

```
EXEC sys.sp_renamedb MediaBase, MediaBaseReloaded
```

Dabei wird lediglich der Name der Datenbank geändert, die Dateinamen bleiben in der ursprünglichen Form erhalten.[1] Für diese Änderung muss die Datenbank jedoch exklusiv gesperrt werden, sodass zur selben Zeit keine andere Verbindung zu dieser Datenbank bestehen darf.

Eine Systemprozedur muss auf jeden Fall noch erwähnt werden. Die Prozedur `sys.sp_sqlexec` führt beliebige SQL-Kommandos aus, die als Parameter übergeben werden:

Beispiel: `EXEC sys.sp_sqlexec 'SELECT * FROM dbo.Buch'`

Das mag auf den ersten Blick unsinnig erscheinen, denn dann könnte man ja die SQL-Anweisung auch ohne Verwendung der Systemprozedur eingeben. Der Sinn von `sys.sp_sqlexec` liegt allerdings darin, dynamisches SQL zu ermöglichen. Das bedeutet, dass man eine SQL-Anweisung in einer Variablen zusammenbaut und diese dann an `sys.sp_sqlexec` als Parameter übergibt.

Probieren Sie doch einmal das folgende SQL-Skript aus:

```
DECLARE @SQLCommand AS nvarchar(255)
DECLARE @SQLTable AS nvarchar(64)
SET @SQLTable = 'dbo.Buch'
SET @SQLCommand = 'SELECT * FROM ' + @SQLTable
EXEC sys.sp_sqlexec @SQLCommand
```

Das Ergebnis ist wiederum die Anzeige der Tabelle *dbo.Buch*, wobei dieses Skript leicht so angepasst werden kann, dass damit verschiedene Tabellen angezeigt werden.

---

1 Sollten Sie die oben gezeigte Anweisung ausprobieren, denken Sie daran, dies durch die gleiche Anweisung mit vertauschten Parametern wieder rückgängig zu machen, damit der Datenbankname zu den weiteren Beispielen in diesem Buch passt.

Die wichtigsten Systemfunktionen

Während Systemprozeduren eher selten benötigt werden, spielen Systemfunktionen eine größere Rolle in der alltäglichen Arbeit mit SQL, zumal man diese oft als Bestandteil von SELECT-Abfragen verwendet. Da Funktionen nur einen Wert zurückliefern, diesen aber nicht automatisch anzeigen, wird dazu auch eine aufrufende Anweisung, die diesen Funktionswert weiterverarbeitet, benötigt.

Die einfachste und sicherlich bekannteste Systemfunktion ist die GETDATE()-Funktion, die den aktuellen Zeitpunkt (Datum mit Uhrzeit) zurückgibt. So erhalten Sie nach Ausführung der Abfrage

```
SELECT GETDATE()
```

ein Ergebnis in der folgenden Form:

2023-02-28 22:56:30.397

Mit den Funktionen YEAR(), MONTH() und DAY() lässt sich der jeweilige Datumsbestandteil des übergebenen Datums herausfinden. Zusammen mit der GETDATE()-Funktion lassen sich damit die einzelnen Bestandteile des aktuellen Datums selektieren:

```
SELECT GETDATE() AS Datum, YEAR(GETDATE()) AS Jahr, MONTH(GETDATE()) AS Monat, DAY(GETDATE())
AS Tag
```

Noch flexibler lassen sich einzelne Bestandteile eines Datums mit der DATEPART()-Funktion herausfiltern. Dazu wird neben dem Datum selbst noch die Zeiteinheit übergeben.

Bezeichnung(en)	Bedeutung
DAY, D, DD	Tag (des Monats)
DAYOFYEAR, DY, Y	Tag (des Jahres)
HOUR, HH	Stunde
ISO_WEEK, ISOWK, ISOWW	ISO-Kalenderwoche
MONTH, M, MM	Monat
MICROSECOND, MCS	Mikrosekunde
MILLISECOND, MS	Millisekunde
MINUTE, MI, N	Minute
NANOSECOND, NS	Nanosekunde
QUARTER, QQ, Q	Quartal
SECOND, SS, S	Sekunde
TZOFFSET, TZ	Zeitzonenoffset in Minuten
WEEKDAY, DW, W	Tag (der Woche)
WEEK, WK, WW	Woche
YEAR, YY, YYYY	Jahr

Tabelle 10.1: SQL Server-Zeiteinheiten

Somit gibt die folgende Anweisung die aktuelle Kalenderwoche aus:

```
SELECT DATEPART(WEEK, GETDATE()) AS KW
```

Als weitere Datumsfunktionen, die ebenfalls die oben aufgelisteten Zeiteinheiten verwenden, sind noch `DATEADD()` und `DATEDIFF()` zu erwähnen. Die erste Funktion addiert zu einem übergebenen Datum ein Intervall einer bestimmten Zeiteinheit hinzu, während die zweite Funktion die Differenz zwischen zwei Datumswerten in einer übergebenen Zeiteinheit errechnet.

Die folgende Anweisung addiert zum aktuellen Datum 14 Tage:

```
SELECT DATEADD(DAY, 14, GETDATE())
```

Die `DATEDIFF()`-Funktion kann beispielsweise gut verwendet werden, um die Tage bis Weihnachten zu berechnen:

```
SELECT DATEDIFF(DAY, GETDATE(), '24.12.2023')
```

Damit diese Abfrage auch im nächsten Jahr noch richtig funktioniert, benötigen Sie eine weitere Funktion. Die Funktion `DATEFROMPARTS()`, die mit SQL Server 2012 eingeführt wurde, erwartet getrennte Parameter für Jahr, Monat und Tag und gibt daraufhin ein Datum zurück:

```
SELECT DATEFROMPARTS(2023,12,24)
```

Auf den ersten Blick erscheint das überflüssig. Der Sinn erschließt sich aber dann, wenn einzelne Bestandteile eines Datums konstant übergeben werden, während andere aus Datenbankspalten, Variablen oder Funktionen gefüllt werden. Unser Beispiel von oben lässt sich damit so anpassen, dass der 24.12. fest vorgegeben ist und dazu immer das aktuelle Jahr verwendet wird:

```
SELECT DATEDIFF(DAY, GETDATE(), DATEFROMPARTS(YEAR(GETDATE()),12,24))
```

Mit SQL Server 2022 neu hinzugekommen sind die Datumsfunktionen `DATETRUNC()` und `DATE_BUCKET()`. Mit `DATETRUNC()` lässt sich ein Datumsdatentyp (inkl. `TIME`, `DATETIME` etc.) auf eine bestimmte Zeiteinheit kürzen, was nicht heißt, dass das Datum dort abgeschnitten wird, sondern auf den Beginn der genannten Zeiteinheit quasi abgerundet wird.

Somit ergibt der folgende Aufruf den ersten Tag des aktuellen Monats zurück:

```
SELECT DATETRUNC(MONTH, GETDATE()) AS ErsterDesMonats
```

Noch interessanter (weil nicht so leicht auf anderem Weg nachzubauen) wird die Funktion mit den Zeiteinheiten `WEEK` und `QUARTER`, mit denen man den ersten Tag der Woche oder des Quartals ermitteln kann:

```
SELECT DATETRUNC(WEEK, GETDATE()) AS Wochenbeginn
```

```
SELECT DATETRUNC(QUARTER, GETDATE()) AS Quartalsbeginn
```

Die `DATE_BUCKET()`-Funktion erfüllt einen ähnlichen Zweck, allerdings mit einem zusätzlichen ganzzahligen Parameter, der in Kombination mit der Zeiteinheit die Zeitabschnitte definiert, auf die das Datum zugeschnitten wird. Die folgenden beiden Abfragen wären also alternative Möglichkeiten zur Bestimmung des Quartalsbeginns:

```
SELECT DATE_BUCKET(QUARTER, 1, GETDATE()) AS Quartalsbeginn
```

```
SELECT DATE_BUCKET(MONTH, 3, GETDATE()) AS Quartalsbeginn
```

Mit anderen Zahlen lässt sich auf diese Weise aber auch der Halbjahresbeginn ermitteln:

```
SELECT DATE_BUCKET(QUARTER, 2, GETDATE()) AS Halbjahresbeginn
```

```
SELECT DATE_BUCKET(MONTH, 6, GETDATE()) AS Halbjahresbeginn
```

Durch ein Unterteilen in Einheiten von 15 Minuten ist auch der Beginn der laufenden Viertelstunde ermittelbar:

```
SELECT DATE_BUCKET(MINUTE, 15, GETDATE()) AS Viertelstundenbeginn
```

Neben den Datumsfunktionen gibt es natürlich auch noch eine Reihe weiterer Systemfunktionen. So sind – wie in fast jeder Programmiersprache – die wichtigsten mathematischen Funktionen (wie beispielsweise `ABS()`, `SIN()`, `COS()`, `LOG()`, `EXP()`, `PI()` etc.) vertreten.

Noch wichtiger sind die zahlreichen Funktionen zum Arbeiten mit Zeichenketten. Die Funktionen `LEFT()` und `RIGHT()` geben die ersten bzw. letzten Zeichen einer Zeichenkette zurück, wobei als Parameter die Anzahl der Zeichen und die Zeichenkette selbst übergeben werden. Will man eine Teilzeichenkette in der Mitte herausschneiden, kann man mit der `SUBSTRING()`-Funktion neben der Zeichenkette die Position und die Anzahl der Zeichen übergeben. Das folgende Beispiel veranschaulicht die Arbeitsweise der drei Funktionen:

```
SELECT SUBSTRING('ABCDE', 2, 3), LEFT('ABCDE', 2), RIGHT('ABCDE',3)
```

Wenn Sie die Länge einer Zeichenkette ermitteln wollen, bietet sich die `LEN()`-Funktion an. Die folgende Abfrage gibt alle Buchtitel zusammen mit ihrer jeweiligen Länge an:

```
SELECT Titel, LEN(Titel) FROM dbo.Buch
```

Das funktioniert allerdings nur, weil das Feld *Titel* als `nvarchar(80)` deklariert wurde. Hätten Sie das Feld als `nchar(80)` angelegt, würden die Feldinhalte mit Leerzeichen aufgefüllt, und es würde für alle Zeilen die Länge 80 zurückgegeben. Aber auch hier gibt es Systemfunktionen, die Abhilfe schaffen. Mit den Funktionen `LTRIM()` und `RTRIM()` können Sie führende und folgende Leerzeichen abschneiden, sodass Sie für das gerade beschriebene Problem `RTRIM()`- und `LEN()`-Funktion kombiniert einsetzen würden:

```
SELECT Titel, LEN(RTRIM(Titel)) FROM dbo.Buch
```

Wenn Sie eine Zeichenkette sowohl von führenden als auch folgenden Leerzeichen befreien möchten, mussten Sie bisher die Funktionen `LTRIM()` und `RTRIM()` kombiniert einsetzen. Mit SQL Server 2017 war dann endlich auch die allgemeine `TRIM()`-Funktion hinzugekommen, die genau dies von Haus aus erledigt. Um das auszuprobieren, wird mit den folgenden Codezeilen eine Variable mit einem kurzen Text zwischen jeweils einem führenden und einem folgenden Leerzeichen belegt und dann mit den verschiedenen `TRIM`-Varianten bearbeitet und ausgegeben. Um die verbleibenden Leerzeichen besser lesbar zu machen, wird am Anfang und am Ende jedes ausgegebenen Werts noch ein Hash-Zeichen eingefügt.

```
DECLARE @Dummy AS nvarchar(255) = ' abc '

SELECT '#'+@Dummy+'#' AS Original, '#'+LTRIM(@Dummy)+'#' AS nachLTRIM, '#'+RTRIM(@Dummy)+'#'
AS nachRTRIM

SELECT '#'+LTRIM(RTRIM(@Dummy))+'#' AS nachLRTRIM

SELECT '#'+TRIM(@Dummy)+'#' AS nachTRIM
```

In der Ausführung ist zu sehen, dass die zweite und dritte Abfrage dasselbe Ergebnis zurückliefern, die dritte Abfrage aber etwas kompakter und besser lesbar ist.

Mit SQL Server 2022 gibt es auch für die `TRIM()`-Funktionen eine Erweiterung, durch die man nicht nur Leerzeichen, sondern beliebige Zeichen an Anfang und/oder Ende einer Zeichenkette entfernen kann. So entfernen die folgenden Anweisungen die spitzen Klammern an Anfang und Ende der Zeichenkette:

```
SELECT LTRIM('<abc>', '<') AS Links
```

```
SELECT RTRIM('<abc>', '>') AS Rechts
```

Obwohl der zweite Parameter auch mehrere Zeichen enthalten kann, funktioniert die folgende Variante leider nicht:

```
SELECT TRIM('<abc>', '<>') AS Rechts -- Fehler!
```

Stattdessen gibt es aber noch eine alternative Syntax, mit der auch gleichzeitiges Trimmen an Anfang und Ende möglich ist:

```
SELECT TRIM('<>' FROM '<abc>') AS Beidseitig
```

Durch ein zusätzliches Schlüsselwort lässt sich auch in dieser Schreibweise angeben, ob an Anfang, Ende oder beidseitig getrimmt werden soll:

```
SELECT TRIM(BOTH '<>' FROM '<abc>') AS Beidseitig
```

```
SELECT TRIM(LEADING '<>' FROM '<abc>') AS Links
```

```
SELECT TRIM(TRAILING '<>' FROM '<abc>') AS Rechts
```

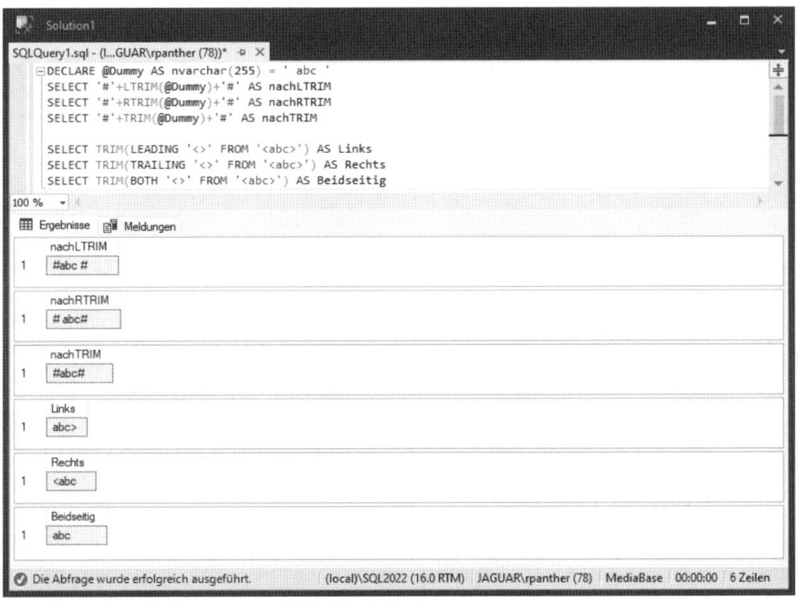

Abbildung 10.3: Verschiedene Varianten der TRIM-Funktion

Deutlich älter sind dagegen die Funktionen `UPPER()` und `LOWER()`, mit denen Sie eine Zeichenkette komplett in Groß- bzw. Kleinbuchstaben umwandeln können. Probieren Sie einmal folgende Abfrage aus:

```
SELECT Autor, UPPER(Autor), LOWER(Autor) FROM dbo.Buch
```

Das Zusammenfügen von Zeichenketten ist normalerweise mit dem +-Operator möglich. So können Sie mit folgender Abfrage Titel und Interpret einer CD in einer Spalte zusammen ausgeben:

```
SELECT Interpret, Titel, Titel + ' (' + Interpret + ')' AS TitelMitInterpret
FROM dbo.CD
```

Sollte eines der beiden Felder in einer Zeile nicht gefüllt sein, also den Wert `NULL` enthalten, ergibt das allerdings für den gesamten Ausdruck `Titel + '(' + Interpret + ')'` den Wert `NULL`.

Besonderheit beim Arbeiten mit NULL-Werten

Wenn ein `NULL`-Wert in irgendeinem Ausdruck verwendet wird, hat dies zur Folge, dass der gesamte Ausdruck das Ergebnis `NULL` bekommt. Das liegt daran, dass `NULL` von der Logik her nicht einem leeren, sondern einem unbekannten Wert entspricht. Damit ist das Ergebnis von allem, was mit diesem unbekannten Wert geschieht, ebenfalls als unbekannt definiert. Bei logischen Feldern spricht man auch von dreiwertiger Logik, da diese die Werte `true`, `false` oder `NULL` (also wahr, falsch oder unbekannt) haben können.

Hier kann man sich mit der `ISNULL()`-Funktion behelfen, die als ersten Parameter einen Wert erwartet, der im Normalfall auch wieder als Ergebnis zurückgegeben wird. Der zweite Parameter ist ein Wert, der zurückgegeben wird, sollte der erste Parameter `NULL` sein. Bei Zeichenketten funktioniert also der Ausdruck `ISNULL(Zeichenkette, '')`, um anstelle eines `NULL`-Werts eine leere Zeichenkette zurückzugeben. Die Abfrage von oben ist daher wie folgt zu erweitern, um das geschilderte Problem zu beheben:

```
SELECT Interpret, Titel, ISNULL(Titel,'') + ' (' + ISNULL(Interpret,'') + ')' AS
   TitelMitInterpret
FROM dbo.CD
```

Seit SQL Server 2012 gibt es die `CONCAT()`-Funktion, mit der sich das Problem noch komfortabler lösen lässt. Hier werden als Parameter einfach Zeichenketten in beliebiger Anzahl übergeben, die dann zu einer zusammengefügt werden. Dabei werden `NULL`-Werte einfach ignoriert:

```
SELECT Interpret, Titel, CONCAT(Titel, ' (', Interpret, ')') AS TitelMitInterpret
FROM dbo.CD
```

Seit SQL Server 2017 gibt es eine erweiterte Variante dieser Funktion mit dem Namen `CONCAT_WS()`. WS steht für *With Separator*, da hierbei als erster Parameter ein (oder mehrere) Trennzeichen angegeben werden kann, das zwischen die Inhalte der weiteren Parameter eingefügt wird. Die folgenden Abfragen nutzen das, um ein Leerzeichen zwischen die folgenden Parameter zu setzen:

```
SELECT CONCAT_WS(' ', 'Das','ist','ein','Test!')

SELECT CONCAT_WS(' ', Titel,'von',Interpret,'!')
FROM dbo.CD
```

Wenn einer der Parameter `NULL` ist, wird dabei auch das Trennzeichen dazu weggelassen und taucht nicht zweimal hintereinander im Ergebnis auf.

Mit SQL Server 2016 wurde die Funktion `STRING_SPLIT()` eingeführt, mit der man Zeichenketten anhand eines Trennzeichens in einzelne Bestandteile aufteilen kann. So nutzt die folgende Abfrage das Leerzeichen als Trennzeichen, um den übergebenen Satz in die einzelnen Wörter zu zerlegen:

```
SELECT * FROM STRING_SPLIT('Dies ist ein Test!', ' ')
```

Dabei ist zu beachten, dass diese Funktion normalerweise in der `FROM`-Klausel einer Abfrage verwendet wird, da sie nicht einen einzelnen Wert, sondern mehrere Werte in Form einer Tabelle zurückgibt.

Ab SQL Server 2022 gibt es für die Funktion noch einen optionalen logischen Parameter, der – wenn er auf 1 gesetzt ist – dafür sorgt, dass auch die Reihenfolge der Wörter als numerischer Wert mit zurückgegeben wird.

```
SELECT * FROM STRING_SPLIT('Dies ist ein Test!', ' ', 1)
```

Wenn der Zusatzparameter dagegen auf 0 steht, erhalten Sie dasselbe Ergebnis wie bei der Variante ohne Zusatzparameter.

Mit SQL Server 2017 kam mit `STRING_AGG()` die Umkehrung dieser Funktion dazu, die genau genommen eine Aggregatfunktion ist, da sie Werte aus mehreren Zeilen zu einem Wert zusammenfasst. Hiermit können verschiedene Werte der Spalte einer Abfrage mit einem als Parameter zu übergebenden Trennzeichen zusammengefügt werden, wie folgendes Beispiel zeigt:

```
SELECT STRING_AGG(Titel, ' / ') AS Buchtitel
FROM dbo.Buch
```

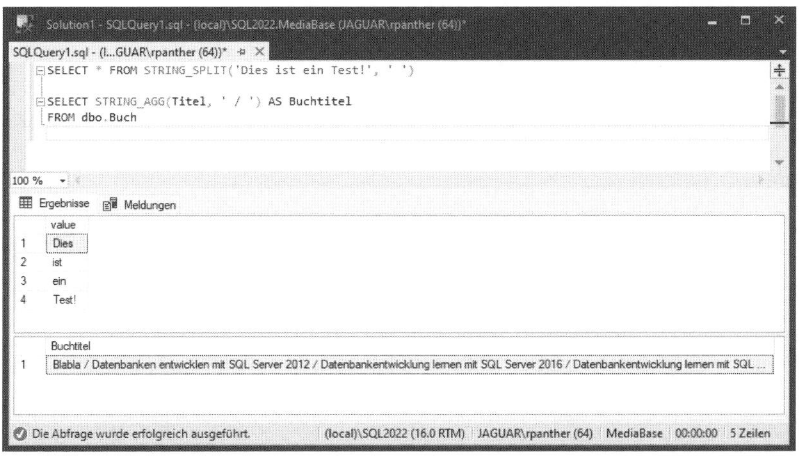

Abbildung 10.4: Die Funktionen STRING_SPLIT und STRING_AGG

Eine weitere interessante Zeichenkettenfunktion ist die REPLACE()-Funktion, mit der Zeichenfolgen in einer Zeichenkette durch andere Zeichenfolgen ersetzt werden können. Das folgende Beispiel ersetzt den Umlaut »ö« durch die alternative Schreibweise »oe«:

```
SELECT REPLACE('Hallöchen', 'ö', 'oe')
```

Will man mehrere solcher Ersetzungen durchführen, kann man die Aufrufe dieser Funktion schachteln. Damit lassen sich beispielsweise eckige Klammern durch runde ersetzen:

```
SELECT REPLACE(REPLACE('Klammern ändern [eckig in rund]', '[', '('), ']', ')')
```

Auch hierzu gibt es seit SQL Server 2017 wieder eine kompaktere Form. Mit der sogenannten TRANSLATE()-Funktion wird das erste Zeichen im Suchparameter durch das erste Zeichen im Ersetzen-Parameter ausgetauscht, das zweite durch das zweite und so weiter. Damit ergibt sich für das oben genannte Beispiel folgende verkürzte Schreibweise:

```
SELECT TRANSLATE('Klammern ändern [eckig in rund]', '[]', '()')
```

Nachteil dabei ist, dass hier jeweils nur einzelne Zeichen durch einzelne Zeichen ersetzt werden können, da ansonsten die Zuordnung nicht eindeutig ist. Die Funktion lässt sich also nicht verwenden, um eine Ersetzung aller drei Umlaute durch ihre alternativen Schreibweisen zu erreichen:

```
SELECT TRANSLATE('Löcher ändern überhaupt nichts!', 'äöü', 'aeoeue')
```

Hier bleibt dann nach wie vor nur die geschachtelte Verwendung der REPLACE()-Funktion:

```
SELECT REPLACE(REPLACE(REPLACE('Löcher ändern überhaupt nichts!', 'ä', 'ae'), 'ö', 'oe'), 'ü',
'ue')
```

Neben den Datums- und Zeichenkettenfunktionen gibt es noch eine Reihe an allgemeinen Funktionen, die verschiedenste Bereiche abdecken. Darunter sind einige, die Informationen über die aktuelle Verbindung ausgeben. So gibt USER_NAME() den aktuellen Benutzer zurück, HOST_NAME() den Servernamen und APP_NAME() den Namen der Anwendung, mit der die Verbindung zum Datenbankserver hergestellt wurde.

```
SELECT USER_NAME() AS Benutzer, HOST_NAME() AS Host, APP_NAME() AS Anwendung
```

Mit der Funktion NEWID() können Sie eine neue GUID (*Globally Unique Identifier*) erzeugen. Dabei handelt es sich um eine weltweit eindeutige Kombination aus verschiedenen Zeichen, die gern verwendet wird, um Zeilen in Tabellen, die später einmal zusammengeführt werden, eindeutig zu identifizieren. Zum Speichern verwendet SQL Server dafür einen eigenen Datentyp, der uniqueidentifier heißt.

```
SELECT NEWID()
```

Übersicht über Systemprozeduren und -funktionen

Die oben gezeigten Systemprozeduren und -funktionen stellen lediglich eine Auswahl dar. Wenn Sie eine komplette Übersicht über alle verfügbaren Systemprozeduren und -funktionen benötigen, können Sie sie im Objekt-Explorer in einer beliebigen Datenbank unter *Programmierbarkeit/Gespeicherte Prozeduren/Gespeicherte Systemprozeduren* bzw. *Programmierbarkeit/Funktionen/Systemfunktionen* finden. Letztere sind sogar noch in weitere Kategorien unterteilt.

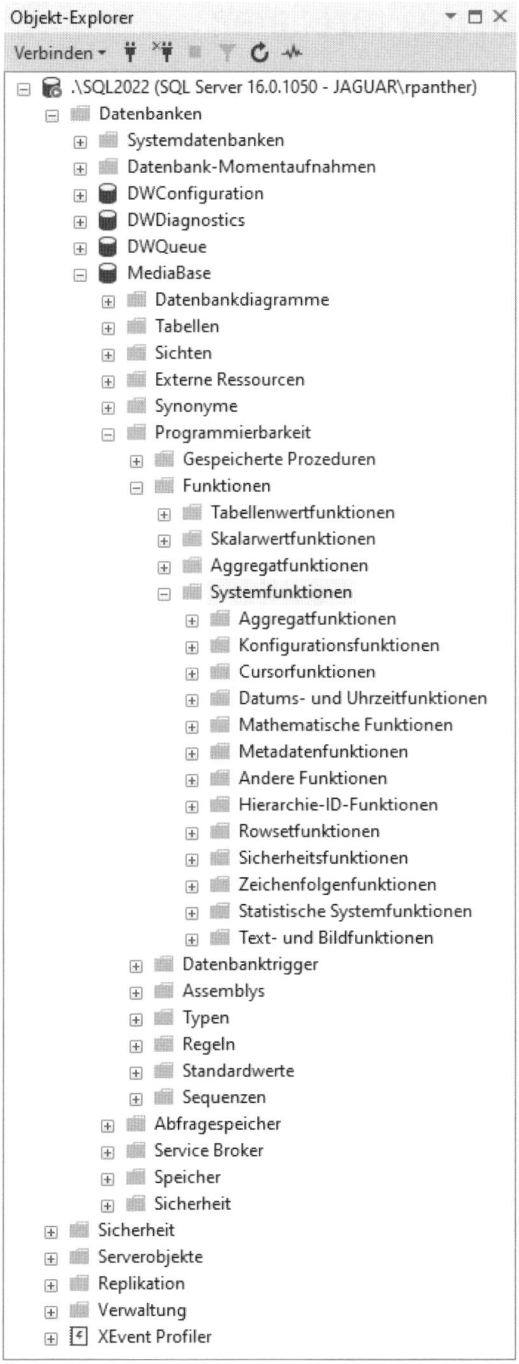

Abbildung 10.5: Die Systemfunktionen im Objekt-Explorer

Benutzerdefinierte gespeicherte Prozeduren

Nachdem Sie nun die wichtigsten Systemprozeduren und -funktionen kennengelernt haben, wollen wir einmal darangehen, eigene Prozeduren und Funktionen zu entwickeln.

Einfache gespeicherte Prozeduren

Die einfachste Variante stellen gespeicherte Prozeduren ohne Parameter dar. Dazu können Sie ein beliebiges SQL-Skript mit `BEGIN` und `END` eingrenzen und davor die Anweisung `CREATE PROCEDURE [Prozedurname] AS` setzen. Starten wir mit einem einfachen Beispiel:

1. Stellen Sie im SQL Server Management Studio eine Verbindung zur lokalen Serverinstanz *SQL2022* her und öffnen Sie im Objekt-Explorer ein Abfragefenster.
2. Verbinden Sie sich mit der Datenbank *MediaBase* und führen Sie folgende Anweisung aus, um die gespeicherte Prozedur zu erstellen:

```
CREATE PROCEDURE dbo.BuecherAnzeigen AS
BEGIN
   SELECT * FROM dbo.Buch
END
GO
```

3. Rufen Sie die Prozedur nun auf, indem Sie die folgende Anweisung ausführen:

```
EXEC dbo.BuecherAnzeigen
```

4. Es wird eine Liste mit allen gespeicherten Büchern angezeigt.

Richtig Sinn ergibt eine gespeicherte Prozedur natürlich nur, wenn der Inhalt etwas komplexer wird.

Gespeicherte Prozeduren und Funktionen immer mit GO abschließen

Die Definition von benutzerdefinierten gespeicherten Prozeduren und Funktionen sollte immer mit der `GO`-Anweisung abgeschlossen werden. Sonst kann es leicht vorkommen, dass darauffolgende Anweisungen mit in die gespeicherte Prozedur (oder Funktion) integriert werden.

Gespeicherte Prozeduren mit Parametern

Um die Prozedur aus dem letzten Beispiel etwas universeller nutzbar zu machen, erweitern wir sie jetzt so, dass sie nicht alle Bücher anzeigt, sondern nur die eines bestimmten Autors. Der Name des Autors soll als Parameter an die gespeicherte Prozedur übergeben werden. Die Deklaration dieses Parameters erfolgt zwischen dem Prozedurnamen und dem Schlüsselwort `AS`:

1. Führen Sie im Abfragefenster (verbunden mit der Datenbank *MediaBase*) die folgende Anweisung aus, um die gespeicherte Prozedur zu erstellen:

```
CREATE PROCEDURE dbo.BuecherVonAutor
   @Autor nvarchar(80)
AS
BEGIN
```

```
   SELECT * FROM dbo.Buch WHERE Autor = @Autor
END
GO
```

2. Rufen Sie die Prozedur nun auf, indem Sie die folgende Anweisung ausführen:

```
EXEC dbo.BuecherVonAutor 'Robert Panther'
```

3. Es wird eine Liste mit allen Büchern des Autors *Robert Panther* angezeigt. Variieren Sie den Aufruf der Abfrage nun, indem Sie andere Autorennamen als Parameter übergeben.

Parameter lassen sich auch mit Standardwerten (Defaults) versehen, wodurch sie zu optionalen Parametern werden (vorausgesetzt, es folgen keine weiteren nicht optionalen Parameter). Passen wir also die zuerst erstellte Prozedur so an, dass sie als optionale Parameter die Angabe des Anfangs von Titel und Autorennamen akzeptiert:

1. Öffnen Sie im Objekt-Explorer den Zweig *Datenbanken/MediaBase/Programmierbarkeit/Gespeicherte Prozeduren*. Hier müssten nun die beiden bisher erstellten gespeicherten Prozeduren (*dbo.BuecherAnzeigen* und *dbo.BuecherVonAutor*) aufgelistet sein. Sollten diese beiden Prozeduren nicht aufgelistet sein, müssen Sie die Anzeige vorher aktualisieren.
2. Klicken Sie die gespeicherte Prozedur *dbo.BuecherAnzeigen* mit der rechten Maustaste an und wählen Sie die Option *Ändern*. Daraufhin wird im Abfragefenster ein Skript für die Änderung der gespeicherten Prozedur generiert, das so aussieht:

```
USE [MediaBase]
GO

/****** Object:  StoredProcedure [dbo].[BuecherAnzeigen]    Script Date: 06.03.2023
23:44:25 ******/

SET ANSI_NULLS ON
GO
SET QUOTED_IDENTIFIER ON
GO

ALTER PROCEDURE [dbo].[BuecherAnzeigen] AS
BEGIN
   SELECT * FROM dbo.Buch
END
GO
```

3. Passen Sie dieses Skript nun wie folgt an:

```
ALTER PROCEDURE [dbo].[BuecherAnzeigen]
   @TitelAnfang nvarchar(80) = '',
   @AutorAnfang nvarchar(80) = ''
AS
BEGIN
   SELECT *
   FROM dbo.Buch
   WHERE Titel LIKE @TitelAnfang + '%'
      AND Autor LIKE @AutorAnfang + '%'
END
```

4. Wenn Sie das Skript ausführen, wird die gespeicherte Prozedur um die optionalen Parameter erweitert, die beide als Standardwert eine leere Zeichenkette erhalten. Probieren Sie folgende Aufrufe aus:

```
EXEC dbo.BuecherAnzeigen
EXEC dbo.BuecherAnzeigen 'SQL'
EXEC dbo.BuecherAnzeigen 'SQL', 'Ro'
```

5. Je nach den Büchern, die Sie in Ihrer Datenbank erfasst haben, wird das Ergebnis variieren. Auf jeden Fall erhalten Sie bei der ersten Variante des Aufrufs eine Liste mit allen Büchern, während die zweite Variante nur die Bücher anzeigt, die mit *SQL* beginnen. Die dritte Variante schließlich zeigt alle Bücher, deren Titel mit *SQL* beginnt und die von einem Autor verfasst sind, dessen Name mit *Ro* beginnt.

Problematisch ist dabei, dass Sie auf diese Weise keine Möglichkeit haben, nur den zweiten Parameter anzugeben und für den ersten Parameter den Standardwert zu nutzen. Um dies dennoch realisieren zu können, bietet die EXECUTE-Anweisung die Möglichkeit, bei den Parametern deren Namen mit anzugeben. Damit lässt sich auch von der vorgegebenen Reihenfolge der Parameter abweichen. Probieren Sie einmal folgende Aufrufe der gespeicherten Prozedur aus:

```
EXEC dbo.BuecherAnzeigen @AutorAnfang='Ro'
EXEC dbo.BuecherAnzeigen @AutorAnfang='Ro', @TitelAnfang='SQL'
```

Gespeicherte Prozeduren mit OUTPUT-Parametern

Gespeicherte Prozeduren können auch Werte zurückgeben. Im Gegensatz zu Funktionen kann eine Prozedur sogar mehrere Rückgabewerte haben. Rückgabeparameter werden mit dem Zusatz OUTPUT (oder dessen Kurzform OUT) als solche gekennzeichnet. Erweitern wir nun die Prozedur *dbo.BuecherVonAutor* so, dass neben der Anzeige der Bücher selbst auch die Anzahl der gefundenen Bücher zurückgegeben wird.

1. Führen Sie im Abfrage-Editor das folgende SQL-Skript aus, um die gespeicherte Prozedur anzupassen:

```
ALTER PROCEDURE [dbo].[BuecherVonAutor]
   @Autor nvarchar(80),
   @Anzahl int OUTPUT
AS
BEGIN
   SELECT * FROM dbo.Buch WHERE Autor = @Autor
   SET @Anzahl = (SELECT COUNT(*) FROM dbo.Buch WHERE Autor = @Autor)
END
GO
```

2. Um den OUTPUT-Parameter nach Ausführung der gespeicherten Prozedur auch auswerten zu können, benötigen wir eine Variable, die vorher deklariert werden muss. Nach Rücksprung aus der gespeicherten Prozedur kann diese dann wieder abgefragt werden. Führen Sie die folgenden Anweisungen aus, um die gespeicherte Prozedur zu testen:

```
DECLARE @Zeilen AS int
EXEC dbo.BuecherVonAutor 'Robert Panther', @Zeilen OUTPUT
SELECT @Zeilen AS ZeilenAnzahl
```

OUTPUT auch beim Aufruf der Prozedur verwenden

Beachten Sie, dass auch beim Aufruf der Prozedur der Zusatz `OUTPUT` beim entsprechenden Parameter angegeben werden muss. Ohne diesen Zusatz funktioniert der Aufruf zwar ebenfalls, die Variable bekommt dann aber keinen Wert zugewiesen, sodass sie immer `NULL` enthalten würde.

Benutzerdefinierte Funktionen

Während gespeicherte Prozeduren selbstständig ausführbar sind, liefern Funktionen einen Wert zurück und können überall dort eingesetzt werden, wo auch der zurückgegebene Wert passen würde. Man unterscheidet zwischen drei verschiedenen Typen von Funktionen:

- Skalarfunktionen
- Tabellenwertfunktionen
- Aggregatfunktionen

Diese drei Varianten sollen im Folgenden etwas genauer beleuchtet werden. Insbesondere die ersten beiden Typen lassen sich besonders gut nutzen, um mithilfe einer benutzerdefinierten Logik spezielle Anforderungen zu realisieren.

Skalarwertfunktionen (oder kurz Skalarfunktionen)

Diese Variante von Funktionen entspricht dem, was man sich normalerweise unter einer Funktion vorstellt, denn von ihr wird ein einfacher (skalarer) Wert als Ergebnis zurückgeliefert. Damit bietet sich vor allem die Verwendung in Abfragen an, wie das folgende Beispiel zeigt:

```
SELECT Titel, GETDATE() FROM dbo.Buch
```

Hier wurde die Ihnen bereits bekannte Systemfunktion `GETDATE()` verwendet, die das aktuelle Datum (mit Uhrzeit) zurückliefert. Mehr Sinn ergibt der Einsatz einer Funktion innerhalb einer Abfrage natürlich, wenn sie zusammen mit einem Feld aus der Abfrage verwendet wird, sodass für jede Zeile der Tabelle andere Werte entstehen. Die folgende Abfrage nutzt beispielsweise die Systemfunktionen `GETDATE()` und `YEAR()`, um das Alter eines Buchs in Jahren zu bestimmen:

```
SELECT Titel, Erscheinungsjahr, YEAR(GETDATE())-Erscheinungsjahr AS BuchAlter
FROM dbo.Buch
```

Über eine benutzerdefinierte Funktion lässt sich diese Abfrage noch etwas eleganter gestalten:

```
SELECT Titel, Erscheinungsjahr, dbo.UFN_JahreSeit(Erscheinungsjahr) AS BuchAlter
FROM dbo.Buch
```

Nun muss nur noch die Berechnung selbst als Funktion implementiert werden:

1. Stellen Sie im SQL Server Management Studio eine Verbindung zur lokalen Serverinstanz *SQL2022* her und öffnen Sie im Objekt-Explorer die Datenbank *MediaBase*.
2. Wenn Sie nun den Zweig *Programmierbarkeit* öffnen, finden Sie darunter einen Eintrag *Funktionen*, der die verschiedenen Funktionstypen beinhaltet.
3. Klicken Sie den Unterpunkt *Skalarwertfunktionen* mit der rechten Maustaste an und wählen Sie die Option *Skalarwertfunkion.*
4. Es wird automatisch ein Gerüst für eine Skalarwertfunktion erstellt, das Sie nur noch füllen müssen.

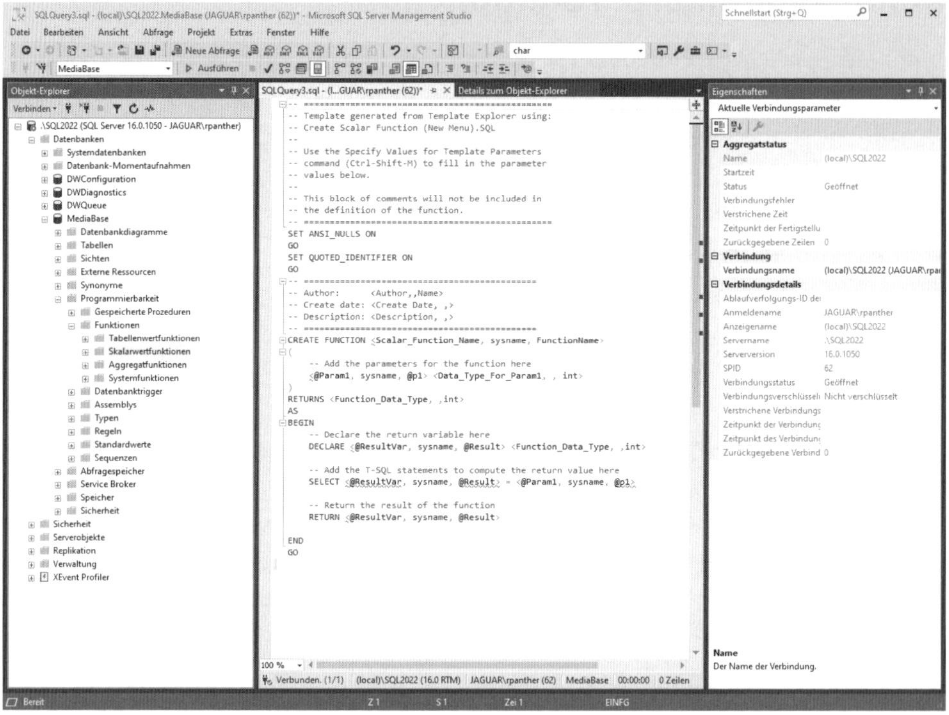

Abbildung 10.6: Das Gerüst für eine Skalarwertfunktion

5. Passen Sie die Vorlage nun so an, dass folgende Funktionsdefinition übrig bleibt (wobei Sie Autor und Erstellungsdatum natürlich entsprechend anpassen können):

```
SET ANSI_NULLS ON
GO
SET QUOTED_IDENTIFIER ON
GO
-- ============================================
-- Author:    Robert Panther
-- Create date:    06.03.2023
-- Description:    ermittelt die Differenz zwischen aktuellem Datum
--                 und einer übergebenen Jahreszahl
-- ============================================
CREATE FUNCTION dbo.UFN_JahreSeit
(
```

```
    -- Add the parameters for the function here
    @Jahreszahl int
)
RETURNS int
AS
BEGIN
    -- Return the result of the function
    RETURN YEAR(GETDATE())-@Jahreszahl
END
GO
```

Kommentarblöcke in Funktionen und gespeicherten Prozeduren

Auch wenn der einleitende Block von Kommentarzeilen optional ist, sollten Sie sich angewöhnen, diesen für alle benutzerdefinierten gespeicherten Prozeduren und Funktionen zu verwenden, um dort zumindest in ein paar Stichwörtern zu beschreiben, was die jeweilige Routine macht. In Umgebungen, in denen mehrere Entwickler gespeicherte Prozeduren und Funktionen erstellen, ist auch die Angabe des Autors wichtig, sodass man gleich sieht, an wen man sich wenden kann, wenn später einmal Änderungen oder Erweiterungen notwendig werden.

6. Führen Sie das Skript aus, um die Funktion zu erstellen.
7. Schließen Sie das Abfragefenster und führen Sie in einem weiteren Abfragefenster die folgende Anweisung aus, um die soeben erstellte Funktion auszuprobieren:

```
SELECT Titel, Erscheinungsjahr, dbo.UFN_JahreSeit(Erscheinungsjahr) AS BuchAlter
FROM dbo.Buch
```

8. Als Ergebnis sollten Sie eine Liste der Buchtitel mit Erscheinungsjahr und Alter in Jahren erhalten.

Tabellenwertfunktionen

Im Gegensatz zu Skalarwertfunktionen liefern Tabellenwertfunktionen ganze Tabellenobjekte als Ergebnis zurück.[2] Ein vergleichbares Ergebnis können Sie erzielen, wenn Sie eine Tabellenvariable erstellen, diese in einer Prozedur als `OUTPUT`-Parameter zurückgeben und dann im Funktionsaufruf die Tabellenvariable verwenden.

Erstellen wir nun eine Tabellenwertfunktion, die alle Datensätze der Tabelle *CD_Track* zurückliefert, die zu einer als Parameter übergebenen CD gehören:

1. Stellen Sie im SQL Server Management Studio eine Verbindung zur lokalen Serverinstanz *SQL2022* her und öffnen Sie im Objekt-Explorer die Datenbank *MediaBase*.
2. Wenn Sie nun den Zweig *Programmierbarkeit* öffnen, finden Sie darunter den Eintrag *Funktionen*, der die verschiedenen Funktionstypen beinhaltet.
3. Klicken Sie unter *Programmierbarkeit* den Unterpunkt *Funktionen/Tabellenwertfunktionen* mit der rechten Maustaste an und wählen Sie die Option *Neue Inline-Tabellenwertfunktion*.

2 Mit der Systemfunktion `STRING_SPLIT` haben Sie bereits zu Beginn des Kapitels eine Tabellenwertfunktion kennengelernt.

4. Es wird automatisch ein Gerüst für eine Tabellenwertfunktion erstellt, das Sie wie folgt anpassen:

```
SET ANSI_NULLS ON
GO
SET QUOTED_IDENTIFIER ON
GO
-- =============================================
-- Author:   Robert Panther
-- Create date:   06.03.2023
-- Description:   ermittelt alle Tracks zu einer CD
-- =============================================
CREATE FUNCTION dbo.UFN_TracksFromCD
(
   -- Add the parameters for the function here
   @ID_CD int
)
RETURNS TABLE
AS
RETURN
(
   -- Add the SELECT statement with parameter references here
   SELECT * FROM dbo.CD_Track WHERE ID_CD=@ID_CD
)
GO
```

5. Führen Sie die `CREATE FUNCTION`-Anweisung aus, um die Tabellenwertfunktion zu erstellen.
6. Da die Funktion eine Tabelle als Ergebnis zurückgibt, kann sie wie eine Tabelle verwendet werden. Führen Sie die folgende SQL-Abfrage aus, um die Funktion zu testen:

```
SELECT *
FROM dbo.UFN_TracksFromCD(1)
```

7. Als Ergebnis werden alle Tracks zur `idCD` 1 ausgegeben.

Im Gegensatz zu den gerade verwendeten Inline-Tabellenwertfunktionen gibt es noch die Tabellenwertfunktionen mit mehreren Anweisungen. Während die erste Variante einfach das Ergebnis einer `SELECT`-Abfrage zurückgibt, wird in der zweiten Variante zuerst unter Angabe der Tabellenspalten eine Tabellenvariable als Rückgabewert deklariert. Anschließend wird die Tabellenvariable mit einer oder mehreren Anweisungen gefüllt. Die oben gezeigte Tabellenwertfunktion sieht in dieser alternativen Form wie folgt aus:

```
SET ANSI_NULLS ON
GO
SET QUOTED_IDENTIFIER ON
GO
-- =============================================
-- Author:      Robert Panther
-- Create date:   06.03.2023
-- Description:   ermittelt alle Tracks zu einer CD
-- =============================================
CREATE FUNCTION dbo.UFN_TracksFromCD2
(
```

```
    -- Add the parameters for the function here
    @ID_CD int
)
RETURNS @Ergebnis TABLE
    (ID int, ID_CD int, CDNr tinyint, Titel nvarchar(80), Interpret nvarchar(80), Dauer
time(7),
    Bewertung tinyint)
AS
BEGIN
    INSERT INTO @Ergebnis (ID, ID_CD, CDNr, Titel, Interpret, Dauer, Bewertung)
    SELECT ID, ID_CD, CDNr, Titel, Interpret, Dauer, Bewertung
FROM dbo.CD_Track
WHERE ID_CD=@ID_CD

    RETURN
END
GO
```

Diese Variante ist auf den ersten Blick etwas umständlicher und unübersichtlicher, bietet aber andererseits mehr Flexibilität, da man die Ergebnistabelle auch mit einer Folge von Anweisungen füllen kann.

Tabellenwertfunktion zur Realisierung einer Sicht mit Parametern

Tabellenwertfunktionen können gut genutzt werden, wenn Sie eigentlich eine Sicht verwenden würden, dieser aber Parameter übergeben wollen. Daher sind auch einige vordefinierte Sichten der älteren SQL Server-Versionen inzwischen als Tabellenwertfunktionen implementiert.

Um eine Tabellenwertfunktion mit anderen Tabellen zu verknüpfen, wird der `APPLY`-Operator verwendet, den es in zwei Ausprägungen gibt:

- `CROSS APPLY` entspricht einem `INNER JOIN`.
- `OUTER APPLY` entspricht einem `LEFT OUTER JOIN`.

Dabei werden die Felder, mit denen die Tabellen verknüpft werden, als Parameter an die Funktion übergeben. Innerhalb der Funktion muss dann natürlich dafür gesorgt werden, dass die richtigen Zeilen für den übergebenen Parameter selektiert werden. In unserer Beispielfunktion weiter oben, `dbo.UFN_TracksFromCD`, ist das natürlich der Fall, sodass wir diese Funktion gut mit der Tabelle *dbo.CD* verknüpfen können. So liefert die Abfrage ...

```
SELECT *
FROM dbo.CD CROSS APPLY dbo.UFN_TracksFromCD(CD.ID)
```

... alle CDs mit ihren zugehörigen Tracks und damit dasselbe Ergebnis wie die einfache Abfrage:

```
SELECT *
FROM dbo.CD INNER JOIN dbo.CD_Track ON CD.ID=CD_Track.ID_CD
```

Wenn Sie dagegen auch die CDs sehen wollen, zu denen keine Tracks gespeichert sind, würden Sie anstelle des `INNER JOIN` einen `LEFT JOIN` verwenden. Beim `APPLY`-Operator können Sie dasselbe erreichen, indem Sie die `OUTER APPLY`-Variante nutzen:

```
SELECT *
FROM dbo.CD OUTER APPLY dbo.UFN_TracksFromCD(CD.ID)
```

In der hier dargestellten Form ist die Verwendung der Tabellenwertfunktion natürlich nicht wirklich sinnvoll, da die Komplexität der Gesamtabfrage dadurch höher wird, was sich auch in einer schlechteren Performance niederschlagen kann. Wenn die Funktion selbst aber komplexer ist und nicht nur aus einer `SELECT`-Abfrage besteht, lässt sich das `APPLY`-Konstrukt nicht mehr so einfach durch einen `JOIN` ersetzen.

Aggregatfunktionen

Die systemeigenen Aggregatfunktionen wie beispielsweise `COUNT`, `SUM`, `MAX`, `MIN` und `AVG` haben Sie ja bereits kennengelernt. Seit SQL Server 2005 bietet der Microsoft SQL Server allerdings auch die Möglichkeit, mithilfe von .NET eigene Aggregatfunktionen zu erstellen, die man dann in einzelne Datenbanken integrieren kann. So wäre beispielsweise eine Funktion vorstellbar, die Zeichenketten zusammenfügt.

Da das Erstellen einer solchen Aggregatfunktion aber eher eine .NET-lastige Angelegenheit ist, die noch dazu recht selten benötigt wird, verzichte ich hier darauf, dieses Thema detailliert zu behandeln. Im Moment reicht es aus, zu wissen, dass die Möglichkeit für benutzerdefinierte Aggregatfunktionen existiert.

Einschränkungen von Funktionen

Im Gegensatz zu gespeicherten Prozeduren unterliegen Funktionen zahlreichen Einschränkungen. So ist einerseits keine Fehlerbehandlung mit `TRY...CATCH` möglich. Außerdem sind keine Datenänderungen durchführbar (wodurch es leider auch unmöglich gemacht wird, einen eventuell auftretenden Fehler in einer Fehlertabelle zu protokollieren). Sollte eines dieser Features benötigt werden, verwenden Sie stattdessen eine gespeicherte Prozedur mit `OUTPUT`-Parameter.

Trigger

Mithilfe von Triggern lassen sich Reaktionen auf Datenänderungsoperationen einfach automatisieren. Ein Trigger ist eine spezielle Form einer gespeicherten Prozedur, die automatisch ausgeführt wird, sobald ein bestimmtes Ereignis eintritt. Dabei unterscheidet man zwischen zwei Varianten von Triggern:

- DML-Trigger
- DDL-Trigger

Die häufiger eingesetzten DML-Trigger reagieren auf `INSERT`-, `UPDATE`- und `DELETE`-Anweisungen und werden meist dazu genutzt, Statistiken zu aktualisieren oder ein Protokoll bzw. eine Datenhistorie mitzuführen.

DDL-Trigger werden dagegen ausgelöst, sobald eine entsprechende Änderung an der Datenstruktur ausgeführt wird. Eine genaue Beschreibung der DDL-Trigger erwartet Sie in *Kapitel 11, Datenbankadministration mit SQL*, daher nun zurück zu den DML-Triggern.

DML-Trigger werden auf Basis einer Tabelle erstellt. Hier sind drei Ereignisse möglich, für die ein entsprechender Trigger definiert werden kann:

- INSERT-Trigger – ein oder mehrere Datensätze werden der Tabelle hinzugefügt.
- UPDATE-Trigger – ein oder mehrere Datensätze der Tabelle werden geändert.
- DELETE-Trigger – ein oder mehrere Datensätze der Tabelle werden gelöscht.

Ein einfacher UPDATE-Trigger

Die Arbeitsweise eines DML-Triggers wird schnell klar, wenn man Folgendes einfach mal ausprobiert.

1. Stellen Sie im SQL Server Management Studio eine Verbindung zur lokalen Serverinstanz *SQL2022* her und öffnen Sie im Objekt-Explorer die Datenbank *MediaBase*.
2. Erstellen Sie nun eine neue Tabelle mit Namen *dbo.AenderungsLog*, die diese Felder enthält:

Spaltenname	Datentyp	NULL-Werte zulassen	Sonstiges
ID	int	nein	Primärschlüssel
Zeitpunkt	datetime	nein	Standardwert: getdate()
Aenderung	nvarchar(MAX)	ja	

Tabelle 10.2: Die Felder der Tabelle dbo.AenderungsLog

Für die Spalte *ID* sollte auch eine Identitätsspezifikation festgelegt werden, sodass man diese nicht manuell setzen muss.

3. Suchen Sie nun im Objekt-Explorer die Tabelle *dbo.Buch* und klicken Sie das kleine Pluszeichen davor an.
4. Klicken Sie in der daraufhin erscheinenden nächsten Ebene den Unterpunkt *Trigger* mit der rechten Maustaste an und wählen Sie die Option *Neuer Trigger.*
5. Im Abfragefenster erscheint ein Gerüst für eine Anweisung, mit der ein Trigger erstellt werden kann. Passen Sie dieses Gerüst nun wie folgt an und führen Sie das SQL-Skript anschließend aus:

```
SET ANSI_NULLS ON
GO
SET QUOTED_IDENTIFIER ON
GO
-- =============================================
-- Author:   Robert Panther
-- Create date:   06.03.2023
-- Description:   Änderungshistorie für dbo.Buch schreiben
-- =============================================
CREATE TRIGGER dbo.TRG_ChangeLog
   ON  dbo.Buch
   AFTER UPDATE
AS
BEGIN
   SET NOCOUNT ON;

INSERT INTO AenderungsLog (Aenderung) VALUES ('Zeile in dbo.Buch geändert!')
END
GO
```

6. Wenn Sie jetzt im Objekt-Explorer den Zweig *MediaBase/Tabellen/dbo.Buch/Trigger* aufklappen, erscheint dort der neu angelegte Trigger mit dem Namen *TRG_ChangeLog*.

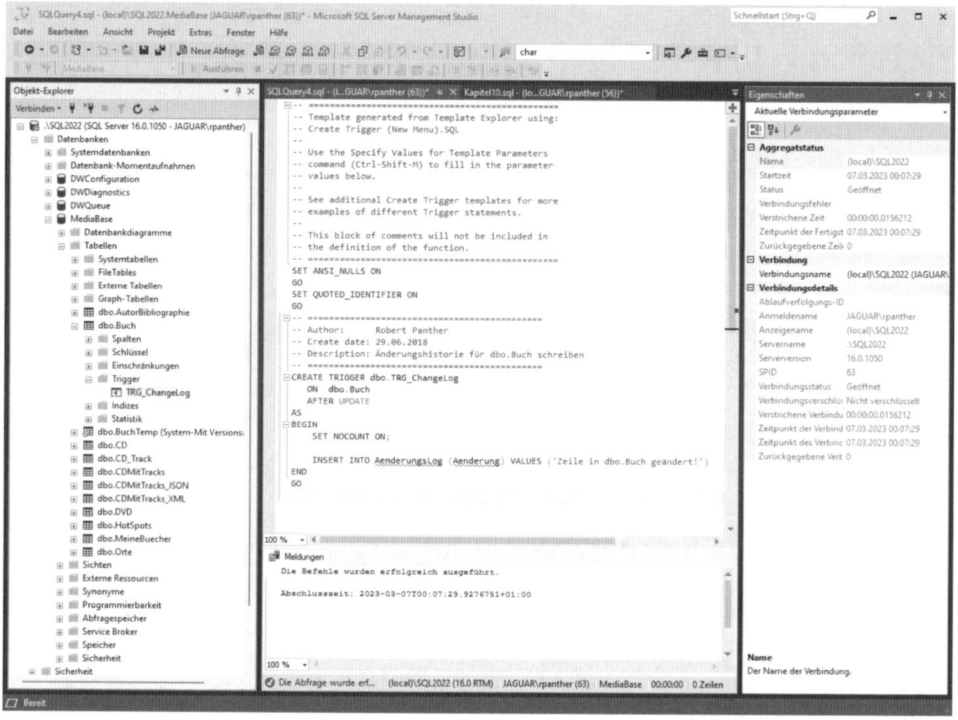

Abbildung 10.7: Definition eines UPDATE-Triggers für die Tabelle dbo.Buch

7. Um zu testen, ob der Trigger auch wirklich funktioniert, führen Sie nun mit folgender SQL-Anweisung eine Änderung der Daten in der Tabelle *dbo.Buch* durch:

```
UPDATE dbo.Buch
SET Bewertung=3
WHERE Bewertung IS NULL
```

8. Wenn Sie jetzt einen Blick in die Tabelle *dbo.AenderungsLog* werfen, werden Sie feststellen, dass dort eine Zeile eingefügt wurde, die neben dem vorher festgelegten Kommentar auch den Zeitpunkt der `UPDATE`-Ausführung beinhaltet.

Ein Trigger-Ereignis pro DML-Anweisung

Unabhängig davon, ob von der `UPDATE`-Anweisung keine, eine oder mehrere Zeilen betroffen waren, wird genau ein Eintrag in die Tabelle *dbo.AenderungsLog* geschrieben, da der Trigger pro Anweisung (nicht pro Datensatz) aufgerufen wird.

Sie können das leicht überprüfen, indem Sie die `UPDATE`-Anweisung noch einmal ausführen. Aufgrund der Bedingung `WHERE Bewertung IS NULL` wird nun keine Zeile mehr geändert. In die Tabelle *dbo.AenderungsLog* wird trotzdem ein Datensatz geschrieben.

Kombinierte DML-Trigger

Zusätzlich zum `UPDATE`-Trigger können Sie natürlich auch einen entsprechenden `INSERT`- und einen `DELETE`-Trigger erstellen, indem Sie statt `AFTER UPDATE` eine der beiden anderen DML-Operationen angeben. Ein Trigger kann sogar auf mehrere DML-Ereignisse reagieren, indem Sie zwei oder alle drei DML-Operationen hier aufführen. Passen wir nun den Trigger entsprechend an:

1. Klicken Sie den Trigger *TRG_ChangeLog* im Objekt-Explorer mit der rechten Maustaste an und wählen Sie die Option *Ändern.*
2. Es wird eine entsprechende `ALTER TRIGGER`-Anweisung im Abfragefenster generiert, die Sie wie folgt anpassen und anschließend ausführen:

```
USE [MediaBase]
GO
/****** Object:  Trigger [dbo].[TRG_ChangeLog]    Script Date: 07.03.2023 00:12:40 ******/
SET ANSI_NULLS ON
GO
SET QUOTED_IDENTIFIER ON
GO
ALTER TRIGGER [dbo].[TRG_ChangeLog]
   ON  [dbo].[Buch]
   AFTER UPDATE, INSERT, DELETE
AS
BEGIN
   SET NOCOUNT ON;

   INSERT INTO AenderungsLog (Aenderung)
   VALUES ('Datenänderung in Tabelle dbo.Buch!')
END
```

3. Führen Sie dann die beiden folgenden SQL-Anweisungen aus, um den Trigger zu testen:

```
INSERT INTO dbo.Buch (Titel) VALUES ('TriggerTest')
DELETE FROM dbo.Buch WHERE Titel='TriggerTest'
```

4. Auch wenn die Zeile, die hinzugefügt wurde, anschließend gleich wieder gelöscht wurde, hat der Trigger für jede der beiden DML-Operationen einen Eintrag in der Tabelle *dbo.AenderungsLog* hinzugefügt.

Verwendung von geänderten Daten im Trigger

Für ein richtiges Änderungsprotokoll wäre es natürlich sinnvoll, auch die geänderten Daten selbst mit zu speichern. Dafür sind innerhalb eines Triggers zwei temporäre Tabellen verfügbar, mit denen man die gelöschten (`DELETED`) und hinzugefügten (`INSERTED`) Zeilen abfragen kann. Bei einer `UPDATE`-Operation stehen die alten Werte in der `DELETED`-, die aktualisierten in der `INSERTED`-Tabelle.

Nutzen wir nun diese Tabellen, um den gerade erstellten Trigger weiter zu verfeinern:

1. Klicken Sie den Trigger *TRG_ChangeLog* im Objekt-Explorer mit der rechten Maustaste an und wählen Sie die Option *Ändern.*

2. Passen Sie den Trigger wie folgt an:

```
USE [MediaBase]
GO
/****** Object:  Trigger [dbo].[TRG_ChangeLog]    Script Date: 29.06.2018 00:58:14 ******/
SET ANSI_NULLS ON
GO
SET QUOTED_IDENTIFIER ON
GO
ALTER TRIGGER [dbo].[TRG_ChangeLog]
   ON  [dbo].[Buch]
   AFTER UPDATE, INSERT, DELETE
AS
BEGIN
   SET NOCOUNT ON;

   DECLARE @Aenderungen AS nvarchar(max)

   SET @Aenderungen='Datenänderung in Tabelle dbo.Buch: '
      + (SELECT ltrim(str(count(*))) FROM DELETED) + ' Zeilen gelöscht, '
      + (SELECT ltrim(str(count(*))) FROM INSERTED) + ' Zeilen hinzugefügt'

   INSERT INTO AenderungsLog (Aenderung)
   VALUES (@Aenderungen)
END
```

   Die Systemfunktionen `str()` und `ltrim()` werden dabei benötigt, um den numerischen Wert, der von `count(*)` zurückgegeben wird, in eine Zeichenkette umzuwandeln (`str()`) und anschließend dessen führende Leerzeichen zu entfernen (`ltrim()`).

3. Führen Sie nun die folgenden SQL-Anweisungen aus, um eine Zeile hinzuzufügen, zu ändern und anschließend wieder zu löschen:

```
INSERT INTO dbo.Buch (Titel) VALUES ('TriggerTest')
UPDATE dbo.Buch SET Bewertung=1 WHERE Titel='TriggerTest'
DELETE FROM dbo.Buch WHERE Titel='TriggerTest'
```

4. Werfen Sie danach einen Blick in die Tabelle *dbo.AenderungsLog* – Sie werden sehen, dass beim `UPDATE` eine Zeile gelöscht und wieder eingefügt wurde.

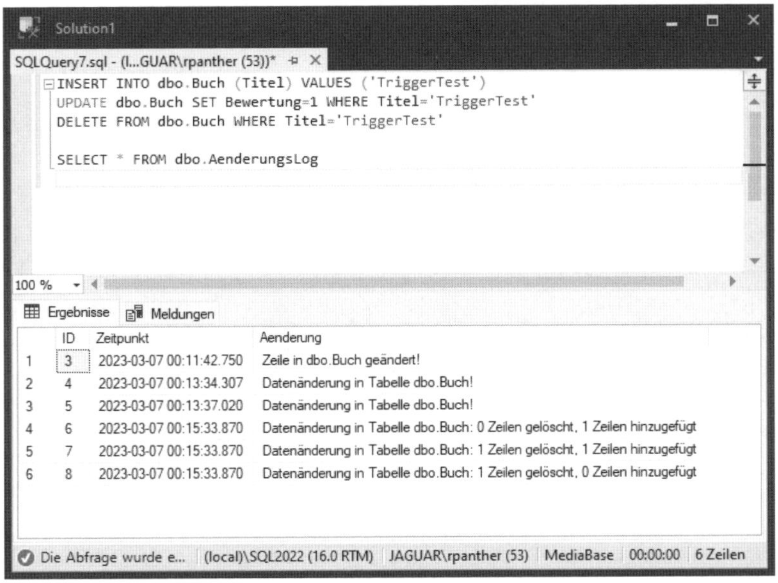

Abbildung 10.8: Verwendung der temporären Tabellen DELETED und INSERTED im Trigger

Ausführungsreihenfolge von Triggern

Behalten Sie bei Triggern stets die Ausführungsreihenfolge im Hinterkopf. Die eigentliche DML-Operation wird ausgeführt, bevor der Trigger selbst aktiv wird. Allerdings geschieht das innerhalb einer impliziten Transaktion, sodass Sie mit einem expliziten `ROLLBACK` innerhalb des Triggers auch die DML-Anweisung rückgängig machen können, die den Trigger aufgerufen hat.

INSTEAD OF-Trigger

Bei der Definition des Triggers können Sie anstelle des Schlüsselworts `AFTER` auch das Schlüsselwort `FOR` verwenden, was aber auf die Funktionsweise des Triggers keinerlei Auswirkungen hat. Es gibt allerdings noch eine dritte Alternative: Wenn Sie den Trigger mit `INSTEAD OF` deklarieren, wird nur der Trigger ausgeführt, aber nicht die aufrufende DML-Operation. Auf diesem Weg lässt sich beispielsweise ein Löschen von Daten komplett verhindern, wie folgendes Beispiel zeigt:

1. Erstellen Sie mit diesem SQL-Skript einen Trigger für die Tabelle *dbo.DVD*:

```
SET ANSI_NULLS ON
GO
SET QUOTED_IDENTIFIER ON
GO
-- =============================================
-- Author:    Robert Panther
-- Create date:    07.03.2023
-- Description:   Löschen von DVDs verhindern
-- =============================================
CREATE TRIGGER TRG_DVDLoeschenVerhindern
   ON dbo.DVD
   INSTEAD OF DELETE
```

```
AS
BEGIN
   SET NOCOUNT ON;
   PRINT 'Löschen abgelehnt!'
END
GO
```

2. Wenn Sie nun versuchen, die Inhalte der Tabelle *dbo.DVD* mit einer `DELETE`-Anweisung zu löschen, werden Sie die im `PRINT`-Befehl definierte Fehlermeldung erhalten. Lassen Sie sich nicht durch die folgende Meldung (*n Zeilen betroffen*) verunsichern. Diese besagt lediglich, dass der Trigger für jede Zeile angesprungen ist, nicht aber, dass diese wirklich gelöscht wurde. (Achtung: Ein `TRUNCATE TABLE` würde dagegen funktionieren, da dann der `DELETE`-Trigger nicht greift.)

Trigger nur gezielt einsetzen!

Trigger sind sehr mit Vorsicht zu genießen, da sie insbesondere Massenoperationen stark verlangsamen. Dazu besteht die Gefahr, durch – bewussten oder unbewussten – Einsatz von rekursiven Triggern zumindest theoretisch endlose Datenbankoperationen zu erzeugen. Glücklicherweise ist die Rekursionstiefe von Triggern bei SQL Server Express auf 32 begrenzt.

SQL-Cursor

Die Sprache SQL basiert im Allgemeinen auf mengenorientierter Verarbeitung. Die SQL-Anweisung sagt dem SQL Server, was er tun soll, gibt aber nicht direkt vor, wie. Dabei sind meist mehrere Zeilen oder gar Tabellen betroffen.

In der klassischen Programmierung wird allerdings eher von satzweiser Verarbeitung ausgegangen. Um das auch für den SQL Server zu ermöglichen, wurden die SQL-Cursor entwickelt. Das hat nichts mit dem kleinen blinkenden Strich zu tun, der im Management Studio die Stelle markiert, an der die eingetippten Zeichen erscheinen. Stattdessen handelt es sich dabei um ein Sprachkonstrukt, mit dem zuerst ein sogenannter Cursor (für *CURrent Set Of Records*) auf Basis einer `SELECT`-Anweisung definiert wird. Anschließend kann dieser Cursor in einer Schleife satzweise durchlaufen werden, um beliebige Anweisungen für jeden einzelnen Datensatz des Cursors auszuführen.

Ein einfacher Cursor

Hier sehen Sie ein Beispiel für einen SQL-Cursor, der die Tabelle *dbo.Buch* satzweise durchläuft und den Titel jedes Buchs mit einer `PRINT`-Anweisung ausgibt.

```
DECLARE CUR_Buch CURSOR
FOR SELECT ID, ISBN10, ISBN13, Autor, Titel FROM dbo.Buch

DECLARE @ID int, @ISBN10 nchar(10), @ISBN13 nchar(14), @Autor nvarchar(80), @Titel
nvarchar(80)

OPEN CUR_Buch
```

```
FETCH NEXT FROM CUR_Buch INTO @ID, @ISBN10, @ISBN13, @Autor, @Titel

WHILE @@FETCH_STATUS = 0
BEGIN
   PRINT @Titel

   FETCH NEXT FROM CUR_Buch INTO @ID, @ISBN10, @ISBN13, @Autor, @Titel
END
CLOSE CUR_Buch
DEALLOCATE CUR_Buch
```

Zu Beginn wird die Cursorvariable `CUR_Buch` deklariert und dieser gleich die `SELECT`-Abfrage zugeordnet, auf der der Cursor basieren soll. Anschließend wird für jede Spalte der Abfrage auch eine entsprechende lokale Variable deklariert, die später die Werte der gerade gelesenen Zeile enthält. Mit der `OPEN`-Anweisung wird der Cursor geöffnet, und anschließend wird über `FETCH NEXT` der Inhalt der ersten Zeile in die entsprechenden Variablen gelesen.

Nun wird eine `WHILE`-Schleife durchlaufen, solange die Systemvariable `@@FETCH_STATUS=0` ist (was bedeutet, dass noch eine Zeile gelesen werden konnte). Innerhalb der Schleife wird die Variable, die den Titel des Buchs enthält, mit einer `PRINT`-Anweisung angezeigt, bevor die nächste Datenzeile wieder in die entsprechenden Variablen gelesen wird.

Wenn die Abfrage komplett durchlaufen und die Schleife damit beendet ist, wird zuerst der Cursor geschlossen und anschließend über die `DEALLOCATE`-Anweisung die Cursorvariable wieder freigegeben.

Anstelle der `PRINT`-Anweisung können innerhalb der `WHILE`-Schleife natürlich auch sehr viel aufwendigere Aktionen erfolgen, zumal die reine Ausgabe der Buchtitel auch über eine einfache `SELECT`-Abfrage möglich gewesen wäre.

Wenn Sie möchten, können Sie das oben gezeigte SQL-Skript einmal eingeben und ausführen oder gar zeilenweise debuggen, um die Funktionsweise des Cursors besser zu verstehen.

Cursor und Trigger kombiniert verwenden

Innerhalb von Triggern lassen sich Cursor gut verwenden, um die temporären Tabellen `INSERTED` und `DELETED` zu durchlaufen. Mit diesem Verfahren lässt sich beispielsweise der *dbo.TRG_ChangeLog*-Trigger aus dem vorigen Abschnitt so erweitern, dass nicht die Anzahl der geänderten Zeilen, sondern eine kommagetrennte Liste der IDs gespeichert wird:

1. Klicken Sie den Trigger *TRG_ChangeLog* im Objekt-Explorer mit der rechten Maustaste an und wählen Sie die Option *Ändern*.
2. Passen Sie den Trigger wie folgt an:

   ```
   USE [MediaBase]
   GO
   /****** Object:  Trigger [dbo].[TRG_ChangeLog]    Script Date: 07.03.2023 00:24:29 ******/
   SET ANSI_NULLS ON
   GO
   SET QUOTED_IDENTIFIER ON
   GO
   ALTER TRIGGER [dbo].[TRG_ChangeLog]
   ```

```
ON  [dbo].[Buch]
AFTER UPDATE, INSERT, DELETE
AS

BEGIN
   SET NOCOUNT ON;

   DECLARE @Aenderungen AS nvarchar(max)

   DECLARE @IDsInserted AS nvarchar(max) = ''
   DECLARE CUR_Inserted CURSOR FOR SELECT ID FROM INSERTED
   DECLARE @ID int

   OPEN CUR_Inserted
   FETCH NEXT FROM CUR_Inserted INTO @ID

   WHILE @@FETCH_STATUS = 0
   BEGIN
       SET @IDsInserted = @IDsInserted + ltrim(str(@ID)) + ', '

       FETCH NEXT FROM CUR_Inserted INTO @ID
   END
   CLOSE CUR_Inserted
   DEALLOCATE CUR_Inserted

   IF @IDsInserted>''
   BEGIN
      SET @Aenderungen='Hinzugefügte IDs: ' + @IDsInserted

      INSERT INTO AenderungsLog (Aenderung)
      VALUES (@Aenderungen)
   END
END
```

3. Um den neuen Trigger nun sinnvoll testen zu können, sollten natürlich mehrere Zeilen in einer Anweisung hinzugefügt werden. Führen Sie dazu den folgenden SQL-Befehl aus:

```
INSERT INTO dbo.Buch (Titel) VALUES ('TriggerTest1'),('TriggerTest2')
```

4. Anschließend können Sie die neuen Zeilen wieder aus der Tabelle löschen und durch einen Blick in die Tabelle *dbo.Aenderungslog* sicherstellen, dass der angepasste Trigger nun die IDs der beiden neu hinzugefügten Zeilen protokolliert hat.

```
DELETE FROM dbo.Buch WHERE Titel LIKE 'TriggerTest%'
SELECT * FROM dbo.AenderungsLog
```

Nur im Notfall verwenden!

SQL-Cursor gelten zusammen mit den weiter oben beschriebenen Triggern als das »Enfant terrible« der T-SQL-Sprache. Beide können die Gesamtperformance eines Datenbankservers extrem belasten, sodass mögliche Alternativen im Zweifelsfall vorzuziehen sind.

SQL-Cursor lassen sich oft durch geschickt formulierte komplexe SQL-Abfragen ersetzen.

Im Zusammenhang mit Cursorn gibt es noch zahlreiche weitere Optionen und Möglichkeiten, deren detaillierte Darstellung den Rahmen dieses Kapitels sicherlich sprengen würde. Für die meisten Zwecke sollten Sie ohnehin ohne den Einsatz von Cursorn auskommen.

Übungen zu diesem Kapitel

In diesem Abschnitt finden Sie einige Übungen, mit denen Sie das in diesem Kapitel Erlernte vertiefen können. Die richtigen Antworten und Lösungen finden Sie in *Anhang C* dieses Buchs.

Übung 10.1

Erstellen Sie eine gespeicherte Prozedur mit Namen *dbo.USP_MedienAnzeigen()*, die alle Bücher, CDs und DVDs ausgibt, die einen Titel haben, der als Parameter übergeben wird. Der Medientyp (Buch, CD oder DVD) soll dabei als separate Spalte aufgelistet sein.

Übung 10.2

Entwerfen Sie eine benutzerdefinierte Skalarwertfunktion mit Namen *dbo.UFN_LastRelease*, die das letzte Veröffentlichungsjahr eines Autors bzw. Interpreten zurückgibt. Dazu sollen sowohl die Tabelle *dbo.Buch* als auch die Tabelle *dbo.CD* berücksichtigt werden.

Übung 10.3

Schreiben Sie eine benutzerdefinierte Tabellenwertfunktion mit Namen *dbo.UFN_CD-TitelVon*, die alle gespeicherten CD-Titel eines als Parameter übergebenen Interpreten zurückgibt.

Übung 10.4

Erweitern Sie den Trigger *dbo.TRG_ChangeLog* so, dass nicht nur die IDs der hinzugefügten Zeilen, sondern auch die der gelöschten Zeilen protokolliert werden.

Übung 10.5

Überarbeiten Sie den Trigger *dbo.TRG_ChangeLog* so, dass bei gleichbleibender Funktionalität statt `CURSOR` die Funktionen `STRING_AGG` und `CONCAT` verwendet werden.

Übung 10.6

Schreiben Sie eine SQL-Abfrage, die dasselbe Ergebnis (allerdings in einer Ergebnistabelle) liefert wie das folgende cursorbasierte Skript:

```
DECLARE CUR_CD CURSOR
FOR SELECT ID, Titel, Interpret FROM dbo.CD

DECLARE @ID int, @Titel nvarchar(80), @Interpret nvarchar(80)

OPEN CUR_CD

FETCH NEXT FROM CUR_CD INTO @ID, @Titel, @Interpret

WHILE @@FETCH_STATUS = 0
BEGIN
   SELECT @Titel AS Titel, @Interpret AS Interpret, (SELECT COUNT(*) FROM dbo.CD_Track
   WHERE idCD=@ID) AS AnzahlTracks

   FETCH NEXT FROM CUR_CD INTO @ID, @Titel, @Interpret
END
CLOSE CUR_CD
DEALLOCATE CUR_CD
```

Zusammenfassung

In diesem Kapitel haben Sie sowohl die Nutzung von vordefinierten als auch die Erstellung von eigenen gespeicherten Prozeduren und Funktionen kennengelernt. Viele Probleme lassen sich sowohl mit einer Sicht als auch mit einer gespeicherten Prozedur oder einer Funktion lösen, daher an dieser Stelle eine kleine Übersicht über die Unterschiede:

Aufruf, Eingabe und Ausgabe von Daten

- Funktionen (egal welchen Typs) haben einen Rückgabewert.
- Sowohl Sichten als auch Tabellenwertfunktionen geben Datenzeilen zurück und können damit wie Tabellen auch in Abfragen weiterverwendet werden.
- Gespeicherte Prozeduren geben Daten lediglich aus, können aber dazu auch `OUTPUT`-Parameter haben, die vom aufrufenden Skript weiterverwendet werden können.

Komplexität

- Sichten beinhalten ausschließlich Abfragen.
- In gespeicherten Prozeduren kann eigentlich alles geschehen (inklusive Fehlerbehandlung, Aufruf von externen Programmen etc.).
- Funktionen können zwar mehrere Anweisungen enthalten, dürfen aber keine Daten ändern und unterstützen auch keine Fehlerbehandlung.

Performance

- Sichten werden erst mit der Abfrage, in der sie verwendet werden, aufgelöst und dann zusammen mit diesen ausgeführt (es wird dynamisch ein Ausführungsplan für die Gesamtabfrage – inklusive Sicht – ermittelt). Diese Variante ist sinnvoller, wenn Daten (Zeilen oder Spalten), die in der Sicht abgefragt werden, von der aufrufenden Abfrage nicht genutzt werden.
- Für gespeicherte Prozeduren und Funktionen werden eigene Ausführungspläne vorbereitet. Diese werden also getrennt von der aufrufenden Abfrage behandelt. Diese Variante ist beispielsweise dann sinnvoller, wenn die Prozedur oder Funktion häufig mit denselben Parametern aufgerufen wird und das Ergebnis damit zwischengespeichert werden kann, sodass die Prozedur bzw. Funktion weniger häufig durchlaufen werden muss.

Zusätzlich zu gängigeren Themen wie den gespeicherten Prozeduren und Funktionen wurden auch noch exotischere Inhalte wie Trigger und Cursor behandelt, die sich allerdings beide negativ auf die Gesamtperformance auswirken können und daher nur ganz gezielt und mit äußerster Vorsicht eingesetzt werden sollten.

Unter Umständen kann aber sogar ein DML-Trigger Sinn ergeben, der einen Cursor verwendet, um alle eingefügten oder gelöschten Zeilen zu durchlaufen.

Mit diesem Kapitel sind die Grundlagen zur Datenbankentwicklung erst einmal abgeschlossen. In den folgenden Kapiteln wird näher auf die Administration von SQL-Datenbanken eingegangen, was gerade im Umfeld der Express Edition oft vernachlässigt wird. Ab *Kapitel 14, Komplexe Beziehungen mit Graphdatenbanken abbilden*, geht es dann weiter mit fortgeschrittenen Themen zur Datenbankentwicklung.

Teil IV
Datenbankadministration

In diesem Teil:

Kapitel 11 Datenbankadministration mit SQL 255
Kapitel 12 Benutzer, Rollen und Rechte 277
Kapitel 13 Daten sichern und bewegen 305

Kapitel 11
Datenbankadministration mit SQL

In diesem Kapitel lernen Sie

- wie man SQL-Skripte im SQL Server Management Studio generieren lassen kann
- wie Sie Datenbanken mit SQL erstellen und entfernen können
- wie Sie Datenbankobjekte wie Tabellen, Indizes etc. mit SQL-Anweisungen erzeugen und löschen können
- was es mit DDL-Triggern auf sich hat

Skriptgenerierung oder »SQL ist überall«

So banal diese Überschrift klingt, so viel Wahrheit steckt auch darin. Hinter eigentlich allem, was ein SQL Server macht, stecken SQL-Anweisungen. Somit können Sie alle Einstellungen, die Sie komfortabel mit dem SQL Server Management Studio vornehmen, alternativ auch direkt als SQL-Befehl eingeben. Bevor wir uns also den SQL-Anweisungen der *Data Definition Language* (DDL) zuwenden, möchte ich kurz darauf eingehen, welche Möglichkeiten SQL Server bietet, das im Hintergrund generierte SQL zu nutzen oder sogar explizit SQL-Anweisungen für bestimmte Aktionen generieren zu lassen.

Skriptgenerierung aus Dialogfeldern heraus

Wie gerade erwähnt, lässt sich für eigentlich alles, was Sie im SQL Server Management Studio komfortabel über die Benutzeroberfläche machen, auch ein SQL-Skript generieren. Deutlich wird dies dadurch, dass in den meisten Dialogfeldern, die Sie vom SQL Server Management Studio angeboten bekommen, neben dem *Hilfe*-Symbol auch ein *Skript*-Symbol zu finden ist. Mit diesem können Sie die im Dialogfeld vorgenommenen Einstellungen auch als SQL-Skript generieren lassen, um es beispielsweise später auszuführen.

Probieren Sie das nun aus, indem Sie eine neue Datenbank über die Oberfläche erstellen, dazu dann aber das generierte Skript im Abfrage-Editor ausführen:

1. Stellen Sie im SQL Server Management Studio eine Verbindung zur lokalen Serverinstanz *SQL2022* her.
2. Klicken Sie im Objekt-Explorer mit der rechten Maustaste auf den Eintrag *Datenbanken* und wählen Sie die Option *Neue Datenbank*. Das entsprechende Dialogfeld erscheint.
3. Nehmen Sie auf der Seite *Allgemein* folgende Einstellungen vor, allerdings ohne anschließend auf *OK* zu klicken:
   - *Datenbankname*: MediaBase2
   - *Besitzer*: <Standard>
   - Zeilendaten (erste Zeile in der Liste mit Datenbankdateien)
   - *Logischer Name*: MediaBase2
   - *Anfangsgröße (MB)*: 16
   - *Automatische Vergrößerung*: um 16 MB, unbeschränkte Vergrößerung (diese Einstellung können Sie vornehmen, wenn Sie auf die Schaltfläche mit den drei Punkten hinter dem entsprechenden Feld klicken)
   - Protokoll (zweite Zeile in der Liste mit Datenbankdateien)
   - *Logischer Name*: MediaBase2_log
   - *Anfangsgröße (MB)*: 8
   - *Automatische Vergrößerung*: um 8 MB, unbeschränkte Vergrößerung

   Wenn Sie möchten, können Sie hier auch noch die Pfade, in denen die Datenbankdateien abgelegt werden, prüfen und bei Bedarf anpassen.

   Die Einstellungen auf den Seiten *Optionen* und *Dateigruppen* können Sie unverändert lassen.
4. Klicken Sie nun in der Symbolleiste des Dialogfelds auf den kleinen Pfeil zwischen den Schaltflächen für *Skript* und *Hilfe*, und es klappt ein kleines Menü auf, in dem Sie auswählen können, was mit dem generierten Skript geschehen soll. Im Wesentlichen können Sie das Skript speichern, in die Zwischenablage legen oder – und das ist der Standardfall, der auch ausgeführt wird, wenn Sie direkt auf die *Skript*-Schaltfläche klicken – das Skript in einem neuen Abfragefenster öffnen. (Die vierte Variante – *Skript für Aktion in Auftrag schreiben* – ist abgeblendet, da sie nur in Zusammenhang mit dem SQL Server Agent Sinn ergibt, der für die Express Edition nicht verfügbar ist.)

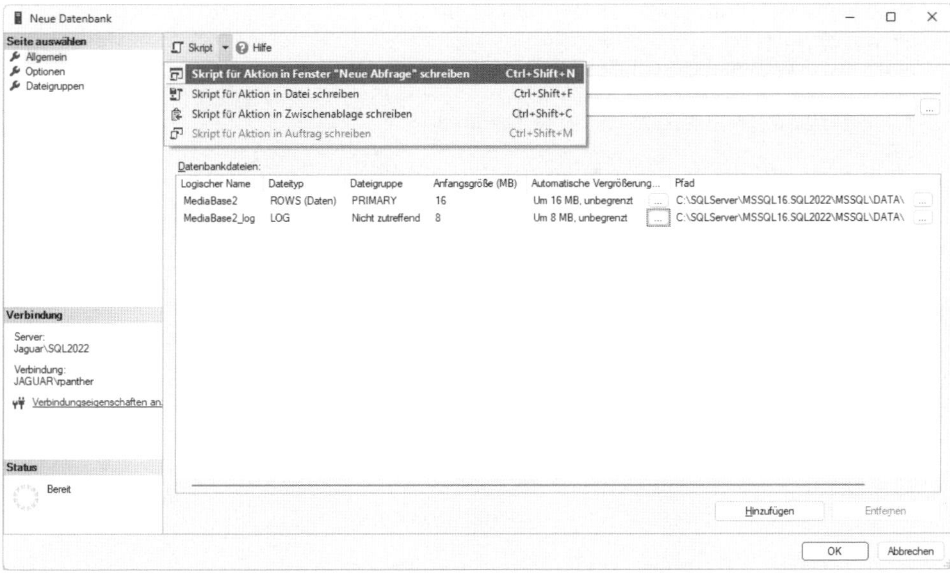

Abbildung 11.1: Menü zur Generierung von SQL-Skripten aus einem Dialogfeld

5. Wählen Sie nun die Standardoption: *Skript für Aktion in Fenster "Neue Abfrage" schreiben*, und im Hintergrund sehen Sie bereits, dass ein neues Abfragefenster geöffnet und mit einem Skript gefüllt wird.
6. Klicken Sie anschließend auf *Abbrechen*, damit die Datenbank nicht bereits vom Dialogfeld erstellt wird.
7. Schauen Sie sich nun das generierte Skript einmal in Ruhe an:

```
CREATE DATABASE [MediaBase2]
 CONTAINMENT = NONE
 ON  PRIMARY
( NAME = N'MediaBase2', FILENAME =
N'C:\SQLServer\MSSQL16.SQL2022\MSSQL\DATA\MediaBase2.mdf' , SIZE = 16384KB , FILEGROWTH =
16384KB )
 LOG ON
( NAME = N'MediaBase2_log', FILENAME =
N'C:\SQLServer\MSSQL16.SQL2022\MSSQL\DATA\MediaBase2_log.ldf' , SIZE = 8192KB , FILEGROWTH
= 8192KB )
 WITH LEDGER = OFF
GO

ALTER DATABASE [MediaBase2] SET COMPATIBILITY_LEVEL = 160
GO
ALTER DATABASE [MediaBase2] SET ANSI_NULL_DEFAULT OFF
GO
ALTER DATABASE [MediaBase2] SET ANSI_NULLS OFF
GO
ALTER DATABASE [MediaBase2] SET ANSI_PADDING OFF
GO
ALTER DATABASE [MediaBase2] SET ANSI_WARNINGS OFF
GO
```

```
ALTER DATABASE [MediaBase2] SET ARITHABORT OFF
GO
ALTER DATABASE [MediaBase2] SET AUTO_CLOSE OFF
GO
ALTER DATABASE [MediaBase2] SET AUTO_SHRINK OFF
GO
ALTER DATABASE [MediaBase2] SET AUTO_CREATE_STATISTICS ON(INCREMENTAL = OFF)
GO
ALTER DATABASE [MediaBase2] SET AUTO_UPDATE_STATISTICS ON
GO
ALTER DATABASE [MediaBase2] SET CURSOR_CLOSE_ON_COMMIT OFF
GO
ALTER DATABASE [MediaBase2] SET CURSOR_DEFAULT  GLOBAL
GO
ALTER DATABASE [MediaBase2] SET CONCAT_NULL_YIELDS_NULL OFF
GO
ALTER DATABASE [MediaBase2] SET NUMERIC_ROUNDABORT OFF
GO
ALTER DATABASE [MediaBase2] SET QUOTED_IDENTIFIER OFF
GO
ALTER DATABASE [MediaBase2] SET RECURSIVE_TRIGGERS OFF
GO
ALTER DATABASE [MediaBase2] SET  DISABLE_BROKER
GO
ALTER DATABASE [MediaBase2] SET AUTO_UPDATE_STATISTICS_ASYNC OFF
GO
ALTER DATABASE [MediaBase2] SET DATE_CORRELATION_OPTIMIZATION OFF
GO
ALTER DATABASE [MediaBase2] SET PARAMETERIZATION SIMPLE
GO
ALTER DATABASE [MediaBase2] SET READ_COMMITTED_SNAPSHOT OFF
GO
ALTER DATABASE [MediaBase2] SET  READ_WRITE
GO
ALTER DATABASE [MediaBase2] SET RECOVERY SIMPLE
GO
ALTER DATABASE [MediaBase2] SET  MULTI_USER
GO
ALTER DATABASE [MediaBase2] SET PAGE_VERIFY CHECKSUM
GO
ALTER DATABASE [MediaBase2] SET TARGET_RECOVERY_TIME = 60 SECONDS
GO
ALTER DATABASE [MediaBase2] SET DELAYED_DURABILITY = DISABLED
GO

USE [MediaBase2]
GO

ALTER DATABASE SCOPED CONFIGURATION SET LEGACY_CARDINALITY_ESTIMATION = Off;
GO
ALTER DATABASE SCOPED CONFIGURATION FOR SECONDARY SET LEGACY_CARDINALITY_ESTIMATION =
Primary;
GO
ALTER DATABASE SCOPED CONFIGURATION SET MAXDOP = 0;
GO
```

```
ALTER DATABASE SCOPED CONFIGURATION FOR SECONDARY SET MAXDOP = PRIMARY;
GO
ALTER DATABASE SCOPED CONFIGURATION SET PARAMETER_SNIFFING = On;
GO
ALTER DATABASE SCOPED CONFIGURATION FOR SECONDARY SET PARAMETER_SNIFFING = Primary;
GO
ALTER DATABASE SCOPED CONFIGURATION SET QUERY_OPTIMIZER_HOTFIXES = Off;
GO
ALTER DATABASE SCOPED CONFIGURATION FOR SECONDARY SET QUERY_OPTIMIZER_HOTFIXES = Primary;
GO

USE [MediaBase2]
GO

IF NOT EXISTS (SELECT name FROM sys.filegroups WHERE is_default=1 AND name = N'PRIMARY')
ALTER DATABASE [MediaBase2] MODIFY FILEGROUP [PRIMARY] DEFAULT
GO
```

8. Neben der `CREATE DATABASE`-Anweisung, die den wichtigsten Teil des Skripts darstellt, wurden vor allem zahlreiche Anweisungen der Form `ALTER DATABASE [MediaBase2] SET ...` generiert. Diese setzen die diversen Eigenschaften, die Sie auf der *Optionen*-Seite des Dialogfelds *Neue Datenbank* einstellen konnten.
9. Nun könnten Sie das Skript ausführen oder speichern, um es beispielsweise auf einem anderen Server laufen zu lassen. Im Moment können Sie das Fenster aber einfach schließen, da wir ja bereits eine Beispieldatenbank haben.

Alternativ zur Skriptgenerierung aus einem Dialogfeld kann man auch über den Objekt-Explorer Skripte zu fast allen Datenbankobjekten – einschließlich der Datenbank selbst – generieren.

Skriptgenerierung über den Objekt-Explorer

Über den Objekt-Explorer können Sie auch an vielen Stellen Skripte generieren lassen. Dazu müssen Sie nur das entsprechende Objekt mit der rechten Maustaste anklicken und aus dem daraufhin erscheinenden Kontextmenü die Option *Skript für … als …* auswählen. Die Ziele für das Skript sind dabei dieselben wie bei der Skriptgenerierung aus einem Dialogfeld: *Abfrage-Editor*, *Datei*, *Zwischenablage* und *Agent-Auftrag* (der hier interessanterweise sogar auswählbar ist, obwohl bei der Express Edition von SQL Server keine Möglichkeit vorhanden ist, diesen Auftrag dann irgendwie weiter zu nutzen).

Probieren wir das einmal für das Erstellen einer Tabelle aus:

1. Stellen Sie im SQL Server Management Studio eine Verbindung zur lokalen Serverinstanz *SQL2022* her.
2. Suchen Sie in der Datenbank *MediaBase* die Tabelle *dbo.Buch* und klicken Sie diese mit der rechten Maustaste an.
3. Wählen Sie im Kontextmenü die Option *Skript für Tabelle als/CREATE in/Neues Abfrage-Editor-Fenster* aus.

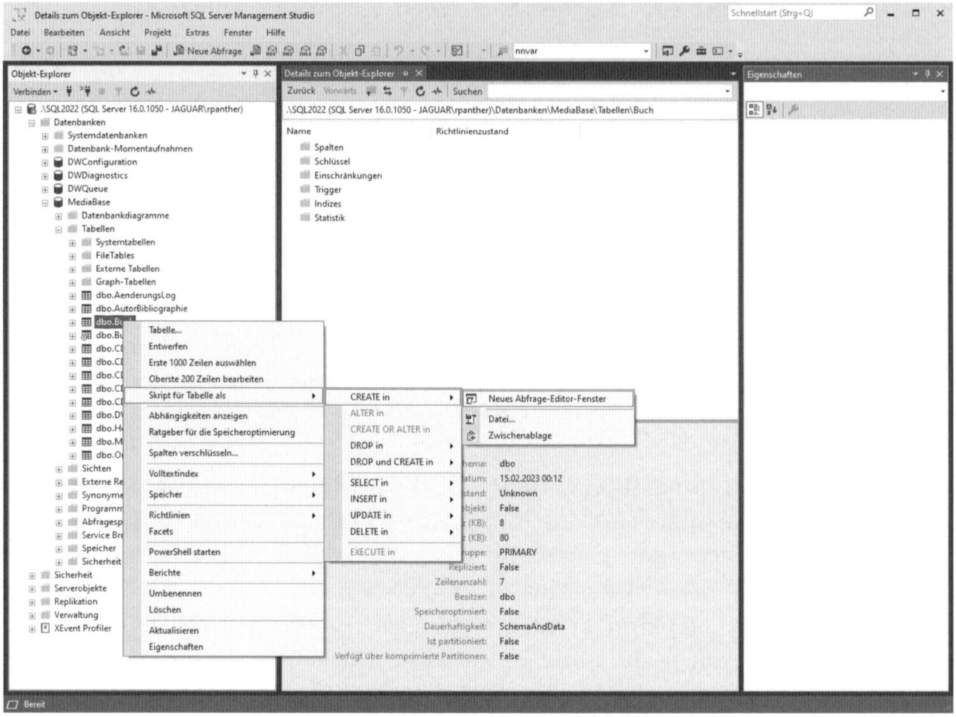

Abbildung 11.2: Generierung von SQL-Skripten über den Objekt-Explorer

4. Es wird ein neues Abfragefenster geöffnet, das mit einem Skript zur Erstellung der Tabelle *dbo.Buch* gefüllt wird. Schauen Sie sich auch dieses Skript in Ruhe an:

```
USE [MediaBase]
GO

/****** Object:  Table [dbo].[Buch]    Script Date: 07.03.2023 23:33:32 ******/

SET ANSI_NULLS ON
GO
SET QUOTED_IDENTIFIER ON
GO

CREATE TABLE [dbo].[Buch](
[ID] [int] IDENTITY(1,1) NOT NULL,
[ISBN10] [nchar](10) NULL,
[ISBN13] [nchar](14) NULL,
[Autor] [nvarchar](80) NULL,
[Titel] [nvarchar](80) NULL,
[Verlag] [nvarchar](80) NULL,
[Seiten] [int] NULL,
[Auflage] [tinyint] NULL,
[Sprache] [nvarchar](20) NULL,
[Hardcover] [bit] NULL,
[Erscheinungsjahr] [int] NULL,
[Bewertung] [tinyint] NULL,
[Beschreibung] [nvarchar](max) NULL,
```

```
[Kategorie] [nvarchar](80) NULL,
[MediaId] [int] NULL,
 CONSTRAINT [PK_Buch] PRIMARY KEY CLUSTERED
(
[ID] ASC
)WITH (PAD_INDEX = OFF, STATISTICS_NORECOMPUTE = OFF, IGNORE_DUP_KEY = OFF,
ALLOW_ROW_LOCKS = ON, ALLOW_PAGE_LOCKS = ON, OPTIMIZE_FOR_SEQUENTIAL_KEY = OFF) ON
[PRIMARY]
) ON [PRIMARY] TEXTIMAGE_ON [PRIMARY]
GO

ALTER TABLE [dbo].[Buch] ADD  CONSTRAINT [DF_Buch_Sprache]  DEFAULT (N'deutsch') FOR
[Sprache]
GO

ALTER TABLE [dbo].[Buch] ADD  DEFAULT (NEXT VALUE FOR [dbo].[MediaId]) FOR [MediaId]
GO
```

5. Nun könnten Sie das Skript speichern, um es beispielsweise auf einem anderen Server laufen zu lassen. Ein direktes Ausführen würde fehlschlagen, da bereits eine Tabelle mit dem Namen *dbo.Buch* vorhanden ist und diese daher nicht neu erstellt werden kann. Im Moment können Sie das Fenster aber einfach schließen.

Ihnen ist vielleicht aufgefallen, dass auf diesem Weg neben den `CREATE`-Skripten weitere Skriptarten erzeugt werden können. So können Sie `DROP`-Skripte erstellen, um die entsprechenden Datenbankobjekte zu löschen, kombinierte `DROP`- und `CREATE`-Skripte, mit denen die Objekte zuerst gelöscht und dann neu angelegt werden, aber auch Skripte für `SELECT`, `INSERT`, `UPDATE` und `DELETE`. Diese erstellen jeweils ein Skriptgerüst für die entsprechende Aktion zur passenden Tabelle, das anschließend noch bearbeitet werden muss. Während das `DELETE`-Skript sehr kurz (und eine Generierung damit eigentlich überflüssig) ist, beinhalten die Skripte für `SELECT`, `INSERT` und `UPDATE` bereits alle Spaltennamen, was unter Umständen sehr viel Tipparbeit sparen kann.

Für gespeicherte Prozeduren können Sie nach dem gleichen Vorgehen auch `EXECUTE`-Skripte erzeugen lassen, die bereits die verfügbaren Parameter mit auflisten.

Skript für Datenbank mit Datenbankobjekten erstellen

Während der gerade demonstrierte Weg lediglich ein Skript für ein Objekt erzeugt, gibt es auch eine einfache Möglichkeit, ein Skript generieren zu lassen, das sowohl die Datenbank als auch alle darin enthaltenen Objekte erstellt. Dieses rufen Sie auf, indem Sie die Datenbank im Objekt-Explorer mit der rechten Maustaste anklicken und im Kontextmenü die Option *Tasks/Skripts generieren* auswählen. Daraufhin erscheint ein Assistent, der Sie durch die weiteren Schritte führt.

Skriptgenerierung mit dem Vorlagen-Explorer

Es gibt noch eine weitere Möglichkeit, SQL-Skripte zu generieren. Über das Menü *Ansicht* können Sie den *Vorlagen-Explorer* einblenden, der standardmäßig auf der rechten Seite des Management Studio erscheint (dort dann interessanterweise unter der Überschrift *Vorlagenbrowser*). Hier sind nun zu verschiedensten SQL Server-Objekten Skriptvorlagen zu finden, die Sie einfach mit einem Doppelklick aufrufen können.

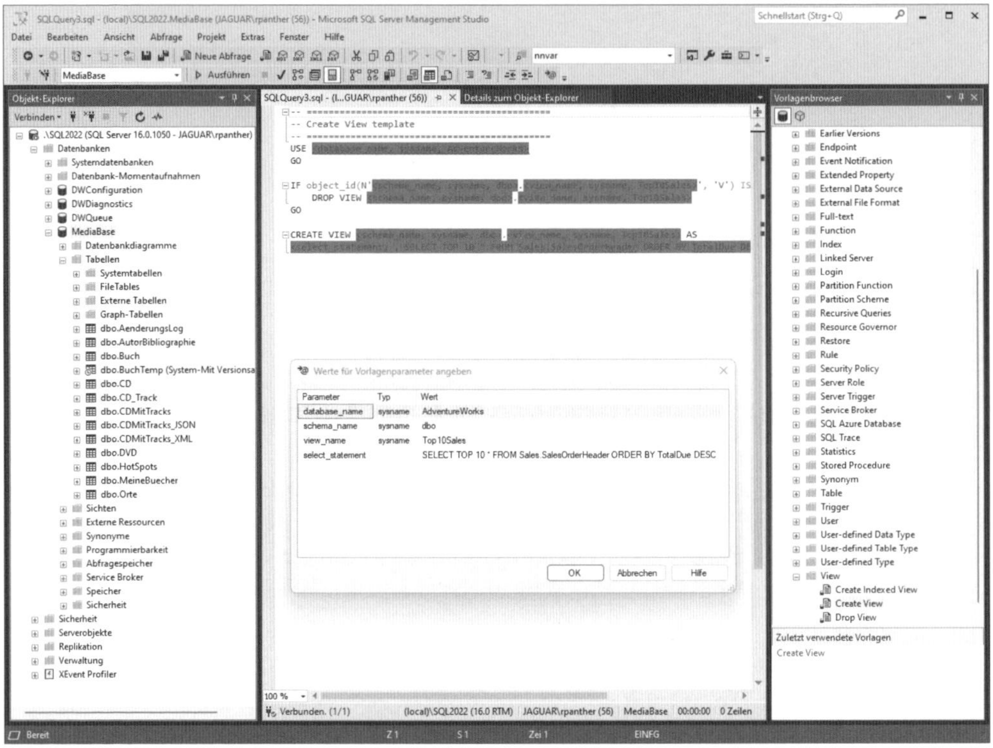

Abbildung 11.3: Der Vorlagen-Explorer (oder Vorlagenbrowser) im Einsatz

Für die variablen Teile sind dann Platzhalter eingefügt, die Sie entweder von Hand überschreiben können, oder aber Sie rufen im *Abfrage*-Menü die Option *Werte für Vorlagenparameter angeben* auf (bzw. klicken das entsprechende Symbol in der Symbolleiste an). Dadurch erscheint ein Dialogfeld, in dem Sie gezielt nach den einzugebenden Werten gefragt werden.

Skripte aus Datenbankdiagrammen erstellen

An eine vierte Variante zur Skripterstellung soll hier nur kurz erinnert werden, da diese bereits in *Kapitel 5* im Abschnitt *»Datenbankdiagramme«* auf Seite 112 behandelt wurde: Wenn Sie in einem Datenbankdiagramm Änderungen vornehmen, diese aber noch nicht speichern, können Sie ein Skript generieren lassen, das genau diese Änderungen beinhaltet.

Verwalten von Datenbanken

Nach allem Komfort von Management Studio-Oberfläche und Skriptgenerierung wollen wir uns nun ansehen, was sich hinter den generierten SQL-Kommandos der DDL genau verbirgt und wie man diese – wenn man sich auf die wesentlichen Optionen beschränkt – auch relativ schnell eingeben kann.

Generierte Skripte vs. manuell erstellte Skripte

Wie bei den vorhergehenden Beispielen in diesem Kapitel zu sehen war, können generierte Skripte mitunter recht lang werden. Das liegt daran, dass sie meist alle Optionen beinhalten (selbst die, bei denen die Standardvorgabe übernommen wurde). Wenn Sie dagegen ein Skript – beispielsweise zur Erstellung einer Datenbank – von Hand eingeben, kommen Sie im Normalfall mit erheblich weniger Text aus.

So wie `INSERT`, `UPDATE` und `DELETE` die zentralen Kommandos der *Data Manipulation Language* (DML) sind, mit denen Sie Zeilen einfügen, ändern oder löschen können, so gibt es auch in der *Data Definition Language* (DDL) drei grundlegende Befehle. Dies sind die Anweisungen `CREATE`, `ALTER` und `DROP`, mit denen Sie Datenbanken anlegen, ändern und löschen können. Mit dem passenden Zusatz können Sie mit diesen drei Anweisungen aber auch alle möglichen anderen Datenbankobjekte wie beispielsweise Tabellen, Sichten, gespeicherte Prozeduren etc. anlegen, ändern und löschen. Doch bleiben wir erst einmal bei den Datenbanken.

CREATE OR ALTER

Seit SQL Server 2016 SP1 (und damit auch mit SQL Server 2022) gibt es sogar eine kombinierte Variante von `CREATE` und `ALTER`, nämlich `CREATE OR ALTER`. Damit wird das entsprechende Datenbankobjekt angelegt, wenn es noch nicht vorhanden ist, oder geändert, wenn es bereits existiert. Dadurch erspart man sich die entsprechende Vorabprüfung mit anschließender Fallunterscheidung.

Datenbanken erstellen

Um eine Datenbank zu erstellen, verwenden Sie die Anweisung `CREATE DATABASE` gefolgt vom Namen der Datenbank. Danach folgen einige Angaben, die steuern, wo die Datenbankdateien gespeichert werden und wie sie konfiguriert werden. Schauen wir uns dazu einfach noch einmal die entsprechende Anweisung aus dem weiter oben generierten Skript an:

```
CREATE DATABASE [MediaBase2]
 CONTAINMENT = NONE
 ON  PRIMARY
( NAME = N'MediaBase2', FILENAME =
N'C:\SQLServer\MSSQL16.SQL2022\MSSQL\DATA\MediaBase2.mdf' , SIZE = 16384KB , FILEGROWTH =
16384KB )
 LOG ON
( NAME = N'MediaBase2_log', FILENAME =
N'C:\SQLServer\MSSQL16.SQL2022\MSSQL\DATA\MediaBase2_log.ldf' , SIZE = 8192KB , FILEGROWTH
= 8192KB )
 WITH LEDGER = OFF
GO
```

In den zwei Klammern werden die Einstellungen für die eigentliche Datenbankdatei (in diesem Fall *MediaBase2.mdf*) und die Protokolldatei (*MediaBase2_log.ldf*) festgelegt. Diese umfassen jeweils den logischen Namen (`NAME`), den kompletten Dateipfad (`FILENAME`) sowie die Größe (`SIZE`) und den Faktor, um den die Datei bei Bedarf automatisch vergrößert wird (`FILEGROWTH`).

Präfix N vor einer Zeichenkette

Das Präfix `N` vor den Zeichenketten für die Einstellungen `NAME` und `FILENAME` sorgt lediglich dafür, dass die Zeichenkette unverändert übernommen wird und Sonderzeichen wie beispielsweise der Backslash (\) nicht als Escape-Sequenz interpretiert werden.

Die Einstellungen für die Datenbankdatei werden eingeleitet mit den Schlüsselwörtern `ON PRIMARY`, die bewirken, dass die angegebene Datenbankdatei in der primären Dateigruppe angelegt wird. Im Umfeld von SQL Server Express werden Sie im Normalfall nur mit einer Dateigruppe pro Datenbank arbeiten, sodass Sie dies als Standardeinstellung ansehen können.

Die Einstellungen für die Protokolldatei werden durch die Schlüsselwörter `LOG ON` eingeleitet.

Vereinfacht kann man sich die Syntax merken als:

```
CREATE DATABASE Datenbankname
ON PRIMARY (Datenbankdatei-Einstellungen)
LOG ON (Logdatei-Einstellungen)
```

Der Zusatz `WITH LEDGER = OFF` am Ende kann auch weggelassen werden, da er nur bewirkt, dass die mit SQL Server 2022 neu hinzugekommene Datenbank-Ledger-Funktionalität für diese Datenbank nicht aktiv ist (was ohnehin die Voreinstellung ist).

Die `CREATE DATABASE`-Anweisung allein reicht völlig aus, um eine funktionierende Datenbank anzulegen, mit der Sie direkt arbeiten können. Probieren wir das einmal aus:

1. Stellen Sie im SQL Server Management Studio eine Verbindung zur lokalen Serverinstanz *SQL2022* her und öffnen Sie ein neues Abfragefenster.
2. Führen Sie nun die folgende Anweisung aus, um eine neue Datenbank zu erstellen:

```
CREATE DATABASE CrashTestDummy ON  PRIMARY
( NAME = N'CrashTestDummy', FILENAME = N'c:\Temp\CrashTestDummy.mdf' , SIZE = 20480KB ,
FILEGROWTH = 10%)
 LOG ON
( NAME = N'CrashTestDummy_log', FILENAME = N'c:\Temp\CrashTestDummy_log.ldf' , SIZE =
10240KB , FILEGROWTH = 10%)
```

Pfade für Datenbank- und Protokolldateien

Der Einfachheit halber – und nicht zuletzt, um Ihnen Tipparbeit zu sparen – wurde hier der Ordner *C:\Temp* als Pfad für die Dateien gewählt, da diese in einer späteren Übung ohnehin wieder gelöscht werden. Sollte dieser Ordner nicht auf Ihrem System existieren, passen Sie die Anweisung entsprechend an oder erzeugen den Ordner vorher. Das Stammverzeichnis *C:* ist bei aktuellen Betriebssystemen nicht zu empfehlen, da die Zugriffsrechte hierauf beschränkt sind.

In einer produktiven Umgebung sollten Sie für die Datenbankdateien ohnehin ein separates Datenbankverzeichnis nutzen (eventuell auch ein weiteres Verzeichnis für die Protokolldatei), das möglichst sogar auf einer anderen Partition und nicht auf der Systempartition liegt.

3. Aktualisieren Sie die Liste der Datenbanken im Objekt-Explorer, indem Sie mit der rechten Maustaste auf den Knoten *Datenbanken* klicken und anschließend *Aktualisieren* auswählen. Nun sollte auch hier die Datenbank *CrashTestDummy* zu sehen sein.
4. Klicken Sie die Datenbank mit der rechten Maustaste an und wählen Sie die Option *Eigenschaften*. Hier können Sie überprüfen, mit welchen Einstellungen die Datenbank angelegt wurde.
5. Schauen Sie außerdem mit dem Windows-Explorer einmal in das zuvor angegebene Datenverzeichnis. Sie werden dort die beiden Dateien (Datenbankdatei und Protokolldatei) in der vorgegebenen Größe vorfinden.

Auch wenn die so erstellte Datenbank bereits komplett einsatzbereit ist, möchte ich vorher noch ein paar Einstellungen anpassen.

Datenbanken anpassen

Zum Ändern der Datenbank verwenden Sie die Anweisung `ALTER DATABASE`. Das bezieht sich aber nicht auf die in der Datenbank enthaltenen Objekte oder gar deren Daten, denn für Letzteres gibt es ja die Befehle der DML. Stattdessen können Sie mit `ALTER DATABASE` die Einstellungen der Datenbank ändern. Wie Sie bereits in dem zu Beginn des Kapitels generierten Skript gesehen haben, wird die `ALTER DATABASE`-Anweisung meist in Kombination mit dem Schlüsselwort `SET` verwendet, um anschließend einer bestimmten Einstellung einen Wert zuzuweisen. Über die folgende Anweisung können Sie beispielsweise die Kompatibilität zu einer älteren SQL-Version einschalten:

```
ALTER DATABASE CrashTestDummy SET COMPATIBILITY_LEVEL = 100
```

Dabei entspricht die angegebene Zahl der internen Versionsnummer ohne den Punkt. 100 steht also für Version 10.0, was wiederum für SQL Server 2008 steht (und gleichzeitig die älteste noch unterstützte Version ist). Die interne Versionsnummer für SQL 2022 ist 16.0; hier wäre also der Wert 160 anzugeben, der aber für neue Datenbanken natürlich auch voreingestellt ist.

Von SQL Server 2022 unterstützte Kompatibilitätslevel

SQL Server 2022 unterstützt die Kompatibilitätslevel 100, 110, 120, 130, 140, 150 und 160 was den SQL Server-Versionen 2008, 2012, 2014, 2016, 2017, 2019 und 2022 entspricht. SQL Server 2000 und 2005 werden nicht mehr unterstützt. Für SQL Server 2008 R2 – der die interne Versionsnummer 10.5 verwendet – gibt es keinen eigenen Kompatibilitätslevel, da sich der Sprachumfang im Vergleich zu SQL Server 2008 nur in einigen wenigen Details geändert hat.

Die folgende Anweisung versetzt die Datenbank in den schreibgeschützten Modus:

```
ALTER DATABASE CrashTestDummy SET READ_ONLY
```

Die Standardeinstellung können Sie durch Setzen des ursprünglichen Werts wiederherstellen:

```
ALTER DATABASE CrashTestDummy SET  READ_WRITE
```

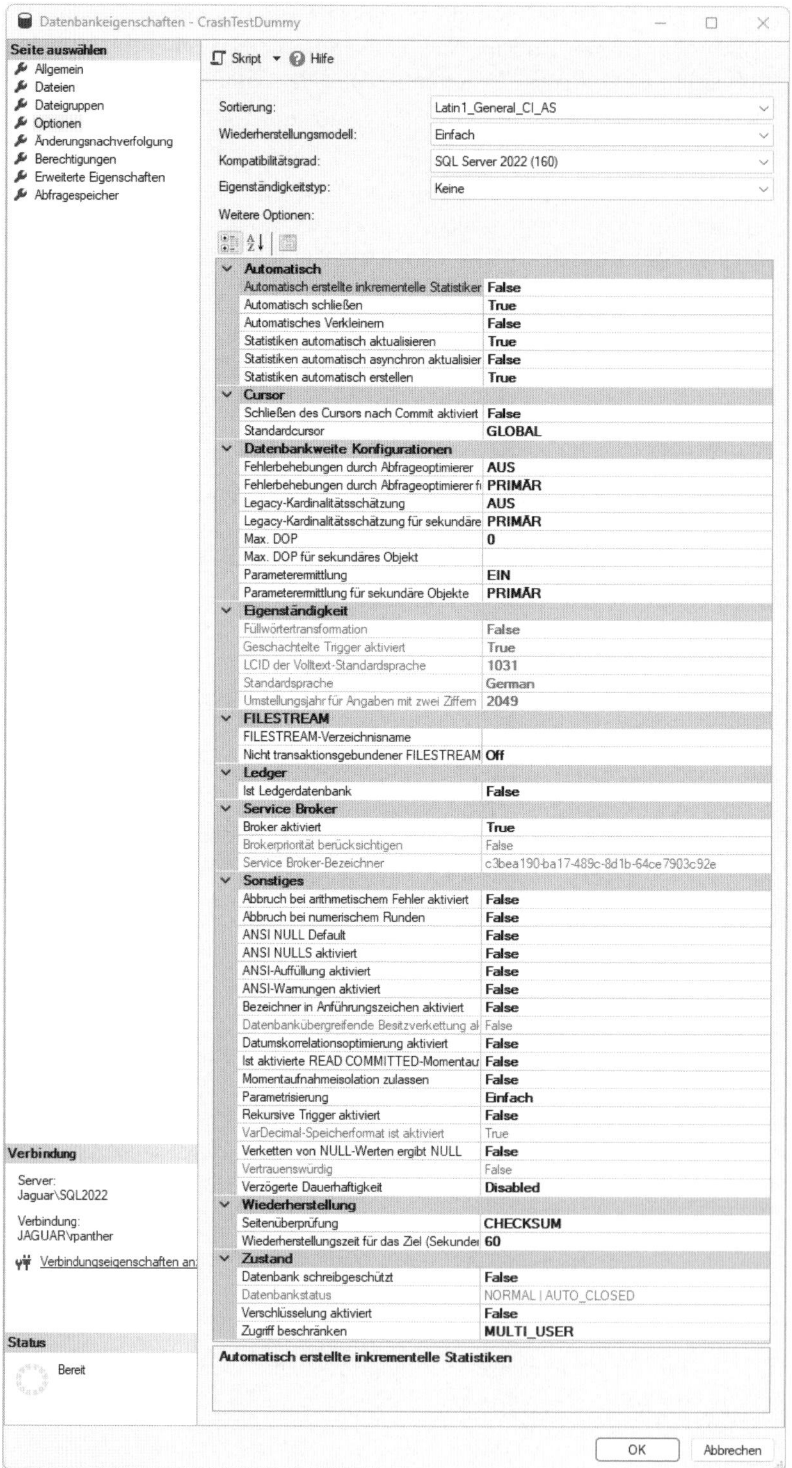

Abbildung 11.4: Die Optionen der Datenbankeigenschaften

Auch um die Datenbank für administrative Zwecke in den Einbenutzerbetrieb umzuschalten, gibt es eine Einstellung:

```
ALTER DATABASE CrashTestDummy SET SINGLE_USER
```

Diese lässt sich mit folgender Anweisung wieder aufheben:

```
ALTER DATABASE CrashTestDummy SET MULTI_USER
```

Es gibt noch zahlreiche weitere Einstellungen, deren Aufzählung hier sicherlich zu weit führen würde. Sie finden diese aber zum einen in dem generierten Skript weiter oben in diesem Kapitel, und alternativ können Sie die Einstellungen auch über die Seite *Optionen* des Dialogfelds *Datenbankeigenschaften* einsehen. Hier sind aus den Auswahllisten dann auch die alternativen Werte ersichtlich.

Neben diesen Einstellungen bietet die `ALTER DATABASE`-Anweisung aber noch weitere Möglichkeiten. So können Sie mit der folgenden Anweisung die Sortierreihenfolge ändern (hier in den französischen Standard):

```
ALTER DATABASE CrashTestDummy COLLATE French_CI_AI
```

Eine andere Variante der Anweisung kann verwendet werden, um den Namen der Datenbank nachträglich zu ändern (was sich aber nicht auf die Namen der Datenbankdateien auswirkt):

```
ALTER DATABASE CrashTestDummy MODIFY NAME = CrashDummy
```

Dazu gibt es noch eine Reihe weiterer Varianten, mit denen die Einstellungen der Dateien angepasst oder neue Dateigruppen hinzugefügt werden können.

Datenbanken löschen

Der einfachste SQL-Befehl im Zusammenhang mit Datenbanken ist die Anweisung `DROP DATABASE`. Diese erhält als Parameter lediglich den Datenbanknamen, und die Datenbank wird gelöscht.

```
DROP DATABASE datenbankname
```

Probieren Sie diese Anweisung nun aus, um die gerade erstellte *CrashTestDummy*-Datenbank wieder zu entfernen:

1. Stellen Sie im SQL Server Management Studio eine Verbindung zur lokalen Serverinstanz *SQL2022* her und öffnen Sie ein neues Abfragefenster.
2. Führen Sie nun die folgende Anweisung aus, mit der die Datenbank wieder entfernt wird:

   ```
   DROP DATABASE CrashTestDummy
   ```

3. Dies löscht einerseits die Datenbank vom Server (damit das im Objekt-Explorer sichtbar wird, müssen Sie die Ansicht aktualisieren), aber auch die für die Datenbank verwendeten Dateien werden wieder entfernt, wie Sie leicht mithilfe des Windows-Explorers nachprüfen können.

Wenn Sie eine Datenbank löschen wollen, aber nicht sicher sind, ob sie noch existiert, können Sie die folgende Variante nutzen, die mit SQL Server 2016 eingeführt wurde:

```
DROP DATABASE IF EXISTS CrashDummy
```

Dadurch wird die Datenbank gelöscht, wenn sie existiert, jedoch eine Fehlermeldung vermieden, wenn sie nicht vorhanden ist. Den Zusatz `IF EXISTS` haben Sie bereits in *Kapitel 6* im Abschnitt »*Erstellen und Verwenden von Sichten*« auf Seite 138 kennengelernt.

Verwalten von Datenbankobjekten

Analog dazu, wie Sie die `CREATE`-, `ALTER`- und `DROP`-Anweisungen auf Datenbanken angewendet haben, lassen sich damit auch Objekte innerhalb einer Datenbank bearbeiten.

Tabellen

Die sicherlich wichtigsten Datenbankobjekte sind dabei natürlich die Tabellen, da darin die Daten gespeichert werden. Um eine Tabelle mit der Data Definition Language zu erstellen, verwenden Sie eine Anweisung der folgenden Form:

```
CREATE TABLE tabellenname (spaltendefinition)
```

Dabei ist die Spaltendefinition eine kommagetrennte Liste aus Spaltennamen, denen nach einem Leerzeichen der Datentyp folgt sowie die optionale Angabe, ob die Spalte `NULL` sein darf oder nicht (`NOT NULL`).

Beispiel:

```
CREATE TABLE dbo.Adresse
    (ID int NOT NULL,
    Name nvarchar(80) NOT NULL,
    Strasse nvarchar(80) NULL,
    PLZ nchar(5) NULL,
    Wohnort nvarchar(80) NULL)
```

Möchten Sie für eine Spalte eine Identitätsspezifikation festlegen, geben Sie das Schlüsselwort `IDENTITY` gefolgt von Startwert und Schrittweite (in Klammern) hinter dem entsprechenden Datentyp an:

```
ID int IDENTITY(1,1) NOT NULL
```

Außerdem lassen sich direkt in der `CREATE TABLE`-Anweisung Constraints festlegen, was vor allem für die Definition des Primärschlüssels sinnvoll ist.

```
CONSTRAINT PK_Adresse PRIMARY KEY (ID)
```

Insgesamt ergibt sich damit die folgende Anweisung:

```
CREATE TABLE dbo.Adresse
    (ID int IDENTITY(1,1) NOT NULL,
    Name nvarchar(80) NOT NULL,
    Strasse nvarchar(80) NULL,
    PLZ nchar(5) NULL,
    Wohnort nvarchar(80) NULL,
    CONSTRAINT PK_Adresse PRIMARY KEY (ID))
```

Die `ALTER TABLE`-Anweisung kann beispielsweise genutzt werden, um der Tabelle nachträglich neue Spalten hinzuzufügen:

```
ALTER TABLE dbo.Adresse ADD Geburtstag datetime
```

Neue Spalten an beliebiger Position hinzufügen

Mit der `ALTER TABLE`-Anweisung hinzugefügte Tabellenspalten werden immer als letzte Spalte hinten angehängt. Wenn Sie eine Spalte an beliebiger Position einfügen möchten, benutzen Sie den Entwurfsmodus (im Objekt-Explorer die Tabelle mit der rechten Maustaste anklicken, dann *Entwerfen* auswählen). Hier können Sie die Spaltenreihenfolge beliebig verändern. Beim Speichern wird die Tabelle entsprechend umorganisiert, indem die Daten mit der neuen Spaltenreihenfolge erst in eine Hilfstabelle kopiert werden. Anschließend wird die Quelltabelle gelöscht und die Hilfstabelle umbenannt. Dies geschieht zum Glück alles automatisch, sodass Sie sich nicht selbst darum kümmern müssen.

Auch Fremdschlüssel lassen sich mithilfe von DDL-Anweisungen erstellen. Da der einzig sinnvolle Fremdschlüssel für unsere Beispieldatenbank aber bereits existiert, beginnen wir ausnahmsweise einmal mit dem Löschen eines Fremdschlüssels und legen ihn anschließend wieder neu an:

1. Stellen Sie im SQL Server Management Studio eine Verbindung zur lokalen Serverinstanz *SQL2022* her und öffnen Sie ein neues Abfragefenster, das mit der Datenbank *MediaBase* verbunden ist.
2. Führen Sie nun die folgende Anweisung aus, um den Fremdschlüssel *FK_CD_Track_CD* (der von der Tabelle *dbo.CD_Track* auf die Tabelle *dbo.CD* verweist) zu entfernen:

   ```
   ALTER TABLE dbo.CD_Track
   DROP CONSTRAINT FK_CD_Track_CD
   ```

   Das `DROP CONSTRAINT` resultiert daher, dass ein Fremdschlüssel für SQL Server eine Sonderform eines Constraint (also einer Einschränkung) ist und daher in den SQL-Anweisungen auch als Einschränkung behandelt wird.
3. Im Objekt-Explorer können Sie nun im Zweig *MediaBase/Tabellen/dbo.CD_Track/Schlüssel* sicherstellen, dass der Fremdschlüssel wirklich entfernt wurde (vorher die Ansicht im Objekt-Explorer aktualisieren).
4. Führen Sie dann die folgende Anweisung aus, um den Fremdschlüssel *FK_CD_Track_CD* wieder neu anzulegen:

   ```
   ALTER TABLE dbo.CD_Track
   WITH CHECK ADD CONSTRAINT FK_CD_Track_CD
   FOREIGN KEY(ID_CD)
   REFERENCES dbo.CD(ID)
   ```

Das Löschen einer Tabelle geht denkbar einfach, indem man die Anweisung `DROP TABLE` gefolgt vom Tabellennamen angibt:

```
DROP TABLE dbo.Adresse
```

Auch hier kann – wie bei den meisten Datenbankobjekten – bei Bedarf der Zusatz `IF EXISTS` verwendet werden, um eine Fehlermeldung zu vermeiden, falls das Datenbankobjekt (in diesem Fall die Tabelle) nicht existiert.

Indizes

Obwohl Sie mit dem Erstellen der Tabelle meist gleichzeitig den Primärschlüssel und damit in der Regel auch einen gruppierten Index erzeugen, ist es bei den meisten Tabellen sinnvoll, noch zusätzliche (nicht gruppierte Indizes) zu erstellen. Dies geht mit der `CREATE INDEX`-Anweisung relativ einfach, wenn Sie sich an folgende Grundform halten:

```
CREATE INDEX indexname ON tabellenname (feldliste)
```

Erstellen wir nun einen Index für die Tabelle *dbo.Buch*, der die Kombination aus *Verlag*, *Erscheinungsjahr*, *Autor* und *Titel* beinhaltet:

1. Stellen Sie im SQL Server Management Studio eine Verbindung zur lokalen Serverinstanz *SQL2022* her und öffnen Sie ein neues Abfragefenster, das mit der Datenbank *MediaBase* verbunden ist.
2. Führen Sie nun die folgende Anweisung aus, um den neuen Index zu erstellen:

   ```
   CREATE INDEX IX_VerlagErscheinungsjahrAutorTitel
   ON dbo.Buch
   (Verlag, Erscheinungsjahr, Autor, Titel)
   ```

Sie erinnern sich vielleicht, dass ein Index intern in einer Baumstruktur gespeichert wird. Durch Datenänderungen wird dieser Indexbaum nach und nach weniger ausbalanciert (man sagt dazu auch, der Index wird fragmentiert). Um dem entgegenzuwirken, kann man den Index mit der `ALTER INDEX`-Anweisung wieder ausbalancieren. Dazu gibt es zwei Varianten:

```
ALTER INDEX indexname ON tabellenname REORGANIZE
```

und

```
ALTER INDEX indexname ON tabellenname REBUILD
```

Mit der Variante `REORGANIZE` wird die Blattebene des Index neu organisiert, mit `REBUILD` wird der Index komplett neu aufgebaut. Das dauert zwar etwas länger, sorgt aber für einen noch besser ausbalancierten (und damit effektiver nutzbaren) Index.

Anstelle des Indexnamens können Sie auch das Schlüsselwort `ALL` angeben, um alle Indizes einer Tabelle zu bearbeiten. Da die Tabelle *dbo.Buch* inzwischen einige Indizes hat, nutzen wir hier diese Variante, um alle diese Indizes neu zu erstellen:

1. Stellen Sie im SQL Server Management Studio eine Verbindung zur lokalen Serverinstanz *SQL2022* her und öffnen Sie ein neues Abfragefenster, das mit der Datenbank *MediaBase* verbunden ist.
2. Führen Sie nun die folgende Anweisung aus, um alle Indizes der Tabelle *dbo.Buch* neu aufzubauen:

   ```
   ALTER INDEX ALL ON dbo.Buch REBUILD
   ```

Alternativ zum `REBUILD` könnten Sie natürlich die Indizes auch mit der `DROP`-Anweisung löschen und anschließend mit `CREATE INDEX` neu anlegen, dafür müssten Sie aber einerseits alle Indizes einzeln bearbeiten und andererseits die `INDEX`-Definitionen vorliegen haben.

Regelmäßige Indexpflege

Da der interne Abfrageoptimierer (der die Ausführungspläne für SQL-Abfragen erstellt) stark fragmentierte Indizes nicht nutzt, ist es wichtig, alle Indizes regelmäßig zu reorganisieren oder gar neu aufzubauen. Hier hat es sich bewährt, ein SQL-Skript zu bauen, das einen **REBUILD** aller Indizes durchführt, und es regelmäßig (je nach Aktivität der Datenbank, aber maximal einmal pro Woche) auszuführen. Mit den größeren Editionen von SQL Server lässt sich diese regelmäßige Ausführung mithilfe des SQL Server Agent auch automatisieren. Bei SQL Server Express können Sie das Skript aber mithilfe des Kommandozeilentools SQLCMD und den *Geplanten Tasks* des Windows-Betriebssystems ebenfalls zeitgesteuert automatisch ausführen lassen.

Am einfachsten ist natürlich wieder das Löschen eines Index. Hier wird lediglich die Anweisung `DROP INDEX` gefolgt vom Namen des Index, dem Schlüsselwort `ON` und dem Namen der Tabelle benötigt:

```
DROP INDEX IX_VerlagErscheinungsjahrAutorTitel ON dbo.Buch
```

Sichten, Funktionen, gespeicherte Prozeduren und Trigger

Da sowohl Sichten als auch Funktionen, gespeicherte Prozeduren und Trigger ohnehin nur aus SQL-Skripten bestehen, ist die Bearbeitung derselben über die DDL verhältnismäßig einfach. Sobald Sie eines der genannten Objekte über den Objekt-Explorer oder auch über den Vorlagen-Explorer erstellen, erhalten Sie ein Skriptgerüst als Vorlage für eine `CREATE`-Anweisung.

Beispiel:

```
CREATE VIEW dbo.VW_Dummy AS
SELECT * FROM dbo.Buch WHERE Erscheinungsjahr > 1980
```

Um nun ein solches Objekt nachträglich anzupassen, können Sie dasselbe Skript verwenden und müssen dabei nur das `CREATE` gegen ein `ALTER` austauschen. Bei Ausführung des Skripts wird das entsprechende Objekt dann ohnehin gelöscht und neu angelegt.

Beispiel:

```
ALTER VIEW dbo.VW_Dummy AS
SELECT * FROM dbo.Buch WHERE Erscheinungsjahr > 1990
```

Das Entfernen mit der `DROP`-Anweisung ist natürlich noch einfacher, da hier nach dem Schlüsselwort `DROP` und dem Objekttyp nur noch der Name des Objekts angegeben werden muss.

Beispiel:

```
DROP VIEW dbo.VW_Dummy
```

Um die Definition einer Sicht anzupassen, von der Sie nicht sicher sind, ob diese schon existiert, können Sie das weiter oben bereits erwähnte Konstrukt `CREATE OR ALTER` nutzen, das die Sicht erstellt, wenn sie noch nicht vorhanden war, oder anpasst, wenn die Sicht bereits existiert.

Beispiel:

```
CREATE OR ALTER VIEW dbo.VW_Dummy AS
SELECT * FROM dbo.Buch WHERE Erscheinungsjahr > 2000
```

Dasselbe Prinzip gilt auch für Funktionen, gespeicherte Prozeduren und Trigger. Entsprechende Beispiele hierzu sind in *Kapitel 10, Gespeicherte Prozeduren, Funktionen, Trigger und Cursor*, zu finden.

DDL-Trigger

Die generelle Arbeitsweise von Triggern haben Sie bereits im vorigen Kapitel kennengelernt. Wie bei den dort vorgestellten DML-Triggern handelt es sich auch bei DDL-Triggern um eine Sonderform der gespeicherten Prozeduren, die beim Eintreten bestimmter Ereignisse automatisch gestartet werden.

Der Unterschied liegt allerdings darin, dass die auslösenden Ereignisse bei den DDL-Triggern keine Datenänderungsoperationen (DML) sind, sondern Anweisungen, mit denen die Datenstrukturen geändert werden (DDL).

Dabei wird – je nach den auslösenden Ereignissen – zwischen Servertriggern und Datenbanktriggern unterschieden. Letztere finden Sie im Objekt-Explorer bei der jeweiligen Datenbank unter *Programmierbarkeit/Datenbanktrigger*. Servertrigger dagegen sind unter *Serverobjekte/Trigger* aufgelistet.

Servertrigger

Servertrigger beziehen sich auf Änderungen an serverweit bekannten Objekten wie beispielsweise auf das Erstellen, Verändern oder Löschen von Datenbanken oder Log-ins. Hierzu stehen folgende Ereignisse zur Verfügung:

Objekt	Ereignisse
Anmeldung	CREATE_LOGIN, ALTER_LOGIN, DROP_LOGIN
Datenbank	CREATE_DATABASE, ALTER_DATABASE, DROP_DATABASE
HTTP-Endpoint	CREATE_HTTP_ENDPOINT, DROP_HTTP_ENDPOINT
Serverzugriff	GRANT_SERVER_ACCESS, DENY_SERVER_ACCESS, REVOKE_SERVER_ACCESS
Zertifikat	CREATE_CERT, ALTER_CERT, DROP_CERT

Tabelle 11.1: Serverseitige Triggerereignisse

Die Grundform der Anweisung, um einen Servertrigger zu erstellen, ist die folgende:

```
CREATE TRIGGER triggername ON ALL SERVER
FOR ereignisse
AS
BEGIN
  ...
END
```

Wenn Sie mehrere serverseitige Ereignisse in einem Trigger abfangen wollen, ohne alle einzeln aufzuzählen, können Sie stattdessen vordefinierte DDL-Ereignisgruppen angeben. Die Ereignisgruppe `DDL_SERVER_LEVEL_EVENTS` fasst alle serverseitigen Triggerereignisse zusammen.

Datenbanktrigger

Bei Datenbanktriggern beziehen sich die Ereignisse auf Strukturänderungen innerhalb der Datenbank. Hierzu zählen das Erstellen, Ändern und Löschen von Tabellen, Sichten und vielem mehr. Insgesamt stehen folgende Ereignisse zur Verfügung:

Objekt	Ereignisse
Anwendungsrolle	CREATE_APPLICATION_ROLE, ALTER_APPLICATION_ROLE, DROP_APPLICATION_ROLE
Assembly	CREATE_ASSEMBLY, ALTER_ASSEMBLY, DROP_ASSEMBLY
Benutzer	CREATE_USER, ALTER_USER, DROP_USER
Contract	CREATE_CONTRACT, ALTER_CONTRACT, DROP_CONTRACT
Database	GRANT_DATABASE, DENY_DATABASE, REVOKE_DATABASE
Datentyp	CREATE_TYPE, DROP_TYPE
Ereignisbenachrichtigung	CREATE_EVENT_NOTIFICATION, DROP_EVENT_NOTIFICATION
Funktion	CREATE_FUNCTION, ALTER_FUNCTION, DROP_FUNCTION
gesp. Prozedur	CREATE_PROCEDURE, ALTER_PROCEDURE, DROP_PROCEDURE
Index	CREATE_INDEX, ALTER_INDEX, DROP_INDEX
MessageType	CREATE_MESSAGE_TYPE, ALTER_ MESSAGE_TYPE, DROP_ MESSAGE_TYPE
Partition-Funktion	CREATE_PARTITION_FUNCTION, ALTER_PARTITION_FUNCTION, DROP_PARTITION_FUNCTION
Partition-Schema	CREATE_PARTITION_SCHEME, ALTER_PARTITION_SCHEME, DROP_PARTITION_SCHEME
Queue	CREATE_QUEUE, ALTER_QUEUE, DROP_QUEUE
RemoteServiceBinding	CREATE_REMOTE_SERVICE_BINDING, ALTER_REMOTE_SERVICE_BINDING, DROP_REMOTE_SERVICE_BINDING
Rolle	CREATE_ROLE, ALTER_ROLE, DROP_ROLE
Route	CREATE_ROUTE, ALTER_ROUTE, DROP_ROUTE
Schema	CREATE_SCHEMA, ALTER_SCHEMA, DROP_SCHEMA
SecExpr	CREATE_SECEXPR, DROP_SECEXPR
Service	CREATE_SERVICE, ALTER_SERVICE, DROP_SERVICE
Sicht	CREATE_VIEW, ALTER_VIEW, DROP_VIEW
Statistiken	CREATE_STATISTICS, UPDATE_STATISTICS, DROP_STATISTICS
Synonym	CREATE_SYNONYM, DROP_SYNONYM
Tabelle	CREATE_TABLE, ALTER_TABLE, DROP_TABLE
Trigger	CREATE_TRIGGER, ALTER_TRIGGER, DROP_TRIGGER
XML-Schema	CREATE_XML_SCHEMA, ALTER_XML_SCHEMA, DROP_XML_SCHEMA

Tabelle 11.2: Datenbankseitige Triggerereignisse

Die Grundform der Anweisung, um einen Datenbanktrigger zu erstellen, ist folgende:

```
CREATE TRIGGER triggername ON DATABASE
FOR ereignisse
AS
BEGIN
  ...
END
```

Wie bei den serverseitigen Ereignissen können Sie auch hier – anstatt einzelne Ereignisse aufzuzählen – vordefinierte DDL-Ereignisgruppen nutzen. Die Ereignisgruppe `DDL_DATABASE_LEVEL_EVENTS` fasst alle datenbankseitigen Triggerereignisse zusammen.

Was wurde eigentlich geändert?

Während bei DML-Triggern die gelöschten und eingefügten Zeilen im Trigger abgefragt werden können, stellen DDL-Trigger über die Funktion `EVENTDATA()` eine XML-Struktur zur Verfügung, in der die Datenstrukturänderung beschrieben ist. Je nach auslösender Aktion kann diese variieren, ein paar Elemente sind allerdings immer gleich:

- *PostTime* – Zeitpunkt, an dem das Ereignis ausgelöst wurde
- *SPID* – SQL Server-Prozess-ID des Prozesses, der das Ereignis ausgelöst hat
- *ComputerName* – Name des Computers, der das Ereignis ausgelöst hat

Für datenbankseitige Trigger kommen noch folgende dazu:

- *DatabaseName* – Name der Datenbank, die das Ereignis ausgelöst hat
- *UserName* – Name des Benutzers, der das Ereignis ausgelöst hat
- *LoginName* – Name der Anmeldung, die das Ereignis ausgelöst hat

Diese Elemente werden – je nach Ereignis – noch durch ereignisspezifische Angaben ergänzt.

Erstellen Sie nun einen Datenbanktrigger, der alle Strukturänderungen der Datenbank *MediaBase* in einer Tabelle *dbo.DDLAenderungsLog* protokolliert. Die Logtabelle enthält dabei die klassischen Antworten auf die Fragen nach dem Wer, dem Wann und dem Was.

1. Stellen Sie im SQL Server Management Studio eine Verbindung zur lokalen Serverinstanz *SQL2022* her und öffnen Sie im Objekt-Explorer die Datenbank *MediaBase*.
2. Erstellen Sie nun eine neue Tabelle mit Namen *dbo.DDLAenderungsLog*, die folgende Felder enthält:

Spaltenname	Datentyp	NULL-Werte zulassen	Sonstiges
ID	int	nein	Primärschlüssel
Benutzer	nvarchar(128)	nein	Standardwert: system_user
Zeitpunkt	datetime	nein	Standardwert: getdate()
Aenderung	XML	ja	

Tabelle 11.3: Die Felder der Tabelle dbo.DDLAenderungsLog

Für die Spalte *ID* sollte auch eine Identitätsspezifikation festgelegt werden, sodass man diese nicht manuell setzen muss.

3. Geben Sie im Abfragefenster die folgende Anweisung ein, um einen DDL-Trigger zu erzeugen:

```
CREATE TRIGGER TRG_Datenbank ON DATABASE
FOR DDL_DATABASE_LEVEL_EVENTS
AS
BEGIN
   PRINT 'Datenbankänderung!'
   INSERT INTO MediaBase.dbo.DDLAenderungsLog (Aenderung) VALUES (EVENTDATA())
END
```

4. Führen Sie nun ein paar Änderungen an der Datenbankstruktur durch:

```
CREATE VIEW dbo.VW_EinBuch
AS SELECT TOP 1 * FROM dbo.Buch
GO

DROP VIEW dbo.VW_EinBuch
GO
```

5. Überprüfen Sie anschließend durch einen Blick in die Tabelle *dbo.DDLAenderungsLog*, ob die Änderungen auch korrekt protokolliert wurden. Wenn Sie die Tabelle über den Objekt-Explorer geöffnet haben, können Sie das XML-Feld anklicken, um dessen kompletten Inhalt zu sehen. Für den ersten Eintrag in der Tabelle erhält man beispielsweise folgende XML-Daten:

```
<EVENT_INSTANCE>
  <EventType>CREATE_VIEW</EventType>
  <PostTime>2023-03-08T00:07:49.467</PostTime>
  <SPID>56</SPID>
  <ServerName>Jaguar\SQL2022</ServerName>
  <LoginName>JAGUAR\rpanther</LoginName>
  <UserName>dbo</UserName>
  <DatabaseName>MediaBase</DatabaseName>
  <SchemaName>dbo</SchemaName>
  <ObjectName>VW_EinBuch</ObjectName>
  <ObjectType>VIEW</ObjectType>
  <TSQLCommand>
    <SetOptions ANSI_NULLS="ON" ANSI_NULL_DEFAULT="ON" ANSI_PADDING="ON"
QUOTED_IDENTIFIER="ON" ENCRYPTED="FALSE" />
    <CommandText>CREATE VIEW dbo.VW_EinBuch
AS SELECT TOP 1 * FROM dbo.Buch
    </CommandText>
  </TSQLCommand>
</EVENT_INSTANCE>
```

6. Zum Schluss können Sie den Trigger mit der folgenden Anweisung wieder entfernen:

```
DROP TRIGGER TRG_Datenbank ON DATABASE
```

FOR, AFTER und INSTEAD OF

Wie bei den DML-Triggern können Sie auch bei der Definition eines DDL-Triggers anstelle des Schlüsselworts `FOR` das Schlüsselwort `AFTER` verwenden, was sich aber nicht auf die Funktionsweise des Triggers auswirkt. Die Variante `INSTEAD OF` ist dagegen für DDL-Trigger nicht verfügbar.

Übungen zu diesem Kapitel

In diesem Abschnitt finden Sie einige Übungen, mit denen Sie das in diesem Kapitel Erlernte vertiefen können. Die richtigen Antworten und Lösungen finden Sie in *Anhang C* dieses Buchs.

Übung 11.1

Formulieren Sie eine `CREATE TABLE`-Anweisung, um die in diesem Kapitel im Abschnitt »*DDL-Trigger*« verwendete Tabelle *dbo.DDLAenderungsLog* zu erstellen.

Übung 11.2

Schreiben Sie ein SQL-Skript, das alle Indizes für die Tabellen *dbo.Buch*, *dbo.CD*, *dbo.CD_Track* und *dbo.DVD* neu erstellt. Dieses Skript können Sie für eine regelmäßige Indexpflege verwenden.

Übung 11.3

Erstellen Sie einen DDL-Trigger *TRG_MediaBase_Views*, der jedes Erstellen, Ändern oder Löschen einer Sicht in der Datenbank *MediaBase* in der Tabelle *dbo.DDLAenderungsLog* protokolliert.

Zusammenfassung

Sie haben in diesem Kapitel gelernt, dass eigentlich alle Operationen, die Sie mit dem SQL Server Management Studio vornehmen, intern in SQL umgesetzt werden, bevor der SQL Server sie umsetzen kann. In diesem Zusammenhang haben Sie auch verschiedene Arten der Skriptgenerierung kennengelernt:

- Skriptgenerierung aus Dialogfeldern
- Skriptgenerierung über den Objekt-Explorer
- Skriptgenerierung mit dem Vorlagen-Explorer

Dazu haben Sie die wichtigsten DDL-Befehle kennengelernt und damit sowohl eine Datenbank als auch eine Tabelle mit Indizes darin erstellt.

Am Schluss des Kapitels haben Sie gelernt, wie man mithilfe von DDL-Triggern automatisiert auf Änderungen an den Datenstrukturen reagieren kann.

Für den Rest des Buchs werde ich – sofern eine Operation über die Oberfläche des SQL Server Management Studio vorgenommen wird – auch die zugehörige SQL-Anweisung mit angeben, sodass Sie die Aufgabe alternativ durch Eingabe der SQL-Anweisung im Abfrage-Editor ausführen können.

Kapitel 12

Benutzer, Rollen und Rechte

In diesem Kapitel lernen Sie

- wodurch sich Anmeldungen und Benutzer voneinander unterscheiden
- welche Authentifizierungsmodi es gibt
- wie Sie Benutzern Rechte erteilen oder entziehen
- wie Sie die Rechtevergabe durch Rollen vereinfachen können
- wozu Contained Databases verwendet werden können
- wie Sie Schemas für einfachere Rechtevergabe und bessere Übersicht in der Datenbank verwenden

Das SQL Server-Rechtesystem

Bisher haben wir ausschließlich mit maximalen Berechtigungen auf dem gesamten Datenbankserver gearbeitet, da der Benutzer verwendet wurde, der den Datenbankserver auch installiert hat. Das ist sicherlich völlig ausreichend, wenn die Datenbank bzw. die dazugehörende Anwendung nur von einem Benutzer verwendet wird. Auch während der Entwicklung einer Anwendung kann man eine Zeit lang so verfahren. Aber spätestens dann, wenn mehrere Benutzer aktiv mit der Datenbank arbeiten oder die Datenbankanwendung sogar an die Endanwender verteilt wird, sollte man sich ernsthaft Gedanken über ein ausgefeilteres Sicherheitskonzept machen.

SQL Server unterscheidet dabei zwischen Anmeldungen (Log-in) und Datenbankbenutzern (Database User). Beide zusammen (insbesondere aber die Anmeldungen) ergeben die *Authentifizierung*, mit der die Frage geklärt wird, wer der Benutzer ist, bzw. mit der durch

Mechanismen wie Passwortabfragen etc. sichergestellt wird, dass der Benutzer auch der ist, für den er sich ausgibt.

Darauf aufbauend erfolgt dann später die *Autorisierung*, also die Verwaltung der Rechte für Anmeldungen und Benutzer.

Anmeldungen und Authentifizierung

Der eigentliche Verbindungsaufbau zum SQL Server geschieht über Anmeldungen. Dabei können zwei Arten der Authentifizierung genutzt werden, die von verschiedenen Systemen verwaltet werden. Bei der Windows-Authentifizierung werden Benutzer und Passwörter vom lokal installierten Betriebssystem (bzw. in Netzwerkdomänen von einem Server, der als Domänencontroller fungiert) verwaltet. Dadurch entfällt die Notwendigkeit einer separaten Anmeldung am SQL Server, da das Betriebssystem automatisch die Information, welcher User angemeldet ist, an den SQL Server weitergibt.

Bei der SQL Server-Authentifizierung dagegen werden Benutzer und deren Passwörter von SQL Server verwaltet. Die entsprechenden Daten werden verschlüsselt in Systemtabellen abgelegt. Standardmäßig ist ein Benutzer mit Namen *sa* (die Abkürzung steht für Systemadministrator) eingerichtet, der volle Rechte auf dem gesamten SQL Server hat. Das Passwort für diesen User haben Sie selbst bei der Installation von SQL Server festgelegt.

Ob die SQL Server-Authentifizierung überhaupt verfügbar ist, hängt davon ab, ob Sie bei der Installation die reine Windows-Authentifizierung oder den gemischten Modus gewählt haben. Wenn Sie sich an die in *Kapitel 3, Installation und erste Schritte*, beschriebene Installationsanweisung gehalten haben, sind beide Authentifizierungsmodi verfügbar, sodass Ihnen hier alle Möglichkeiten offenstehen.

Abbildung 12.1: Herstellung einer SQL Server-Verbindung mit Windows-Authentifizierung

Jedes Mal, wenn Sie sich mit dem SQL Server verbinden, ist ebenfalls auszuwählen, ob die Anmeldung über SQL Server- oder Windows-Authentifizierung erfolgen soll. Durch die

Möglichkeit, sich alternativ auch mit einer SQL Server-Datenbank in der Cloud zu verbinden, gibt es auch noch diverse zusätzliche Varianten der Azure Active Directory-Authentifizierung, die ich hier erst einmal außen vor lasse, da das Thema SQL Server in der Cloud in *Kapitel 21, SQL Server und die Cloud*, detaillierter behandelt wird. Befassen wir uns also erst einmal nur mit den beiden klassischen Authentifizierungsvarianten. Bei der SQL Server-Authentifizierung sind Anmeldename und Passwort einzugeben, bei der Windows-Authentifizierung werden Benutzernamen (gegebenenfalls mit vorangestelltem Domänennamen) angezeigt und sind nicht änderbar. Wenn Sie in diesem Authentifizierungsmodus einen anderen Windows-Benutzer verwenden möchten, müssen Sie sich zuerst vom Betriebssystem abmelden und mit dem anderen Log-in neu verbinden, der dann beim nächsten Verbindungsaufbau mit dem SQL Server automatisch verwendet wird.

Erfolgt die Verbindung zum SQL Server nicht über das SQL Server Management Studio, sondern aus einer Applikation für Endanwender heraus, werden die Anmeldedaten normalerweise in Form einer Verbindungszeichenfolge (hier ist der englische Begriff *Connection String* eigentlich gebräuchlicher) übertragen. Diese Verbindungszeichenfolge beinhaltet unter anderem den Namen des SQL Server, den Namen der Serverinstanz (sofern nicht die Standardinstanz verwendet wird), den Authentifizierungsmodus sowie – im Fall der SQL Server-Authentifizierung – den Anmeldenamen und das dazugehörige Passwort.

Nie das sa-Log-in in einer Verbindungszeichenfolge verwenden!

Selbst wenn die Anwendung volle Rechte auf die Datenbank erhalten soll, sollten Sie nie das *sa*-Passwort in einer Verbindungszeichenfolge hinterlegen. Das würde eine große Sicherheitslücke darstellen, da das *sa*-Log-in Vollzugriff auf alle Datenbanken des Servers (inklusive der Systemdatenbanken) hat. Stattdessen sollte zumindest eine eigene Anmeldung für diese Anwendung erstellt werden, die alle Rechte auf die entsprechende Datenbank erhält.

Anlegen von SQL Server-Anmeldungen

Schauen wir uns nun einmal an, wie neue Anmeldungen angelegt werden, indem wir drei verschiedene SQL Server-Anmeldungen erstellen, die später unterschiedliche Rechte bekommen werden.

1. Stellen Sie im SQL Server Management Studio eine Verbindung zur lokalen Serverinstanz *SQL2022* her und nutzen Sie dabei – wie bisher – die Windows-Authentifizierung.
2. Klicken Sie mit der rechten Maustaste auf den Eintrag *Sicherheit/Anmeldungen* und wählen Sie die Option *Neue Anmeldung*.
3. Es erscheint das Dialogfeld zum Erstellen einer neuen Anmeldung. Im linken Bereich können Sie eine von fünf möglichen Seiten mit Einstellungen auswählen: *Allgemein*, *Serverrollen*, *Benutzerzuordnung*, *Sicherungsfähige Elemente* und *Status*. Im Moment benötigen wir davon allerdings nur die erste Seite.
4. Nehmen Sie auf der Seite *Allgemein* folgende Einstellungen vor:
   - *Anmeldename*: MediaBaseReadWrite
   - *SQL Server-Authentifizierung*
   - *Kennwort*: mbrw

- *Kennwortrichtlinie erzwingen*: nein
- *Standarddatenbank*: master
- *Standardsprache*: <Standard>

Schließen Sie dann das Dialogfeld über die *OK*-Schaltfläche, und die Anmeldung wird angelegt.

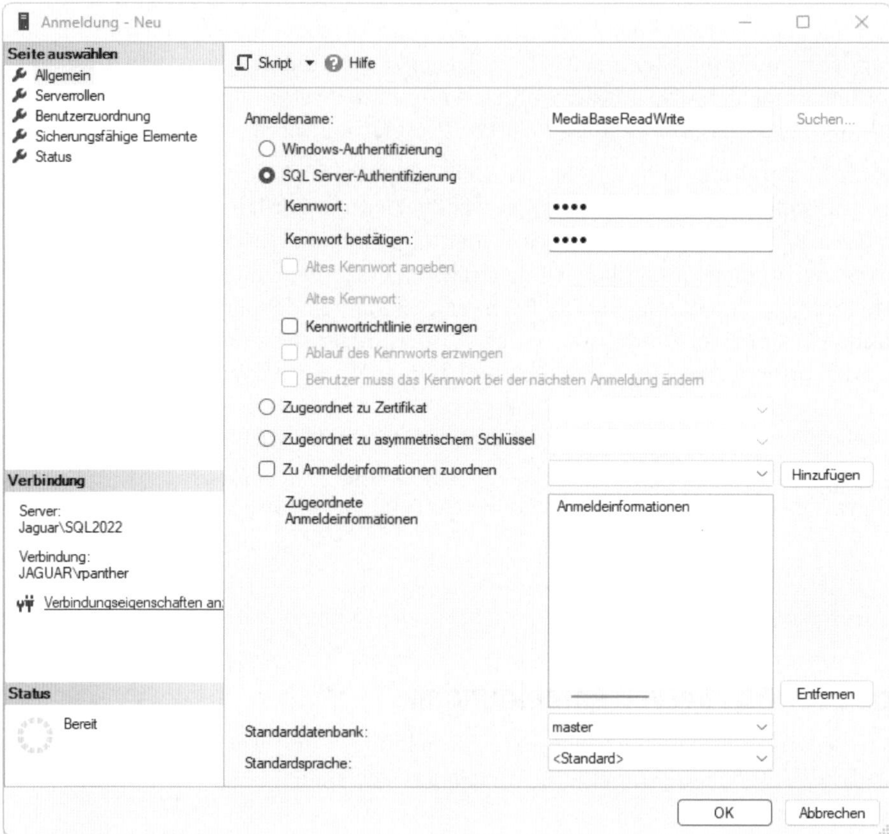

Abbildung 12.2: Das Dialogfeld zum Erstellen einer neuen Anmeldung

5. Legen Sie auf die gleiche Weise Anmeldungen mit Namen *MediaBaseReadOnly* (Kennwort: *mbro*) und *MediaBaseAudioOnly* (Kennwort: *mbao*) an.

Keine zu einfachen Passwörter verwenden

Der Einfachheit halber wurden für die Beispielanmeldungen in diesem Kapitel sehr kurze Passwörter verwendet. In der Praxis sollte man selbstverständlich längere Passwörter verwenden, die neben Kleinbuchstaben auch Großbuchstaben und eventuell ein paar Sonderzeichen oder Ziffern enthalten.

Das Erstellen von Anmeldungen ist natürlich auch mit SQL-Anweisungen durchführbar. Dazu wird die `CREATE LOGIN`-Anweisung der sogenannten *Data Control Language* (DCL) verwendet. Zum Erstellen der oben genannten drei Anmeldungen wäre das folgende SQL-Skript auszuführen:

```
USE [master]
GO
CREATE LOGIN [MediaBaseReadWrite]
WITH PASSWORD=N'mbrw', DEFAULT_DATABASE=[master], CHECK_EXPIRATION=OFF, CHECK_POLICY=OFF
GO
CREATE LOGIN [MediaBaseReadOnly]
WITH PASSWORD=N'mbro', DEFAULT_DATABASE=[master], CHECK_EXPIRATION=OFF, CHECK_POLICY=OFF
GO
CREATE LOGIN [MediaBaseAudioOnly]
WITH PASSWORD=N'mbao', DEFAULT_DATABASE=[master], CHECK_EXPIRATION=OFF, CHECK_POLICY=OFF
GO
```

Bevor wir uns damit befassen, diesen Anmeldungen auch Datenbankbenutzer zuzuordnen, werfen wir noch einen Blick auf die Windows-Authentifizierung.

Windows-Benutzer und -Gruppen als Anmeldungen anlegen

Damit Windows-Benutzer als Anmeldungen verwendbar sind, müssen sie auch als solche angelegt werden. Das Vorgehen dazu entspricht weitgehend dem zum Anlegen von Anmeldungen für die SQL Server-Authentifizierung. Um auch dies auszuprobieren, legen wir nun einen lokalen Windows-Benutzer im Betriebssystem[1] an und erstellen anschließend dafür eine SQL Server-Anmeldung:

Lokale Admin-Rechte erforderlich

Damit das Anlegen eines Betriebssystembenutzers möglich ist, müssen Sie über die entsprechenden Betriebssystemrechte verfügen. Dies ist beispielsweise dann der Fall, wenn Sie der Gruppe der lokalen Administratoren angehören.

1. Öffnen Sie das Windows-Startmenü und rufen Sie dort unter *Einstellungen* den Unterpunkt *Konten* auf.
2. Klicken Sie im folgenden Dialogfeld auf den Punkt *Andere Benutzer.*
3. Es erscheint ein weiteres Dialogfeld, in dem eventuell bereits weitere Benutzer zu sehen sind, die auf dem Rechner eingerichtet sind. Ganz oben ist jedoch eine Schaltfläche, die mit *Konto hinzufügen* beschriftet ist, die Sie nun anklicken.
4. Da Sie keinen Microsoft-Account hinzufügen möchten, klicken Sie im folgenden Dialogfeld auf die Option *Ich kenne die Anmeldeinformationen für diese Person nicht* und anschließend auf *Benutzer ohne Microsoft-Konto hinzufügen.*
5. Bestimmen Sie nun als Benutzernamen *mmustermann* und geben Sie dazu ein Kennwort ein. (Die Eingabe des Kennworts muss zweimal erfolgen, um sicherzustellen, dass Sie sich nicht vertippt haben.) Anschließend sind noch drei Sicherheitsfragen zu beant-

1 Die Beschreibung für das Anlegen eines Betriebssystembenutzers orientiert sich am Betriebssystem Windows 11 (und ist auch bei Windows 10 nahezu identisch). Bei Verwendung einer anderen Windows-Variante kann das Verfahren leicht abweichen. In diesem Fall sind die entsprechenden Einstellungen dann meist in der Windows-Systemsteuerung unter *Benutzerkonten* zu finden.

worten, mit denen Sie im Notfall später das Kennwort des Benutzers zurücksetzen können.

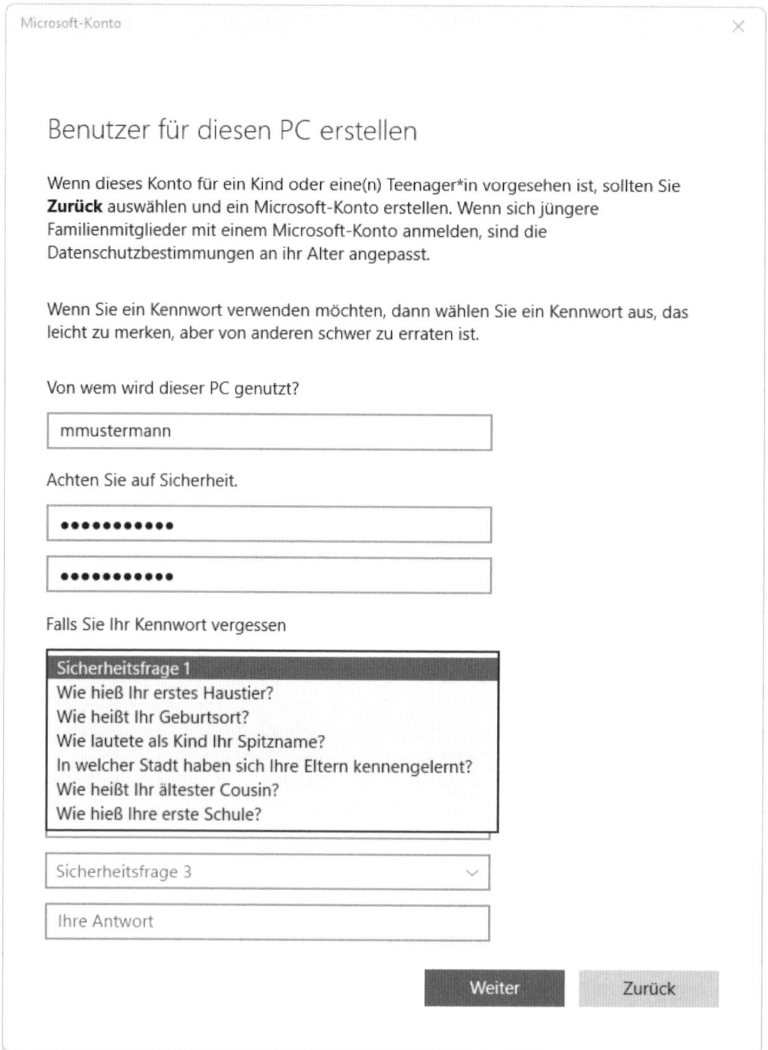

Abbildung 12.3: Das Dialogfeld zum Erstellen eines neuen Betriebssystembenutzers

6. Klicken Sie anschließend auf *Weiter*, um den Benutzer anzulegen.
7. Anschließend können Sie die Kontoverwaltung wieder schließen.

Nachdem der Betriebssystembenutzer erstellt ist, wird noch eine SQL Server-Anmeldung benötigt.

1. Stellen Sie dazu im SQL Server Management Studio eine Verbindung zur lokalen Serverinstanz *SQL2022* her.
2. Klicken Sie mit der rechten Maustaste auf den Eintrag *Sicherheit/Anmeldungen* und wählen Sie den Befehl *Neue Anmeldung*.

3. Behalten Sie die Voreinstellung *Windows-Authentifizierung* bei und klicken Sie auf die hinter dem Eingabefeld *Anmeldename* stehende Schaltfläche *Suchen*.
4. Es erscheint ein weiteres Dialogfeld, in dem der aktuelle Rechnername als Suchpfad voreingestellt ist. Geben Sie als Objektname *mmustermann* ein und klicken Sie auf die Schaltfläche *Namen überprüfen*. Wenn Sie sich nicht vertippt haben, erscheint im Eingabefeld dann die Kombination aus Rechnername und Windows-Benutzername (bei Ihnen wird anstelle des Rechnernamens *JAGUAR* sicherlich eine andere Bezeichnung stehen).
5. Klicken Sie anschließend zweimal auf *OK*, und die neue Anmeldung ist erstellt.

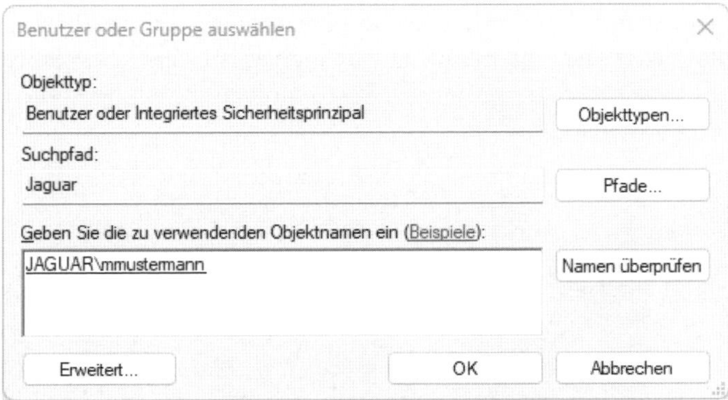

Abbildung 12.4: Eingabe eines Betriebssystembenutzers

Das Anlegen von Anmeldungen für Windows-Benutzer und Windows-Benutzergruppen können Sie alternativ auch mit den folgenden SQL-Anweisungen durchführen (beachten Sie, dass Sie dazu den Rechnernamen `JAGUAR` durch den eigenen Rechnernamen ersetzen):

```
USE [master]
GO
CREATE LOGIN [JAGUAR\mmustermann] FROM WINDOWS WITH DEFAULT_DATABASE=[master]
GO
```

Anmeldungen testen

Nun können Sie die neu angelegten Anmeldungen einmal ausprobieren. Um die auf Windows-Authentifizierung basierenden Anmeldungen zu testen, gehen Sie wie folgt vor:

1. Schließen Sie alle offenen Anwendungen und melden Sie sich über das Windows-Startmenü vom Betriebssystem ab (oder nutzen Sie die Option *Benutzer wechseln*).
2. Melden Sie sich dann neu an und verwenden Sie dazu den lokalen Betriebssystembenutzer *mmustermann*. Falls Sie sich beim vorigen Mal mit einem Netzwerkbenutzer angemeldet haben, müssen Sie im Feld *Anmelden an* (das eventuell noch über die Schaltfläche *Optionen* eingeblendet werden muss) den lokalen Computer auswählen. Alternativ können Sie auch vor dem Benutzernamen (mit einem Backslash getrennt) den Namen des lokalen Rechners angeben. Auf meinem Datenbankentwicklungsrechner wäre das beispielsweise *JAGUAR\mmustermann*. Dadurch stellen Sie sicher, dass

der Benutzer *mmustermann* auf dem lokalen Rechner und nicht in der Domäne gesucht wird, wo er sicherlich nicht existiert (er wurde ja nur lokal auf dem Rechner angelegt). Da dies die erste Anmeldung mit dem gerade neu erstellten Benutzer ist, müssen Sie etwas warten, bis Windows das lokale Benutzerprofil für diesen User angelegt hat. Nach einer kurzen Wartezeit sollte das Betriebssystem dann aber bereitstehen.

3. Öffnen Sie das SQL Server Management Studio und stellen Sie eine Verbindung zur lokalen Serverinstanz *SQL2022* her. Benutzen Sie dabei die Windows-Authentifizierung.
4. Probieren Sie nun im Objekt-Explorer aus, auf welche Bereiche Sie Zugriff haben. Im Zweig *Datenbanken* sehen Sie zwar die Datenbank *MediaBase*, wenn Sie diesen Zweig allerdings weiter aufklappen möchten, erhalten Sie eine Fehlermeldung, die besagt, dass der Zugriff auf die *MediaBase*-Datenbank nicht möglich ist. Versuchen Sie, über die rechte Maustaste das *Eigenschaften*-Fenster der Datenbank zu öffnen, wird die Fehlermeldung noch etwas deutlicher.

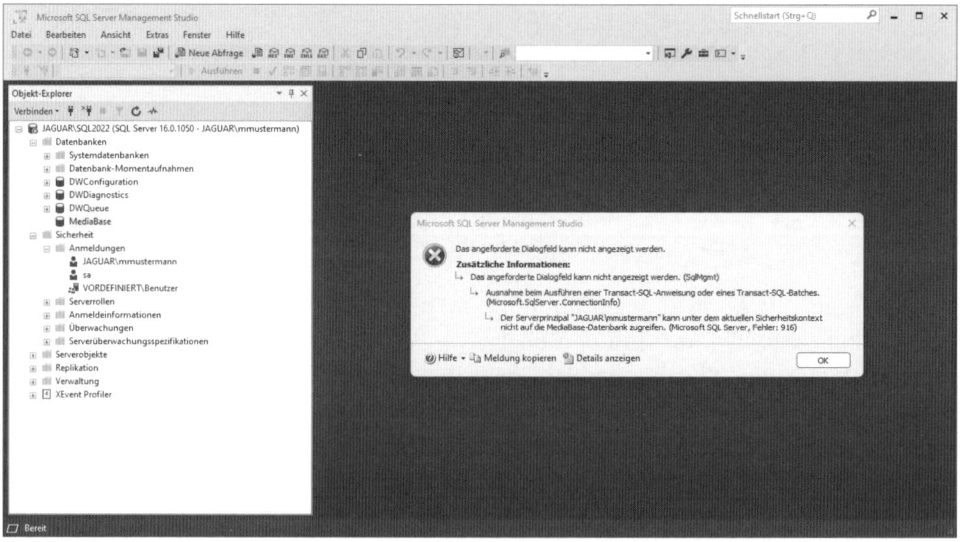

Abbildung 12.5: Fehlgeschlagener Versuch, auf die Datenbank MediaBase zuzugreifen

Der Grund hierfür liegt darin, dass der Windows-Benutzer *mmustermann* zwar als Anmeldung angelegt wurde (sonst wäre bereits der Verbindungsaufbau zum SQL Server mit einer entsprechenden Fehlermeldung gescheitert), diese Anmeldung aber noch keine Zugriffsrechte auf irgendwelche Datenbanken hat.

5. Schließen Sie das SQL Server Management Studio, melden Sie sich vom Rechner ab und dann mit dem Windows-Benutzer an, mit dem Sie den SQL Server installiert haben.

Sichtbarkeit von Anmeldungen

Wie der Screenshot in Abbildung 12.5 zeigt, sind im Objekt-Explorer auch nicht alle Anmeldungen sichtbar, sondern – abgesehen vom Systemadministrator (*sa*) – nur die gerade verwendete Anmeldung (*mmustermann*) selbst sowie die Benutzer und Gruppen, auf die die verwendete Anmeldung Rechte hat. Das ist in diesem Fall lediglich die Standardgruppe *VORDEFINIERT\Benutzer*, der automatisch jeder erstellte Benutzer zugeordnet wird.

Sie können das gerade durchgeführte Experiment noch einmal über die SQL Server-Authentifizierung wiederholen, indem Sie bei der Anmeldung am SQL Server die SQL Server-Authentifizierung wählen und dazu eine der frisch erstellten SQL-Anmeldungen (*MediaBaseReadWrite*, *MediaBaseReadOnly* oder *MediaBaseAudioOnly*) mit dem entsprechenden Passwort verwenden. Das Ergebnis beim versuchten Zugriff auf die Datenbank *MediaBase* wird dasselbe sein wie zuvor. Da auch für diese Anmeldungen noch kein Zugriff auf die Datenbank eingerichtet wurde, fehlen hier ebenfalls die entsprechenden Berechtigungen.

Im Objekt-Explorer sind unter *Sicherheit* dann sogar nur noch die verwendete Anmeldung selbst sowie der Systemadministrator (*sa*) zu sehen, da die Windows-Authentifizierung nun nicht aktiv ist.

Mehrere Verbindungen in einer Management Studio-Session

Um die Verbindung mit anderen SQL Server-Anmeldungen zu testen, müssen Sie das SQL Server Management Studio nicht einmal verlassen, da es mehrere Verbindungen mit verschiedenen Anmeldungen zulässt. Klicken Sie einfach im Objekt-Explorer auf *Verbinden/Datenbankmodul* und wählen Sie im folgenden Dialogfeld *SQL Server-Authentifizierung* aus. Nach Eingabe von Anmeldename und Kennwort erscheint im Objekt-Explorer eine zweite Verbindung, die nun die gerade eingegebene Anmeldung verwendet.

Verwalten von Datenbankbenutzern

Damit eine Anmeldung Zugriff auf eine Datenbank erhält, muss dieser ein Datenbankbenutzer zugeordnet werden, der eventuell vorher noch erstellt werden muss und entsprechende Rechte auf der Datenbank erhält. Die Datenbankbenutzer sind im Objekt-Explorer bei der jeweiligen Datenbank im Zweig *Sicherheit/Benutzer* zu finden. Hier sind bereits einige Benutzer vordefiniert:

- *dbo* – Database Owner (Vollzugriff auf die gesamte Datenbank)
- *guest* – Gast (lediglich Rechte, sich mit der Datenbank zu verbinden)
- *INFORMATION_SCHEMA* – (wird intern verwendet)
- *sys* – (wird intern verwendet)

Hier könnten Sie durch einen Klick mit der rechten Maustaste auf *Benutzer* und Auswahl von *Neuer Benutzer* einen neuen Datenbankbenutzer anlegen, um diesen später einer Anmeldung zuzuordnen. Doch es gibt einen noch komfortableren Weg, den wir nun ausprobieren wollen:

1. Stellen Sie im SQL Server Management Studio unter Verwendung der Windows-Authentifizierung eine Verbindung zur lokalen Serverinstanz *SQL2022* her.

2. Öffnen Sie im Objekt-Explorer den Zweig *Sicherheit/Anmeldungen.*
3. Klicken Sie mit der rechten Maustaste auf den Eintrag *MediaBaseReadWrite* und wählen Sie die Option *Eigenschaften* aus (alternativ dazu wäre auch ein Doppelklick auf den Anmeldenamen möglich).
4. Es erscheint das Dialogfeld *Anmeldungseigenschaften*, das weitgehend dem Dialogfeld entspricht, mit dem Sie ursprünglich die Anmeldung erstellt haben. Ändern Sie auf der Seite *Allgemein* die Standarddatenbank auf *MediaBase*. Damit wird zwar das Problem der fehlenden Berechtigung noch nicht gelöst, aber es wird dafür gesorgt, dass der SQL Server bei Verwendung dieser Anmeldung automatisch versucht, sich mit der Datenbank *MediaBase* zu verbinden.
5. Wechseln Sie nun zur Seite *Benutzerzuordnung*. Hier sind alle verfügbaren Datenbanken aufgelistet, und Sie können durch Setzen eines Häkchens Zugriff auf die jeweilige Datenbank erteilen. In der Spalte *Benutzer* wird der entsprechende Datenbankbenutzer zugeordnet. Standardmäßig wird hier in dem Moment, in dem Sie die Datenbank zuordnen, der Name der Anmeldung eingetragen. Dadurch wird implizit ein Datenbankbenutzer mit demselben Namen wie die SQL Server-Anmeldung erstellt, sobald Sie auf *OK* klicken.

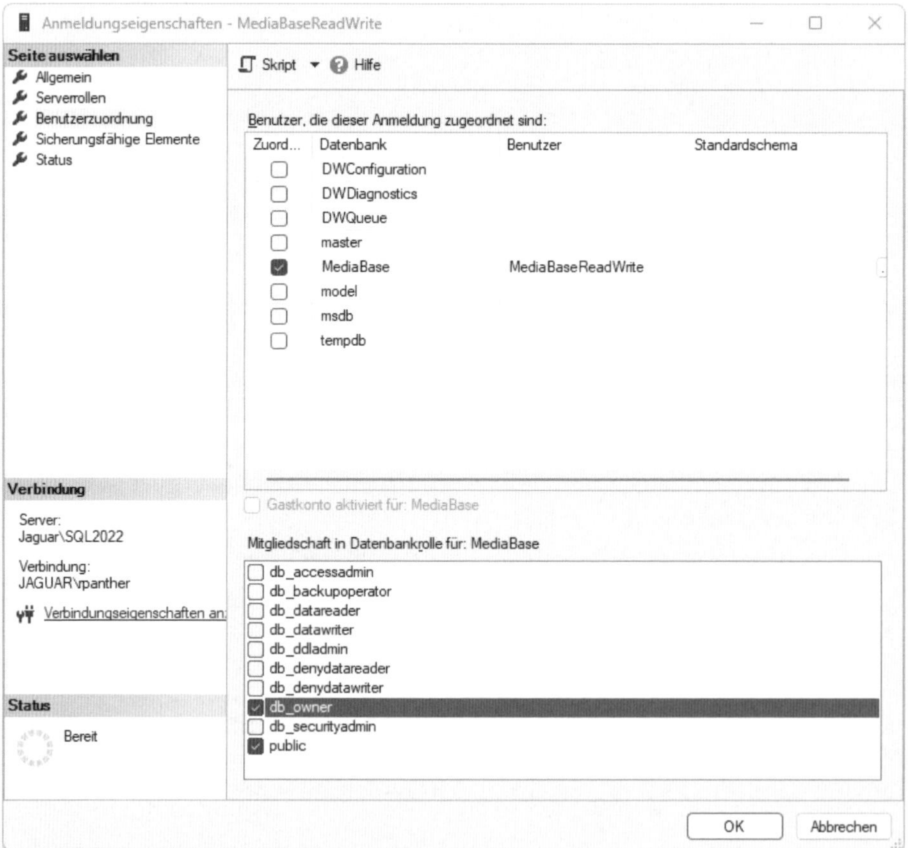

Abbildung 12.6: Die Benutzerzuordnung für die Anmeldung MediaBaseReadWrite

6. Im unteren Bereich des Dialogfelds erfolgt die Rollenzuordnung, über die auf einfachem Weg eine ganze Menge an Berechtigungen erteilt werden kann. Standardmäßig ist die Rolle *public* ausgewählt, die lediglich eine Verbindung mit der Datenbank gewährt. Klicken Sie hier zusätzlich noch die Rolle *db_owner* an, damit der Benutzer *MediaBaseReadWrite* Vollzugriff auf die Datenbank *MediaBase* erhält.
7. Klicken Sie auf *OK*, um die Benutzerzuordnung durchzuführen. Anschließend können Sie im Objekt-Explorer unter *MediaBase/Sicherheit/Benutzer* nachprüfen, dass der Datenbankbenutzer wirklich angelegt wurde.
8. Erstellen Sie auf demselben Weg Datenbankbenutzer für die anderen Anmeldungen und ordnen Sie diesen folgende Rollen zu:
   - *MediaBaseReadOnly* (Rollen: *public, db_datareader)*
   - *MediaBaseAudioOnly* (Rolle: *public*)
   - *JAGUAR\mmustermann* (Rollen: *public*, *db_owner*)

Den gesamten Vorgang (Ändern der Standarddatenbank, Anlegen eines Datenbankbenutzers und dessen Zuordnung zu einer Anmeldung sowie Hinzufügen der Rolle *db_datareader* für diesen Benutzer) können Sie alternativ auch mit den folgenden SQL-Anweisungen durchführen:

```
USE [master]
GO
ALTER LOGIN [MediaBaseReadWrite] WITH DEFAULT_DATABASE=[MediaBase],
DEFAULT_LANGUAGE=[Deutsch], CHECK_EXPIRATION=OFF, CHECK_POLICY=OFF
ALTER LOGIN [MediaBaseReadOnly] WITH DEFAULT_DATABASE=[MediaBase],
DEFAULT_LANGUAGE=[Deutsch], CHECK_EXPIRATION=OFF, CHECK_POLICY=OFF
ALTER LOGIN [MediaBaseAudioOnly] WITH DEFAULT_DATABASE=[MediaBase],
DEFAULT_LANGUAGE=[Deutsch], CHECK_EXPIRATION=OFF, CHECK_POLICY=OFF
ALTER LOGIN [JAGUAR\mmustermann] WITH DEFAULT_DATABASE=[MediaBase],
DEFAULT_LANGUAGE=[Deutsch]
GO
USE [MediaBase]
GO
CREATE USER [MediaBaseReadWrite] FOR LOGIN [MediaBaseReadWrite]
CREATE USER [MediaBaseReadOnly] FOR LOGIN [MediaBaseReadOnly]
CREATE USER [MediaBaseAudioOnly] FOR LOGIN [MediaBaseAudioOnly]
CREATE USER [JAGUAR\mmustermann] FOR LOGIN [JAGUAR\mmustermann]
GO
EXEC sp_addrolemember N'db_owner', N'MediaBaseReadWrite'
EXEC sp_addrolemember N'db_datareader', N'MediaBaseReadOnly'
EXEC sp_addrolemember N'db_owner', N'JAGUAR\mmustermann'
GO
```

Für die Rollenzuordnung wird in diesem Skript die gespeicherte Systemprozedur `sp_addrolemember` verwendet. Das geschieht allerdings nicht für die Rolle *public*, da diese automatisch zugeordnet wird, sobald ein Datenbankbenutzer für die Anmeldung erstellt wird.

Nun können Sie ausprobieren, ob der Zugriff über die gerade erstellten Datenbankbenutzer funktioniert. Der Einfachheit halber nutzen wir hierzu die SQL Server-Authentifizierung:

1. Stellen Sie im SQL Server Management Studio unter Verwendung der SQL Server-Authentifizierung eine Verbindung zur lokalen Serverinstanz *SQL2022* her. Verwenden Sie dabei die Anmeldung *MediaBaseReadOnly* mit dem entsprechenden Passwort.
2. Öffnen Sie dann im Objekt-Explorer den Zweig *Datenbanken/MediaBase/Tabellen*. Dort werden nun alle Tabellen angezeigt, weil Sie über die Rolle *db_datareader* Lesezugriff auf alle Daten der Datenbank haben.
3. Klicken Sie die Tabelle *dbo.Buch* mit der rechten Maustaste an und wählen Sie die Option *Oberste 200 Zeilen bearbeiten* aus, woraufhin der Inhalt der Tabelle angezeigt wird. Wenn Sie nun versuchen, eines der Felder zu bearbeiten, erhalten Sie beim Versuch, diese Änderung zu speichern, eine Fehlermeldung, die Sie darauf hinweist, dass die Schreibrechte nicht erteilt wurden.
4. Probieren Sie anschließend die gleiche Aktion mit der Anmeldung *MediaBaseReadWrite* aus, und das Speichern der Daten sollte funktionieren.

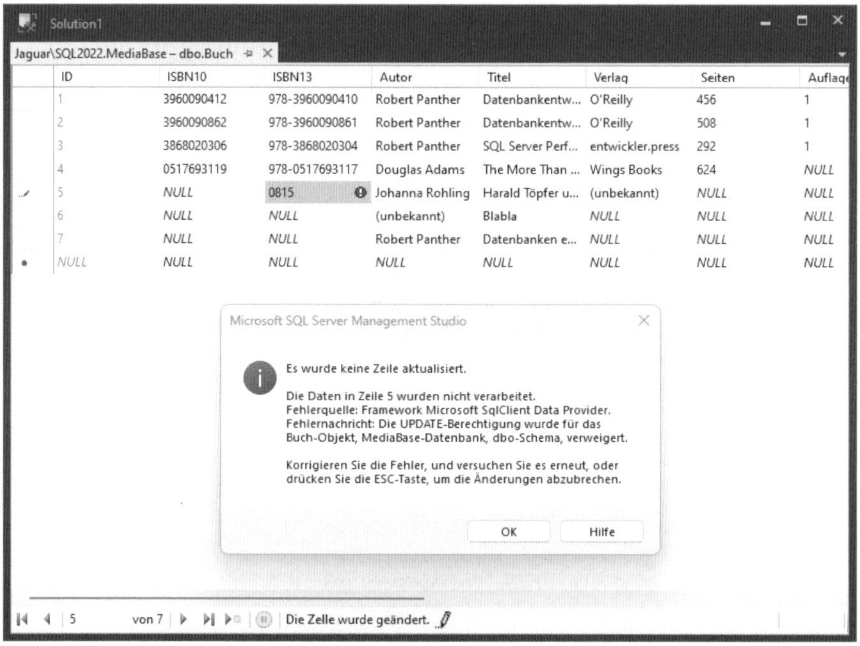

Abbildung 12.7: Fehlende Schreibrechte

5. Melden Sie sich danach mit der Anmeldung *MediaBaseAudioOnly* an. Jetzt wird im Objekt-Explorer zur Datenbank *MediaBase* keine Tabelle angezeigt, da keine Leseberechtigungen für diese Anmeldung existieren.

Für die meisten Anwendungsfälle – insbesondere im Umfeld der SQL Server Express Edition – reicht eine indirekte Erteilung von Rechten durch die Zuweisung von vordefinierten Rollen für die entsprechenden Datenbanken aus. Bei Bedarf können Sie die Berechtigungen aber auch detaillierter erteilen bzw. verweigern, wie die folgenden Seiten zeigen.

Rechte und Rollen

Bei der Vergabe von Rechten (und der Zuordnung von Rollen) wird zwischen zwei Arten von Rechten unterschieden. Das eine sind die Berechtigungen zum Zugriff auf Datenbankobjekte wie Tabellen, Sichten etc., die für Datenbankbenutzer erteilt werden. Das andere sind allgemeine Berechtigungen, die für den gesamten Server gelten (sogenannte Serverrechte) und daher für Anmeldungen erteilt werden. Für beide Varianten existieren auch entsprechende Rollen, mit deren Hilfe sich einheitliche Berechtigungen für eine Gruppe von Anmeldungen bzw. Datenbankbenutzern vereinfachen lassen.

Serverrechte und -rollen

Serverrollen sind fest definiert und ließen sich bis einschließlich SQL Server 2008 R2 nicht erweitern oder ändern. Mit SQL Server 2012 wurden die benutzerdefinierten Serverrollen eingeführt, die sich jedoch nicht über die Management Studio-Oberfläche, sondern ausschließlich über T-SQL erstellen lassen. Da man jedoch im Allgemeinen gut mit den vorgegebenen Serverrollen auskommt, werde ich mich im Folgenden auf ebendiese beschränken.

Folgende Rollen stehen in diesem Zusammenhang zur Auswahl:

Rolle	Bedeutung und enthaltene Berechtigungen
bulkadmin	Durchführen von Masseneinfügeoperationen (bcp bzw. `BULK INSERT`)
dbcreator	Erstellen, Ändern und Wiederherstellen von eigenen Datenbanken
diskadmin	Verwalten von Datenträgerdateien
processadmin	Beenden von SQL Server-Prozessen
public	Standardrolle ohne besondere Rechte
securityadmin	Verwalten von Anmeldungen und Berechtigungen
serveradmin	Konfiguration und Herunterfahren des Servers
setupadmin	Hinzufügen von Verbindungsservern
sysadmin	Systemadministrator (Vollzugriff auf den gesamten Server)

Tabelle 12.1: Übersicht der Serverrollen

Die Zuordnung einer Anmeldung zu einer Rolle können Sie im Dialogfeld *Anmeldungseigenschaften* auf der Seite *Serverrollen* vornehmen. Alternativ dazu können Sie auch eine gespeicherte Systemprozedur nutzen. Die folgende SQL-Anweisung würde beispielsweise der Anmeldung *MediaBaseReadWrite* die Serverrolle *diskadmin* zuordnen:

```
EXEC master..sp_addsrvrolemember @loginame = N'MediaBaseReadWrite', @rolename = N'diskadmin'
```

Alternativ gibt es hierfür jedoch auch eine etwas einfachere Syntax:

```
ALTER SERVER ROLE [diskadmin] ADD MEMBER [MediaBaseReadWrite]
```

Auf ähnlichem Weg lässt sich die Zuordnung auch wieder rückgängig machen:

```
ALTER SERVER ROLE [diskadmin] DROP MEMBER [MediaBaseReadWrite]
```

Neben den vordefinierten Serverrollen lassen sich auch explizite Serverrechte an einzelne Anmeldungen erteilen. Dies geschieht wiederum über das Dialogfeld *Anmeldungseigenschaften* des jeweiligen Benutzers, nun aber auf der Seite *Sicherungsfähige Elemente*. Hier können Sie über die *Suchen*-Schaltfläche bestimmte Objekte wie beispielsweise Server, Endpunkte und Anmeldungen auswählen, um dann diesen Objekten einzelne Rechte zu *erteilen* oder um diese explizit zu *verweigern*. Die Variante *Mit Erteilung* steht dafür, dass die jeweilige Anmeldung die entsprechende Berechtigung auch an andere Anmeldungen weitergeben darf. Die folgende Abbildung zeigt beispielsweise die Erteilung (mit Weitergabe) der Berechtigung *Herunterfahren* des Servers bei gleichzeitiger Verweigerung der Berechtigung *Massenvorgänge verwalten*.

Wenn Sie im unteren Bereich die Registerkarte *Effektiv* öffnen, werden die aktuellen Berechtigungen zum oben ausgewählten sicherungsfähigen Element angezeigt.

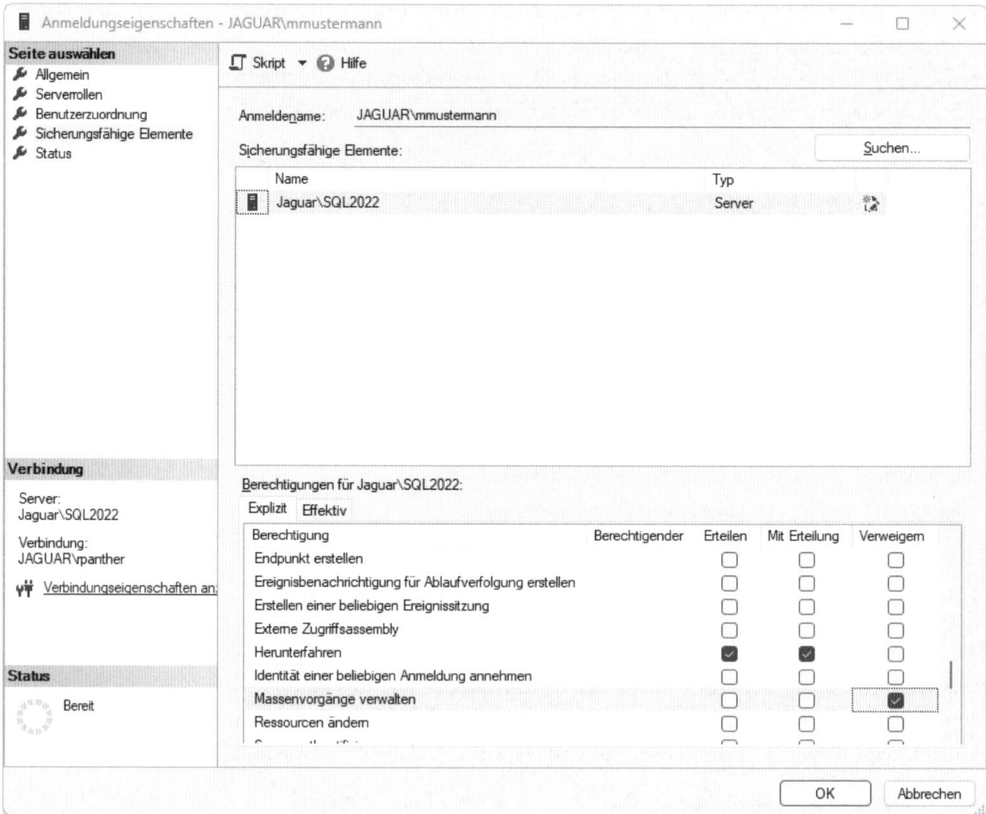

Abbildung 12.8: Erteilung von Serverrechten

Das Erteilen und Verweigern der in Abbildung 12.8 dargestellten Rechte ist alternativ auch mit folgendem SQL-Skript ausführbar:

```
use [master]
GO
GRANT SHUTDOWN TO [JAGUAR\mmustermann] WITH GRANT OPTION
DENY ADMINISTER BULK OPERATIONS TO [JAGUAR\mmustermann]
GO
```

Verwendung von Serverrollen und -rechten

Die Bedeutung von Serverrollen und -rechten ist im Umfeld von SQL Server Express eher gering. Im Normalfall sind alle Anmeldungen lediglich der Rolle *public* zugeordnet, und nur ein paar einzelne Anmeldungen bekommen zusätzlich noch die Rolle *sysadmin*, um auch administrative Aufgaben durchführen zu können. Einzelne Serverrechte werden selten vergeben.

Die anderen Serverrollen sowie die explizite Vergabe von einzelnen Serverrechten spielen eher in größeren Unternehmen eine Rolle, wo sich verschiedene Mitarbeiter dediziert um die Verwaltung von Berechtigungen, das Erstellen von Datenbanksicherungen etc. kümmern, ohne dabei auf andere Bereiche des SQL Server zugreifen zu müssen.

Datenbankrechte und -rollen

Die Erteilung von Datenbankrechten erfolgt nach demselben Prinzip wie bei den Serverrechten, nur mit dem Unterschied, dass hier das *Eigenschaften*-Dialogfeld des entsprechenden Datenbankbenutzers verwendet wird. Auch hier gibt es eine Seite *Sicherungsfähige Elemente*, auf der Sie nach Auswahl der entsprechenden Datenbankobjekte (Tabellen, Sichten, Funktionen, gespeicherte Prozeduren etc.) explizit Berechtigungen auf diese erteilen (mit und ohne Weitergabe) oder verweigern können. Für Tabellen und Sichten lassen sich die Berechtigungen sogar für einzelne Spalten verwalten.

Dazu können Sie auf der Seite *Mitgliedschaft* dem Datenbankbenutzer bestehende Datenbankrollen zuordnen, die bereits über einen vordefinierten Satz von Berechtigungen verfügen.

Rolle	Bedeutung und enthaltene Berechtigungen
db_accessadmin	Verwalten des Zugriffs für Windows-Anmeldungen und -Gruppen sowie SQL Server-Anmeldungen
db_backupoperator	Durchführen von Datenbanksicherungen
db_datareader	Lesezugriff auf alle Tabellen und Sichten der Datenbank
db_datawriter	Schreibzugriff auf alle Tabellen und Sichten der Datenbank
db_ddladmin	Ausführung von DDL-Anweisungen
db_denydatareader	verweigert Lesezugriff auf alle Benutzertabellen der Datenbank
db_denydatawriter	verweigert Schreibzugriff auf alle Benutzertabellen der Datenbank
db_owner	Datenbankbesitzer (Vollzugriff auf die gesamte Datenbank)
db_securityadmin	Verwalten von Rollenmitgliedschaften und Berechtigungen
public	Standardrolle ohne besondere Rechte

Tabelle 12.2: Übersicht der vordefinierten Datenbankrollen

Im Gegensatz zu den Serverrollen lassen sich die Datenbankrollen aber auch bereits bei älteren SQL Server-Versionen um selbst definierte Rollen erweitern, die dann – genau wie die Benutzer – detaillierte Berechtigungen erhalten können.

Probieren wir das nun aus, indem wir eine Datenbankrolle *MediaBaseCDRole* erstellen, die den Vollzugriff auf die Tabellen *dbo.CD* und *dbo.CD_Track* ermöglicht:

1. Stellen Sie im SQL Server Management Studio unter Verwendung der Windows-Authentifizierung eine Verbindung zur lokalen Serverinstanz *SQL2022* her.
2. Öffnen Sie im Objekt-Explorer den Zweig *Datenbanken/MediaBase/Sicherheit/Rollen/Datenbankrollen*. Sie sehen hier die in Tabelle 12.2 dargestellten Datenbankrollen.
3. Klicken Sie mit der rechten Maustaste auf *Datenbankrollen* und wählen Sie die Option *Neue Datenbankrolle*. Es erscheint das Dialogfeld *Neue Datenbankrolle*.
4. Geben Sie als Namen für die Datenbankrolle *MediaBaseCDRole* ein und klicken Sie auf die Schaltfläche *Hinzufügen*, um der Rolle einen neuen Datenbankbenutzer zuzuordnen.
5. Geben Sie den Namen *MediaBaseAudioOnly* ein und klicken Sie auf *OK*.
6. Wechseln Sie nun zur Seite *Sicherungsfähige Elemente* und klicken Sie auf die Schaltfläche *Suchen*. Wählen Sie im Dialogfeld *Objekte hinzufügen* die Option *Alle Objekte des Typs* und klicken Sie wiederum auf *OK*. Im darauffolgenden Dialogfeld *(Objekttypen auswählen)* markieren Sie den Eintrag *Tabellen* und klicken nochmals auf *OK*.
7. Auf der Seite *Sicherungsfähige Elemente* werden nun alle Tabellen der Datenbank *MediaBase* aufgelistet. Klicken Sie hier die Tabelle *dbo.CD* an und markieren Sie in der Berechtigungsliste unten die gesamte Spalte *Erteilen*. Gleichermaßen verfahren Sie danach für die Tabelle *dbo.CD_Track*.
8. Klicken Sie nun auf *OK*, und die Rechte werden gemäß den gerade vorgenommenen Einstellungen erteilt.

Das SQL-Skript, mit dem Sie die Datenbankrolle alternativ erstellen können, ist diesmal etwas länger, da eine ganze Menge an Berechtigungen explizit vergeben wird:

```
USE [MediaBase]
GO
CREATE ROLE [MediaBaseCDRole]
GO
ALTER ROLE [MediaBaseCDRole] ADD MEMBER [MediaBaseAudioOnly]
GO

-- Berechtigungen für Tabelle dbo.CD erteilen
GRANT UPDATE ON [dbo].[CD] TO [MediaBaseCDRole]
GRANT ALTER ON [dbo].[CD] TO [MediaBaseCDRole]
GRANT VIEW CHANGE TRACKING ON [dbo].[CD] TO [MediaBaseCDRole]
GRANT SELECT ON [dbo].[CD] TO [MediaBaseCDRole]
GRANT TAKE OWNERSHIP ON [dbo].[CD] TO [MediaBaseCDRole]
GRANT VIEW DEFINITION ON [dbo].[CD] TO [MediaBaseCDRole]
GRANT INSERT ON [dbo].[CD] TO [MediaBaseCDRole]
GRANT DELETE ON [dbo].[CD] TO [MediaBaseCDRole]
GRANT UNMASK ON [dbo].[CD] TO [MediaBaseCDRole]
GRANT CONTROL ON [dbo].[CD] TO [MediaBaseCDRole]
GRANT REFERENCES ON [dbo].[CD] TO [MediaBaseCDRole]
```

```
-- Berechtigungen für Tabelle dbo.CD_Track erteilen
GRANT UPDATE ON [dbo].[CD_Track] TO [MediaBaseCDRole]
GRANT ALTER ON [dbo].[CD_Track] TO [MediaBaseCDRole]
GRANT VIEW CHANGE TRACKING ON [dbo].[CD_Track] TO [MediaBaseCDRole]
GRANT SELECT ON [dbo].[CD_Track] TO [MediaBaseCDRole]
GRANT TAKE OWNERSHIP ON [dbo].[CD_Track] TO [MediaBaseCDRole]
GRANT VIEW DEFINITION ON [dbo].[CD_Track] TO [MediaBaseCDRole]
GRANT INSERT ON [dbo].[CD_Track] TO [MediaBaseCDRole]
GRANT DELETE ON [dbo].[CD_Track] TO [MediaBaseCDRole]
GRANT UNMASK ON [dbo].[CD_Track] TO [MediaBaseCDRole]
GRANT CONTROL ON [dbo].[CD_Track] TO [MediaBaseCDRole]
GRANT REFERENCES ON [dbo].[CD_Track] TO [MediaBaseCDRole]
GO
```

Nun können Sie ausprobieren, welche Rechte der Datenbankbenutzer *MediaBaseAudioOnly* durch seine Zugehörigkeit zur Rolle *MediaBaseCDRole* erhalten hat:

1. Stellen Sie im SQL Server Management Studio unter Verwendung der SQL Server-Authentifizierung eine Verbindung zur lokalen Serverinstanz *SQL2022* her. Verwenden Sie dabei die Anmeldung *MediaBaseAudioOnly* mit dem entsprechenden Passwort.
2. Öffnen Sie im Objekt-Explorer den Zweig *Datenbanken/MediaBase/Tabellen*. Dort sollten nun nur die beiden Tabellen *dbo.CD* und *dbo.CD_Track* sichtbar sein, auf die Sie mit dem verwendeten Benutzer volle Zugriffsrechte haben.

Verwendung von Datenbankrechten und -rollen

Wenn ein hohes Maß an Sicherheit notwendig ist, hat sich folgendes Vorgehen bereits in vielen Projekten bewährt:

Für die von der Anwendung verwendeten Datenbankbenutzer existiert generell kein direkter Zugriff auf die Tabellen. Lesende Zugriffe erfolgen ausschließlich über Sichten, die auch nur die Spalten zur Verfügung stellen, die in der Anwendung benötigt werden. Schreibende Zugriffe erfolgen ausschließlich über gespeicherte Prozeduren. Auf diese Weise werden die Möglichkeiten der Datenmanipulation (für den Fall, dass die Anmeldedaten doch einmal in die falschen Hände geraten) sehr gering gehalten, da einerseits nur die von der Anwendung benötigten Daten zugreifbar und andererseits durch die Verwendung von gespeicherten Prozeduren nur fest definierte Datenänderungen möglich sind.

Contained Databases

Die Aufteilung zwischen Anmeldungen, die auf dem Server (genauer: in der *master*-Datenbank), und Datenbankbenutzern, die in der jeweiligen Datenbank gespeichert werden, bringt oft Probleme mit sich: Wenn eine Datenbank auf einem Server gesichert und anschließend auf einem anderen Server wiederhergestellt wird, kennt der neue Server eventuell nicht dieselben Anmeldungen. Die Datenbankbenutzer existieren zwar noch in der Datenbank, sind aber nicht nutzbar, da sie nicht mehr mit einer existierenden Serveranmeldung verbunden sind. Man spricht hier von verwaisten Benutzern. Nun kann man natürlich diese Zuordnung manuell wiederherstellen, was aber einen gewissen Administrationsaufwand erfordert.

Bereits mit SQL Server 2012 wurde jedoch eine Technologie eingeführt, mit der dies nicht mehr nötig ist. Die sogenannten Contained Databases (in Deutsch meist als eigenständige Datenbanken bezeichnet) enthalten alle benötigten Informationen, damit diese auch ohne Serveranmeldung nutzbar sind. Damit werden Contained Databases unabhängig vom jeweiligen Server, was auch eine Portierung in die Cloud erleichtert.

Beim Dialogfeld zum Anlegen einer Datenbank ist Ihnen vielleicht eine Einstellung namens *Eigenständigkeitstyp* aufgefallen, die standardmäßig auf *Keine* steht. Durch Ändern dieser Konfiguration auf *Teilweise* wird die Datenbank zur Contained Database (eine Option *Vollständig* gibt es hier nicht, was wohl darauf hinweist, dass einige weniger wichtige Einstellungen doch noch vom Server – nämlich aus der *master*-Datenbank – gelesen werden).

Wenn Sie nun versuchen, eine Contained Database anzulegen, werden Sie wahrscheinlich die folgende Fehlermeldung erhalten:

Abbildung 12.9: Fehlermeldung bei nicht aktivierter Contained Database Authentication

Der neue Authentifizierungstyp muss also zuerst noch aktiviert werden, wozu die folgenden SQL-Anweisungen notwendig sind:

```
EXEC sp_configure 'show advanced options', 1
RECONFIGURE
GO

EXEC sp_configure 'contained database authentication', 1
RECONFIGURE
GO
```

Safe by Default

Der Grund, warum die Technik der Contained Databases nicht standardmäßig aktiviert und die Aktivierung auch nur per SQL-Code möglich ist, liegt darin, dass diese Variante nicht die gleiche Zugriffssicherheit bietet wie das zweistufige System mit Anmeldungen und Datenbankbenutzern. Microsoft verfolgt beim SQL Server seit geraumer Zeit die Strategie, dass dieser bereits in den Standardeinstellungen möglichst sicher sein soll, wodurch alle potenziellen Gefahrenquellen erst einmal deaktiviert sind.

Legen wir nun eine Contained Database an:

1. Stellen Sie im SQL Server Management Studio unter Verwendung der Windows-Authentifizierung eine Verbindung zur lokalen Serverinstanz *SQL2022* her.
2. Klicken Sie mit der rechten Maustaste im Objekt-Explorer auf den Eintrag *Datenbanken* und wählen Sie die Option *Neue Datenbank*.
3. Geben Sie auf der Seite *Allgemein* den Datenbanknamen *MediaBaseContained* ein. Die restlichen Einstellungen auf dieser Seite können beibehalten werden.
4. Ändern Sie auf der Seite *Optionen* den Einschlusstyp in *Teilweise* und klicken Sie dann auf *OK*, um die Datenbank anzulegen. Im Objekt-Explorer ist nun die neue Datenbank zu sehen.
5. Öffnen Sie im Objekt-Explorer den Zweig *Datenbanken/MediaBaseContained/Sicherheit/Benutzer* und klicken Sie mit der rechten Maustaste darauf, um die Option *Neuer Benutzer* auszuwählen.
6. Bei der Option *Benutzertyp* gibt es nun mit *SQL-Benutzer mit Kennwort* eine neue Auswahlmöglichkeit, die auch bereits voreingestellt ist.
7. Geben Sie als Benutzernamen *MediaBaseContainedUser* und als Passwort *mbcu* an.
8. Wählen Sie auf der Seite *Mitgliedschaft* die Rolle *db_owner* aus und klicken Sie anschließend auf *OK*, um den Benutzer anzulegen.
9. Trennen Sie nun die Verbindung zur Datenbank und klicken Sie anschließend im Objekt-Explorer auf *Verbinden/Datenbankmodul*, um eine neue Verbindung aufzubauen.
10. Wenn Sie jetzt den Benutzernamen *MediaBaseContainedUser* und das Passwort *mbcu* eingeben und versuchen, sich mit der Datenbank zu verbinden, werden Sie eine Fehlermeldung erhalten, da der Benutzer dem SQL Server nicht bekannt ist.
11. Klicken Sie daher auf *Optionen* und geben Sie auf der Seite *Verbindungseigenschaften* unter *Verbindung mit Datenbank herstellen* den Namen der Datenbank (*MediaBaseContained*) ein.
12. Wenn Sie nun erneut auf *Verbinden* klicken, verbindet sich das Management Studio direkt mit der Datenbank *MediaBaseContained*, in der auch der Benutzer *MediaBaseContainedUser* bekannt ist.

Im Objekt-Explorer sind nun nur noch die Objekte verfügbar, die auch in der Datenbank enthalten sind. Alle anderen benutzerdefinierten Datenbanken sind nicht mehr sichtbar.

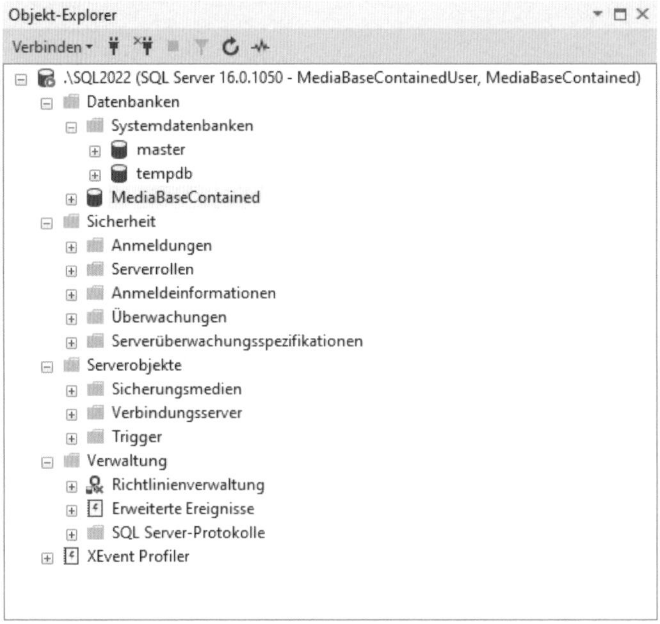

Abbildung 12.10: Objekt-Explorer bei Verbindung mit einer Contained Database

Bei vielen dieser Objekte – wie beispielsweise den Systemdatenbanken *master* und *tempdb* – handelt es sich im Prinzip um datenbankinterne Kopien der zugehörigen Serverobjekte.

Ansonsten können Sie nun mit der Datenbank arbeiten wie mit fast jeder anderen Datenbank auch, allerdings mit einigen Einschränkungen, da einige Features, die sich aber größtenteils auf die kostenpflichtigen SQL Server-Editionen beziehen, nicht verwendbar sind. Dies sind unter anderem die folgenden:

- *Change Data Capture*
- *Change Tracking*
- *Nummerierte gespeicherte Prozeduren*
- *Replikation*

Verwendung von Schemas

Sie haben sich vielleicht schon gewundert, warum in vielen Angaben zu Datenbankobjekten wie Tabellen, Sichten etc. das Präfix *dbo* gefolgt von einem Punkt auftaucht? Es handelt sich um das sogenannte Schema, zu dem das jeweilige Datenbankobjekt gehört. Dabei steht das Standardschema *dbo* für *Database Owner* und bezeichnet damit den Benutzer, der die Datenbank angelegt hat.

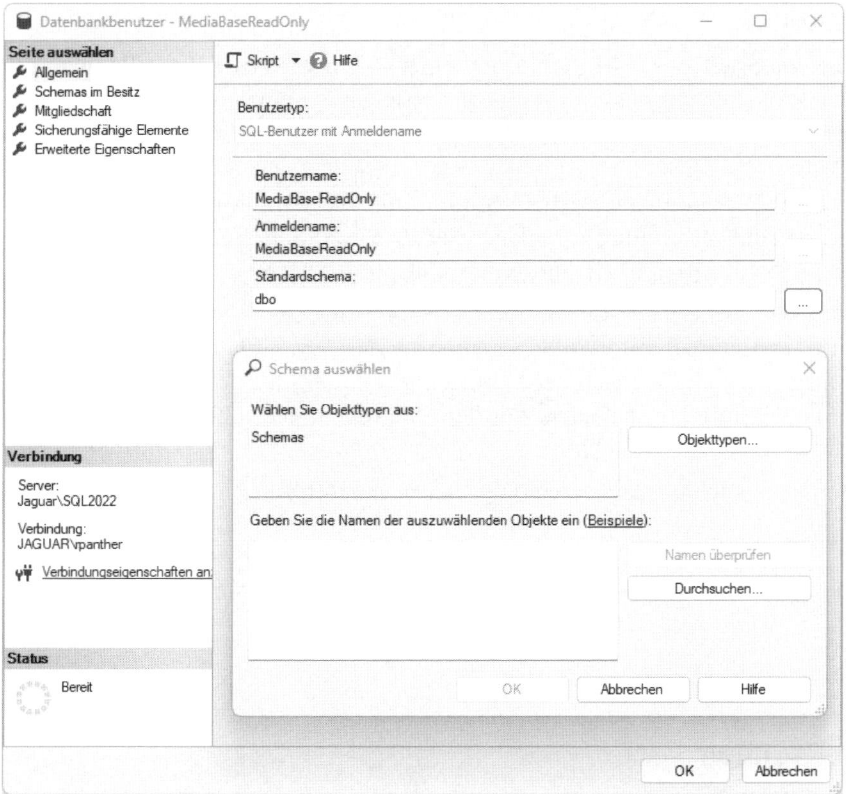

Abbildung 12.11: Auswahl eines Standardschemas für den Benutzer MediaBaseReadOnly

In früheren Versionen von SQL Server wurde zu jedem Datenbankobjekt ein Datenbankbenutzer als Besitzer definiert (nämlich der Benutzer, der das Objekt angelegt hat). Inzwischen wird ein Schema als Besitzer jedes Datenbankobjekts angegeben. Lediglich das Schema selbst hat einen Benutzer oder eine Rolle als Besitzer. Dazu wird über die Eigenschaften des Datenbankbenutzers für jeden Benutzer ein Standardschema definiert, das verwendet wird, wenn dieser Benutzer neue Datenbankobjekte erstellt. Auf diesem Weg können auch mehrere Benutzer (die dieses Schema als Standardschema verwenden) quasi als Besitzer des Objekts fungieren.

Dem ursprünglichen Ansatz, dass Benutzer und Schema identisch sind, ist es wohl zu verdanken, dass auch heute noch für jeden vordefinierten Benutzer und jede vordefinierte Rolle ein entsprechendes Schema existiert.

Neben der Protokollierung des Objektbesitzers werden Schemas primär zu zwei Zwecken verwendet:

- logische Gruppierung von zusammengehörenden Objekten innerhalb einer Datenbank zur besseren Übersicht
- einfachere Verwaltung von Berechtigungen, indem diese nicht auf einzelne Datenbankobjekte, sondern auf ein gesamtes Schema erteilt werden können

Schemas erstellen

Die Verwaltung von Schemas ist sehr einfach, da hier so gut wie keine Einstellungen vorzunehmen sind. Probieren wir das einmal aus und erstellen wir ein neues Schema, um Datenbankobjekte, die später für Auswertungen verwendet werden, von den eigentlichen Daten zu trennen.

1. Stellen Sie im SQL Server Management Studio unter Verwendung der Windows-Authentifizierung eine Verbindung zur lokalen Serverinstanz *SQL2022* her.
2. Klicken Sie im Objekt-Explorer den Zweig *Datenbanken/MediaBase/Sicherheit/Schemas* mit der rechten Maustaste an und wählen Sie den Befehl *Neues Schema*.
3. Hier reicht es erst einmal aus, den Schemanamen *Auswertungen* anzugeben. Für den Schemabesitzer wird automatisch der Benutzer verwendet, mit dem Sie gerade arbeiten. Schließen Sie nun das Dialogfeld mit der Schaltfläche *OK*, und das neue Schema wird angelegt.

Dieselbe Aktion wäre auch mit folgendem SQL-Skript durchführbar:

```
CREATE SCHEMA Auswertungen
```

Das Löschen eines Schemas geht ebenso einfach (soll aber an dieser Stelle nicht ausgeführt werden):

```
DROP SCHEMA Auswertungen
```

Schemas verwenden

Wenn Sie nun ein Datenbankobjekt in einem SQL-Skript ansprechen wollen, das nicht Bestandteil des *dbo*-Schemas ist, müssen Sie vor dem eigentlichen Objektnamen (mit einem Punkt getrennt) den Namen des Schemas angeben.

Erstellen wir eine neue Tabelle im Schema *Auswertungen*:

1. Stellen Sie im SQL Server Management Studio unter Verwendung der Windows-Authentifizierung eine Verbindung zur lokalen Serverinstanz *SQL2022* her.
2. Öffnen Sie ein Abfragefenster auf der Datenbank *MediaBase* und geben Sie folgende SQL-Anweisung ein:

   ```
   SELECT *
   INTO Auswertungen.AktuelleBuecher
   FROM dbo.Buch
   WHERE Erscheinungsjahr > 2010
   ```

3. Wenn Sie nun im Objekt-Explorer die Liste der Tabellen in der Datenbank *MediaBase* aufklappen, werden Sie sehen, dass die neue Tabelle *Auswertungen.AktuelleBuecher* ganz oben in der Liste erscheint (eventuell muss die Ansicht vorher aktualisiert werden). Das liegt daran, dass diese alphabetisch sortiert ist. Wenn Sie also eine Datenbank mit sehr vielen Tabellen haben, erreichen Sie durch die Verwendung von Schemas, dass Tabellen, die zu einem Schema gehören, direkt untereinanderstehen (dasselbe gilt natürlich auch für Sichten etc.).

4. Um die Daten der neuen Tabelle abzufragen, muss natürlich ebenfalls der Schemaname mit angegeben werden:

```
SELECT *
FROM Auswertungen.AktuelleBuecher
```

Sie haben gerade ein Datenbankschema verwendet, um eine bessere Übersicht durch eine Gruppierung der Datenbankobjekte in Schemas zu erzielen.

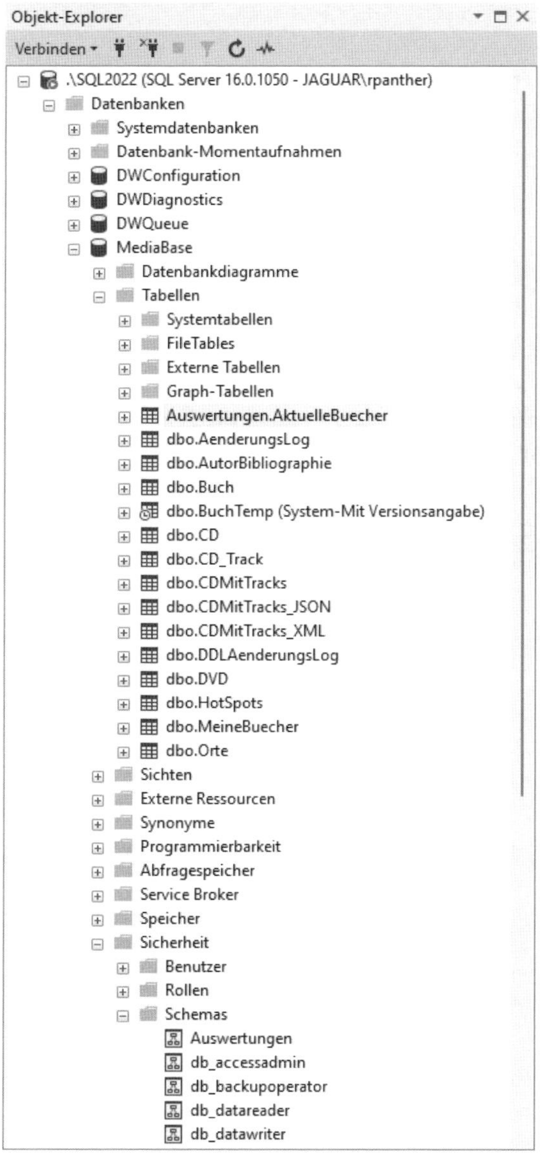

Abbildung 12.12: Das Schema Auswertungen und die Tabelle AktuelleBuecher im Objekt-Explorer

Verwendung von Datenbankrechten und -rollen

Solange Sie ausschließlich mit dem *dbo*-Schema arbeiten, können Sie die Angabe des Schemas auch weglassen. Es wird jedoch generell empfohlen, Datenbankobjekte immer möglichst mit Angabe des Schemas zu spezifizieren, da dies einerseits Missverständnisse beim Lesen vermeidet und teilweise sogar für eine bessere Performance sorgt, da der SQL Server gleich weiß, in welchem Schema das entsprechende Objekt zu suchen ist (ansonsten wird das Objekt zuerst im Standardschema des angemeldeten Benutzers gesucht und anschließend im *dbo*-Schema, sofern die Berechtigungen das zulassen).

Berechtigungen für Schemas verwalten

Wie bereits weiter oben erwähnt, liegt ein weiterer Vorteil von Schemas darin, dass diese eine einfachere Vergabe von Berechtigungen ermöglichen. Um einer Anmeldung Zugriff auf alle Objekte eines Schemas zu erteilen, gibt es – neben der müßigen Erteilung der einzelnen Rechte für jedes Objekt, das Bestandteil des Schemas ist – zwei einfache Möglichkeiten:

- Übernahme des Besitzes des entsprechenden Schemas
- Erteilen von expliziten Berechtigungen für das gesamte Schema

Die erstgenannte Variante ist einfacher, bietet aber dafür geringere Flexibilität, weil mit der Besitzübernahme natürlich gleich alle Rechte auf das Schema erteilt sind. Dazu rufen Sie das *Eigenschaften*-Dialogfeld des entsprechenden Benutzers auf und aktivieren auf der Seite *Schemas im Besitz* die gewünschten Schemas in der Liste *Schemas im Besitz dieses Benutzers.*

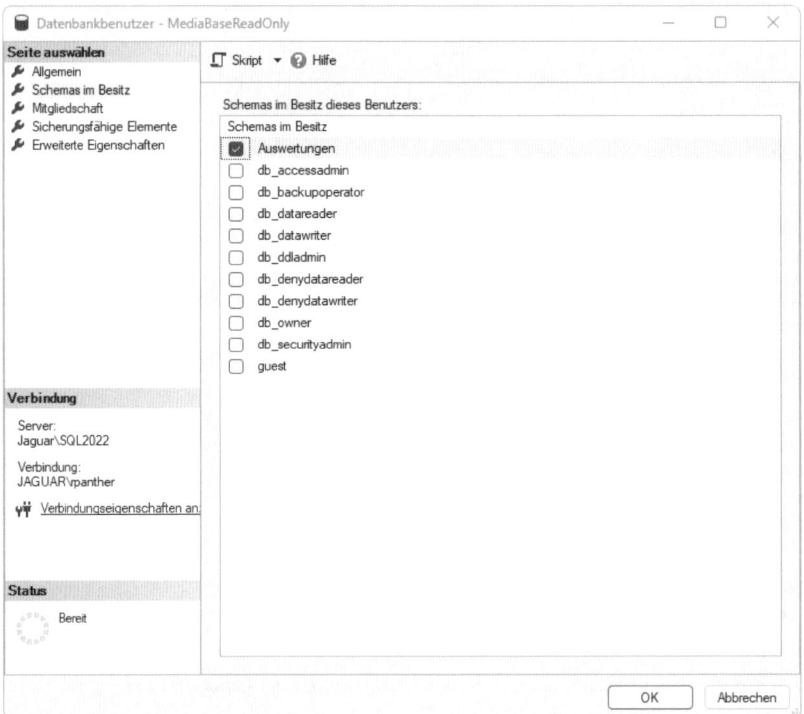

Abbildung 12.13: Besitzübernahme des Schemas Auswertungen durch den Benutzer MediaBaseReadOnly

Alternativ können Sie auch die folgende SQL-Anweisung verwenden, um beispielsweise den Benutzer *MediaBaseReadOnly* den Besitz des Schemas *Auswertungen* übernehmen zu lassen:

```
ALTER AUTHORIZATION ON SCHEMA::[Auswertungen] TO [MediaBaseReadOnly]
```

Ein weiterer Nachteil dieser Variante liegt darin, dass nur ein Benutzer oder eine Rolle den Besitz eines Schemas erhalten kann. Daher nutzen wir nun die zweite Variante (Erteilen von expliziten Berechtigungen), um dem Benutzer *MediaBaseAudioOnly* (der ja bisher nur Zugriff auf die Tabellen *dbo.CD* und *dbo.CD_Track* hat) Lesezugriff für das gesamte Schema *Auswertungen* zu geben:

1. Stellen Sie im SQL Server Management Studio unter Verwendung der Windows-Authentifizierung eine Verbindung zur lokalen Serverinstanz *SQL2022* her.
2. Öffnen Sie im Objekt-Explorer den Zweig *Datenbanken/MediaBase/Sicherheit/Schemas.*
3. Klicken Sie mit der rechten Maustaste auf das Schema *Auswertungen* und wählen Sie anschließend *Eigenschaften* aus. Auf der Seite *Allgemein* können Sie ebenfalls den Besitz des Schemas an einen Benutzer (oder eine Rolle) übertragen.
4. Öffnen Sie die Seite *Berechtigungen.*
5. Über die Schaltfläche *Suchen* können Sie *Benutzer* oder *Rollen* auswählen, für die Sie anschließend Rechte erteilen. Suchen Sie hier nach dem Benutzer *MediaBaseAudioOnly.*

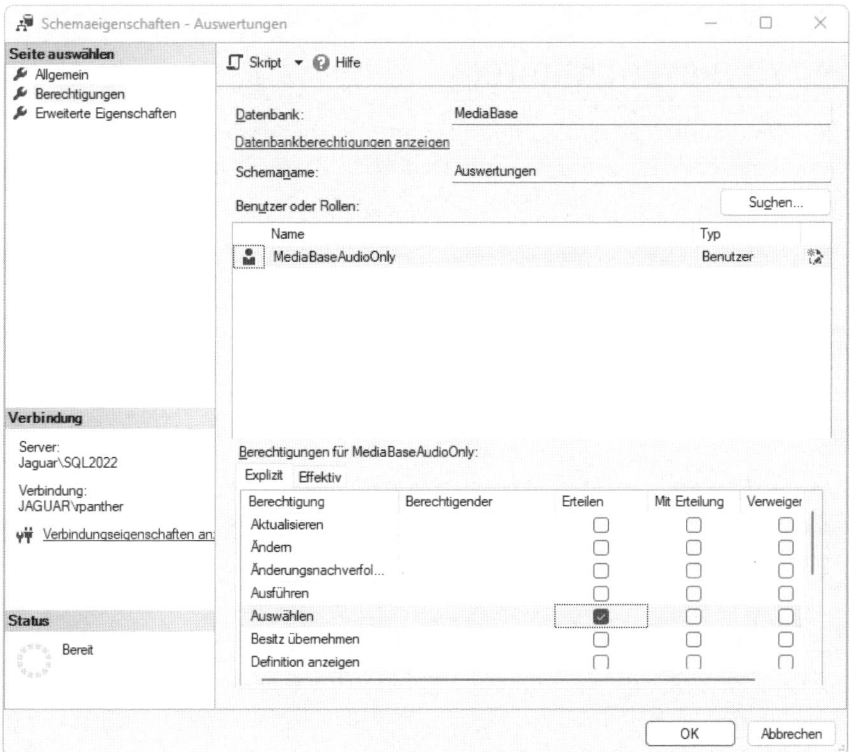

Abbildung 12.14: Erteilung von SELECT-Rechten auf das Schema Auswertungen

6. Geben Sie dem gewählten Benutzer nun Leserechte auf das gesamte Schema, indem Sie das *Erteilen*-Kästchen für die Berechtigung *Auswählen* anklicken.
7. Schließen Sie dann das *Schemaeigenschaften*-Dialogfeld durch einen Klick auf *OK*.
8. Wenn Sie sich anschließend über die SQL Server-Authentifizierung mit dem Benutzer *MediaBaseAudioOnly* anmelden, werden Sie sehen, dass dieser nun auch Zugriff auf die Tabelle *Auswertungen.AktuelleBuecher* hat, da diese Bestandteil des *Auswertungen*-Schemas ist.

Alternativ hätten Sie diese Aktion auch mit der folgenden SQL-Anweisung durchführen können:

```
GRANT SELECT ON SCHEMA::[Auswertungen] TO [MediaBaseAudioOnly]
```

Möchten Sie zusätzlich die Option *Mit Erteilung* aktivieren, ist die obige Anweisung um den Zusatz `WITH GRANT OPTION` zu erweitern:

```
GRANT SELECT ON SCHEMA::[Auswertungen] TO [MediaBaseAudioOnly] WITH GRANT OPTION
```

Die entsprechenden Anweisungen zum Entziehen oder Verweigern einer Berechtigung sind `REVOKE` (Zurücknehmen einer vorhandenen Berechtigung) und `DENY` (Verweigern einer Berechtigung, die eventuell durch eine Rollen- oder Gruppenzugehörigkeit gegeben war).

Übungen zu diesem Kapitel

In diesem Abschnitt finden Sie einige Übungen, mit denen Sie das in diesem Kapitel Erlernte vertiefen können. Die richtigen Antworten und Lösungen finden Sie in *Anhang C* dieses Buchs.

Übung 12.1

Erstellen Sie eine neue SQL-Anmeldung *DBBackupGuy* mit dem Kennwort *dbbg* und ordnen Sie diese der Serverrolle *diskadmin* zu.

Übung 12.2

Erstellen Sie für die SQL-Anmeldung *DBBackupGuy* einen Datenbankbenutzer für die Datenbanken *MediaBase* und *MediaBaseContained* und erteilen Sie diesem für beide Datenbanken eine Mitgliedschaft in der Datenbankrolle *db_backupoperator*.

Übung 12.3

Erstellen Sie eine SQL Server-Anmeldung *MediaBaseBooksOnly* und richten Sie dafür einen entsprechenden Datenbankbenutzer ein. Erteilen Sie diesem Datenbankbenutzer anschließend Vollzugriff auf die Tabelle *dbo.Buch*.

Zusammenfassung

In diesem Kapitel haben Sie die wichtigsten Möglichkeiten kennengelernt, um Zugriffe auf Datenbankserver, Datenbanken und Datenbankobjekte zu regeln. Je nach Art der verwendeten Authentifizierung erstellen Sie Ihre Benutzer und Gruppen im Windows-Betriebssystem (Windows-Authentifizierung) oder Anmeldungen im SQL Server (SQL Server-Authentifizierung). Diese Anmeldungen können über vordefinierte Serverrollen serverweite Berechtigungen erhalten.

Datenbankseitig werden den Anmeldungen Datenbankbenutzer zugeordnet, die explizit Rechte erhalten können, denen aber ebenso Rollen zugeordnet werden können, die sogenannten Datenbankrollen. Die neuen Contained Databases erlauben einen direkten Zugriff von Datenbankbenutzern, ohne dafür Anmeldungen anlegen zu müssen.

Schemas ermöglichen das Gruppieren von Objekten wie Tabellen, Sichten etc. innerhalb einer Datenbank. Darüber wird zum einen eine übersichtlichere Anordnung der Objekte im Objekt-Explorer erreicht. Zum anderen erleichtern Schemas die effektive Verwaltung von Rechten, da diese nun auf das ganze Schema erteilt werden können und nicht mehr für jedes Datenbankobjekt einzeln vergeben werden müssen.

Kapitel 13

Daten sichern und bewegen

In diesem Kapitel lernen Sie

- was Sie beachten müssen, wenn Sie Datenbankdateien sichern oder kopieren
- was es mit dem Transaktionslog auf sich hat
- wie Sie Datenbanken sichern und wiederherstellen können
- welche Möglichkeiten es gibt, um Datenbanken oder Teile daraus zu importieren und zu exportieren

Sichern von Datenbankdateien

Ein wichtiges Thema, das gern vernachlässigt wird, ist das Sichern und Wiederherstellen von Datenbanken. Hierfür gibt es verschiedene Möglichkeiten, die ich Ihnen in diesem Kapitel vorstellen will.

Der naive Backup-Ansatz: Dateien kopieren

Die einfachste Art, eine Datenbank zu sichern, liegt darin, die entsprechenden Datenbank- und Protokolldateien zu kopieren. Problematisch ist dabei, dass der SQL Server-Dienst vor SQL Server 2012 alle aktiven Datenbank- und Protokolldateien exklusiv sperrt. Seit SQL Server 2012 werden die Dateien zwar nicht mehr gesperrt, aber ein Kopieren der Dateien, während eventuell zeitgleich noch Änderungen daran erfolgen, kann leicht zu einer inkonsistenten Datenbank führen.

Um die Dateien konsistent kopierbar zu machen, sollte man daher die entsprechende Datenbank erst offline schalten, wodurch keine weiteren Datenbankzugriffe mehr möglich sind. Nach dem Kopieren kann die Datenbank dann wieder online geschaltet werden.

Probieren wir dies einmal am Beispiel der Datenbank *MediaBase* aus:

1. Stellen Sie im SQL Server Management Studio eine Verbindung zur lokalen Serverinstanz *SQL2022* her.
2. Klicken Sie die Datenbank *MediaBase* mit der rechten Maustaste an und wählen Sie dann im Kontextmenü die Option *Tasks/Offline schalten* aus. Anschließend erscheint ein Dialogfeld, das anzeigt, ob – und wenn ja, wie viele – Verbindungen zu der jeweiligen Datenbank noch aktiv sind. An derselben Stelle haben Sie aber auch die Möglichkeit, ein Feld anzukreuzen, das dafür sorgt, dass offene Verbindungen vorher automatisch geschlossen werden. Kreuzen Sie dieses Feld an, falls noch aktive Verbindungen bestehen, und klicken Sie anschließend auf die Schaltfläche *Weiter.* Nach einer kurzen Pause erhalten Sie die Meldung, dass das Offlineschalten erfolgreich abgeschlossen wurde, und die Datenbank wird im Objekt-Explorer entsprechend markiert. Die Datenbank bleibt so zwar sichtbar, es kann aber nicht mehr mit ihr gearbeitet werden.

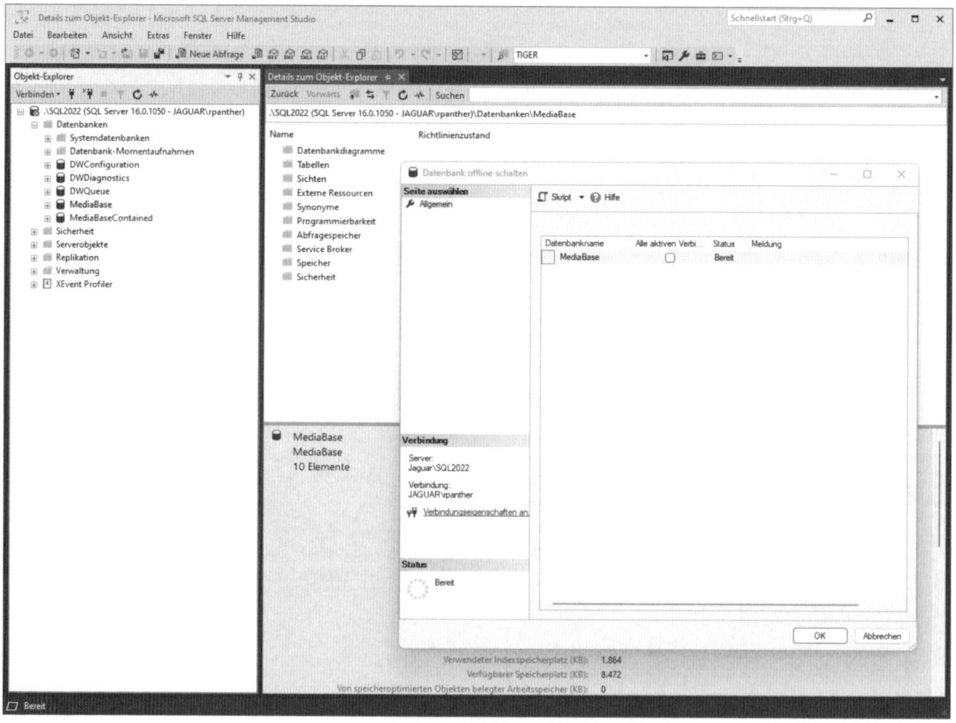

Abbildung 13.1: Offline schalten der Datenbank MediaBase

3. Öffnen Sie den Windows-Explorer und wechseln Sie zu dem Ordner, in dem die Datenbankdateien abgelegt sind. Wenn Sie die Standardeinstellung beibehalten haben, ist das der Ordner *C:\Program Files\Microsoft SQL Server\MSSQL16.SQL2022\ MSSQL\DATA* (oder wenn Sie bei der Installation der Empfehlung aus *Kapitel 3, In-*

stallation und erste Schritte, gefolgt sind der Ordner *C:\SQLServer\MSSQL16.SQL2022\MSSQL\DATA*). In beiden Varianten ist die letzte Ordnerebene zusätzlich geschützt, sodass hier ein Dialogfeld erscheint, in dem Sie bestätigen müssen, dass Sie als Administrator auf das Verzeichnis zugreifen möchten. (Sofern der User, mit dem Sie gerade angemeldet sind, nicht über lokale Administratorrechte verfügt, müssen Sie zusätzlich noch Usernamen und Passwort eines lokalen Administratorkontos angeben.) In dem Ordner liegen die Dateien sowohl für die Zeilendaten als auch für die Transaktionsprotokolle aller Datenbanken, sofern dies beim Anlegen der Datenbank nicht explizit geändert wurde.

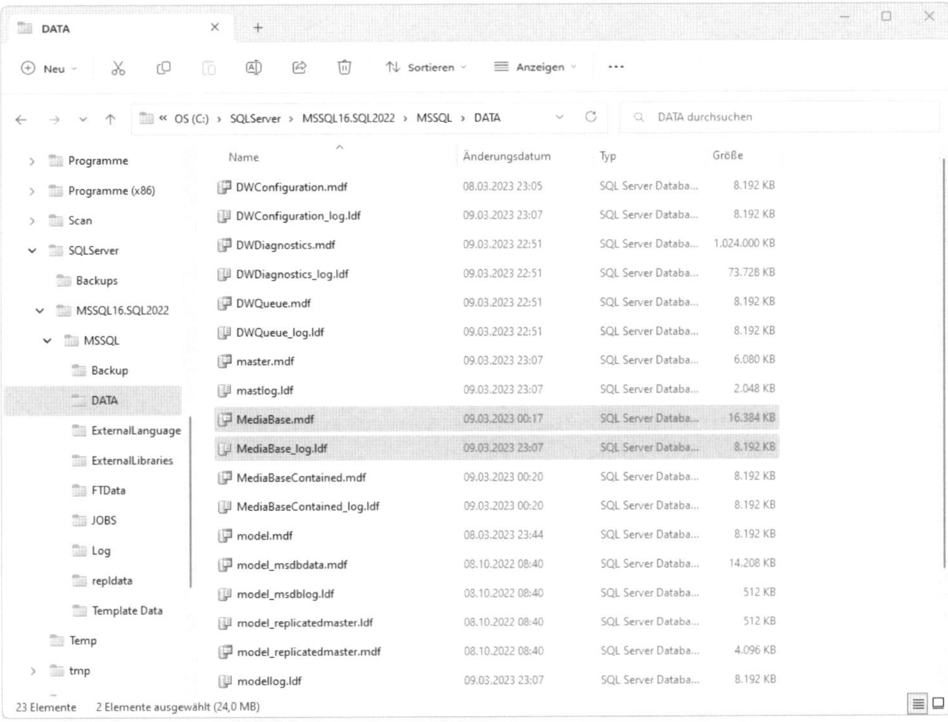

Abbildung 13.2: Das Standarddatenverzeichnis von SQL Server

4. Nun können Sie die beiden Dateien *MediaBase.mdf* und *MediaBase_log.ldf* in einen anderen Ordner kopieren oder sogar verschieben.
5. Auf demselben Weg können Sie auch zuvor gesicherte Datenbankdateien zurückkopieren, wobei Sie hier darauf achten müssen, immer sowohl die Daten- als auch die Protokolldatei zu kopieren.
6. Sobald der Kopiervorgang abgeschlossen ist, können Sie die Datenbank im Objekt-Explorer des Management Studio wieder online schalten, indem Sie sie mit der rechten Maustaste anklicken und die Option *Tasks/Online schalten* auswählen.

Das Online- und Offlineschalten der Datenbank *MediaBase* kann alternativ auch mit den folgenden SQL-Anweisungen durchgeführt werden:

```
USE master
ALTER DATABASE MediaBase SET OFFLINE
ALTER DATABASE MediaBase SET ONLINE
```

Die USE-Anweisung ist notwendig, da die Datenbank *MediaBase* nicht offline geschaltet werden kann, wenn Sie mit dieser verbunden sind.

Datenbanken offline schalten für File-Backups

Gerade in größeren Netzwerken sind oft zentrale Backup-Server im Einsatz, die nachts oder am Wochenende komplette Laufwerke von einzelnen PCs dateiweise sichern. Für diesen Fall kann es sinnvoll sein, zumindest benutzerdefinierte Datenbanken während dieses Zeitfensters offline zu schalten, damit sie problemlos und konsistent mitgesichert werden können. Das Offlineschalten ist allerdings nicht für die Systemdatenbanken verfügbar, sodass hier nur der SQL Server-Dienst beendet werden kann, um die zugehörigen Dateien zugreifbar zu machen.

Das Offline- und Onlineschalten von Datenbanken, um die Dateien kopierbar zu machen, bringt allerdings ein paar gravierende Nachteile mit sich:

- Eine Sicherung der kompletten Datenbankdateien lässt nur ein Wiederherstellen zu dem Zeitpunkt zu, an dem die Sicherung erstellt wurde. Besser wäre es natürlich, wenn man einen beliebigen Zustand wiederherstellen könnte.
- Während die Datenbank offline ist, kann nicht mit ihr gearbeitet werden. Es wird also ein gewisses Wartungsfenster benötigt.
- Um die Datenbank offline schalten zu können, darf keine offene Verbindung zu ihr bestehen. Ansonsten bricht das Offlineschalten ab, und die folgende Sicherung schlägt fehl. Allerdings kann man inzwischen – wie bereits beschrieben – eventuell bestehende offene Verbindungen automatisch von SQL Server trennen lassen.
- Die Datenbank kann nicht einfach auf einem anderen Server wieder eingespielt werden, da die Pfade und Einträge in den Systemdatenbanken aller Voraussicht nach nicht dazu passen würden.

Zumindest für das letztgenannte Problem gibt es eine einfache Lösung, indem man die im Folgenden beschriebene Alternative nutzt.

Trennen und Verbinden von Datenbanken

Um eine Datenbank in einen transportfähigen Zustand zu bringen, lässt sich diese vom Server quasi abkoppeln. Das Vorgehen ist fast dasselbe wie beim Offlineschalten, nur dass der Befehl im *Tasks*-Menü des Datenbankkontextmenüs dann *Trennen* heißt. Im Gegensatz zum Offlineschalten ist die Datenbank danach aber nicht mehr im Objekt-Explorer von SQL Server Management Studio sichtbar, da auch alle Verweise in den Systemdatenbanken entfernt wurden.

Nun können Sie die Dateien an einen beliebigen Ort kopieren und anschließend die Datenbank wieder online schalten, wodurch die entsprechenden Einträge in den Systemdatenbanken wiederhergestellt werden. Bei Bedarf können auch die kopierten Dateien auf einem anderen Server (und in einem anderen Verzeichnis) wieder online geschaltet werden, und neben den Einträgen in den Systemdatenbanken werden auch die Pfade für die Datenbank- und Protokolldateien automatisch entsprechend angepasst.

Verschieben wir nun die Datenbankdateien der *MediaBase*-Datenbank in ein anderes Verzeichnis:

1. Stellen Sie im SQL Server Management Studio eine Verbindung zur lokalen Serverinstanz *SQL2022* her und öffnen Sie im Objekt-Explorer den Zweig, der die *Datenbanken* beinhaltet.
2. Klicken Sie hier die Datenbank *MediaBase* mit der rechten Maustaste an und wählen Sie dann im Kontextmenü den Befehl *Tasks/Trennen* aus.
3. Es erscheint ein Dialogfeld, in dem Sie angeben können, ob bestehende Verbindungen zur Datenbank vorher getrennt werden sollen und ob die Optimierungsstatistiken der Datenbank vor dem Trennen aktualisiert werden sollen.

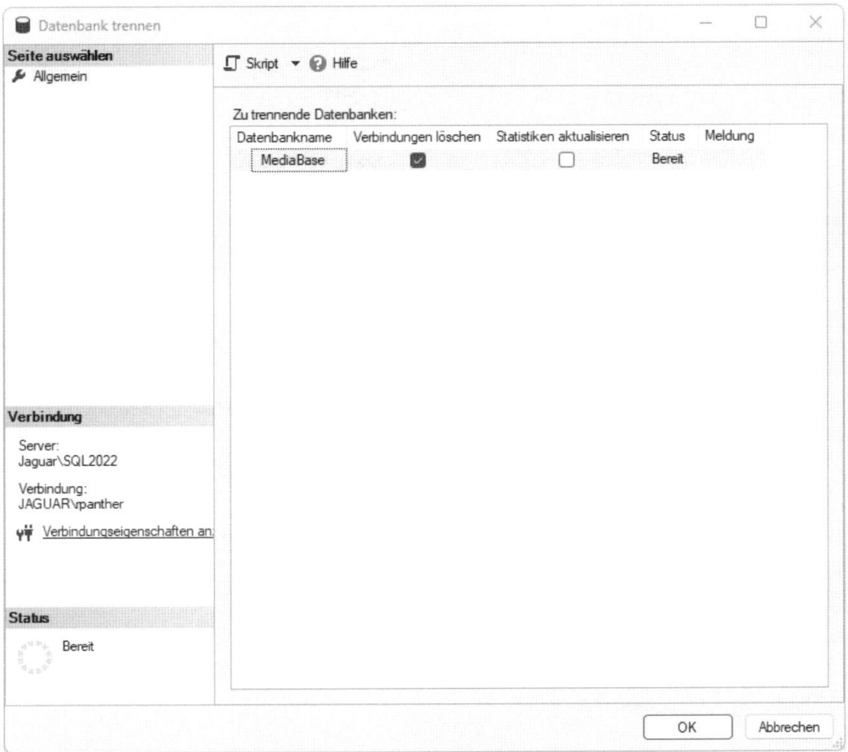

Abbildung 13.3: Das Dialogfeld zum Trennen von Datenbanken

4. Nach einer kurzen Pause ist die Datenbank nicht mehr im Objekt-Explorer sichtbar, obwohl die Datenbankdateien nach wie vor an derselben Stelle liegen.
5. Öffnen Sie nun den Windows-Explorer und suchen oder erstellen Sie ein Verzeichnis, in dem Sie die Benutzerdatenbanken speichern wollen (z. B. *C:\SQLServer\Data*).
6. Wenn das Verzeichnis in einer NTFS-Partition liegt, benötigen Sie noch einen zusätzlichen Schritt, damit die Dateien für SQL Server zugreifbar sind:

Öffnen Sie die Eigenschaften des neu erstellten Ordners und erteilen Sie für diesen über die Schaltflächen *Bearbeiten* und beim darauf erscheinenden Dialogfeld *Hinzufügen* der Gruppe *EIGENTÜMERRECHTE* (bzw. *OWNER RIGHTS* wenn Sie ein englischsprachiges Betriebssystem installiert haben) Vollzugriff auf den Ordner.

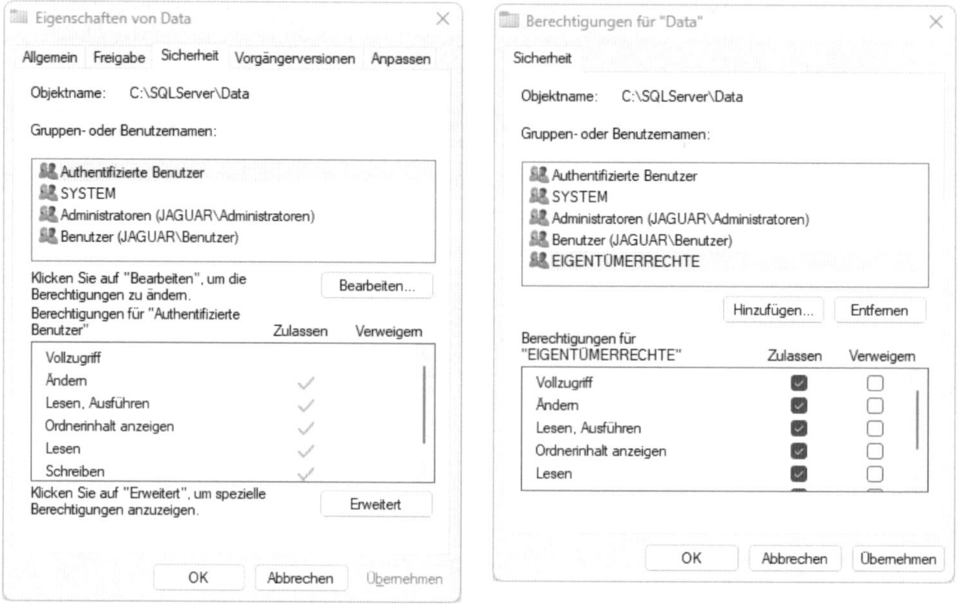

Abbildung 13.4: Erteilung des Vollzugriffs für die Gruppe EIGENTÜMERRECHTE

7. Verschieben Sie anschließend die Datenbankdateien *MediaBase.mdf* und *MediaBase_log.ldf* in diesen Ordner.
8. Um die Datenbank wieder zu verbinden, klicken Sie im Objekt-Explorer mit der rechten Maustaste auf *Datenbanken* und wählen dann die Option *Anfügen* aus. Es folgt ein Dialogfeld, in dem Sie über die Schaltfläche *Hinzufügen* in einem Verzeichnisbaum eine Datenbankdatendatei auswählen können. Wählen Sie hier die Datei *MediaBase.mdf* an ihrem neuen Standort aus und klicken Sie auf *OK*.

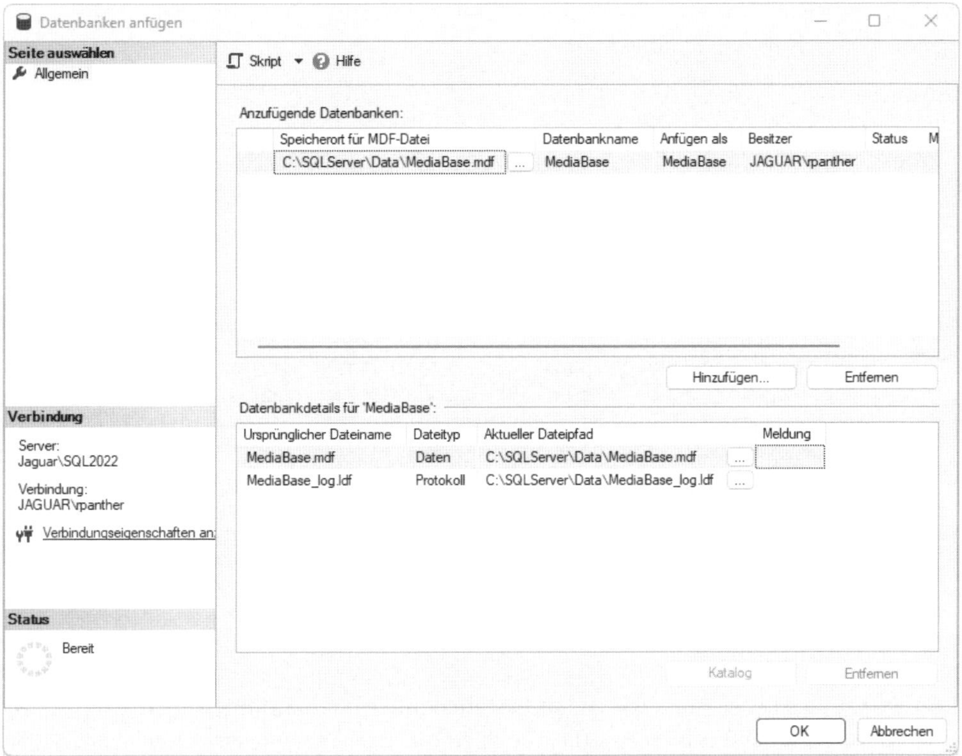

Abbildung 13.5: Das Dialogfeld zum Anfügen von Datenbanken

Datendatei und Protokolldatei in getrennten Verzeichnissen

Die Protokolldatei wird automatisch erkannt, sofern sie sich entweder im ursprünglichen Verzeichnis oder im selben Verzeichnis wie die dazugehörende Datendatei befindet. Falls Sie die Protokolldatei in ein anderes Verzeichnis verschoben haben, müssen Sie auch diese noch explizit über den Verzeichnisbaum suchen, indem Sie die Schaltfläche mit den drei Punkten vor der Meldung *Nicht gefunden* anklicken.

9. Durch einen weiteren Klick auf *OK* wird die Datenbank wieder angefügt und steht in vollem Umfang zur Nutzung bereit.

Das Trennen der Datenbank *MediaBase* können Sie alternativ auch mit diesen SQL-Anweisungen durchführen:

```
USE master
GO
EXEC master.dbo.sp_detach_db @dbname = N'MediaBase'
GO
```

Sollten Sie vorher alle offenen Verbindungen trennen wollen, können Sie die folgende Anweisung ausführen (die sich auch in Verbindung mit dem Offlineschalten von Datenbanken verwenden lässt):

```
ALTER DATABASE MediaBase SET SINGLE_USER WITH ROLLBACK IMMEDIATE
GO
```

Mit der nächsten Variante der `CREATE DATABASE`-Anweisung wird die Datenbank dann im neuen Verzeichnis wieder angefügt:

```
USE master
GO
CREATE DATABASE MediaBase ON
( FILENAME = N'C:\SQLServer\Data\MediaBase.mdf' ),
( FILENAME = N'C:\SQLServer\Data\MediaBase_log.ldf' )
 FOR ATTACH
GO
```

Trennen und Verbinden zum Verschieben von Datenbanken nutzen

Das Trennen und Verbinden von Datenbanken können Sie auch nutzen, um eine Datenbank in ein anderes Verzeichnis umzuziehen. Das kann beispielsweise dann sinnvoll sein, wenn auf Laufwerk *C:* irgendwann der Plattenplatz knapp wird und Sie auf einer anderen Partition noch viel Platz frei haben. Auch aus Gründen der Datenbankperformance ist es sinnvoll, die Datenbankdateien nicht auf demselben Laufwerk zu speichern, auf dem auch die Systemdateien von Betriebssystem und SQL Server liegen. Durch die Verteilung der Dateien auf verschiedene Laufwerke wird die Belastung der Platten ebenfalls verteilt, sodass mehr parallele Plattenzugriffe erfolgen können. Wenn Sie weitere Festplatten im Zugriff des Servers haben, können Sie auch die Datendateien von den Protokolldateien trennen, um eine noch bessere Parallelität zu bekommen.

So flexibel diese Variante auch ist, so bestehen auch hierbei immer noch zwei der weiter oben beschriebenen Probleme, sodass noch eine andere Variante erforderlich ist. Bevor wir uns aber den professionelleren Methoden der Datenbanksicherung zuwenden, muss ich etwas weiter ausholen und die theoretische Basis erläutern, die für das weitere Verständnis erforderlich ist.

Das Transaktionslog

Wie bereits in *Kapitel 4* im Abschnitt *»Erstellen von Datenbanken und Tabellen«* ab Seite 77 angedeutet wurde, sind zum Speichern von Datenbanken mindestens zwei Dateien notwendig: eine Zeilendatendatei (mit der Dateiendung *.mdf*), in der die eigentlichen Daten der Datenbank abgelegt sind, sowie eine Protokolldatei (mit der Dateiendung *.ldf*), die oft auch als Transaktionslog bezeichnet wird.

Im Transaktionslog werden alle Datenänderungen zusammen mit dem Zeitpunkt der Änderung in chronologischer Reihenfolge gespeichert. Wie der Name vermuten lässt, bildet dies die technische Grundlage für Transaktionen, da mit diesen Informationen noch offene Transaktionen wieder rückgängig gemacht werden können (siehe *Kapitel 9*, Abschnitt *»Sperren, Transaktionen und Deadlocks«* auf Seite 212). Andererseits kann über eine Sicherung dieser Informationen, sofern sie vollständig vorhanden sind, eine Wiederherstellung des Datenbankstands zu einem beliebigen Zeitpunkt realisiert werden. Dies setzt aber voraus, dass beim Anlegen der Datenbank das richtige Wiederherstellungsmodell gewählt wurde. Das Wiederherstellungsmodell bedingt, welche Daten im Transaktionsprotokoll gespeichert werden und wie lange diese dort verbleiben.

Folgende Wiederherstellungsmodelle sind bei SQL Server verfügbar:

- *Einfach* – Im einfachen Wiederherstellungsmodell werden alle Änderungen aus Transaktionen – sobald sie abgeschlossen sind – in der Datenbankdatei gespeichert. Somit bleiben die Protokolldateien hier relativ klein, da sie nur die offenen Transaktionen aufnehmen müssen. Damit ist aber – neben den offenen Transaktionen – nur der aktuelle Datenbestand vorhanden. Es werden keine Informationen über die Historie gespeichert.
- *Vollständig* – Beim vollständigen Wiederherstellungsmodell bleiben neben den offenen auch abgeschlossene Transaktionen im Transaktionsprotokoll erhalten. Diese werden erst in die Datenbankdatei geschrieben, wenn eine Sicherung des Transaktionsprotokolls ausgeführt wurde. Da die Detailinfos dann bei Bedarf aus der Protokollsicherung wieder herausgeholt werden können, werden sie im Transaktionsprotokoll selbst nicht mehr benötigt, und der Platz hierfür wird wieder freigegeben. Die Inhalte abgeschlossener Transaktionen im Transaktionsprotokoll bilden damit eine Historie, mit deren Hilfe ein Datenstand zu einem beliebigen Zeitpunkt wiederhergestellt werden kann.
- *Massenprotokolliert* – Dieses Wiederherstellungsmodell entspricht weitgehend der Einstellung *Vollständig*. Bei Massenoperationen (wie `bcp`, `BULK INSERT`, `SELECT INTO`, `CREATE INDEX` etc.) werden lediglich weniger Daten ins Transaktionsprotokoll geschrieben, was die Performance der Massenoperation verbessert. Dadurch ist allerdings für diesen Zeitraum auch keine Zeitpunktwiederherstellung mehr möglich.

Das Wiederherstellungsmodell einer Datenbank kann auch im laufenden Betrieb geändert werden, was besonders im Zusammenhang mit der Einstellung *Massenprotokolliert* interessant sein kann.

Die Wahl des richtigen Wiederherstellungsmodells hängt primär davon ab, ob Sie die Möglichkeit des Rücksicherns zu einem beliebigen Zeitpunkt benötigen oder nicht. Für Datenbanken, die problemlos aus einer Komplettsicherung wiederherstellbar sind – beispielsweise weil sich deren Daten nur selten ändern –, reicht das einfache Wiederherstellungsmodell völlig aus. Dasselbe gilt, wenn die Detaildaten so unkritisch sind, dass Sie notfalls auch mit dem Stand der letzten Vollsicherung weiterarbeiten können.

Für typische OLTP-Systeme, bei denen die Datenbank sensible Daten enthält, von denen keine noch so kleine Änderung verloren gehen sollte, ist dagegen das vollständige Wiederherstellungsmodell zu wählen.

Die Einstellung *Massenprotokolliert* ergibt – wie weiter oben beschrieben – eher temporär Sinn. So kann es zweckmäßig sein, eine Datenbank, die normalerweise auf *Vollständig* eingestellt ist, für größere Datenimporte kurzzeitig auf *Massenprotokolliert* umzustellen.

Sichern und Wiederherstellen von Datenbanken

Kommen wir nun zu den von SQL Server explizit für diesen Zweck vorgesehenen Möglichkeiten, Datenbanken zu sichern und wiederherzustellen. Dabei stellt SQL Server zwei grundlegende Varianten von Datenbanksicherungen zur Verfügung:

- *Vollständige Sicherung* – Hier werden alle Daten gesichert, die in der Datenbankdatei vorhanden sind. Dazu kommen die Daten, die sich aus abgeschlossenen Transaktionen im Transaktionslog ergeben. Dadurch, dass keine leeren Speicherbereiche geschrieben werden, benötigt die Sicherungsdatei meist erheblich weniger Speicherplatz als die Summe aus Datenbankdatei und Protokolldatei.
- *Differenzielle Sicherung* – Dieser Sicherungstyp sichert alle seit der letzten vollständigen Sicherung geänderten Daten. Dadurch können Sie häufiger Sicherungen erstellen, ohne jedes Mal den kompletten Speicherplatz für eine Vollsicherung zu benötigen. Zum Wiederherstellen werden dann zuerst die letzte Vollsicherung und anschließend die aktuellste differenzielle Sicherung eingespielt.

Zusätzlich zu den beiden Grundvarianten gibt es – sofern Sie das vollständige oder massenprotokollierte Wiederherstellungsmodell verwenden – noch die Möglichkeit, das Transaktionslog zu sichern. Dies sollte man auch regelmäßig tun, da hierbei der Platz, den die abgeschlossenen Transaktionen im Transaktionsprotokoll beanspruchen, wieder freigegeben wird (man sagt hierzu auch, dass das Protokoll abgeschnitten wird). Dadurch verringert sich zwar nicht die Größe der Protokolldatei, aber der Platz wird für andere (offene) Transaktionen wieder nutzbar, sodass die Protokolldatei zumindest nicht unnötig vergrößert werden muss.

Komprimierte Sicherungen

Ab SQL Server Enterprise lässt sich die Sicherung (egal welchen Typs) auch noch komprimiert erzeugen, was weiteren Speicherplatz spart (dafür aber etwas mehr Prozessorlast erzeugt). Für Anwender der Express Edition ist es jedoch vor allem wissenswert, dass man mit jeder Edition von SQL Server komprimierte Sicherungen wiederherstellen kann. Dies ist sehr hilfreich, falls man eine Sicherung, die mit einer SQL Server Enterprise Edition erstellt wurde, auf einer Express Edition einspielen will.

Erstellen wir nun eine Sicherung der Datenbank *MediaBase:*

1. Stellen Sie im SQL Server Management Studio eine Verbindung zur lokalen Serverinstanz *SQL2022* her und öffnen Sie im Objekt-Explorer den Zweig, der die *Datenbanken* beinhaltet.
2. Klicken Sie hier die Datenbank *MediaBase* mit der rechten Maustaste an und wählen Sie dann im Kontextmenü den Befehl *Tasks/Sichern* aus.
3. Es erscheint das Dialogfeld *Datenbank sichern*, das aus drei Seiten besteht. Die meisten Einstellungen werden auf der Seite *Allgemein* vorgenommen, die Seiten *Medienoptionen* und *Sicherungsoptionen* halten noch ein paar zusätzliche Parameter bereit. Doch beginnen wir mit der Seite *Allgemein*:

   Als *Quelle* ist bereits die Datenbank *MediaBase* ausgewählt, da Sie über diese das Dialogfeld aufgerufen haben. Das *Wiederherstellungsmodell* wird hier lediglich angezeigt, da es eigentlich eine Datenbankeigenschaft ist, die aber im direkten Zusammenhang mit der Datenbanksicherung steht. Beim *Sicherungstyp* können Sie zwischen *Vollständig*, *Differenziell* und *Transaktionsprotokoll* auswählen, wobei für unsere Beispieldatenbank eine Vollsicherung ausreichen sollte. (Das Sichern des Transaktionsprotokolls wird bei Datenbanken im einfachen Wiederherstellungsmodell nicht angeboten.) Im Bereich *Ziel* können Sie auswählen, ob die Sicherung auf einen Datenträger oder eine

Web-URL erfolgen soll. Darunter ist eine Liste angegeben, in der die verwendeten Backup-Dateien aufgelistet werden. Sofern Sie noch keine Sicherung erstellt haben, ist diese leer und kann über die Schaltfläche *Hinzufügen* um ein oder mehrere Backup-Dateien erweitert werden. Wenn bereits eine Sicherung der Datenbank erstellt wurde, erscheinen hier die Pfade der bereits verwendeten Backup-Dateien, die wiederverwendet oder auch durch die *Entfernen*-Schaltfläche aus der Liste entfernt werden können (was sich nur auf die Liste bezieht und nicht die Dateien löscht). Über die Schaltfläche *Inhalt* bekommen Sie ein paar Informationen angezeigt, die Aufschluss darüber geben, welche Sicherungen in der Backup-Datei enthalten sind und wann diese erstellt wurden.

Fügen Sie der leeren Liste nun über die *Hinzufügen*-Schaltfläche eine Backup-Datei hinzu und geben Sie dabei den Dateipfad *C:\SQLServer\Backup\MediaBase.bak* an. (Den Ordner *C:\SQLServer\Backup* müssen Sie gegebenenfalls vorher noch anlegen oder alternativ einen anderen Ordner verwenden.) Wechseln Sie anschließend zur Seite *Medienoptionen*.

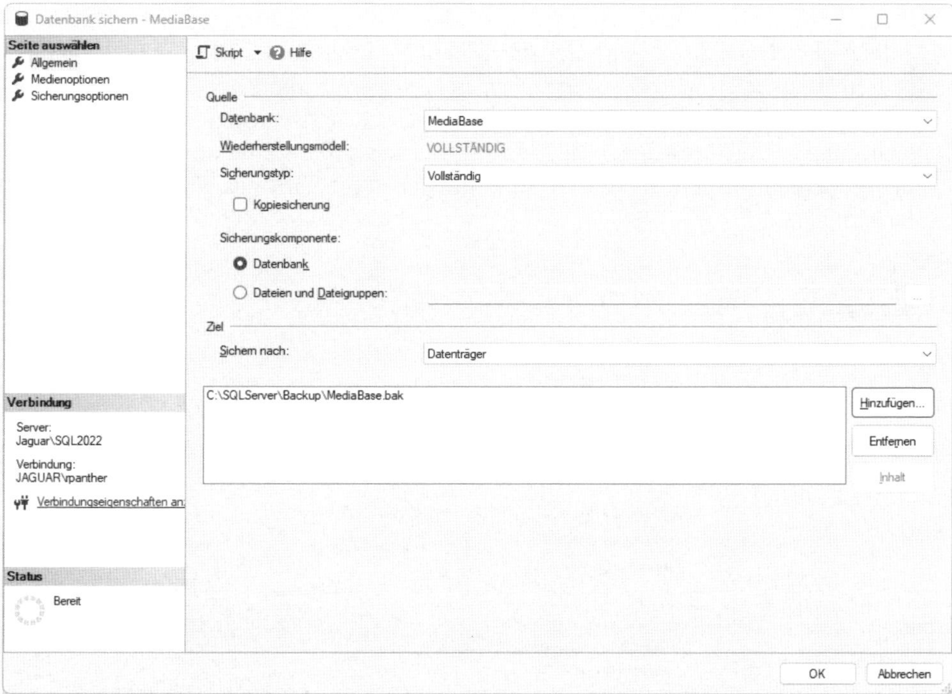

Abbildung 13.6: Das Dialogfeld zum Sichern von Datenbanken

4. Auf der Seite *Medienoptionen* beschäftigen sich die meisten Einstellungen damit, wie mit Mediensätzen und Sicherungssätzen verfahren werden soll.

Medien, Mediensätze und Sicherungssätze

Zum besseren Verständnis der Optionen ist zunächst die Klärung einiger Begriffe nötig:

- **Medien** Ein Medium (oder auch Sicherungsmedium) ist eine Datei auf Festplatte oder Band, die die Sicherungsdaten aufnimmt.
- **Mediensatz** Ein Mediensatz kann ein oder mehrere Medien enthalten. Letzteres ist dann der Fall, wenn die Sicherungsdaten auf mehrere Dateien (und meist auch Verzeichnisse) verteilt werden, um durch parallele Zugriffe eine bessere Performance zu erreichen.
- **Sicherungssatz** Ein Sicherungssatz ist die Gesamtheit der Daten, die mit einer Sicherung gespeichert wurden. Ein Mediensatz kann mehrere Sicherungssätze beinhalten, um beispielsweise den Stand der Datenbank zu verschiedenen Zeitpunkten zu speichern.

Die zentrale Frage dabei ist, ob ein neuer Mediensatz erstellt oder ein vorhandener verwendet werden soll. Wird ein neuer Mediensatz erstellt, können Sie dessen Namen und eine Beschreibung angeben. Wenn Sie einen vorhandenen Mediensatz nutzen, müssen Sie auswählen, ob bereits vorhandene Sicherungssätze gelöscht werden sollen (*Alle vorhandenen Sicherungssätze überschreiben*) oder ob der neue Sicherungssatz einfach hinzuzufügen ist (*An vorhandenen Sicherungssatz anfügen*). Des Weiteren können Sie über ein Kontrollkästchen aktivieren, dass das Ablaufdatum von bestehenden Sicherungssätzen im Mediensatz geprüft werden soll. Wählen Sie hier aus, dass ein neuer Mediensatz genutzt werden soll, und geben Sie dafür als Namen *MediaBase Full Backup* an.

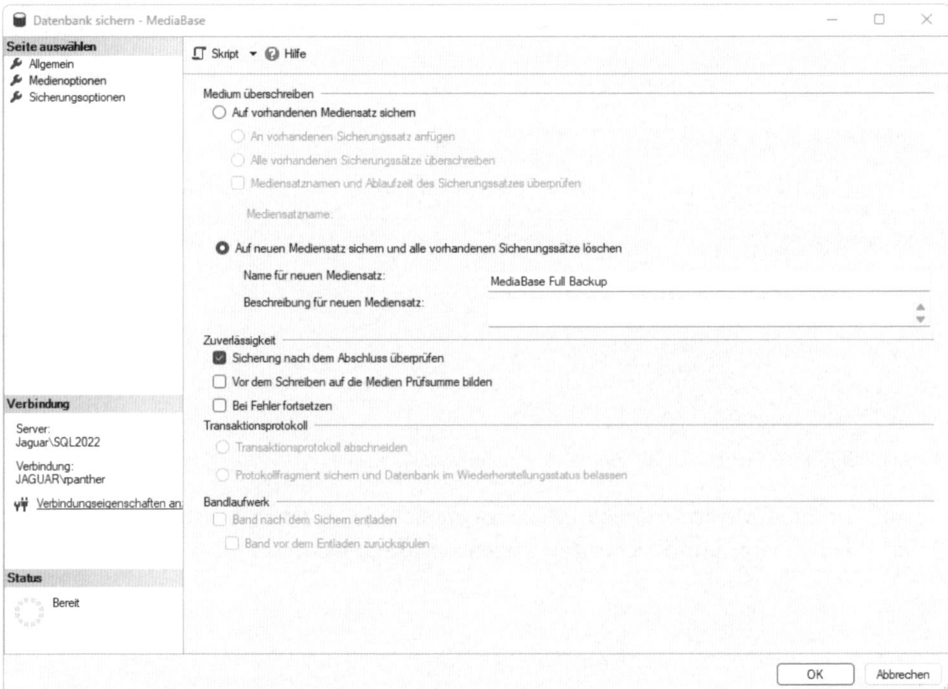

Abbildung 13.7: Die Medienoptionen-Seite des Dialogfelds zum Sichern von Datenbanken

Im Bereich *Zuverlässigkeit* können Sie unter anderem festlegen, ob die Sicherung überprüft werden soll, nachdem sie erstellt wurde (was immer sinnvoll ist, wenn die Zeit es zulässt).

5. Auf der Seite *Sicherungsoptionen* schließlich lässt sich vor allem die Nutzung der Sicherungssätze festlegen. Der Name des Sicherungssatzes wurde bereits vorbelegt, kann aber überschrieben werden. Außerdem können Sie das Feld *Beschreibung* mit einem Kommentar füllen. In den nächsten Feldern können Sie definieren, nach wie vielen Tagen bzw. zu welchem Datum der Sicherungssatz abläuft und damit wieder überschrieben werden kann. Etwas irreführend ist dagegen die Möglichkeit, im Bereich *Komprimierung* auszuwählen, ob die Sicherung komprimiert erfolgen soll oder nicht, da die Backup-Komprimierung von der Express Edition nicht unterstützt wird (sondern erst ab der Standard Edition). Diese Einstellung kann man aber ohnehin am besten auf *Standardservereinstellung verwenden* belassen und die Komprimierung von Sicherungen dann serverweit aktivieren, sofern man die passende SQL Server Edition im Einsatz hat. Ähnlich verhält es sich mit der Verschlüsselung von Sicherungen, für die ebenfalls eine Standard oder Enterprise Edition von SQL Server erforderlich ist, sodass es im Moment wenig sinnvoll ist, diese Option anzukreuzen.

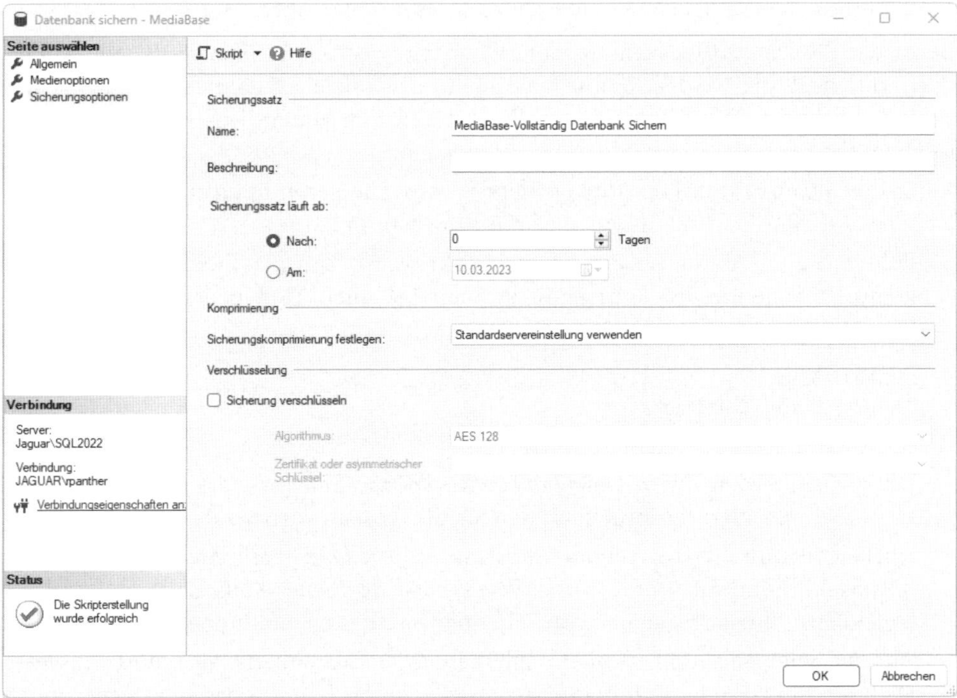

Abbildung 13.8: Die Sicherungsoptionen-Seite des Dialogfelds zum Sichern von Datenbanken

6. Klicken Sie auf *OK*, und Sie erhalten nach kurzer Zeit die Meldung, dass die Sicherung der Datenbank erfolgreich abgeschlossen wurde.

Die entsprechenden SQL-Anweisungen, um die Sicherung wie beschrieben durchzuführen, sind die folgenden:

```
BACKUP DATABASE [MediaBase] TO  DISK = N'C:\SQLServer\Backup\MediaBase.bak' WITH FORMAT, INIT,
MEDIANAME = N'MediaBase Full Backup',  NAME = N'MediaBase-Vollständig Datenbank Sichern',
SKIP, NOREWIND, NOUNLOAD,  STATS = 10

GO

declare @backupSetId as int

select @backupSetId = position from msdb..backupset where database_name=N'MediaBase' and
backup_set_id=(select max(backup_set_id) from msdb..backupset where
database_name=N'MediaBase' )

if @backupSetId is null begin raiserror(N'Fehler beim Überprüfen. Sicherungsinformationen für
die Datenbank "MediaBase" wurden nicht gefunden.', 16, 1) end

RESTORE VERIFYONLY FROM  DISK = N'C:\SQLServer\Backup\MediaBase.bak' WITH  FILE =
@backupSetId,  NOUNLOAD,  NOREWIND

GO
```

Dabei reicht die erste Anweisung für die eigentliche Sicherung aus, die restlichen werden für die Überprüfung der Sicherung benötigt. Dazu wird erst die aktuellste Sicherungssatz-ID aus den entsprechenden Systemtabellen gelesen, und mithilfe dieser ID wird dann eine Überprüfung der Gültigkeit des Sicherungssatzes durchgeführt.

Bevor wir die Datenbank nun aus der Sicherung wiederherstellen, muss eine Änderung darin durchgeführt werden, damit man auch nachvollziehen kann, dass die Wiederherstellung funktioniert hat. Proben wir also den Ernstfall, indem wir eine Tabelle komplett löschen und dann die Sicherung wieder einspielen:

1. Stellen Sie im SQL Server Management Studio eine Verbindung zur lokalen Serverinstanz *SQL2022* her und öffnen Sie ein Abfragefenster.
2. Führen Sie im Abfragefenster folgendes Skript aus, um die Tabelle *dbo.CDMitTracks* komplett zu entfernen (alternativ können Sie auch eine beliebige andere Tabelle löschen):

   ```
   USE MediaBase
   DROP TABLE dbo.CDMitTracks
   GO
   ```

3. Überprüfen Sie im Zweig *Datenbanken/MediaBase/Tabellen*, dass die Tabelle wirklich nicht mehr existiert (eventuell müssen Sie die Ansicht vorher aktualisieren).
4. Klicken Sie nun mit der rechten Maustaste auf die Datenbank *MediaBase* und wählen Sie anschließend die Option *Tasks/Wiederherstellen/Datenbank*. Es erscheint das Dialogfeld zum Wiederherstellen von Datenbanken, das ebenfalls über drei Seiten verfügt.
5. Auf der Seite *Allgemein* ist als Quelle bereits die Datenbank *MediaBase* ausgewählt. Dadurch sind im Bereich *Wiederherzustellende Sicherungssätze* alle Sicherungssätze auswählbar, die auf diesem Server für die ausgewählte Datenbank erstellt wurden. Wenn Sie die Sicherung auf einem Server wiederherstellen, auf dem sie nicht erstellt wurde, müssen Sie die Option *Medium* auswählen und anschließend die zu verwendenden Sicherungsdateien angeben. Im Bereich *Ziel* ist die Zieldatenbank auszuwählen. Hier können Sie auch einen neuen Namen angeben, wenn Sie die Daten in einer neuen Datenbank wiederhergestellt haben möchten. Unter *Wiederherstellen* ist der

Zeitpunkt voreingestellt, zu dem die letzte Sicherung erstellt wurde. Wenn Sie das vollständige Wiederherstellungsmodell nutzen, können Sie durch einen Klick auf die Schaltfläche *Zeitachse* den Zeitpunkt, zu dem die Daten wiederhergestellt werden sollen, komfortabel auf einer Zeitachse auswählen.

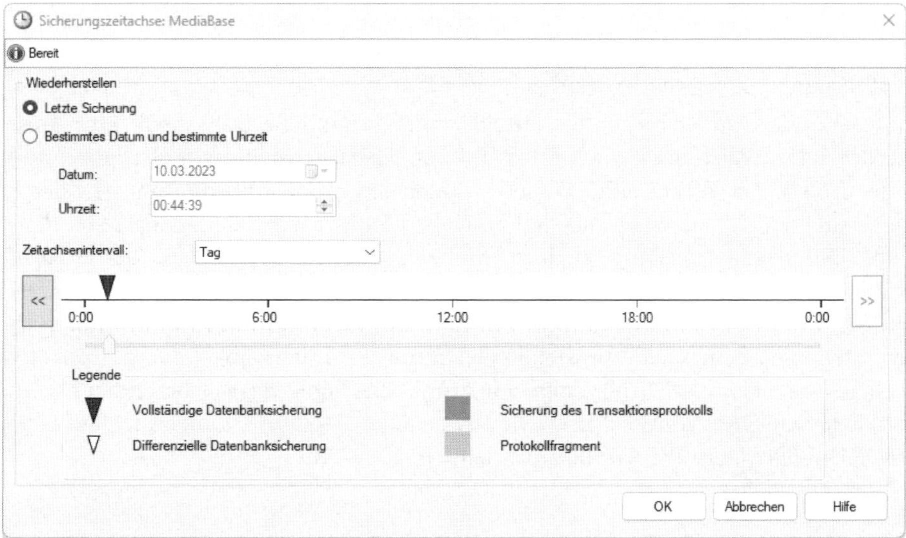

Abbildung 13.9: Die Auswahl des Wiederherstellungszeitpunkts auf der Zeitachse

Belassen Sie jedoch den voreingestellten Zeitpunkt. Egal welchen Weg Sie zur Auswahl der Sicherungsmedien verwendet haben – anschließend ist noch auszuwählen, welche Sicherungssätze von diesen Medien wiederhergestellt werden sollen. Setzen Sie die Einstellungen so, wie in Abbildung 13.10 dargestellt.

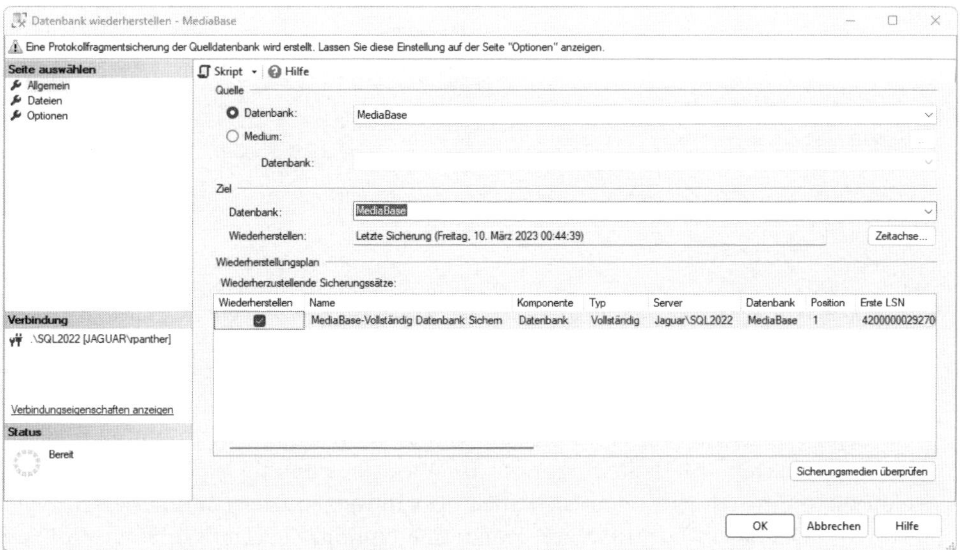

Abbildung 13.10: Das Dialogfeld zum Wiederherstellen von Datenbanken

6. Auf der Seite *Dateien* sind die Dateinamen und Pfade zu sehen, von denen die Sicherung erstellt wurde, aber auch unter denen die Sicherung wiederhergestellt wird. Letztere können bei Bedarf angepasst werden. Das ist primär dann sinnvoll, wenn die Sicherung von einem anderen Server stammt – was bei unserem Beispiel nicht der Fall ist – oder wenn die Wiederherstellung in einer neuen Datenbank erfolgen soll. In diesem Fall ist es sogar sehr wichtig, zumindest die Dateinamen anzupassen, da die Dateien mit den in der Sicherung gespeicherten Namen ja noch von der ursprünglichen Datenbank verwendet werden.
7. Auf der Seite *Optionen* legen Sie fest, ob eine vorhandene Datenbank überschrieben werden kann. Wichtig ist auch die Wahl des *Wiederherstellungsstatus*: Die erste Variante (*RESTORE WITH RECOVERY*) wählen Sie, wenn dies die einzige oder letzte Sicherung ist, die Sie wiederherstellen. Haben Sie vor, nach dem Einspielen der Voll- oder Differenzialsicherung auch noch Transaktionsprotokolle wiederherzustellen, wählen Sie die zweite Variante (*RESTORE WITH NORECOVERY*). Die dritte Variante (*RESTORE WITH STANDBY*) ist vor allem dann sinnvoll, wenn Sie verhindern möchten, dass nach dem Wiederherstellen gleich mit der Datenbank weitergearbeitet wird, weil Sie beispielsweise vorher noch eine gründliche Fehleranalyse betreiben wollen. Da wir lediglich eine Vollsicherung wiederherstellen wollen, ist hier die Variante *RESTORE WITH RECOVERY* auszuwählen.

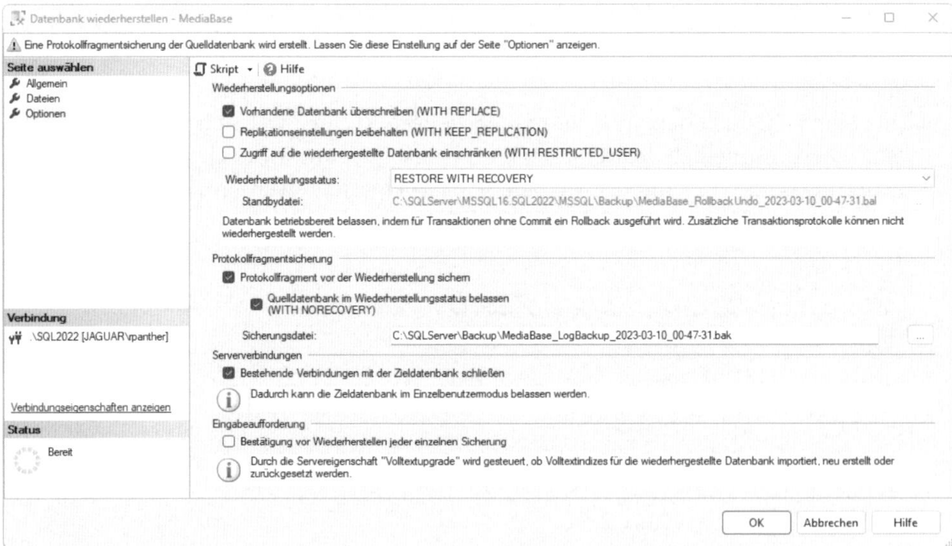

Abbildung 13.11: Die Optionen-Seite des Dialogfelds zum Wiederherstellen von Datenbanken

Die Einstellung *Protokollfragment vor der Wiederherstellung sichern* ist nur für das vollständige Wiederherstellungsmodell relevant und bewirkt, dass vor dem Wiederherstellen noch eine Sicherung des Transaktionsprotokolls erstellt wird, um auch die noch nicht gesicherten Protokolleinträge für die Wiederherstellung zur Verfügung zu haben. (Auf diese Einstellung bezieht sich auch der Hinweis in der gelb unterlegten Zeile am Kopf des Dialogfelds.) Eine weitere praktische Option, die mit SQL Server 2012 eingeführt wurde, ist die Möglichkeit, bestehende Verbindungen mit der Zieldatenbank automatisch schließen zu lassen. Bisher musste man das manuell durchführen, da eine bestehende Verbindung ansonsten zu einem Abbruch des Wiederherstellungsversuchs führen würde.

8. Wenn Sie die Einstellungen wie in Abbildung 13.11 dargestellt anpassen und anschließend auf *OK* klicken, wird die Sicherung wiederhergestellt. Überprüfen Sie anschließend im Objekt-Explorer, ob die gelöschte Tabelle wieder vorhanden ist.

Das gerade geschilderte Wiederherstellen der Vollsicherung ist alternativ auch mit den folgenden SQL-Anweisungen durchführbar, wobei deutlich zu erkennen ist, dass zuerst eine Protokollsicherung erstellt wird und erst anschließend die eigentliche Wiederherstellung folgt:

```
USE [master]
ALTER DATABASE [MediaBase] SET SINGLE_USER WITH ROLLBACK IMMEDIATE

BACKUP LOG [MediaBase] TO  DISK = N'C:\SQLServer\Backup\MediaBase_LogBackup_2023-03-10_00-47-
31.bak' WITH NOFORMAT, NOINIT,  NAME = N'MediaBase_LogBackup_2023-03-10_00-47-31', NOSKIP,
NOREWIND, NOUNLOAD,  NORECOVERY ,  STATS = 5

RESTORE DATABASE [MediaBase] FROM  DISK = N'C:\SQLServer\Backup\MediaBase.bak' WITH  FILE = 1,
NOUNLOAD,  REPLACE,  STATS = 5

ALTER DATABASE [MediaBase] SET MULTI_USER
GO
```

Wahl der richtigen Sicherungsstrategie

Ein wichtiger Faktor im Umfeld der Sicherung von Datenbanken liegt darin, diese auch regelmäßig durchzuführen. Dazu bedarf es – je nach Umfeld und individuellen Anforderungen – einer sinnvollen Sicherungsstrategie, zu der auch das Zusammenspiel von Wiederherstellungsmodell und Sicherungsart gehört. Es folgen ein paar mögliche Beispiele:

Anwendungstyp 1: Referenzdatenbank, die in unregelmäßigen Abständen neu aufgebaut wird

- Wiederherstellungsmodell: einfach
- Sicherung:
  - vollständige Sicherung: jeweils direkt nach dem Befüllen bzw. Aktualisieren
  - differenzielle Sicherung: (keine)
  - Transaktionsprotokollsicherung: (keine)
- Vorgehen im Notfall:
  - Wiederherstellen der letzten vollständigen Sicherung

Anwendungstyp 2: Unkritische Daten, die sich regelmäßig ändern

- Wiederherstellungsmodell: einfach
- Sicherung:
  - vollständige Sicherung: einmal pro Woche (am Wochenende)
  - differenzielle Sicherung: täglich (Mo–Fr) jeweils nachts
  - Transaktionsprotokollsicherung: (keine)

- Vorgehen im Notfall:
  - Wiederherstellen der letzten vollständigen Sicherung
  - Wiederherstellen der letzten differenziellen Sicherung

Anwendungstyp 3: Kritische Daten, die sich regelmäßig ändern (großes Transaktionslog)

- Wiederherstellungsmodell: vollständig
- Sicherung:
  - vollständige Sicherung: einmal pro Woche (am Wochenende)
  - differenzielle Sicherung: (keine)
  - Transaktionsprotokollsicherung: täglich (Mo–Fr) jeweils nachts sowie jeweils unmittelbar vor der vollständigen Sicherung
- Vorgehen im Notfall:
  - Sichern des Transaktionsprotokolls
  - Wiederherstellen der letzten vollständigen Sicherung
  - Wiederherstellen der Transaktionsprotokolle seit der letzten vollständigen Sicherung (bis zum gewünschten Zeitpunkt)

Anwendungstyp 4: Kritische Daten, die sich regelmäßig ändern (kleines Transaktionslog)

- Wiederherstellungsmodell: vollständig
- Sicherung:
  - vollständige Sicherung: einmal pro Woche (am Wochenende)
  - differenzielle Sicherung: täglich (Mo–Fr) jeweils nachts
  - Transaktionsprotokollsicherung: täglich (Mo–Fr) stündlich (während der normalen Arbeitszeiten) sowie jeweils unmittelbar vor den vollständigen und differenziellen Sicherungen
- Vorgehen im Notfall:
  - Sichern des Transaktionsprotokolls
  - Wiederherstellen der letzten vollständigen Sicherung
  - Wiederherstellen der letzten differenziellen Sicherung
  - Wiederherstellen der Transaktionsprotokolle seit der letzten differenziellen Sicherung (bis zum gewünschten Zeitpunkt)

Die unter »Vorgehen im Notfall« beschriebenen Aktionen werden ab SQL Server 2012 durch die Auswahl an der Zeitachse nahezu automatisch vorgenommen. Lediglich bei der manuellen Erstellung von Wiederherstellungsskripten müssen diese Punkte noch bewusst berücksichtigt werden.

Automatisierung von Datenbanksicherungen

Während man das Erstellen von Sicherungen bei den größeren Editionen von SQL Server über einen SQL Server Agent-Job (oder gar einen Wartungsplan) automatisieren kann, muss man bei der Express Edition etwas mehr manuelle Vorbereitungsarbeit leisten. Hier sind separate SQL-Skripte zu erstellen, die dann über das Kommandozeilentool SQLCMD aufgerufen werden können. Die Automatisierung des Aufrufs lässt sich recht einfach mit dem Tool *Aufgabenplanung* des Windows-Betriebssystems realisieren, das Sie leicht über das Windows-Startmenü finden, wenn Sie nach dem Namen des Tools suchen.

Import und Export von Daten

Eine Aufgabe, die im Umfeld von Datenbanken immer wieder auftaucht, ist der Im- und Export von Daten aus anderen Formaten bzw. in andere Formate. Auch wenn hier die größeren Editionen von SQL Server – insbesondere mit den SQL Server Integration Services – sehr aufwendige Varianten zur Verfügung stellen, bietet SQL Server Express ebenfalls einige Möglichkeiten dazu an.

Der Import/Export-Assistent

Die sicherlich komfortabelste Variante, Daten von einer beliebigen Quelle in den SQL Server zu importieren oder aber Daten vom SQL Server in ein beliebiges Ziel zu exportieren, bietet der *Import/Export-Assistent*. Diesen gibt es in einer 32-Bit- und einer 64-Bit-Variante. Im Windows-Startmenü ist unter *Start/Microsoft SQL Server 2022/SQL Server 2022-Daten importieren und exportieren (64-Bit)* die 64-Bit-Variante zu finden, die jedoch in der aktuellen Version leider nicht korrekt funktioniert. Vom SQL Server Management Studio aus lässt sich aber nach wie vor die 32-Bit-Variante aufrufen. Diese Variante bietet dieselbe Funktionalität wie die 64-Bit-Variante, unterstützt sogar noch ein paar Datenquellen und -ziele mehr (insbesondere die *Microsoft OLE DB Provider for Oracle* sowie *Microsoft Access* und *Microsoft Excel* fehlen bei der 64-Bit-Variante).

Hier ein Überblick über die wichtigsten Datenquellen bzw. -ziele:

- .NET Framework Data Provider for ODBC
- .NET Framework Data Provider for Oracle
- .NET Framework Data Provider for SQL Server
- Flat File Source/Destination
- Microsoft Access (Microsoft Jet Database Engine)
- Microsoft Excel
- Microsoft OLE DB Driver for SQL Server
- Microsoft OLE DB Provider for Analysis Services 14.0
- Microsoft OLE DB Provider for Oracle
- Microsoft OLE DB Provider for Search
- Microsoft OLE DB Provider for SQL Server
- SQL Server Native Client 11.0

Je nach zusätzlich installierter Software können aber auch noch weitere Datenquellen und -ziele zur Auswahl bereitstehen. Nutzen wir nun den Import/Export-Assistenten, um die Tabelle *dbo.DVD* in eine Excel-Datei zu exportieren:

1. Stellen Sie im SQL Server Management Studio eine Verbindung zur lokalen Serverinstanz *SQL2022* her und öffnen Sie im Objekt-Explorer den Zweig, der die *Datenbanken* beinhaltet.

   Klicken Sie hier die Datenbank *MediaBase* mit der rechten Maustaste an und wählen Sie dann im Kontextmenü den Befehl *Tasks/Daten exportieren* aus, wodurch der Import/Export-Assistent in der 32-Bit-Variante gestartet wird. Klicken Sie im Startbildschirm des Tools auf die Schaltfläche *Next*[1].
2. Bei der folgenden Auswahl der *Datenquelle* stehen – wie in der Liste oben zu sehen – verschiedene Varianten bereit, um auf SQL Server-Datenbanken zuzugreifen. Wählen Sie hier den *SQL Server Native Client 11.0* aus, da dieser den direktesten (und damit performantesten) Zugriff auf den SQL Server ermöglicht.

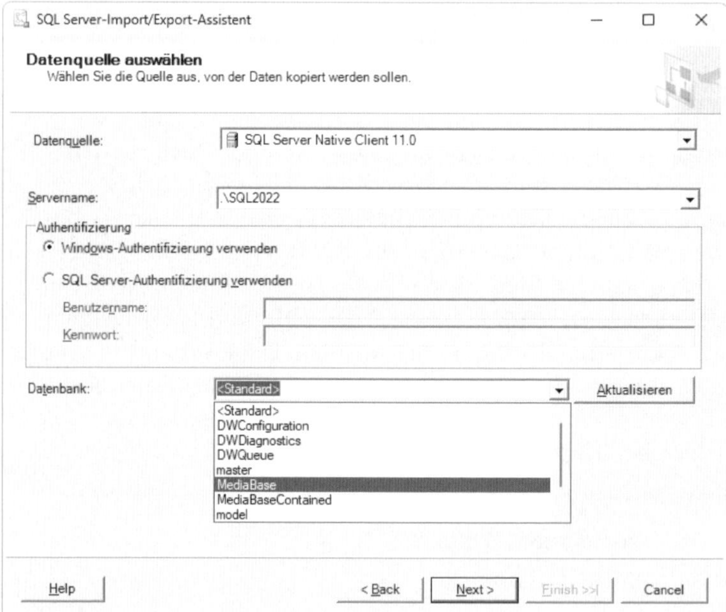

Abbildung 13.12: Auswahl der Datenquelle

3. Geben Sie nun die lokale Datenbankserverinstanz (*.\SQL2022*) ein und wählen Sie anschließend als Authentifizierungsmethode *Windows-Authentifizierung verwenden* sowie die Datenbank *MediaBase* aus und klicken Sie anschließend auf die Schaltfläche *Next*.
4. Als Ziel stehen die gleichen Varianten wie für die Quelle zur Auswahl. Wählen Sie hier das Ziel *Microsoft Excel* und geben Sie einen gültigen Excel-Dateipfad (z.B. *C:\SQLSer-*

1 Seltsamerweise erscheinen bei den Schaltflächen im unteren Bereich des Import/Export-Assistenten trotz deutschem Windows und ebenfalls deutschsprachigen SQL Server-Clienttools englischsprachige Bezeichnungen (was in den älteren Versionen noch anders war). Vermutlich wurde das beim Übersetzen der Anwendung übersehen und wird in künftigen Versionen wieder korrigiert.

ver\MediaBaseDVDs.xls) ein. Als Excel-Version wählen Sie *Microsoft Excel 97-2003*, da diese Variante von den meisten Excel-Versionen verwendet werden kann (selbst wenn Sie eine neuere Excel-Version nutzen). Damit die Spaltennamen auch in die Excel-Datei übernommen werden, lassen Sie das entsprechende Kästchen aktiviert und klicken dann auf *Next*.

5. Im nächsten Schritt des Assistenten können Sie wählen, ob Sie komplette Tabellen bzw. Sichten kopieren oder lieber eine SQL-Abfrage zur Definition der Datenquelle verwenden wollen. Bestätigen Sie die erste Variante, indem Sie auf *Next* klicken.
6. Es folgt eine Liste zur Auswahl der Quelltabellen und -sichten, in der Sie die Tabelle *dbo.DVD* anklicken. Dazu können Sie den Namen für das Ziel ändern, über die Schaltfläche *Vorschau* einen Blick in die Quelltabelle werfen oder über die betreffende Schaltfläche Zuordnungen bearbeiten. Bei Letzterem können Sie die Namen und Datentypen der Zielspalten angeben oder doch noch die SQL-Anweisung zum Abfragen der Quelldaten anpassen. Belassen Sie es jetzt aber bei der Auswahl der Tabelle und klicken Sie auf *Next*.

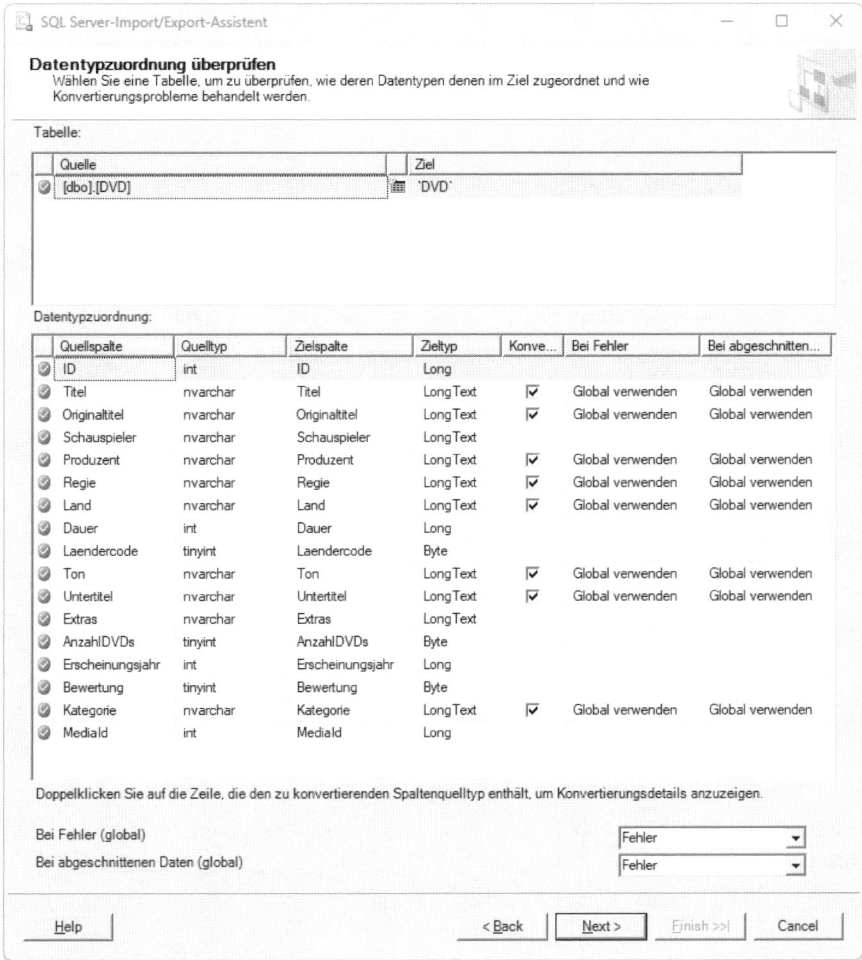

Abbildung 13.13: Prüfung der Datentypzuordnung

7. Im nächsten Schritt werden Sie aufgefordert, die Datentypzuordnung zu prüfen und anzugeben, wie während des Imports verfahren werden soll, wenn einzelne Spalten nicht zum gewählten Datentyp passen oder aber einfach zu groß für die gewählte Feldlänge sind. Als mögliche Reaktionen stehen hier *Fehler* und *Ignorieren* zur Auswahl. Belassen Sie die Voreinstellungen und klicken Sie einmal auf *Next*.
8. Als Nächstes können Sie – wenn Sie eine Standard, Enterprise oder Developer Edition von SQL Server verwenden – wählen, ob der Export sofort ausgeführt oder als SSIS-Paket gespeichert werden soll – oder aber beides. Die Speicherung als SSIS-Paket empfiehlt sich, wenn Sie denselben Export wiederholt ausführen möchten. Im Moment reicht uns jedoch die einmalige Ausführung, sodass lediglich die Option *Sofort ausführen* angekreuzt sein sollte, die Sie anschließend mit einem Klick auf *Next* bestätigen.
9. Es folgt eine kurze Zusammenfassung der vorgenommenen Einstellungen. Mit einem Klick auf *Finish* starten Sie den eigentlichen Exportvorgang. Während des Vorgangs können Sie sich laufend über den aktuellen Status informieren lassen und sich auch eventuell auftretende Fehler- oder Warnhinweise ansehen. Nach Fertigstellung des Exports haben Sie die Möglichkeit, sich einen Bericht anzeigen oder speichern zu lassen, bevor Sie den Assistenten mit der Schaltfläche *Close* schließen.
10. Anschließend werfen Sie – sofern Sie Microsoft Excel installiert haben – einmal einen Blick in die exportierte Tabelle.

SQL Server Integration Services

Auch wenn dieser Dienst eigentlich den größeren Editionen von SQL Server vorbehalten ist, verwendet der Import/Export-Assistent intern Funktionalitäten der SQL Server Integration Services – daher auch die Möglichkeit zum Speichern als SSIS-Paket, das dann bei Bedarf sogar noch manuell nachbearbeitet oder erweitert werden kann.

Auch wenn in dem gerade gezeigten Beispiel lediglich Daten exportiert wurden, ist auf nahezu demselben Weg der Import von Daten (beispielsweise aus einer Excel-Datei) in eine SQL Server-Datenbank möglich.

Der Flatfile-Import-Assistent

Zumindest zum Importieren von Textdateien gibt es seit SQL Server 2017 mit dem Flatfile-Import-Assistenten aber noch eine einfachere Möglichkeit.

Um diese einmal auszuprobieren, benötigen wir allerdings zuerst eine Datei zum Importieren:

1. Erstellen Sie mit Notepad oder einem beliebigen anderen Texteditor eine Datei mit Namen *Autor_Import.txt* und folgendem Inhalt:

```
ID;Nachname;Vorname
1;Panther;Robert
2;Mustermann;Michael
3;Bestsellerautor;Bernhard
```

2. Stellen Sie im SQL Server Management Studio eine Verbindung zur lokalen Serverinstanz *SQL2022* her und öffnen Sie im Objekt-Explorer den Zweig, der die *Datenbanken* beinhaltet.
3. Klicken Sie hier die Datenbank *MediaBase* mit der rechten Maustaste an und wählen Sie dann im Kontextmenü den Befehl *Tasks/Flatfile importieren* aus.
4. Es erscheint der Assistent zum Import von Flatfiles. Wechseln Sie durch einen Klick auf *Weiter* zur nächsten Seite.
5. Geben Sie als Speicherort den kompletten Pfad der gerade erzeugten Textdatei ein. Als Name der neuen Tabelle verwenden Sie *Autor*. Darunter können Sie das Datenbankschema auswählen, wobei Sie hier die Voreinstellung *dbo* beibehalten können. Wechseln Sie anschließend durch einen Klick auf *Weiter* zur nächsten Seite.
6. Im folgenden Dialog wird eine Vorschau auf die ersten 50 Zeilen (in diesem Fall also alle) der zu importierenden Datei angezeigt. Wechseln Sie erneut durch einen Klick auf *Weiter* zur nächsten Seite.
7. Hier können Sie die Spaltennamen und Datentypen anpassen sowie Primärschlüssel und NULLable-Spalten definieren. Ändern Sie den Datentyp der Spalte *ID* auf *int* und bei den Spalten *Nachname* und *Vorname* auf *nvarchar(80)*. Definieren Sie anschließend die *ID*-Spalte als Primärschlüssel und den Vornamen als Spalte, die *NULL-Werte* zulässt. Wechseln Sie dann zur nächsten Seite.

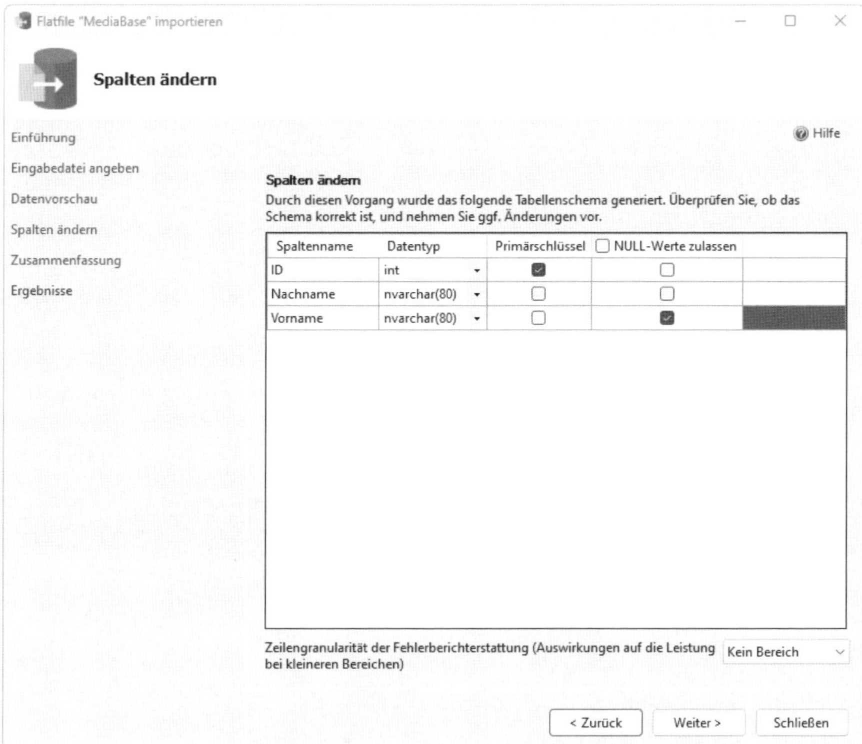

Abbildung 13.14: Die Definition der Zielspalten

8. Es erscheint eine kurze Zusammenfassung der zuvor eingestellten Parameter. Durch einen Klick auf *Fertig stellen* wird der Import gestartet. Darauf erscheint eine Meldung, in der angezeigt wird, ob der Import erfolgreich verlief oder nicht, den Sie – wenn alles geklappt hat – durch einen Klick auf die Schaltfläche *Schließen* beenden können.
9. Wenn Sie nun im Objekt-Explorer die Ansicht aktualisieren, erscheint dort die neu importierte Tabelle *dbo.Autor* mit der als Primärschlüssel definierten ID-Spalte und drei Datenzeilen Inhalt.

Derselbe Import wäre auch mit dem allgemeineren Import/Export-Assistenten machbar gewesen, allerdings hätten Sie dort mehr Einstellungen benötigt.

Eine eher codelastige Alternative zum Import von Daten ist das Masseneinfügen. Hierzu stellt SQL Server zwei Varianten bereit, die im Prinzip dasselbe leisten. Die eine führt über das SQL-Kommando `BULK INSERT`, die zweite benutzt das Kommandozeilentool `bcp`.

Masseneinfügen per BULK INSERT

Über die Anweisung `BULK INSERT` können Sie Daten aus einem sogenannten Flatfile einlesen. Dabei handelt es sich entweder um eine Rohdatei, in der die Daten Byte für Byte abgelegt sind, oder um eine Textdatei, in der die Zeilen und Spalten entweder aufgrund von festen Feldlängen oder durch vordefinierte Trennzeichen unterteilt sind. Typischer Vertreter hierfür sind die CSV-Dateien (CSV steht für *Comma Separated Values,* also kommagetrennte Werte), in denen die Felder aber nur selten durch Kommata, sondern normalerweise eher durch Semikola unterteilt sind, während die Datenzeilen – wie in einer Textdatei – durch ein einfaches Carriage Return voneinander getrennt sind. Als typische Feldtrennzeichen sind neben dem Semikolon noch das Komma und der Tabulator sehr verbreitet, wobei man dann immer noch von einer CSV-Datei spricht, auch wenn das Komma gar nicht mehr als Trennzeichen verwendet wird.

Die `BULK INSERT`-Anweisung hat folgende Grundform:

```
BULK INSERT zieltabelle FROM quelldatei WITH (einstellungen)
```

Statt der Zieltabelle kann auch eine Sicht angegeben werden, und die Quelldatei erklärt sich eigentlich von selbst. Komplizierter wird es da im Bereich *Einstellungen*, denn hier können zahlreiche Parameter gesetzt werden, von denen ich die wichtigsten kurz vorstellen möchte.

Parameter	Bedeutung
`BATCHSIZE`	Anzahl von Zeilen in einer Einfügetransaktion
`FIELDTERMINATOR`	Feldtrennzeichen, Standardeinstellung ist `'\t'` (Tabstoppzeichen)
`FORMATFILE`	vollständiger Pfad einer Formatdatei
`KEEPIDENTITY`	`IDENTITY`-Spalten nicht neu generieren
`KEEPNULLS`	leere Spalten in `NULL` umwandeln (sonst Standardwerte)
`ROWTERMINATOR`	Zeilentrennzeichen, Standardeinstellung ist `'\r\n'` (CR/Linefeed)
`TABLOCK`	steuert exklusive Sperre der gesamten Tabelle während des Masseneinfügens

Tabelle 13.1: Übersicht der wichtigsten BULK INSERT-Einstellungen

Probieren wir die BULK INSERT-Anweisung nun aus, indem wir zuerst eine Textdatei zum Importieren erzeugen und diese dann per BULK INSERT in die Tabelle *dbo.CD* einlesen:

1. Erstellen Sie mit Notepad oder einem beliebigen anderen Texteditor eine Datei mit Namen *CD_Import.txt*, die eine oder mehrere Zeilen enthält, in der Inhalte für alle Felder der Tabelle *dbo.CD* – jeweils mit Semikola voneinander getrennt – angegeben sind, beispielsweise (die letzte Spalte ist bewusst leer gelassen, sodass hier automatisch der im Default-Constraint definierte Wert greift):

```
1;Cocker;Joe Cocker;1;1986;2;Pop/Rock;
```

2. Verbinden Sie sich nun im SQL Server Management Studio über die Windows-Authentifizierung mit der lokalen Serverinstanz *SQL2022* und öffnen Sie ein neues Abfragefenster.
3. Lassen Sie sich mit folgendem Skript den aktuellen Inhalt der Tabelle *dbo.CD* anzeigen:

```
USE MediaBase
SELECT * FROM dbo.CD
```

4. Führen Sie die folgende BULK INSERT-Anweisung aus und werfen Sie danach wieder einen Blick in die Tabelle *dbo.CD:*

```
BULK INSERT dbo.CD FROM N'c:\SQLServer\CD_Import.txt'
WITH (FIELDTERMINATOR=';', ROWTERMINATOR='\r\n')

SELECT * FROM dbo.CD
```

5. Sie werden sehen, dass die neuen Zeilen aus der Textdatei eingefügt wurden, dabei aber die IDs automatisch durch neu generierte ersetzt wurden. Hätten Sie den KEEPIDENTITY-Parameter angegeben, hätte BULK INSERT versucht, die in der Datei angegebenen ID-Werte zu verwenden, was aber zu einem Fehler geführt hätte, wenn dadurch IDs doppelt vergeben worden wären.

Wenden wir uns nun der Alternativmethode für das Masseneinfügen von Daten zu.

BCP – Masseneinfügen über die Kommandozeile

Das *Bulk Copy Program* (BCP) entspricht weitgehend dem Befehl BULK INSERT, wird aber von der Kommandozeile aus gestartet. Die Parameter haben zwar andere Namen, entsprechen vom Inhalt aber weitgehend denen von BULK INSERT. Lediglich ein paar Parameter zum Herstellen der Verbindung zum SQL Server kommen hinzu, da von der Kommandozeile aus ja erst eine Verbindung zum Server aufgebaut werden muss.

Kleine Anekdote zur Abkürzung BCP

Ich wurde mal von einem Kunden gefragt, wofür denn die Abkürzung BCP stehe. In den gängigen Suchmaschinen im Internet sei nichts Hilfreiches dazu zu finden. Nachdem ich der fragenden Person erklärt hatte, worum es sich bei BCP handelt, war ich natürlich neugierig und habe selbst mal in der Suchmaschine meines Vertrauens nach dieser Abkürzung suchen lassen. Als eines der ersten Suchergebnisse war dann die Bruderschaft Christlicher Pfadfinder aus einer norddeutschen Kleinstadt zu finden, während das eigentliche Bulk Copy Program erst weiter hinten in der Ergebnisliste auftauchte. (Seitdem müssen aber die internen Statistiken aktualisiert worden sein. Inzwischen sehen die Ergebnisse zum Glück etwas anders aus.)

Die Grundform des Aufrufs für das `bcp`-Tool sieht wie folgt aus:

```
bcp tabelle|abfrage in|out|queryout|format datendatei parameter
```

Hier eine Auflistung der wichtigsten Parameter:

Parameter	Bedeutung
`-f`	Formatdatei
`-b`	Batchgröße
`-t`	Feldtrennzeichen
`-r`	Zeilentrennzeichen
`-c`	Standardformat (`char` als Speichertyp, `\t` als Feldtrennzeichen, `\r\n` als Zeilentrennzeichen)
`-S`	Servername/Instanz
`-T`	Windows-Authentifizierung
`-U`	Anmeldung
`-P`	Passwort
`-k`	leere Spalten in `NULL` umwandeln (sonst Standardwerte)
`-E`	`IDENTITY`-Spalten nicht neu generieren

Tabelle 13.2: Übersicht der wichtigsten bcp-Parameter

Die Entsprechung für die vorhin verwendete `BULK INSERT`-Anweisung ...

```
BULK INSERT dbo.CD FROM N'c:\SQLServer\CD_Import.txt'
WITH (FIELDTERMINATOR=';', ROWTERMINATOR='\r\n')
```

... wäre normalerweise der folgende `bcp`-Aufruf:

```
bcp MediaBase.dbo.CD in c:\SQLServer\CD_Import.txt -t ; -r \r\n -T -S .\SQL2022
```

Dabei wurde der Parameter `-S` angegeben, um die zu verwendende Serverinstanz zu spezifizieren, außerdem der Parameter `-T`, damit die Anmeldung am Server über die Windows-Authentifizierung erfolgt (ansonsten hätte man über `-U` und `-P` einen Anmeldenamen und sein Passwort angeben müssen). Allerdings werden Sie bei dem oben dargestellten Aufruf für jede zu importierende Spalte nach dem passenden Datentyp gefragt. (Um dies zu vermeiden, können Sie Formatdateien nutzen, die im nächsten Abschnitt beschrieben werden.)

An der weiter oben dargestellten Grundform der `bcp`-Syntax sind Ihnen vielleicht die Schlüsselwörter `out` und `queryout` aufgefallen. Durch Verwendung dieser Begriffe anstelle des üblichen `in` lässt sich eine Tabelle (`out`) oder Abfrage (`queryout`) aus dem SQL Server in eine Datei exportieren.

Probieren wir nun beide Varianten einmal aus:

1. Erstellen Sie mit Notepad oder einem beliebigen anderen Texteditor eine Datei mit Namen *CD_Export.bat*, um darin die folgenden `bcp`-Anweisungen abzulegen:

```
bcp MediaBase.dbo.CD out c:\SQLServer\CD_Export.txt -c -T -S .\SQL2022
bcp "SELECT Titel, Interpret FROM MediaBase.dbo.CD_Track" queryout
c:\SQLServer\CD_Track_Export.txt -c -T -S .\SQL2022
pause
```

   Die Anweisung `pause` dient dazu, dass das Kommandozeilenfenster nach Ausführung der `bcp`-Aufrufe geöffnet bleibt, bis Sie eine Taste drücken, damit Sie genügend Zeit haben, eventuell auftretende Fehlermeldungen zu lesen.

2. Führen Sie die Batchdatei nun im Windows-Explorer durch einen Doppelklick auf die Datei aus, und Sie dürften Meldungen wie die in Abbildung 13.15 dargestellten erhalten.

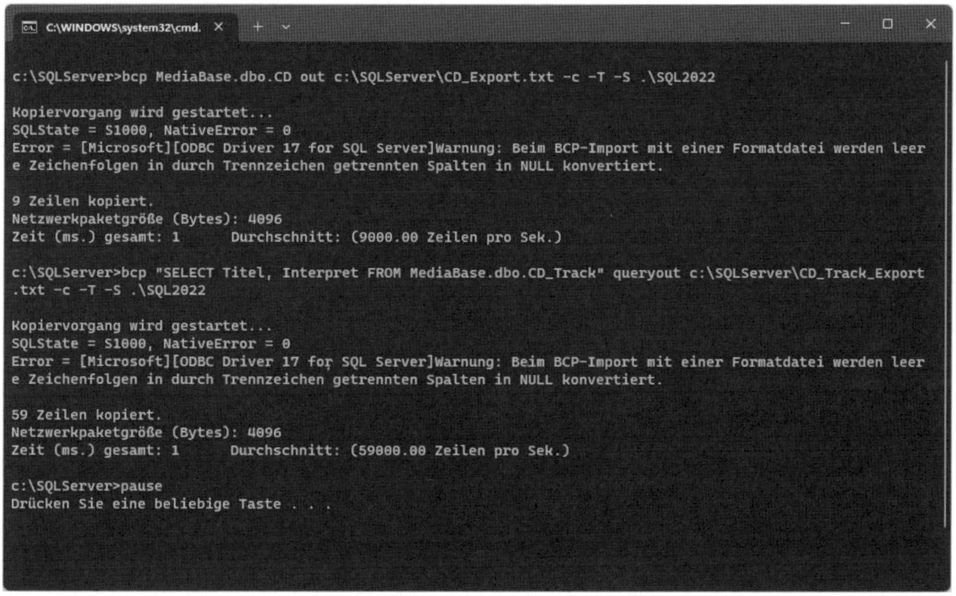

Abbildung 13.15: Ausgabe der Batchausführung

3. Drücken Sie – wie aufgefordert – eine beliebige Taste, damit sich das Kommandozeilenfenster wieder schließt. Im Ordner *C:\SQLServer* sollten nun die beiden Dateien *CD_Export.txt* und *CD_Track_Export.txt* zu sehen sein, die Sie durch einen Doppelklick öffnen können, um zu prüfen, ob die CD-Daten korrekt exportiert wurden. Dabei wird Ihnen auffallen, dass als Feldtrennzeichen ein Tabulatorzeichen verwendet wurde. Dafür zeichnet der Parameter `-c` verantwortlich, der – sofern nicht explizit andere Trennzeichen angegeben werden – als Feldtrennzeichen einen Tabulator und als Zeilentrennzeichen einen Zeilenumbruch vorsieht.

Formatdateien für BULK INSERT und BCP nutzen

Alternativ zu Feldtrennzeichen können für den Im- und Export von Daten mit `bcp` auch Formatdateien verwendet werden, in denen genau angegeben ist, welche Felder mit welchen Datentypen und Feldlängen zu verarbeiten sind. Als angenehmer Nebeneffekt lässt sich dadurch auch eine beliebige Reihenfolge der Felder vorgeben; Sie können sogar Felder weglassen, die nicht im- bzw. exportiert werden sollen.

Da die manuelle Erstellung einer solchen Formatdatei jedoch recht lästig sein kann, bietet `bcp` über das Schlüsselwort `format` (anstelle von `in`, `out` oder `queryout`) die Möglichkeit, eine Formatdatei auf Basis der angegebenen Tabelle zu erstellen.

So lässt sich mit der folgenden Anweisung eine Formatdatei für die Tabelle *dbo.CD* erzeugen:

```
bcp MediaBase.dbo.CD format nul -c -T -S .\SQL2022 -f c:\SQLServer\CD_Export.fmt
```

Die Formatdatei beinhaltet in der ersten Zeile die Versionsnummer des SQL Server. Danach folgt die Anzahl der Spalten. In den weiteren Zeilen steht jeweils eine laufende Nummer, der Datentyp (für die Datei, nicht der aus der Tabelle), die Größe in Zeichen, das Trennzeichen und die Bezeichnung der Spalte.

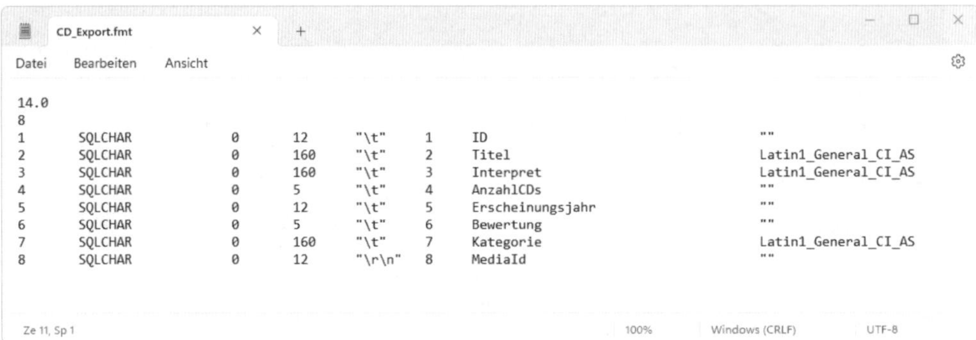

Abbildung 13.16: Formatdatei der Tabelle dbo.CD

Diese Formatdatei lässt sich dann später für einen Import mit `bcp` verwenden (wobei hier eine modifizierte Quelldatei genutzt wird, die als Trennzeichen keine Semikola, sondern Tabulatoren verwendet):

```
bcp MediaBase.dbo.CD in c:\SQLServer\CD_Import_Tab.txt -T -S .\SQL2022 -f
c:\SQLServer\CD_Export.fmt
```

Übungen zu diesem Kapitel

In diesem Abschnitt finden Sie einige Übungen, mit denen Sie das in diesem Kapitel Erlernte vertiefen können. Die richtigen Antworten und Lösungen finden Sie in *Anhang C* dieses Buchs.

Übung 13.1

Erstellen Sie eine differenzielle Sicherung der *MediaBase*-Datenbank, die den vorhandenen Mediensatz nutzt und die bestehenden Sicherungssätze beibehält. Lassen Sie dazu auch die SQL-Anweisung generieren.

Übung 13.2

Exportieren Sie die Tabellen *dbo.CD* und *dbo.CD_Track* mithilfe des Import/Export-Assistenten in eine Excel-Datei.

Zusammenfassung

In diesem Kapitel haben Sie verschiedene Varianten kennengelernt, eine Datenbank zu sichern – angefangen beim Kopieren von Datenbankdateien, die vorher entweder offline geschaltet oder vom SQL Server getrennt wurden, bis hin zum Sichern über die Backup-Funktionalität von SQL Server. Egal welche Variante Sie verwenden, es ist vor allem wichtig, dass Sie Ihre Datenbanken regelmäßig sichern.

Dazu wurden noch die verschiedenen Varianten zum Im- und Exportieren von Daten vorgestellt:

- der Import/Export-Assistent
- die `BULK INSERT`-Anweisung
- das Kommandozeilenprogramm `bcp`

Während sich der Import/Export-Assistent eher für einmalige Aktionen eignet, lassen sich sowohl mit `BULK INSERT` als auch über `bcp` entsprechende SQL-Skripte bzw. Batchdateien erstellen, die man später immer wieder ausführen kann.

Damit haben Sie nun die wichtigsten Grundlagen zum Thema Administration erfahren. Im folgenden Teil geht es weiter mit fortgeschrittenen Themen zur Datenbankentwicklung.

Teil V
Fortgeschrittene Datenbankentwicklung

In diesem Teil:

Kapitel 14	Komplexe Beziehungen mit Graphdatenbanken abbilden	337
Kapitel 15	Integration weiterer Programmiersprachen	353
Kapitel 16	SQL Server und .NET Framework	367

Kapitel 14

Komplexe Beziehungen mit Graphdatenbanken abbilden

In diesem Kapitel lernen Sie

- was Graphdatenbanken sind
- wie Sie mit SQL Server Graphdatenbanken verwenden können
- worin sich die Realisierung von Graphdatenbanken bei SQL Server von anderen Graphdatenbanken unterscheidet

Neben klassischen relationalen Datenbanken spielen mittlerweile auch sogenannte Graphdatenbanken (oder auch graphenorientierte Datenbanken) eine immer wichtigere Rolle. Diese nutzen Modelle der mathematischen Graphentheorie, um stark vernetzte Informationen darzustellen. Neben den eigentlichen Objekten, die hier Knoten (engl. *Node*) genannt werden, stehen hierbei vor allem die Verbindungen zwischen den Knoten, die sogenannten Kanten (engl. *Edge*), im Vordergrund. Dabei können diese – wie die Knoten selbst natürlich auch – zusätzliche Eigenschaften haben, die auch dazu genutzt werden können, eine Gewichtung der Kanten durchzuführen. Im Vergleich zu relationalen Datenbanken entsprechen die Knoten Tabellen (oder auch Entities), während Kanten den Fremdschlüsseln (den Beziehungen zwischen zwei Entities) entsprechen.

Bei SQL Server sind Graphdatenbanken nicht als separate Datenbank implementiert, sondern voll in die relationale Datenbank integriert, sodass Knoten und Kanten in derselben Datenbank wie relationale Tabellen angelegt werden. Dadurch ist es möglich, sowohl graphenorientierte als auch relationale Daten später gemeinsam abzufragen.

Knoten und Kanten anlegen

Um die Arbeitsweise der Graphdatenbank-Implementierung in SQL Server zu demonstrieren, ist es am einfachsten, dies direkt an einem Beispiel auszuprobieren.

Knoten anlegen

Beginnen wir dazu mit der Anlage von ein paar Knotentabellen:

1. Stellen Sie im SQL Server Management Studio eine Verbindung zur lokalen Serverinstanz *SQL2022* her.
2. Wenn Sie unterhalb der Datenbank *MediaBase* den Eintrag *Tabellen* öffnen, finden Sie darunter einen weiteren Unterpunkt mit der Bezeichnung *Graph-Tabellen*. Hier sind später alle Knoten und Kanten, die in der Datenbank angelegt wurden, aufgelistet.
3. Mit einem rechten Mausklick auf den Eintrag *Graph-Tabellen* können Sie die Option *Neue Knotentabelle* oder *Neue Edgetabelle* auswählen, und Sie erhalten im Abfragefenster ein SQL-Gerüst zur Erstellung einer solchen Tabelle. Da sich die Syntax aber nicht allzu sehr von der Erstellung relationaler Tabellen unterscheidet, können Sie die entsprechende SQL-Anweisung auch direkt eingeben.

> **Separates Datenbankschema für Graph-Tabellen nutzen**
>
> Auch wenn die Graph-Tabellen im Objekt-Explorer getrennt von den relationalen Tabellen aufgelistet sind, ist im SQL-Code später nicht so leicht ersichtlich, ob eine relationale oder eine Graph-Tabelle abgefragt wird. Daher empfiehlt es sich, für die Graph-Tabellen ein eigenes Datenbankschema zu verwenden, das der Einfachheit halber auch *Graph* genannt werden kann (sofern Sie nicht so viele Graph-Tabellen anlegen, dass es sinnvoll wird, diese wiederum auf mehrere Datenbankschemas aufzuteilen).

```
CREATE SCHEMA Graph
GO
```

4. Mit den folgenden Anweisungen legen Sie drei Knotentabellen an, um darin Personen, Filme und CDs zu speichern:

```
CREATE TABLE Graph.Person
(
    ID int IDENTITY(1,1) NOT NULL,
    Nachname nvarchar(80) NULL,
    Vorname nvarchar(80) NULL
    PRIMARY KEY CLUSTERED (ID ASC)
)
AS NODE ON [PRIMARY]

CREATE TABLE Graph.Film
(
    ID int IDENTITY(1,1) NOT NULL,
    Titel nvarchar(80) NULL,
    Originaltitel nvarchar(80) NULL,
    Jahr int NULL,
    Kategorie nvarchar(80) NULL
```

```
    PRIMARY KEY CLUSTERED (ID ASC)
)
AS NODE ON [PRIMARY]

CREATE TABLE Graph.CD
(
    ID int IDENTITY(1,1) NOT NULL,
    Titel nvarchar(80) NULL,
    Jahr int NULL,
    Kategorie nvarchar(80) NULL
    PRIMARY KEY CLUSTERED (ID ASC)
)
AS NODE ON [PRIMARY]

GO
```

5. Die Syntax sowie die dabei verwendeten Datentypen dürften Ihnen bereits bekannt vorkommen. Lediglich der Zusatz `AS NODE` sorgt dafür, dass die Tabellen nicht als relationale Tabellen, sondern als Knoten angelegt werden.
6. Nachdem Sie die Anweisungen ausgeführt haben, aktualisieren Sie im Objekt-Explorer die Anzeige der Graph-Tabellen, und Sie werden dort die drei neuen Tabellen finden. Wenn Sie nun bei der Tabelle *Graph.Person* die Unterpunkte *Spalten*, *Schlüssel* und *Indizes* aufklappen, fallen ein paar Besonderheiten ins Auge:

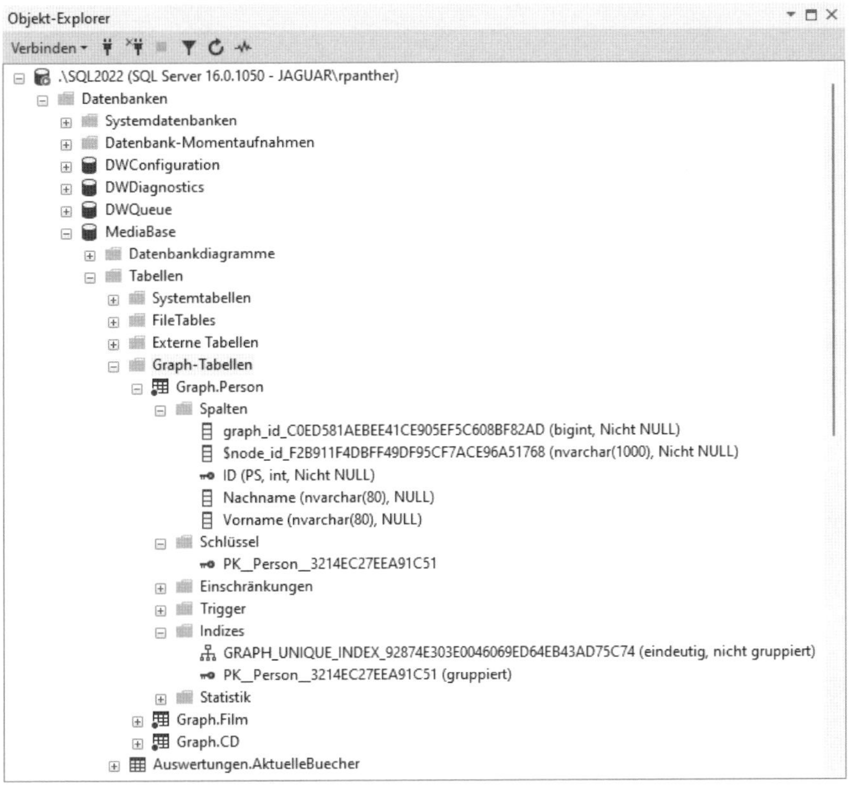

Abbildung 14.1: Die neu angelegten Knotentabellen im Objekt-Explorer

7. Sowohl unter *Schlüssel* als auch unter *Indizes* taucht der im Skript definierte Primärschlüssel auf. Das ist so weit das, was Sie gewohnt sind, allerdings erscheinen unter *Spalten* zwei zusätzliche Spalten, die mit *graph_id_* und *$node_id_* beginnen und automatisch angelegt wurden. Die erste ist für Abfragen nicht sichtbar und speichert lediglich eine interne ID für den Knoten innerhalb des Graphen. Für diese Spalte wurde außerdem automatisch ein *UNIQUE INDEX* definiert. Die zweite Spalte speichert eine interne ID für den jeweiligen Knoten im JSON-Format, aus dem neben der ID des Datensatzes auch der Typ der Graph-Tabelle (*Node* oder *Edge*) sowie der Name des Knotens (in diesem Fall *Graph.Person*) hervorgehen.

Kanten anlegen

Jetzt, da drei Knotentabellen existieren, fehlen noch die entsprechenden Kanten, mit denen die Knoten später verbunden werden können:

1. Führen Sie die folgenden Anweisungen auf der Datenbank *MediaBase* aus, um zwei Kantentabellen anzulegen:

```
CREATE TABLE Graph.Mag
AS EDGE ON [PRIMARY]

CREATE TABLE Graph.IstBeteiligtAn
(
    Funktion nvarchar(80) NOT NULL
)
AS EDGE ON [PRIMARY]

GO
```

2. Auch hier unterscheidet sich die Syntax vor allem durch den Zusatz `AS EDGE` von der gewohnten zur Anlage einer relationalen Tabelle. Allerdings fällt auf, dass die Kantentabelle *Graph.Mag* keine explizit angelegten Spalten besitzt. Das ist auch nicht notwendig, da bei der Anlage von Kantentabellen ebenfalls implizit ein paar technische Spalten angelegt werden, wie sich leicht nachprüfen lässt, wenn Sie im Objekt-Explorer die Spalten der Tabelle anzeigen.
3. Hier sind nun insgesamt acht technische Spalten zu sehen, die automatisch angelegt wurden. Auch hier sind die Spalten, deren Bezeichner nicht mit einem $-Zeichen beginnen, von T-SQL aus nicht sichtbar, sodass ich diese hier bewusst vernachlässige. Übrig bleiben drei Spalten, die allesamt den Typ *nnvarchar(1000)* haben und Daten im JSON-Format enthalten:
   - *$edge_id_...* – Das Gegenstück zur Spalte *$node_id_* speichert den Typ der Graph-Tabelle (*Edge*) sowie die ID und den Namen der Kante (in diesem Fall *Graph.Mag*).
   - *$from_id_...* – Speichert den Typ (*Node*) der Graph-Tabelle sowie die ID und den Namen des Knotens, von dem verwiesen wird (ähnlich der ersten Foreign-Key-Spalte einer m:n-Hilfstabelle, nur mit dem Unterschied, dass hier die Quelltabelle variabel ist, also für jeden Datensatz unterschiedlich sein kann).
   - *$to_id_...* – Speichert den Typ (*Node*) der Graph-Tabelle sowie die ID und den Namen des Knotens, auf den verwiesen wird (ähnlich der zweiten Foreign-Key-Spalte einer m:n-Hilfstabelle, nur mit dem Unterschied, dass hier die Zieltabelle variabel ist).

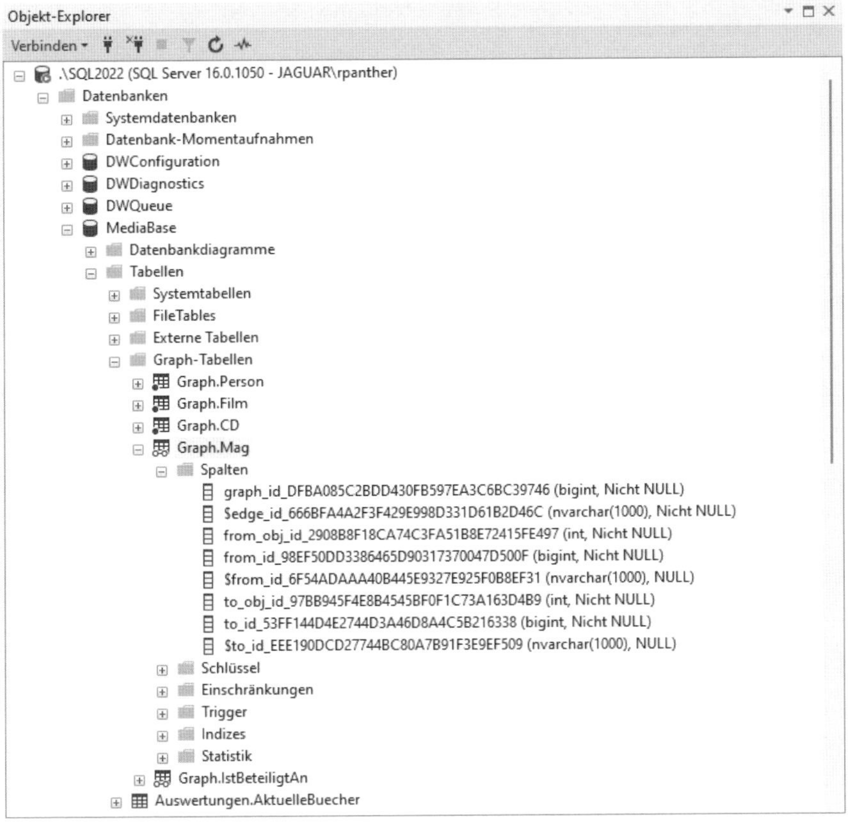

Abbildung 14.2: Die neu angelegten Kantentabellen im Objekt-Explorer

4. Die Spalten der zweiten Kantentabelle (*Graph.IstBeteiligtAn*) sehen ähnlich aus, nur dass hier zusätzlich noch die explizit angelegt Spalte *Funktion* enthalten ist.
5. Da die automatisch angelegten Spalten *$from_id_...* und *$to_id_...* quasi als Fremdschlüssel agieren, bietet es sich an, hierfür auch entsprechende Indizes anzulegen. Dabei ist es hilfreich, zu wissen, dass die Spalten in T-SQL auch ohne den kryptischen hinteren Teil des Bezeichners verwendet werden können.
6. Wir verwenden im Folgenden daher die verkürzte Schreibweise, um die technischen Spalten anzusprechen, und erzeugen für beide Kanten jeweils einen kombinierten Index auf die Spalten *$from_id* und *$to_id*:

```
CREATE UNIQUE NONCLUSTERED INDEX IX_Mag ON Graph.Mag ($from_id, $to_id);
GO

CREATE UNIQUE NONCLUSTERED INDEX IX_IstBeteiligtAn ON Graph.IstBeteiligtAn ($from_id,
$to_id);
GO
```

Nun, da die Tabellen für Knoten und Kanten angelegt sind, liegt der nächste logische Schritt darin, diese mit Daten zu füllen.

Bezeichner von automatisch generierten technischen Spalten

SQL Server generiert bei Graph-Tabellen (sowohl Knoten als auch Kanten) stets eine Reihe von technischen Spalten, die allesamt einen sehr langen Spaltennamen erhalten, der sich aus zwei Bestandteilen zusammensetzt. Der erste Teil ist der eigentliche Name der technischen Spalte (z. B. *$edge_id*), der auch alleine genutzt werden kann, um die Spalte von SQL aus anzusprechen. Dahinter folgt – durch einen Unterstrich getrennt – eine 32-stellige hexadezimale Zahl, die jeweils beim Erstellen der Tabelle automatisch generiert wird. Wenn Sie sich die Mühe machen wollen, können Sie in SQL-Abfragen auch den kompletten Bezeichner angeben. Jedoch bringt das – neben der unnötigen Tipparbeit – den unangenehmen Nebeneffekt mit sich, dass das Skript dann auch nur auf genau dieser Datenbank funktioniert, da der hintere Teil des Bezeichners auf anderen Datenbanken wieder anders generiert wurde (selbst wenn diese mit denselben SQL-Anweisungen angelegt wurden).

Daten in eine Graphdatenbank einfügen

Da die Kanten die Verbindungen zwischen den Knoten darstellen, müssen zuerst die Knoten und anschließend die Kanten (die auf die Knoten verweisen) in der Datenbank eingefügt werden.

Knoten einfügen

Das Einfügen von Daten in eine Knotentabelle unterscheidet sich im Prinzip nicht vom Einfügen von Daten in relationale Tabellen.

1. Führen Sie die folgenden Anweisungen auf der Datenbank *MediaBase* aus, um ein paar Beispieldaten in die drei Knotentabellen einzufügen:

```
INSERT INTO Graph.Person (Nachname, Vorname)
VALUES ('Panther', 'Robert'),
    ('Duckless', 'Cork'),
    ('Duckless', 'Maik'),
    ('Cupper', 'Jerry'),
    ('Lori', 'Huck');

INSERT INTO Graph.Film (Titel, Originaltitel, Jahr, Kategorie)
VALUES
    ('Dr. Hausboot', 'Dr. Houseboat', 2004, 'Drama'),
    ('11:45 Mittags', 'Almost high noon', 1952, 'Western'),
    ('Getting Up', 'Getting Up', 1993, 'Drama');

INSERT INTO Graph.CD (Titel, Jahr, Kategorie)
VALUES ('Let Me Sing', 2011, 'Jazz');

GO
```

Kanten einfügen

Etwas komplizierter wird es beim Einfügen von neuen Kanten. Da hier vor allem die JSON-Spalten `$from_id` und `$to_id` zu füllen sind, müssen die entsprechenden Inhalte (sofern Sie den JSON-Code nicht manuell schreiben möchten) mit einer Unterabfrage aus den zu verknüpfenden Knotentabellen abgefragt werden.

1. Führen Sie die folgenden Anweisungen auf der Datenbank *MediaBase* aus, um eine Kante in der Tabelle *Graph.Mag* anzulegen, die von einer *Person* mit Nachnamen *Panther* auf einen Film mit dem Titel *11:45 Mittags* verweist:

```
INSERT INTO Graph.Mag($from_id, $to_id)
VALUES (
    (SELECT $node_id FROM Graph.Person WHERE Nachname = 'Panther'),
    (SELECT $node_id FROM Graph.Film WHERE Titel = '11:45 Mittags')
);
```

2. Dabei extrahieren die beiden Unterabfragen die jeweilige *$node_id* aus den zu verknüpfenden Knotentabellen, die dann in der Kantentabelle als *$from_id* und *$to_id* verwendet werden. Da in der *$node_id* ja auch der Name der jeweiligen Knotentabelle enthalten ist, landet damit diese Information ebenfalls in jedem Datensatz der Kantentabelle.
3. Legen Sie mit den folgenden Anweisungen weitere Beispieldaten an:

```
INSERT INTO Graph.Mag($from_id, $to_id)
VALUES (
    (SELECT $node_id FROM Graph.Person WHERE Nachname = 'Panther'),
    (SELECT $node_id FROM Graph.Person WHERE Nachname = 'Cupper')
);

INSERT INTO Graph.Mag($from_id, $to_id)
VALUES (
    (SELECT $node_id FROM Graph.Person WHERE Nachname = 'Cupper'),
    (SELECT $node_id FROM Graph.Person WHERE Nachname = 'Lori')
);

INSERT INTO Graph.IstBeteiligtAn($from_id, $to_id, Funktion)
VALUES (
    (SELECT $node_id FROM Graph.Person WHERE Nachname = 'Cupper'),
    (SELECT $node_id FROM Graph.Film WHERE Titel = '11:45 Mittags'),
'Schauspieler'
);

INSERT INTO Graph.IstBeteiligtAn($from_id, $to_id, Funktion)
VALUES (
    (SELECT $node_id FROM Graph.Person WHERE Nachname = 'Lori'),
    (SELECT $node_id FROM Graph.Film WHERE Titel = 'Dr. Hausboot'),
'Schauspieler'
);

INSERT INTO Graph.IstBeteiligtAn($from_id, $to_id, Funktion)
VALUES (
    (SELECT $node_id FROM Graph.Person WHERE Nachname = 'Lori'),
    (SELECT $node_id FROM Graph.CD WHERE Titel = 'Let Me Sing'),
'Interpret'
);

INSERT INTO Graph.IstBeteiligtAn($from_id, $to_id, Funktion)
VALUES (
     (SELECT $node_id FROM Graph.Person WHERE Vorname = 'Cork'),
    (SELECT $node_id FROM Graph.Person WHERE Vorname = 'Maik'),
'Vater'
);
```

```
INSERT INTO Graph.IstBeteiligtAn($from_id, $to_id, Funktion)
VALUES (
    (SELECT $node_id FROM Graph.Person WHERE Vorname = 'Maik'),
    (SELECT $node_id FROM Graph.Film WHERE Titel = 'Getting Up'),
'Schauspieler'
);
```

4. Während in der Kante *Graph.Mag* lediglich abgelegt wird, welche Person eine CD oder einen Film mag, werden in der Kante *Graph.IstBeteiligtAn* Datensätze angelegt, die nicht nur die Beziehung zwischen zwei Knoten herstellen, sondern diese auch noch mit einer Zusatzinformation – der *Funktion* – versehen. Somit können hier sehr heterogene Daten abgelegt werden, die besagen, dass eine Person der Vater einer anderen ist, aber auch, dass eine Person in einem Film mitgespielt oder eine CD aufgenommen hat.

Jetzt, da sowohl Knoten als auch Kanten angelegt sind, kann man darangehen, diese auch per SQL abzufragen.

Daten einer Graphdatenbank abfragen

Um einen Blick in den aktuellen Inhalt der Graph-Tabellen zu werfen, gehen Sie wie folgt vor:

1. Führen Sie die folgenden Anweisungen auf der Datenbank *MediaBase* aus, um den Inhalt der Knotentabellen anzuzeigen:

```
SELECT * FROM Graph.Person
```

```
SELECT * FROM Graph.Film
```

```
SELECT * FROM Graph.CD
```

2. Es werden die jeweils von Ihnen definierten Spalten mit ihren Inhalten ausgegeben. Zusätzlich erscheint als erste Spalte die technische Spalte *$node_id* mit der kompletten (aus Typ, Schema, Tabelle und ID zusammengesetzten) Node-ID im JSON-Format.

Unterschiedliche Zählweisen der ID-Werte

Beachten Sie, dass die IDs in der *$node_id*-Spalte immer bei 0 beginnen, während bei Spalten mit `IDENTITY`-Eigenschaft üblicherweise bei 1 begonnen wird (auch wenn Startwert und Schrittweite einer Identitätsspezifikation frei definierbar sind).

3. Fragen Sie nun die Inhalte der Kantentabellen ab:

```
SELECT * FROM Graph.Mag
SELECT * FROM Graph.IstBeteiligtAn
```

4. Beim Ergebnis dieser Abfrage dominieren die technischen Spalten. Nach der *$edge_id* mit der kompletten (aus Typ, Schema, Tabelle und ID zusammengesetzten) Edge-ID im JSON-Format folgen dann zwei Knotenspalten *$from_id* und *$to_id*, die Typ, Schema, Tabelle und ID der zu verknüpfenden Zeilen definieren. Bei der zweiten Abfrage sind dazu noch die Inhalte der zusätzlich definierten Spalte *Funktion* aufgelistet.

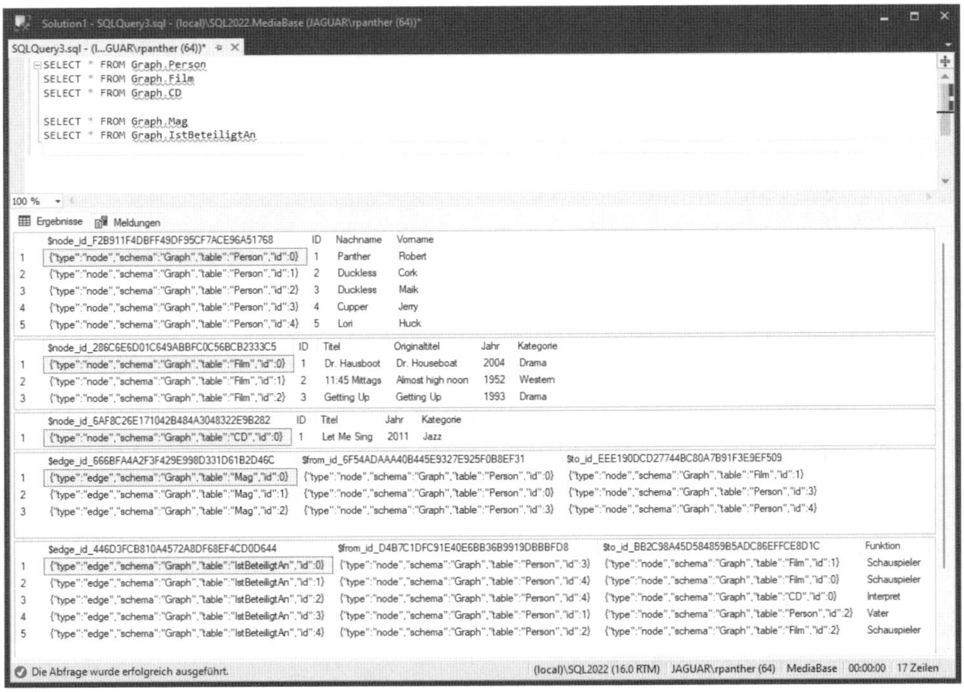

Abbildung 14.3: Die Abfrage der gespeicherten Knoten und Kanten

Für etwas kompliziertere Abfragen lassen sich Daten einer Knoten- oder Kantentabelle mit den gewohnten Mitteln filtern oder auch mit anderen (selbst relationalen) Tabellen verknüpfen. Die folgende Abfrage verbindet beispielsweise die Knotentabelle *Graph.Person* mit der relationalen Tabelle *dbo.Buch*, um alle gespeicherten Personen mit deren Büchern anzuzeigen:

```
SELECT p.* , b.Titel
FROM Graph.Person p
INNER JOIN dbo.Buch b ON b.Autor = p.Vorname + ' ' + p.Nachname
```

Da der Name das einzige Verbindungsglied zwischen beiden Tabellen ist, dieser aber in der einen Tabelle in Vor- und Nachname aufgeteilt und in der anderen an einem Stück gespeichert ist, muss er in der `JOIN`-Bedingung noch zusammengesetzt werden.

Um jedoch Knoten und Kanten effektiv gemeinsam abzufragen, gibt es den neuen `MATCH`-Operator, der in der `WHERE`-Klausel angewendet wird und die hier aufgezeigte Grundstruktur nutzt:

```
MATCH (Knoten1-(Kante)->Knoten2)
```

Je nach Richtung der Kante kann der Pfeil auch von *Knoten2* über die Kante auf *Knoten1* verweisen:

```
MATCH (Knoten1<-(Kante)-Knoten2)
```

Die in einer solchen Abfrage verwendeten Knoten- und Kantentabellen werden in der `FROM`-Klausel lediglich kommagetrennt aufgelistet. Somit kann mit der folgenden Abfrage ermittelt werden, wer welche Filme mag:

```
SELECT Person.Vorname, Person.Nachname, Film.Titel, Film.Kategorie
FROM Graph.Person, Graph.Mag, Graph.Film
WHERE MATCH (Person-(Mag)->Film)
```

Die folgenden Abfragebeispiele zeigen, dass eine Kante (in diesem Fall *Graph.IstBeteiligtAn*) auch Knoten aus verschiedenen Tabellen miteinander verbinden kann:

```
-- Wer war an welchem Film beteiligt?
SELECT Person.Vorname, Person.Nachname, Funktion, Film.Titel, Film.Kategorie
FROM Graph.Person, Graph.IstBeteiligtAn, Graph.Film
WHERE MATCH (Person-(IstBeteiligtAn)->Film)
-- Wer war an welcher CD beteiligt?
SELECT Person.Vorname, Person.Nachname, Funktion, CD.Titel, CD.Kategorie
FROM Graph.Person, Graph.IstBeteiligtAn, Graph.CD
WHERE MATCH (Person-(IstBeteiligtAn)->CD)
-- Wer war an welcher Person beteiligt?
SELECT p1.Nachname, p1.Vorname, Funktion, p2.Nachname, p2.Vorname
FROM Graph.Person p1, Graph.IstBeteiligtAn, Graph.Person p2
WHERE MATCH (p1-(IstBeteiligtAn)->p2)
```

Die Kante verbindet hier also Personen mit Filmen, CDs oder gar anderen Personen.

Als Parameter der `MATCH`-Funktion können auch längere Ketten aus Knoten und Kanten übergeben werden:

```
-- In welchem Film waren Personen beteiligt, deren Vater Cork Duckless ist?
SELECT p2.Nachname, p2.Vorname, b2.Funktion, Film.Titel, Film.Jahr
FROM Graph.Person p1, Graph.IstBeteiligtAn b1, Graph.Person p2, Graph.IstBeteiligtAn b2,
Graph.Film
WHERE MATCH (p1-(b1)->p2-(b2)->Film)
    AND p1.Vorname = 'Cork' AND p1.Nachname = 'Duckless'
    AND b1.Funktion = 'Vater'
-- Wer mag wen?
SELECT p1.Nachname, p1.Vorname, p2.Nachname, p2.Vorname
FROM Graph.Person p1, Graph.Mag m, Graph.Person p2
WHERE MATCH (p1-(m)->p2)


SELECT p1.Nachname, p1.Vorname, p2.Nachname, p2.Vorname, p3.Nachname, p3.Vorname
FROM Graph.Person p1, Graph.Mag m1, Graph.Person p2, Graph.Mag m2, Graph.Person p3
WHERE MATCH (p1-(m1)->p2-(m2)->p3)
```

Das Beispiel zeigt, dass zwar auch mehrstufige Ketten möglich sind, die Anzahl der Schritte mit dieser Syntax jedoch fest vorgegeben werden muss. Seit SQL Server 2019 gibt es aber auch eine Möglichkeit, über eine neue Variante der `MATCH`-Funktion den kürzesten Weg in einer beliebig langen Kette zu finden:

```
SELECT p1.Nachname,
    STRING_AGG(p2.Nachname, '->') WITHIN GROUP (GRAPH PATH) AS Freunde,
    LAST_VALUE(p2.Nachname) WITHIN GROUP (GRAPH PATH) AS Nachname2,
    COUNT(p2.Nachname) WITHIN GROUP (GRAPH PATH) AS Schritte
FROM Graph.Person p1,
    Graph.Mag FOR PATH m,
    Graph.Person FOR PATH p2
WHERE MATCH(SHORTEST_PATH(p1(-(m)->p2)+))
```

Dafür wird das Codefragment `-(m)->p2` in Klammern gesetzt und durch ein nachfolgendes Pluszeichen definiert, dass dieses Fragment auch mehrmals hintereinander vorkommen kann. Durch die Funktion `SHORTEST_PATH` wird dann für jede Kombination von `p1` und `p2`, die direkt oder indirekt miteinander verbunden sind, die jeweils kürzeste Kette (der kürzeste Pfad) gefunden. Damit das möglich ist, benötigen die Tabellenverweise für die eventuell mehrfach vorkommenden Knoten und Kanten noch den Zusatz `FOR PATH`. Auch die Spaltenauflistung muss etwas umgestellt werden, da `p2` und `m` mehrfach vorkommen können. So werden über die Funktion `STRING_AGG` die Nachnamen für jeden Schritt in der Kette hintereinander gehängt. Mit der `LAST_VALUE`-Funktion wird explizit der Nachname des Endes der Kette ausgewählt, und die `COUNT`-Funktion wird verwendet, um die Anzahl der Schritte von `p1` bis zum letzten Element der Kette zu zählen (bei einer direkten Verbindung also 1, ansonsten entsprechend mehr). Alle drei Funktionsaufrufe bekommen noch den Zusatz `WITHIN GROUP (GRAPH PATH)`, da sich die jeweilige Funktion ja immer nur auf den Pfad, der von einer Person `p1` ausgeht, beziehen soll.

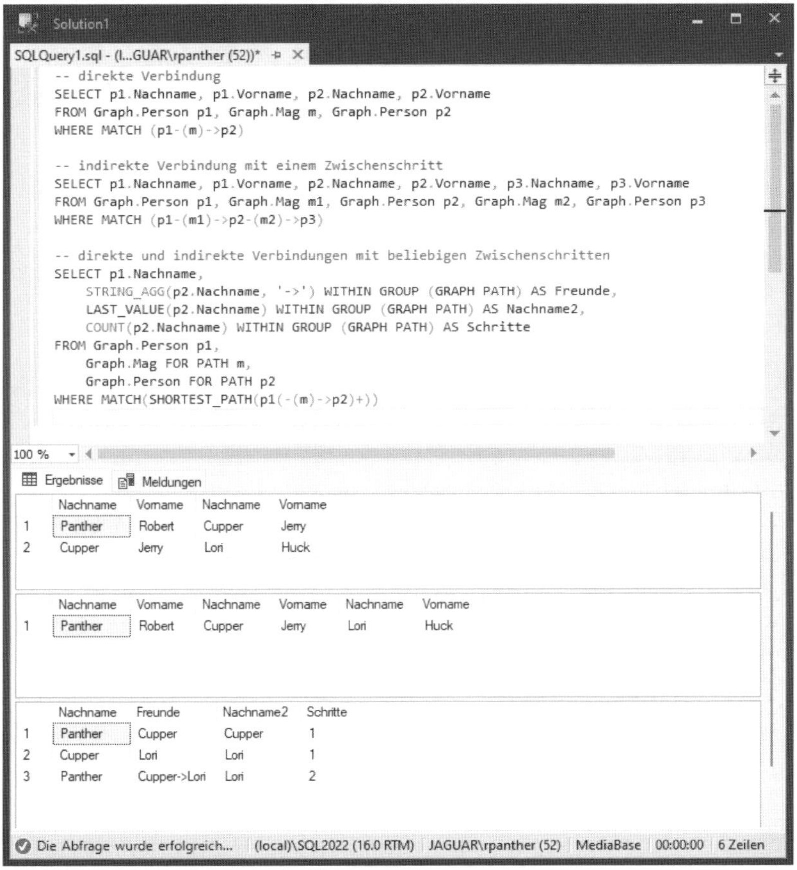

Abbildung 14.4: Abfrage von direkten und indirekten Verbindungen

Genau hier zeigt sich einer der wesentlichen Vorteile der Graphdatenbank. Während die Varianten mit fest definierter Schrittanzahl auch mit normalen relationalen Tabellen problemlos implementierbar sind, ist die Variante, die den kürzestmöglichen Pfad bei einer variablen Anzahl von Zwischenschritten sucht, nicht so einfach mit dem relationalen Modell abbildbar.

Dafür sind andere Abfragen, die mit relationalen Tabellen einfach umzusetzen sind, bei einer Graphdatenbank schwieriger umzusetzen. Das ist beispielsweise dann der Fall, wenn nur ein Knoten und eine Kante abgefragt werden sollen, da die `MATCH`-Funktion mindestens zwei Knoten und eine Kante erwartet. Diese Form der Abfrage funktioniert also nicht:

```
-- Was und wen mag jemand?
SELECT p1.Nachname, p1.Vorname
FROM Graph.Person p1, Graph.Mag m
WHERE MATCH (p1-(m))
```

Stattdessen muss man zur Lösung dieses Problems Knoten und Kante mit einem normalen `JOIN` von der *$from_id* der Kante auf die *$node_id* des Knotens verbinden. Glücklicherweise können Sie dabei die verkürzte Schreibweise nutzen, die den automatisch generierten kryptischen Teil in den Bezeichnungen der technischen Spalten weglässt (zumal diese in jeder Datenbank anders aussehen, da sie bei der Anlage des Objekts mit zufälligen Inhalten erzeugt werden). Um auch Name und ID des jeweiligen Zielknotens, auf den die Kante verweist, ausgeben zu können, kann man diese mit der `JSON_VALUE`-Funktion aus der *$to_id*-Spalte extrahieren:

```
SELECT p.Nachname, p.Vorname, m.$to_id,
JSON_VALUE(m.$to_id,'$.table') AS Tabelle,
JSON_VALUE(m.$to_id,'$.id') AS Id
FROM Graph.Person p
INNER JOIN Graph.Mag m ON m.$from_id=p.$node_id
```

Es geht jedoch auch noch etwas eleganter, wenn man dazu die neuen Funktionen `OBJECT_ID_FROM_NODE_ID` und `GRAPH_ID_FROM_NODE_ID` nutzt. Erstere gibt zwar nur die ID eines Datenbankobjekts zurück, die sich aber mithilfe der `OBJECT_NAME`-Funktion auch in den besser lesbaren Bezeichner umwandeln lässt:

```
SELECT p.Nachname, p.Vorname, m.$to_id,
OBJECT_NAME(OBJECT_ID_FROM_NODE_ID(m.$to_id)) AS Tabelle,
GRAPH_ID_FROM_NODE_ID(m.$to_id) AS Id
FROM Graph.Person p
INNER JOIN Graph.Mag m ON m.$from_id=p.$node_id
```

Das Ergebnis ist dasselbe wie bei der vorigen Variante, jedoch ist der Abfragetext selbst so noch etwas besser verständlich.

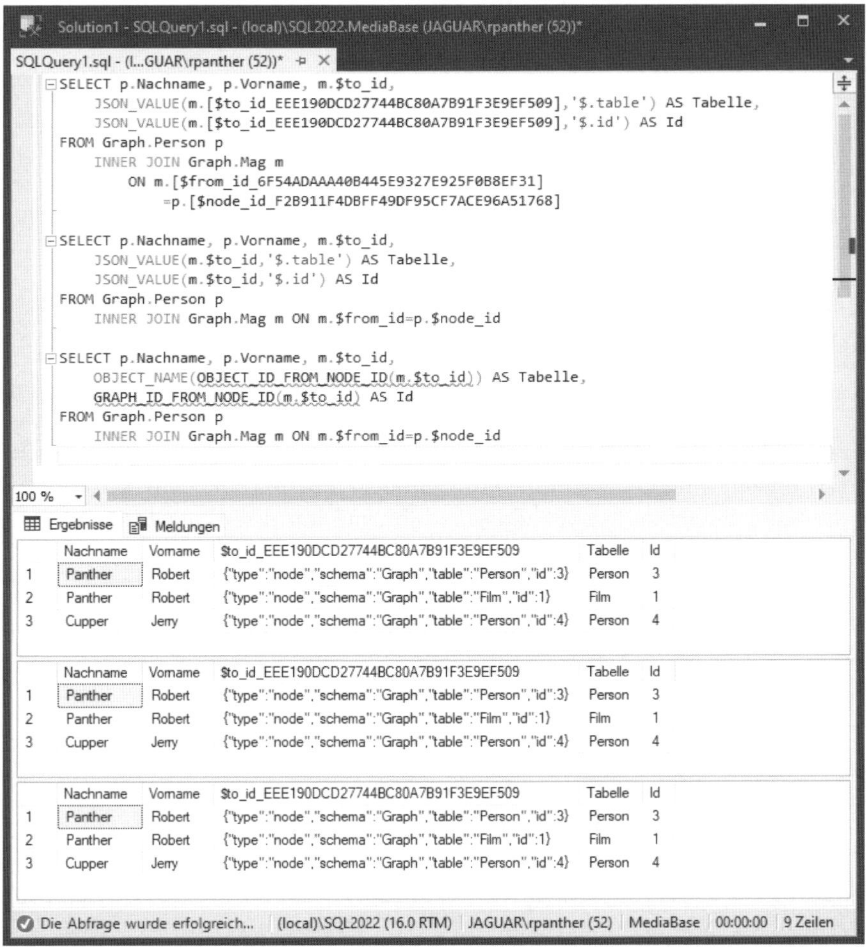

Abbildung 14.5: Drei Abfragevarianten mit demselben Ergebnis

Nachdem Ihnen die wichtigsten Methoden zum Einfügen und Abfragen der Daten in Knoten- und Kantentabelle nun bekannt sind, wollen wir beginnen, bestehende Daten zu ändern und zu löschen.

Daten einer Graphdatenbank ändern

Das Ändern von Inhalten einer Knotentabelle ist in den meisten Fällen genauso einfach, wie Sie es von relationalen Tabellen bereits gewohnt sind:

```
UPDATE Graph.Film
SET Kategorie = 'Thriller'
WHERE Titel = 'Getting Up'
```

Auch bei Kantentabellen sieht eine Datenänderung wie gewohnt aus.

```
UPDATE Graph.IstBeteiligtAn
SET Funktion = 'Erzeuger'
WHERE Funktion = 'Vater'
```

Wenn man als Bedingung für die Auswahl der zu ändernden Zeilen auf keine zusätzliche Spalte zugreifen kann, müssen wiederum entsprechende Funktionen (bei diesem Beispiel `GRAPH_ID_FROM_EDGE_ID`) genutzt werden, um die richtigen Zeilen durch Extraktion von einzelnen Inhalten aus den technischen Spalten zu ermitteln.

```
UPDATE Graph.IstBeteiligtAn
SET Funktion = 'Erzeuger'
WHERE GRAPH_ID_FROM_EDGE_ID($edge_id) = 3
```

Problematischer wird es dagegen, wenn die Inhalte der technischen Spalten selbst geändert werden sollen, was speziell bei Kanten sinnvoll sein kann, um den Verweis auf einen anderen Knoten umzulenken. Um es kurz zu machen: Dies ist auf direktem Weg nicht möglich! Damit bleibt als einzige Möglichkeit, um dies dennoch umzusetzen, den betreffenden Knoten oder die Kante zuerst zu löschen und anschließend mit den aktualisierten Inhalten neu anzulegen.

Kommen wir schließlich zum Löschen von Knoten und Kanten. Das wiederum ist genauso einfach wie bei relationalen Tabellen, sofern Sie eine selbst definierte Spalte für das Auswahlkriterium in der `WHERE`-Klausel nutzen können.

```
DELETE
FROM Graph.Person
WHERE ID=3
```

```
DELETE
FROM Graph.IstBeteiligtAn
WHERE Funktion='Erzeuger'
```

Lediglich dann, wenn die Inhalte aus den technischen Spalten für die Auswahlkriterien genutzt werden sollen, ist wieder eine Verwendung der entsprechenden Funktionen erforderlich, um einzelne Eigenschaften aus den technischen Spalten zu extrahieren:

```
DELETE
FROM Graph.IstBeteiligtAn
WHERE GRAPH_ID_FROM_EDGE_ID($edge_id) = 3
```

Alternativ dazu kann man natürlich auch die komplette `$edge_id` in der `WHERE`-Klausel angeben:

```
DELETE
FROM Graph.IstBeteiligtAn
WHERE $edge_id=
    '{"type":"edge","schema":"Graph","table":"IstBeteiligtAn","id":3}'
```

Übungen zu diesem Kapitel

In diesem Abschnitt finden Sie einige Übungen, mit denen Sie das in diesem Kapitel Erlernte vertiefen können. Die richtigen Antworten und Lösungen finden Sie in *Anhang C* dieses Buchs.

Übung 14.1

Legen Sie eine Knotentabelle zum Speichern von Büchern an, die die Spalten *ID*, *ISBN10*, *ISBN13*, *Titel* und *Verlag* beinhaltet. Dabei verwenden Sie die gleichen Datentypen wie bei der bereits existierenden relationalen Tabelle.

Übung 14.2

Fügen Sie die Bücher aus der relationalen Tabelle *dbo.Buch* in die neu erstellte Graph-Tabelle *Graph.Buch* ein.

Übung 14.3

Erzeugen Sie nun einen neuen Eintrag in der Kantentabelle *Graph.IstBeteiligtAn*, die einem Buch einen Autor aus der Tabelle *Graph.Person* zuordnet.

Übung 14.4

Erstellen Sie eine Abfrage, die den in der letzten Übung verwendeten Autor mit all seinen Büchern aus der Graphdatenbank auswählt.

Zusammenfassung

In diesem Kapitel haben Sie gelernt, was es mit Graphdatenbanken auf sich hat und welche Möglichkeiten SQL Server bietet, Knoten und Kanten anzulegen, um anschließend mit ihnen zu arbeiten. Mit dieser Technologie wird es einfach, durch komplexe Beziehungen (hierarchisch oder auch many-to-many) zwischen Objekten aus verschiedenen Tabellen zu navigieren.

Dabei sind die Graphdatenbanken hervorragend in SQL Server integriert, da sie sich in einer normalen relationalen Datenbank anlegen und auch mit deren Tabellen kombiniert in einer T-SQL-Anweisung abfragen lassen.

Fehlten in der ersten Implementierung (mit SQL Server 2017) noch einige wesentliche Features, die man bei typischen Graphdatenbanken erwartet, so ist es mit der aktuellen Version von SQL Server möglich, Graphen zu traversieren, also alle direkten und indirekten Nachbarn eines Knotens abzufragen. Dadurch kann auch der kürzeste Pfad zwischen zwei Knoten eines Graphen leicht ermittelt werden.

Nach wie vor gibt es bei der Verwendung von Graphdatenbanken mit SQL Server jedoch ein paar Einschränkungen zu beachten:

- Keine Unterstützung von datenbankübergreifenden Abfragen.
- Knoten und Kanten können nicht in Tabellenvariablen genutzt werden. (Die Verwendung in temporären Tabellen ist jedoch mittlerweile möglich!)
- Im rekursiven Teil einer Common Table Expression kann die `MATCH`-Funktion nicht verwendet werden.

Die aktuelle Version zeigt jedoch, dass bereits einige der ursprünglich existierenden Einschränkungen inzwischen nicht mehr bestehen, sodass in den kommenden Versionen noch weitere Verbesserungen zu erwarten sind.

Kapitel 15
Integration weiterer Programmiersprachen

In diesem Kapitel lernen Sie

- wie Sie die SQL Server für die Nutzung von externen Skripten konfigurieren
- die Einbindung von Skripten in R oder Python in SQL Server

Bereits mit SQL Server 2016 wurde die Möglichkeit eingeführt, über die gespeicherte Systemprozedur `sp_execute_external_script` Skripte auszuführen, deren Code nicht aus Transact-SQL-Anweisungen, sondern einer anderen Sprache bestand. Da zu diesem Zeitpunkt nur die Programmiersprache R unterstützt wurde, nannte sich der entsprechende Dienst SQL Server 2016 R Services. Mit SQL Server 2017 kam noch die Unterstützung von Python hinzu, sodass der Dienst in *SQL Server 2017 Machine Learning Services* umbenannt wurde (zumal sowohl R als auch Python bewährte Sprachen im Bereich Machine Learning sind). Seit SQL Server 2019 ist auch die Integration von Java möglich, wobei die Nutzung hier etwas umständlicher ist als bei R und Python, da die Java-Klassen vorher erst kompiliert werden müssen[1]. Natürlich kann dieses Kapitel keine umfassende Einführung in die Thematik Machine Learning sein, dafür gibt es genügend andere Bücher, die sich ausschließ-

1 Um dieses Kapitel nicht zu umfangreich werden zu lassen, wurde daher bewusst auf eine detaillierte Betrachtung der Erstellung und Einbindung Java-Klassen verzichtet.

lich mit diesem Thema befassen. Stattdessen wird hier in kompakter Form gezeigt, wie Skripte in R oder Python in SQL eingebunden und auf dem SQL Server ausgeführt werden können.

Vorbereitung

Um die Machine Learning Services nutzen zu können, müssen diese natürlich installiert sein. Wenn Sie der Beschreibung in *Kapitel 3* im Abschnitt *»Installation«* auf Seite 43, gefolgt sind, ist dies der Fall. Falls nicht, müssen Sie das *SQL Server-Installationscenter* noch einmal starten und die Komponenten Machine Learning Services (In-Database) nachinstallieren. Bis zur SQL Server-Version 2019 konnten Sie auf diesem Weg auch gleichzeitig die Runtimes für R und Python mit installieren. Ab SQL Server 2022 müssen die Runtimes für die Sprachen R und Python separat installiert werden.

Installation der R-Runtime

Beginnen wir zunächst mit der Installation und Konfiguration der Laufzeitumgebung für R:

1. Laden Sie unter dem Link *https://cran.r-project.org/bin/windows/base/* die aktuelle Runtime für R herunter und starten Sie anschließend die heruntergeladene Datei *R-4.2.2-win.exe* (wobei die Versionsnummer je nach Zeitpunkt des Downloads auch bereits höher sein kann). Die darauf erscheinende Rückfrage, ob Sie zulassen möchten, dass diese App Änderungen an Ihrem Gerät vornimmt, ist natürlich mit *Ja* zu beantworten.
2. Auf den folgenden Dialogfeldern wählen Sie als Setup-Sprache *Deutsch* und bestätigen anschließend die GNU General Public Licence mit einem Klick auf die Schaltfläche *Weiter*.
3. Auch den vorgeschlagenen Installationsordner (*C:\Program Files\R\R-4.2.2*) können Sie beibehalten und bei der darauf folgenden Komponentenauswahl alle drei Komponenten (*Main Files*, *64-bit Files* und *Message translations*) ausgewählt lassen. Dasselbe gilt für die Startoptionen, die Sie bei Bedarf später noch anpassen können, und den Startmenü-Ordner, der mit *R* vorbelegt ist.
4. Im letzten Schritt der Installation können Sie auswählen, ob ein Desktopsymbol und/oder ein Symbol in der Schnellstartleiste erstellt werden soll, was Ihrem persönlichen Geschmack überlassen bleibt. Die beiden Optionen *Speichere Versionsnummer in der Registry* und *Verknüpfe R mit .RData Dateien* sollten aber auf jeden Fall aktiviert bleiben, bevor Sie mit einem Klick auf die Schaltfläche *Weiter* die eigentliche Installation starten.
5. Nach erfolgter Installation starten Sie die R-Benutzeroberfläche als Administrator (rechter Mausklick auf das Symbol und anschließend *als Administrator ausführen* auswählen). Hier müssen nun noch ein paar Pakete nachinstalliert werden, indem Sie die folgenden Zeilen nacheinander ausführen. (Bei der ersten Zeile werden Sie aufgefordert, einen CRAN-Spiegelserver für diese Sitzung auszuwählen. Wählen Sie hier einen beliebigen der in Deutschland liegenden Server aus der Liste aus.)

   ```
   install.packages("iterators")
   install.packages("foreach")
   install.packages("R6")
   ```

```
install.packages("jsonlite")
install.packages("https://aka.ms/sqlml/r4.2/windows/CompatibilityAPI_1.1.0.zip",
repos=NULL)
install.packages("https://aka.ms/sqlml/r4.2/windows/RevoScaleR_10.0.1.zip", repos=NULL)
```

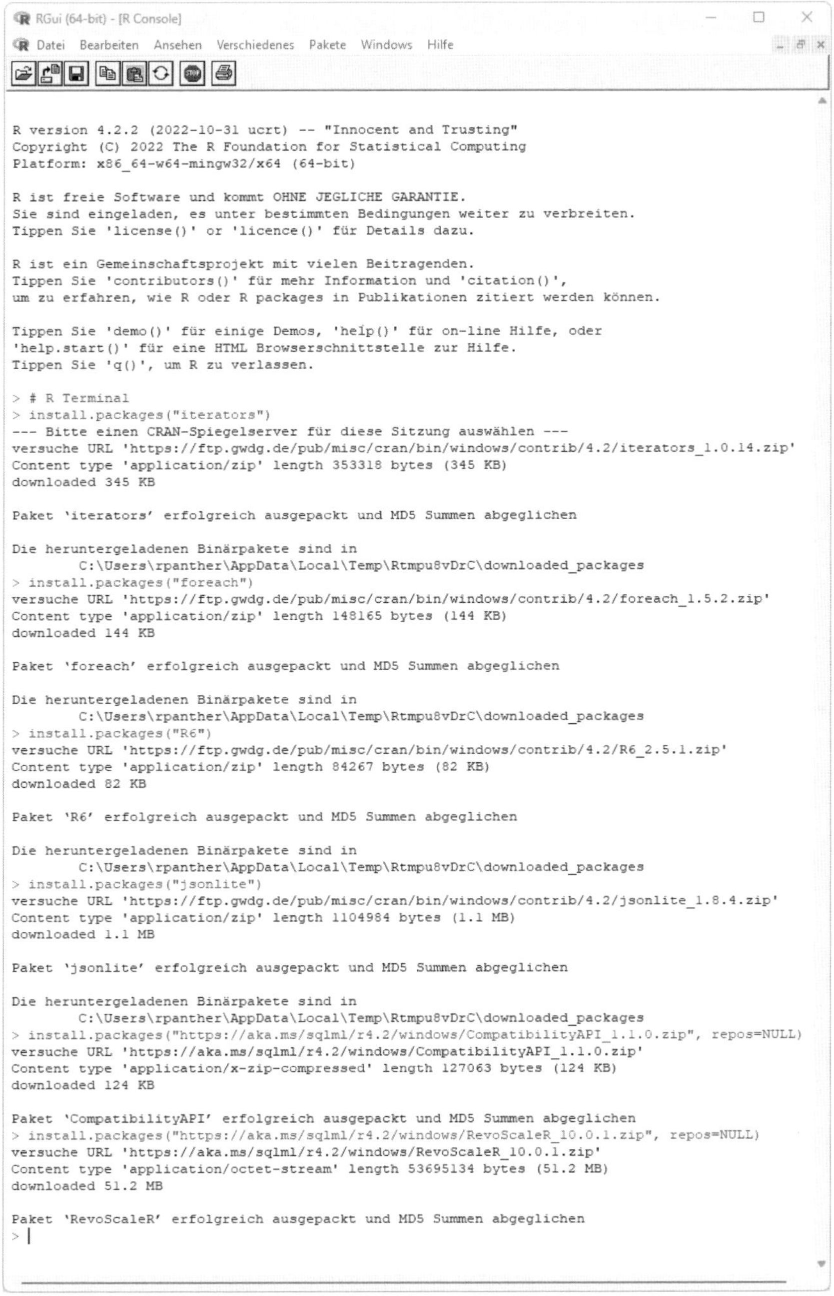

Abbildung 15.1: Die Installation der Zusatzpakete in der R-Benutzeroberfläche

6. Schließen Sie nun die R-Oberfläche. Die Rückfrage, ob der Workplace gesichert werden soll, können Sie mit *Nein* beantworten.
7. Öffnen Sie nun ein Windows-Kommandozeilenfenster (im Administrator-Modus) und führen Sie dort die folgenden beiden Anweisungen aus:

   ```
   cd %ProgramFiles%\R\R-4.2.2\library\RevoScaleR\rxLibs\x64

   .\RegisterRext.exe /configure /rhome:"%ProgramFiles%\R\R-4.2.2" /instance:"SQL2022"
   ```

   Anschließend kann das Kommandozeilenfenster wieder geschlossen werden.
8. Damit ist die Installation der R-Laufzeitumgebung abgeschlossen.

Installation der Python-Runtime

Die Installation der Laufzeitumgebung für Python muss ebenfalls manuell vorgenommen werden, gestaltet sich aber zumindest etwas einfacher als bei R:

1. Laden Sie unter dem Link *https://www.python.org/downloads/* die aktuellste verfügbare Python-Runtime für die Version 3.10[2] herunter und starten Sie anschließend die heruntergeladene Datei *python-3.10.10-amd64.exe* (wobei der hintere Teil der Versionsnummer je nach Zeitpunkt des Downloads auch bereits höher sein kann).
2. Wählen Sie im folgenden Dialogfeld die Option *Customize Installation*, um die Parameter der Installation genau festlegen zu können.
3. Im folgenden Schritt sind unter *Optional Features* alle Punkte bereits vorausgewählt, was beibehalten werden kann. Unter *Advanced Options* ist dann lediglich die Option I*nstall Python 3.10 for all users* zu ergänzen.
4. Nach einem Klick auf *Install* müssen Sie zuerst noch zustimmen, dass diese App Änderungen an Ihrem Gerät vornehmen darf, bevor die eigentliche Installation startet.
5. Ähnlich wie bereits bei R, müssen auch bei Python noch ein paar Pakete nachinstalliert werden, was hier jedoch komplett über die Kommandozeile erfolgt. Öffnen Sie dazu zuerst die Windows-Kommandozeile im Administrator-Modus.
6. Mit den folgenden Anweisungen wechseln Sie in den Python-Ordner und installieren dort die neueste Version des *revoscalepy*-Pakets:

   ```
   cd %ProgramFiles%\Python310\

   python -m pip install https://aka.ms/sqlml/python3.10/windows/revoscalepy-10.0.1-py3-none-
   any.whl

   python.exe -m pip install --upgrade pip
   ```

2 Die Version 3.11 ist zwar ebenfalls bereits verfügbar, funktioniert aber nicht ohne Weiteres zusammen mit SQL Server 2022. Aber auch für die Version 3.10 kommen weiterhin kleinere Updates heraus. Als dieses Kapitel geschrieben wurde, hatte die aktuellste Version die Nummer 3.10.10, was sich aber auch schnell ändern kann.

7. Nun muss über die folgenden Anweisungen noch die Verbindung zwischen Python Runtime und der SQL Server-Instanz hergestellt werden, bevor Sie das Kommandozeilenfenster wieder schließen:

```
cd "C:\Program Files\Python310\Lib\site-packages\revoscalepy\rxLibs"

.\RegisterRext.exe /configure /pythonhome:"C:\Program Files\Python310" /instance:"SQL2022"
```

Sobald die benötigten Komponenten installiert sind, müssen diese noch in der Konfiguration freigeschaltet werden, da SQL Server per Default auf maximale Sicherheit konfiguriert ist.

Mit der folgenden Anweisung können Sie prüfen, ob die Ausführung von externen Skripten bereits erlaubt ist:

```
EXEC sp_configure  'external scripts enabled'
```

Ist das nicht der Fall (was sehr wahrscheinlich ist, wenn Sie strikt nach dem Buchtext vorgegangen sind), lässt sich die Option über denselben Aufruf ergänzt um einen weiteren Parameter aktivieren:

```
EXEC sp_configure  'external scripts enabled', 1
```

Anschließend muss die geänderte Konfiguration noch verarbeitet werden, was mit der folgenden Anweisung geschieht:

```
RECONFIGURE WITH OVERRIDE
```

Durch die Änderung der Konfiguration wird eventuell ein Neustart des SQL Server-Diensts notwendig, was am einfachsten über den SQL Server-Konfigurations-Manager zu erledigen ist. Klicken Sie hier mit der rechten Maustaste unter *SQL Server-Dienste* auf den Dienst *SQL Server (SQL2022)* und wählen Sie die Option *Neu starten*. Nach wenigen Sekunden sollte der Dienst wieder gestartet sein. Allerdings wurde beim Neustart automatisch der Dienst *SQL Server Launchpad (SQL2022)* beendet, der nun durch einen Rechtsklick mit Auswahl der Option *Starten* ebenfalls noch manuell gestartet werden muss. Dieser Dienst wird benötigt, da er die Kommunikation zwischen der SQL Server-Instanz und den externen Laufzeitumgebungen für R und Python steuert.

Egal ob R oder Python verwendet wird, die Ausführung eines Skripts erfolgt über die Funktion `sp_execute_external_script`, die als ersten Parameter die zu nutzende Sprache übergeben bekommt und danach das eigentliche Skript. In weiteren Parametern werden dann Eingabedaten, Ausgabedaten sowie Parameter definiert:

```
sp_execute_external_script
    @language = N'language',
    @script = N'script' [,]
    [@input_data_1 = 'SelectStatement'[,]]
    [@input_data_1_name =  N'InputDataVariable'[,]]
    [@output_data_1_name = N'OutputDataVariable'[,]]
    [@params =  N'@ParamName DataType [OUT | OUTPUT] [ ,...n ]'[,]]
    [@ParamName = 'value' [OUT | OUTPUT] [ ,...n ]]
```

Schauen wir uns nun einmal die beiden unterstützten Sprachen anhand von ein paar Beispielen an.

R

Beginnen wir mit R, da diese Sprache schon etwas länger von SQL Server unterstützt wird. Das erste Programm in einer neuen Sprache ist – wie sollte es anders sein – ein kleines *Hello world!*

In der einfachsten Variante ist das ein Einzeiler, in dem ein R-Skript ausgeführt wird, das lediglich eine `print`-Anweisung zur Ausgabe des Grußes enthält.:

```
EXEC sp_execute_external_script  @language =N'R', @script=N'print("Hello world!");'
```

Beachten Sie dabei, dass die `print`-Anweisung kleingeschrieben wird, da R – wie auch Python – im Gegensatz zu T-SQL Groß- und Kleinschreibung unterscheidet.

Aber eigentlich ist die Einbindung einer anderen Programmiersprache erst dann sinnvoll, wenn auch Daten vom SQL Server an diese übergeben werden. Daher folgt nun eine zweite Variante des Beispiels, die eine SQL-Anweisung als Eingabe für das R-Skript nutzt, die den Text *Hello world!* als feste Zeichenkette zurückgibt. Dabei besteht das eigentliche R-Skript aus lediglich einer Anweisung, die das `InputDataSet` wieder als `OutputDataSet` zurückgibt:

```
EXEC sp_execute_external_script  @language =N'R',
   @script=N'OutputDataSet <- InputDataSet;',
   @input_data_1 =N'SELECT ''Hello world!'' AS Meldung'
```

Das Ergebnis des Aufrufs ist die Ausgabe einer einzigen Zeile mit einer einzigen Spalte, in der die berühmte Begrüßung enthalten ist. Allerdings hat diese Spalte noch keine Bezeichnung. Um das zu erreichen, wird der Zusatz `WITH RESULT SETS` verwendet, der eigentlich ein Feature der `EXEC`-Anweisung ist. Darin wird das Format der Ergebnismenge definiert, was neben den Spaltennamen auch den Datentyp und die Information, ob eine Spalte NULLable ist oder nicht, beinhaltet:

```
EXEC sp_execute_external_script  @language =N'R',
   @script=N'OutputDataSet <- InputDataSet;',
   @input_data_1 =N'SELECT ''Hello world!'' AS Meldung'
WITH RESULT SETS (([Meldung] NVARCHAR(20) NOT NULL));
```

Werden das R-Skript und die SQL-Abfrage für die Eingabedaten umfangreicher, bietet es sich an, diese vorher in Variablen vorzubereiten, wie das folgende Beispiel zeigt:

```
DECLARE @rscript NVARCHAR(MAX);
SET @rscript = N'OutputDataSet <- InputDataSet;'

DECLARE @sqlscript NVARCHAR(MAX);
SET @sqlscript = N'SELECT Id, Titel, Autor FROM dbo.Buch;';

EXEC sp_execute_external_script
   @language = N'R',
   @script = @rscript,
   @input_data_1 = @sqlscript
WITH RESULT SETS ((Id INT NOT NULL, Titel NVARCHAR(80) NULL, Autor NVARCHAR(80)));
```

Dabei wird wiederum der Zusatz `WITH RESULT SETS` genutzt, um Namen und Typ der Ausgabespalten festzulegen.

Implizite und explizite Konvertierung von Datentypen

R unterstützt nicht dieselben Datentypen, die SQL Server verwendet. Daher findet sowohl bei der Übergabe von Daten als Input als auch bei der Ausgabe von Daten eine implizite Konvertierung statt. Durch die Angabe des Datentyps bei der `WITH RESULT SETS`-Option kann auch eine explizite Konvertierung stattfinden, die notwendig wird, wenn nicht implizit konvertierbare Datentypen übergeben werden.

Nähere Informationen zur impliziten Konvertierung und in R verfügbaren Datentypen finden Sie unter folgendem Link:

https://docs.microsoft.com/en-us/sql/advanced-analytics/r/r-libraries-and-data-types

Dieses Beispiel lässt sich noch erweitern, indem ein Parameter definiert wird, nach dem die Ausgabe gefiltert wird. Die um einen Filter auf die *Autor*-Spalte erweiterte Variante sieht wie folgt aus (siehe auch Abbildung 15.1):

```
DECLARE @rscript NVARCHAR(MAX);
SET @rscript = N'OutputDataSet <- InputDataSet;'
DECLARE @sqlscript NVARCHAR(MAX);
DECLARE @autor NVARCHAR(80);
SET @sqlscript = N'SELECT Id, Titel, Autor FROM dbo.Buch WHERE Autor = @autorfilter;';
SET @autor = 'Robert Panther';
EXEC sp_execute_external_script
   @language = N'R',
   @script = @rscript,
   @input_data_1 = @sqlscript,
   @params = N'@autorfilter nvarchar(80)',
   @autorfilter = @autor
WITH RESULT SETS ((Id INT NOT NULL, Titel NVARCHAR(80) NULL, Autor NVARCHAR(80)));
```

Dabei ist es interessant, zu wissen, dass der Parameter in das R-Skript hineingegeben und erst bei dessen Ausführung ausgewertet wird.

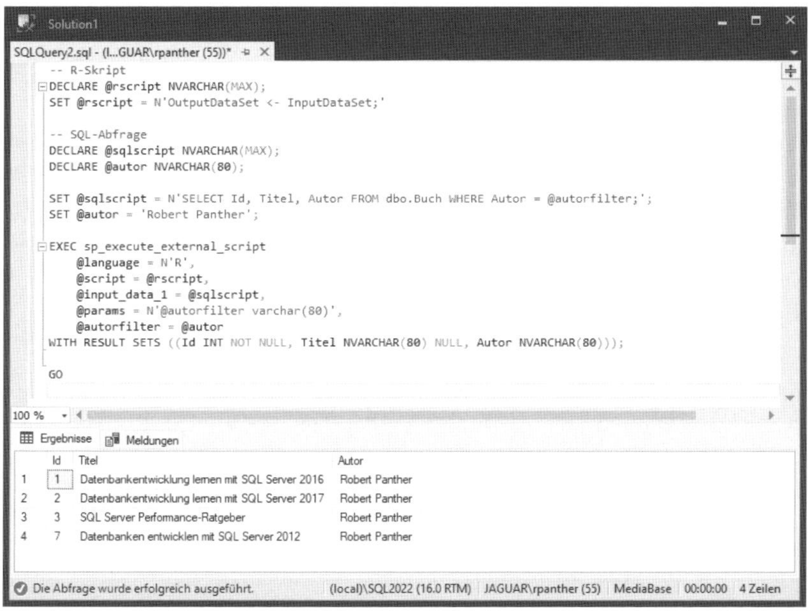

Abbildung 15.2: Die parametrisierte Form des R-Beispielskripts

Dieses Skript kann man nun leicht in eine gespeicherte Prozedur packen, die den zu suchenden Autorennamen als Parameter übergeben bekommt und an das R-Skript weiterreicht:

```
CREATE PROCEDURE dbo.USP_TitelFromAutor_R (@autor NVARCHAR(80))
AS
BEGIN
   -- R-Skript
   DECLARE @rscript NVARCHAR(MAX);
   SET @rscript = N'OutputDataSet <- InputDataSet;'
    -- SQL-Abfrage
   DECLARE @sqlscript NVARCHAR(MAX);
   SET @sqlscript = N'SELECT Id, Titel, Autor FROM dbo.Buch WHERE Autor = @autorfilter;';
   EXEC sp_execute_external_script
      @language = N'R',
      @script = @rscript,
      @input_data_1 = @sqlscript,
      @params = N'@autorfilter nvarchar(80)',
      @autorfilter = @autor
   WITH RESULT SETS ((Id INT NOT NULL, Titel NVARCHAR(80) NULL, Autor NVARCHAR(80)));
END
```

Anschließend kann die gespeicherte Prozedur über die folgende Anweisung aufgerufen werden:

```
EXEC dbo.USP_TitelFromAutor_R @autor = 'Robert Panther';
```

Das Ergebnis ist dasselbe wie zuvor, allerdings lassen sich auf diesem Weg leichter mehrere Aufrufe mit unterschiedlichen Parametern umsetzen.

Für die Sprache R soll dies erst einmal genügen. Schauen wir uns nun die entsprechende Umsetzung in Python an.

Python

Die für R gezeigten Beispiele lassen sich relativ leicht auf Python – das seit SQL Server 2017 unterstützt wird – umstellen. Dabei gibt es allerdings ein paar Besonderheiten zu beachten, auf die an gegebener Stelle noch einmal separat hingewiesen wird.

Beginnen wir zuerst wieder mit dem *Hello world!*-Beispiel. In der einfachsten Variante unterscheidet sich dieses nur dadurch von der bereits gezeigten Variante in R, dass der Wert für den `@language`-Parameter hier natürlich *Python* ist.

```
EXEC sp_execute_external_script  @language =N'Python', @script=N'print("Hello world!");'
```

In der Variante mit SQL-Anweisung als Eingabe kommt noch der Unterschied dazu, dass bei der Zuweisung des `InputDataSet` an das `OutputDataSet` hier das Zeichen `=` als Operator verwendet wird.

```
EXEC sp_execute_external_script  @language =N'Python',
   @script=N'OutputDataSet = InputDataSet;',
   @input_data_1 =N'SELECT ''Hello world!'' AS Meldung'
WITH RESULT SETS (([Meldung] NVARCHAR(20) NOT NULL));
```

Implizite und explizite Konvertierung von Datentypen

Auch Python verwendet andere Datentypen als SQL Server, sodass es wiederum empfehlenswert ist, die SQL Server-Datentypen der Ergebnismenge für eine explizite Konvertierung in der `WITH RESULT SETS`-Option anzugeben. Ohne Angabe dieser Option versucht SQL Server, die Werte implizit zu konvertieren, was unter Umständen zu unerwünschten Ergebnissen führen kann.

Nähere Informationen zur impliziten Konvertierung und in Python verfügbaren Datentypen finden Sie unter folgendem Link:

https://docs.microsoft.com/en-us/sql/advanced-analytics/python/python-libraries-and-data-types

Auch wenn SQL-Abfrage und Python-Skript in Variablen vorbereitet werden, ergeben sich keine neuen Unterschiede im Vergleich zur R-Variante:

```
DECLARE @pscript NVARCHAR(MAX);
SET @pscript = N'OutputDataSet = InputDataSet;'

DECLARE @sqlscript NVARCHAR(MAX);
SET @sqlscript = N'SELECT Id, Titel, Autor FROM dbo.Buch;';

EXEC sp_execute_external_script
   @language = N'Python',
   @script = @pscript,
   @input_data_1 = @sqlscript
WITH RESULT SETS ((Id INT NOT NULL, Titel NVARCHAR(80) NULL, Autor NVARCHAR(80)));
```

Abbildung 15.3: Fehler bei der Ausführung eines Python-Skripts

Wird das Python-Skript aber mehrzeilig, gibt es eine wichtige Besonderheit der Sprache zu beachten, wie das folgende Beispiel zeigt. Darin wird einerseits eine etwas komplexere SQL-Abfrage verwendet, um alle CDs mit deren Anzahl von Tracks auszuwählen, und andererseits wird das Python-Skript etwas länger, indem das `InputDataSet` nicht direkt dem `OutputDataSet` zugewiesen wird, sondern zuerst einer Variablen `df` (dabei steht das df für *Data Frame*, ist aber letztlich ein frei gewählter Variablenbezeichner). Auffällig ist auch, dass die Variable in Python nicht explizit deklariert werden muss. Erst im nächsten Schritt wird der Inhalt der Variablen dem `OutputDataSet` zugewiesen. Das ist ein gängiges Codemuster, da man auf diesem Weg bei komplexeren Python-Skripten mit der Python-Variablen arbeiten kann und erst am Ende das Ergebnis des Skripts definiert. Wenn Sie das Skript nun wie gewohnt einrücken und anschließend ausführen, wird dies zu einem Fehler führen, wie Abbildung 15.3 zeigt.

Der wesentliche Teil dieser auf den ersten Blick etwas unübersichtlichen Fehlermeldung ist die Zeile *IndentationError: unexpected indent*. Die Ursache dafür ist, dass Einrückungen bei Python nicht nur der besseren Übersichtlichkeit dienen, sondern auch eine tatsächliche Bedeutung haben, nämlich die logische Struktur der Anweisungen zu definieren, wie man es in T-SQL mithilfe von `BEGIN` und `END` realisieren würde. Wenn Sie also ein komplett linear auszuführendes Python-Skript erstellen, muss dies auch komplett linksbündig ohne weitere Einrückungen geschrieben werden. In der folgenden Variante funktioniert das Beispiel:

```
DECLARE @pscript NVARCHAR(MAX);
SET @pscript = N'
df = InputDataSet
OutputDataSet = df'
DECLARE @sqlscript NVARCHAR(MAX);
SET @sqlscript = N'
   SELECT cd.Interpret, cd.Titel, count(cdt.Id) AS TrackAnzahl
      FROM dbo.CD AS cd
      LEFT JOIN dbo.CD_Track AS cdt ON cd.Id=cdt.ID_CD
   GROUP BY cd.Interpret, cd.Titel;';
EXEC sp_execute_external_script
   @language = N'Python',
   @script = @pscript,
   @input_data_1 = @sqlscript
WITH RESULT SETS ((Interpret NVARCHAR(80) NULL, Titel NVARCHAR(80) NULL, TrackAnzahl INT));
```

Verlagern wir nun einen Teil der Logik von T-SQL in Python, indem wir die Gruppierung erst im Python-Skript ausführen. Dazu wird die SQL-Abfrage so umgebaut, dass die `GROUP BY`-Klausel wegfällt und dafür eine Spalte aus der Tabelle *dbo.CD_Track* mit ausgewählt wird (hier der *Titel*, der noch explizit einen anderen Bezeichner bekommt, da es bereits bei der *CD* selbst eine Spalte mit Namen *Titel* gibt).

```
DECLARE @sqlscript NVARCHAR(MAX);
SET @sqlscript = N'
SELECT cd.Interpret, cd.Titel, cdt.Titel AS TrackTitel
FROM dbo.CD AS cd
   LEFT JOIN dbo.CD_Track AS cdt ON cd.Id=cdt.ID_CD;';
```

Das Python-Skript wird dafür um eine Anweisung erweitert, die im Data Frame eine Gruppierung auf die Spalten *Interpret* und *Titel* ausführt und dazu die Anzahl der Einträge pro Gruppe über die count-Funktion zählt (neben der count-Funktion sind in Python auch die Aggregatfunktionen sum, mean, max, min, first und last verwendbar):

```
DECLARE @pscript NVARCHAR(MAX);
SET @pscript = N'
df = InputDataSet
df = df.groupby(["Interpret", "Titel"], as_index=False).count()
OutputDataSet = df'
```

Der Zusatz as_index=False sorgt dafür, dass die Spalten, nach denen gruppiert wird (hier *Interpret* und *Titel*), auch im Ergebnis erhalten bleiben. Würde True angegeben oder dieser Teil komplett weggelassen, würde nur die Anzahl pro Gruppe im Data Frame übrig bleiben.

Der Aufruf der gespeicherten Systemprozedur sp_execute_external_script kann unverändert übernommen werden, und auch das Ergebnis ist fast dasselbe, es gibt lediglich zwei kleine Unterschiede: So ist das Ergebnis nun einerseits alphabetisch sortiert, andererseits fallen auch die Zeilen weg, bei denen eine der Spalten, nach denen gruppiert wurde, den Wert NULL hatte.

Das Hinzufügen einer neuen Spalte im Data Frame ist ebenfalls einfach umzusetzen. Dazu wird nach dem Bezeichner des Data Frame in eckigen Klammern auf den Namen der neuen Spalte verwiesen, die dann einen Wert zugewiesen bekommt. Damit nicht in allen Zeilen der gleiche Wert steht, wird in der folgenden Erweiterung des Beispiels erst ein Standardwert gesetzt, und für die Zeilen, in denen die Spalte *Interpret* einen bestimmten Wert hat, wird die neue Spalte mit einem Alternativwert überschrieben. Dazu wird als Vergleichsoperator das doppelte Gleichheitszeichen genutzt, das vielen bereits von C# bekannt sein dürfte:

```
DECLARE @pscript NVARCHAR(MAX);
SET @pscript = N'
df = InputDataSet
# Daten nach Interpret und Titel gruppieren
df = df.groupby(["Interpret", "Titel"], as_index=False).count()
# neue Spalte hinzufügen
df["Kategorie"] = "Pop/Rock"
df["Kategorie"][df["Interpret"] == "Erwin Mustermann"] = "Jazz"
OutputDataSet = df';
```

Um das nun etwas länger werdende Python-Skript übersichtlicher zu gestalten, wurden außerdem ein paar Kommentarzeilen eingefügt, die jeweils mit einem Doppelkreuz (#) eingeleitet werden. (Die gleiche Syntax wird auch für Kommentare in R verwendet.)

Während die Eingangsabfrage wiederum gleich bleibt, muss beim Aufruf des R-Skripts noch die Definition der Ergebnismenge um die neue Spalte erweitert werden:

```
EXEC sp_execute_external_script
   @language = N'Python',
   @script = @pscript,
   @input_data_1 = @sqlscript
WITH RESULT SETS ((Interpret NVARCHAR(80) NULL, Titel NVARCHAR(80) NULL, TrackAnzahl INT,
Kategorie NVARCHAR(80)));
```

Wenn das Skript nun ausgeführt wird, erhält die Ergebnismenge eine weitere Spalte mit Namen *Kategorie*, die beim Interpreten *Erwin Mustermann* den Inhalt *Jazz* und bei allen anderen Zeilen *Pop/Rock* enthält.

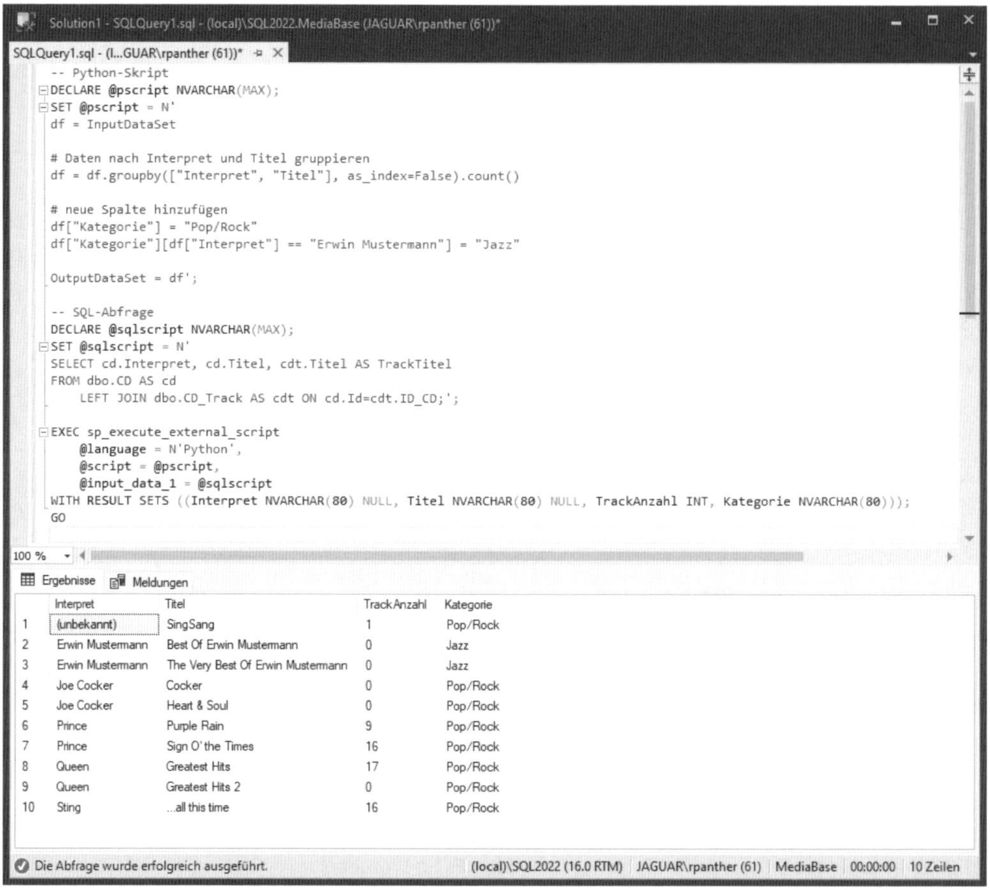

Abbildung 15.4: Python-Skript mit Kommentaren, Gruppierung und zusätzlicher Ergebnisspalte

Zum Abschluss wollen wir dieses Beispiel noch um eine Parametrisierung erweitern. Dazu findet der Vergleich innerhalb des Python-Skripts nicht mehr mit einer konstanten Zeichenkette, sondern einem Parameter namens *JazzBand* statt. Dieser wird beim Aufruf der Systemprozedur `sp_execute_external_script` definiert und bekommt dort auch einen Wert zugewiesen. Das gesamte Skript sieht damit wie folgt aus (die Änderungen zur Vorversion werden wiederum fett angezeigt):

```
-- Python-Skript
DECLARE @pscript NVARCHAR(MAX);
SET @pscript = N'
df = InputDataSet
# Daten nach Interpret und Titel gruppieren
df = df.groupby(["Interpret", "Titel"], as_index=False).count()
```

```
# neue Spalte hinzufügen
df["Kategorie"] = "Pop/Rock"
df["Kategorie"][df["Interpret"] == JazzBand] = "Jazz"
OutputDataSet = df';
-- SQL-Abfrage
DECLARE @sqlscript NVARCHAR(MAX);
SET @sqlscript = N'
SELECT cd.Interpret, cd.Titel, cdt.Titel AS TrackTitel
FROM dbo.CD AS cd
   LEFT JOIN dbo.CD_Track AS cdt ON cd.Id=cdt.ID_CD;';
EXEC sp_execute_external_script
   @language = N'Python',
   @script = @pscript,
   @input_data_1 = @sqlscript,
   @params = N'@JazzBand NVARCHAR(80)',
   @JazzBand = 'Erwin Mustermann'
WITH RESULT SETS ((Interpret NVARCHAR(80) NULL, Titel NVARCHAR(80) NULL, TrackAnzahl INT,
Kategorie NVARCHAR(80)));
```

Übungen zu diesem Kapitel

In diesem Abschnitt finden Sie einige Übungen, mit denen Sie das in diesem Kapitel Erlernte vertiefen können. Die richtigen Antworten und Lösungen finden Sie in *Anhang C* dieses Buchs.

Übung 15.1

Erstellen Sie ein R-Skript, das als Eingabe eine Abfrage aller IDs, Titel und Autoren der Tabelle *dbo.Buch* verwendet und diese Daten im Data Frame um eine Spalte *gelesen* erweitert. Die neue Spalte soll für eine einzige Zeile den Wert *ja* bekommen, für alle anderen *nein*. (Tipp: Bei der Syntax können Sie sich an den Python-Beispielen orientieren.)

Übung 15.2

Bauen Sie das letzte Python-Beispiel in diesem Kapitel in eine gespeicherte Prozedur ein, die den Namen der Jazzband als Parameter übergeben bekommt, und testen Sie anschließend die gespeicherte Prozedur mit verschiedenen Aufrufen.

Zusammenfassung

Mit SQL Server ist es sehr einfach geworden, Skripte, die in Python oder R geschrieben sind, zu integrieren und damit die individuellen Stärken der jeweiligen Programmiersprachen zusammen mit Daten, die in einer SQL Server-Datenbank gespeichert sind, zu nutzen. Für beide Sprachen sind zahlreiche Bibliotheken verfügbar, mit denen sich beispielsweise mit wenig Aufwand Diagramme zeichnen und in einer Datei speichern lassen. Schwieriger wird es jedoch beim Debuggen von fehlerhaften Skripten. Hier sind die Möglichkeiten noch sehr begrenzt und die Fehlermeldungen teilweise sehr unübersichtlich. Dadurch ist es nicht immer leicht, die wesentliche Information zum Fehler – die oft in einer einzelnen Zeile versteckt ist – zu finden.

Trotzdem bietet die Integration von Skripten in R oder Python (mittlerweile können auch Java-Skripte genutzt werden, weitere Sprachen werden vermutlich in den nächsten Versionen von SQL Server folgen) eine Fülle an neuen Möglichkeiten, die aktuell auf das Thema Machine Learning ausgelegt sind, sich aber prinzipiell für alles Mögliche nutzen lassen.

Kapitel 16
SQL Server und .NET Framework

In diesem Kapitel lernen Sie

- wie Sie von .NET auf SQL Server zugreifen können
- verschiedene Arten des Datenzugriffs von ADO.NET über LINQ to SQL bis hin zum Entity Framework

Es gibt verschiedene Möglichkeiten, SQL Server im Zusammenhang mit .NET zu nutzen. Diese möchte ich Ihnen hier kurz vorstellen. Da man mit jedem der hier behandelten Themen leicht ein ganzes Buch füllen könnte, ist es an dieser Stelle allerdings nur möglich, die Themen anzureißen oder anhand eines einfachen Beispiels kurz zu demonstrieren. Aus demselben Grund kann hier natürlich auch nicht auf jedes Detail der dargestellten Beispiele eingegangen werden.

Starten von Visual Studio

Da es in diesem Kapitel um die Programmierung mit .NET geht, ist für alle diskutierten Technologien und Beispiele eine Vollversion von Visual Studio nötig, um diese ausprobieren zu können. Wenn Sie der Beschreibung in *Kapitel 3* im Abschnitt *Installation der SQL Server Data Tools*, gefolgt sind, haben Sie jedoch bereits die Visual Studio Community Edition installiert, die für unsere Zwecke hier völlig ausreicht.

Wenn man nun den neuen Eintrag Visual Studio 2022 im Windows-Startmenü aufruft, startet die Visual Studio Community Edition mit einem recht nüchternen Dialogfeld, das Ihnen die Möglichkeit bietet, Projekte, mit denen Sie zuletzt gearbeitet haben, direkt wieder zu öffnen, um daran weiterzuarbeiten. Wenn Sie Visual Studio zum ersten Mal aufrufen, ist dieser Teil natürlich noch leer. Auf der rechten Seite des Dialogfelds haben Sie die Möglichkeit, Code aus einem Online-Repository (wie beispielsweise GitHub oder Azure DevOps) abzurufen oder über eine Verzeichnisauswahl ein lokal gespeichertes Projekt oder eine Projektmappe zu öffnen. Natürlich gibt es auch die Möglichkeit, ein neues Projekt anhand einer Projektvorlage zu erstellen. Als letzte Möglichkeit können Sie aber auch *Ohne Code fortfahren*, wodurch Sie in die Standardbenutzeroberfläche von Visual Studio gelangen, ohne dass ein neues Projekt angelegt oder ein bestehendes Projekt geöffnet wird (was man aber dann noch nachträglich über das Datei-Menü erledigen kann).

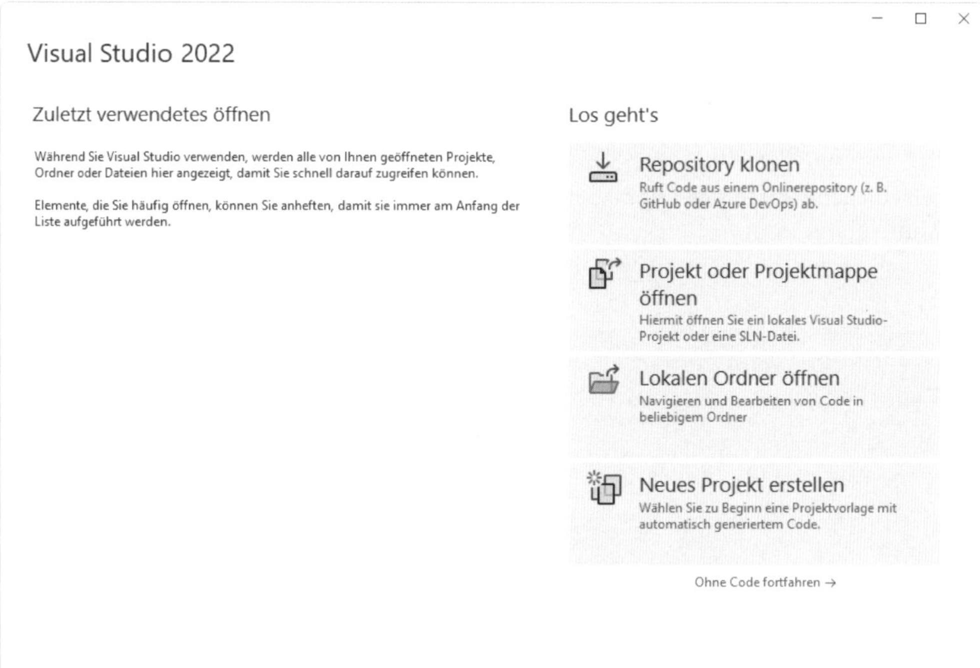

Abbildung 16.1: Der anfangs noch recht leere Startbildschirm von Visual Studio

Doch bevor wir mit den ersten Beispielprogrammen beginnen, benötigen wir noch ein klein wenig Theorie.

Schichtentrennung und Applikationsaufbau

Während es bei kleineren Anwendungen, die komplett von einem Entwickler implementiert werden, eigentlich nur eine untergeordnete Rolle spielt, hat sich – insbesondere bei großen Softwareentwicklungsprojekten – eine mehrschichtige Architektur bewährt. Die Idee dabei ist, die Benutzeroberfläche der Anwendung von der Datenhaltung zu trennen.

Wenn man diesen Ansatz weiterverfolgt, lässt sich noch eine dritte Schicht herauslösen: die Geschäftslogik. Dies zusammen ergibt dann eine Architektur mit drei Schichten (3-Tier-Architektur):

- Die *Datenbankschicht* (Database Layer) stellt Objekte und Methoden bereit, um auf die Datenbank zuzugreifen. Sofern die Datenbankschicht wirklich sauber getrennt ist, kann man sie mit relativ wenig Aufwand austauschen. So kann man im Idealfall von einer anderen Datenbank auf eine SQL Server-Datenbank umsteigen, ohne dabei die Geschäftslogik oder die Präsentationsschicht anpassen zu müssen.
- Die *Geschäftslogik* (Business Layer) steuert die Prozesse und implementiert die fachlichen Anforderungen. Dazu nutzt sie die Datenbankschicht, um auf die Datenbank zuzugreifen, und die Präsentationsschicht, um die Ergebnisse darzustellen (oder eine Benutzereingabe einzufordern).
- Die *Präsentationsschicht* (Presentation Layer) stellt die von der Geschäftslogik zur Verfügung gestellten Daten dar. Auch die Präsentationsschicht lässt sich – bei konsequenter Schichtentrennung – gegen eine andere austauschen, sodass man auf diesem Weg mit vertretbarem Aufwand aus einer Desktopanwendung eine Webanwendung oder eine mobile Anwendung für Smartphones oder Tablets machen kann.

Ein weiterer großer Vorteil der Schichtentrennung liegt in einer deutlich besseren Wartbarkeit der Anwendung. So können einzelne Schichten von verschiedenen Entwicklerteams programmiert und getestet werden, ohne die anderen Schichten zu beeinflussen. Das klappt allerdings nur durch eine klar definierte Abgrenzung der Schichten mit genau spezifizierten Schnittstellen.

Zum Erstellen einer Datenbankschicht gibt es mittlerweile zahlreiche Tools (sowohl von Microsoft als auch von Fremdanbietern), mit denen auf Basis einer bestehenden Datenbank eine komplette Zugriffsschicht mit den wichtigsten Methoden zum Lesen, Einfügen, Ändern und Löschen von Daten generiert werden kann. Auf diesem Weg wird gleich noch ein weiteres Problem gelöst: der Zugriff aus einer objektorientierten Anwendung auf relationale Daten. Daher fasst man die entsprechenden Tools auch unter dem Begriff O/R-Mapper zusammen. Die meisten etablierten O/R-Mapper erstellen für jede Tabelle eine Objektklasse mit entsprechenden Zugriffsmethoden. Viele generieren Methoden, um bestehende gespeicherte Prozeduren aufzurufen, einige generieren auch gespeicherte Prozeduren, um die Datenbankzugriffe weiter zu kapseln.

Zugriff über ADO.NET

ADO.NET – die Weiterentwicklung der *ActiveX Data Objects* (kurz: ADO) – bildet die Standard-Datenbankschnittstelle des .NET Framework. Dazu werden verschiedene Klassen zur Verfügung gestellt, die es ermöglichen, auf verschiedene Datenbanktypen zuzugreifen (.NET-Datenanbieter) sowie Datenbanken – oder Teile davon – im Speicher zu halten (DataSet), um damit zu arbeiten.

Rund um das DataSet gibt es unter anderem folgende Klassen (die Bestandteile des Namespace `System.Data` sind):

- DataSet – kann eine oder mehrere Tabellen und deren Beziehungen zueinander enthalten, quasi eine kleine Datenbank im Hauptspeicher
- DataTable – eine Tabelle, die Bestandteil eines DataSet sein kann
- DataRow – eine Datenzeile einer Tabelle

Mit diesen Klassen lässt sich komplett im Hauptspeicher arbeiten, ohne irgendwelche Daten in einer echten Datenbank ablegen zu müssen. Für die Verbindung zu bzw. Nutzung von Datenbanken sind verschiedene .NET-Datenanbieter verfügbar. Für uns ist besonders der Namensraum System.Data.SqlClient interessant, da dieser die Klassen bereitstellt, um auf einen SQL Server zuzugreifen. Die .NET-Datenanbieter stellen unter anderem folgende Klassen zur Verfügung:

- Connection – stellt eine Verbindung zu einer Datenbank her
- Command – steht für eine SQL-Anweisung, die auf verschiedene Arten verwendet werden kann: einfach ausgeführt (mit oder ohne Rückgabewert), als Datenquelle für einen DataReader etc.
- DataAdapter – Schnittstelle zwischen Datenquelle und DataSet, füllt Letzteres und gleicht dessen Daten mit der Datenquelle ab
- DataReader – basiert auf einer Abfrage und kann satzweise durchlaufen werden, um einzelne Zeilen einer Abfrage zu lesen

Da die .NET-Datenanbieter datenbankspezifisch sind, haben die entsprechenden Klassen – je nach verwendeter Datenbank – ein spezielles Präfix. Für den SQL Server ist das erwartungsgemäß Sql, sodass die gerade beschriebenen Klassen hier SqlConnection, SqlCommand, SqlDataAdapter und SqlDataReader heißen.

Schauen wir uns einfach mal ein kleines Codebeispiel an, in dem – ohne ein DataSet zu nutzen – direkt mit dem .NET-Datenanbieter für SQL Server gearbeitet wird:

```
// Standardverweise
using System;
using System.Collections.Generic;
using System.ComponentModel;
using System.Data;
using System.Data.SqlClient;
using System.Drawing;
using System.Linq;
using System.Text;
using System.Windows.Forms;

// Verweise für ADO.NET-Datenanbieter
using System.Data.SqlClient;

namespace Datenzugriff
{
    public partial class Form1 : Form
    {
        public Form1()
        {
            InitializeComponent();
        }
```

```
        private void btnADOdotNET_Click(object sender, EventArgs e)
        {
            SqlConnection conSQL = new SqlConnection("Database=MediaBase;" +
                "Server=.\\SQL2022;Integrated Security=SSPI");

            conSQL.Open();

            SqlCommand cmdSQL1 = new SqlCommand("INSERT INTO Buch (Titel, Autor) VALUES " +
                "('Test', 'Robert Panther')", conSQL);
            cmdSQL1.ExecuteNonQuery();

           SqlCommand cmdSQL2 = new SqlCommand("SELECT ID, Titel FROM Buch WHERE Autor='Robert
                                Panther'", conSQL);
            SqlDataReader drSQL = cmdSQL2.ExecuteReader();
            while (drSQL.Read())
            {
                txtErgebnis.Text = txtErgebnis.Text + drSQL[0].ToString() + "/" + drSQL[1] +
                                  "\r\n";
            }
            drSQL.Close();

            SqlCommand cmdSQL3 =
                       new SqlCommand("UPDATE Buch SET Titel='Test (update)' WHERE
                                     Titel='Test'", conSQL);
            cmdSQL3.ExecuteNonQuery();

           SqlCommand cmdSQL4 = new SqlCommand("DELETE FROM Buch WHERE Titel='Test (update)'",
                                conSQL);
            cmdSQL4.ExecuteNonQuery();

            conSQL.Close();
        }
    }
}
```

Zu diesem Quelltext gehört eine Windows Forms-Anwendung, die eine Schaltfläche (`btnADOdotNET`) und ein mehrzeiliges Textfeld (`txtErgebnis`) enthält. Durch einen Klick auf die Schaltfläche wird die Ereignisprozedur `btnADOdotNET_Click` aufgerufen, in der die eigentliche Logik stattfindet:

Nachdem über ein Objekt des Typs `SqlConnection` eine Verbindung zur Datenbank *MediaBase* aufgebaut und geöffnet wurde, wird ein Objekt vom Typ `SqlCommand` erstellt, das eine `INSERT`-Anweisung enthält. Diese wird daraufhin über die Methode `ExecuteNonQuery` (führt eine SQL-Anweisung aus, die kein Ergebnis zurückliefert) ausgeführt und fügt dabei einen Datensatz in die Tabelle *Buch* ein.

Anschließend wird ein weiteres `SqlCommand`-Objekt (`cmdSQL2`) erzeugt, das eine `SELECT`-Abfrage beinhaltet. Dieses wird als Quelle für ein `SqlDataReader`-Objekt genutzt, das so lange durchlaufen wird, bis alle Zeilen gelesen sind. Innerhalb der Schleife wird direkt auf die Spalten 0 und 1 der Abfrage zugegriffen, deren Werte in das Textfeld (`txtErgebnis`) geschrieben werden. Anschließend wird der `SqlDataReader` geschlossen.

Auf die gleiche Art, wie weiter oben eine Zeile in die Tabelle *Buch* eingefügt wurde, wird dieselbe Zeile nun über separate `SqlCommand`-Objekte geändert und anschließend gelöscht, bevor am Ende die Verbindung `conSQL` wieder geschlossen wird.

LINQ to SQL

LINQ ist – wie der Name *Language Integrated Query* schon vermuten lässt – eine in .NET integrierte Abfragesprache. Diese Abfragesprache gibt es in verschiedenen Implementierungen, die auf unterschiedliche Datenquellen zugreifen:

- LINQ to Objects – zum Zugriff auf beliebige Objekt-Collections
- LINQ to ADO.NET – zum Zugriff auf ADO.NET-Datenquellen
- LINQ to DataSet – zum Zugriff auf .NET-DataSets
- LINQ to Entities – zum Zugriff auf das Entity Framework
- LINQ to SQL – zum Zugriff auf SQL-Datenbanken
- LINQ to XML – zum Zugriff auf XML-Strukturen

Auch wenn man mit den meisten Varianten mehr oder weniger direkt auf SQL Server-Datenbanken zugreifen kann, möchte ich hier kurz mit LINQ to SQL die direkteste Möglichkeit vorstellen.

Totgesagte leben länger

Seit längerer Zeit kursieren in Entwicklerkreisen Gerüchte, dass LINQ to SQL zugunsten des weiter unten vorgestellten Entity Framework künftig von Microsoft nicht mehr unterstützt wird. Inzwischen hat sich herausgestellt, dass das nicht ganz zutrifft.

Microsoft wird LINQ to SQL zwar nicht mehr maßgeblich weiterentwickeln, aber – zumindest bis auf Weiteres – auch in kommenden .NET-Versionen noch weiter unterstützen. Es schadet also nicht, sich mit LINQ to SQL zu befassen, notfalls kann man später immer noch auf LINQ to Entities umsteigen, ohne dabei die grundlegenden Konzepte von LINQ über Bord werfen zu müssen.

Wo aber liegt der wesentliche Vorteil von LINQ gegenüber ADO.NET? Die Antwort ist relativ schnell gegeben: Während man mit ADO.NET SQL-Anweisungen in Form von Zeichenketten verwendet, die erst zur Laufzeit validiert werden, stellt LINQ Objekte zur Verfügung, deren Typ bereits während der Entwicklung geprüft werden kann. Somit lassen sich viele Fehler bereits beim Erstellen des Quellcodes erkennen und beheben. Als angenehmer Nebeneffekt kann dadurch sogar IntelliSense bei der Eingabe von Abfragen genutzt werden, was Tipparbeit spart und Fehler zu vermeiden hilft.

LINQ to SQL-Klassen per Quelltext erstellen

LINQ to SQL nutzt ein einfaches O/R-Mapping, in dem für jede Tabelle eine entsprechende Objektklasse erzeugt wird. Schauen wir uns auch dies wieder anhand des bereits bei ADO.NET demonstrierten Beispiels an:

```
// Standardverweise
using System;
using System.Collections.Generic;
using System.ComponentModel;
using System.Data;
using System.Drawing;
using System.Linq;
using System.Text;
using System.Threading.Tasks;
using System.Windows.Forms;

// Verweise für LINQ to SQL
using System.Data.Linq;
using System.Data.Linq.Mapping;

namespace Datenzugriff
{
    public partial class Form1 : Form
    {
        public Form1()
        {
            InitializeComponent();
        }

        private void btnLINQtoSQL_Click(object sender, EventArgs e)
        {
            // Datenkontext über Connection-String aufbauen
            DataContext db = new DataContext ("Database=MediaBase;" +
                    "Server=.\\SQL2022;Integrated Security=SSPI");

            // typisierte Tabelle erstellen
            Table<Buch> Buecher = db.GetTable<Buch>();

            db.Log = Console.Out;

            // eigentliche LINQ-Abfrage
            IQueryable<Buch> buchQuery =
                from buch in Buecher
                where buch.Autor == "Robert Panther"
                select buch;

            foreach (Buch buch in buchQuery)
            {
                txtErgebnis.Text = txtErgebnis.Text + (buch.ID).ToString() + "/" + buch.Titel
                                 + "\r\n";
            }
        }
    }
    [Table(Name = "Buch")]
    public class Buch
    {
        private int _ID;
        [Column(IsPrimaryKey = true, Storage = "_ID")]
        public int ID
```

```
        {


            get
            {
                return this._ID;
            }
            set
            {
                this._ID = value;
            }
        }
        private string _Titel;
        [Column(Storage = "_Titel")]
        public string Titel
        {
            get
            {
                return this._Titel;
            }
            set
            {
                this._Titel = value;
            }
        }

        private string _Autor;
        [Column(Storage = "_Autor")]
        public string Autor
        {
            get
            {
                return this._Autor;
            }
            set
            {
                this._Autor = value;
            }
        }

        private int? _Erscheinungsjahr;
        [Column(Storage = "_Erscheinungsjahr")]
        public int? Erscheinungsjahr
        {
            get
            {
                return this._Erscheinungsjahr;
            }
            set
            {
                this._Erscheinungsjahr = value;
            }
        }
    }
}
```

Im unteren Bereich des Quelltexts wird die Klasse `Buch` definiert, in der Eigenschaften für die Spalten *ID*, *Titel*, *Autor* und *Erscheinungsjahr* spezifiziert werden. In der Click-Ereignisprozedur der Schaltfläche `btnLINQtoSQL` wird zuerst ein Datenkontext erstellt, der quasi die Verbindung zur Datenbank *MediaBase* repräsentiert. Anschließend wird über die Methode `GetTable` die Tabelle *Buch* gelesen und an das typisierte Tabellenobjekt `Buecher` gebunden. Danach findet die eigentliche LINQ-Abfrage statt. Die Syntax ist ähnlich wie beim SQL-Befehl `SELECT`, allerdings in anderer Reihenfolge, da es für IntelliSense sinnvoller ist, erst die Tabellennamen und dann die entsprechenden Spalten anzugeben. Somit können die in den Tabellen enthaltenen Spalten bereits bei deren Eingabe erkannt bzw. vorgeschlagen werden.

Schließlich wird die über die LINQ-Abfrage definierte Query mit der `foreach`-Anweisung durchlaufen, und *ID* sowie *Titel* jedes Buchs werden in das Textfeld (`txtErgebnis`) geschrieben.

Damit das Programm ausgeführt werden kann, muss zuvor unter den Verweisen des Projekts noch ein Verweis auf die Assembly `System.Data.Linq` hinzugefügt werden.

LINQ to SQL-Klassen mit dem Server-Explorer erstellen

Die Klassen für die verschiedenen Tabellen müssen jedoch nicht – wie vielleicht aufgrund des Beispiels oben zu befürchten ist – manuell angelegt werden. Hier bietet Visual Studio entsprechende Unterstützung, um den Code auf Basis bestehender Tabellen automatisch generieren zu lassen. Dazu gehen Sie wie folgt vor:

1. Öffnen Sie Visual Studio Community 2022 und wählen Sie im Startbildschirm die Option *Neues Projekt erstellen* aus. Die folgende Anzeige der Projektvorlagen ist anfangs sehr überschaubar, da hier vor allem bereits verwendete Vorlagen angezeigt werden. Sie können aber über ein Eingabefeld per Stichwörtern nach Vorlagen suchen.
2. Geben Sie im Eingabefeld den Text *Windows Forms .NET* ein, und es erscheint eine Auswahl, die auch die Projektvorlage *Windows Forms-APP (.NET Framework)* auf Basis der Programmiersprache C# beinhaltet. Etwas weiter unten taucht derselbe Punkt noch einmal mit Visual Basic auf, doch wählen Sie hier die C#-Variante aus und klicken dann auf *Weiter*.
3. Es folgt ein Dialogfeld zum Konfigurieren des neuen Projekts. Geben Sie als Projektname *LINQtoSQL* an, der auch automatisch als Name der Projektmappe übernommen wird. Überschreiben Sie nun aber den Namen der Projektmappe mit der Bezeichnung *Datenzugriff*. Ändern Sie anschließend den Ordner, in dem die Projektmappe mit dem dazugehörenden Projekt abgelegt wird in *C:\SQLServer\Beispiele\Projekte* (oder einen anderen Ordner nach Wahl). In diesem Verzeichnis werden dann automatisch Unterverzeichnisse für Projektmappe und Projekt erstellt. Die Framework Version (*.NET Framework 4.7.2*) können Sie beibehalten, auch wenn hier bereits neuere Versionen angeboten werden. Klicken Sie nun auf *Erstellen*, um die Projektstruktur anlegen zu lassen. Bevor das geschieht, erscheint eventuell noch ein separates Dialogfeld, das Ihnen anbietet, sich bei Visual Studio anzumelden, was jedoch nicht erforderlich ist, sodass Sie auf die Schaltfläche *Schließen* klicken können.

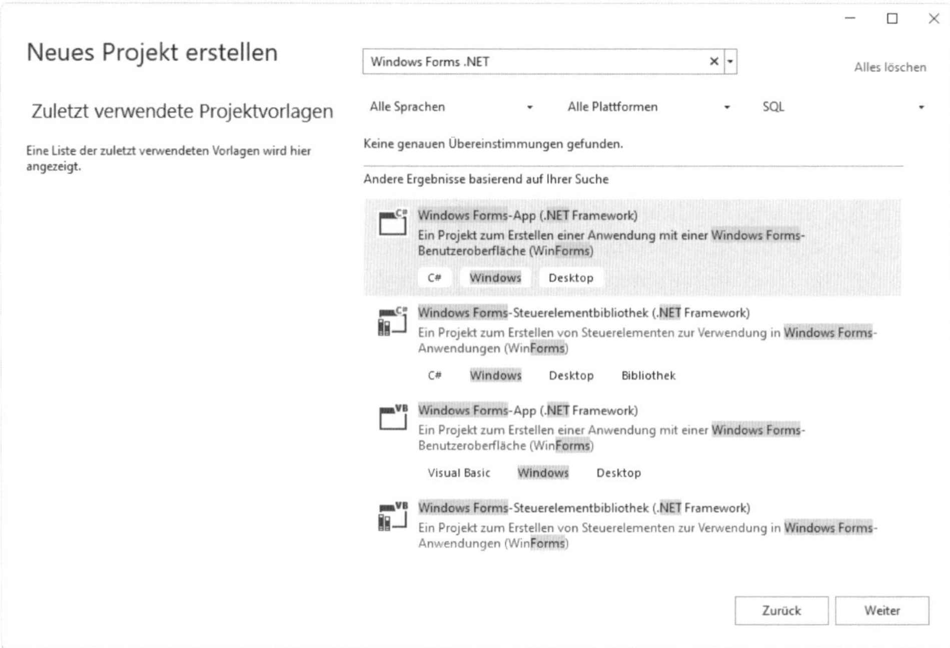

Abbildung 16.2: Die Suche nach der passenden Projektvorlage

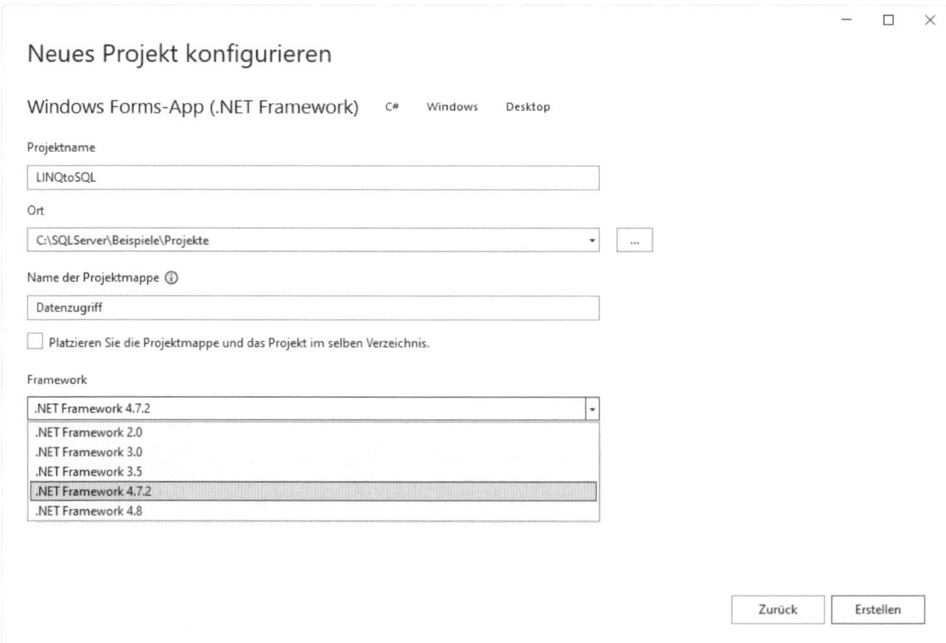

Abbildung 16.3: Die Konfiguration des Projekts

4. Es erscheint die Hauptansicht der Visual Studio-Benutzeroberfläche. Auf der linken Seite ist der *SQL Server-Objekt-Explorer* eingeblendet, auf der rechten Seite der *Projektmappen-Explorer* und dazwischen der Detailbereich, in dem ein leeres Windows-Formular mit Namen *Form1.cs* zu sehen ist, das Sie erst einmal schließen können.
5. Im Projektmappen-Explorer sehen Sie die gerade erzeugte Projektmappe *Datenzugriff* mit dem darunterliegenden Projekt *LINQtoSQL*. Klicken Sie nun mit der rechten Maustaste auf den Projektnamen und wählen Sie die Option *Hinzufügen/Neues Element*.
6. Im anschließend erscheinenden Dialogfeld erscheint eine recht lange Liste an möglichen Elementtypen, die Sie durch einen Klick auf das Element *Daten* in der linksseitig dargestellten Liste der installierten C#-Elemente eingrenzen können. Wählen Sie nun das Element *LINQ to SQL-Klassen* und passen Sie den Namen der zu generierenden *.dbml*-Datei auf *MediaBase* an, bevor Sie auf *Hinzufügen* klicken.

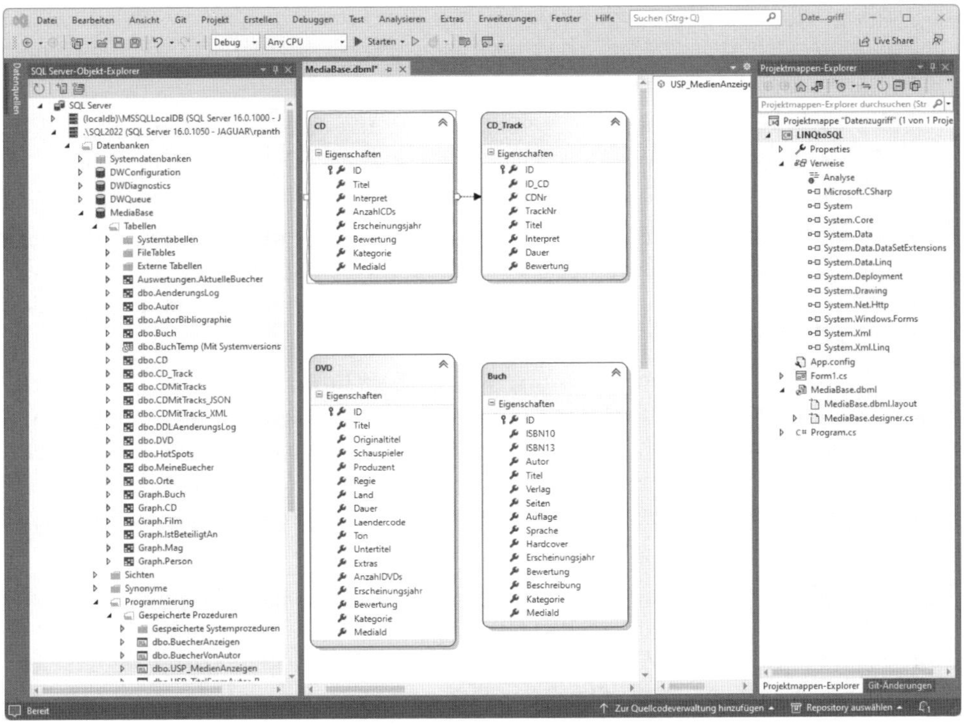

Abbildung 16.4: Der Entwurfsmodus für LINQ to SQL-Klassen

7. Es erscheint der Entwurfsmodus für LINQ to SQL-Klassen, in dem Sie Tabellen aus dem Server-Explorer (in dem Sie sich zuvor mit der Serverinstanz *.\SQL2022* und der Datenbank *MediaBase* verbunden haben) mit der Maus einfach in den Detailbereich ziehen können, um diese dem Modell hinzuzufügen. Analog können Sie sogar gespeicherte Prozeduren und Funktionen auf die rechte Seite des Detailbereichs ziehen, um hierfür später Methoden generieren zu lassen.
8. Sobald Sie das Modell speichern und das Projekt kompilieren, werden die entsprechenden Klassen im Hintergrund generiert und stehen sofort zur Benutzung im Quelltext

zur Verfügung. Das Hinzufügen des Verweises auf die Assembly `System.Data.Linq` geschah in diesem Fall automatisch durch die Verwendung des Designers für LINQ to SQL-Klassen.

Das ADO.NET Entity Framework

Am konsequentesten wird die Schichtentrennung mit Nutzung des Entity Framework verfolgt, da hier die größte Unabhängigkeit zwischen Daten- und Objektmodell besteht. Während bei LINQ to SQL für jede Tabelle genau eine Klasse generiert wird, können Sie beim Entity Framework eine Tabelle auf mehrere Klassen verteilen oder aber mehrere Tabellen in einer Klasse zusammenfassen. Um das zu realisieren, werden innerhalb der Datenzugriffsschicht drei fest definierte Ebenen verwendet:

- Das logische Modell (*Storage Model*) repräsentiert die Daten, so wie sie auf dem SQL Server gespeichert sind. Dafür wird die Datenspeicherschema-Definitionssprache (*Storage Schema Definition Language*, SSDL) verwendet.
- Das konzeptionelle Modell (*Conceptual Model*) nutzt die konzeptionelle Schemadefinitionssprache (*Conceptual Schema Definition Language*, CSDL), um die Objektstruktur zu beschreiben, auf die das logische Modell abgebildet wird.
- Zwischen logischem und konzeptionellem Modell liegt die Zuordnungsschicht (*C-S Mapping*), in der die Zuordnung von Tabellen auf Objektklassen und Tabellenspalten auf Objekteigenschaften stattfindet. Dies geschieht mithilfe der Mapping-Spezifikationssprache (*Mapping Specification Language*, MSL).

Alle drei Schichten werden intern in einer *.edmx*-Datei (im XML-Format) gespeichert. Der Zugriff auf die Datenschicht erfolgt dann entweder in Entity SQL (einer speziellen SQL-Variante zum Zugriff auf Entities) oder über die entsprechende LINQ-Variante LINQ to Entities.

Schauen wir uns nun einmal das generelle Vorgehen zum Erstellen eines Datenzugriffs mithilfe des Entity Framework an:

1. Nutzen Sie die bestehende Visual Studio Solution und erstellen Sie darin ein neues Projekt vom Typ *Windows Forms-APP (.NET Framework)*, indem Sie mit der rechten Maustaste im Projektmappen-Explorer auf die Solution klicken, dann *Hinzufügen/Neues Projekt* auswählen und anschließend den oben genannten Projekttyp wählen. Als Projektnamen vergeben Sie *EntityFramework* und klicken anschließend auf *Erstellen*.
2. Um diesem Projekt ein Entity Data Model hinzuzufügen, klicken Sie im Projektmappen-Explorer mit der rechten Maustaste auf den Projektnamen und wählen anschließend die Option *Hinzufügen/Neues Element*.
3. Wählen Sie nun die Vorlage *ADO.NET Entity Data Model* aus und ändern Sie den Namen der zu generierenden Datei auf *MediaBase*, bevor Sie auf *Hinzufügen* klicken.
4. Im nächsten Schritt müssen Sie mit einer Auswahl zwei Entscheidungen treffen. Die erste ist, ob Sie den Entity Framework Designer oder den Code-first-Ansatz nutzen möchten. Als Zweites müssen Sie festlegen, ob ein leeres Datenmodell oder eines auf einer bestehenden Datenbank erstellt werden soll. Die vier Auswahlmöglichkeiten, die Sie präsentiert bekommen, sind die verschiedenen Kombinationsmöglichkeiten aus

diesen beiden Fragen. Da wir das Datenmodell auf Basis einer bestehenden Datenbank erstellen und gleichzeitig den Entity Framework Designer nutzen möchten, bestätigen Sie die erste Variante (*EF Designer aus Datenbank*) durch einen Klick auf die Schaltfläche *Weiter*.

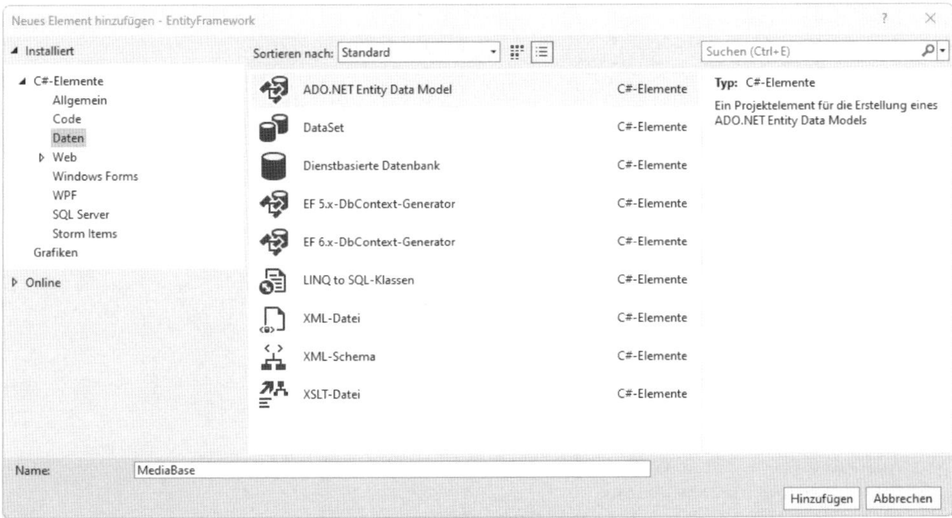

Abbildung 16.5: Hinzufügen eines ADO.NET Entity Data Model

5. Anschließend ist die Datenverbindung auszuwählen bzw. über die Schaltfläche *Neue Verbindung* neu zu definieren. Geben Sie hier nach Auswahl der Datenquelle *Microsoft SQL Server* die entsprechende Serverinstanz (z.B. *.\SQL2022)* und die Datenbank (*MediaBase*) an und belassen Sie den Authentifizierungsmodus auf *Windows-Authentifizierung*. Im unteren Bereich des aufrufenden Dialogfelds können Sie über ein Kontrollkästchen dafür sorgen, dass die Verbindungseinstellungen in der Datei *App.Config* gespeichert werden, wodurch sie später auch für weitere Modelle innerhalb desselben Projekts wiederverwendet werden können.
6. Als Nächstes folgt die Auswahl der zu verwendenden Version von Entity Framework. Behalten Sie hier die Vorauswahl *Entity Framework 6.x* bei und klicken Sie auf *Weiter*.
7. Nun sind die Datenbankobjekte (Tabellen, Sichten, gespeicherte Prozeduren und Funktionen) auszuwählen, die im Modell berücksichtigt werden sollen. Dazu können Sie auch den Namen des Namespace für das Modell festlegen.

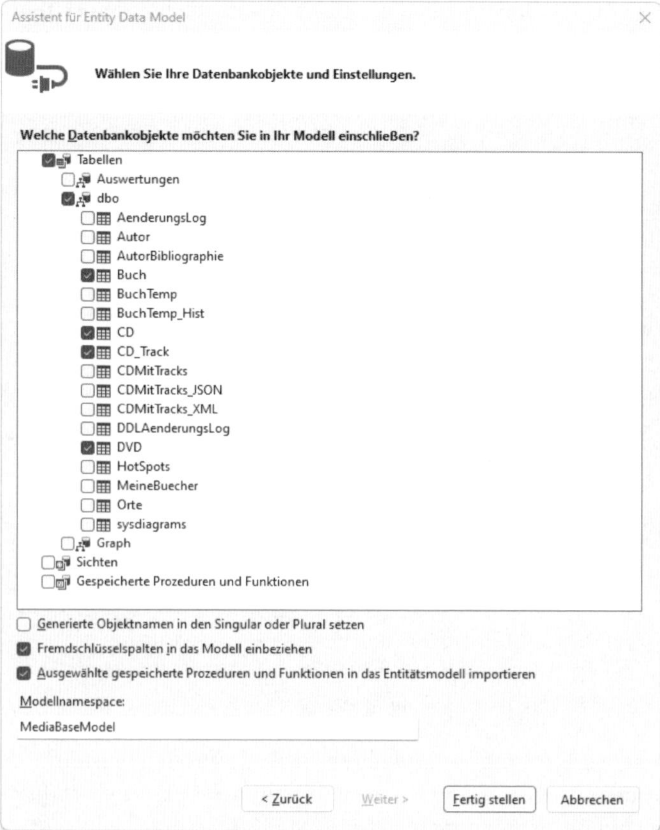

Abbildung 16.6: Die Auswahl der in das Modell zu integrierenden Datenbankobjekte

8. Wenn Sie auf *Fertig stellen* klicken, erscheint eventuell noch eine Meldung, die Sie darauf hinweist, dass das Ausführen einer Textvorlage eine potenzielle Gefahr darstellt, bei der Sie aber ruhigen Gewissens das Kästchen bei *Diese Meldung nicht mehr anzeigen* anklicken und dann mit *OK* bestätigen können. Anschließend wird das Entity Data Model generiert und in einer *.edmx*-Datei abgelegt. Dazu wird die grafische Darstellung des Modells im Detailbereich von Visual Studio angezeigt.

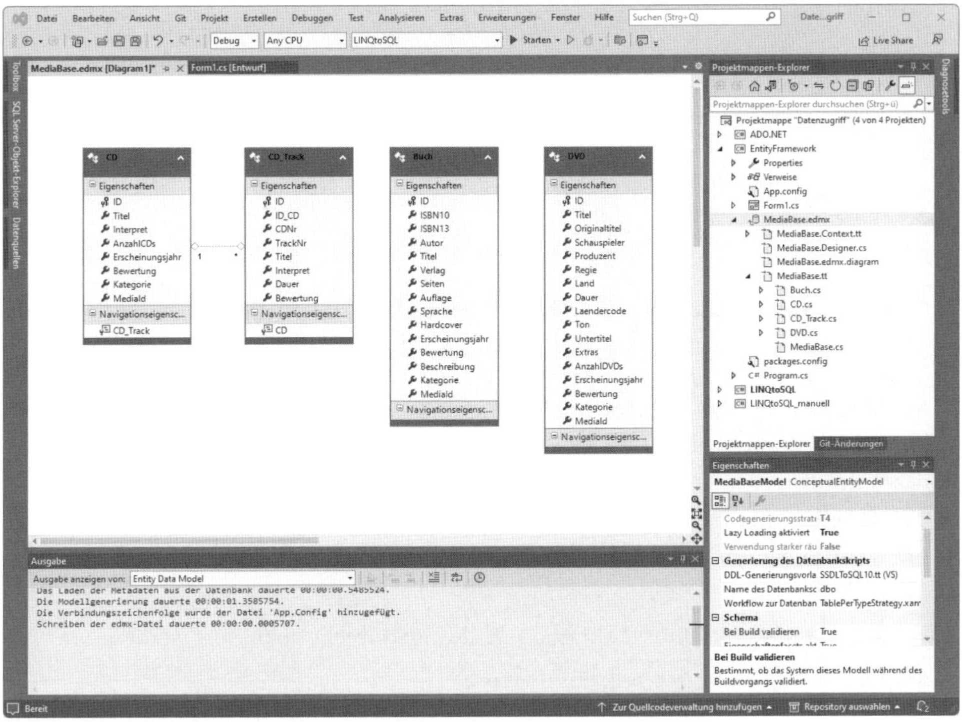

Abbildung 16.7: Das Entity Data Model in der grafischen Darstellung

Aufbau der .edmx-Datei

Wenn es Sie interessiert, wie die *.edmx*-Datei aufgebaut ist, können Sie diese in einem beliebigen Texteditor öffnen. Sie werden feststellen, dass es reines XML ist.

Übersichtlicher lässt sich das im Internet Explorer betrachten, indem Sie eine Kopie der Datei erstellen, dieser die Endung *.xml* geben und sie dann mit der Maus in ein zuvor geöffnetes Internet Explorer-Fenster ziehen. Hier sind schnell die folgenden Bereiche zu erkennen, die genau den weiter oben beschriebenen Ebenen der Datenzugriffsschicht entsprechen:

`<edmx:StorageModels>` – logisches Modell

`<edmx:ConceptualModels>` – konzeptionelles Modell

`<edmx:Mappings>` – Zuordnung zwischen logischem und konzeptionellem Modell

9. Nachdem Sie nun das Entity Data Model erstellt haben, fehlt noch die eigentliche Anwendung. Schließen Sie dazu die Designer-Ansicht des Datenmodells und öffnen Sie anschließend das Formular *Form1* im Entwurfsmodus, falls dies nicht ohnehin im Hintergrund noch geöffnet war.
10. Fügen Sie dem Formular über die Toolbox eine *ComboBox* (`cboCD`) und eine *DataGridView* (`grdCDTrack`) hinzu und nutzen Sie für beide die volle Breite des Formulars aus.
11. Doppelklicken Sie auf einen leeren Bereich des Formulars, wodurch Sie in die Ereignisprozedur `Form1_Load` gelangen, die Sie mit folgendem Code füllen:

```
private void Form1_Load(object sender, EventArgs e)
{
    mediaBaseContext = new MediaBaseEntities();

    DbQuery<CD> cdQuery = mediaBaseContext.CD.Include("CD_Track");
    cdQuery.Load();

    cboCD.DataSource = cdQuery.ToArray();
    cboCD.DisplayMember = "Titel";
    cboCD.ValueMember = "ID";
}
```

Hierdurch wird ein Kontextobjekt (`mediaBaseContext`) erzeugt, über das Sie auf das Modell zugreifen können. Anschließend wird eine Abfrage (`cdQuery`) erstellt, die die Objekte des Typs *CD* sowie deren *CD_Track*-Objekte enthält. Diese Abfrage wird als Datenquelle für die `ComboBox` festgelegt, wobei die *Titel*-Spalte als anzuzeigendes Element und die *ID*-Spalte als Identifier für das ausgewählte Element definiert werden.

12. Damit das Entity Framework im Projekt nutzbar ist, ergänzen Sie die folgende `using`-Anweisung:

```
// Verweise für ADO.NET Entity Framework
using System.Data.Entity;
```

13. In der Klasse *Form1* muss nun noch das Kontextobjekt deklariert werden:

```
private MediaBaseEntities mediaBaseContext;
```

14. Wechseln Sie jetzt wieder zur Entwurfsansicht des Formulars und doppelklicken Sie auf die ComboBox, wodurch auch hierfür eine Ereignisprozedur generiert wird, die Sie wie folgt füllen:

```
private void cboCD_SelectedIndexChanged(object sender, EventArgs e)
{
   CD cd = (CD)this.cboCD.SelectedItem;
   grdCDTrack.DataSource = cd.CD_Track.ToList();
}
```

Dadurch wird ein *CD*-Objekt definiert und mit der ausgewählten CD gefüllt. Deren Tracks werden anschließend als Datenquelle für die DataGridView verwendet.

15. Der gesamte Quelltext sollte nun wie folgt aussehen:

```
using System;
using System.Collections.Generic;
using System.ComponentModel;
using System.Data;
using System.Data.Entity;
using System.Data.Entity.Infrastructure;

using System.Drawing;
using System.Linq;
using System.Text;
using System.Threading.Tasks;
using System.Windows.Forms;

namespace Datenzugriff_EntityFramework
{
    public partial class Form1 : Form
```

```
    {
        private MediaBaseEntities mediaBaseContext;

        public Form1()
        {
            InitializeComponent();
        }

        private void Form1_Load(object sender, EventArgs e)
        {
            mediaBaseContext = new MediaBaseEntities();

            DbQuery<CD> cdQuery
                = mediaBaseContext.CD.Include("CD_Track");
            cdQuery.Load();

            cboCD.DataSource = cdQuery.ToArray();
            cboCD.DisplayMember = "Titel";
            cboCD.ValueMember = "ID";
        }

        private void cboCD_SelectedIndexChanged(object sender, EventArgs e)
        {
            CD cd = (CD)this.cboCD.SelectedItem;
            grdCDTrack.DataSource = cd.CD_Track.ToList();
        }
    }
}
```

16. Bevor Sie die Anwendung mit der F5-Taste starten können, muss das Projekt noch als Startprojekt ausgewählt werden, da sich mehrere Projekt in der Projektmappe befinden und sonst eventuell das falsche Projekt gestartet wird. Klicken Sie dazu das Projekt in der Projektmappe mit der rechten Maustaste an und wählen Sie dann die Option *Als Startprojekt festlegen* aus.

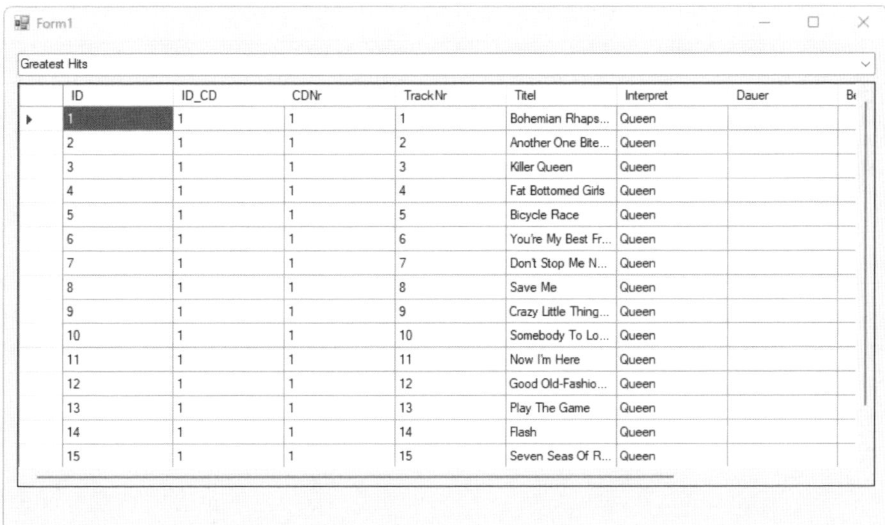

Abbildung 16.8: Das Beispiel zur Laufzeit

17. Starten Sie nun die Anwendung mit der F5-Taste. Sie sollten dann ein Formular sehen, in dem die in der Datenbank gespeicherten CD-Titel über die ComboBox auswählbar sind. Die Titel der gewählten CD sind in der DataGridView darunter zu sehen.

Auch das Entity Framework bietet natürlich noch viele weitere Möglichkeiten, mit denen man alleine ein ganzes Buch füllen kann, sodass diese hier aus Platzgründen nicht genauer beleuchtet werden können.

Übungen zu diesem Kapitel

In diesem Abschnitt finden Sie einige Übungen, mit denen Sie das in diesem Kapitel Erlernte vertiefen können. Die richtigen Antworten und Lösungen finden Sie in *Anhang C* dieses Buchs.

Übung 16.1

Welche drei Schichten werden bei der 3-Tier-Architektur unterschieden?

Übung 16.2

Von welcher Klasse müssen Sie zuerst ein Objekt erstellen, bevor Sie mit ADO.NET arbeiten können?

Übung 16.3

Wie wird bei LINQ to SQL die Trennung zwischen Datenbankschicht und Anwendungslogik realisiert?

Übung 16.4

Wo wird im ADO.NET Entity Framework die Zuordnung von Tabellen zu Objekten gespeichert?

Zusammenfassung

Zu Beginn des Kapitels haben Sie gelernt, warum eine Aufteilung der Anwendungsarchitektur in Datenbankschicht, Geschäftslogik und Präsentationsschicht sinnvoll sein kann.

Am Beispiel des `SqlDataReader` haben Sie dann gesehen, wie der Datenzugriff über ADO.NET erfolgen kann. Danach wurde dieselbe Beispielanwendung auf Basis von LINQ to SQL erläutert. Aber erst das ADO.NET Entity Framework – das LINQ to SQL mittelfristig ersetzen soll – bietet eine richtige Trennung zwischen Datenbankschicht und Geschäftsobjekten, da diese weitgehend unabhängig voneinander modelliert werden können. Auch wenn LINQ to SQL irgendwann aussterben wird, können Sie die Abfragesyntax von LINQ nach wie vor nutzen, um beispielsweise mit der Implementierung LINQ to Entities auf Klassen des Entity Framework zuzugreifen.

Die gezeigten Beispiele stellen natürlich nur einen minimalen Auszug aus der jeweiligen Datenzugriffstechnologie dar. Dies sollte jedoch ausreichen, um eine ungefähre Vorstellung von der Funktionsweise zu bekommen.

Dieses Kapitel schließt den Teil V zur fortgeschrittenen Datenbankentwicklung ab. Im folgenden – und gleichzeitig letzten – Teil des Buchs wird gezielt auf verschiedene Spezialthemen und erweiterte Funktionen von Microsoft SQL Server eingegangen.

Teil VI
Erweiterte Funktionen

In diesem Teil:

Kapitel 17	Datenebenenanwendungen	389
Kapitel 18	Datenebenenanwendungen	389
Kapitel 19	Berichte erstellen mit den SQL Server Reporting Services	423
Kapitel 20	Zusammenarbeit mit anderen SQL Server-Instanzen und -Editionen	437
Kapitel 21	SQL Server und die Cloud	453
Kapitel 22	Das Azure Data Studio	473

Kapitel 17
Datenebenenanwendungen

In diesem Kapitel lernen Sie

- was Datenebenenanwendungen sind und wie man sie einsetzen kann
- wie Sie neue Datenebenenanwendungen erstellen
- wie Datenebenenanwendungen verteilt werden
- wie Sie mit BACPAC-Dateien Datenstrukturen zusammen mit den Daten selbst verteilen können

Überblick über Datenebenenanwendungen

Eine der wichtigsten Neuerungen von SQL Server 2008 R2 Express war damals die Einführung von sogenannten *Datenebenenanwendungen*. Der etwas holprige Begriff entspringt der Übersetzung der Originalbezeichnung *Data Tier Applications*, womit eigentlich nichts anderes als Datenbankanwendungen bzw. genau genommen die Datenbankschicht von Anwendungen gemeint sind. Dabei geht es allerdings weniger um die Anwendung selbst als mehr um die dafür benötigten Datenstrukturen inklusive deren Zugriffslogik in Form von gespeicherten Prozeduren und Funktionen. Mithilfe von Datenebenenanwendungen soll die Verwaltung und insbesondere das Verteilen dieser Datenstrukturen (und Änderungen daran) erleichtert werden.

In der Database Edition von Visual Studio 2008 gab es bereits einen vergleichbaren Ansatz, in dem Datenstrukturen in entsprechenden Datenbankprojekten verwaltet werden konnten. Dabei wurde für jedes einzelne Datenbankobjekt (egal ob Tabelle, Sicht, Index oder gespeicherte Prozedur) eine separate SQL-Skriptdatei vorgehalten, die auch nachträglich bearbeitet werden konnte. Selbst eigene SQL-Skripte konnten dem Projekt hinzugefügt werden. Und auch die Datenbank- und Serverkonfigurationseinstellungen ließen sich in den Projekten unterbringen, wobei dazu XML-Dateien genutzt wurden.

Um die so verwalteten Datenbankstrukturen auf echte Datenbanken zu verteilen, wurden verschiedene Möglichkeiten angeboten, angefangen bei Schemavergleichen zwischen Projekt und Datenbank bis hin zur automatischen Bereitstellung beim »Übersetzen« des Projekts. In beiden Fällen wurden Differenzskripte erzeugt, mit denen die geänderten und fehlenden Datenbankobjekte auf der Zieldatenbank angepasst wurden. Auf dem SQL Server wurden also lediglich SQL-Skripte ausgeführt, eine spezielle Unterstützung für diese Datenbankprojekte war nicht erforderlich.

Die Datenebenenanwendungen gehen hier noch einen Schritt weiter. Aufseiten von Visual Studio hat sich an Struktur und Aufbau der Datenbankprojekte zwar wenig geändert, aber nun werden die Datenebenenanwendungen auch im SQL Server als solche registriert und sind damit noch besser verwaltbar. Mit dem SQL Server Management Studio lassen sich sogar Datenebenenanwendungen auf Basis einer existierenden Datenbank erstellen, ohne dass dafür Visual Studio benötigt wird. Somit kann man eine Datenbank direkt mit den gewohnten Datenbanktools in Ruhe vorbereiten und anschließend in Form einer Datenebenenanwendung auf andere Server verteilen.

Im Gegensatz zu den früheren Datenbankprojekten der Visual Studio Database Edition, deren kompilierte Form aus XML-Dateien mit der Endung *.dbschema* bestand, nutzen die Datenebenenanwendungen Dateien mit der Endung *.dacpac*, die eigentlich nichts anderes als im ZIP-Format komprimierte Dateien sind. Diese Dateien werden auch als *DAC-Paket* bezeichnet, wobei DAC eine etwas gewöhnungsbedürftige Abkürzung für *Data Tier Application* darstellt.

Erstellen von Datenebenenanwendungen

Zum Erzeugen einer Datenebenenanwendung gibt es verschiedene Wege. So kann man sie mit Visual Studio (bzw. den SQL Server Data Tools) durch Auswahl des passenden Projekttyps erstellen. In diesem Projekt sind dann die einzelnen Datenbankobjekte in Form von separaten Skriptdateien enthalten. Wenn man diese Skriptdateien nicht selbst erstellen will, kann man eine komplette Datenbank (genauer gesagt deren Strukturen) importieren, einen Schemavergleich mit einer bestehenden Datenbank durchführen oder aber eine Skriptdatei importieren, die `CREATE`-Anweisungen für die gewünschten Datenbankobjekte enthält. Dieses Skript lässt sich wiederum recht einfach mit dem SQL Server Management Studio auf Basis einer bestehenden Datenbank erstellen.

Datenebenenanwendungen, Visual Studio und die SQL Server Data Tools

Um mit Datenebenenanwendungen zu arbeiten, war früher Visual Studio Premium oder Ultimate erforderlich. Mit Einschränkungen (kein Schemavergleich) konnte auch die Professional Edition verwendet werden. Seit der Einführung von SQL Server 2012 gibt es jedoch die SQL Server Data Tools, die mit den Datenbankprojekten quasi zum Nulltarif eine ähnliche Funktionalität bereitstellen. Mittlerweile sind die SQL

Server Data Tools in die Visual Studio-Installation (selbst bei der kostenfreien Community Edition) integriert. Da diese jedoch in *Kapitel 18, Datenbankprojekte und die SQL Server Data Tools*, ausführlich behandelt werden, beschränken sich die folgenden Beschreibungen erst einmal auf die Möglichkeiten, Datenebenenanwendungen mit SQL Server-Bordmitteln zu nutzen.

Extrahieren von Datenebenenanwendungen

Wenn die Grundlage für eine Datenebenenanwendung ohnehin eine bestehende Datenbank ist, bietet es sich natürlich an, diese auch direkt im SQL Server Management Studio zu erstellen. Das kann anhand der folgenden Anleitung ausprobiert werden:

1. Stellen Sie im SQL Server Management Studio eine Verbindung zur lokalen Serverinstanz *SQL2022* her.
2. Klicken Sie im Objekt-Explorer mit der rechten Maustaste auf *Datenbanken/MediaBase* und wählen Sie die Option *Tasks/Datenschichtanwendung extrahieren*[1]. Es erscheint der Assistent zum Extrahieren von Datenebenenanwendungen.

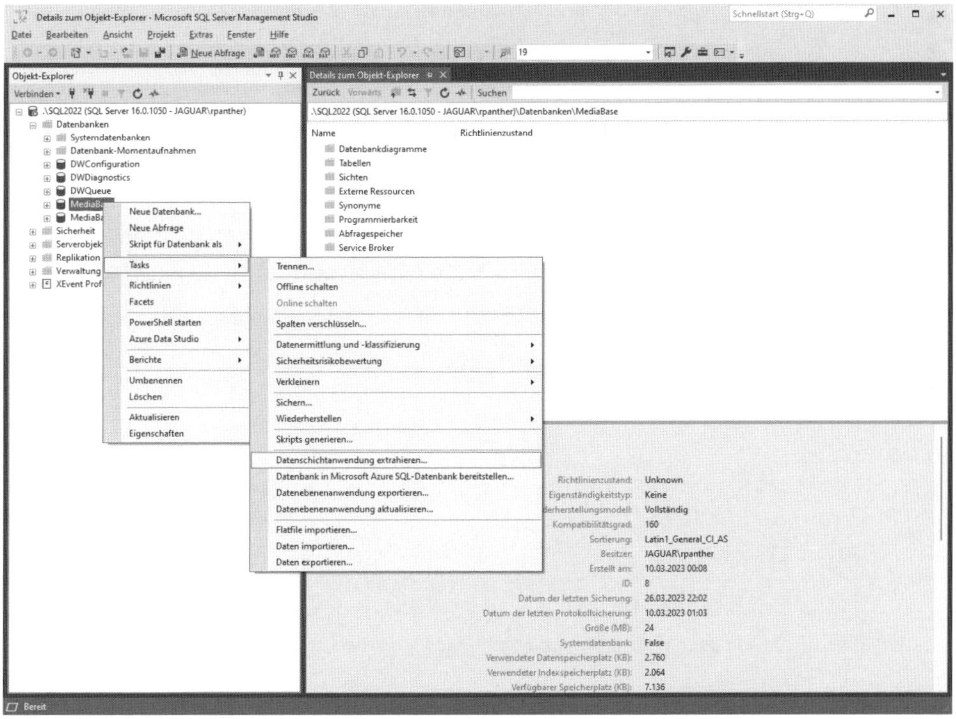

Abbildung 17.1: Aufruf des Assistenten zum Extrahieren von Datenebenenanwendungen

1 Im aktuellen SQL Server Management Studio wurde der Begriff *Datenebenenanwendung* teilweise – aber leider nicht konsequent überall – durch *Datenschichtanwendung* ersetzt. Mit beiden Bezeichnungen ist jedoch dasselbe gemeint.

3. Im Schritt *Eigenschaften festlegen* können Sie einen Namen und eine Versionsnummer für die Datenebenenanwendung definieren sowie einen Kommentar hinterlegen, der die Anwendung beschreibt. Der Name ist bereits mit dem Namen der Datenbank vorbelegt. Dazu ist der Pfad anzugeben, in dem die Datei mit der Endung *.dacpac* abgelegt werden soll. Da dieser in der Voreinstellung im User-Verzeichnis des angemeldeten Benutzers liegt, woraus ein etwas unübersichtlicher Pfad resultiert, können Sie hier stattdessen auch einen alternativen Pfad angeben, wie Abbildung 17.2 zeigt.

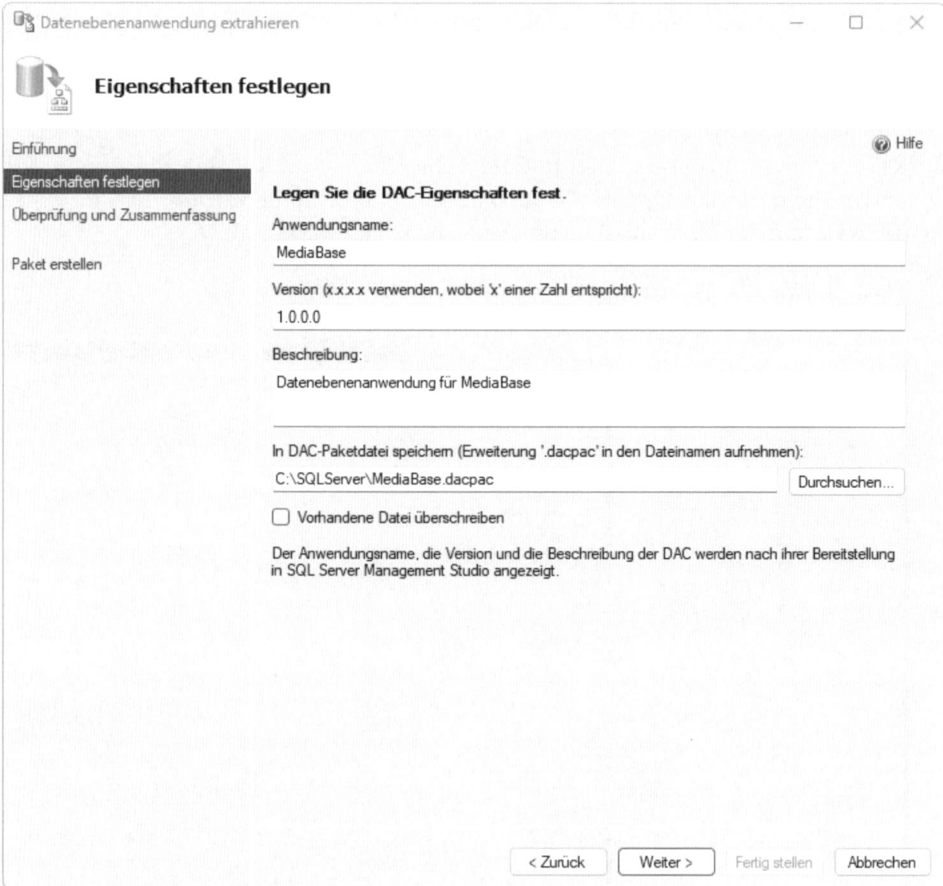

Abbildung 17.2: Definieren der Eigenschaften für eine Datenebenenanwendung

4. Im nächsten Schritt folgt eine Zusammenfassung der vorgenommenen Einstellungen. Dabei wird auch überprüft, ob alle in der Datenbank vorhandenen Objekte von Datenebenenanwendungen unterstützt werden.

Nicht unterstützte Datenbankobjekttypen

Bei älteren Versionen von SQL Server wurden leider noch nicht alle Objekttypen von Datenebenenanwendungen unterstützt. Anfangs waren dies vor allem DDL-Trigger, Service Broker und Volltextkataloge. Obwohl die Datenebenenanwendungen mit jeder Version von SQL Server überarbeitet wurden, kann es auch bei neueren Versionen vorkommen, dass insbesondere neu eingeführte Features nicht unterstützt werden. Sollten Sie versuchen, eine Datenebenenanwendung für eine Datenbank zu erstellen, die nicht unterstützte Objekttypen beinhaltet, werden Sie vom Assistenten zum Extrahieren von Datenebenenanwendungen darauf hingewiesen. Bei den meisten Datenbanken dürften hier aber keine Probleme mehr zu erwarten sein.

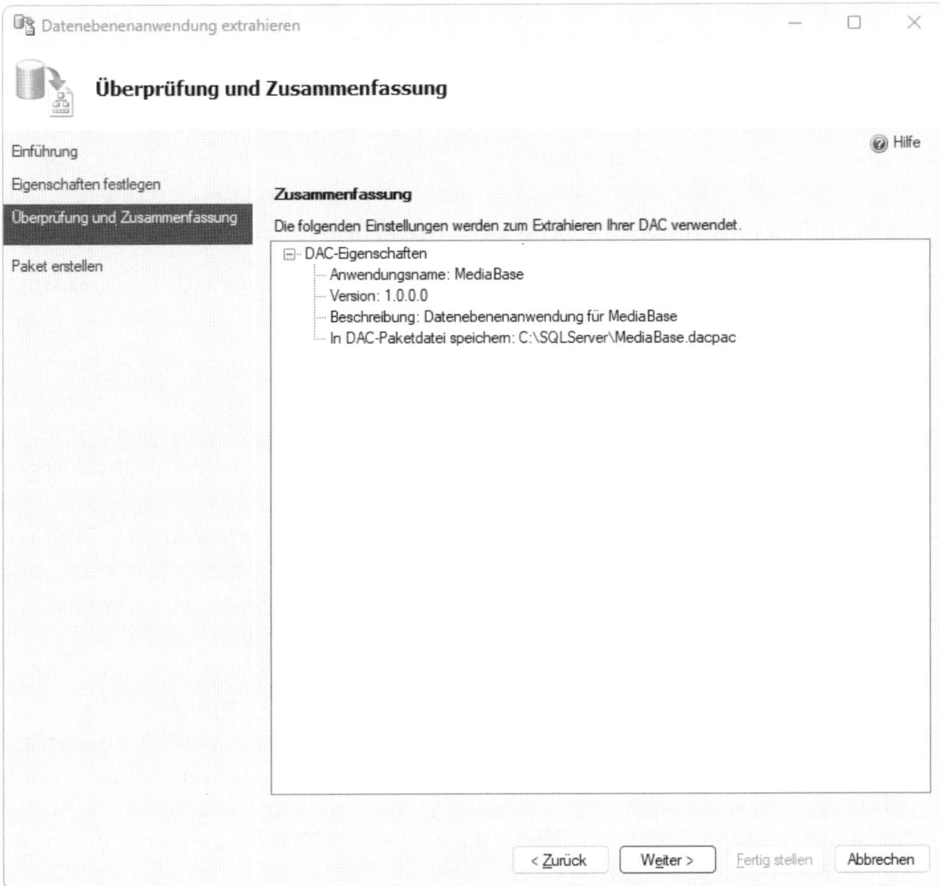

Abbildung 17.3: Zusammenfassung und Überprüfung der verwendeten Objekte

5. Sofern es keine Probleme bei den verwendeten Datenbankobjekten gibt, können Sie auf die Schaltfläche *Weiter* klicken, wodurch das DAC-Paket erstellt wird – und fertig ist Ihre erste Datenebenenanwendung. Das Ergebnis ist eine Datei *MediaBase.dacpac*, die im zuvor angegebenen Pfad liegt und die komplette Datenbankstruktur beschreibt.

Interner Aufbau von DACPAC-Dateien

Genau genommen handelt es sich bei der erzeugten DACPAC-Datei um eine ZIP-komprimierte Datei, die verschiedene XML-Dateien enthält, die das Datenbankschema beschreiben. Wenn Sie die Dateiendung in *ZIP* umbenennen, können Sie das leicht nachprüfen.

Verteilen von Datenebenenanwendungen

Der hauptsächliche Nutzen von Datenebenenanwendungen liegt natürlich nicht darin, sie auf einem Server zu verwalten, sondern sie auf anderen Zielservern ausrollen zu können. In der Praxis wird das verwendet, um die Datenstrukturen einer Anwendung auf verschiedene Server zu verteilen, oder aber, um aktualisierte Stände dieser Strukturen von einer Entwicklungsumgebung auf eine Testumgebung oder später auch Produktionsumgebung zu übertragen.

Dazu müssen Sie lediglich das DAC-Paket (also die Datei mit der Endung *.dacpac*) auf dem entsprechenden Zielserver einspielen.

Bereitstellen von Datenebenenanwendungen

Das Bereitstellen von Datenebenenanwendungen funktioniert ebenfalls über das SQL Server Management Studio:

1. Stellen Sie im SQL Server Management Studio eine Verbindung zur lokalen Serverinstanz *SQL2022* her.
2. Klicken Sie im Objekt-Explorer mit der rechten Maustaste auf *Datenbanken* und wählen Sie die Option *Datenschichtanwendung bereitstellen* aus. Es erscheint der Assistent zum Bereitstellen von Datenebenenanwendungen.
3. Die einzige Entscheidung, die Sie in diesem Assistenten treffen müssen, ist die Auswahl des richtigen DAC-Pakets, alles andere geschieht automatisch. Da aber bereits eine Datenbank mit demselben Namen existiert, erhalten Sie eine entsprechende Fehlermeldung. Ändern Sie den Namen stattdessen in *MediaBase2*, und Sie können nach einer Zusammenfassung die Datenebenenanwendungen bereitstellen lassen, wodurch die Datenbank angelegt und als Datenebenenanwendung registriert wird.
4. Wenn Sie nun den Zweig *Datenbanken* aktualisieren, ist hier die neu bereitgestellte Datenbank zu finden. Dabei ist allerdings zu beachten, dass diese keinerlei Daten enthält, da der Vorgang des Bereitstellens ja nur die Datenstrukturen anlegt. Für den Export und Import von Daten gibt es jedoch auch eine Möglichkeit, die weiter unten in diesem Kapitel behandelt wird.

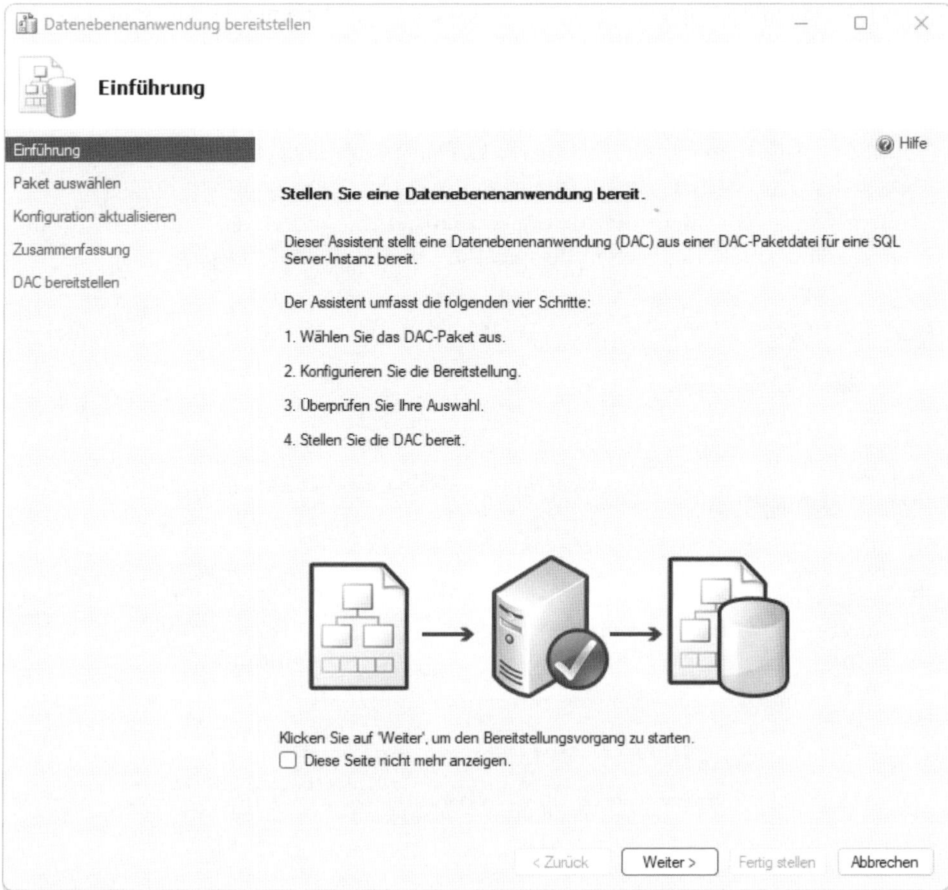

Abbildung 17.4: Der Assistent zum Bereitstellen von Datenebenenanwendungen

Aktualisieren von Datenebenenanwendungen

Ein weiterer großer Vorteil von Datenebenenanwendungen ist die Möglichkeit, eine bestehende Datenbank zu aktualisieren, um beispielsweise die Datenstrukturänderungen, die mit einer neuen Version der Anwendung erforderlich werden, zu verteilen.

Um das sinnvoll ausprobieren zu können, verändern wir nun die gerade bereitgestellte Datenbank, indem eine Sicht sowie zwei Spalten aus einer Tabelle entfernt werden:

1. Stellen Sie im SQL Server Management Studio eine Verbindung zur lokalen Serverinstanz *SQL2022* her.
2. Löschen Sie mit dem SQL Server Management Studio in der Datenbank *MediaBase2* die Sicht *VW_AktuelleCDs*.
3. Öffnen Sie die Tabelle *dbo.DVD* im Bearbeitungsmodus und löschen Sie dort die Spalte *Land*.

Wenn die Datenbank nun mit der zuvor gespeicherten Datenebenenanwendung aktualisiert wird, werden die gerade gelöschten Datenbankobjekte wieder neu angelegt. Gehen Sie dazu wie folgt vor:

1. Klicken Sie im Objekt-Explorer mit der rechten Maustaste auf *Datenbanken/MediaBase2* und wählen Sie die Option *Tasks/Datenebenenanwendung aktualisieren* aus. Es erscheint der Assistent zum Aktualisieren von Datenebenenanwendungen.
2. Auch hier ist vor allem die für die Aktualisierung zu verwendende DAC-Paketdatei auszuwählen, also in unserem Beispiel die Datei *MediaBase.dacpac*.

Abbildung 17.5: Der Assistent zum Aktualisieren von Datenebenenanwendungen

3. Der Assistent erkennt nun, dass an der zu aktualisierenden Datenbank Änderungen vorgenommen wurden, die nicht von einer Datenebenenanwendung stammen. Daher müssen Sie durch Anklicken eines Kontrollkästchens bestätigen, dass diese Änderungen verloren gehen dürfen, bevor es weitergeht.
4. Anschließend erhalten Sie die Möglichkeit, anzukreuzen, dass bei einem Fehler während des Upgrades ein Rollback ausgeführt wird, wodurch alle Änderungen wieder rückgängig gemacht werden. Da wir in diesem Beispiel ohnehin auf einer leeren Datenbank arbeiten, können wir hier die Voreinstellung beibehalten.

5. Im Schritt *Upgradeplan überprüfen* wird ein Plan erstellt, in dem die einzelnen Schritte aufgelistet sind, die zur Aktualisierung der Datenbank erforderlich sind. Dabei werden teilweise auch Objekte (insbesondere Trigger und Constraints) entfernt und am Ende wieder neu angelegt, da sie sonst den Änderungen dazwischen im Wege stehen würden. Schauen Sie sich die Liste einmal genau an und klicken Sie dann auf *Weiter.*
6. Zum Schluss erfolgt die übliche Zusammenfassung, bevor die Datenbank aktualisiert wird. Dabei werden existierende Verbindungen zur Datenbank vorher getrennt. Die Daten in den Tabellen bleiben jedoch erhalten, sofern das möglich ist.

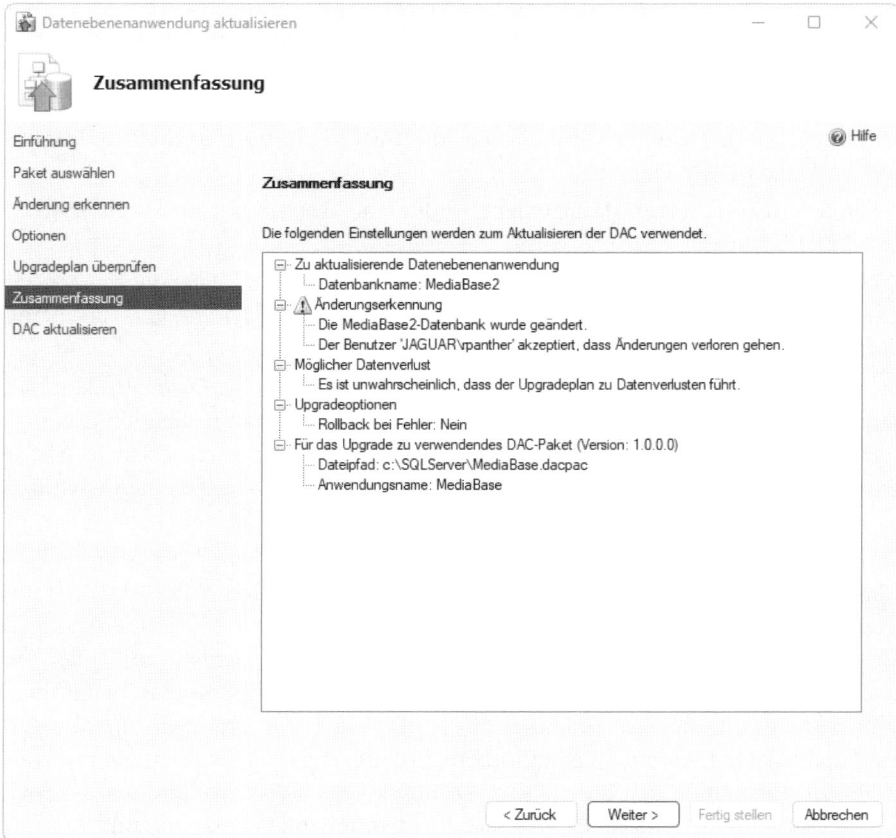

Abbildung 17.6: Die Zusammenfassung der Aktualisierungseinstellungen

7. Wenn die Aktualisierung abgeschlossen ist, können Sie den Assistenten beenden. Öffnen Sie nun im Objekt-Explorer den Zweig *MediaBase/Sichten* und vergewissern Sie sich, dass dort die Sicht *VW_AktuelleCDs* wieder vorhanden ist.
8. Öffnen Sie den Zweig *MediaBase/Tabellen/dbo.DVD/Spalten* und vergewissern Sie sich hier, dass die Spalte *Land* ebenfalls wieder erscheint.
9. Anschließend können Sie die Datenbank *MediaBase2* löschen, da sie nicht mehr benötigt wird.

Importieren und Exportieren von Datenebenenanwendungen

Während sich die bisherige Beschreibung der Verwendung von Datenebenenanwendungen lediglich auf die Datenstrukturen beschränkt hat, wurde bereits mit SQL Server 2012 ein Konstrukt eingeführt, das auch das Verteilen von Daten zusammen mit den Strukturen erlaubt. Dabei handelt es sich um die neuen BACPAC-Dateien, die eine Kombination aus den bereits seit SQL Server 2008 R2 verfügbaren DACPAC-Dateien und den Daten selbst darstellen.

Exportieren von Datenebenenanwendungen

Das Verfahren zum Erstellen und Einspielen von BACPAC-Dateien ist im Prinzip dasselbe wie bei den DACPAC-Dateien:

1. Stellen Sie im SQL Server Management Studio eine Verbindung zur lokalen Serverinstanz *SQL2022* her.
2. Klicken Sie im Objekt-Explorer mit der rechten Maustaste auf *Datenbanken/MediaBase* und wählen Sie die Option *Tasks/Datenebenenanwendung exportieren*. Es erscheint der Assistent zum Exportieren von Datenebenenanwendungen.
3. Auf der Seite *Exporteinstellungen* können Sie auswählen, ob die Datei auf dem lokalen Datenträger gespeichert werden soll, wobei Sie dann den entsprechenden Dateinamen angeben müssen. Alternativ können Sie die BACPAC-Datei auch direkt in Microsoft Azure speichern. Wählen Sie hier die erste Option und geben Sie einen entsprechenden Dateinamen an.
4. Auf der zweiten Registerkarte dieser Seite, die mit *Erweitert* betitelt ist, können Sie auswählen, von welchen Tabellen die Daten exportiert werden sollen. Dabei tauchen neben den normalen Tabellen auch Graph-Tabellen (Knoten und Kanten) und selbst Historientabellen (in unserem Beispiel die Tabelle *dbo.BuchTemp_Hist*) in der Auflistung auf. Durch die Auswahl der Tabellen können Sie beispielsweise beim Verteilen einer Anwendung die Referenzdaten mit in die BACPAC-Datei packen, während die Testdaten in den anderen Tabellen unberücksichtigt bleiben. Wählen Sie hier alle Tabellen mit Ausnahme der Tabelle *Auswertungen.AktuelleBuecher* und *dbo.sysdiagrams* (Letztere ist eine Systemtabelle, die hier nicht unterstützt wird) aus und klicken Sie dann auf die Schaltfläche *Weiter*.

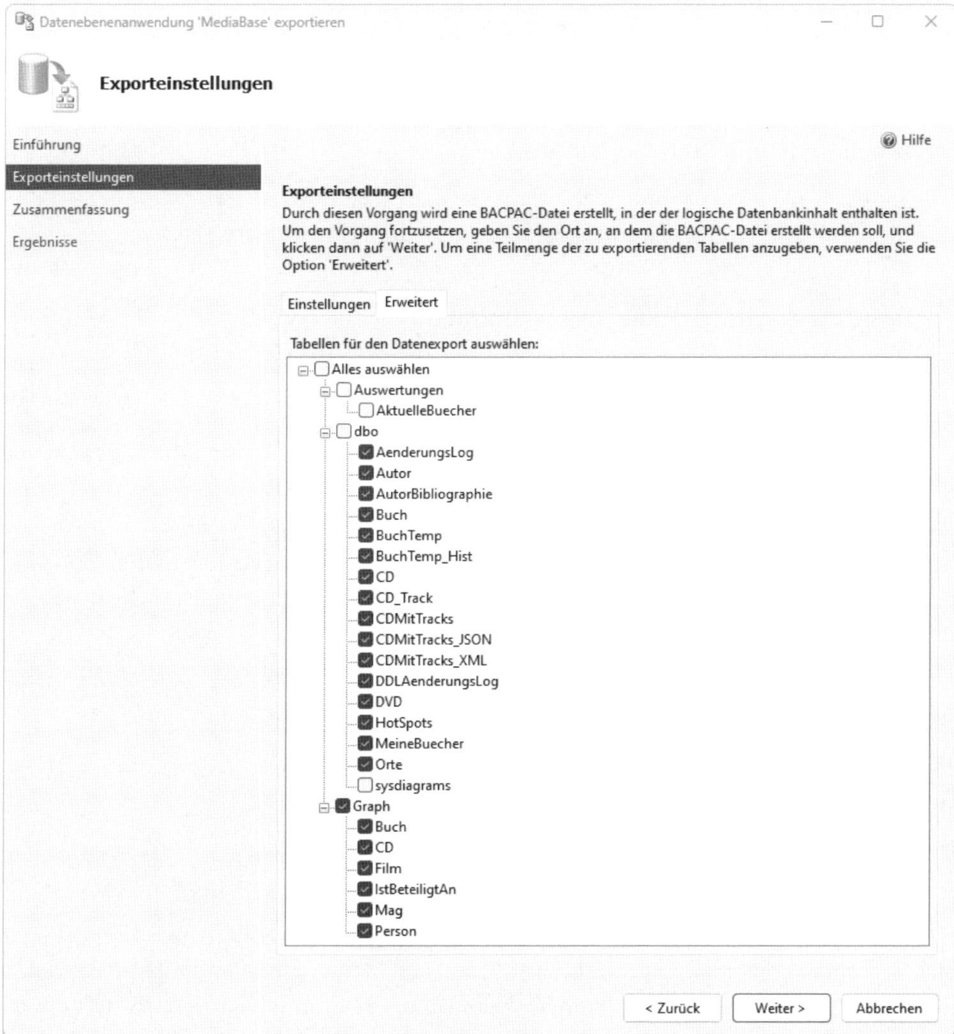

Abbildung 17.7: Die Auswahl der zu exportierenden Tabellen

5. Nach einer Zusammenfassung der Einstellungen wird die BACPAC-Datei erstellt, sofern Sie hier keine nicht unterstützten Objekte verwendet haben. Wenn Sie bis hierher alle Beispiele und Übungen aus dem Buch durchgeführt haben, werden Sie jedoch zwei Fehler erhalten. Zum einen hat der Windows-Benutzer *mmustermann* explizite Rechte auf die Datenbank, zum anderen existiert in dem Trigger *TRG_MediaBase_Views* ein Verweis auf die Tabelle *MediaBase.dbo.DDLAenderungsLog*. Diese liegt zwar in derselben Datenbank, dennoch werden vollqualifizierte Bezeichner (mit Datenbanknamen) von BACPAC-Dateien nicht unterstützt. Um die Datenebenenanwendung exportieren zu können, löschen Sie den Datenbankbenutzer *mmustermann* und passen den Trigger so an, dass der Datenbankname nicht mehr explizit angegeben wird. Dazu können Sie das folgende Skript verwenden (beachten Sie dabei, beim Benutzernamen den Namen des Windows-PCs von *JAGUAR* in den Namen Ihres eigenen Rechners zu ändern):

```
USE MediaBase
GO
DROP TRIGGER IF EXISTS TRG_MediaBase_Views ON DATABASE
GO
CREATE TRIGGER TRG_MediaBase_Views ON DATABASE
FOR CREATE_VIEW, ALTER_VIEW, DROP_VIEW
AS
BEGIN
   INSERT INTO dbo.DDLAenderungsLog (Aenderung) VALUES (EVENTDATA())
END
GO
ENABLE TRIGGER TRG_MediaBase_Views ON DATABASE
GO
DROP USER [JAGUAR\mmustermann]
GO
```

6. Führen Sie nun die Schritte 2 bis 5 erneut durch. Jetzt sollte sich die Datenebenenanwendung problemlos exportieren lassen.

Wie Sie gerade gesehen haben, ist die Verwendung von BACPAC-Dateien – im Gegensatz zu DACPAC-Dateien – leider noch mit einigen Einschränkungen verbunden. So sind beispielsweise folgende SQL Server-Features in diesem Zusammenhang nicht nutzbar und verhindern bereits die Erstellung einer BACPAC-Datei:

- Assemblies
- Contained Databases
- Systemtabellen
- Tabellen ohne gruppierten Index
- Windows-Benutzer
- Verwendung von vollqualifizierten Objektnamen (mit Datenbankname)

Da auch die DACPAC-Dateien in der letzten SQL Server-Version mit zahlreichen Einschränkungen belegt waren, die inzwischen nicht mehr bestehen, bleibt zu hoffen, dass die Beschränkungen auch bei den BACPAC-Dateien nach und nach verschwinden werden.

Importieren von Datenebenenanwendungen

Das Importieren von Datenebenenanwendungen aus einer BACPAC-Datei geht ebenso einfach wie das Bereitstellen einer DACPAC-Datei:

1. Klicken Sie im Objekt-Explorer mit der rechten Maustaste auf *Datenbanken* und wählen Sie die Option *Datenschichtanwendung importieren*[2] aus. Es erscheint der Assistent zum Importieren von Datenebenenanwendungen.

2 Microsoft ist leider etwas inkonsequent bei der Benennung (zumindest in der deutschen Variante des SQL Server Management Studio). Im Kontextmenü wird hier die Bezeichnung *Datenschichtanwendung* verwendet, in der Titelzeile des Dialogfensters danach heißt es dann wieder *Datenebenenanwendung*. Gemeint ist mit beiden Bezeichnungen dasselbe.

2. Auf der folgenden Seite können Sie auswählen, ob eine lokal gespeicherte BACPAC-Datei oder eine in Windows Azure abgelegte Datei als Quelle für den Datenimport genutzt werden soll.

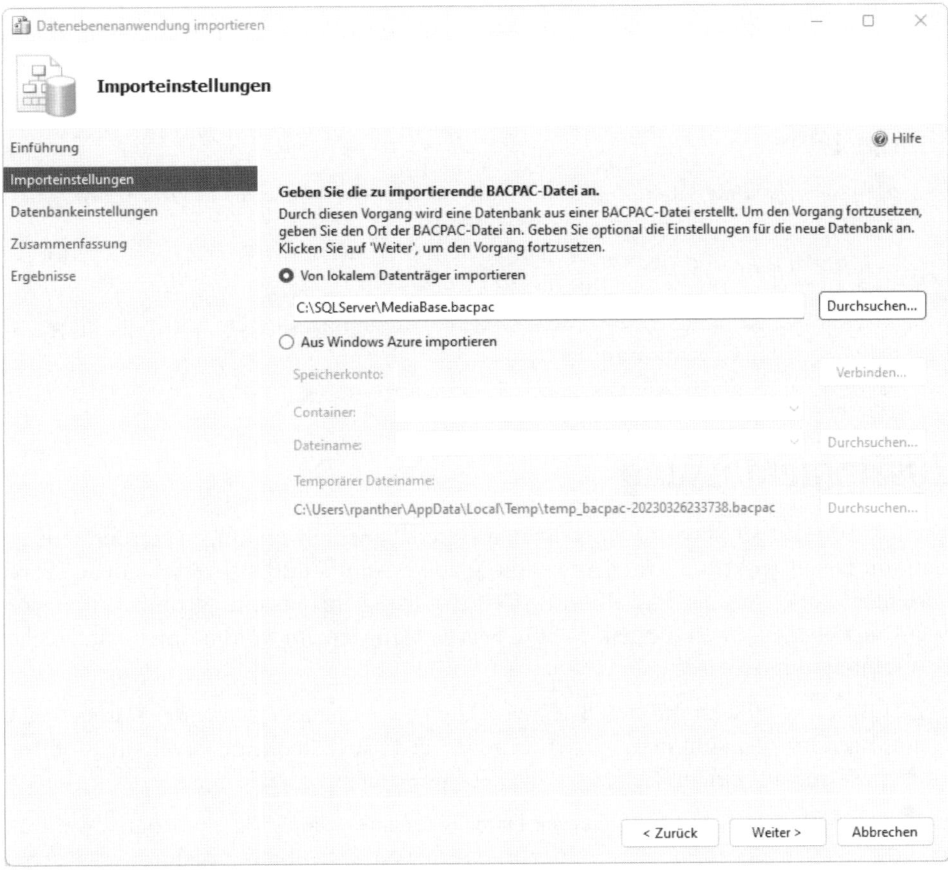

Abbildung 17.8: Definition der Quelle für den Import

3. Danach folgen die Datenbankeinstellungen, in denen Sie den Namen der Datenbank sowie den Pfad für Zeilendaten und Protokolldatei angeben können. Wenn Sie hier den Namen einer bestehenden Datenbank angeben, führt das zu einer Fehlermeldung, da sich mit der Importfunktion keine Datenbanken aktualisieren lassen. Geben Sie also einen neuen Datenbanknamen an und klicken Sie auf *Weiter*.
4. Zuletzt folgt wieder die übliche Zusammenfassung der Einstellungen, nach denen die Datenstrukturen angelegt und mit Daten gefüllt werden.
5. Schließen Sie den Assistenten und prüfen Sie in der neu angelegten Datenbank, dass die meisten Tabellen wirklich mit Daten gefüllt sind, die Tabelle *Auswertungen.AktuelleBuecher*, die bewusst ausgeklammert wurde, zwar vorhanden, aber leer ist. Ebenso sind in der neu importierten Datenbank keine Datenbankdiagramme enthalten, weil die Systemtabelle *dbo.sysdiagrams* nicht exportiert werden konnte. Anschließend können Sie die neu angelegte Datenbank wieder löschen, wofür es eventuell erforderlich ist, das Häkchen bei *Bestehende Verbindungen schließen* anzukreuzen.

Übungen zu diesem Kapitel

In diesem Abschnitt finden Sie einige Übungen, mit denen Sie das in diesem Kapitel Erlernte vertiefen können. Die richtigen Antworten und Lösungen finden Sie in *Anhang C* dieses Buchs.

Übung 17.1

Erstellen Sie eine Datenebenenanwendung auf Basis einer beliebigen Datenbank.

Übung 17.2

Was ist der wesentliche Unterschied zwischen dem Extrahieren und dem Exportieren einer Datenebenenanwendung?

Zusammenfassung

Die mit SQL Server 2008 R2 eingeführten Datenebenenanwendungen sind bestens geeignet, um Datenstrukturen einer Anwendung zu verwalten und auf verschiedene Server zu verteilen. Dabei werden Extrahierung, Registrierung, Bereitstellung und Aktualisierung von Datenebenenanwendungen im SQL Server Management Studio durch entsprechende Assistenten unterstützt.

Seit SQL Server 2012 ist mit den BACPAC-Dateien eine neue Variante der Datenebenenanwendungen hinzugekommen, bei denen neben den Datenstrukturen auch die Daten selbst exportiert und auf einem Zielsystem wieder importiert werden können.

In Kombination mit den SQL Server Data Tools lassen sich Datenebenenanwendungen noch effektiver einsetzen, da sie hier in Form von Datenbankprojekten verwaltet und damit auch in Quellcodeverwaltungssysteme wie beispielsweise Team Foundation Server oder Azure DevOps eingecheckt werden können. Dies ist Thema des nächsten Kapitels.

Kapitel 18

Datenbankprojekte und die SQL Server Data Tools

In diesem Kapitel lernen Sie

- wozu die SQL Server Data Tools nützlich sind und wie sie installiert werden
- wie Sie mit Datenbankprojekten arbeiten
- welche Möglichkeiten es gibt, .NET über die CLR-Integration im SQL Server zu nutzen
- was man mit den SQL Server Data Tools sonst noch machen kann

Überblick über die SQL Server Data Tools

Die SQL Server Data Tools gibt es seit SQL Server 2012. Allerdings bestanden sie vorerst aus zwei verschiedenen Komponenten, die beide in die Visual Studio-Benutzeroberfläche integriert waren:

- Die *SQL Server Data Tools – Business Intelligence*, die früher als *Business Intelligence Development Studio* bekannt waren und zusammen mit SQL Server installiert wurden (sofern die entsprechende Option ausgewählt wurde). Hiermit konnten Projekte für die Business-Intelligence-Komponenten (SQL Server Integration Services, Analysis Services und Reporting Services) entwickelt werden.
- Die Datenbankentwicklungskomponenten, die früher unter dem Namen *Visual Studio for Database Professionals* (oder umgangssprachlich auch »Data Dude«) bekannt waren, mit denen Datenbankstrukturen in Form von Datenbankprojekten verwaltet und

deployt werden. Sie wurden seit SQL Server 2012 unter der Bezeichnung *SQL Server Data Tools – Development* weitergeführt. Allerdings erforderte dieser Teil der Data Tools bis vor Kurzem noch eine separate Installation, deren Dateien vorher aus dem Internet heruntergeladen werden mussten.

Waren beide Varianten der SQL Server Data Tools aber einmal installiert, war die Trennung nicht mehr so deutlich, da sich beide nahtlos in die Visual Studio Shell integrierten. Diese Tatsache – zusammen mit der bewussten Trennung von Client- und Servertools – führte letztlich dazu, dass ab SQL Server 2016 die SQL Server Data Tools zusammengeführt wurden und damit sowohl die Datenbankprojekte als auch die BI-Entwicklung unterstützen (in *Kapitel 19, Berichte erstellen mit den SQL Server Reporting Services*, wird dies genutzt, um Berichte für die Reporting Services zu entwerfen). Seit Visual Studio 2019 sind die Datenbankprojekte fester Bestandteil von Visual Studio, während die Business-Intelligence-Projekte als Extensions nachinstalliert werden.

Das SQL Server Management Studio bleibt natürlich ebenfalls weiter bestehen, ist aber mehr für Datenbankadministratoren ausgelegt. Dabei gibt es natürlich immer mehr Überschneidungen, aber das ist auch gewollt. So können beispielsweise in beiden Tools neue Tabellen angelegt werden, allerdings mit einer jeweils leicht unterschiedlichen Darstellung.

Die Installation der SQL Server Data Tools (bzw. der Visual Studio Community Edition) haben Sie bereits in *Kapitel 3, Installation und erste Schritte*, vorgenommen (falls nicht geschehen, sollten Sie das jetzt nachholen), sodass wir nun direkt mit der Erstellung von Datenbankprojekten loslegen können.

Mit Datenbankprojekten arbeiten

Die zentrale Funktion der SQL Server Data Tools besteht nun vor allem in der Arbeit mit Datenbankprojekten. In diesen Datenbankprojekten werden komplette Strukturen von Datenbanken verwaltet, die dann später direkt oder in Form von Datenebenenanwendungen (die Sie bereits im vorigen Kapitel kennengelernt haben) in der gewünschten Zielumgebung veröffentlicht werden können. Damit ist es beispielsweise einfach, dafür zu sorgen, dass verschiedene Test- und Entwicklungsumgebungen dieselbe Datenbankstruktur nutzen.

Anlegen eines neuen Datenbankprojekts

Erstellen wir nun ein Datenbankprojekt, in dem wir die Datenstruktur der bestehenden Datenbank *MediaBase* einlesen lassen:

1. Rufen Sie im Windows-Startmenü den Eintrag *Visual Studio 2022* auf, um die Visual Studio-Oberfläche zu starten.
2. Wählen Sie nach dem Start von Visual Studio auf der rechten Seite des Startbildschirms die Option *Neues Projekt erstellen* aus, um das Dialogfeld zur Auswahl der Projektvorlage zu öffnen.

3. Wählen Sie bei den Filtern für Sprachen, Plattformen und Projekttypen als Projekttyp *SQL* aus, um die gesuchte Projektvorlage leichter zu finden. Im Detailbereich des Dialogfelds ist nun nur noch der Eintrag *SQL Server-Datenbankprojekt* zu sehen, den Sie nun anklicken und mit einem Klick auf die Schaltfläche *Weiter* bestätigen.
4. Geben Sie einen Projektnamen an (z.B. *MediaBase_Datenstruktur*), wodurch sich der Projektmappenname automatisch mit ändert. Bei Bedarf können Sie im Eingabefeld *Ort* noch den Pfad anpassen, unter dem der Ordner für das neue Projekt angelegt wird. (Ich verwende beispielsweise wieder den Pfad *C:\SQLServer\Beispiele\Projekte.*) Klicken Sie anschließend auf *OK*, um die Projektmappe und darin ein gleichnamiges Projekt zu erstellen.

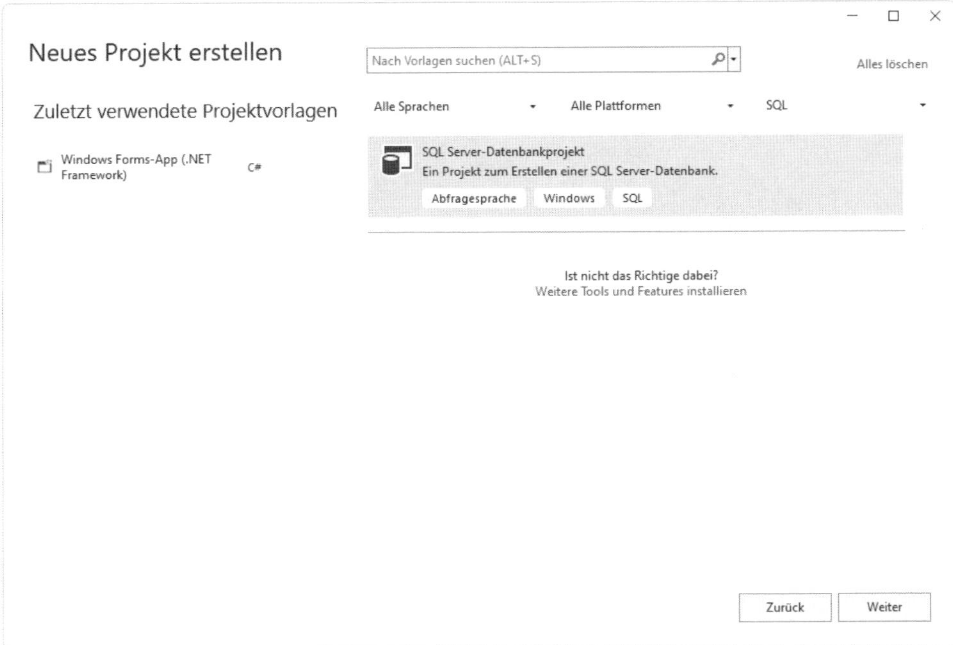

Abbildung 18.1: Das Dialogfeld zum Anlegen eines neuen Datenbankprojekts

5. Rufen Sie nun im Menü *Projekt* die Option *MediaBase_Datenstruktur-Eigenschaften* auf, wodurch ein Dialogfenster mit mehreren Seiten erscheint. Auf der ersten Seite ist die Einstellung *Zielplattform* zu sehen, die momentan noch den Wert *SQL Server 2016* hat. Wenn Sie die Liste aufklappen, bekommen Sie alle unterstützten Zielplattformen zur Auswahl angeboten, angefangen von *SQL Server 2005* bis *SQL Server 2019*[1], sowie zwei Einträge zur *Microsoft SQL Azure Database*. Wählen Sie hier *SQL Server 2019 or Azure SQL Database Managed Instance* aus und schließen Sie das Eigenschaften-Dialogfenster danach wieder.

1 *SQL Server 2022* fehlt zu dem Zeitpunkt, in dem dieses Kapitel geschrieben wurde, leider noch, was vermutlich daran liegt, dass SQL Server 2022 erst nach Visual Studio 2022 erschienen ist. Man kann daher davon ausgehen, dass die Option *SQL Server 2022* in einem der nächsten Updates von Visual Studio ergänzt wird. Sollte dies bei Ihnen bereits der Fall sein, können Sie natürlich auch diese Auswahl nutzen.

6. Klicken Sie nun mit der rechten Maustaste im Projektmappen-Explorer auf der rechten Seite auf den Eintrag *MediaBase_Datenstruktur* und wählen Sie im Kontextmenü die Option *Importieren/Datenbank* (siehe Abbildung 18.2). Beachten Sie, dass Sie über einen anderen Eintrag im selben Menü auch eine Datenebenenanwendung (über eine bestehende DACPAC-Datei) importieren können. Alternativ ist der Import von SQL-Skripten möglich.

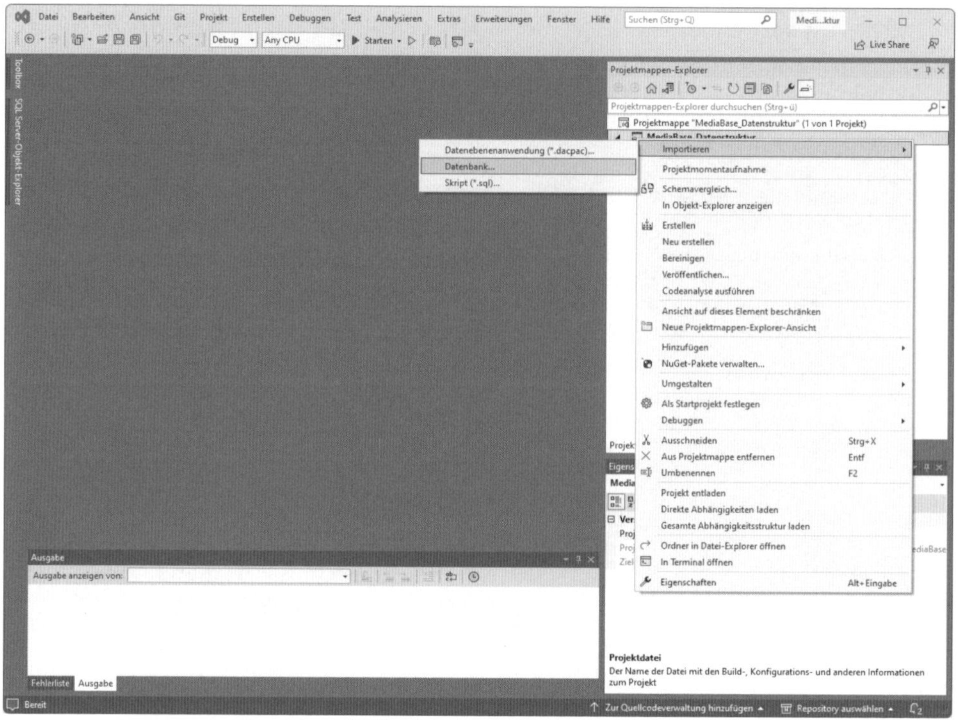

Abbildung 18.2: Der Aufruf zum Importieren der Struktur einer bestehenden Datenbank

Einschränkungen beim Importieren von Datenstrukturen

Beim Importieren lassen sich SQL Server-Datenbanken und DACPAC-Dateien nur für neu erstellte Projekte verwenden. Bei bereits bestehenden Projekten können lediglich SQL-Skripte importiert werden, die sich aber auch mit dem SQL Server Management Studio erzeugen lassen.

7. Im folgenden Dialogfeld zum Importieren von Datenbanken klicken Sie auf die Schaltfläche *Verbindung auswählen*. Wenn Sie alle Beispiele in *Kapitel 16, SQL Server und .NET Framework*, ausgeführt haben, sollte noch eine Verbindung mit Namen *MediaBase* vorhanden sein, die Sie auswählen können. Alternativ können Sie durch Angabe der Verbindungseigenschaften auch eine neue anlegen. Tragen Sie hier im Feld *Servername* den Namen der SQL Server-Instanz (*.\SQL2022*) ein und wählen Sie anschließend die Datenbank *MediaBase* aus, bevor Sie auf die Schaltfläche *Verbinden* klicken.

8. Im Feld *Quelldatenverbindung* ist nun die Verbindungszeichenfolge *.\SQL2022.MediaBase* zu sehen, dahinter folgt in Klammern der Benutzername. Bei den restlichen Einstellungen ist insbesondere die *Ordnerstruktur* von großer Bedeutung, da sich diese später nicht mehr ändern lässt. Für die meisten Projekte sollte aber die Vorgabe *Schema\Objekttyp* passen, was bedeutet, dass für jedes Schema und darin für jeden Objekttyp jeweils ein Unterordner angelegt wird. Klicken Sie anschließend auf *Starten*, und die Datenbank wird ausgelesen.

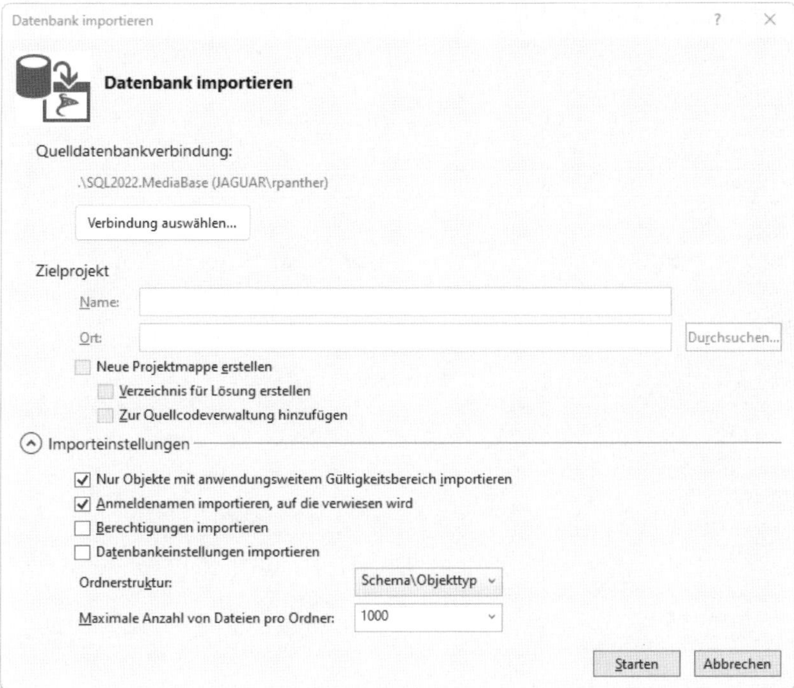

Abbildung 18.3: Die Einstellung für den Import einer Datenbank

9. Nach einer kurzen Wartezeit ist für jedes Datenbankobjekt ein Skript generiert – das auch den Namen des Datenbankobjekts hat – und in der Projektmappe abgelegt. Dabei wurde für jedes Datenbankschema (in unserem Beispiel *Auswertungen*, *dbo* und *Graph*) ein Unterordner angelegt. Dazu gibt es separate Ordner für die schemaübergreifenden Objekttypen wie Datenbanktrigger und Security-Objekte. Zum Teil müssen Sie die Bereiche aufklappen, um beispielsweise die Objekte zu sehen, die zu einem Datenbankschema gehören. Im Bereich *Security* fällt auf, dass zu einigen Einträgen – wie beispielsweise *DBBackupGuy* – zwei Skripte existieren, von denen das zweite automatisch den Zusatz *_1* bekommen hat. Das liegt daran, dass unter diesem Namen sowohl ein Datenbank-Log-in als auch ein User existieren, für die separate Skripte generiert wurden.

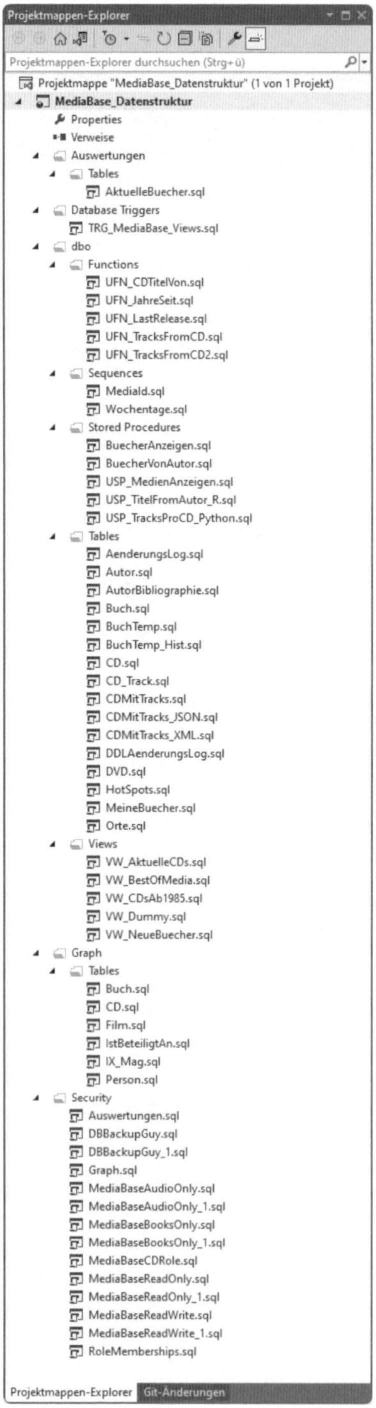

Abbildung 18.4: Der Projektmappen-Explorer nach dem Import der Datenbank

Damit ist ein Datenbankprojekt basierend auf einer Datenbank erstellt.

Objekte in Datenbankprojekten anpassen

Sie können nun die einzelnen Dateien im neu erstellten Datenbankprojekt öffnen und werden darin die `CREATE`-Anweisungen für die jeweiligen Datenbankobjekte finden. Diese können bei Bedarf einfach editiert und wieder gespeichert werden. Lediglich die Skripte für die Tabellen fallen etwas aus der Reihe, da sich durch Anklicken auf eine Tabelle der neue Tabellen-Designer öffnet.

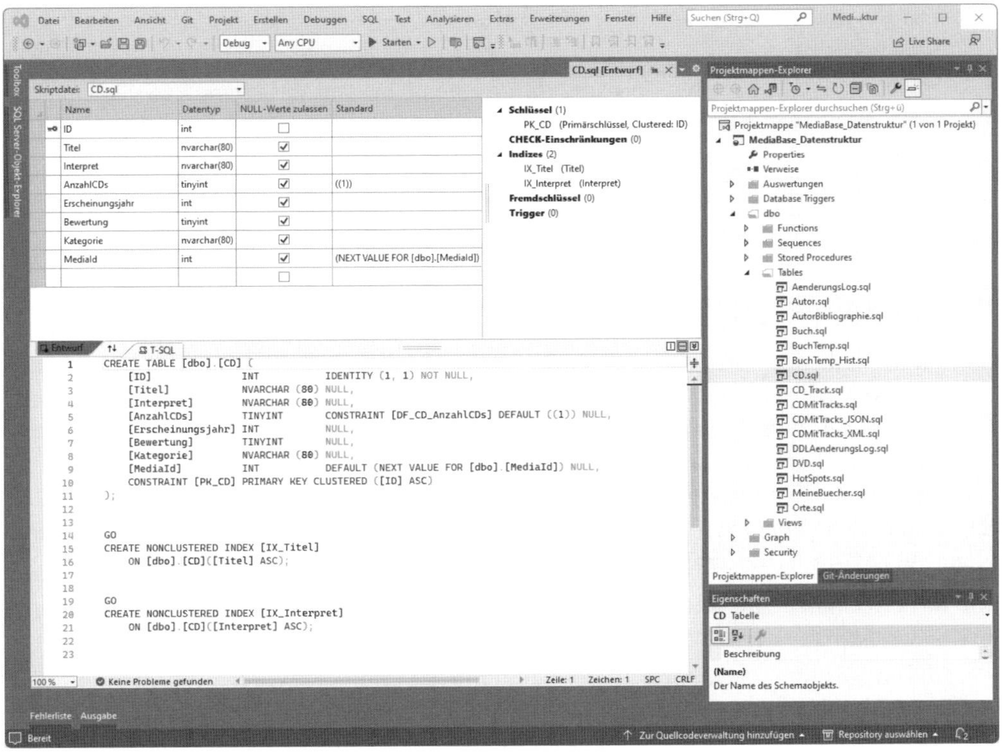

Abbildung 18.5: Der neue Tabellen-Designer

Dabei werden im oberen Bereich die Spalten in tabellarischer Form dargestellt, rechts daneben ist eine Zusammenfassung der abhängigen Objekte (*Schlüssel*, *CHECK-Einschränkungen*, *Indizes*, *Fremdschlüssel* und *Trigger)* zu sehen. Im unteren Bereich des Tabellen-Designers befinden sich die DDL-Anweisungen für die Tabelle selbst und deren abhängige Objekte. Wenn Sie einzelne Bestandteile wie beispielsweise Tabellenspalten im oberen Bereich anklicken, werden automatisch im *Eigenschaften*-Bereich auf der rechten Seite die entsprechenden Details eingeblendet.

Hier ist es nun möglich, sowohl in der tabellarischen Darstellung als auch im SQL-Skript Änderungen vorzunehmen, wobei der jeweils andere Bereich automatisch mitgeändert wird. Selbst bei den Eigenschaften können Änderungen vorgenommen werden, die dann automatisch im SQL-Skript berücksichtigt werden.

Führen wir nun eine kleine Änderung an der Tabelle *dbo.DVD* durch:

1. Klappen Sie im Objekt-Explorer den Zweig *dbo/Tables* auf und öffnen Sie den Tabellen-Designer für die Tabelle *dbo.DVD*.
2. Passen Sie in der tabellarischen Darstellung den Datentyp der Spalte *Ton* auf *nvarchar(40)* an. In dem Moment, in dem Sie das Feld verlassen, wird auch der SQL-Code im unteren Bereich des Designers aktualisiert.
3. Setzen Sie im Skriptbereich den Datentyp der Spalte *Untertitel* ebenfalls auf *nvarchar(40)*, und der Datentyp in der tabellarischen Darstellung wird umgehend automatisch angepasst.
4. Schließen Sie den Tabellen-Designer durch einen Klick auf das kleine *x* in der Titelleiste und bestätigen Sie die Frage, ob die Änderungen gespeichert werden sollen, mit *Speichern*.

Sie haben nun eine kleine Änderung an der Datenstruktur durchgeführt, aber wie kommt diese auf die Datenbank?

Veröffentlichen von Datenbankprojekten

Zum Veröffentlichen von Datenbankänderungen gibt es verschiedene Methoden. So können Sie die integrierte Veröffentlichungsfunktion nutzen oder alternativ einfach einen Schemavergleich mit einer beliebigen Zieldatenbank durchführen. Egal welche Variante Sie nutzen – vorher muss das Projekt erstellt werden. Dabei ist die Bezeichnung »erstellen« etwas irreführend, aussagekräftiger ist da schon die englischsprachige Variante »build«, da es eigentlich primär darum geht, das Projekt zu validieren und für die Datenstruktur eine DACPAC-Datei zu erzeugen.

Um das Projekt oder gar die Projektmappe zu erstellen (in diesem Fall werden alle Projekte in der Projektmappe erstellt), gehen Sie wie folgt vor:

1. Klicken Sie mit der rechten Maustaste im Projektmappen-Explorer auf die Projektmappe und wählen Sie im Kontextmenü die Option *Projektmappe erstellen* aus. (Alternativ können Sie auch im Menü die Option *Erstellen/Projektmappe erstellen* aufrufen.)
2. Nach einer kurzen Wartezeit erhalten Sie im Ausgabefenster an der unteren Seite im Idealfall die Meldung, dass ein Projekt erfolgreich erstellt wurde.
3. Sollten beim Erstellen Fehler auftreten, finden Sie die detaillierten Fehlermeldungen auf der Registerkarte *Fehlerliste* (die Sie bei Bedarf über die Menüoption *Ansicht/Fehlerliste* einblenden können) und können durch einen Doppelklick auf eine Fehlermeldung auch gleich zu der kritischen Stelle in dem entsprechenden SQL-Skript springen, um dort den Fehler direkt zu beheben. Im aktuellen Beispiel tauchen tatsächlich drei Fehlermeldungen auf, die sich alle auf den Index *IX_Mag* der Tabelle *Graph.Mag* beziehen. Ein Doppelklick auf eine der drei Meldungen öffnet die Datei *IX_Mag.sql* in der die Indexdefinition zur Kante *Mag* enthalten ist. Wenn man dies mit der Datei *IstBeteiligtAn.sql*, in der die andere Kante definiert ist, vergleicht, stellt man fest, dass bei der Kante *IstBeteiligtAn* die Definition von Tabelle und Index – wie bei den anderen Tabellen auch – in einer Datei enthalten ist, während die Definition der Kante *Mag* komplett fehlt und damit die Indexdefinition auf eine nicht vorhandene Tabelle verweist. Hier kann Visual Studio beim Import der DB-Struktur offensichtlich noch nicht

korrekt damit umgehen, dass es auch Kanten geben kann, die keine eigenen Eigenschaften haben, und generiert dafür keine CREATE TABLE-Anweisung. Daher muss hier manuell etwas nachgeholfen werden.

4. Fügen Sie in die Datei *IX_Mag.sql* am Anfang die folgenden Anweisungen ein, die Sie bei Bedarf auch über das SQL Server Management Studio generieren lassen können:

```
CREATE TABLE [Graph].[Mag] (
    INDEX [GRAPH_UNIQUE_INDEX_EFB6F6F28652459299074D77CD45DF57]
    UNIQUE NONCLUSTERED ([$edge_id])
) AS EDGE;
GO
```

5. Speichern Sie die Datei und benennen Sie diese durch einen rechten Mausklick auf den Dateinamen und anschließende Auswahl von *Umbenennen* in *Mag.sql* um, da sie nun ja nicht mehr nur die Indexdefinition, sondern die komplette Definition der Kantentabelle beinhaltet.
6. Wiederholen Sie nun die Erstellung des Projekts. Nach einer kurzen Wartezeit sollten Sie im Ausgabefenster an der unteren Seite die folgende Meldung erhalten, aus der – wenn Sie etwas nach rechts scrollen – auch ersichtlich ist, dass im *bin\Debug*-Ordner des Projektverzeichnisses eine Datei *MediaBase_Datenstruktur.dacpac* erzeugt wurde:

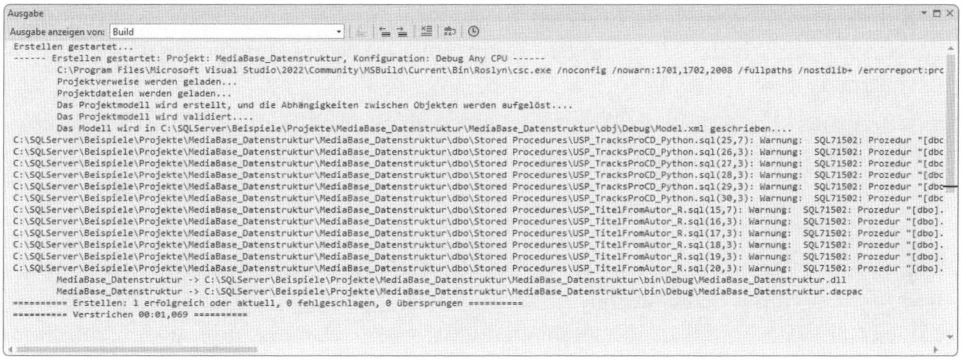

Abbildung 18.6: Die Ausgabe nach erfolgreichem Build-Prozess

Wenn das Projekt fehlerfrei erzeugt wurde, kann es veröffentlicht werden. Der Einfachheit halber nutzen wir dazu das Veröffentlichungsfeature der SQL Server Data Tools:

1. Klicken Sie mit der rechten Maustaste im Projektmappen-Explorer auf das Projekt *MediaBase_Datenstruktur* (hier funktioniert es nicht mit der Projektmappe, da immer nur einzelne Projekte veröffentlicht werden können) und wählen Sie im Kontextmenü die Option *Veröffentlichen* aus. (Alternativ können Sie auch im Menü die Option *Erstellen/MediaBase_Datenstruktur wird veröffentlicht* aufrufen.)
2. Im nächsten Schritt ist eine Zieldatenbank anzugeben, wobei Sie über die Schaltfläche *Bearbeiten* bereits verwendete Zieldatenbankverbindungen einfach auswählen können. Anschließend ist zu entscheiden, ob die Anwendung auf dem SQL Server als Datenebenenanwendung registriert werden soll. Dazu können Sie auswählen, ob lediglich ein Veröffentlichungsskript generiert oder die Veröffentlichung gleich durchgeführt werden soll.

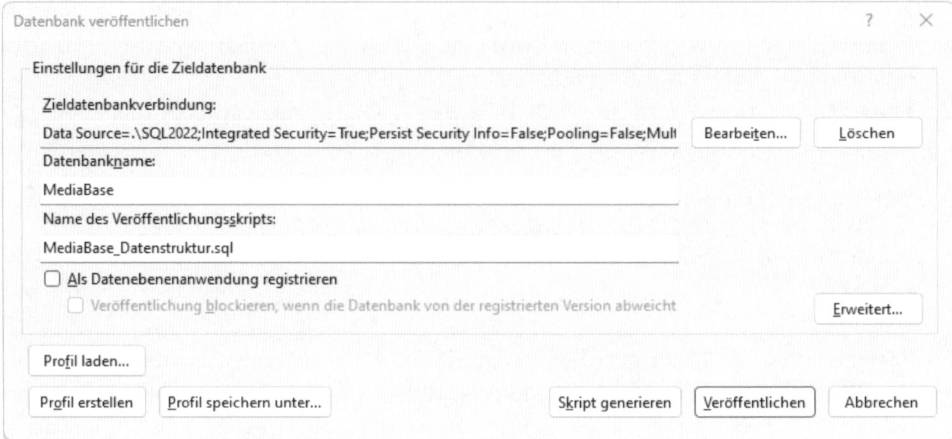

Abbildung 18.7: Das Dialogfeld zum Veröffentlichen von Datenbankprojekten

3. Nachdem Sie die Einstellungen wie in Abbildung 18.7 dargestellt vorgenommen haben, klicken Sie auf die Schaltfläche *Veröffentlichen*. Daraufhin wird im unteren Bereich der Entwicklungsumgebung das Fenster *Datentoolvorgänge* eingeblendet, in dem Sie den Fortschritt der Veröffentlichung verfolgen und sich über einen eingeblendeten Hyperlink sogar das generierte SQL-Skript anzeigen lassen können. Im Normalfall sollte nach kurzer Zeit die Meldung *Die Veröffentlichung wurde erfolgreich abgeschlossen.* erscheinen.
4. Überprüfen Sie nun im SQL Server Management Studio, ob die Strukturänderungen dort wirklich angekommen sind und die beiden Spalten *Ton* und *Untertitel* der Tabelle *dbo.DVD* jetzt den Datentyp *nvarchar(40)* haben. Dabei sind die Dateninhalte in den Tabellen nach wie vor vorhanden.

Alternativ zur gerade beschriebenen Veröffentlichungsmethode kann man Datenbankstrukturen auch per Schemavergleich veröffentlichen. Da das aber eine Funktionalität der SQL Server Data Tools ist, die auch unabhängig von Datenbankprojekten funktioniert, folgt die Beschreibung weiter unten im Abschnitt »*Sonstige nützliche Features*« ab Seite 417.

Statische Codeanalyse

Mit der statischen Codeanalyse erfolgt eine Prüfung des Datenbankprojekts anhand vordefinierter Regeln, die den Best Practices von Microsoft entsprechen. Wenn Sie die Konfiguration dazu aufrufen (die ein Bestandteil der Projekteigenschaften ist), sehen Sie die insgesamt 14 Regeln (aufgeteilt auf die drei Bereiche *Design*, *Naming* und *Performance*) und können auswählen, welche davon überprüft werden. Dazu lässt sich festlegen, für welche dieser Regeln ein Verstoß als Fehler behandelt werden soll, der beispielsweise die Erstellung einer Datenebenenanwendung (und damit indirekt auch eine Veröffentlichung) verhindert. Die anderen Regelverstöße werden lediglich als Warnung angezeigt, was auch die Voreinstellung für alle 14 Regeln ist.

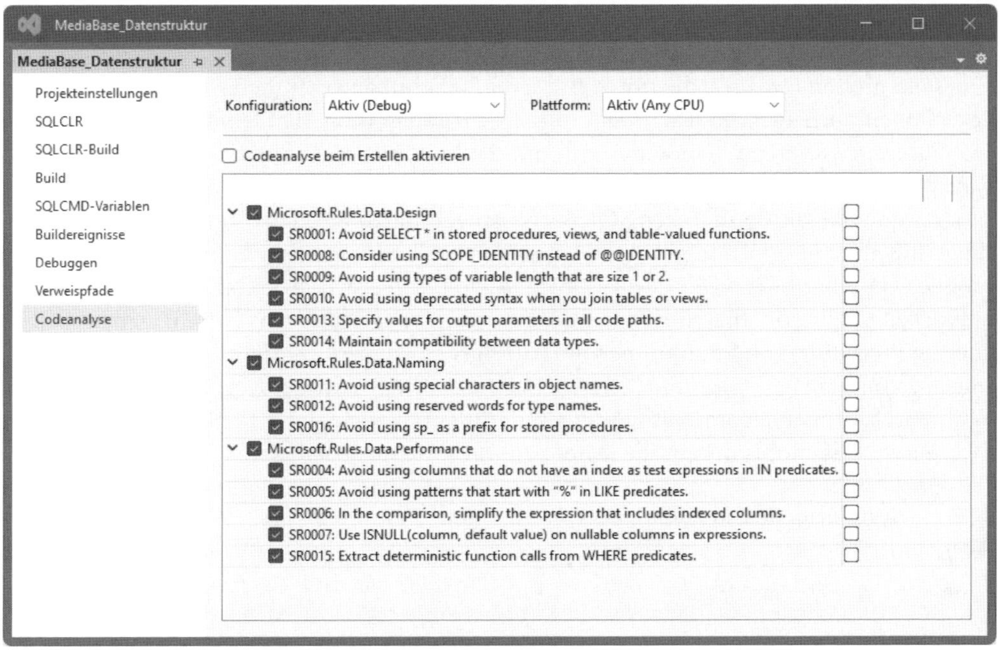

Abbildung 18.8: Die Konfiguration der statischen Codeanalyse

Durch das Ankreuzfeld *Codeanalyse beim Erstellen aktivieren* können Sie veranlassen, dass die Codeanalyse bei jedem Erstellvorgang des Datenbankprojekts automatisch ausgeführt wird. Alternativ können Sie die Codeanalyse auch manuell starten, indem Sie die Konfiguration schließen und die Codeanalyse durch einen rechten Mausklick auf das Projekt und Auswahl der Option *Codeanalyse ausführen* starten. Je nach Projektgröße dauert es eine Weile, bis das gesamte Projekt analysiert ist. Anschließend erhalten Sie – sofern Regelverstöße aufgetreten sind – eine Reihe von Warnungen im Ausgabefenster. Durch Anklicken der entsprechenden Warnung gelangen Sie direkt zur betreffenden Stelle in der entsprechenden SQL-Skriptdatei, um die Ursache dafür gleich beheben zu können. Die bei unserer Demodatenbank angezeigten Warnungen sind jedoch allesamt nicht kritisch und können daher im Moment ignoriert werden.

Weitere Features

Im Zusammenhang mit Datenbankprojekten gibt es noch ein paar weitere Features, die erwähnenswert sind. So lässt sich über einen rechten Mausklick auf das Projekt und Auswahl der Option *Projektmomentaufnahme* der aktuelle Stand des Projekts einfrieren und als DACPAC-Datei im Ordner *Snapshots* des Projekts speichern.

Außerdem bieten die SQL Server Data Tools auch einige Möglichkeiten im Bereich des *Refactoring*, die meist über die Option *Umgestalten* im Kontextmenü des jeweiligen Objekts aufzurufen sind.

Die CLR-Integration von SQL Server

Eines der großen Features, die mit SQL Server 2005 hinzugekommen sind und in den Folgeversionen noch ausgebaut wurden, ist die CLR-Integration. Bei dem Begriff CLR (*Common Language Runtime*) handelt es sich um die Laufzeitumgebung für .NET-Anwendungen. Bereits mit SQL Server 2000 war es möglich, mit Visual Studio eigene Routinen zu programmieren, die dann in den SQL Server eingebunden wurden. Damals ging dies allerdings nur mit C++-DLLs. Seit die CLR in den SQL Server integriert wurde, ist es auch möglich, in einer beliebigen .NET-Sprache (wie beispielsweise VB.NET oder C#) selbst entwickelte Funktionalitäten in den SQL Server zu integrieren. Das betrifft neben gespeicherten Prozeduren und Funktionen auch Trigger sowie benutzerdefinierte Typen und benutzerdefinierte Aggregate. Für Letztere ist es sogar der einzige Weg, diese zu erzeugen. Während es früher separate Projekttypen dafür gab, wurde diese Funktionalität mit den SQL Server Data Tools nun in die Datenbankprojekte integriert.

Systemeigene CLR-Funktionen

Viele der seit SQL Server 2008 hinzugekommenen komplexen Datentypen sind intern ebenfalls als .NET-Datentypen realisiert. So sind sowohl die Geodatentypen *geography* und *geometry* als auch die Datentypen *hierarchyid* und *XML* auf diesem Weg entstanden.

Die grobe Vorgehensweise hierzu ist wie folgt:

- Erstellen einer .NET-Assembly mit den SQL Server Data Tools
- Registrieren der Assembly im SQL Server

Zuvor muss allerdings die CLR-Integration für die verwendete SQL Server-Instanz aktiviert werden, da diese per Default inaktiv ist. Außerdem muss die Konfiguration *CLR Strict Security* deaktiviert werden, damit das folgende Beispiel funktioniert, ohne vorher komplexere Einstellungen vornehmen zu müssen. Bei beiden Einstellungen handelt es sich um globale Konfigurationsoptionen, die Sie mit den folgenden Anweisungen setzen können:

```
sp_configure 'clr enabled' , 1;
GO
sp_configure 'clr strict security', 0;
GO
RECONFIGURE;
GO
```

Die Anweisung `RECONFIGURE` ist notwendig, damit die vorgenommene Einstellung auch aktiviert wird.

Erstellen Sie nun eine einfache .NET-Funktion in C# und veröffentlichen Sie sie auf dem SQL Server:

1. Klicken Sie im Projektmappen-Explorer der SQL Server Data Tools mit der rechten Maustaste auf das Projekt *MediaBase_Datenstruktur* und wählen Sie im Kontextmenü die Option *Hinzufügen/Neues Element* aus.
2. Wählen Sie im folgenden Dialogfeld unter den Vorlagen *SQL Server/SQL CLR C#* die Vorlage *SQL CLR C# – benutzerdefinierte Funktion* und geben Sie als Namen *CLR-*

FunktionTest.cs ein, bevor Sie mit einem Klick auf *Hinzufügen* ein Gerüst für die Funktion erstellen lassen.

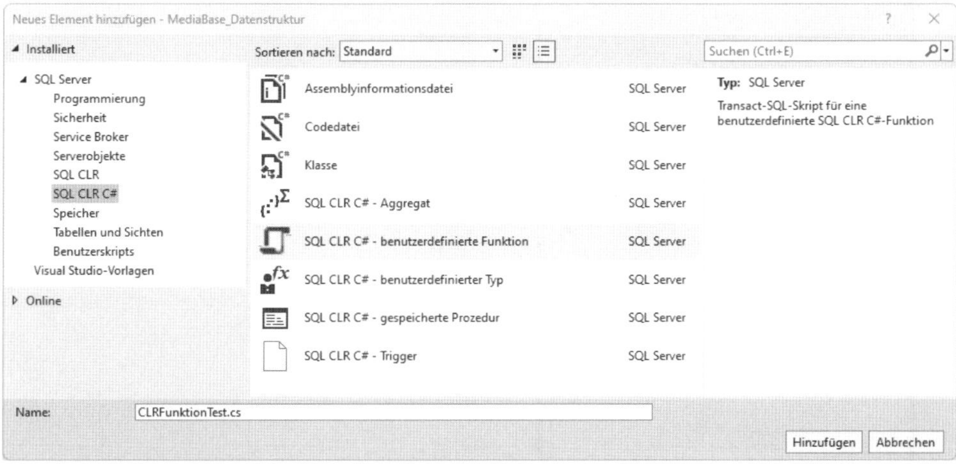

Abbildung 18.9: Das Dialogfeld zum Hinzufügen einer SQL CLR C#-Funktion

3. Passen Sie nun den erzeugten Code wie folgt an, damit eine konstante Zeichenkette zurückgegeben wird:

```
using System;
using System.Data;
using System.Data.SqlClient;
using System.Data.SqlTypes;
using Microsoft.SqlServer.Server;

public partial class UserDefinedFunctions
{
    [Microsoft.SqlServer.Server.SqlFunction]
    public static SqlString CLRFunktionTest()
    {
        // Fügen Sie hier Ihren Code ein.
        return new SqlString ("CLR-Testfunktion funktioniert!");
    }
}
```

4. Schließen Sie anschließend das Codefenster, erstellen Sie dann das Projekt neu und veröffentlichen Sie es in der Datenbank *MediaBase*, damit die neue Funktion auf dem SQL Server eingespielt wird. Wenn Sie anschließend im SQL Server Management Studio die Datenbank im Objekt-Explorer untersuchen, werden Sie zwei neue Einträge finden. So taucht unter *Assemblys* nun der neue Eintrag *MediaBase_Datenstruktur* auf, der den kompilierten C#-Code enthält. Unter den *Skalarwertfunktionen* finden Sie eine neue Funktion *dbo.CLRFunktionTest*, die auf die neue Assembly verweist.
5. Zum Testen der neuen Funktion öffnen Sie ein neues Abfragefenster, verbinden sich mit der Datenbank *MediaBase* und führen dann folgende Abfrage aus:

```
SELECT dbo.CLRFunktionTest()
```

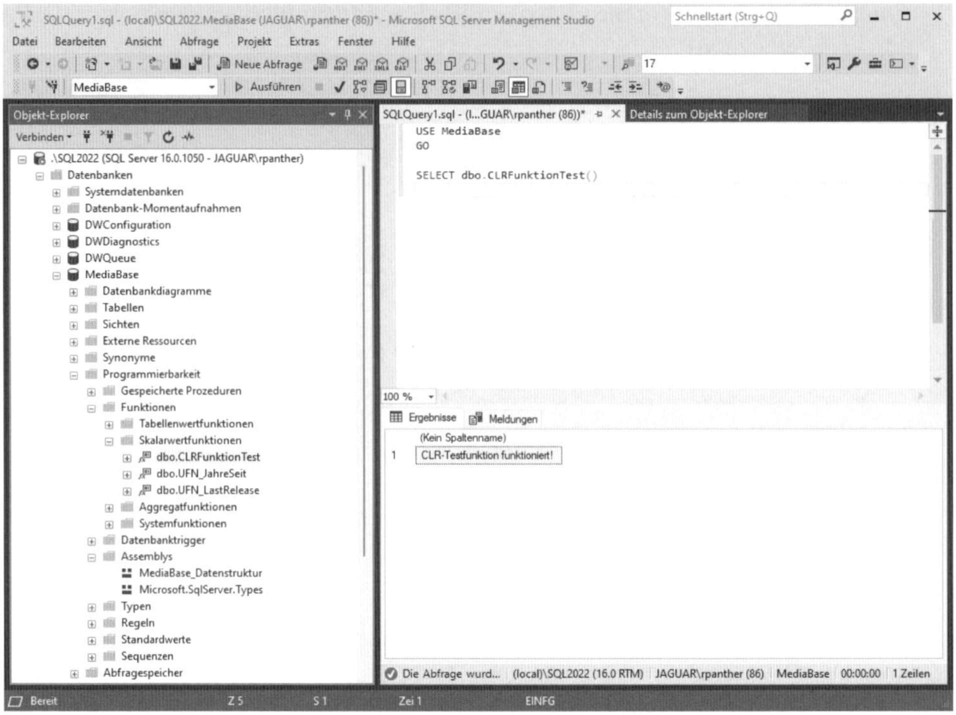

Abbildung 18.10: Test der neu veröffentlichten SQL CLR C#-Funktion

Eigenes Projekt für .NET CLR-Module

Der besseren Übersicht wegen empfiehlt es sich, die SQL-Skripte der Datenbankstrukturen von den in C# geschriebenen .NET CLR-Modulen (also Funktionen, Prozeduren etc.) zu trennen, indem man für die .NET CLR-Module ein separates Projekt in derselben Projektmappe anlegt. Damit die .NET CLR-Funktionen auch in den SQL-Funktionen und Prozeduren verwendet werden können, muss in deren Projekt dann ein Verweis auf das Projekt mit den .NET CLR-Modulen gesetzt werden (hierfür gibt es im Projektmappen-Explorer einen separaten Eintrag).

Nachdem Sie nun gelernt haben, wie einfach es ist, mithilfe von .NET selbst entwickelte Funktionalität in den SQL Server zu integrieren, drängt sich natürlich die Frage auf, anhand welcher Kriterien man entscheiden soll, ob beispielsweise eine Funktion eher in .NET oder eher in T-SQL zu implementieren ist. Dazu gibt es eine klare Regel:

- Je aufwendiger die Logik der Routine ist, desto sinnvoller ist der Einsatz von .NET. Insbesondere dann, wenn externe Aufrufe (z. B. von Webdiensten) integriert werden müssen, ist .NET das Mittel der Wahl.
- Je datenintensiver die Funktionalität ist, desto sinnvoller ist der Einsatz von T-SQL, da dieses auf die Verarbeitung von Massendaten hin optimiert ist.

Die Befürchtung, dass T-SQL bald komplett von .NET abgelöst wird, ist also sicherlich nicht berechtigt, da beide Technologien ihre individuellen Stärken und Schwächen haben.

Sonstige nützliche Features

Neben den Datenbankprojekten und der CLR-Integration bieten die SQL Server Data Tools noch eine ganze Reihe an weiteren Hilfsmitteln für Datenbankentwickler an. Die wichtigsten davon möchte ich im Folgenden kurz beschreiben:

Server-Explorer und SQL Server-Objekt-Explorer

Während Sie im Projekt bisher hauptsächlich mit dem Projektmappen-Explorer gearbeitet haben, gibt es noch einige weitere Explorer, die beim Arbeiten mit Datenbanken nützlich sein können. Diese sind normalerweise auf der linken Seite der Visual Studio-Entwicklungsumgebung zu sehen. Ist das nicht der Fall, können Sie das durch Auswahl der entsprechenden Optionen im Menü *Ansicht* bewirken.

An erster Stelle steht der *Server-Explorer*, der bereits in älteren Versionen von Visual Studio enthalten war. Mit ihm können Sie eine Verbindung zu SQL Server-Instanzen aufbauen, um diese zu »erkunden«. Hier können Sie eine Datenverbindung zu einer SQL Server-Datenbank erstellen und dann auf deren Objekte zugreifen. Dabei entspricht die Darstellung weitgehend der, die Sie beim Arbeiten mit Datenbankprojekten schon kennengelernt haben.

Noch einen Schritt weiter geht der mit den SQL Server Data Tools neu hinzugekommene *SQL Server-Objekt-Explorer*. Dieser bietet – in leicht abgespeckter Form – die gleiche Ansicht wie der Objekt-Explorer im SQL Server Management Studio. Die Bereiche *Datenbanken, Sicherheit* und *Serverobjekte* sind vorhanden, lediglich die Zweige *Replikation*, *Verwaltung* und *XEvent Profiler* fehlen. Am wichtigsten ist aber sicherlich der Knoten *Datenbanken*, in dem Sie beispielsweise nach einer Veröffentlichung von Datenbankstrukturen gleich nachsehen können, ob diese auch korrekt angekommen sind. Mit einem rechten Mausklick auf eine Datenbank und anschließender Auswahl von *Neue Abfrage* lassen sich auch SQL-Abfragen eingeben und ausführen. Und selbst das mittlerweile im SQL Server Management Studio nicht mehr unterstützte Debugging von SQL Skripten ist hier noch möglich.

Somit findet man als Datenbankentwickler die wichtigsten Tools in den SQL Server Data Tools vereint und muss nicht mehr ständig zwischen Visual Studio und SQL Server Management Studio hin- und herwechseln. Wenn Sie den Screenshot in Abbildung 18.11 betrachten, muss man schon genau hinschauen, um zu sehen, dass dies nicht das SQL Server Management Studio ist, sondern die SQL Server Data Tools.

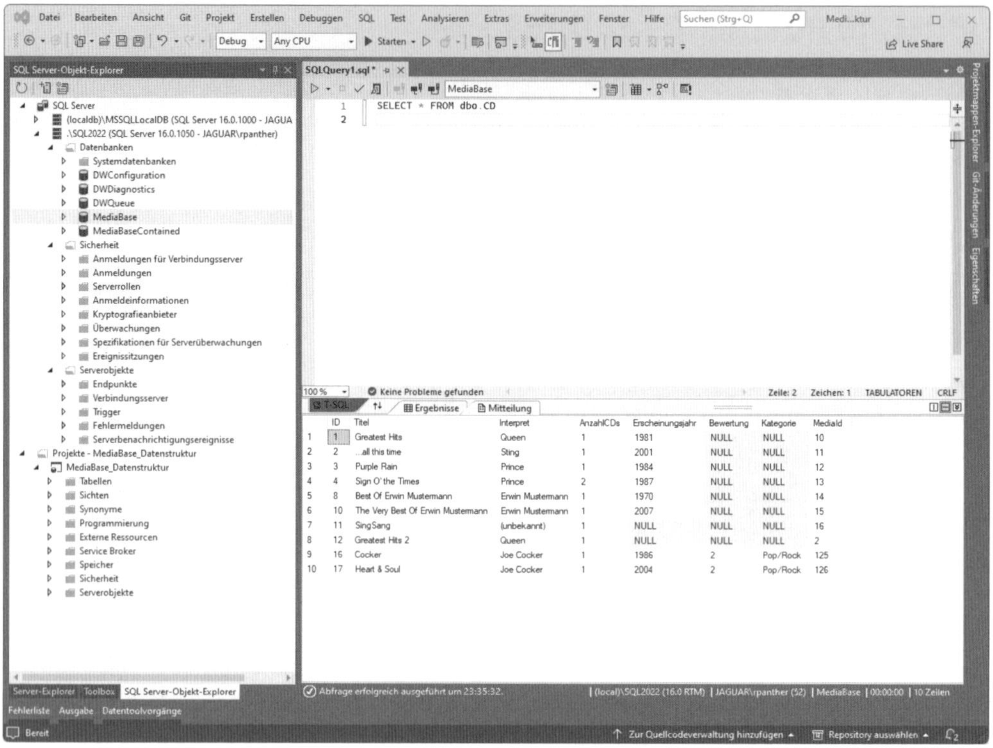

Abbildung 18.11: Der SQL Server-Objekt-Explorer mit geöffnetem Abfragefenster

Schemavergleich

Mit dieser Funktion, die über den Menüpunkt *Extras/SQL Server/Neuer Schemavergleich* aufzurufen ist, können Sie im einfachsten Fall die Datenbankstrukturen zweier Datenbanken miteinander vergleichen und bei Bedarf sogar in der Zielumgebung anpassen. Als Quelle und Ziel für den Vergleich können jedoch neben Datenbanken auch Datenbankprojekte und Datenebenenanwendungsdateien (DACPAC) verwendet werden. Auf diesem Weg lassen sich beispielsweise auch aktualisierte DACPAC-Dateien noch in ein bestehendes Datenbankprojekt importieren. So zeigt Abbildung 18.12 beispielsweise das Ergebnis des Schemavergleichs zwischen der Struktur der Datenbank *MediaBase* und der beim Bauen des Datenbankprojekts automatisch erstellten DACPAC-Datei (*MediaBase_Datenstruktur.dacpac*), die keine Informationen zu Berechtigungen enthält, weil diese nicht in das Datenbankprojekt importiert wurden (siehe Abbildung 18.3).

Auch die Veröffentlichung eines Datenbankprojekts ist mit einem Schemavergleich machbar, wobei sich hier gegenüber der normalen Veröffentlichungsfunktion ein großer Unterschied zeigt. Beim Veröffentlichen über einen Schemavergleich bekommen Sie die Unterschiede zwischen Projekt und Zieldatenbank zuerst angezeigt und können bei jeder Änderung bestimmen, ob diese durchgeführt werden soll oder nicht. Anschließend können Sie die Schemaanpassung direkt vornehmen oder ein SQL-Skript dafür generieren lassen.

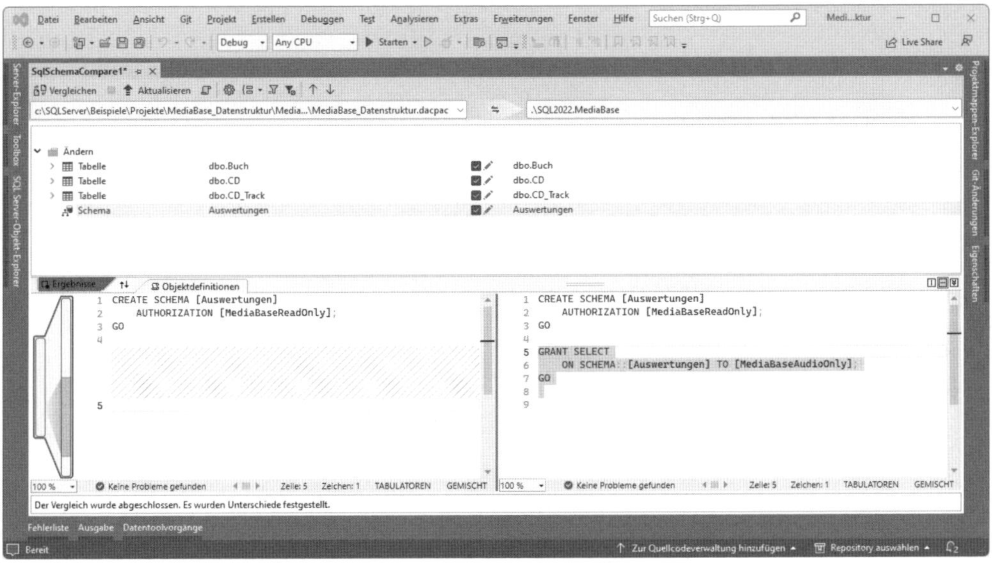

Abbildung 18.12: Schemavergleich mit den SQL Server Data Tools

Datenvergleich

Analog zum Schemavergleich bieten die SQL Server Data Tools auch die Möglichkeit, die Daten von strukturgleichen Tabellen verschiedener Datenbanken miteinander zu vergleichen. Diese Funktionalität ist ebenfalls im Menü *Extras/SQL Server* zu finden. Anschließend erscheint ein Dialogfeld, in dem Sie Quell- und Zieldatenbank auswählen und eine Vorauswahl treffen können, um beispielsweise nur Datensätze anzeigen zu lassen, die im Ziel fehlen oder aber in Quelle und Ziel unterschiedlich sind.

Im nächsten Schritt lassen sich dann Tabellen, Felder und Sichten auswählen, die miteinander verglichen werden sollen, wobei nur solche Tabellen zur Auswahl stehen, die in Quelle und Ziel mit demselben Namen und derselben Struktur existieren.

Nach dieser Auswahl erfolgt der eigentliche Datenvergleich, bei dem – je nach Vorauswahl – pro Tabelle oder Sicht die unterschiedlichen, in Quelle oder Ziel fehlenden, aber auch die identischen Datensätze angezeigt werden und einzeln zum Abgleich ausgewählt werden können. Der Datenabgleich selbst kann dann direkt ausgeführt oder zur späteren Ausführung als SQL-Skript generiert werden.

Abbildung 18.13: Datenvergleich mit den SQL Server Data Tools

Ausblick

Auch wenn bereits in den Vorversionen entsprechende Ansätze erkennbar waren, werden die SQL Server Data Tools seit SQL Server 2016 völlig unabhängig davon weiterentwickelt und sind mittlerweile komplett in Visual Studio integriert. Das liegt einerseits daran, dass die SQL Server Data Tools nicht nur SQL Server 2019 bzw. 2022 unterstützen, sondern auch noch die Vorgängerversionen 2005, 2008, 2008 R2, 2012, 2014, 2016 sowie SQL Azure. Auf der anderen Seite wurde durch die nun konsequent durchgezogene Trennung der Installationsroutinen von SQL Server und den SQL Server Data Tools (bzw. Visual Studio) ermöglicht, dass die Data Tools seitdem häufiger aktualisiert werden können.

Zukünftige Features

In der Wunschliste vieler Anwender stehen noch einige Funktionalitäten, die teilweise bereits in der Visual Studio Database Edition enthalten waren und bei den SQL Server Data Tools bisher noch nicht umgesetzt wurden. Andere Features sind bereits geplant, aber warten ebenfalls noch auf ihre Implementierung:

- **Datengenerierung** Automatische Generierung von Testdaten anhand eigener Vorgaben.
- **Referenzdaten-Deployment** Deployment von Referenzdaten nach dem Deployment der Datenstrukturen. Hier werden voraussichtlich die Mimiken des Data Compare kombiniert mit den Master Data Services verwendet.
- **Datenbankdiagramme** Grafische Darstellung von Datenbankstrukturen (ähnlich den Datenbankdiagrammen im SQL Server Management Studio).
- **Grafischer Abfrage-Designer** Ein grafischer Abfrage-Designer ähnlich dem Designer für Sichten im SQL Server Management Studio.

Übungen zu diesem Kapitel

In diesem Abschnitt finden Sie einige Übungen, mit denen Sie das in diesem Kapitel Erlernte vertiefen können. Die richtigen Antworten und Lösungen finden Sie in *Anhang C* dieses Buchs.

Übung 18.1

Erstellen Sie im Datenbankprojekt *MediaBase_Datenstruktur* eine neue .NET CLR-Funktion *dbo.UFN_HashFromText*, die einen Text als Parameter entgegennimmt und dessen Hashcode zurückliefert (den Hashcode können Sie mit der Methode `GetHashCode()` ermitteln).

Übung 18.2

Veröffentlichen Sie das Datenbankprojekt in der Datenbank *MediaBase* und testen Sie dort die Funktion *dbo.UFN_HashFromText*.

Übung 18.3

Welche vorbereitenden Schritte müssen Sie auf einem SQL Server ausführen, um eine in .NET erstellte gespeicherte Prozedur nutzen zu können?

Zusammenfassung

In diesem Kapitel haben Sie gelernt, was man mit den in Visual Studio enthaltenen SQL Server Data Tools alles machen kann. So wurde insbesondere das Arbeiten mit Datenbankprojekten beschrieben, mit denen Sie die gesamte Struktur einer Datenbank in einem Projekt festhalten können, das in Verbindung mit einer Quellcodeverwaltung wie beispielsweise dem Team Foundation Server auch versionierbar ist.

Auch die SQL Server CLR-Integration wird inzwischen über solche Datenbankprojekte gelöst. Damit kann man gespeicherte Prozeduren, Funktionen, Aggregate, Trigger und sogar eigene Datentypen in .NET entwickeln und anschließend im SQL Server registrieren, sodass diese anschließend wie vergleichbare mit SQL erzeugte Objekte nutzbar sind.

Anschließend wurde auf weitere Möglichkeiten der SQL Server Data Tools eingegangen. Angefangen beim bewährten Server-Explorer über den neuen SQL Server-Objekt-Explorer (der einen guten Teil der Funktionalität des SQL Server Management Studio bietet) bis hin zu Schemavergleich, Datenvergleich und der statischen Codeanalyse bieten die SQL Server Data Tools noch eine ganze Reihe von Features, die einen Datenbankentwickler bei der täglichen Arbeit unterstützen.

Im letzten Abschnitt des Kapitels wurden schließlich die geplanten Weiterentwicklungen der SQL Server Data Tools skizziert.

Kapitel 19

Berichte erstellen mit den SQL Server Reporting Services

In diesem Kapitel lernen Sie

- was die SQL Server Reporting Services leisten
- wie Sie die SQL Server Reporting Services konfigurieren
- wie man mit dem Report-Designer einen Bericht entwirft

Überblick über die Reporting Services

Die SQL Server Reporting Services ermöglichen das komfortable Erstellen, Verwalten und Verteilen von Berichten auf Basis von Daten, die beispielsweise vom SQL Server bereitgestellt werden. Im Gegensatz zu vielen Drittanbietertools wie beispielsweise Crystal Reports sind die SQL Server Reporting Services jedoch ganz klar für Microsoft SQL Server optimiert (was nicht heißen soll, dass keine anderen Datenquellen unterstützt werden).

Bei den Reporting Services, die mit SQL Server Express mit Advanced Services ausgeliefert werden, handelt es sich um eine leicht abgespeckte Variante, die nicht den vollen Funktionsumfang des Produkts aufweist. So ist beispielsweise der Report Builder, mit dem Ad-hoc-Reports erstellt werden können, nur für die Editionen Web, Standard und Enterprise von SQL Server verfügbar. Die Reportverteilung per E-Mail oder Laufwerkfreigabe ist – genau wie die Möglichkeit, Reports zeitgesteuert zu erstellen und zu abonnieren – der

Standard und der Enterprise Edition vorbehalten. Ab diesen Editionen ist auch die 4-GB-Speichergrenze aufgehoben, die für die Reporting Services der kleineren Editionen gilt.

Um mit der obigen Aufzählung nicht den Eindruck zu erwecken, dass die Reporting Services der Express Edition keine interessanten Features zu bieten haben, sollte natürlich erwähnt werden, welche zentralen Bestandteile und Möglichkeiten es auch mit dieser Edition gibt:

- *Report-Designer* (Bestandteil der SQL Server Data Tools) zum komfortablen Erstellen von Berichten
- *Report Server*, der die Berichte zur Verfügung stellt
- *Report Manager* zum Verwalten von Berichten über ein Web-Frontend
- Nutzung von verschiedenen Datenquellen für Berichte (OLE DB, ODBC, XML, Microsoft SQL Server, Oracle, SAP NetWeaver BI, Hyperion Essbase, TERADATA etc.)
- Export der Berichte nach XML, CSV, TIFF, PDF (Adobe), MHTML (Webarchiv), Excel, Word und PowerPoint

Während die Reporting Services der 2005er-Generation von SQL Server noch einen Internet Information Server benötigten, liefert SQL Server seit der 2008er-Generation einen eigenen Webserver mit, der ausschließlich für die Reporting Services genutzt wird und daher auch erheblich geringeren Konfigurationsaufwand erfordert. Ab SQL Server 2012 wurde die Konfiguration nochmals vereinfacht. Sollten Sie bereits einen Internet Information Server im Einsatz haben, können Sie die Berichte aber selbstverständlich auch über diesen veröffentlichen und bereitstellen.

Konfiguration der Reporting Services

Bevor die Reporting Services genutzt werden können, müssen sie erst einmal konfiguriert werden:

1. Rufen Sie den *Report Server Configuration Manager* auf, der im Windows-Startmenü seltsamerweise nicht unter *Microsoft SQL Server 2022*, sondern stattdessen direkt unter *R* zu finden ist.
2. Nach Aufruf des Konfigurations-Managers ist zuerst eine Verbindung mit der Berichtsserverinstanz herzustellen. Dabei sind *Servername* sowie *Berichtsserverinstanz (SSRS)* schon voreingestellt (siehe Abbildung 19.1) und müssen lediglich durch Anklicken der Schaltfläche *Verbinden* bestätigt werden.
3. In der Startanzeige des Konfigurations-Managers für Reporting Services sehen Sie verschiedene Angaben zu SQL Server-Instanz, Edition, Produktversion (Build-Nr.), Berichtsserver-Datenbankname, Berichtsservermodus, Berichtsdienststatus etc. Prüfen Sie hier, ob der Dienst gestartet ist. Falls nicht, können Sie das über die entsprechende Schaltfläche nachholen.

4. Klicken Sie in der Navigation auf der linken Seite auf den Link *Dienstkonto*. Hier ist das Benutzerkonto auszuwählen, mit dem die Reporting Services laufen. Da in Ihrer Konfiguration sowohl SQL Server als auch Reporting Services und der zu verwendende Webserver auf demselben Rechner laufen, reicht hier das voreingestellte integrierte Konto (*Virtuelles Dienstkonto*) völlig aus.

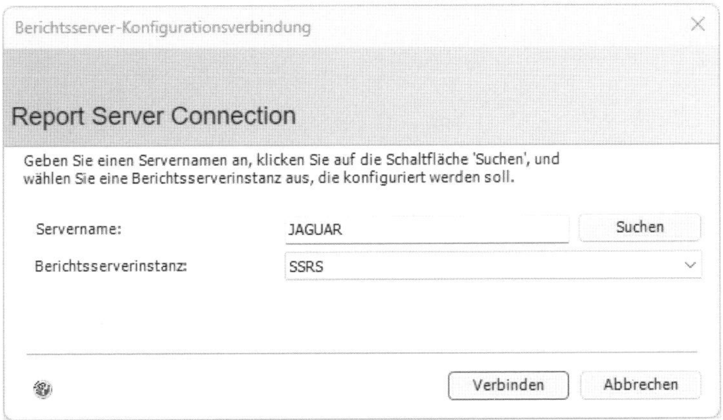

Abbildung 19.1: Verbindungsaufbau zu den SQL Server Reporting Services

5. Klicken Sie in der Navigation auf *Webdienst-URL*, um den zu verwendenden Webserver zu konfigurieren. Hier ist das virtuelle Verzeichnis angegeben, in dem die Berichte später zur Verfügung gestellt werden. Dazu sind die zu verwendende *IP-Adresse* und der *TCP-Port* sowie Parameter zur SSL-Verschlüsselung auszuwählen. Behalten Sie ruhig die in Abbildung 19.2 dargestellten Standardwerte bei. Allerdings müssen Sie noch auf die *Anwenden*-Schaltfläche klicken, um diese auch zu konfigurieren und das virtuelle Verzeichnis zu erstellen. Im unteren Bereich des Dialogfelds wird die komplette URL (z. B. *http://JAGUAR:80/ReportServer*) angezeigt, über die auf das virtuelle Verzeichnis zugegriffen werden kann.
6. Auf der Seite *Datenbank* bekommen Sie die aktuell ausgewählte Berichtsserver-Datenbank sowie die Anmeldeinformationen dazu angezeigt. Da hier bisher noch keine Berichtsserver-Datenbank angelegt wurde, holen wir das jetzt nach. Klicken Sie dazu auf die Schaltfläche *Datenbank ändern*.
7. Es erscheint der Assistent zum Konfigurieren der Berichtsserver-Datenbank, in dessen ersten Schritt Sie entscheiden müssen, ob eine neue Berichtsserver-Datenbank erstellt oder eine bereits vorhandene ausgewählt werden soll. Da wir noch keine Berichtsserver-Datenbank haben, wählen Sie hier die erstgenannte Option und klicken anschließend auf *Weiter*.
8. Bei der Angabe des Datenbankservers müssen Sie den Servernamen um den Namen der SQL Server-Instanz ergänzen, damit er gefunden wird. Setzen Sie also hier *\SQL2022* hinter den bereits voreingestellten Servernamen. Den Authentifizierungstyp (*Aktueller Benutzer – Integrierte Sicherheit*) können Sie beibehalten. Mit einem Klick auf *Verbindung testen* kann geprüft werden, ob eine Verbindung zum SQL Server aufgebaut werden kann. Wenn das erfolgreich ist, klicken Sie auf die Schaltfläche *Weiter*.

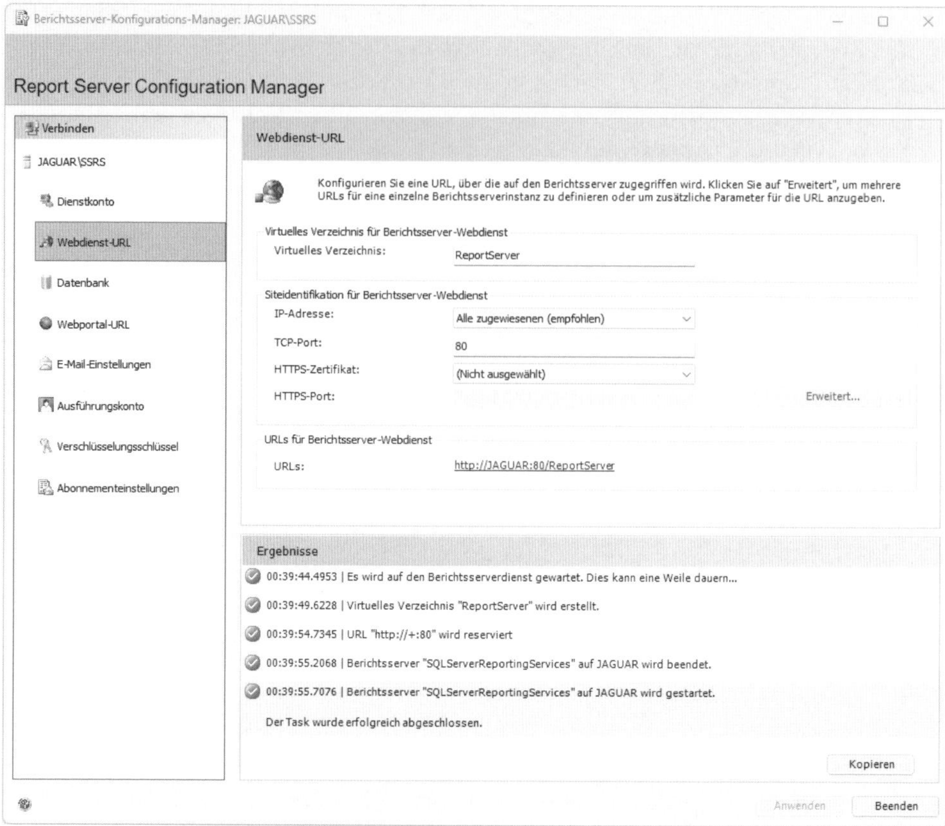

Abbildung 19.2: Konfiguration des Webdiensts

9. Es folgt ein Dialog, in dem der Name der Datenbank sowie die verwendete Sprache anzugeben sind. Hier können Sie die Voreinstellung *ReportServer* und *Deutsch (Deutschland)* beibehalten und auf *Weiter* klicken.
10. Nun sind die Anmeldeinformationen zu definieren, mit denen sich der Berichtsserver mit der Berichtsserver-Datenbank verbindet. Auch hier können die Voreinstellungen *Anmeldeinformationen des Dienstes* und als Benutzername *NT SERVICE\SQLServerReportingServices* beibehalten werden. Durch einen Klick auf die Schaltfläche *Weiter* gelangen Sie zu einer kurzen Zusammenfassung der Einstellungen, die nach einem erneuten Klick auf *Weiter* vorgenommen werden.
11. Wenn alles funktioniert hat, können Sie den Assistenten mit einem Klick auf die Schaltfläche *Fertig stellen* beenden.
12. Im Konfigurations-Manager werden nun die zuvor definierten Einstellungen der neu erstellten Berichtsserver-Datenbank angezeigt, und auch im SQL Server Management Studio sollten die beiden neu erstellten Datenbanken *ReportServer* und *ReportServerTempDB* zu sehen sein.

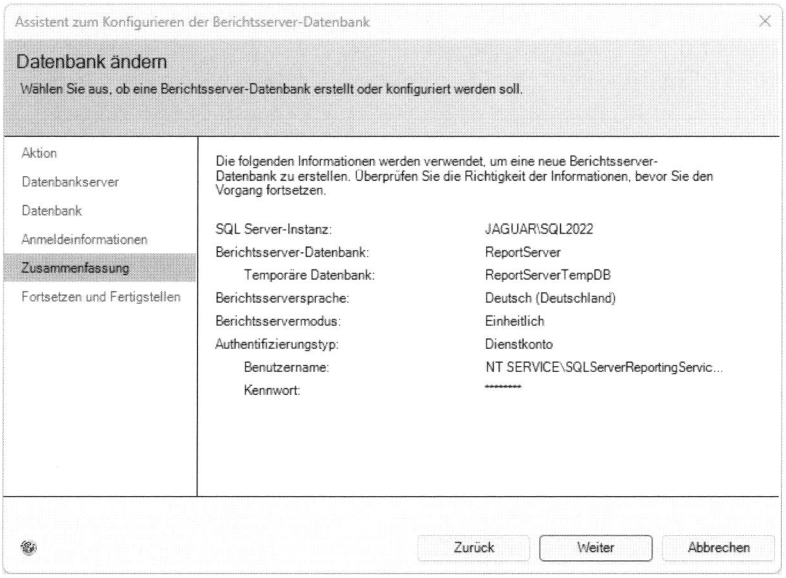

Abbildung 19.3: Assistent zur Konfiguration der Berichtsserver-Datenbank

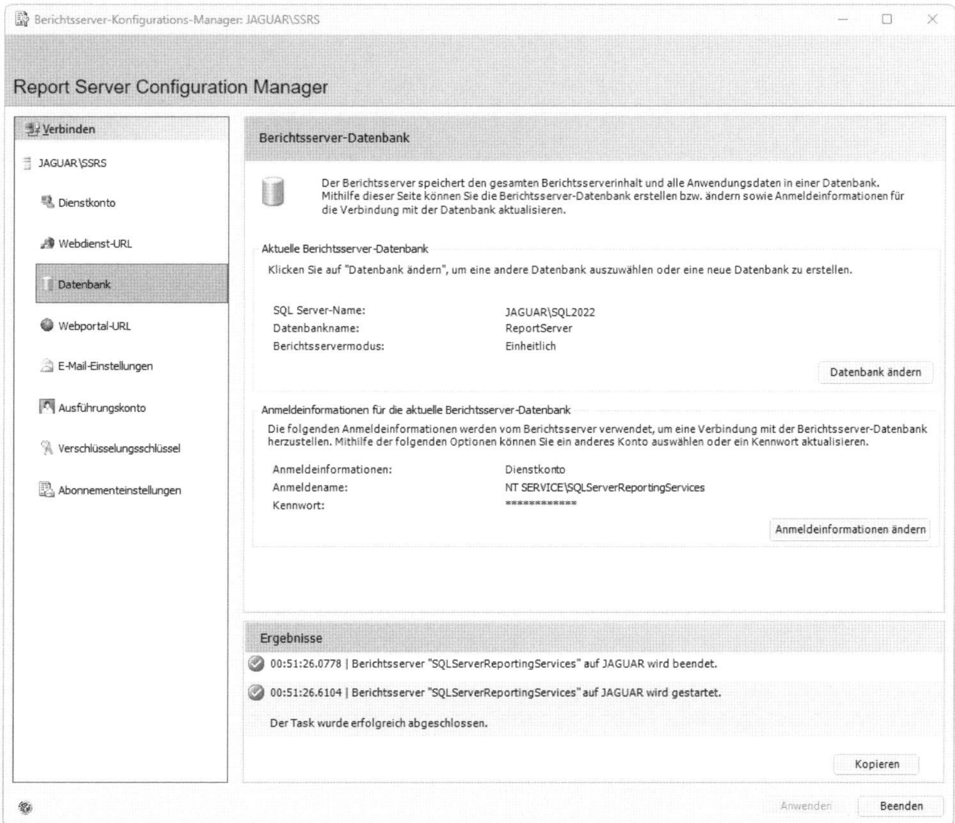

Abbildung 19.4: Konfiguration der Berichtsserver-Datenbank

13. Klicken Sie nun in der Navigation auf der linken Seite auf *Webportal-URL*, um das virtuelle Verzeichnis für den Berichts-Manager zu überprüfen bzw. anzupassen. Das Verzeichnis sollte auf *Reports* voreingestellt sein. Auch hier wird die entsprechende URL (z.B. *http://JAGUAR:80/Reports*) angezeigt, über die Sie den Berichts-Manager später erreichen können.
14. Die folgenden Seiten des Konfigurations-Managers sind momentan weniger relevant, sodass wir die Konfiguration mit einem Klick auf *Beenden* abschließen können.

Nachdem nun sichergestellt ist, dass die Reporting Services richtig konfiguriert sind, können wir uns mit dem Erstellen von Berichten befassen.

Erstellen eines Reports mit dem Report-Designer

Zum komfortablen Erstellen eines Reports wird der Report-Designer verwendet. Dieser war früher Bestandteil der SQL Server Data Tools, die mittlerweile fest in Visual Studio integriert sind und deren Installation bereits in *Kapitel 3* im Abschnitt *»Installation«* ab Seite 43 beschrieben wurde. Allerdings sind nach der Grundinstallation aus dem Umfang der SQL Server Data Tools vor allem die Datenbankprojekte verfügbar. Die Projektvorlagen für die Reporting Services (SSRS) sowie – sofern eine größere Edition von SQL Server verwendet wird – die Integration Services (SSIS) und die Analysis Services (SSAS) müssen in Form von Erweiterungen nachinstalliert werden.

Beginnen wir also mit der Installation der für die Reporting Services erforderlichen Erweiterung:

1. Rufen Sie die SQL Server Data Tools auf, die im Windows-Startmenü als separater Eintrag *Visual Studio 2022* zu finden sind.
2. Wählen Sie im Startbildschirm die Option *Ohne Code fortfahren* aus, wodurch Sie in die eigentliche Oberfläche von Visual Studio gelangen, ohne dass ein neues Projekt erstellt oder ein bestehendes Projekt geöffnet wird.
3. Rufen Sie im Menü *Erweiterungen* den Menüpunkt *Erweiterungen verwalten* auf, wodurch das Dialogfeld *Extensions*[1] *verwalten* erscheint. Über die Auswahl auf der linken Seite können Sie sowohl die bereits installierten Erweiterungen sehen als auch alle im Visual Studio Marketplace online verfügbaren Erweiterungen durchsuchen und bei Bedarf herunterladen.
4. Geben Sie im Suchfeld in der rechten oberen Ecke den Text *Reporting* ein, und Sie sehen in der Auflistung in der Mitte nur noch solche Erweiterungen, die den eingegebenen Text enthalten. Direkt an erster Stelle sollte der Punkt *Microsoft Reporting Services Projects 2022* stehen, zu dem auch eine *Download*-Schaltfläche eingeblendet wird, sobald Sie diesen anklicken.

1 In der Oberfläche wird interessanterweise mal die englische Bezeichnung Extensions und mal die deutsche Bezeichnung Erweiterungen verwendet. Gemeint ist in beiden Fällen jedoch dasselbe.

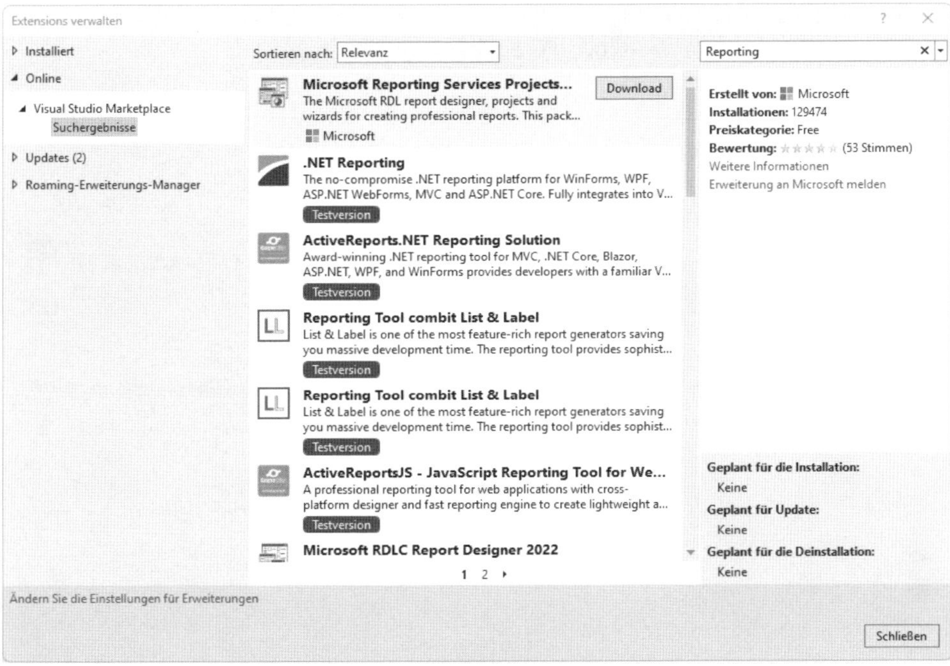

Abbildung 19.5: Die Auswahl der zu installierenden Erweiterung

5. Durch Anklicken der *Download*-Schaltfläche wird die ca. 100 MB große Datei *Microsoft.DataTools.ReportingServices.vsix*[2] heruntergeladen, die Sie durch einen Klick auf den Link *Datei öffnen* durch den dann automatisch aufgerufenen *VSIX-Installer* installieren können. Dazu muss nach einer kurzen Wartezeit lediglich noch bestätigt werden, für welche Visual Studio-Installation (in unserem Fall *Visual Studio Community 2022*) die Erweiterung installiert werden soll und dass Sie durch den Klick auf die Schaltfläche *Install* die Lizenzbedingungen akzeptieren, die Sie vorher natürlich über einen eingeblendeten Link auch anzeigen lassen können.
6. Falls während der Installation die Meldung erscheint, dass die Installation wartet, bis ein paar Prozesse beendet werden, können Sie dies auch durch einen Klick auf die Schaltfläche *End Tasks* beschleunigen. Dadurch wird unter anderem die Visual Studio Oberfläche geschlossen und anschließend die Installation vervollständigt.

Erstellen wir nun einen einfachen Bericht, der die Daten aus den Tabellen *dbo.CD* und *dbo.CD_Track* zusammenfasst:

1. Starten Sie *Visual Studio 2022* über den entsprechenden Eintrag im Windows-Startmenü.
2. Wählen Sie die Option *Neues Projekt erstellen.*
3. Um die Reporting Services-Projekttypen zu sehen, stellen Sie den Filter für die Projektvorlagen von *SQL* wieder auf *Alle Projekttypen* zurück. Nun sollten die ersten beiden Einträge die Vorlagen *Berichtsserverprojekt-Assistent* und *Berichtsserverprojekt* sein, da

2 Die Endung *.vsix* weist darauf hin, dass es sich um eine Visual Studio Extension handelt.

diese gerade frisch installiert wurden. Wenn Sie diese später wieder aufrufen wollen, können Sie natürlich auch hier das Suchfeld benutzen.

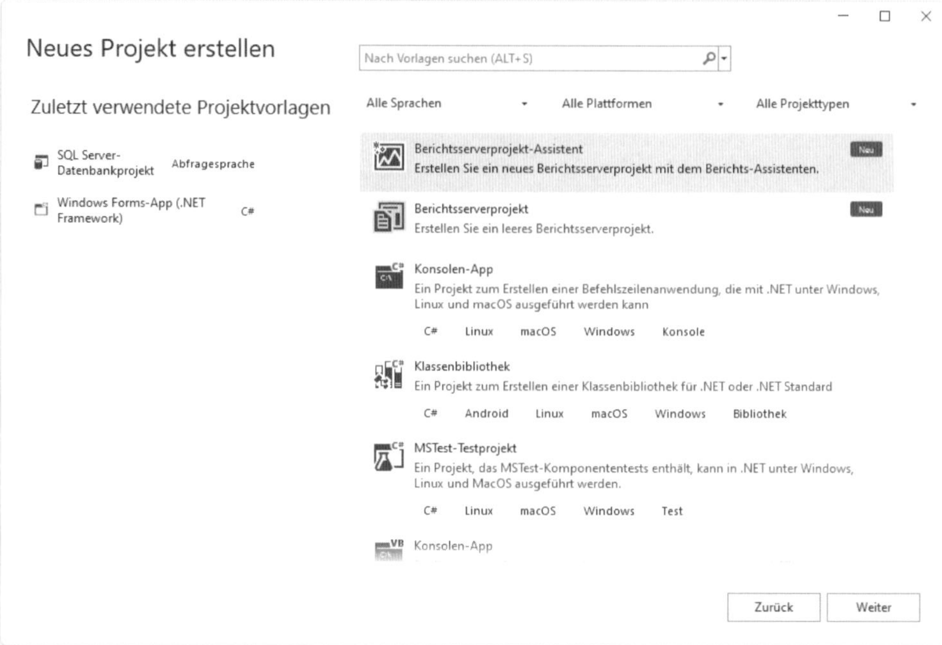

Abbildung 19.6: Das Dialogfeld mit den neu installierten Projektvorlagen

4. Wählen Sie hier die Vorlage *Berichtsserverprojekt-Assistent* und geben Sie nach einem Klick auf die Schaltfläche *Weiter* dem Projekt den Namen *MediaBase_Bericht*. Bei Bedarf können Sie noch den Speicherort für das Projekt anpassen. Ich nutze den Pfad *C:\SQLServer\Projekte* als Stammverzeichnis für die SQL Server-Projekte. Nach einem Klick auf die Schaltfläche *Erstellen* wird ein leeres Projekt angelegt.
5. Im Projektmappen-Explorer auf der rechten Seite ist nun eine zunächst leere Projektstruktur zu sehen, die unter der Projektmappe *MediaBase_Bericht* lediglich ein Projekt mit demselben Namen beinhaltet. Darunter sind drei Ordner für *Freigegebene Datenquellen*, *Freigegebene Datasets* und *Berichte* vorbereitet. Klicken Sie nun mit der rechten Maustaste auf den Ordner *Berichte* und wählen Sie dann die Option *Neuen Bericht hinzufügen*. Es erscheint der Berichts-Assistent, der Sie Schritt für Schritt durch die Erstellung eines Berichts führt.
6. Wenn Sie den Einstiegsdialog durch einen Klick auf die Schaltfläche *Next* überspringen, werden Sie zunächst nach der Datenquelle gefragt. Geben Sie dieser den Namen *MediaBase* und wählen Sie den Typ *Microsoft SQL Server*. Durch einen Klick auf die Schaltfläche *Bearbeiten* öffnet sich ein Dialogfeld, in dem Sie die Verbindungsdaten eingeben können. Setzen Sie hier den Servernamen auf *JAGUAR\SQL2022* (wobei Sie *JAGUAR* natürlich durch den Namen Ihres Servers ersetzen, damit auch die richtige Serverinstanz verwendet wird), wählen Sie dann *Windows-Authentication* und als Datenbank *MediaBase*, bevor Sie das Dialogfeld durch einen Klick auf *OK* wieder schließen. Anschließend klicken Sie auf *Weiter*, damit der Assistent fortfahren kann.

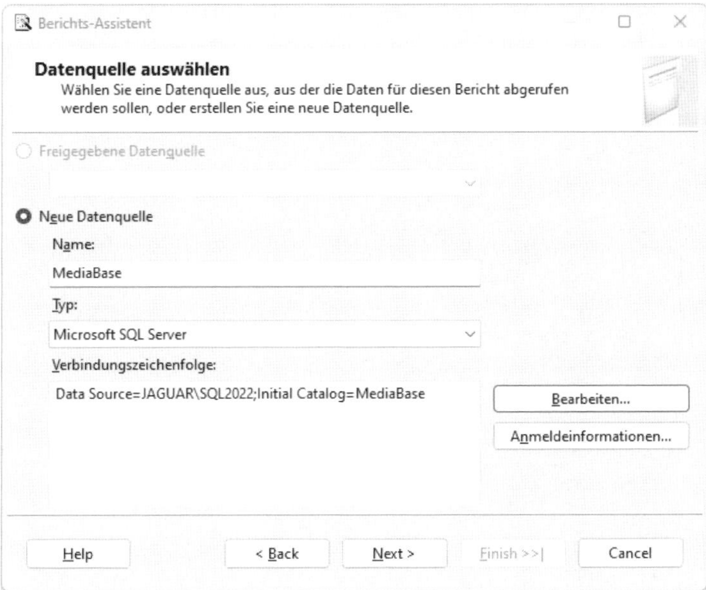

Abbildung 19.7: Das Dialogfeld zum Auswählen einer Datenquelle

7. Es folgt ein Schritt, in dem Sie eine SQL-Abfrage, auf der später der Bericht basiert, eingeben können. Da dies natürlich recht unkomfortabel ist, klicken Sie auf die Schaltfläche *Abfrage-Generator*, und es wird der Abfrage-Designer geöffnet, in dem Sie – ähnlich wie im SQL Server Management Studio – komfortabel eine Abfrage entwerfen können.
8. Klicken Sie hier in der Symbolleiste das Symbol ganz rechts an, um der Abfrage Tabellen hinzuzufügen, und wählen Sie anschließend die Tabellen *CD* und *CD_Track* aus, die Sie über die Schaltfläche *Hinzufügen* im Abfrage-Designer erscheinen lassen.
9. Markieren Sie anschließend in der Tabelle *CD* die Spalten *Titel* und *Kategorie* sowie in der Tabelle *CD_Track* die Spalten *CDNr*, *TrackNr*, *Titel* und *Interpret*. Da nun zwei Spalten mit dem Namen *Titel* auftauchen, wurde für den *Titel* aus der Tabelle *CD_Track* automatisch das Alias *Expr1* vergeben. Um die Bezeichnungen etwas sprechender zu gestalten, ändern Sie dieses Alias in *TrackTitel*. Durch Anklicken des Ausrufezeichens in der Symbolleiste können Sie die Abfrage nun testweise ausführen und sehen das Ergebnis dann im unteren Bereich des Abfrage-Designers. Wenn Sie mit der Abfrage zufrieden sind, schließen Sie den Designer über die *OK*-Schaltfläche.

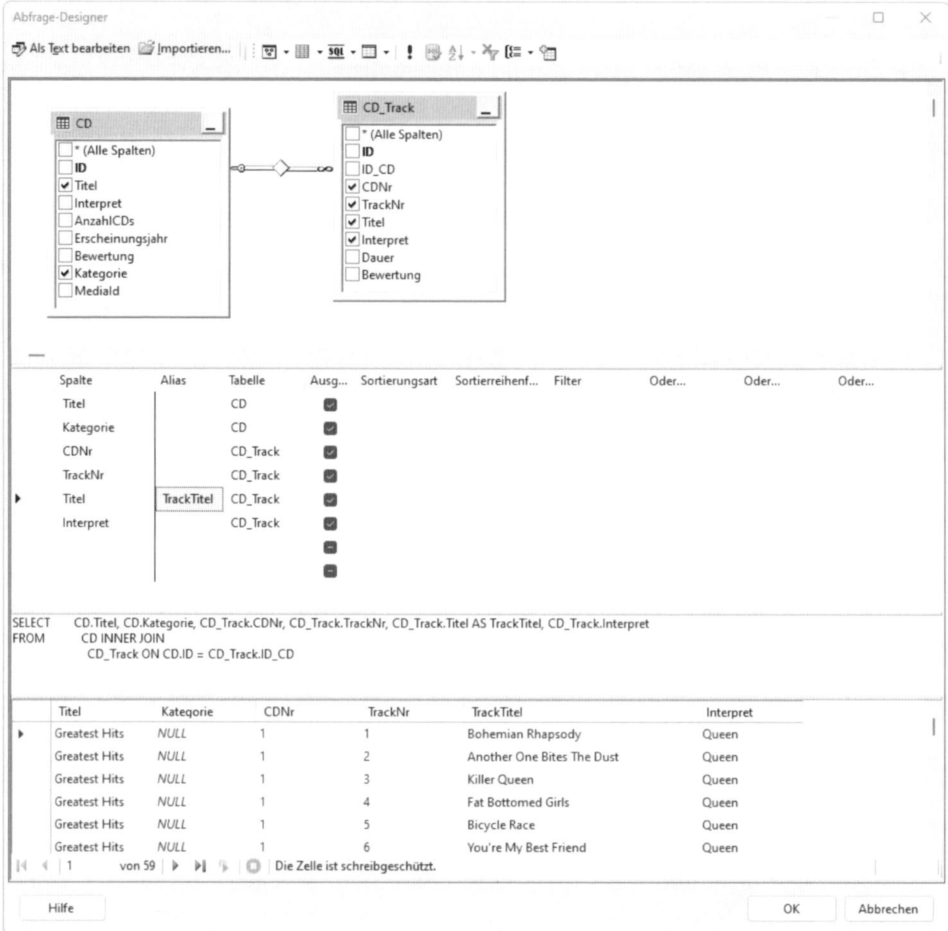

Abbildung 19.8: Der Abfrage-Designer

10. Nach einem weiteren Klick auf *Next* werden Sie im nächsten Schritt des Berichts-Assistenten nach dem Typ des Berichts gefragt. Behalten Sie hier die Voreinstellung *Tabellarisch* bei und klicken Sie erneut auf *Next*.
11. Beim folgenden Schritt, der mit *Tabelle entwerfen* benannt ist, geht es darum, zu entscheiden, welche Spalten für Seitenköpfe, Gruppierungen und Detaildarstellungen verwendet werden. Bestimmen Sie hier die *Kategorie* als Seitenkopf, den *Titel* als Gruppierung und die restlichen Felder als Detailinfos, wie in Abbildung 19.9 dargestellt.
12. Wählen Sie im nächsten Schritt das Tabellenlayout *Abgestuft* und aktivieren Sie das Kontrollkästchen *Drilldown aktivieren*, damit später gruppierte Bereiche per Mausklick auf- und zugeklappt werden können.

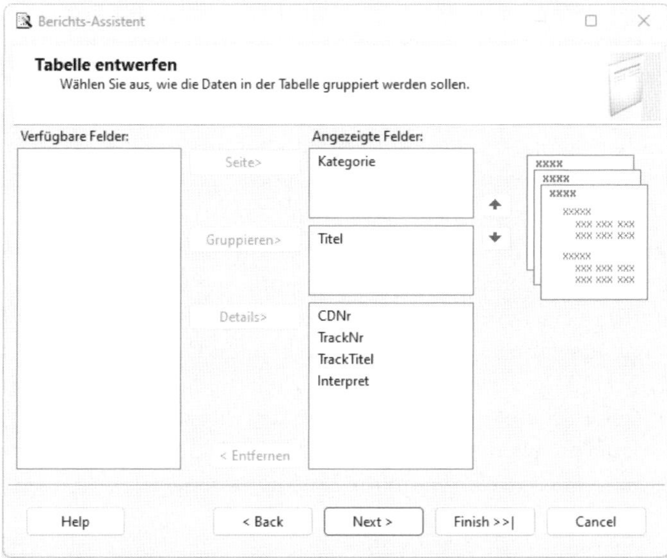

Abbildung 19.9: Das Dialogfeld zum Festlegen des Tabellenlayouts

13. Nach einem letzten Klick auf *Next* erscheint noch eine Berichtszusammenfassung, und Sie können einen Namen für den Bericht eingeben (z. B. *CDsMitTracks*) sowie über ein Kontrollkästchen die *Berichtsvorschau* aktivieren.

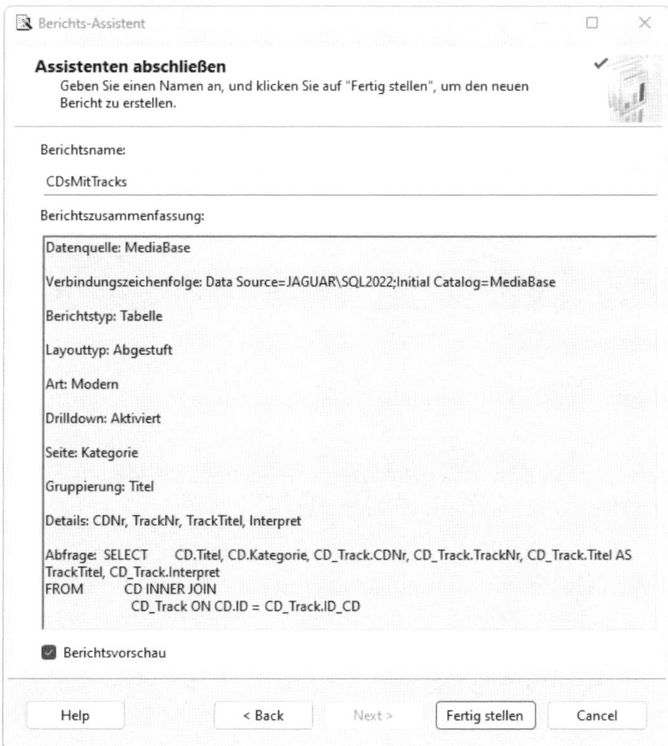

Abbildung 19.10: Die Berichtszusammenfassung

14. Nachdem Sie auf die Schaltfläche *Fertig stellen* geklickt haben, dauert es einige Zeit, bis der Bericht nach den Vorgaben des Assistenten generiert wurde. Anschließend erscheint direkt die Berichtsvorschau (sofern Sie diese Option markiert haben), oder Sie gelangen in den Entwurfsmodus des Berichts. Zwischen beiden Modi wechseln Sie über die entsprechenden Registerkarten jederzeit hin und her. In der Berichtsvorschau können Sie zwischen den einzelnen Seiten (und damit CD-Kategorien) blättern und zu jeder CD die entsprechenden Tracks auf- und zuklappen.
15. Als letzten Schritt dieser Praxisübung wollen wir den Bericht exportieren. Klicken Sie dazu – während Sie sich im Vorschaumodus befinden – mit der rechten Maustaste in den Bericht. In dem daraufhin erscheinenden Kontextmenü können Sie bei der Option *Exportieren* das Zielformat auswählen. Zur Auswahl stehen die Formate Word, Excel, PowerPoint, PDF, TIFF, MHTML, CSV und XML. Klicken Sie auf das Format Ihrer Wahl, und nach kurzer Zeit erscheint ein Dialogfeld, in dem Sie den Namen und das Verzeichnis der Exportdatei angeben können. Vergeben Sie hier einen passenden Namen und klicken Sie dann auf *Speichern*, um die Datei zu erzeugen.

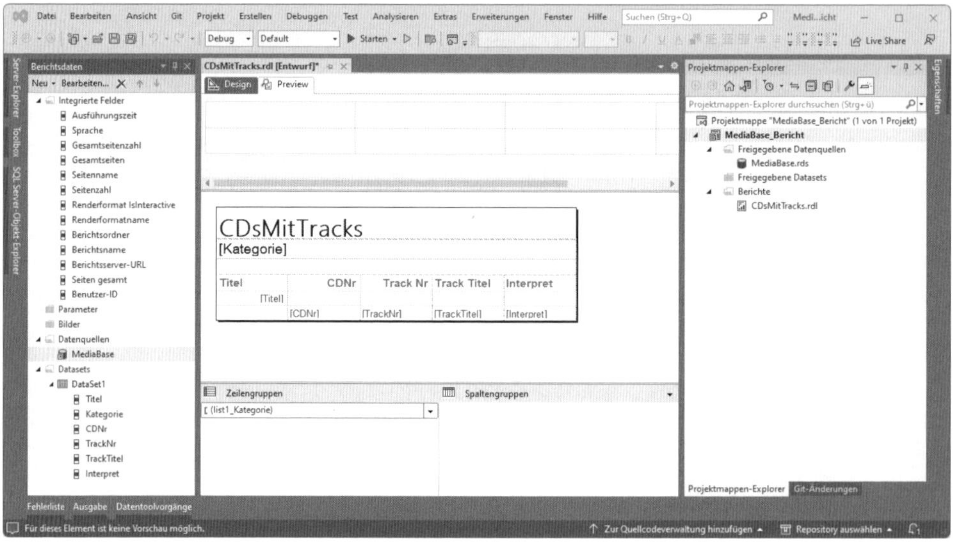

Abbildung 19.11: Der Berichtsentwurfsmodus

Wenn Sie sich die Entwicklungsoberfläche einmal ansehen, stechen vor allem drei Bereiche ins Auge:

- In der Mitte sind die bereits erwähnten Registerkarten zu sehen, auf denen Sie einen Bericht entwerfen oder in der Vorschau betrachten können.
- Auf der linken Seite sind die Berichtsdaten aufgelistet, mit denen Sie einen Bericht gestalten können. Diese beziehen sich immer auf den gerade geöffneten Bericht. Neben den Spalten der Datenquelle sind hier auch einige *Integrierte Felder* zu finden, über die Sie Angaben wie beispielsweise die Seitenzahl in Berichte integrieren können. Sowohl integrierte Felder als auch Datenspalten lassen sich einfach mit der Maus auf den Bericht ziehen, um diese Elemente dort zu platzieren.

- Auf der rechten Seite befindet sich der Projektmappen-Explorer, in dem die einzelnen Dateien des Berichtsserverprojekts zu sehen sind. Neben der Berichtsdefinition selbst, die in der Datei *CDsMitTracks.rdl* gespeichert ist, finden sich hier auch die Bereiche *Freigegebene Datenquellen* und *Freigegebene Datasets*, die Datenquellen und Datasets beinhalten, die in verschiedenen Berichten eines Projekts verwendet werden. Dazu können Sie aus einem geöffneten Bericht beispielsweise eine Datenquelle mit der rechten Maustaste anklicken und diese dann über die gleichnamige Option in eine freigegebene Datenquelle konvertieren, wodurch sie dann unter dem Punkt *Freigegebene Datenquellen* mit der Dateiendung *.rds* erscheint und auch in anderen Berichten genutzt werden kann.

Report Definition Language

Die Berichte werden in der *Report Definition Language* (RDL) abgelegt. Dabei handelt es sich um einen von Microsoft initiierten Standard, der Berichte in Form eines XML-Dokuments beschreibt. Inzwischen unterstützen auch einige Drittanbieter das RDL-Format.

Übungen zu diesem Kapitel

In diesem Abschnitt finden Sie einige Übungen, mit denen Sie das in diesem Kapitel Erlernte vertiefen können. Die richtigen Antworten und Lösungen finden Sie in *Anhang C* dieses Buchs.

Übung 19.1

Erweitern Sie den Bericht *CDsMitTracks* so, dass in der Titelleiste auch der Zeitpunkt der Ausführung angezeigt wird.

Übung 19.2

Erstellen Sie einen zweiten Bericht im selben Berichtsprojekt, der alle Bücher nach Autoren gruppiert auflistet.

Neuen Bericht im bestehenden Projekt erstellen

Um einen weiteren Bericht in einem existierenden Berichtsserverprojekt zu erstellen, klicken Sie im Projektmappen-Explorer mit der rechten Maustaste auf *Berichte* und wählen dann die Option *Neuen Bericht hinzufügen*. Dadurch startet wieder der Berichts-Assistent, bei dem Sie auch freigegebene Datenquellen nutzen können.

Zusammenfassung

Nach einem kurzen Überblick über die wichtigsten Features der SQL Server Reporting Services haben Sie gesehen, wie diese zu konfigurieren sind. Anschließend haben Sie die Reporting Services-Erweiterung für Visual Studio installiert und damit dann ein Berichtsserverprojekt mit einem Bericht darin erstellt.

Natürlich gehen die Möglichkeiten der Reporting Services weit über das hinaus, was in diesem Kapitel mithilfe des Berichtserstellungs-Assistenten erzeugt wurde. Insbesondere die Themen Verteilen von Berichten und Nutzen von Berichtsmodellen, aber auch die Parametrisierung von Reports und viele weitere interessante Teilaspekte konnten hier leider nicht behandelt werden.

Jedoch sollte diese kurze Einführung in die Reporting Services ausreichen, um Ihnen einen kleinen Einblick in die Arbeit mit den SQL Server Reporting Services zu geben. Wenn Sie tiefer in die Materie einsteigen möchten, finden Sie zahlreiche Bücher, die sich ausschließlich mit den SQL Server Reporting Services beschäftigen.

Kapitel 20

Zusammenarbeit mit anderen SQL Server-Instanzen und -Editionen

In diesem Kapitel lernen Sie

- welche Möglichkeiten es gibt, mehrere SQL Server gemeinsam zu nutzen
- was es mit der Replikation von Datenbanken auf sich hat
- welchen Zweck die SQL Server LocalDB erfüllt
- wie Sie SQL Server Express in Verbindung mit der SQL Server Compact Edition nutzen können
- wie Sie ein Upgrade von SQL Server Express auf eine größere Edition durchführen können

Verbindung zu anderen Servern

SQL Server Express kann auch mit anderen SQL Servern zusammenarbeiten (selbst wenn diese eine größere Edition von SQL Server verwenden).

Der einfachste Weg, Server gemeinsam zu nutzen, führt über die Einrichtung von Verbindungsservern (engl. *Linked Server*). Dadurch wird einem Server bekannt gemacht, wie – und mit welchen Anmeldungen – er auf einen zweiten Server zugreifen kann, um serverübergreifende Abfragen durchführen zu können.

Zum Ansprechen einer Tabelle auf einem entfernten Server wird dem Datenbanknamen (wiederum durch einen Punkt getrennt) einfach der Name des Servers vorangestellt. Handelt es sich um eine benannte Instanz auf dem entfernten Server, muss auch der Instanzname angegeben werden (wie üblich durch einen Backslash vom Servernamen getrennt). In diesem Fall muss die Kombination aus Server- und Instanzname allerdings in eckige

Klammern eingeschlossen werden. Um beispielsweise die Tabelle *dbo.CD* aus der Datenbank *MediaBase* von einem Server mit Namen *ZweitServer* und der Instanz *SQL2022* abzufragen, ist die folgende Abfrage zu verwenden:

```
SELECT * FROM [ZweitServer\SQL2022].MediaBase.dbo.CD
```

Sofern der entfernte Server allerdings noch nicht als Verbindungsserver eingerichtet ist, erhalten Sie eine Fehlermeldung der folgenden Art:

Meldung 7202, Ebene 11, Status 2, Zeile 1

Server 'ZweitServer\SQL2022' konnte in 'sys.servers' nicht gefunden werden. Stellen Sie sicher, dass der richtige Servername angegeben wurde. Führen Sie ggf. die gespeicherte Prozedur 'sp_addlinkedserver' aus, um den Server in 'sys.servers' hinzuzufügen.

Um das nachzuprüfen, können Sie mit der folgenden Abfrage einen Blick in die entsprechende Systemtabelle werfen:

```
SELECT * FROM sys.servers
```

Als Ergebnis sollte nur eine Zeile, die den lokalen Server beschreibt, auftauchen. Dies belegt, dass der benötigte Verbindungsserver noch nicht konfiguriert ist.

Um nun einen Verbindungsserver einzurichten, sind folgende Schritte durchzuführen:

1. Stellen Sie im SQL Server Management Studio eine Verbindung zur lokalen Serverinstanz *SQL2022* her.
2. Klicken Sie im Objekt-Explorer mit der rechten Maustaste auf *Serverobjekte/Verbindungsserver* und wählen Sie die Option *Neuer Verbindungsserver*. Es erscheint das Dialogfeld zum Einrichten eines neuen Verbindungsservers.
3. Geben Sie auf der Seite *Allgemein* den Namen der Instanz des Verbindungsservers ein (z.B. *ZweitServer\SQL2022*) und wählen Sie darunter *SQL Server* als *Servertyp*.
4. Wechseln Sie anschließend zur Seite *Sicherheit*, um dort anzugeben, mit welcher Anmeldung die Verbindung hergestellt werden soll.
5. Klicken Sie auf *Hinzufügen*, um der Liste eine neue Anmeldungszuordnung hinzuzufügen. Hier wählen Sie dann auf der linken Seite die für den lokalen Server gültige Anmeldung (z.B. *JAGUAR\rpanther*). Wenn Sie nun das Kästchen *Identität annehmen* anklicken, versucht der lokale Server auch über die zuvor angegebene Anmeldung, auf den entfernten Server zuzugreifen. Markieren Sie stattdessen das Kästchen nicht, können Sie für den entfernten Server Benutzer und Kennwort, die verwendet werden sollen, sobald versucht wird, über die lokale Anmeldung eine Verbindung aufzubauen, explizit angeben. Über die Auswahl im unteren Bereich können Sie definieren, wie verfahren werden soll, wenn die Verbindung über keine der explizit angegebenen Anmeldungen aufgebaut wird.

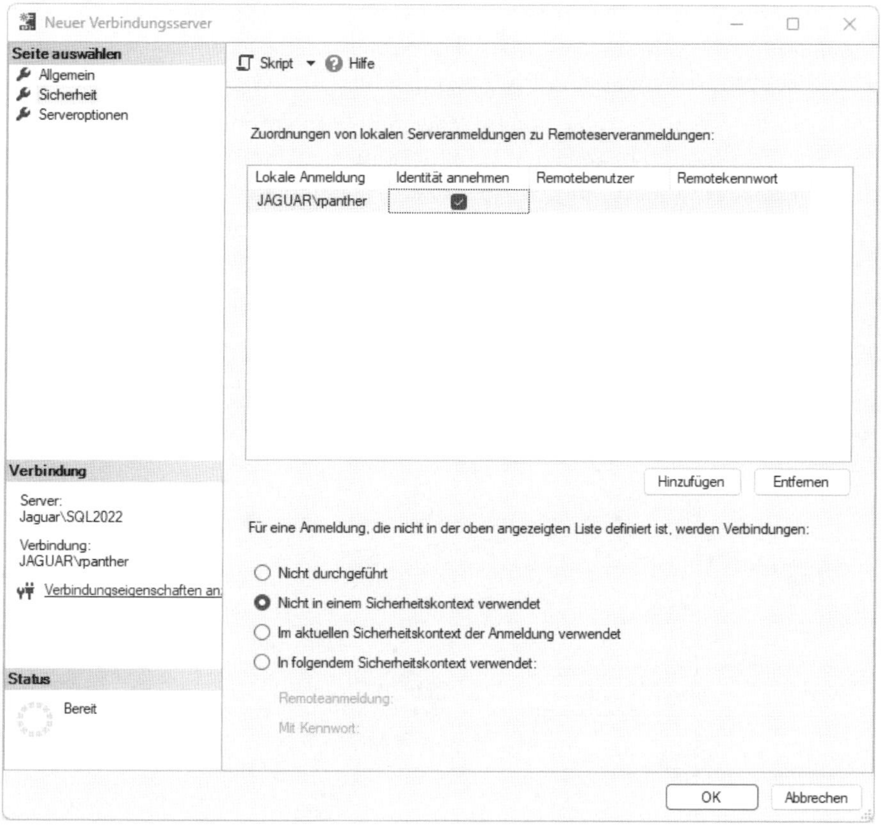

Abbildung 20.1: Zuordnung von Anmeldungen für neue Verbindungsserver

6. Klicken Sie nun auf *OK*. Der Verbindungsserver wird damit eingerichtet, und es wird automatisch geprüft, ob eine Verbindung zu diesem Server möglich ist. Ist das nicht der Fall (was bei diesem Beispiel vermutlich so sein wird, wenn Sie in Ihrem Netzwerk nicht zufällig einen zusätzlichen SQL Server mit dem Namen *Zweitserver* eingerichtet haben), bekommen Sie eine entsprechende Fehlermeldung und haben dann die Möglichkeit, zu entscheiden, ob der Verbindungsserver trotzdem angelegt werden soll.

Alternativ können Sie auch mit den folgenden Anweisungen den Verbindungsserver hinzufügen und anschließend die Zuordnung von lokaler Anmeldung zur Anmeldung für den entfernten Server erstellen:

```
USE [master]
GO

EXEC master.dbo.sp_addlinkedserver @server = N'ZWEITSERVER\SQL2022',
  @srvproduct=N'SQL Server'
GO

EXEC master.dbo.sp_addlinkedsrvlogin @rmtsrvname = N'ZWEITSERVER\SQL2022', @locallogin =
N'JAGUAR\rpanther', @useself = N'True'
GO
```

Sobald der Verbindungsserver eingerichtet ist, können Sie im Objekt-Explorer unter *Serverobjekte/Verbindungsserver* sowohl die verbundene Serverinstanz sehen als auch dessen Datenbanken einblenden (sofern die verwendete Anmeldung die notwendigen Rechte besitzt).

Nun sollte auch die Abfrage auf den verbundenen Server funktionieren. Wenn Sie die Systemtabelle *sys.servers* erneut abfragen, erscheint dort auch eine zweite Zeile, in der die Infos zum Verbindungsserver zu sehen sind. Wenn Sie die Spalteninhalte beider Zeilen vergleichen, werden Sie feststellen, dass diese weitgehend übereinstimmen. Der wichtigste Unterschied ist in der Spalte *is_linked* zu finden, in der für den lokalen Server eine 0 (entspricht dem Wert *false*) und für den Verbindungsserver eine 1 (entspricht dem Wert *true*) eingetragen ist.

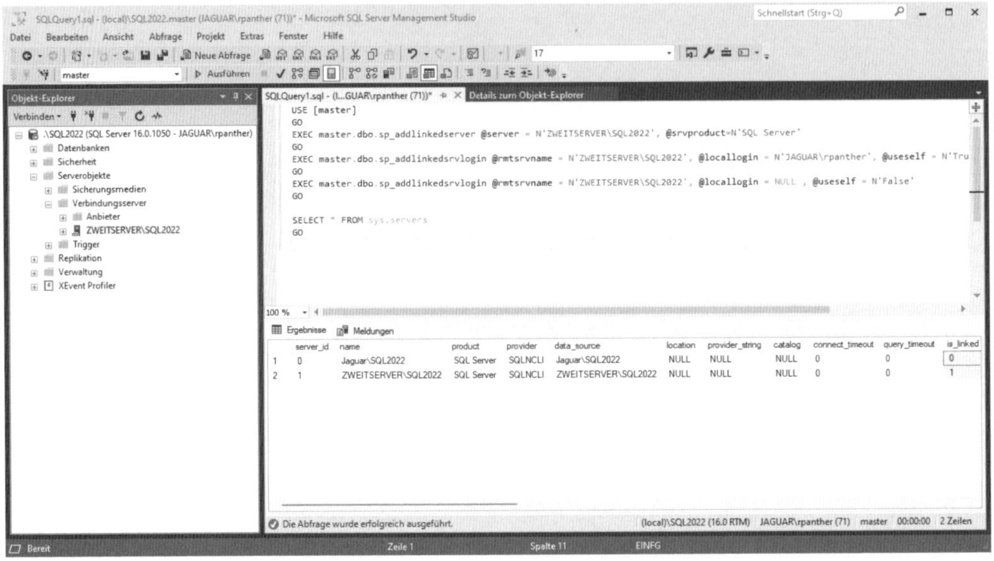

Abbildung 20.2: Abfrage der erreichbaren SQL-Server

Benötigen Sie den Verbindungsserver nicht mehr, können Sie ihn zusammen mit seinen Anmeldungen mit einer einzigen Anweisung wieder entfernen:

```
EXEC master.dbo.sp_dropserver @server=N'ZWEITSERVER\SQL2022', @droplogins='droplogins'
```

Während Sie mithilfe von Verbindungsservern Daten von verschiedenen Servern (vor allem in SQL-Anweisungen) explizit gemeinsam nutzen können, bietet SQL Server auch Möglichkeiten an, um Daten zwischen Servern automatisch abzugleichen.

Replikation

Das Thema Replikation ist sehr komplex. Dazu kommt die Tatsache, dass eine SQL Server Express-Instanz immer nur als Replikationsclient fungieren kann, der eine Instanz einer größeren SQL Server-Edition benötigt, von der er die Daten beziehen kann. Aus diesem Grund möchte ich an dieser Stelle nur einen kurzen Überblick darüber geben, worum es bei der Replikation geht und welche Rolle SQL Server Express in einem Replikationsszenario spielen kann.

Überblick über die SQL Server-Replikation

Die Replikation dient dem automatischen Austausch von Daten zwischen verschiedenen Datenbanken und – meist auch – Servern. Zur Bezeichnung der verschiedenen Komponenten eines Replikationsszenarios werden Begriffe aus dem Verlagswesen verwendet:

- Ein *Verleger* (engl. *Publisher*) stellt Veröffentlichungen (oder Publikationen) bereit, die aus einem oder mehreren Artikeln bestehen können. Dabei entsprechen die Artikel einzelnen Tabellen oder Sichten (bzw. Teilen davon, wenn nicht alle Zeilen oder Spalten ausgewählt werden).
- Ein *Verteiler* (engl. *Distributor*) nimmt die Veröffentlichungen entgegen und stellt diese für Replikationsclients (oder auch Abonnenten genannt) zur Verfügung.
- Ein *Abonnent* (engl. *Subscriber*) abonniert beliebige Artikel einer Veröffentlichung und erhält darüber automatisch die Daten und die Änderungen an den Tabellen, die Bestandteil des Artikels sind.

Der Abonnent verbindet sich also nicht direkt mit dem Verleger, sondern immer nur mit dem Verteiler. Allerdings kann eine SQL Server-Instanz gleichzeitig als Verleger und Verteiler fungieren, was für viele kleinere Replikationsszenarien völlig ausreichend ist. Lediglich bei größeren Umgebungen mit mehreren Verlegern wird oft ein separater Verteiler genutzt, der quasi als Schaltstelle zwischen allen Verlegern und Abonnenten dient.

Es gibt verschiedene Arten einer Replikation, die über die Art und Häufigkeit der Datenabgleiche entscheiden:

- *Snapshot-Replikation* – Die Daten des Abonnements werden komplett übernommen. Dabei werden notfalls auf dem Abonnenten fehlende Tabellen mit angelegt. Die Snapshot-Replikation wird oft auch als erster Schritt für die Einrichtung der anderen Replikationstypen verwendet.
- *Transaktionsreplikation* – Datenänderungen aus einzelnen Transaktionen werden regelmäßig an die Abonnenten übertragen.
- *Merge-Replikation* – Datenänderungen werden sowohl auf dem Verleger als auch auf dem Abonnenten gesammelt und an die andere Seite der Replikation übertragen. Diese Variante der Replikation wurde sogar von Windows Mobile unterstützt, leider aber nicht mehr von dessen Nachfolger Windows Phone.
- *Peer-to-Peer-Replikation* – Bereits seit SQL Server 2005 gibt es mit der Peer-to-Peer-Replikation noch eine weitere Variante, die auf der Transaktionsreplikation basiert, sich aber von dieser dadurch unterscheidet, dass hierbei jeder Knoten (engl. *Node*), der an der Replikation beteiligt ist, sowohl die Rolle des Verlegers als auch die Rolle des Abonnenten übernimmt, während ein Verteiler hierbei gar nicht benötigt wird. Stattdessen tauschen die Knoten alle Datenänderungen untereinander aus, es wird also jede Änderung an alle anderen Knoten weitergegeben. Die Peer-to-Peer-Replikation ist allerdings nur für die Enterprise (bzw. Developer) Edition von SQL Server verfügbar, sodass die Express Edition hiervon nicht betroffen ist.

Welche Rolle spielt SQL Server Express bei der Replikation?

Wie bereits erwähnt, kann SQL Server Express lediglich als Replikationsclient – also als Abonnent – verwendet werden, der die bereitgestellten Daten konsumiert. Sowohl für den Verleger als auch für den Verteiler muss eine Standard oder gar Enterprise (bzw. Developer) Edition von SQL Server verwendet werden.

Um ein Abonnement auf einer Express Edition-Instanz einzurichten, klicken Sie im Objekt-Explorer mit der rechten Maustaste auf den Eintrag *Replikation/Lokale Abonnements* und wählen dann die Option *Neue Abonnements*. Dadurch wird der *Assistent für neue Abonnements* gestartet, der Sie durch die Erstellung eines neuen Abonnements leitet.

Abbildung 20.3: Der Assistent für neue Abonnements

Sobald ein Abonnement eingerichtet ist, können Sie den Replikationsmonitor aufrufen. Dieser stellt eine grafische Benutzeroberfläche zur Verfügung, mit der Sie prüfen können, ob die Replikation fehlerfrei funktioniert, und Sie erhalten außerdem einige Informationen zur Performance der Replikation (z. B. welche Abonnements langsam sind).

Der Replikationsmonitor wird aufgerufen, indem Sie im Objekt-Explorer mit der rechten Maustaste auf *Replikation* klicken und anschließend *Replikationsmonitor starten* auswählen.

Die SQL Server LocalDB

Die LocalDB – oder genauer die SQL Server Express LocalDB – wurde bereits mit SQL Server 2012 eingeführt, verwendet aber die gleiche Engine wie SQL Server Express und profitiert daher auch bei jeder neuen Version von den entsprechenden Neuerungen. Im Gegensatz zur Express Edition, deren Dienst dauerhaft aktiv ist, handelt es sich bei der LocalDB um eine lokale Instanz von SQL Server, die erst bei Bedarf erstellt und dann automatisch bei der ersten Verbindung gestartet wird oder alternativ auch manuell gestartet werden kann, wie Sie später sehen werden.

Damit die LocalDB genutzt werden kann, muss sie allerdings vorher installiert werden. Dies kann bei der Installation von SQL Server Express geschehen (wenn Sie der Beschreibung in *Kapitel 3, Installation und erste Schritte*, genau gefolgt sind, ist das bereits erledigt) oder alternativ durch Aufruf der Installationsdatei *SqlLocalDB.msi*.

Separate Installation der SQL Server LocalDB

Wenn Sie die Installationsdateien von SQL Server Express in einem Ordner abgelegt haben, finden Sie dort im Unterordner *1031_DEU_LP\x64\Setup\x64* die Datei *SqlLocalDB.msi*. Mit dieser kann die SQL Server LocalDB schnell nachträglich – oder auch auf einem anderen Rechner – installiert werden. Die Installation der SQL Server LocalDB erfordert so gut wie keine Eingaben, sodass sich diese Version von SQL Server auch bestens zusammen mit einer selbst erstellten Anwendung verteilen lässt.

Zur Verwaltung bringt die SQL Server LocalDB das SqlLocalDB-Hilfsprogramm mit. Dabei handelt es sich um ein Kommandozeilentool mit dem Namen *SqlLocalDB.exe*, mit dem sich über entsprechende Parameter beispielsweise Instanzen erstellen, starten, beenden und löschen lassen.

Wenn Sie die bei der Installation vorgegebenen Pfade nicht verändert haben, finden Sie die Datei im folgenden Ordner:

C:\Program Files\Microsoft SQL Server\160\Tools\Binn

Allerdings wird dieser Pfad bei der Installation mit in die Umgebungsvariable `PATH` aufgenommen, sodass die Datei *SqlLocalDB.exe* von überall aus aufrufbar ist.

Probieren wir nun SqlLocalDB einfach einmal aus:

1. Öffnen Sie das Windows-Startmenü und geben Sie *Eingabeaufforderung* oder einfach kurz *cmd.exe* ein. Bestätigen Sie dies mit der ↵-Taste, und ein Kommandozeilenfenster öffnet sich.
2. Nutzen Sie anschließend diese Anweisung, um eine SqlLocalDB-Instanz mit dem Namen *LocalDBTest* zu erstellen:

   ```
   sqllocaldb create LocalDBTest
   ```

   Das Anlegen der Instanz wird einige Sekunden dauern und dann mit folgender Meldung bestätigt:

   Die LocalDB-Instanz »LocalDBTest« wurde mit Version 16.0.1050.5 erstellt.

   Dabei wurde im Verzeichnis *c:\Users\<User>\AppData\Local\Microsoft\Microsoft SQL Server Local DB\Instances* (wobei *<User>* durch den jeweiligen Windows-Benutzer zu ersetzen ist) ein Unterordner für die Instanz angelegt, in dem die Daten- und Protokolldateien der Systemdatenbanken für diese Instanz abgelegt wurden.

3. Um die Instanz auch benutzen zu können, muss sie noch mit der folgenden Anweisung gestartet werden:

   ```
   sqllocaldb start LocalDBTest
   ```

   Der Start wird wiederum mit einer entsprechenden Meldung bestätigt:

   Die LocalDB-Instanz »LocalDBTest« wurde gestartet.

4. Nun können Sie mit der angelegten Instanz so arbeiten wie mit jeder anderen SQL Server Express-Instanz auch. Um das zu prüfen, rufen Sie das SQL Server Management Studio auf und verbinden sich mit der Instanz *(localdb)\LocalDBTest*.

5. Legen Sie eine neue Datenbank mit Namen *LocalDBTestDB* an. Auf der Seite *Allgemein* des Dialogfelds *Neue Datenbank* wird als Pfad für die Datenbankdateien aber nicht mehr der Instanzpfad der SQL Server Express-Installation angezeigt, da die LocalDB ja unabhängig davon ist. Stattdessen werden die Daten- und Protokolldateien der Datenbank per Voreinstellung (die Sie bei Bedarf natürlich auch anpassen können) im Benutzerverzeichnis des gerade angemeldeten Benutzers abgelegt (also in *c:\Users\<User>*, wobei *<User>* durch den jeweiligen Windows-Benutzer zu ersetzen ist). Klicken Sie auf *OK*, um die Datenbank anzulegen.

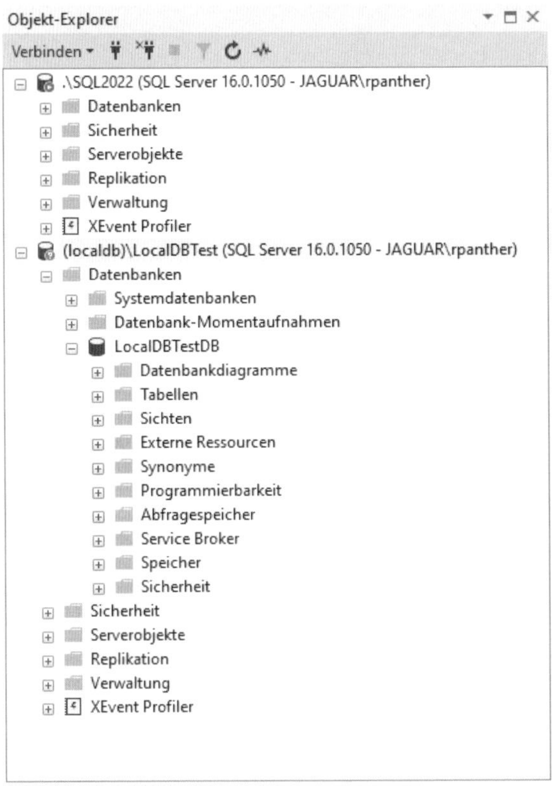

Abbildung 20.4: Die LocalDB-Instanz mit Datenbank darin im SQL Server Management Studio

6. Sie können nun mit der LocalDB im Prinzip alles machen, was auch mit einer SQL Server Express-Datenbank möglich ist. Wenn Sie sich genügend mit der lokalen Instanz ausgetobt haben, stoppen Sie sie mit der folgenden Anweisung wieder:

   ```
   sqllocaldb stop LocalDBTest
   ```

7. Mit der nächsten Anweisung können Sie prüfen, ob die Instanz wirklich beendet wurde:

   ```
   sqllocaldb info LocalDBTest
   ```

   Haben Sie nach dem Stoppen der Instanz im SQL Server Management Studio noch einmal darauf zugegriffen, wurde die Instanz automatisch wieder gestartet und muss nochmals beendet werden.

8. Sobald die Instanz gestoppt ist, können Sie sie mit der folgenden Anweisung wieder entfernen:

   ```
   sqllocaldb delete LocalDBTest
   ```

   Das Verzeichnis, das für die Datenbankinstanz angelegt wurde, bleibt dabei zwar bestehen, allerdings werden die Dateien für die Systemdatenbanken darin gelöscht. Die Datenbankdateien der Benutzerdatenbank *LocalDBTestDB* bleiben dagegen erhalten, sodass sie nach einem erneuten Erstellen der Instanz verwendet werden können. Allerdings müssen die Dateien dazu wieder an die Instanz angehängt werden, da die erneut erstellte Instanz die Einstellungen der ursprünglichen Instanz nicht mehr kennt.

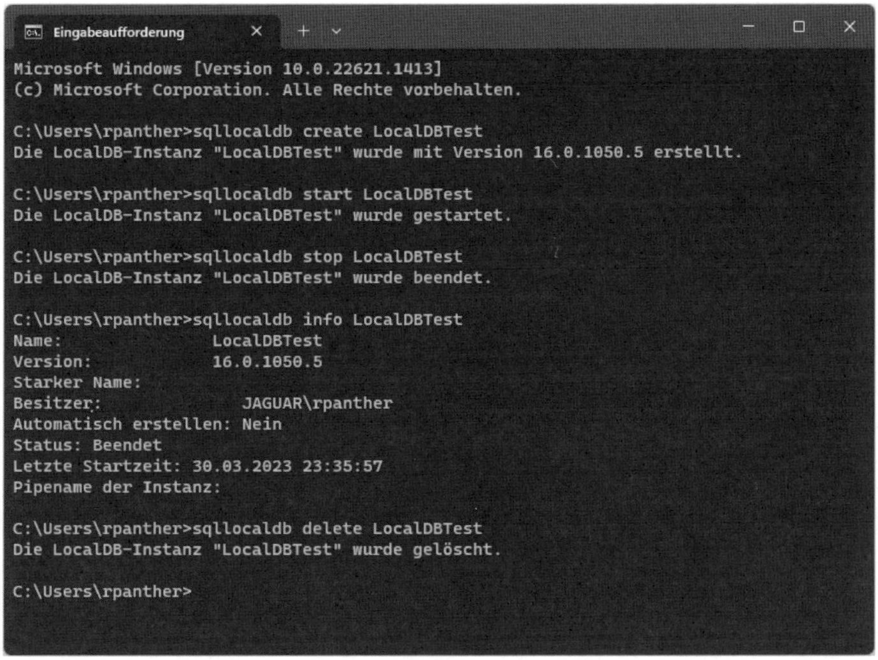

Abbildung 20.5: Steuerung einer SQL Server LocalDB über das Kommandozeilentool SqlLocalDB.exe

9. Anschließend können Sie das Kommandozeilenfenster durch die Eingabe der Anweisung *exit* wieder schließen.

Onlinehilfe zum SqlLocalDB-Hilfsprogramm

Das SqlLocalDB-Hilfsprogramm verfügt über eine Reihe von Parametern. Wenn Sie sich diese nicht merken können, gibt es verschiedene Möglichkeiten der Hilfestellung:

Hilfe per Kommandozeilenparameter – Wenn Sie das Kommandozeilentool `sqllocaldb` mit dem Parameter `-?` aufrufen, erhalten Sie eine Auflistung aller möglichen Parameter.

Onlinehilfe im Web – Über den folgenden Link gelangen Sie zur Onlinehilfe des SqlLocalDB-Hilfsprogramms:

https://docs.microsoft.com/de-de/sql/tools/sqllocaldb-utility

Die SQL Server Compact Edition

Während alle Editionen von SQL Server ab der Express Edition auf derselben Basistechnologie aufbauen, hat die SQL Server Compact Edition hier eine Sonderstellung inne.

Eigentlich ist das »SQL Server« in der Produktbezeichnung irreführend, denn genau genommen handelt es sich bei der Compact Edition nicht um einen Datenbankserver, der mit einem eigenen Serverdienst den Zugriff auf Daten bereitstellt, sondern lediglich um ein prozessintern verwendetes Datenbankmodul, das primär für die lokale Speicherung von Daten ausgelegt ist. Vereinfacht dargestellt, kann man sagen, dass die SQL Server Compact Edition eigentlich nur aus einem Datenbankdateiformat und einer Programmierschnittstelle, über die man das Dateiformat bearbeiten kann, besteht.

Der Grund hierfür ist in der Herkunft der Compact Edition zu finden. Die SQL Server Compact Edition hat ihren Ursprung in der eher für die Verwendung auf mobilen Geräten (wie Pocket PCs und Smartphones) ausgelegten SQL Server Mobile Edition. Diese war aber ursprünglich nur auf mobilen Geräten nutzbar, sodass man einen Datenabgleich mit einem großen SQL Server entweder explizit programmieren oder per Replikation lösen musste (SQL Server Mobile kann – wie auch die Express Edition – als Replikationsclient genutzt werden). Mit der Überarbeitung von SQL Server Mobile zur SQL Server Compact Edition wurde dieses Datenbankformat auch für den Desktop-PC nutzbar, sodass man Datenbanken der Compact Edition nun einfach auf einem Desktop-PC erstellen und dann auf ein mobiles Gerät kopieren kann. Aber auch auf dem Desktop-PC sind diese Datenbanken natürlich zu nutzen und werden hier meist zum Speichern von lokalen Konfigurationsdaten verwendet. Da kein Datenbankdienst für den Einsatz einer SQL Server Compact-Datenbank erforderlich ist, eignet sich dieses Format auch hervorragend, um Datenbanken zusammen mit selbst entwickelten Anwendungen auszuliefern. Die notwendigen Zugriffsbibliotheken sind dann in Form von .NET-Assemblies in die Anwendung integriert.

SQL Server Compact und Windows Phone

Mit der Einführung von Windows Phone war SQL Server Compact zunächst einmal von den mobilen Geräten verschwunden und kehrte erst mit Windows Phone 7.5 (Codename Mango) auf diese Plattform zurück. Allerdings ist nun der Zugriff eingeschränkt, da einerseits weder Replikation noch Remote Data Access mehr erlaubt ist und andererseits aufgrund des fehlenden Dateizugriffs die Datenbankdateien auch nicht mehr einfach zwischen Smartphone und Desktop hin- und herkopiert werden können. Auch der Zugriff aus der Anwendung ist nun ausschließlich über LINQ to SQL möglich.

Die Kehrseite dieser Einfachheit und Kompaktheit ist, dass dadurch natürlich der Funktionsumfang der Compact Edition stark eingeschränkt ist. So kennt die Compact Edition beispielsweise weder Log-ins noch Datenbankbenutzer oder Rechte. Stattdessen kann die komplette Datenbankdatei mit einem Kennwort geschützt werden. Das macht die Nutzung in Mehrbenutzerszenarien praktisch unmöglich.

Möglichkeiten der Programmierbarkeit wie gespeicherte Prozeduren, Funktionen oder gar Trigger sind nicht gegeben, und auch die Anzahl der Datentypen ist eingeschränkt. So gibt es keinen XML-Datentyp, und auch die bereits mit SQL Server 2008 neu hinzugekommenen Datentypen (*date*, *time*, *hierarchyid*, *geometry* und *geography*) sind gänzlich unbekannt. Des Weiteren sind interessanterweise ausschließlich Unicode-Zeichentypen verfügbar, was wahrscheinlich der engen Kopplung mit der .NET-Technologie zu verdanken ist, die intern auch generell mit Unicode arbeitet.

Beide Produkte sind absolut kostenfrei per Download über die Microsoft-Website erhältlich.

	SQL Server Express	SQL Server Compact Edition
Nutzbare CPU-Kerne	max. 1 CPU/4 Cores	unbegrenzt
Nutzbarer Hauptspeicher	max. 1 GB	unbegrenzt
Datenbankgröße	max. 10 GB	max. 4 GB
Arbeitsweise	eigener Serverdienst	läuft prozessintern (als Bestandteil der Anwendung)
Speicherbedarf	moderat ■ 512 MB im Hauptspeicher ■ 6 GB auf Datenträger	sehr gering ■ 5 MB im Hauptspeicher ■ 2 MB auf Datenträger
SQL-Sprachumfang	volles T-SQL	stark begrenzt
Datentypen	alle von T-SQL (sowie benutzerdefinierte)	nur einige
Datenbankschemas	ja	nein
Programmierbarkeit (gespeicherte Prozeduren, Funktionen, Trigger)	ja	nein
Verwaltung	über SQL Server Management Studio	ab Version 4.0 nicht mehr über SQL Server Management Studio möglich
Sicherheitsfeatures	Anmeldungen, Benutzer, Rollen und Rechte	Passwortschutz für Datenbankdateien
Sonstiges		läuft auch auf Windows Mobile und Windows Phone

Tabelle 20.1: Die wichtigsten Unterschiede zwischen SQL Server Compact Edition und Express Edition

Die oben beschriebenen Einschränkungen bezüglich Windows Phone (das bereits seit einigen Jahren keine Rolle mehr spielt) sowie die Einführung der SQL Server LocalDB als lokale Datenbank, die einfach mit einer Anwendung verteilt werden kann, ließen SQL Server Compact ein wenig in den Hintergrund rücken. Aufgrund der Kompaktheit bleibt SQL Server Compact aber nach wie vor auch für andere Einsatzzwecke interessant, bei denen es auf einen möglichst geringen Ressourcenbedarf ankommt.

Seit Version 4.0 der Compact Edition – die bereits im Jahr 2011 erschienen ist – wird diese auch nicht mehr wesentlich weiterentwickelt, da man bei Microsoft die SQL Server LocalDB als logischen Nachfolger ansieht. Lediglich im August 2012 kam noch ein Service Pack dazu. Trotzdem wird die SQL Server Compact Edition nach wie vor von Microsoft per Download kostenfrei angeboten, sodass Sie sie immer noch herunterladen und manuell installieren können, wenn Sie diese Variante von SQL Server einmal ausprobieren möchten.

SQL Server Compact 4.0 SP1

Unter dem Link …

https://www.microsoft.com/de-de/download/details.aspx?id=30709

… bietet Microsoft die SQL Server Compact Edition 4.0 SP1 nach wie vor zum Download an. Hier sind sowohl eine 32-Bit- als auch eine 64-Bit-Variante verfügbar.

Die Onlinedokumentation zu SQL Server Compact scheint dagegen nur für die Version 3.5 erhältlich zu sein (wobei ein Großteil der Informationen auch noch für die Version 4.0 zutreffen dürfte). Diese finden Sie unter dem folgenden Link:

https://www.microsoft.com/de-de/download/details.aspx?id=6497

Während der T-SQL-Sprachumfang von SQL Server Compact mit der Version 4.0 vergrößert wurde, hat man an anderer Stelle Features, die noch bei SQL Server Compact 3.5 SP2 verfügbar waren, weggelassen, um das Produkt noch kompakter zu machen und klarer von der neuen SQL Server LocalDB abzugrenzen. So gibt es inzwischen keine Unterstützung mehr für das SQL Server Management Studio, und auch der Datenabgleich mit größeren SQL Servern per Sync Framework, Replikation oder Remote-Datenzugriff wird leider nicht mehr unterstützt.

SQLite

Insbesondere bei Entwicklern findet mittlerweile SQLite als Alternative zu SQL Server Compact und der SQL Server LocalDB immer größere Verbreitung. Dabei handelt es sich ebenfalls um eine einfache auf dem SQL-Standard basierende Datenbank-Engine, die ohne laufenden Dienst auskommt.

Im Gegensatz zu SQL Compact ist SQLite aber Public Domain und damit für jedermann frei erhältlich. Weitere Infos zu SQLite sind unter folgendem Link zu finden:

http://www.sqlite.org

Umstieg auf eine größere Edition

Im Laufe der Zeit wachsen sowohl die Datenmenge als auch die allgemeinen Anforderungen, sodass es irgendwann sinnvoll sein kann, auf eine größere Edition von SQL Server umzusteigen. Während der Schritt von der Compact Edition auf SQL Server Express noch recht schwierig ist, gestaltet sich ab der Express Edition der Umstieg auf eine größere Edition von SQL Server extrem einfach. Da diese völlig abwärtskompatibel sind, reicht es aus, die Datenbank zu sichern und auf einer größeren Edition wieder einzuspielen. Alternativ zum Sichern und Wiederherstellen können Sie die Datenbank auch trennen und auf dem neuen Server wieder verbinden (wie in *Kapitel 13* im Abschnitt *»Sichern von Datenbankdateien«* ab Seite 305 beschrieben). An den Anwendungen, die auf die Datenbank zugreifen, muss keine Zeile Code geändert werden. Lediglich die Verbindungszeichenfolge (Connection String) muss angepasst werden, sofern Sie einen neuen Server oder eine neue Serverinstanz nutzen. Ob das nötig ist, hängt davon ab, wo und wie Sie die größere SQL Server-Edition installieren.

Developer Edition

Wenn Sie SQL Server für Entwicklungszwecke nutzen, ist als nächstgrößere Edition die Developer Edition zu empfehlen. Diese beinhaltet den maximalen Funktionsumfang (identisch mit der Enterprise Edition), allerdings mittlerweile sogar ganz ohne Lizenzkosten. Die Lizenz ist allerdings wirklich nur für Entwicklungs- und Testzwecke gültig. Für den Produktiveinsatz wird eine der kostenpflichtigen Editionen benötigt, sollte die Express Edition für Ihre Ansprüche mal nicht mehr ausreichen.

Wie bei einem Update von einer alten auf eine neuere SQL Server-Version gibt es auch beim Upgrade auf eine der größeren SQL Server-Editionen zwei wesentliche Upgrade-Szenarien, die jeweils andere Vor- und Nachteile mit sich bringen:

»Side by Side«-Installation

So wie Sie verschiedene Versionen von SQL Server auf dem Rechner installieren können, die dann über verschiedene Instanznamen ansprechbar sind, so lassen sich auch verschiedene Editionen von SQL Server auf einem Rechner installieren. Auch hier erfolgt die Unterscheidung über den jeweiligen Instanznamen, den Sie bei der Installation angeben.

Dadurch, dass dann beide Editionen nicht nur gleichzeitig installiert sind, sondern sogar gleichzeitig laufen, können Sie in Ruhe die Datenbanken, Log-ins etc. von einer in die andere Instanz übertragen und schließlich bei Bedarf die kleinere Edition deaktivieren oder sogar deinstallieren.

Folgende Schritte sollten Sie dabei durchführen:

1. Installation der größeren SQL Server-Edition. In diesem Fall empfiehlt sich, dabei als Instanznamen eine Bezeichnung zu verwenden, aus der auch die Edition hervorgeht (z. B. *SQL2022Standard*).
2. Übertragen der Anmeldungen auf die neue Serverinstanz.
3. Für das Übertragen der Datenbanken haben Sie zwei Möglichkeiten: Entweder Sie sichern die Datenbanken von der kleineren Edition und stellen diese auf der größeren

Edition wieder her, oder Sie trennen die Datenbanken und verbinden sie neu mit der größeren Edition. (Beide Varianten werden in *Kapitel 13, Daten sichern und bewegen*, ausführlich behandelt.) Die zweite Variante spart natürlich Speicherplatz, da Sie die Datenbanken nicht doppelt auf der Platte haben, dafür sind diese Datenbanken dann mit der kleineren Edition nicht mehr ansprechbar.

4. Zuweisen der Anmeldungen auf die entsprechenden Datenbankbenutzer.
5. Abschalten der SQL Server Express Edition. Dazu können Sie entweder über den SQL Server-Konfigurations-Manager die entsprechenden Dienste beenden und deaktivieren, oder aber Sie deinstallieren die komplette Express Edition. In letzterem Fall sollten Sie, falls eine Rückfrage auftaucht, ob eventuell gemeinsam genutzte Dateien entfernt werden dürfen, generell mit *Nein* antworten, da die größere SQL Server-Edition diese wahrscheinlich noch benötigt.
6. Anpassen der Verbindungszeichenfolgen in Anwendungen, die die Datenbank benutzen, auf den Namen der neuen Serverinstanz.

Zweistufiges Vorgehen

Wenn man sichergehen will, bietet sich folgendes Vorgehen an, um die Express Edition möglichst gefahrlos zu entfernen:

Man deaktiviert die entsprechenden Dienste und wartet einige Zeit, um zu beobachten, ob dadurch Fehler auftreten. Falls sich dabei herausstellt, dass die Express Edition doch noch für kritische Aufgaben benötigt wird, können Sie die Dienste innerhalb von Sekunden einfach wieder aktivieren und das Problem dann in Ruhe analysieren. Erst dann, wenn die größere Edition von SQL Server erwiesenermaßen problemlos funktioniert und sichergestellt ist, dass alle Datenbankobjekte komplett übernommen wurden, sollte man die Express Edition deinstallieren.

»In Place«-Installation

Das zweite Upgrade-Szenario ersetzt die kleinere SQL Server-Edition (SQL Server Express) komplett durch die größere. Vorteil dabei ist, dass Sie sich dann die meisten der oben beschriebenen Schritte sparen können, da hierdurch auch Anmeldungen, verbundene Datenbanken etc. mit in die große Edition übernommen werden. Sogar der Instanzname bleibt derselbe, wodurch in den Anwendungen, die auf die Datenbanken zugreifen, nicht einmal die Verbindungszeichenfolgen angepasst werden müssen.

Nachteilig ist dagegen, dass es dann keinen Weg mehr zurück gibt, da die kleinere SQL Server-Edition ja komplett durch die größere ersetzt wurde. Außerdem ist der Instanzname eventuell irreführend, sofern Sie auch die Bezeichnung der Edition darin untergebracht haben.

Welchen Weg zum Umstieg auf eine größere SQL Server-Edition Sie wählen, bleibt ganz Ihnen überlassen. Als kleine Entscheidungshilfe kann man sagen, dass die »Side by Side«-Installation die bessere Wahl ist, wenn Sie eine geringe Ausfallzeit der Datenbank und eine Möglichkeit zum Zurückgehen auf die Express Edition benötigen. Die »In Place«-Installation ist günstiger, wenn der verfügbare Plattenplatz auf dem Server nicht so groß ist und Sie den Instanznamen beibehalten möchten (damit keine Verbindungszeichenfolgen angepasst werden müssen). Es gilt also abzuwägen, ob man das Risiko oder den Aufwand des Upgrades minimal halten will.

Übungen zu diesem Kapitel

In diesem Abschnitt finden Sie einige Übungen, mit denen Sie das in diesem Kapitel Erlernte vertiefen können. Die richtigen Antworten und Lösungen finden Sie in *Anhang C* dieses Buchs.

Übung 20.1

Was sind die wesentlichen Unterschiede zwischen SQL Server LocalDB und SQL Server Compact?

Übung 20.2

Welche Upgrade-Strategie ist zu wählen, wenn Sie von SQL Server Express auf eine Enterprise Edition umsteigen wollen, dabei aber für den Problemfall die Möglichkeit benötigen, mit der Express Edition weiterzuarbeiten?

Zusammenfassung

In diesem Kapitel haben Sie verschiedene Varianten kennengelernt, wie unterschiedliche SQL Server miteinander verwendet werden können. Dabei wurde auf die Einrichtung von Verbindungsservern eingegangen, mit denen Sie innerhalb von SQL-Abfragen auf entfernte Server zugreifen können.

Anschließend wurden die verschiedenen Möglichkeiten der Datenbankreplikation beschrieben, bei denen die Express Edition von SQL Server als Client fungieren kann. Auf diesem Weg können Publikationen, die aus Tabellen (oder Teilen davon) bestehen und von einem Replikationsverteiler zur Verfügung gestellt werden, abonniert werden, sodass Datenänderungen daran automatisch weitergegeben werden.

Seit SQL Server 2012 gibt es die SQL Server LocalDB, die sogenannte benutzerdefinierte Instanzen bereitstellt, die bei Bedarf erstellt und gestartet werden können. Ist eine solche Instanz gestartet, kann mit den entsprechenden Datenbanken wie mit einer normalen SQL Server Express-Datenbank gearbeitet werden.

Ein weiterer Teil des Kapitels widmete sich der Compact Edition, die – durch Beschränkung auf ein notwendiges Minimum an Funktionalität – einen extrem niedrigen Speicherbedarf erreicht. Die Datenbanken – oder genauer gesagt Datenbankdateien – der Compact Edition können sowohl auf dem Desktop-PC als auch auf einem mobilen Gerät auf Basis von Windows Mobile genutzt werden.

Zum Schluss wurde das Upgrade auf größere Editionen von SQL Server beschrieben, das nötig ist, falls die Leistungsfähigkeit der Express Edition einmal nicht mehr ausreichen sollte. Hier wurde auf die beiden gängigen Vorgehensweisen für die Installation der neuen Edition eingegangen:

- »Side by Side«-Installation: Die größere SQL Server-Edition wird als zusätzliche Serverinstanz in ein anderes Verzeichnis installiert.
- »In Place«-Installation: Die größere SQL Server-Edition überschreibt die bestehende SQL Server Express-Instanz.

Kapitel 21

SQL Server und die Cloud

In diesem Kapitel lernen Sie

- welche Varianten es gibt, eine SQL Server-Datenbank in der Cloud zu nutzen
- wie Sie eine Datenbank in der Cloud anlegen
- wie Sie auf Daten, die in der Cloud liegen, zugreifen können
- wie eine bestehende Datenbank in die Cloud migriert werden kann

Obwohl dies kein Buch über Azure SQL ist (und man mit der Thematik alleine problemlos ein ganzes Buch füllen kann), ist das Thema mittlerweile so allgegenwärtig geworden, dass es hier nicht ganz ausgespart werden kann. Gerade in den letzten Versionen von SQL Server – aber auch bei den dazu passenden Verwaltungstools – legte Microsoft immer größeren Wert auf eine möglichst gute Interoperabilität mit SQL Server-Datenbanken und Diensten, die in der Azure Cloud liegen. Seit einigen Jahren ist Microsoft sogar dazu übergegangen, neue Features zuerst für Azure SQL umzusetzen, bevor sie in der lokalen – oder wie es meistens heißt: On-Premise – Variante von SQL Server verfügbar sind.

Daher soll an dieser Stelle zumindest ein kurzer Einstieg in die Möglichkeiten gegeben werden, die SQL Server in der Cloud bietet. Wenn Sie anschließend tiefer in die Thematik einsteigen möchten, gibt es genügend Fachliteratur, die sich gezielt mit diesem Thema befasst.

Überblick und verfügbare Varianten

Die Microsoft Azure SQL-Datenbank (früher als SQL Azure bezeichnet, was auch nach wie vor als Kurzform gebräuchlich ist) ist Bestandteil der Microsoft Cloud Computing-Plattform, deren primäres Ziel darin liegt, eine skalierbare, zentral verwaltete und global verfügbare Basis für Anwendungen und Daten zur Verfügung zu stellen. Dazu können Serverdienste inklusive Wartung quasi gemietet werden, die auf verschiedenen Servern in sogenannten Data Centern gehostet werden. Dabei werden alle Daten redundant auf verschiedenen Servern vorgehalten, um somit eine maximale Verfügbarkeit zu gewährleisten. Fällt ein Server aus, wird dessen Aufgabe automatisch von einem anderen übernommen (*Automatic Failover*), ohne dass eine Downtime spürbar wäre. Für den Kunden ist diese Lösung damit nahezu wartungsfrei und erfordert nach erfolgreicher Einrichtung keinen weiteren administrativen Aufwand. Werden kurzfristig mehr Ressourcen benötigt, lassen sich diese dynamisch dazu buchen und anschließend wieder freigeben, sodass nur für das genutzte Volumen gezahlt werden muss. Somit ist auch eine hervorragende Skalierbarkeit gegeben.

Während in den Anfängen von SQL Azure nur Datenbankgrößen von 1 GB oder 10 GB möglich waren, gibt es jetzt einzelne Datenbanken mit einer Maximalgröße mit mehr als 240 TB, was selbst für große Data Warehouse-Umgebungen ausreichen sollte. Wird mehr Volumen benötigt, müssen die Daten auf verschiedene Datenbanken aufgeteilt werden, was wiederum Anpassungen in den Anwendungen, die diese Daten nutzen, erforderlich macht.

Alternativ gibt es noch das Modell der elastischen Datenbanken, bei dem man keine einzelnen Datenbanken, sondern einen Pool bucht, der mehrere Hundert Datenbanken beinhalten kann.

Die Kosten für beide Modelle sind in Euro bzw. Cent (wahlweise auch in anderen Währungen) pro Stunde angegeben, aus denen ein monatlicher Grundpreis resultiert. Neben diesen monatlichen Fixkosten entstehen noch zusätzliche Transferkosten für ausgehende Datenübertragungen (ein gewisses Basisvolumen pro Monat ist immer kostenfrei), die von der Quellregion und der Menge der übertragenen Daten abhängen.

Ähnlich wie die anderen Editionen von SQL Server basiert auch SQL Azure auf denselben Programmiermodellen und Zugriffsprotokollen wie ein »normaler« SQL Server, hat aber an verschiedenen Stellen einige Einschränkungen, die zu beachten sind (die bereits erwähnte maximale Datenbankgröße ist eine davon). Seit einiger Zeit verfolgt Microsoft die Strategie Cloud First, was im Fall von SQL Server bedeutet, dass neue Features sogar zuerst ihren Weg in SQL Azure finden, bevor sie in den konventionellen SQL Server-Versionen implementiert werden.

Wenn keine der von SQL Azure nicht unterstützten Features verwendet werden, ist der Aufwand, eine Anwendung auf SQL Azure umzustellen, minimal. Lediglich der Connection String zur Datenbank muss angepasst werden, ansonsten sind keine Codeänderungen in der zugreifenden Anwendung nötig.

Neben der Azure SQL-Datenbank gibt es mittlerweile aber noch weitere Varianten, eine SQL Server-Datenbank in der Cloud zu betreiben, die ich hier kurz vorstellen möchte:

- Azure SQL Managed Instance (verwaltete Instanz)
- SQL Server auf virtuellen Azure-Computern (Azure VMs)

Vereinfacht gesagt geht es darum, ob Sie eine einzelne Datenbank, eine SQL Server-Instanz oder einen ganzen SQL Server in die Cloud bringen möchten.

Beginnen wir mit der dritten Variante.

SQL Server auf virtuellen Azure-Computern (Azure Virtual Machines)

Hierbei handelt es sich um eine Variante aus der Kategorie *Infrastructure as a Service* (kurz IaaS). Das heißt, dass in der Cloud lediglich ein virtueller Server zur Verfügung gestellt wird, auf dem Sie eine virtuelle Maschine einspielen können, auf der ein SQL Server installiert ist. Sofern Sie in einer lokalen Netzwerkumgebung bereits mit virtuellen Servern arbeiten, ist hier der Aufwand für den Wechsel in die Cloud am geringsten, da die virtuelle Maschine einfach in die Cloud umgezogen werden kann. Das heißt auf der anderen Seite aber, dass Sie nach wie vor für die Installation, Wartung und auch Lizenzierung von Betriebssystem und SQL Server-Software auf dieser virtuellen Maschine selbst verantwortlich sind. Das gilt auch für die Themen Hochverfügbarkeit und Notfallwiederherstellung. Im Gegenzug haben Sie dafür aber auch die volle Kontrolle über Betriebssystem und SQL Server und können zusätzliche SQL Server-Dienste wie SSRS, SSAS und SSIS weiterhin unverändert nutzen. Um diese Variante zu nutzen, müssen Sie nicht einmal zwingendermaßen eine Microsoft Azure Cloud nutzen, sondern können auch auf andere Cloud-Anbieter zurückgreifen, sofern diese die Möglichkeit bieten, eine virtuelle Maschine zu hosten.

Egal welchen Anbieter Sie aber wählen, ist die Skalierbarkeit bei dieser Variante nur begrenzt gegeben, da man sich beim Erstellen der virtuellen Maschine für eine bestimmte Leistungsfähigkeit entscheiden muss.

Azure SQL-Datenbank

Das andere Extrem ist die Azure SQL-Datenbank, bei der lediglich die Datenbank in die Cloud verlagert wird, während die Umgebung dafür als Azure Service von Microsoft zur Verfügung gestellt wird. Sie brauchen sich damit weder um das Betriebssystem noch um den SQL Server selbst und dessen Wartung und Lizenzierung zu kümmern. Dafür kommen Sie ohne Weiteres nicht aus dem Kontext der Datenbank hinaus, können also beispielsweise keine datenbankübergreifenden Abfragen ausführen, da für die Verbindung mit der Azure SQL-Datenbank auch wirklich nur diese eine Datenbank sichtbar ist. Es werden zwar virtuell sowohl ein Server als auch eine SQL Server-Instanz erzeugt, die aber nur dazu dienen, sich darüber mit der Datenbank zu verbinden. Abgesehen von der initialen Konfiguration einiger Leistungsparameter können Server und Instanz nicht individuell konfiguriert werden. Auch auf Zusatzdienste wie beispielsweise den SQL Server Agent müssen Sie hier verzichten. Man kann sich die Azure SQL-Datenbank daher wie eine Contained Database vorstellen.

Die Azure SQL-Datenbank ist der einfachste und günstigste Weg, eine neue Datenbank in der Cloud aufzusetzen, ohne sich mit der Installation der Serverkomponenten (Betriebssystem und SQL Server) detailliert auseinandersetzen zu müssen.

Dieser Dienst fällt in die Kategorie *Platform as a Service* (PaaS), da die SQL Server-Plattform quasi als Dienst bereitgestellt wird. Dabei wird sogar eine integrierte Hochverfügbarkeit gewährleistet, indem die Daten automatisch repliziert werden.

Azure SQL Managed Instance

Diese dritte Variante, die ebenfalls zur Kategorie *Platform as a Service* gehört, kam ein paar Jahre nach den anderen beiden Varianten dazu und stellt ein Zwischending dar. Hier wird eine SQL Server-Instanz zur Verfügung gestellt, auf der mehrere Datenbanken laufen können, die sich auch gemeinsam mit datenbankübergreifenden Abfragen und sogar datenbankübergreifenden Transaktionen nutzen lassen. In dieser Variante ist ein Zugriff auf die Systemdatenbanken möglich, und auch Dienste wie der SQL Server Agent, mit dem sich Jobs zur regelmäßigen Ausführung verwalten lassen, sind verfügbar.

Am Anfang steht das Azure-Konto

Egal für welche Variante man sich entscheidet, um mit Azure starten zu können, benötigt man erst einmal einen Azure-Account. Wenn Sie bereits ein kostenpflichtiges Visual Studio-Abonnement haben sollten, können Sie das darin enthaltene Azure-Guthaben nutzen. Beim Visual Studio Professional-Abonnement sind dies monatlich 50 $, beim Enterprise-Abonnement sogar 150 $, die Sie jeden Monat zur Verfügung haben. Das reicht aus, um einiges auszuprobieren.

Aber selbst ohne Visual Studio-Abonnement müssen Sie nicht gleich Geld ausgeben, um Azure einmal auszuprobieren. Microsoft bietet immer wieder Möglichkeiten an, ein kostenloses Azure-Konto anzulegen, mit dem man eine gewisse Zeit lang ein fest definiertes Kontingent zur Verfügung hat. Die Details der Angebote wechseln von Zeit zu Zeit, aber irgendeine Testmöglichkeit ist eigentlich immer verfügbar.

Aktuell kann man unter dem Link *https://azure.microsoft.com/free/* ein kostenloses Azure-Konto anlegen, das die folgenden Eigenschaften hat:

- 200 $ Guthaben, das in den ersten 30 Tagen aufgebraucht werden kann
- 12 Monate kostenfreie Nutzung von einigen beliebten Diensten (darunter Azure-Dateien, Blob Storage und SQL-Datenbanken)
- dauerhaft kostenfreie Nutzung von zahlreichen (aktuell 55) weiteren Diensten

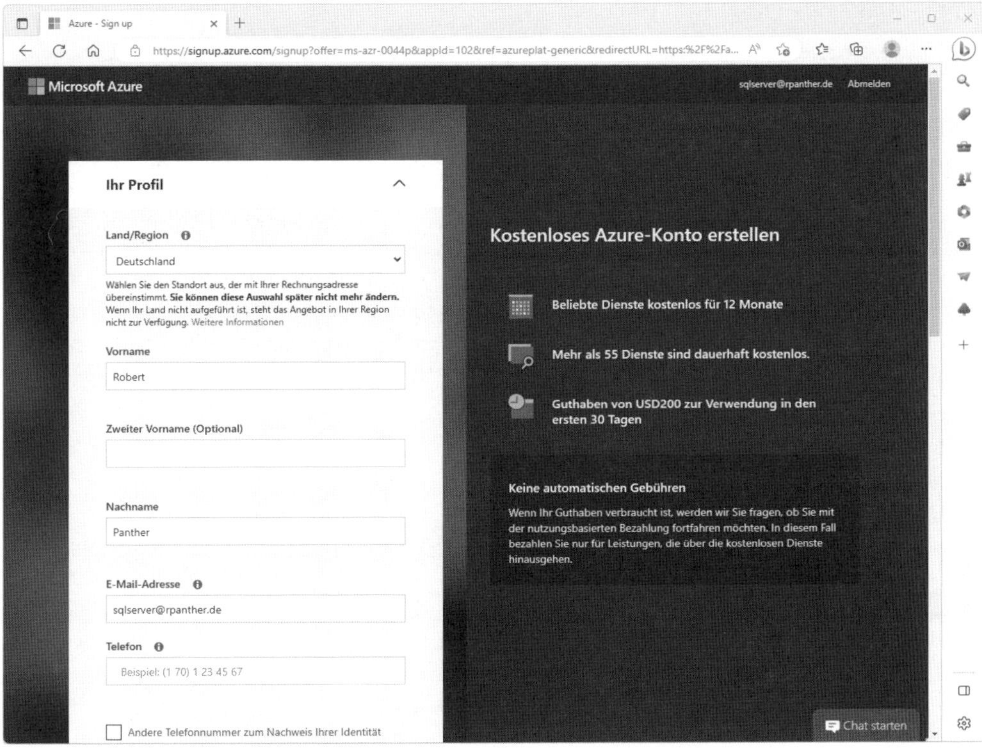

Abbildung 21.1: Die Erstellung eines neuen Azure-Kontos

Solange Sie sich innerhalb der ersten 30 Tage befinden und das Startguthaben noch nicht aufgebraucht ist, müssen Sie auch nichts zahlen. Erst danach werden Sie von Microsoft gefragt, ob Sie den Test beenden oder zum nutzungsbasierten Zahlungsmodell wechseln möchten, da dann die Nutzung von nicht kostenfreien Diensten (oder die Überschreitung der dort angegebenen Kontingente) automatisch kostenpflichtig abgerechnet wird. Ein Azure-Konto ist zwar jederzeit kündbar. Um böse Überraschungen zu vermeiden, sollte man aber beim nutzungsbasierten Modell stets ein Auge darauf haben, dass man keine Dienste nutzt, die hohe Kosten verursachen.

Eine Datenbank in der Cloud anlegen

Schauen wir uns zuerst einmal an, wie eine neue Azure SQL-Datenbank in der Cloud angelegt wird. Sofern Sie ein Azure-Konto haben, können Sie die Schritte selbst ausführen:

1. Rufen Sie im Microsoft Edge-Browser die folgende URL auf, um sich im Azure-Portal anzumelden: *https://portal.azure.com/*.

Das Azure-Portal

Das Azure-Portal ist der zentrale Einstiegspunkt für die Verwaltung von zahlreichen Azure-Diensten. Hier können Azure-Ressourcen erstellt, konfiguriert oder wieder gelöscht werden. Zu vielen Ressourcen gibt es auch Unterbereiche, über die aktiv mit der jeweiligen Ressource gearbeitet werden kann, sowie viele Verweise auf Anleitungen und Video-Tutorials zu den einzelnen Diensten. Auch das eigene Azure-Konto wird hier – wenn es einmal angelegt ist – verwaltet. So gibt es beispielsweise die Möglichkeit, die bisher aufgelaufenen Kosten anzuzeigen oder Schätzungen über die monatlichen Gesamtkosten berechnen zu lassen.

2. Nach der Anmeldung mit Mailadresse und Kennwort gelangen Sie auf die Startseite des Azure-Portals, in dem die wichtigsten Azure-Dienste und zuletzt verwendete Ressourcen angezeigt werden. Klicken Sie nun im Bereich *Azure-Dienste* auf *Ressource erstellen.*
3. Da die Liste der möglichen Ressourcen sehr lang ist, können Sie diese durch Anklicken der Kategorie *Datenbanken* auf der linken Seite eingrenzen.

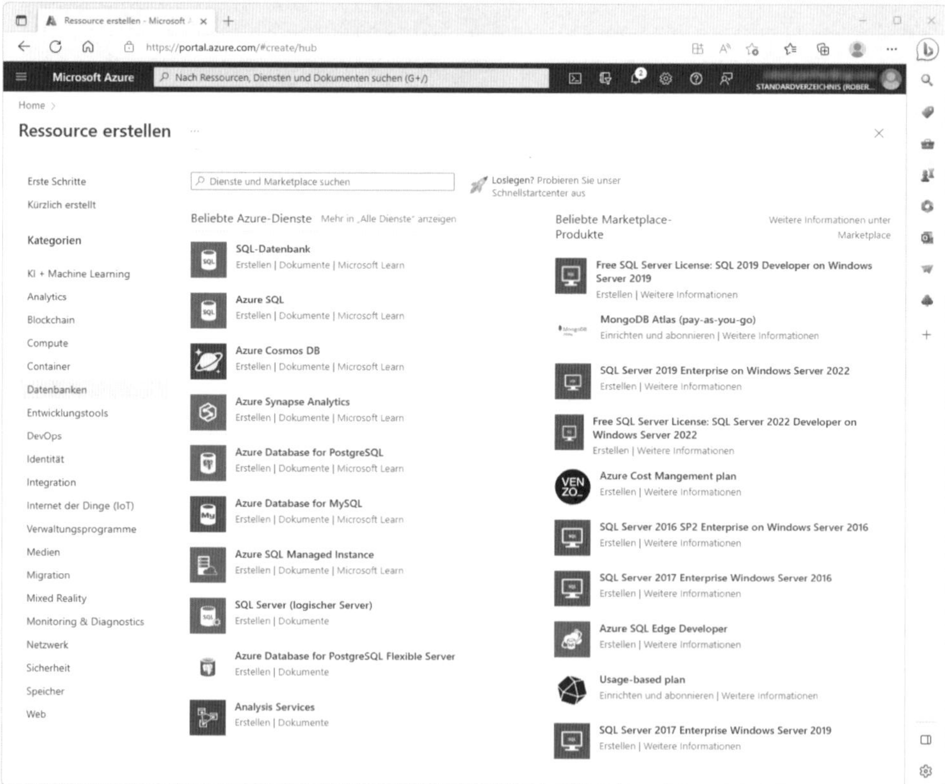

Abbildung 21.2: Die Auswahl der zu erstellenden Ressourcen

4. Klicken Sie nun beim Eintrag *SQL-Datenbank* auf den mit *Erstellen* beschrifteten Link.

5. Es folgt der Dialog zum Erstellen einer SQL-Datenbank, auf dem zahlreiche Einstellungen vorzunehmen sind. So benötigt jede in Azure angelegte Ressource eine Ressourcengruppe. Da Sie für einfache Tests nicht mehrere Ressourcengruppen benötigen, können Sie den vordefinierten Eintrag mit dem Namen *DefaultGroup* auswählen.
6. Unter *Datenbankdetails* werden Sie nach einem Server gefragt, der auch dann, wenn Sie nur eine verwaltete Datenbank anlegen, erforderlich ist, da hierüber Zugriffsname, Serverstandort und Authentifizierungsmethode definiert werden. Klicken Sie hier auf den Link *Neu erstellen*, um einen neuen Server anzulegen.
7. Geben Sie einen Servernamen ein (ich verwende für dieses Beispiel *sqlpanther*) und wählen Sie als Standort *Europa, Westen* aus (was derzeit einem Standort in den Niederlanden entspricht). Um kein Azure-AD konfigurieren zu müssen, beschränken wir uns der Einfachheit halber auf die reine SQL-Authentifizierung, was die Angabe eines Serveradministrator-Users mit Passwort erfordert. Klicken Sie anschließend auf *OK*, um wieder auf die Seite zum Erstellen einer SQL-Datenbank zu gelangen.
8. Der Servername ist nun voreingestellt, sodass Sie nun als Datenbanknamen *SQLAzure-Test* eingeben können. Den Pool für elastische SQL-Datenbanken benötigen wir hier nicht. Spannender ist die Auswahl der Workload-Umgebung, bei der Sie sich zwischen *Entwicklung* und *Produktion* entscheiden müssen. Klicken Sie nacheinander beide Varianten einmal an und schauen Sie bei der Kostenzusammenfassung am Ende der Seite nach, wie sich das auf die voraussichtlichen Kosten pro Monat auswirkt. Bei den Alternativen 5,33 Euro gegenüber 234,26 Euro dürfte die Auswahl zugunsten der einfacheren Hardware leichtfallen.
9. Als letzter Punkt auf der Seite ist die Redundanz für Sicherungsspeicher auszuwählen. Da diese kostenneutral ist, kann der georedundante Sicherungsspeicher beibehalten werden, sofern Sie kein Problem damit haben, dass die Replikas der Datenbanken auch außerhalb des europäischen Rechtsraums gespeichert werden (was in manchen Unternehmen aufgrund von Policies ein kritischer Punkt sein kann).
10. Die Registerkarten *Netzwerk*, *Sicherheit* und *Tags* können im Moment ignoriert werden. Werfen Sie lediglich noch einen Blick auf die Seite mit der Beschriftung *Zusätzliche Einstellungen*. Hier kann als Datenquelle neben *Keine* (leere Datenbank) auch eine in der Cloud befindliche *Sicherung* sowie eine *Beispieldatenbank* (*AdventureWorksLT*) ausgewählt werden, was Sie auf der Voreinstellung *Keine* belassen können. Dazu kann auch die Datenbanksortierung bei Bedarf angepasst werden, was nicht nötig ist, da *SQL-Latin1_General_CP1_CI_AS* für die meisten Fälle passen sollte.
11. Klicken Sie nun auf *Überprüfen + erstellen*, um die Zusammenfassung der Konfiguration noch einmal zu prüfen, und anschließend auf *Erstellen*, um die Datenbank anzulegen.

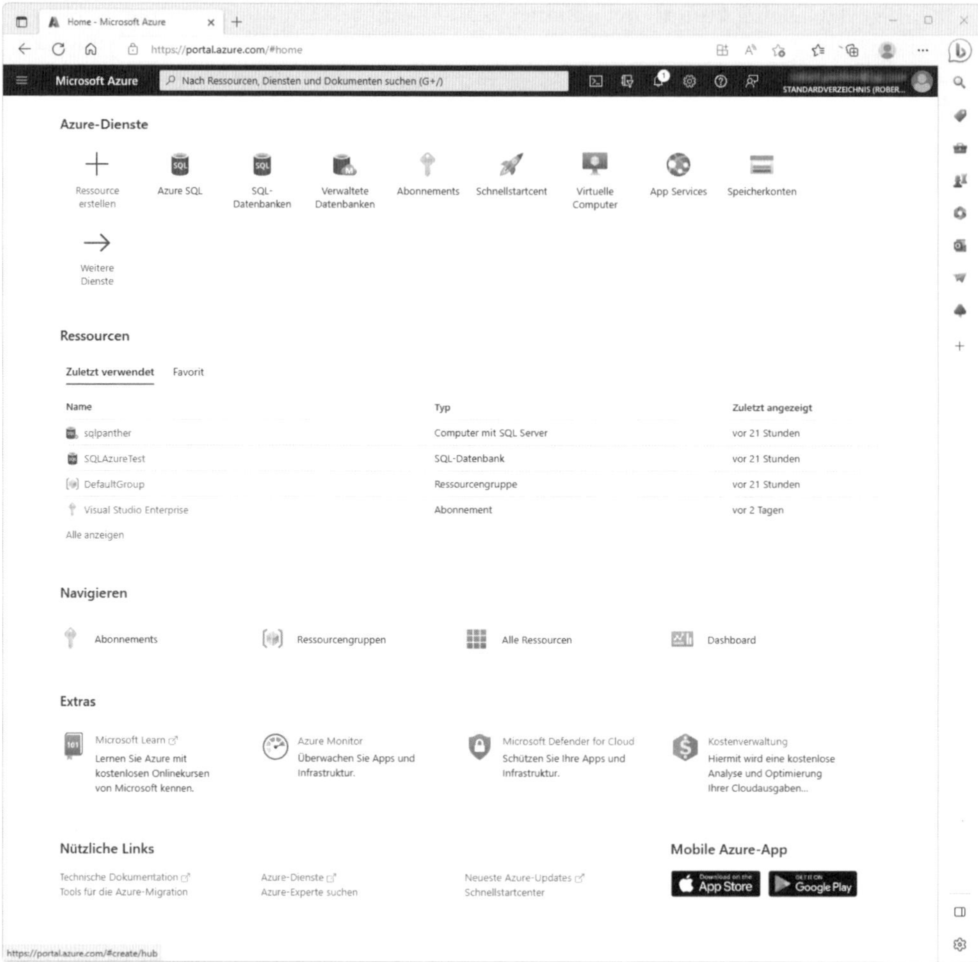

Abbildung 21.3: Die Azure-Portal-Startseite mit der frisch angelegten Datenbank

Auf SQL-Daten in der Cloud zugreifen

Wenn erst mal eine Datenbank in der Cloud erstellt ist, will man als Nächstes natürlich auch darauf zugreifen. Um sich vom SQL Server Management Studio aus mit der Datenbank verbinden zu können, benötigen Sie als Erstes die üblichen Verbindungsparameter (Servername, User und Passwort).

1. Klicken Sie im Azure-Portal auf den Azure-Dienst *SQL-Datenbanken*, worauf eine Liste der für Ihr Konto eingerichteten Azure SQL-Datenbanken erscheint. Klicken Sie dort die gerade erstellte Datenbank *SQLAzureTest* an. (Als Abkürzung können Sie unter *Ressourcen/Zuletzt verwendet* im Azure-Portal auch direkt die gewünschte Datenbank anklicken, wenn diese dort aufgelistet ist.)

Die Wahl des richtigen Azure-Diensts

Bei der Auflistung der Dienste sind die nicht ganz eindeutige Bezeichnungen etwas verwirrend, da hier drei Dienste auftauchen, die sehr ähnlich klingen. Dabei bezeichnet *SQL-Datenbanken* die verwalteten Azure SQL-Datenbanken, *Azure SQL* zeigt zu den Datenbanken noch zusätzlich die Computer mit SQL Server an, während *Verwaltete Datenbanken*, die verwalteten SQL-Instanzen mit deren Datenbanken anzeigt.

2. Es erscheint eine Seite mit Detailinfos zur Datenbank (inklusive Computernutzung, zugeordnetem und belegtem Speicher etc.). Wenn Sie dort auf den Link *Erste Schritte* klicken, ändert sich die Ansicht etwas. In jedem Fall bleibt aber im oberen Teil der Seite eine Zusammenfassung der wichtigsten Parameter der Datenbank stehen. Dort ist auf der rechten Seite auch der Servername (*sqlpanther.database.windows.net*) zu sehen. Darunter steht ein Link mit der Beschriftung *Datenbank-Verbindungszeichenfolgen anzeigen*. Wenn Sie diesen anklicken, werden wahlweise die Verbindungszeichenfolgen für ADO.NET, JDBC, ODBC, PHP und Go angezeigt. Aus jeder von diesen können Sie den Servernamen, die Portnummer (*1433*), den Datenbanknamen (*SQLAzureTest*) und die User-ID (*rpanther*) herauslesen. Lediglich das Passwort (das Sie sich hoffentlich gemerkt haben) wird sinnvollerweise nicht im Klartext angezeigt. Die Portnummer kann eigentlich auch ignoriert werden, da es sich um den Standardport für SQL Server handelt, den man bei einer Verbindung nicht explizit angeben muss. Merken Sie sich die restlichen Daten, da diese für die Verbindung benötigt werden, bevor Sie über die Zurück-Schaltfläche des Browsers zur Datenbankübersicht zurückkehren.

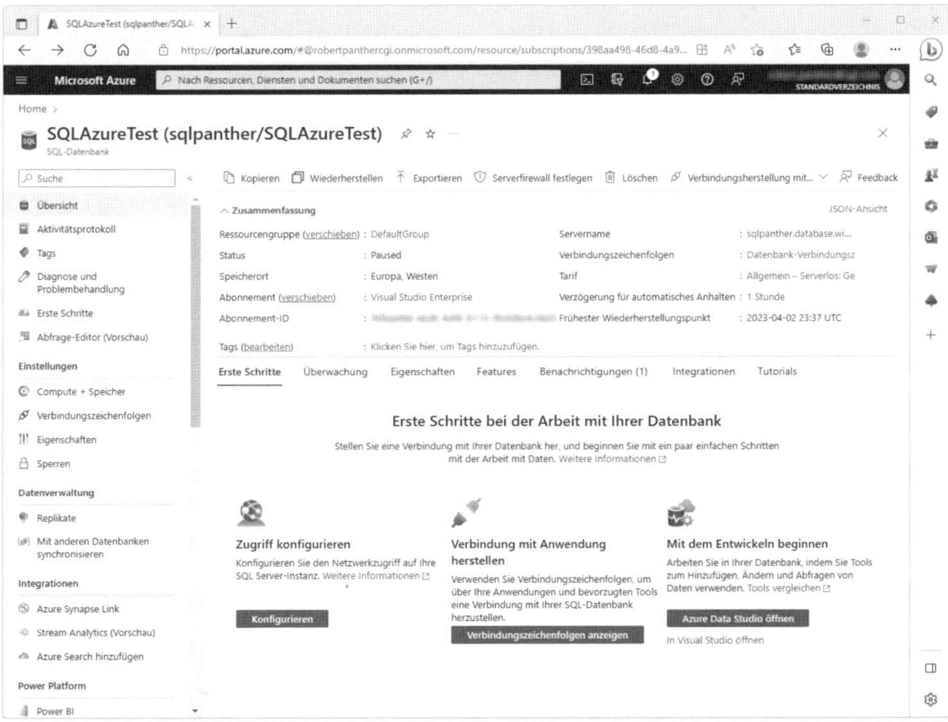

Abbildung 21.4: Die Zusammenfassung der wichtigsten Detailinfos zur Datenbank

3. Wenn Sie die gerade herausgesuchten Verbindungsparameter nun nutzen würden, um eine Verbindung zur Datenbank aufzubauen, erhalten Sie eine Fehlermeldung, die besagt, dass öffentliche Verbindungen zur Datenbankinstanz deaktiviert sind. Klicken Sie daher in der Symbolleiste im oberen Teil der Seite auf die Option *Serverfirewall festlegen*, um dies zu ändern.
4. Auf der nun erscheinenden Seite stellen Sie die Auswahl *Öffentlicher Zugriff* von *Deaktivieren* auf *Ausgewählte Netzwerke* um und klicken anschließend auf die Schaltfläche *Speichern*. Dadurch erscheinen weitere Optionen, bei denen Sie nun unter *Firewallregeln* den Punkt *Fügen Sie Ihre Client-IPv4-Adresse hinzu* anklicken, um der IP-Adresse Ihres lokalen Rechners Zugriff zu gewähren. Klicken Sie anschließend erneut auf *Speichern*, um die Firewall-Regel zu aktualisieren.

Damit sollten Sie die benötigten Verbindungsparameter haben, und auch der Zugriff auf die Azure SQL-Datenbank ist ermöglicht. Nun sind wir so weit, dass eine Verbindung vom SQL Server Management Studio aus aufgebaut werden kann:

1. Öffnen Sie das SQL Server Management Studio und geben Sie die oben ermittelten Daten für Servername, Anmeldename (vorher SQL Server-Authentifizierung auswählen) und das von Ihnen vergebene Kennwort ein, bevor Sie auf *Verbinden* klicken.
2. Im Objekt-Explorer sehen Sie nun eine fast gewohnte Ansicht, die jedoch um einige Punkte reduziert ist. So erscheinen auf der ersten Ebene nur die Punkte *Datenbanken*, *Sicherheit* und *Integration Services-Kataloge*. Die typischen Serverkategorien *Serverobjekte*, *Replikation*, *Verwaltung* und *XEvent Profiler* fehlen dagegen. Bei den Systemdatenbanken ist auch lediglich die *master*-Datenbank zu sehen, und bei den Anmeldungen erscheint nur der SQL Server-User, den Sie bei Anlage der Datenbank als Administrator-User angegeben haben. Mit den verfügbaren Optionen können Sie jedoch mit der Datenbank nun fast genauso arbeiten wie mit einer im lokalen Netzwerk gespeicherten SQL-Datenbank.

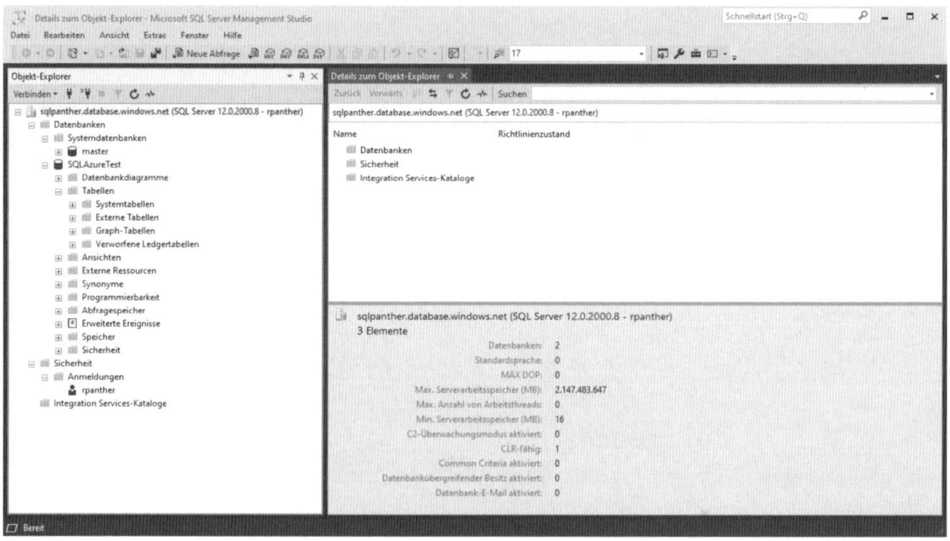

Abbildung 21.5: Die Azure SQL-Datenbank im SQL Server Management Studio

3. Klicken Sie mit der rechten Maustaste die Datenbank *SQLAzureTest* an und öffnen Sie über die Option *Neue Abfrage* ein mit dieser Datenbank bereits verbundenes Abfragefenster.
4. Erstellen Sie nun mit dem folgenden SQL-Skript eine kleine Tabelle und fügen Sie ein paar Zeilen darin ein, die Sie gleich per SELECT-Anweisung wieder abfragen:

```
CREATE TABLE dbo.AzureTest
(
Id INT PRIMARY KEY CLUSTERED NOT NULL,
Daten NVARCHAR(200)
)
GO

INSERT INTO dbo.AzureTest (Id, Daten)
VALUES (1, 'Zeile eins'), (2, 'zweite Zeile'), (3, 'Zeile Nummer drei')
GO

SELECT * FROM dbo.AzureTest
GO
```

5. Wechseln Sie nun in das Browserfenster zurück, in dem die Testdatenbank im Azure-Portal angezeigt wird. Wählen Sie auf der linken Seite den Punkt *Abfrage-Editor (Vorschau)*, wodurch ein Anmeldedialog erscheint, in dem Sie den Benutzernamen (mit dazugehörendem Kennwort) eingeben, den Sie für die Azure-Datenbank definiert haben.

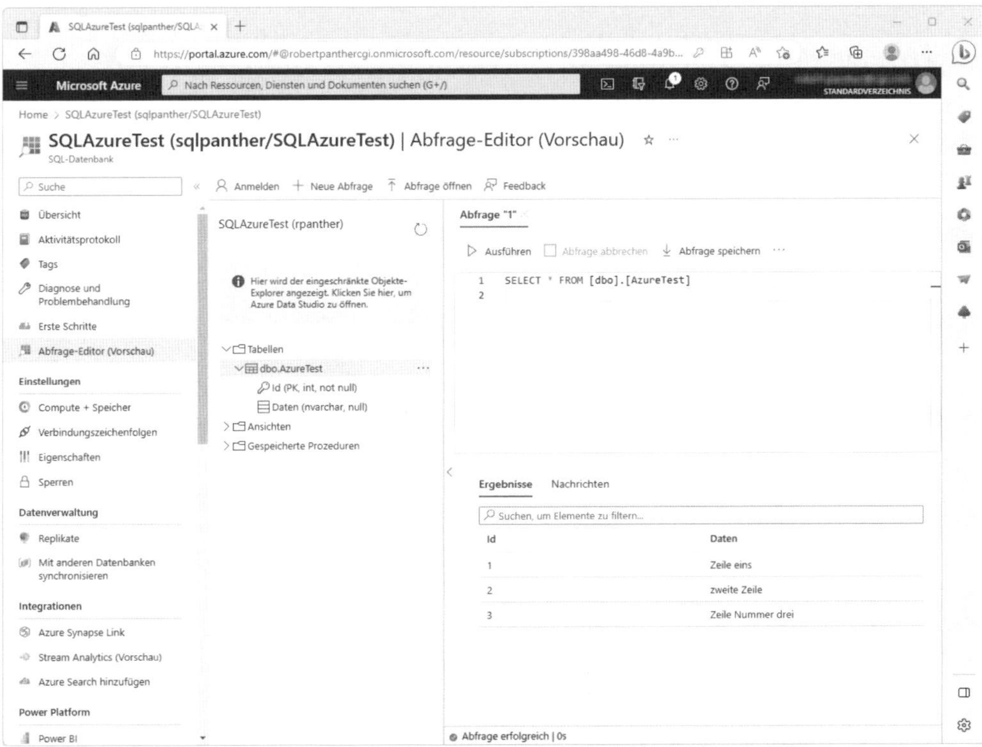

Abbildung 21.6: Der SQL-Abfrage-Editor im Azure-Portal

6. In dem daraufhin erscheinenden Abfrage-Editor ist auf der linken Seite ein eingeschränkter Objekt-Explorer zu sehen, in dem vorhandene Tabellen, Ansichten und gespeicherte Prozeduren angezeigt werden können. Im eigentlichen Abfragefenster, das eine erstaunlich gute Codevervollständigung bietet, können beliebige SQL-Anweisungen eingegeben und ausgeführt werden. Wiederholen Sie hier die letzte `SELECT`-Abfrage, und das Ergebnis wird im unteren Bereich der Seite angezeigt.

Die über das SQL Server Management Studio angelegte und befüllte Tabelle lässt sich also genauso gut direkt im Azure-Portal abfragen, wobei das Management Studio hierfür sicherlich die komfortablere Umgebung ist.

Eine bestehende Datenbank in die Cloud migrieren

In der Praxis wird man in den seltensten Fällen eine Datenbank in der Cloud komplett neu erstellen. Meistens gibt es bereits eine bestehende Datenbank, die in die Cloud verlagert werden soll. Dazu bietet das SQL Server Management Studio verschiedene Hilfsmittel an:

- Der *SQL Server-Import/Export-Assistent*
- Der Assistent *Datenbank in Microsoft Azure SQL-Datenbank bereitstellen*
- *Datenebenenanwendungen* (mit Nutzung einer BACPAC-Datei)

Schauen wir uns diese drei Varianten nun etwas genauer an:

Übertragen der Daten über SQL Server-Import/Export-Assistent

Der bereits in *Kapitel 3* im Abschnitt *»SQL Server-Import/Export-Assistent«* auf Seite 69 und in *Kapitel 13, Daten sichern und bewegen*, behandelte Import/Export-Assistent kann sowohl als Quelle als auch als Ziel auch eine Azure SQL-Datenbank verwenden. Bei diesem Tool steht zwar die Übertragung der Daten im Vordergrund, es können aber auch gleichzeitig die benötigten Tabellenstrukturen mit übertragen werden.

Mit der älteren SQL Azure Database hat diese Variante nur mit dem Datenziel *.Net Framework Data Provider for SqlServer* funktioniert, inzwischen werden aber auch der *SQL Server Native Client 11.0* und der Microsoft *OLE DB Provider for SQL Server* unterstützt, die deutlich einfacher zu konfigurieren sind, da Sie hier nur Servernamen, Benutzernamen, Kennwort und Datenbanknamen angeben müssen.

Nach wie vor sollte die Zieltabelle über einen gruppierten Index verfügen. Sofern die Tabelle in der Azure SQL-Datenbank nicht bereits existiert, müssen Sie die vom Import/Export-Assistenten generierte `CREATE TABLE`-Anweisung manuell anpassen, damit auch der gruppierte Index erstellt wird.

Datenebenenanwendungen und Import/Export-Assistent

Wenn Sie sich das manuelle Nachbearbeiten der `CREATE TABLE`-Anweisung sparen wollen, können Sie vorher über das SQL Server Management Studio auf Basis der On-Premise-Datenbank ein SQL-Skript generieren lassen, das die benötigten Datenstrukturen anlegt, dieses dann auf der Azure SQL-Datenbank ausführen und anschließend per SQL Server-Import/Export-Assistent die Dateninhalte übertragen.

Diese Methode ist allerdings mittlerweile nicht mehr ganz zeitgemäß, da die anderen Varianten deutlich komfortabler sind.

Verwendung des Assistenten zum Bereitstellen in einer SQL Azure-Datenbank

Die komfortabelste Methode ist der Assistent zum Bereitstellen in einer SQL Azure-Datenbank. Damit kann sogar die Datenbank selbst in der Azure Cloud angelegt werden, sodass Sie dies nicht vorab manuell tun müssen.

Probieren wir diese Variante einmal aus, um die *MediaBase*-Datenbank in die Cloud zu migrieren:

1. Stellen Sie im SQL Server Management Studio eine Verbindung zur lokalen Serverinstanz *SQL2022* her.
2. Klicken Sie mit der rechten Maustaste auf die Datenbank *MediaBase* und wählen Sie im darauf erscheinenden Kontextmenü die Option *Tasks/Datenbank in Microsoft Azure SQL-Datenbank bereitstellen*.
3. Klicken Sie auf die Schaltfläche *Verbinden*, um den Servernamen (gefolgt von *.database.windows.net*) anzugeben. Stellen Sie dann die Authentifizierung auf *SQL Server-Authentifizierung* und geben Sie Benutzernamen und Kennwort ein, die Sie beim Anlegen der virtuellen SQL Server-Instanz festgelegt haben. Wenn Sie nun auf *Verbinden* klicken, erscheint als Serververbindung der Name des Servers mit dem Namen des Benutzers in Klammern dahinter.
4. Geben Sie als Datenbanknamen *MediaBase* ein. Darunter können die Einstellungen der neu zu erstellenden Microsoft Azure SQL-Datenbank festgelegt werden. Wenn Sie mit den Auswahlmöglichkeiten etwas herumspielen, werden Sie sehen, dass auf diesem Weg Datenbanken bis 245.760 GB möglich sind. Dabei entscheidet die Edition über den zur Verfügung stehenden Größenbereich, während das Dienstziel die Leistungsfähigkeit der verwendeten Hardware definiert.

Edition	Datenbankgröße	Dienstziel
Basic	1–2 GB	Basic
Standard	1–1024 GB	S0-S12
Premium	1–1024 GB	P1-P15
Data Warehouse	250–245760 GB	DWH100 bis DWH30000c
Unternehmenskritisch	32–4096 GB	C_Gen4_1 bis BC_Gen5-80
Allgemein	32–4096 GB	GP_Gen4_1 bis GP_Gen5-80
Hyperscale	(nicht festgelegt)	HS_Gen4_1 bis HS_Gen5-80

Tabelle 21.1: Zusammenhang von Edition, Datenbankgröße und Dienstziel

5. Da sich beides natürlich auch auf die laufenden Kosten auswirkt, wählen wir für diesen Test die kleinstmögliche Variante:
   - *Edition der Microsoft Azure SQL-Datenbank:* Basic
   - *Maximale Datenbankgröße (GB):* 1
   - *Dienstziel:* Basic

Abbildung 21.7: Die Konfiguration der Datenbank-Bereitstellung

6. Als letzte Einstellung auf dieser Seite kann der Pfad der verwendeten BACPAC-Datei festgelegt werden, was darauf hinweist, dass der Assistent für die bereitzustellende Datenbank eine Datenebenenanwendung erzeugt und diese anschließend in der Azure Cloud einspielt. Da es sich dabei nur um eine temporäre Zwischendatei handelt, können Sie den vorgeschlagenen Pfad einfach beibehalten und auf die Schaltfläche *Weiter* klicken.
7. Auf der folgenden Seite sehen Sie noch einmal eine Zusammenfassung der Einstellungen. Klicken Sie nun auf *Fertig stellen*, um die Migration zu starten. Der ganze Prozess dauert eine gewisse Zeit, Sie können aber in der Ansicht der Ergebnisse verfolgen, welche Schritte gerade ausgeführt werden. Im Idealfall steht am Ende hinter jedem Schritt der Status *Erfolg*, und die Datenbank ist migriert. Bei unserer Beispieldatenbank ist das leider nicht der Fall, da bei drei Schritten ein Fehler angezeigt wird, der sich – wenn Sie das Wort *Fehler* jeweils anklicken – als derselbe Fehler für alle drei Schritte herausstellt. Und zwar konnte die Datenstruktur nicht importiert werden, da die Azure SQL-Datenbank keine .NET CLR Assemblies unterstützt. Man kann jetzt entweder die Assemblies aus der Datenbank entfernen und den Prozess noch einmal wiederholen, oder wir versuchen es direkt mit der dritten Variante zur Migration von Datenbanken in die Azure Cloud.

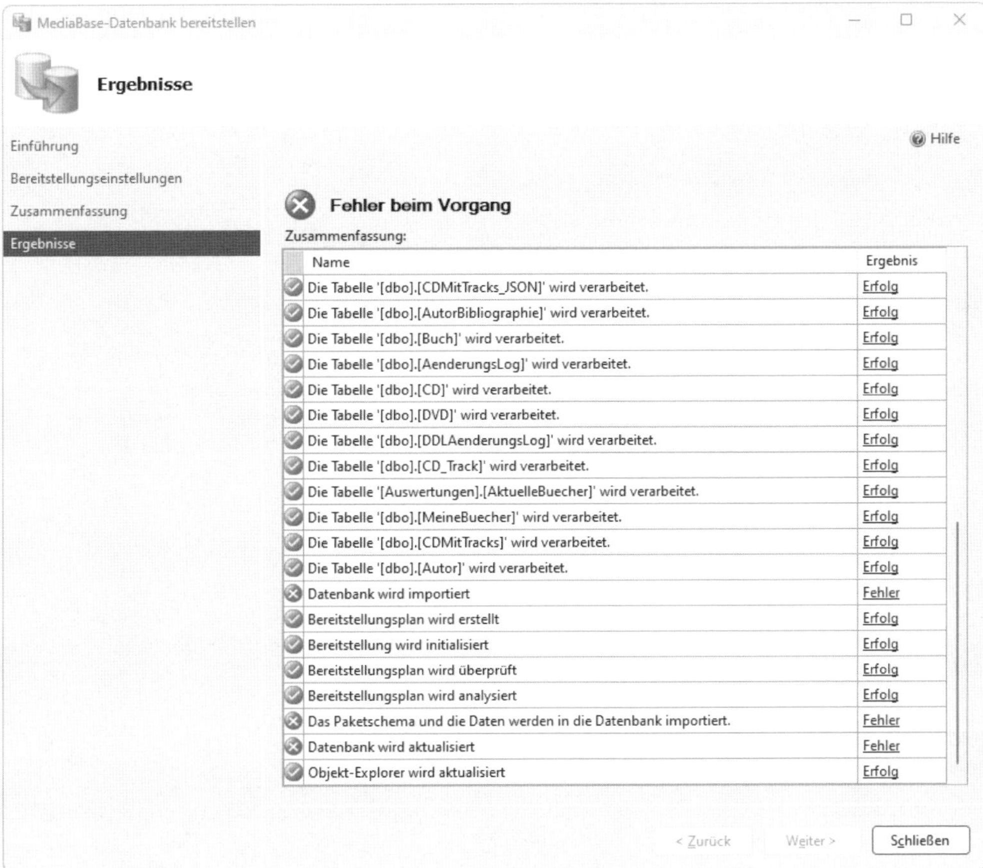

Abbildung 21.8: Die Bereitstellungsergebnisse listen jeden Schritt einzeln auf.

Vorher räumen wir aber noch die halbfertige Migration auf, um wieder eine saubere Ausgangslage zu haben:

1. Klicken Sie im Azure-Portal auf den Dienst SQL-Datenbanken. Sie sollten nun eine Liste sehen, in der beide bisher erzeugten Datenbanken (*SQLAzureTest* und *MediaBase*) auftauchen, wobei Letztere leer ist, da die Bereitstellung nicht fehlerfrei abgeschlossen werden konnte.
2. Markieren Sie die Datenbank *MediaBase* und klicken Sie anschließend in der Symbolleiste oben auf *Löschen*. Es folgt eine Sicherheitsabfrage, die Sie mit der Eingabe von *Ja* bestätigen und anschließend auf die Schaltfläche *Löschen* klicken.

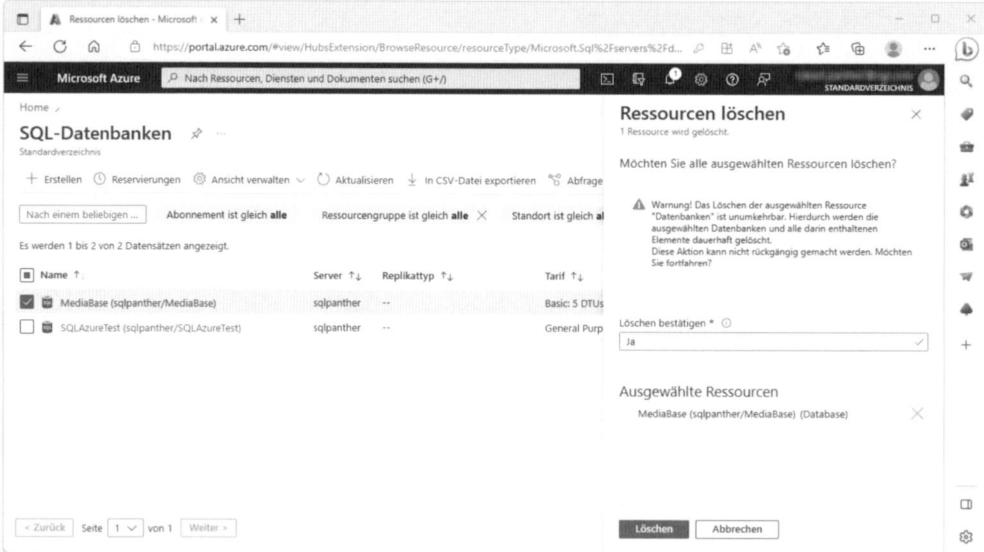

Abbildung 21.9: Löschen einer Datenbank mit Sicherheitsabfrage

3. Klicken Sie nun in der Symbolleiste oben auf *Aktualisieren*, und die Datenbank *MediaBase* verschwindet aus der Liste.

Aufräumarbeiten in der Cloud nie vernachlässigen

Es mag ein wenig lästig sein, aber gerade in der Cloud ist es sehr wichtig, nicht mehr benötigte Ressourcen wieder zu entfernen, da nahezu alle Ressourcen laufende Kosten verursachen. Sonst kann ein kostenfreies Startkontingent unnötig schnell aufgebraucht sein, oder später können unnötige Kosten entstehen, wenn Sie zum nutzungsbasierten Abrechnungsmodell gewechselt sind.

Übertragen von Datenstrukturen und Daten mithilfe einer BACPAC-Datei

Die dritte Variante zur Migration einer Datenbank in die Azure Cloud nutzt im Prinzip dieselbe Technik wie der Assistent zum Bereitstellen, erlaubt aber eine feinere Steuerung des Prozesses. So kann auf diesem Weg auch eine bereits bestehende BACPAC-Datei verwendet und in die Azure Cloud migriert werden. Nutzen wir nun die in *Kapitel 17, Datenebenenanwendungen*, erstellte Datei (zu diesem Zeitpunkt enthielt die Datenbank auch noch keine .NET CLR Assembly, wodurch der Fehler aus dem letzten Versuch nicht mehr auftreten sollte).

1. Stellen Sie im SQL Server Management Studio eine Verbindung zur Azure SQL-Instanz her.
2. Klicken Sie mit der rechten Maustaste im Objekt-Explorer auf den Eintrag *Datenbanken* und wählen Sie anschießend im Kontextmenü die Option *Datenschichtanwendung importieren* aus, worauf der Assistent zum Importieren von Datenebenenanwendungen erscheint.

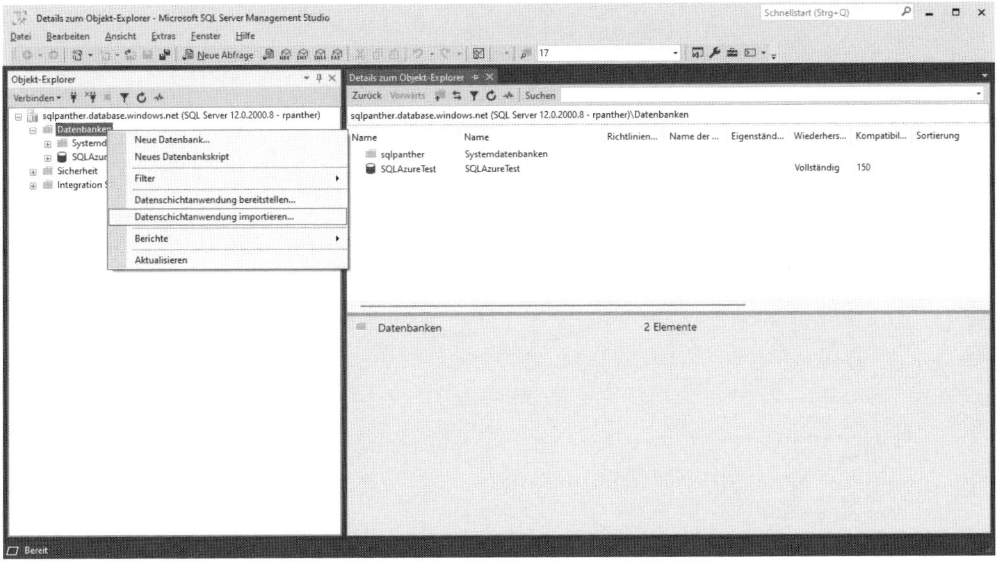

Abbildung 21.10: Importieren von Datenschichtanwendungen in die Azure SQL-Instanz

3. Geben Sie unter der Option *Von lokalem Datenträger importieren* den Pfad zur BACPAC-Datei ein, die wir in *Kapitel 17, Datenebenenanwendungen*, erstellt haben (z. B. *C:\SQLServer\MediaBase.bacpac*) und klicken Sie anschließend auf *Weiter*.
4. Die Verbindung zur Azure SQL-Instanz sollte nun bereits vorbelegt sein. Dasselbe gilt für den Datenbanknamen, der aus der BACPAC-Datei ausgelesen wurde, bei Bedarf aber noch angepasst werden kann. Darunter erscheinen die bekannten Einstellungen der Azure SQL-Datenbank. Da wir die Zieldatenbank so klein wie möglich halten wollen, ändern Sie hier die Edition von *Standard* auf *Basic* und die maximale Datenbankgröße von 250 auf 1 GB. Das Dienstziel hat sich beim Wechsel der Edition automatisch von *S0* zu *Basic* geändert. Klicken Sie nun erneut auf *Weiter*.
5. Es folgt wieder eine Zusammenfassung der vorgenommenen Einstellungen. Sobald Sie auf *Fertig stellen* klicken, startet der Import der Datenbank, der nun ohne Fehler durchlaufen sollte.
6. Wenn Sie im Objekt-Explorer anschließend die einzelnen Zweige aufklappen, werden Sie sehen, dass die Datenbank mit nahezu allen Objekten und Daten importiert wurde. Lediglich die Datenbankdiagramme wurden nicht übertragen. Eine Azure SQL-Datenbank unterstützt diese zwar, jedoch werden Datenbankdiagramme beim Erstellen einer BACPAC-Datei dort nicht gespeichert.

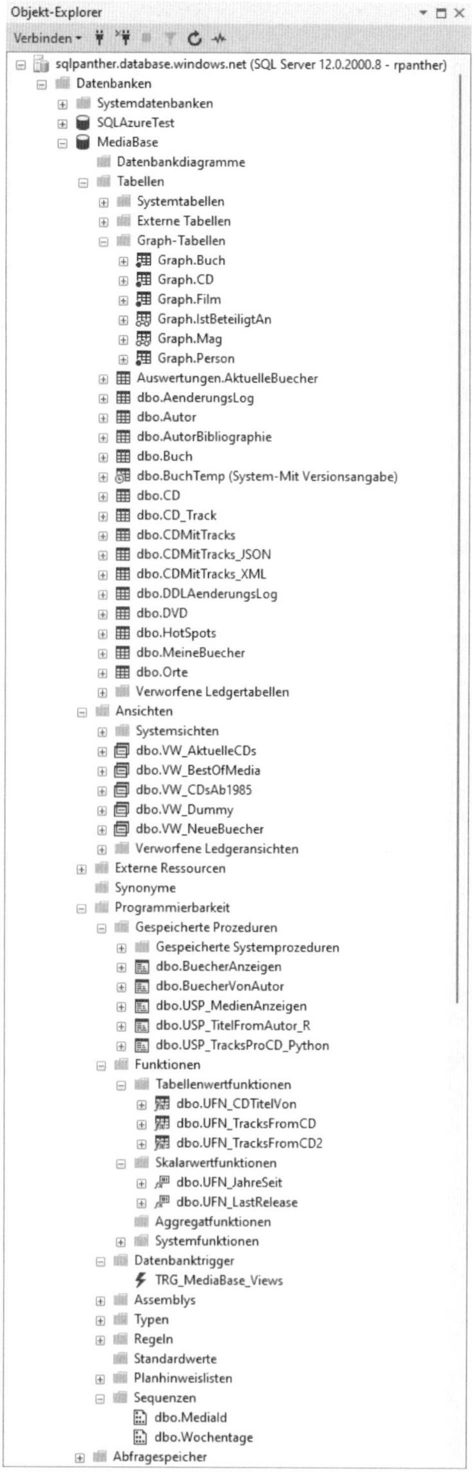

Abbildung 21.11: Die frisch in die Azure Cloud importierte Beispieldatenbank

Damit ist nun eine Datenbank erfolgreich in eine Azure SQL-Datenbank übertragen, sodass diese sowohl über das SQL Server Management Studio als auch im Azure-Portal zugreifbar ist.

Ein wichtiger Punkt sei zum Schluss noch erwähnt: Für die Vorbereitung der Beispiele und Übungen sind bei meinem Account insgesamt Azure-Kosten in Höhe von 3,71 Euro angefallen. Also selbst, wenn man kein kostenfreies Testkontingent zur Verfügung hat, halten sich die Kosten für ein paar kleine Beispiele in Grenzen.

Weitere Informationen zur Microsoft Azure SQL-Datenbank

Aufgrund der Komplexität des Themas kann die Microsoft Azure SQL-Datenbank an dieser Stelle leider nicht ansatzweise erschöpfend behandelt werden. Darüber hinaus handelt es sich um eine Technologie, die einem extrem schnellen Wandel unterliegt, sodass insbesondere technische Angaben zu maximalen Speichervolumen eventuell schon überholt sind, wenn Sie dieses Buch in den Händen halten. Möchten Sie sich damit näher befassen, finden Sie unter dem folgenden Link weitere aktuelle Informationen:

https://azure.microsoft.com/de-de/services/sql-database/

Übungen zu diesem Kapitel

In diesem Abschnitt finden Sie einige Übungen, mit denen Sie das in diesem Kapitel Erlernte vertiefen können. Die richtigen Antworten und Lösungen finden Sie in *Anhang C* dieses Buchs.

Übung 21.1

Verbinden Sie sich im Azure-Portal mit der in die Cloud importierten *MediaBase*-Datenbank und führen Sie dort eine SELECT-Abfrage auf eine der Tabellen aus.

Übung 21.2

Da Sie nun zwei Datenbanken in der Cloud angelegt haben, löschen Sie die Datenbank mit Namen *SQLAzureTest* dort wieder, um nicht unnötig Ressourcen zu verschwenden.

Zusammenfassung

Nach einem kurzen Überblick über die verschiedenen Varianten, eine SQL Server-Datenbank in die Cloud zu bringen, haben Sie an einem Beispiel gesehen, wie dies mit möglichst wenig Aufwand und überschaubaren Kosten in der Praxis umgesetzt werden kann. Dabei haben Sie gelernt, wie eine neue (noch leere) Azure SQL-Datenbank über das Azure-Portal angelegt wird. Der Zugriff auf diese Datenbank wurde sowohl mit dem SQL Server Management Studio als auch dem Abfrage-Editor im Azure-Portal ausprobiert. Zum Abschluss des Kapitels wurden verschiedene Varianten aufgezeigt, eine bereits lokal existierende Datenbank in eine Azure SQL-Datenbank zu migrieren.

Ein wesentlicher Vorteil – insbesondere der Platform-as-a-Service-Varianten – gegenüber einem SQL Server im eigenen Netzwerk (oft auch als On-Premise bezeichnet) liegt in der Skalierbarkeit der Hardwareressourcen. Das umfasst sowohl die Rechen- als auch Speicherressourcen. Weitere Pluspunkte sind die schnelle Verfügbarkeit (da nicht erst eine physikalische Hardware für einen Datenbankserver angeschafft und eingerichtet werden muss) sowie ein deutlich geringerer Wartungsaufwand. Selbst um Updates muss man sich (wenn man von der Variante mit der virtuellen Maschine absieht) nicht selbst kümmern, da der SQL Server, auf dem die Azure SQL-Datenbank oder -Instanz läuft, vom Anbieter stets aktuell gehalten wird und dort damit auch als Erstes neue Features nutzbar sind.

Azure bietet noch eine große Fülle an weiteren Möglichkeiten, um mit Datenbanken in der Cloud zu arbeiten, die den Rahmen dieses Buchs sprengen würden. Für einen kurzen Einblick in die Thematik sollte dies allerdings erst einmal ausreichen.

Kapitel 22
Das Azure Data Studio

In diesem Kapitel lernen Sie

- wie Sie mit dem Azure Data Studio Aufgaben erledigen können, für die Sie bisher das SQL Server Management Studio verwendet haben
- welche zusätzlichen Möglichkeiten das Azure Data Studio bietet
- wie das Azure Data Studio mithilfe von Extensions erweitert werden kann

Installation und Überblick

Der Name *Azure Data Studio* ist eigentlich irreführend, denn das vergleichsweise immer noch relativ neue Tool ist auch völlig unabhängig von Azure nutzbar. War in den früheren Versionen des Tools eine eigene Installation erforderlich, so wird das Azure Data Studio mit den SQL Server-Verwaltungstools mittlerweile automatisch mitinstalliert. Das wird jedoch leicht übersehen, da der Eintrag im Startmenü nicht bei den anderen Verwaltungstools im Ordner *Microsoft SQL Server Tools 19* zu finden ist, sondern als separater Eintrag *Azure Data Studio* und damit sehr weit am Anfang des alphabetisch sortierten Startmenüs (wenn Sie dort *Alle Apps* einblenden).

Allerdings gibt es unter folgendem Link nach wie vor auch die Möglichkeit, das Azure Data Studio einzeln zu installieren: *https://learn.microsoft.com/de-de/sql/azure-data-studio/download-azure-data-studio?view=sql-server-ver16.*

Auf dieser Seite finden Sie neben der Windows-Version (die als Benutzerinstallationsprogramm, Systeminstallationsprogramm oder auch als einfache ZIP-Datei angeboten wird) auch die Varianten für Linux und macOS. Die ZIP-Datei hat den Vorteil, dass hierfür keine Installation notwendig ist, sondern diese einfach auf einem beliebigen Laufwerk (sogar ein USB-Stick ist hier möglich) entpackt und von dort gestartet werden kann. Da Sie die SQL Server-Verwaltungstools installiert haben, ist dies jedoch nicht nötig, da das Azure Data Studio damit bereits ebenfalls installiert ist.

Direkt beim Start wird geprüft, ob ein neues Update vorliegt, das auch gleich zur Installation angeboten wird. Das passiert überraschend häufig, sodass man davon ausgehen kann, dass das Azure Data Studio noch deutlich öfter aktualisiert wird als das SQL Server Management Studio. Wenn Sie diese Meldung erhalten, empfehle ich, das Update direkt durchzuführen. Das Ganze geht recht schnell, und Sie sind danach immer auf dem neuesten Stand (zum Zeitpunkt, zu dem dieser Text hier geschrieben wird, ist das die Version 1.42.0 vom 22. März 2023).

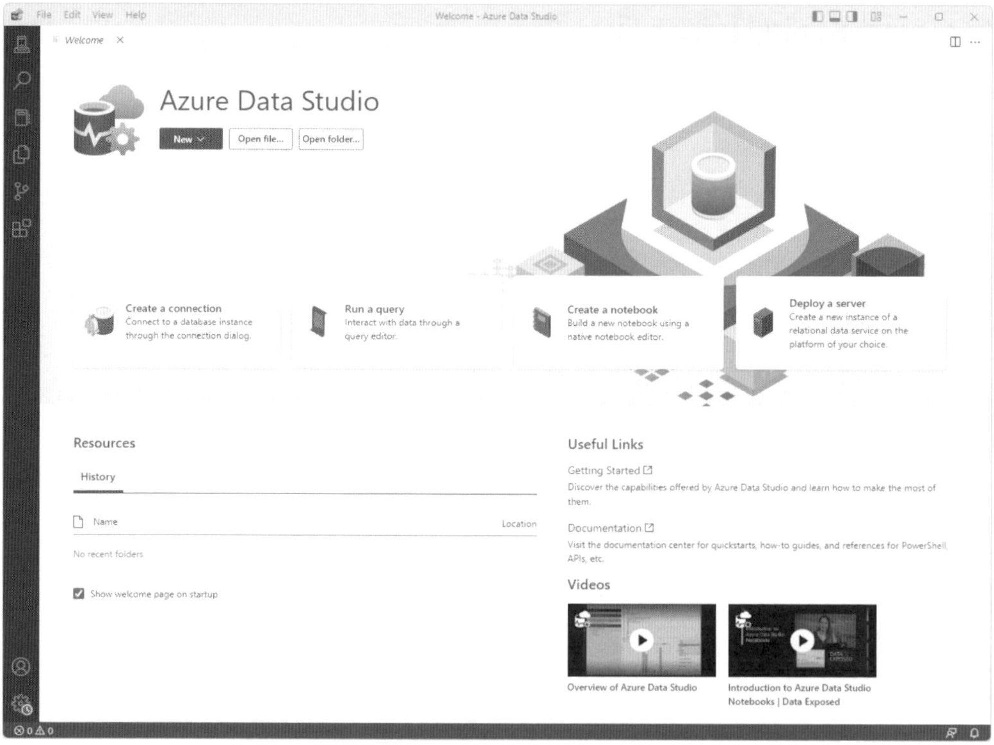

Abbildung 22.1: Der Startbildschirm des Azure Data Studio

Die Oberfläche des Tools basiert auf Visual Studio Code, sodass sich viele .NET-Entwickler in diesem Tool von Anfang an wie zu Hause fühlen dürften. Auf dem Startbildschirm werden gleich ein paar Standardaktionen wie das Erstellen einer Verbindung oder das Ausführen einer Abfrage angeboten. Dazu gibt es Verweise auf Anleitungen und kurze Lehrvideos, mit denen man einen schnellen Einstieg finden kann.

Was ebenfalls auffällt, ist, dass die komplette Oberfläche in englischer Sprache gehalten ist, was die meisten Entwickler gewohnt sein dürften. Die Sprache lässt sich zwar durch die Installation einer Spracherweiterung ändern, wenn man zusätzlich aber noch andere Erweiterungen installiert (was sehr wahrscheinlich ist), werden diese meist in englischer Sprache sein, wodurch in der Anwendung ein Sprachwirrwarr entsteht. Aus diesem Grund empfiehlt es sich, bei diesem Tool bei der englischen Sprachvariante zu bleiben.

Neben dem Menü, das eine überschaubare Anzahl an Optionen bietet, findet die hauptsächliche Steuerung der Anwendung über die Symbole an der linken Seite statt, mit denen man die wesentlichen Bereiche der Anwendung ansteuern kann:

- *Connections*: Verwalten von Verbindungen zu einem Datenbankserver
- *Search*: Suche nach Dateien im Dateisystem
- *Notebooks*: Arbeiten mit Jupyter Notebooks
- *Database Projects*: Öffnen eines bestehenden oder Erstellung eines neuen Datenbankprojekts
- *Explorer*: Ansicht eines Dateiverzeichnisses
- *Source Control*: Quellcodeverwaltung über Git
- *Extensions*: Verwaltung von installierten Erweiterungen und Verbindung zum Marketplace, über den zusätzliche Erweiterungen installiert werden können

Etwas abgesetzt am unteren Rand der vertikalen Symbolleiste finden sich noch zwei weitere Punkte:

- *Accounts*: Verknüpfung mit einem Microsoft-Account
- *Manage*: Verschiedene Optionen zur Konfiguration des Tools sowie Möglichkeit zur expliziten Prüfung nach neuen Updates

Ein eigentlich banales Feature, das viele aber im SQL Server Management Studio vermisst haben, sei vorab schon erwähnt. Dabei geht es um die Skalierbarkeit der Schriftgröße. Im SQL Server Management Studio kann man zwar mit gedrückter `Strg`-Taste und dem Mausrad die Schriftgröße im Abfrageeditor verändern. Die Schriftgröße in allen anderen Bereichen (Objekt-Explorer, Abfrageergebnis etc.) bleibt jedoch gleich und lässt sich nur umständlich über die Optionen für jeden Bereich einzeln ändern. Im Azure Data Studio ist es aber möglich, mit gedrückter `Strg`-Taste und den Tasten `+` und `-` die Größe der Darstellung (betrifft dann Schrift und grafische Elemente wie beispielsweise Symbole) in allen Bereichen gleichzeitig zu ändern. Das kann sehr hilfreich sein, wenn Sie auf einem kleinen Monitor arbeiten oder aber eine Präsentation auf einem Beamer durchführen.

Verbindungen und Abfragen

Schauen wir uns zuerst an, wie man das Azure Data Studio nutzen kann, um Aufgaben zu erledigen, die Sie sonst mit dem SQL Server Management Studio durchführen würden. Wie vom SQL Server Management Studio gewohnt, muss auch im Azure Data Studio zuerst eine Verbindung zu einer SQL Server-Instanz aufgebaut werden.

1. Klicken Sie auf das Symbol *Connections*, woraufhin in der sogenannten *Side Bar* rechts neben der Symbolleiste ein Bereich mit ebendieser Überschrift eingeblendet wird. Dieser Bereich enthält zwei Unterbereiche: Unter *SERVERS* werden Verbindungen zu Servern im lokalen Netzwerk hergestellt, unter *AZURE* kann eine Verbindung zu einem Azure-Account aufgebaut werden.
2. Neben der Überschrift *SERVERS* sind vier kleine Symbole dargestellt. Klicken Sie das erste davon an, um eine neue Verbindung einzurichten, woraufhin auf der rechten Seite der Anwendung ein Dialog eingeblendet wird, in dem Sie die Verbindungsdaten eingeben können.
3. Geben Sie als Datenbankname *.\SQL2022* ein und ändern Sie die Einstellung von *Trust Server Certificate* auf *True*, bevor Sie auf die Schaltfläche *Connect* klicken, um die Verbindung herzustellen.
4. So ähnlich, wie Sie es vom Objekt-Explorer des SQL Server Management Studio kennen, erscheint nun ein Eintrag zu der neu hergestellten Verbindung, der sich in Form einer Baumstruktur immer weiter aufklappen lässt. Unter dem Zweig *Databases* finden Sie die auf der Serverinstanz installierten Datenbanken, mit deren Tabellen, Sichten, gespeicherten Prozeduren und allen möglichen anderen Datenbankobjekten. Darunter stehen als weitere Hauptbereiche die Einträge *Security* (mit Log-ins, Serverrollen etc.) sowie *Server Objects* (mit Endpunkten, verbundenen Servern, Datenbanktriggern und Fehlermeldungen). Wenn Sie nun die Datenbank *MediaBase* und darunter den Eintrag *Tables* anklicken, werden die Tabellen der Datenbank eingeblendet. Mit einem rechten Mausklick auf eine der Tabellen erscheint ein Kontextmenü mit Optionen, die so ähnlich auch im SQL Server Management Studio zu finden sind (*Select Top 1000*, *Edit Data*, *Design*, *Script As Create*, *Script As Drop* und *Refresh*).

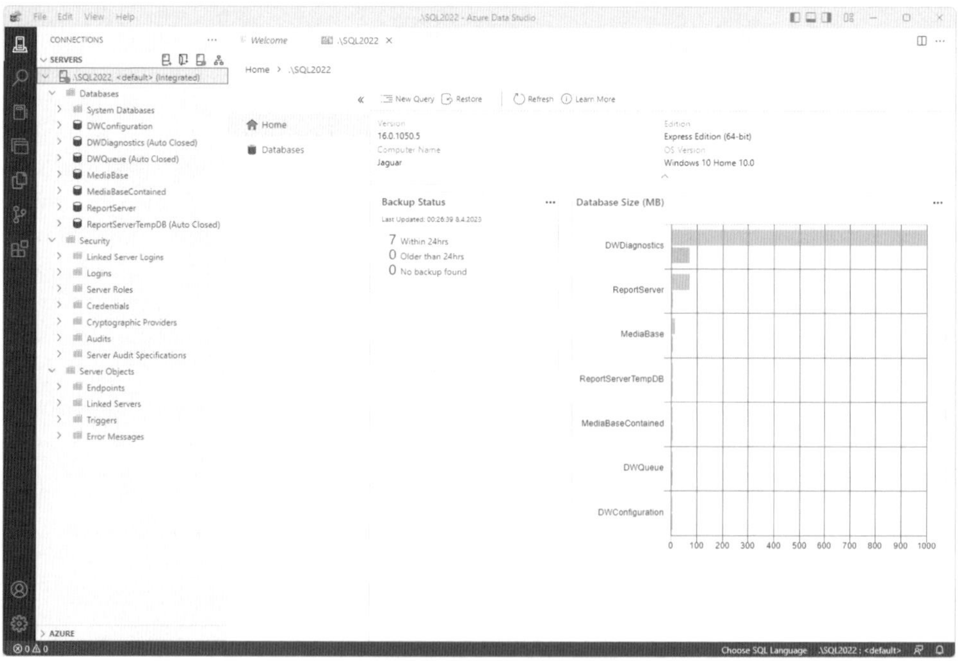

Abbildung 22.2: Das Dashboard mit Diagramm zur Größe der Datenbank- und Log-Dateien

5. In der Detailansicht (auf den rechten zwei Dritteln des Anwendungsfensters) ist ein Dashboard mit ein paar Detaildaten zum SQL Server, mit dem Sie nun verbunden sind, zu sehen. Darunter auch ein Balkendiagramm, das einen schnellen Überblick über die Größen von Datenbank- und Protokolldateien der verschiedenen Datenbanken dieser Instanz gibt. Links daneben erscheint eine kleine Auswahlliste mit den Optionen *Home* und *Databases*. Wenn Sie den zweiten Punkt anklicken, wechselt die Ansicht rechts vom Diagramm zu einer Listendarstellung der Datenbanken mit ein paar Zusatzdaten. Wenn Sie in dieser Liste eine der Datenbanken anklicken, gelangen Sie eine Detailebene tiefer, und es erscheint die nächste Liste, in der alle Objekte (Tabellen, Views, Stored Procedures, User Defined Functions etc.) der Datenbank aufgelistet sind. Mit einem rechten Mausklick auf eines der Objekte erscheint auch hier ein Kontextmenü, mit dem Sie beispielsweise die ersten 1.000 Zeilen einer Tabelle auswählen können. Das Dashboard bietet also eine alternative Präsentation, um dieselben Aktionen (oder zumindest eine Teilmenge davon) ausführen zu können, die Sie auch direkt in der Baumstruktur auf der linken Seite starten können.
6. Nutzen Sie eine der beiden Varianten, um die ersten 1.000 Zeilen der Tabelle *dbo.Orte* anzeigen zu lassen. Wie in Abbildung 22.3 zu sehen ist, gibt es hier zwar keine grafische Darstellung der geometrischen Daten aus der Spalte *Geocode*. Dafür sind auf der rechten Seite neben dem Abfrageergebnis einige Symbole zu sehen, mit denen die Daten schnell und unkompliziert in verschiedenen Formaten (*CSV*, *Excel*, *JSON*, *Markdown* oder *XML*) exportiert werden können oder sogar ein Diagramm angezeigt werden kann (was natürlich nur bei numerischen Werten sinnvoll ist). In der Symbolleiste oberhalb der Abfrage selbst finden Sie außerdem die auch aus dem SQL Server Management Studio bekannten Optionen zur Anzeige des geschätzten oder tatsächlichen Ausführungsplans der Abfrage.
7. Schließen Sie das Abfragefenster und klicken Sie nochmals mit der rechten Maustaste auf die Tabelle *dbo.Orte*, wenn Sie die übrigen Optionen (*Edit Data*, *Design*, *Script as Create*, *Script as Drop* und *Refresh*) ausprobieren möchten, die aber weitgehend denen im SQL Server Management Studio entsprechen.
8. Klicken Sie nun mit der rechten Maustaste auf die Datenbank, woraufhin wiederum ein Kontextmenü eingeblendet wird. Mit der Option *Manage* erscheint im Detailbereich wieder das Datenbank-Dashboard mit der tabellarischen Ansicht der Tabellen. Über die Option *New Query* können Sie ein leeres Abfragefenster öffnen, das bereits mit der Datenbank verbunden ist. Die Erstellung der hier ebenfalls angebotenen Notebooks wird später in diesem Kapitel behandelt. Aber auch ein paar grundlegende Administrationsfunktionen wie *Backup* und *Restore* einer Datenbank sind hier zu finden.

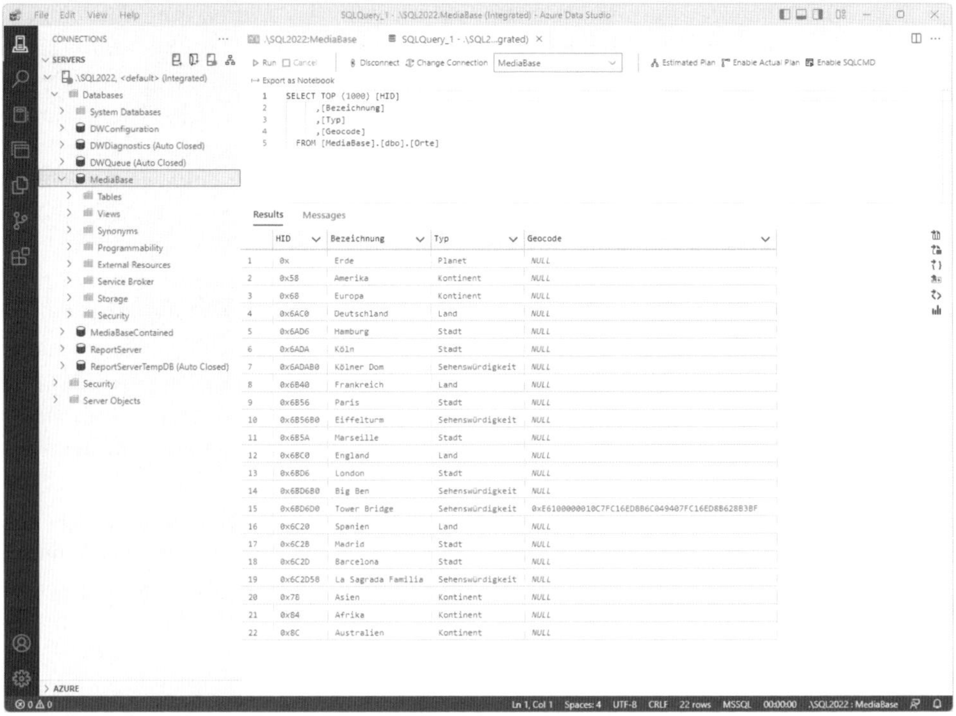

Abbildung 22.3: Die Anzeige der ersten 1.000 Zeilen einer Tabelle

9. Schließen Sie nun alle Fenster im Detailbereich und klicken Sie mit der rechten Maustaste auf die SQL Server-Instanz *.\SQL2022*. Wählen Sie die Option *Disconnect*, um die Verbindung zum SQL Server zu trennen und die Baumstruktur darunter zu schließen. Sobald Sie diese wieder aufklappen, wird die Verbindung zum Datenbankserver automatisch wieder hergestellt.

Neben Verbindungen zum SQL Server im lokalen Netzwerk sind natürlich auch Verbindungen zu SQL-Datenbanken in der Azure Cloud möglich. Im Gegensatz zum SQL Server Management Studio, bei dem einfach ein entsprechender Servername angegeben wird, gibt es hier dazu einen separaten Bereich unter den *CONNECTIONS*, den wir uns nun näher ansehen wollen.

1. Klappen Sie unter *CONNECTIONS* den Bereich *AZURE* auf und klicken Sie anschließend auf *Sign in to Azure*.
2. Klicken Sie nun auf die Schaltfläche *Add an Account*, woraufhin sich ein Microsoft Edge-Fenster öffnet und Sie dazu auffordert, sich mit Ihrem Azure-Account anzumelden. Nachdem Sie das getan haben, können Sie das Browserfenster wieder schließen. Sie finden dann im Azure Data Studio einen neuen Eintrag unter *Linked Accounts* mit Ihrem gerade genutzten Account. Klicken Sie nun auf die Schaltfläche *Close*, um die Verwaltung der verknüpften Accounts wieder zu schließen.
3. Sie sehen jetzt einen Eintrag zu Ihrem Account unter den Azure-Connections, der auch erhalten bleibt, wenn Sie das Azure Data Studio schließen und später wieder starten. Wenn Sie diesen Eintrag aufklappen, taucht darunter zunächst ein Eintrag für

das Azure-Abonnement auf (z. B. *Visual Studio Enterprise*). Wenn Sie diesen wiederum aufklappen, folgt eine Auflistung der Dienste, die mit Ihrem Abonnement nutzbar sind und gleichzeitig vom Azure Data Studio unterstützt werden. Darunter taucht der Punkt *SQL database* mit der in die Cloud migrierten *MediaBase*-Datenbank auf und als separater Punkt auch der *SQL server*, auf dem diese gehostet ist.

4. Versuchen Sie nun, sich mit der SQL-Datenbank *MediaBase* zu verbinden, was erst mal nur lange zu dauern scheint, aber letztendlich kein Ergebnis bringt. Wenn Sie aber auf das Verbindungssymbol dahinter klicken, erscheint ein Connection-Dialog auf der rechten Seite, in dem Sie die Verbindungsparameter anpassen können. Stellen Sie hier den *Authentication Type* von *Azure Active Directory* auf *SQL login* um und geben Sie anschließend den von Ihnen definierten Admin-User mit Passwort ein. (Wenn Sie möchten, können Sie hier sogar einstellen, dass das Azure Data Studio sich das Passwort merkt.) Bevor Sie nun auf *Connect* klicken, sollte lediglich noch die Einstellung *Trust server certificate* auf *True* umgestellt werden.

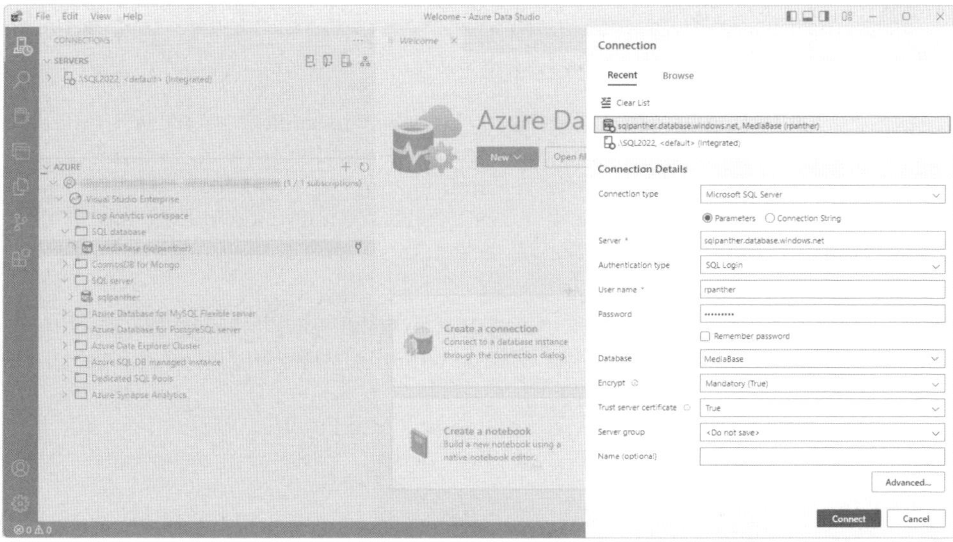

Abbildung 22.4: Die Anpassung der Verbindungsparameter

5. Auch wenn sich der kleine Kreis vor dem Datenbanknamen weiterdreht und sich daher auch die Baumstruktur nicht weiter aufklappen lässt, wird eine Verbindung mit der Datenbank hergestellt, und Sie erhalten im Detailbereich dasselbe Datenbank-Dashboard wie bei einer lokal gespeicherten Datenbank. Hier können Sie nun Daten aus einzelnen Tabellen abfragen, diese editieren oder auch neue Abfragefenster öffnen, um beliebige Abfragen abzusetzen. Lediglich die Schaltflächen *Backup* und *Restore* können Sie hier getrost ignorieren, da diese nur eine Fehlermeldung auslösen, die besagt, dass die Backup/Restore-Anweisung von Azure SQL-Datenbanken nicht unterstützt wird.
6. Klicken Sie nun mit der rechten Maustaste auf die Datenbank *MediaBase* und wählen Sie dann die Option *Open in Azure Portal*. Es öffnet sich ein Browserfenster, das Sie sofort ins Azure-Portal auf die Übersichtsseite Ihrer Datenbank schickt, ohne dass Sie sich erneut anmelden müssen.

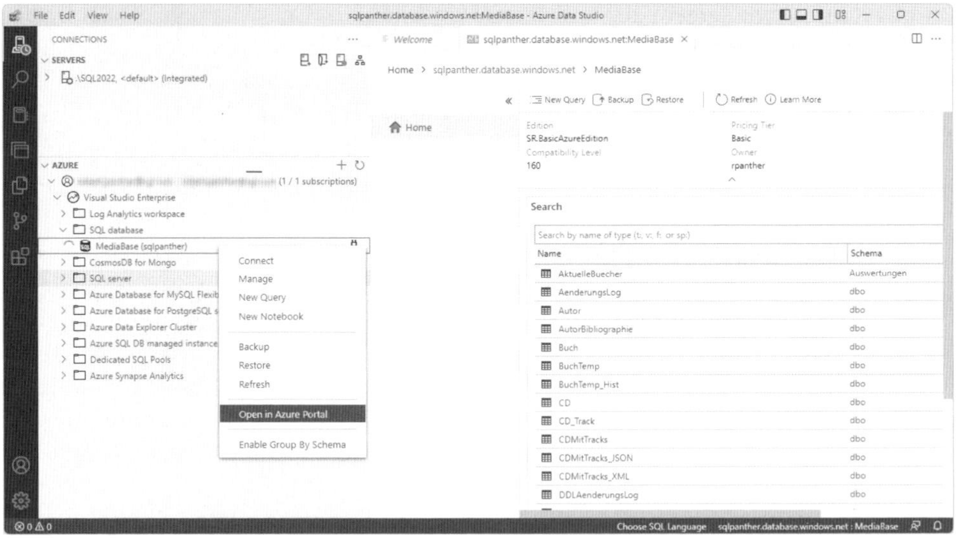

Abbildung 22.5: Querverweis direkt ins Azure-Portal

7. Um das Azure-Kontingent nicht unnötig zu belasten, schließen Sie das Browserfenster wieder und danach auch die Detailfenster im Azure Management Studio. Was hier leider fehlt, ist die Möglichkeit, die Verbindung zum Azure-Account explizit wieder zu trennen, um sicherzugehen, dass im Hintergrund keine weiteren Daten mehr übertragen werden. Daher schließen Sie am besten das Azure Data Studio einmal komplett und starten es anschließend erneut.

Damit sind Sie schon mal bestens gerüstet, um viele der alltäglichen Aufgaben, für die Sie bisher das SQL Server Management Studio genutzt haben, alternativ auch mit dem Azure Data Studio durchführen zu können.

Einen richtigen Mehrwert erhalten Sie aber erst durch Funktionalitäten, die mit anderen Tools bisher nicht möglich waren. Ein gutes Beispiel dafür sind die bereits erwähnten Notebooks.

Neue Möglichkeiten durch Notebooks

Die vom Azure Data Studio unterstützten Notebooks haben trotz der Bezeichnung nichts mit Notebooks im Sinne von Laptops zu tun. Der Name ist eher auf die eigentliche englische Übersetzung (Notizheft) zurückzuführen, wie das Symbol dazu auch andeutet.

Diese Art von Notebooks erlaubt es, Beschreibungen, Anweisungen und deren Ergebnisse in einer Datei gemeinsam zu speichern. Das war ursprünglich primär für umfangreiche Datenanalysen gedacht, ist aber auch für komplexe Datenkorrekturen sehr hilfreich, wenn man sich Schritt für Schritt dem Ergebnis nähert, dies gleichzeitig aber auch sauber dokumentieren will. Dabei werden verschiedene Sprachen unterstützt, angefangen von SQL über Python 3 bis hin zu PowerShell. (In älteren Varianten des Azure Data Studio wurden noch PySpark und R unterstützt, was mittlerweile bestenfalls durch Extensions noch möglich ist.)

Die einfachste Art, ein Notebook zu erstellen, ist, wenn man auf dem Welcome-Screen des Azure Data Studio auf den Link *Create a notebook* klickt (alternativ auch die Schaltfläche *New* und dann *New notebook* auswählt oder im Menü die Option *File/New Notebook* aufruft). Bei allen genannten Varianten erscheint ein Notebook-Fenster im Detailbereich, bei dem Sie in der Titelzeile sowohl das verwendete Sprach-Kernel (*SQL*, *Python 3* oder *PowerShell*) sowie die Connection auswählen können, mit der sich das Notebook verbindet. Den Schritt mit der Verbindung kann man sich aber sparen, wenn man das Notebook direkt auf einer bestehenden Connection erstellt:

1. Klappen Sie unter *CONNECTIONS* den Bereich *SERVERS* und darunter den Eintrag zu Ihrer lokalen SQL Server-Instanz (*.\SQL2022*) auf und klicken Sie anschließend mit der rechten Maustaste auf den Instanznamen. Wenn Sie im Kontextmenü nun die Option *New Notebook* wählen, öffnet sich ein neues Notebook-Fenster, das bereits mit der SQL Server-Instanz verbunden ist. Die Einstellung des Kernels können Sie auf *SQL* stehen lassen, da wir zuerst ein SQL Notebook ausprobieren.
2. Das Notebook setzt sich aus mehreren Zellen zusammen, die entweder Code oder Text enthalten können. Daher wird im Detailbereich für jeden dieser Zellentypen ein Link angezeigt, mit dem eine neue Zelle erstellt werden kann. Klicken Sie nun auf + *Text*, um eine neue Textzelle hinzuzufügen.
3. Im Editiermodus der Zelle sind über die eingeblendete Symbolleiste sogar verschiedene Textformatierungen (fett, kursiv, unterstrichen, hervorgehoben) möglich. Über die Schaltfläche *Text Size* können neben dem Standardabsatzformat Paragraph auch Absatzformate für Überschriften ausgewählt werden, und selbst Aufzählungen (mit oder ohne Nummerierung) sind möglich. Dazu können auch Internetlinks und kleine Codeblöcke eingefügt werden. Geben Sie nun einen beliebigen Text ein und probieren Sie die verschiedenen Formatierungsmöglichkeiten aus, bevor Sie auf den freien Bereich unterhalb der Textzelle klicken, um den Bearbeitungsmodus der Zelle zu verlassen.
4. Klicken Sie in der Symbolleiste auf + *Cell* und wählen Sie diesmal *Code cell* aus, um dem Notebook eine Zelle für SQL-Code hinzuzufügen. Geben Sie dort die folgenden zwei Anweisungen ein und drücken Sie anschließend die F5-Taste, um diese auszuführen:

   ```
   SELECT * FROM MediaBase.dbo.Autor
   ```

   Das Ergebnis der Abfrage erscheint direkt darunter. (Die Angabe des Datenbanknamens ist hier erforderlich, da die Verbindung ja lediglich zur SQL Server-Instanz aufgebaut, aber noch nicht der Datenbankkontext gewählt ist.) Wenn das Ergebnis der Abfrage aktualisiert werden soll, kann die Abfrage über die kleine Schaltfläche davor mit dem Dreieck jederzeit erneut ausgeführt werden. (Die Nummer in der eckigen Klammer vor der Abfrage zeigt an, wie oft diese schon gestartet wurde.)

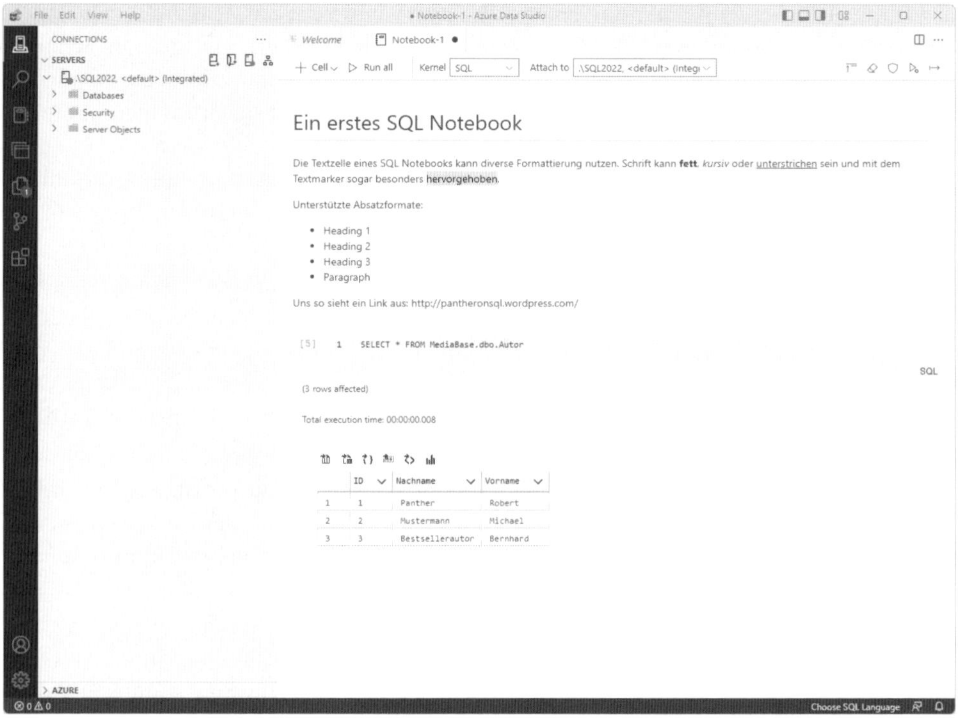

Abbildung 22.6: Ein SQL Notebook mit jeweils einem Text- und Codeblock

5. Speichern Sie das Notebook nun durch Auswahl des Menüpunkts *File/Save*. Dabei werden sowohl Textblock, Abfrage als auch das letzte Ergebnis der Abfrage in einer Datei mit der Endung *.ipynb* gespeichert (diese Datei nutzt intern das JSON-Format).

Nahezu genauso einfach lässt sich auch ein Python Notebook erstellen, was Sie nun anhand eines trivialen Beispiels ausprobieren können:

1. Öffnen Sie ein neues Notebook durch Auswahl von *New Notebook* im *File*-Menü.
2. Im neuen Notebook-Fenster ist standardmäßig das SQL-Kernel eingestellt. Wenn Sie diese Auswahl nun in *Python 3* ändern, stellt Azure Data Studio fest, dass für das Tool noch keine Python-Runtime konfiguriert ist und bietet dazu zwei verschiedene Varianten an. Über *New Python installation* werden die benötigten Dateien automatisch aus dem Internet heruntergeladen und in den im unteren Teil des Dialogs dargestellten Ordner installiert. Wenn Sie die Beispiele in *Kapitel 15, Integration weiterer Programmiersprachen*, durchgearbeitet haben, ist auf Ihrem Rechner allerdings schon eine Python-Runtime vorhanden, die wir hier nutzen können. Wählen Sie dazu *Use existing Python installation* und klicken Sie anschließend auf *Browse*, um den Ordner, in dem die Python-Runtime abgelegt ist, einzugeben (in *Kapitel 15* war dies der Ordner *c:\Program Files\Python310*).
3. Nach einem Klick auf *Next* folgt noch der Hinweis, dass für das bereits installierte Kernel noch die Jupyter-Dependencies installiert werden müssen, was nach einem Klick auf *Install* automatisch geschieht. Nach einer kurzen Wartezeit folgt die Meldung *In-*

stalling Notebook dependencies succeeded, und die Kernelauswahl des Notebook-Fensters steht auf *Python 3*. Gleichzeitig ist die Auswahl von *Attach to* auf *localhost* gesprungen.

4. Legen Sie nun wiederum eine Textzelle an und füllen Sie diese mit einer beliebigen Beschreibung. Erstellen Sie anschließend eine Codezelle und tragen Sie dort die folgende Anweisung ein:

```
print("Python Notebook Demo!")
```

5. Wenn Sie anschließend auf die Schaltfläche zum Ausführen der Anweisung klicken, wird diese sofort gestartet, und das Ergebnis erscheint – wie zuvor bei der SQL-Abfrage – direkt darunter.
6. Speichern Sie auch das Python Notebook, bevor Sie das Fenster dazu schließen.
7. Klicken Sie nun das Notebook-Symbol in der Symbolleiste links an und klicken Sie dann in der Sidebar links auf den Eintrag *NOTEBOOKS* (unterhalb von *SEARCH RESULTS*). Wenn Sie dort auf das kleine Ordnersymbol klicken, können Sie den Ordner angeben, in dem die beiden bereits erstellten Notebook-Dateien abgelegt sind. Diese erscheinen dann in der Auflistung direkt darunter, wodurch Sie später sehr schnell auf die erstellten Notebooks wieder zugreifen können.

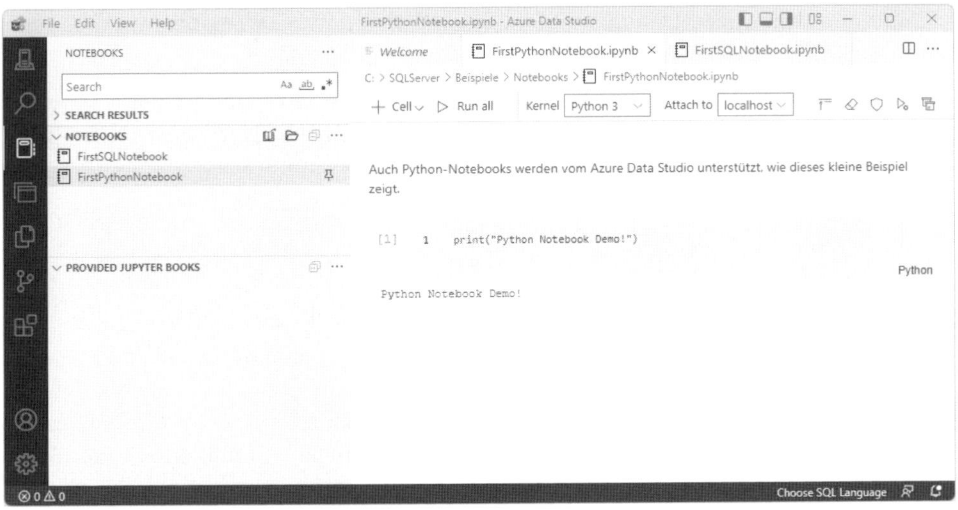

Abbildung 22.7: Das erneut geöffnete Python Notebook

Erweiterung des Tools durch Extensions

Ein wichtiges Feature, das das Azure Data Studio von Visual Studio Code übernommen hat (aber auch im klassischen Visual Studio verfügbar ist, wie in *Kapitel 19, Berichte erstellen mit den SQL Server Reporting Services*, zu sehen war), ist die Möglichkeit, den Funktionsumfang durch Extensions zu erweitern. Hierfür gibt es eine offene Schnittstelle, die es jedem ermöglicht, auch eigene Extensions zu entwickeln und über den Marketplace zur Verfügung zu stellen. Das Ergebnis ist ein großes Angebot von derzeit 81 Erweiterungen (teilweise von Microsoft selbst, aber auch von Drittanbietern), das stetig weiterwächst.

Klicken Sie in der Symbolleiste auf der linken Seite auf das unterste Symbol des oberen Blocks (das vier Quadrate zeigt, von denen eines leicht abgesetzt ist), und auf der Sidebar werden in getrennten Listen sowohl die installierten als auch die im Marketplace verfügbaren Extensions angezeigt. Dabei sind offiziell empfohlene Extensions (derzeit 23) mit einem kleinen blauen Dreieck in der linken oberen Ecke, das einen weißen Stern enthält, markiert und erscheinen in der Auflistung auch vor den anderen Extensions. Dazu kann man über ein Suchfeld auch schnell anhand von Stichwörtern nach der passenden Extension suchen. Geben Sie im Suchfeld beispielsweise *language* ein, erscheinen die bisher zehn verfügbaren Language Packs (darunter auch ein deutsches).

Gerade unter den empfohlenen Extensions finden sich auch zahlreiche, die bereits vom SQL Server Management Studio oder den SQL Server Data Tools bekannte Features bereitstellen:

- *Admin Pack for SQL Server* – Beinhaltet den *SQL Server Agent*, *SQL Server Profiler*, *SQL Server Import* und *SQL Server Dacpac* (Data-Tier Application Wizard), die alle auch als einzelne Extensions verfügbar sind.
- *Database Administration Tool Extensions for Windows (preview)* – Erweitert das Azure Data Studio um einen Property-Dialog, der über das Kontextmenü von Datenbanken, Sichten, Stored Procedures und anderen Objekttypen auswählbar ist. Außerdem wird im Kontextmenü der Datenbank der *Generate Scripts Wizard* ergänzt, mit dem man ein SQL-Skript für eine gesamte Datenbank generieren kann.
- *SQL Database Projects (preview)* – Ermöglicht das Arbeiten mit Datenbankprojekten, mit denen das Schema einer Datenbank verwaltet und deployt werden kann. Dies beinhaltet auch die *SQL Server Schema Compare*-Extension.
- *SQL Server Schema Compare* – Vergleich (und Angleichung) von Datenbankschemata, die sich in einer Datenbank, einem Datenbankprojekt oder auch in einer *.dacpac*-Datei befinden können.

Sobald Sie eine der Extensions anklicken, erscheinen im Detailbereich ausführlichere Informationen dazu sowie eine Schaltfläche *Install*, über die man die jeweilige Extension herunterladen und installieren kann.[1] In dieser Detailansicht ist auch zu sehen, ob die jeweilige Extension schon in der finalen Version verfügbar ist oder noch in der Preview-Phase steckt, also noch in Entwicklung ist (was selbst bei einigen empfohlenen Extensions der Fall ist).

1 Sofern Sie die passende *.vsix*-Datei haben, lassen sich selbst Extensions, die hier nicht aufgelistet sind, installieren, indem Sie im *File*-Menü die Option *Install Extension from VSIX Package* nutzen.

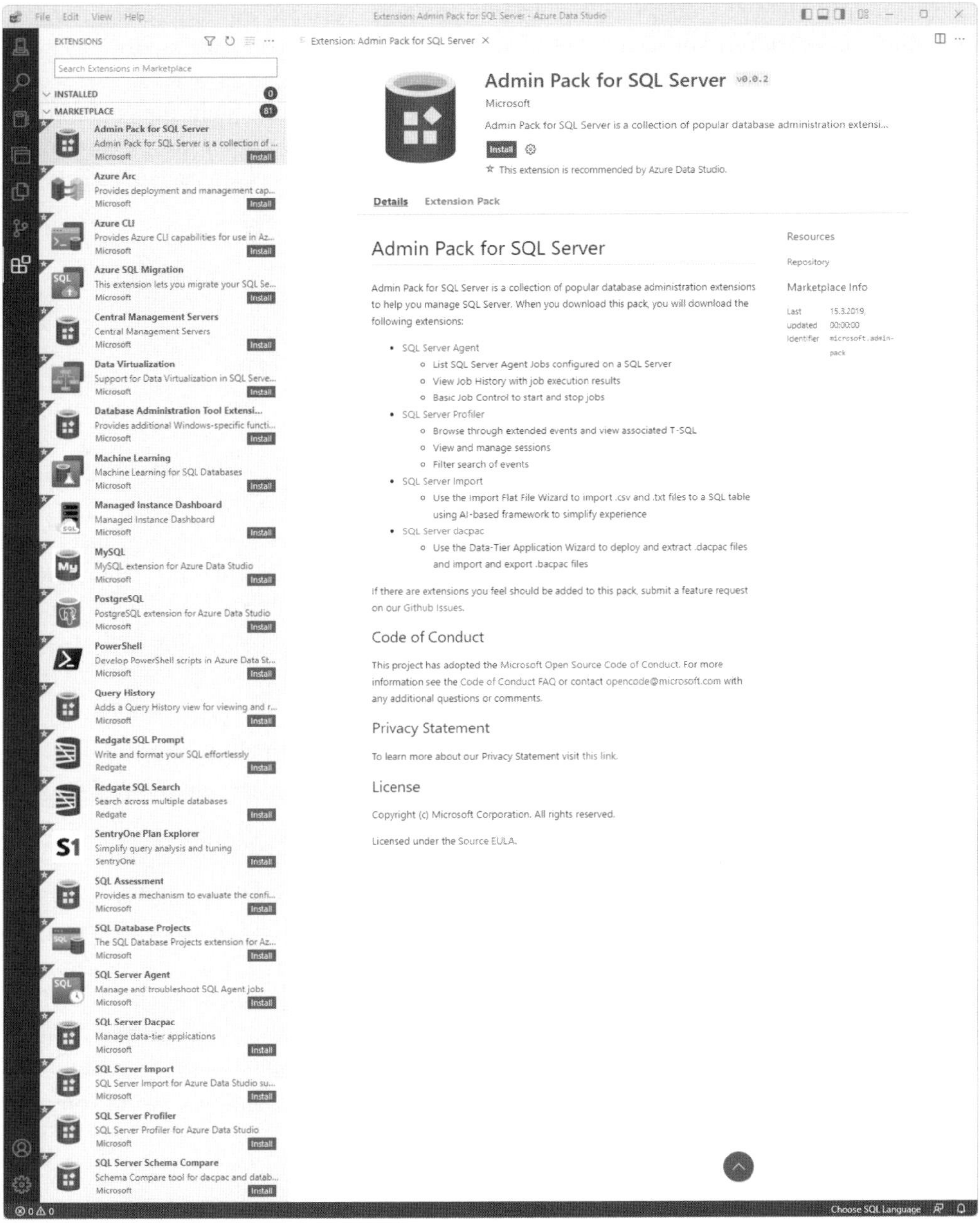

Abbildung 22.8: Die empfohlenen Extensions in der Übersicht

Gerade die Extension für *SQL Database Projects* stellt hier eine Besonderheit dar, weil im Azure Data Studio hierfür bereits ein Symbol in der Symbolleiste am linken Rand angezeigt wird. Wenn man aber versucht, ein neues Projekt zu erstellen oder ein bestehendes zu öffnen, erscheint die Meldung, dass die entsprechende Extension noch installiert werden muss. Wenn Sie die genannte Extension installiert haben, erscheint beim Versuch, das in *Kapitel 18, Datenbankprojekte und die SQL Server Data Tools*, erstellte Datenbankprojekt zu öffnen, die Meldung, dass das Projekt mit den SQL Server Data Tools erstellt wurde und die Projektstruktur konvertiert werden muss, bevor dieses von der Extension genutzt werden kann. Anschließend muss das Azure Data Studio neu gestartet werden. Wenn man das Projekt nun öffnet, zeigt sich schnell, dass die Extension noch nicht die ganze Funktionalität der SQL Server Data Tools zur Verfügung stellt. Wenn man beispielsweise ein DDL-Skript einer Tabelle öffnet, erscheint nur das SQL-Skript selbst, die zusätzliche tabellarische Auflistung der Tabellenspalten fehlt noch.

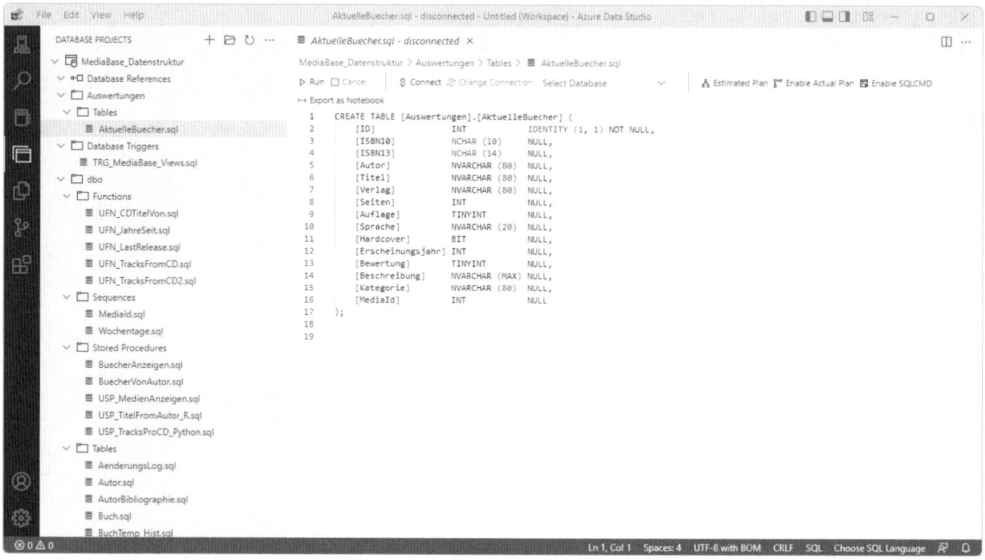

Abbildung 22.9: Die Anzeige einer Tabelle im konvertierten Datenbankprojekt

Näher am »Original« ist dagegen das *Schema Compare*-Feature, das bereits das Preview-Stadium verlassen hat und auch als separate Extension ohne die *SQL Database Projects* installiert werden kann.

Insgesamt bietet das Konzept der zusätzlich installierbaren Extensions viel Potenzial für die Zukunft, da aus den anderen Tools bekannte Features, die man im Azure Data Studio vermisst, hierüber leicht ergänzt werden können. Aber auch ganz neue Features von Drittanbietern sind hier bestens in die Oberfläche integrierbar und benötigen keine komplett getrennten Tools mehr.

Übungen zu diesem Kapitel

In diesem Abschnitt finden Sie einige Übungen, mit denen Sie das in diesem Kapitel Erlernte vertiefen können. Die richtigen Antworten und Lösungen finden Sie in *Anhang C* dieses Buchs.

Übung 22.1

Welche zusätzlichen Möglichkeiten bietet ein SQL Notebook im Vergleich zu einem normalen SQL-Skript?

Übung 22.2

Sie möchten eine Tabelle anlegen und dazu anschließend eine gespeicherte Prozedur erstellen, die anhand der ID den entsprechenden Datensatz aus der neuen Tabelle zurückgibt. Welches Tool (SQL Server Management Studio, SQL Server Data Tools oder Azure Data Studio) können Sie dazu verwenden?

Zusammenfassung

Das Azure Data Studio bietet noch einige weitere Features, auf die hier aus Platzgründen nicht detailliert eingegangen werden konnte. So gibt es eine Unterstützung für eine Quellcodeverwaltung (aktuell jedoch nur für Git, weitere folgen eventuell später über Extensions). Außerdem kann am unteren Rand ein Terminalfenster eingeblendet werden, mit dem PowerShell-Kommandos abgesetzt werden können.

Insgesamt stellt das Tool eine interessante Alternative zu SQL Server Management Studio und SQL Server Data Tools dar. Natürlich deckt es nicht alle Funktionalitäten der anderen beiden Tools ab. Vermutlich werden im Laufe der Zeit nach und nach immer mehr der fehlenden Features über Extensions verfügbar sein.

Durch das Konzept der Notebooks hat das Azure Data Studio jedoch auch ein Alleinstellungsmerkmal, da diese weder im SQL Server Management Studio noch in den SQL Server Data Tools unterstützt werden. Viele andere Features – wie beispielsweise die Bearbeitung und Ausführung von SQL-Skripten – sind in allen drei Tools möglich. Dennoch hat jedes der Tools seine individuellen Stärken:

- *SQL Server Management Studio* – Bietet nach wie vor die umfangreichsten Möglichkeiten zur Administration von Datenbanken. Ideal für Datenbankadministratoren.
- *SQL Server Data Tools / Visual Studio* – Beste Unterstützung für die Arbeit mit Datenbankprojekten. Außerdem gute Möglichkeit zum Debuggen von SQL-Skripten und Stored Procedures. Ideal für Datenbankentwickler.
- *Azure Data Studio* – Über Extensions erweiterbar. Einziges Tool, mit dem Notebooks erstellt und genutzt werden können. Ideal für Datenanalysten.

Gerade dann, wenn man nicht ausschließlich als Administrator, Entwickler oder Datenanalyst unterwegs ist, kann durchaus auch eine kombinierte Nutzung der Tools sinnvoll sein (was sich auch dadurch zeigt, dass im *Extras*-Menü des SQL Server Management Studio ein Eintrag vorhanden ist, mit dem man direkt zum Azure Data Studio wechseln kann).

Nachwort

Damit sind wir – abgesehen von den folgenden Anhängen – am Ende des Buchtexts angelangt. Ich hoffe, Sie konnten einige interessante Informationen zur Express Edition von SQL Server 2022 mitnehmen, und wünsche Ihnen viel Freude und Erfolg bei der Arbeit mit diesem interessanten und leistungsfähigen Produkt. Wenn Ihnen das Buch gefallen hat, freue ich mich über ein entsprechendes Feedback, aber auch konstruktive Kritik ist jederzeit willkommen und wird nach Möglichkeit in späteren Auflagen des Buchs berücksichtigt. Meine E-Mail-Adresse ist *sqlserver@rpanther.de.*

Und sollten Sie eines Tages an die Grenzen der Express Edition stoßen oder aber einfach mal die Features der größeren Editionen ausprobieren wollen, empfehle ich Ihnen den Download der Developer Edition, mit der Sie kostenlos alle Enterprise-Features zu Entwicklungszwecken ausprobieren können und die sich auch auf Clientbetriebssystemen installieren lässt.

Robert Panther

Teil VII
Anhänge

In diesem Teil:

Anhang A Kleine SQL-Referenz 493
Anhang B Weiterführende Infos im Web 515
Anhang C Lösungen zu den Übungen 521
Anhang D Glossar 475

Anhang A
Kleine SQL-Referenz

In diesem Kapitel finden Sie eine kleine Referenz der wichtigsten SQL-Kommandos. Im Gegensatz zu vielen anderen Sprachreferenzen will ich aber keine unübersichtlichen Syntaxdiagramme mit allen noch so selten benötigten Optionen auflisten. Diese Informationen können Sie bei Bedarf leicht über die Onlinehilfe von SQL Server erhalten.

Auf der anderen Seite sind hier auch keine ausführlichen Erklärungen zu finden, denn dafür ist ja der eigentliche Buchtext gedacht.

Stattdessen finden Sie in dieser Referenz für die gängigsten SQL-Kommandos die gängigsten Varianten jeweils in einer vereinfachten Syntaxdarstellung sowie in Form eines konkreten Beispiels aufgelistet.

Bei der Syntaxdarstellung sind die von eckigen Klammern (z.B. `[Beispiel]`) umfassten Begriffe jeweils durch den mit dem Begriff beschriebenen Inhalt zu ersetzen.

SELECT

Einfache Abfragen

Grundform

Syntax:
```
SELECT [Feldliste]
FROM [Tabelle]
```
Beispiel:
```
SELECT *
FROM Buch
```

Eingrenzung der Ergebnismenge mit TOP

Syntax:
```
SELECT TOP [Zeilenanzahl] [Feldliste]
FROM [Tabelle]
```
Beispiel:
```
SELECT TOP 10 *
FROM dbo.Buch
```

Einschränkungen mit WHERE

Syntax:
```
SELECT [Feldliste]
FROM [Tabelle]
WHERE [Filterbedingungen]
```

Beispiel:
```
SELECT  *
FROM dbo.CD
WHERE Erscheinungsjahr = 2009 AND Interpret LIKE 'Best Of%'
```

Sortierung mit ORDER BY

Syntax:
```
SELECT [Feldliste]
FROM [Tabellen]
ORDER BY [Feldliste]
```

Beispiel:
```
SELECT *
FROM dbo.Buch
ORDER BY Autor ASC, Erscheinungsjahr DESC
```

Eingrenzung der Ergebnismenge mit OFFSET

Syntax:
```
SELECT [Feldliste]
FROM [Tabelle]
ORDER BY [Feldliste]
   OFFSET [Anzahl überspringen] ROWS
   FETCH NEXT [Zeilenanzahl] ROWS ONLY
```

Beispiel:
```
SELECT *
FROM dbo.CD_Track
ORDER BY ID
   OFFSET 10 ROWS
   FETCH NEXT 10 ROWS ONLY
```

Gruppierung mit GROUP BY

Syntax:
```
SELECT [Feldliste]
FROM [Tabelle]
GROUP BY [Feldliste]
HAVING [Filterbedingungen]
```

Beispiel:
```
SELECT COUNT(*) as Anzahl, Erscheinungsjahr
FROM Buch
GROUP BY Erscheinungsjahr
HAVING count(*)>2
```

Komplexere Abfragen

Fallunterscheidung mit CASE

Syntax:
```
SELECT [Feldliste], CASE WHEN [Bedingung] THEN [Wert1] ELSE [Wert1] END AS [Alias]
FROM [Tabelle]
```

Beispiel:
```
SELECT *, CASE
   WHEN Hardcover=1 THEN 'Hardcover'
      ELSE 'Softcover'
   END AS Cover
FROM dbo.Buch
```

Aggregatfunktionen mit ROLLUP

Syntax:
```
SELECT [Feldliste], [Aggregierungen]
FROM [Tabelle]
GROUP BY ROLLUP ([Feldliste])
```

Beispiel:
```
SELECT Interpret, Titel, count(*) as Anzahl
FROM dbo.CD
GROUP BY ROLLUP (Interpret, Titel)
```

Abfragen auf mehreren Tabellen

Verknüpfen mit JOIN

Syntax:
```
SELECT [Feldliste]
FROM [Tabelle] INNER|LEFT|RIGHT JOIN [Tabelle] ON [Verknüpfungsbedingungen]
```

Beispiel:
```
SELECT CD.Titel, CD_Track.*
FROM CD INNER JOIN CD_Track ON CD.ID = CD_Track.ID_CD
```

Verknüpfen von Graph-Tabellen mit MATCH

Syntax:
```
SELECT [Feldliste]
FROM [KnotenTabelle], [KantenTabelle], [KnotenTabelle]
WHERE MATCH ([Knoten]-([Kante])->[Knoten])
```

Beispiel:
```
SELECT Person.Vorname, Person.Nachname, Film.Titel
FROM Graph.Person, Graph.Mag, Graph.Film
WHERE MATCH (Person-(Mag)->Film)
```

Verbinden mit UNION SELECT

Syntax:
```
SELECT [Feldliste]
FROM [Tabelle1]
UNION
SELECT [Feldliste]
FROM [Tabelle2]
```

Beispiel:
```
SELECT Titel, Interpret, Erscheinungsjahr FROM CD
UNION SELECT Titel, Autor, Erscheinungsjahr FROM Buch
UNION SELECT Titel, Produzent, Erscheinungsjahr FROM DVD
```

Unterabfragen

Unterabfragen mit IN

Syntax:
```
SELECT [Feldliste]
FROM [Tabelle]
WHERE [Feld] IN ([SELECT-Abfrage])
```

Beispiel:
```
SELECT Titel, Interpret
FROM dbo.CD
WHERE ID IN
   (SELECT ID_CD
   FROM dbo.CD_Track
   GROUP BY ID_CD
   HAVING COUNT(*)>13)
```

Unterabfragen mit EXISTS

Syntax:
```
SELECT [Feldliste]
FROM [Tabelle]
WHERE EXISTS ([SELECT-Abfrage])
```

Beispiel:
```
SELECT Titel, Interpret
FROM dbo.CD
WHERE EXISTS
   (SELECT ID_CD
   FROM dbo.CD_Track
   WHERE ID_CD = dbo.CD.ID
   GROUP BY ID_CD
   HAVING COUNT(*)>13)
```

Unterabfragen als berechnetes Feld

Syntax:
```
SELECT [Feldliste], ([SELECT-Abfrage]) AS [Feldname]
FROM [Tabelle]
```

Beispiel:
```
SELECT Titel, Interpret,
   (SELECT count(*)
   FROM dbo.CD_Track
   WHERE ID_CD = dbo.CD.ID) AS Anzahl
FROM dbo.CD
```

Common Table Expressions

Syntax:
```
WITH [CTE_Name] AS ([SELECT-Abfrage])
SELECT [Feldliste]
FROM [CTE_Name]
```

Beispiel:
```
WITH CTE AS
(
   SELECT ID_CD, count(*) AS AnzahlSongs
   FROM dbo.CD_Track
   GROUP BY ID_CD
)
SELECT CD.Interpret, CD.Titel, CTE.AnzahlSongs
FROM dbo.CD as CD
   INNER JOIN CTE on CD.id=CTE.ID_CD
```

Data Manipulation Language (DML)

UPDATE

Einfaches UPDATE

Syntax:
```
UPDATE Tabelle
SET [Zuweisung]
WHERE [Bedingung]
```

Beispiel:
```
UPDATE MeineBuecher
SET Verlag = '(unbekannt)'
WHERE Verlag IS NULL
```

UPDATE auf Basis von mehreren Tabellen

Syntax:
```
UPDATE [UpdateTabelle]
SET [Zuweisungen]
FROM [UpdateTabelle] INNER JOIN [WeitereTabelle] ON [JOIN-Bedingung]
WHERE [Filterbedingungen]
```

Beispiel:
```
UPDATE dbo.CD_Track
SET CD_Track.Bewertung=CD.Bewertung
FROM dbo.CD
   INNER JOIN dbo.CD_Track ON CD.ID=CD_Track.ID_CD
WHERE CD_Track.Bewertung IS NULL
```

INSERT/SELECT INTO

INSERT mit konkreten Werten

Syntax:
```
INSERT INTO [Tabelle] ([Felder])
VALUES ([Daten])
```

Beispiel:
```
INSERT INTO Buch (Autor, Titel, Hardcover)
VALUES ('Robert Panther', 'Programmieren mit dem .NET Compact Framework', 1)
```

INSERT auf einer Abfrage basierend

Syntax:
```
INSERT INTO [Tabelle] ([Felder])
[SELECT-Abfrage]
```

Beispiel:
```
INSERT INTO CD (Titel)
SELECT Titel FROM DVD
```

SELECT INTO

Syntax:
```
SELECT [Felder]
INTO [Zieltabelle]
FROM [Quelltabelle]
WHERE [Bedingung]
```

Beispiel:
```
SELECT *
INTO MeineBuecher
FROM Buch
WHERE Autor = 'Robert Panther'
```

DELETE/TRUNCATE TABLE

DELETE mit Bedingung

Syntax:
```
DELETE FROM [Tabelle]
WHERE [Bedingung]
```

Beispiel:
```
DELETE FROM MeineBuecher
WHERE Hardcover=1
```

TRUNCATE TABLE

Syntax:
```
TRUNCATE TABLE [Tabelle]
```
Beispiel:
```
TRUNCATE TABLE MeineBuecher
```

DELETE auf Basis von mehreren Tabellen

Syntax:
```
DELETE [LoeschTabelle]
FROM [LoeschTabelle] INNER JOIN [WeitereTabelle] ON [JOIN-Bedingung]
WHERE [Filterbedingungen]
```
Beispiel:
```
DELETE dbo.CD2
FROM dbo.CD2 LEFT JOIN dbo.CD_Track ON CD2.ID = CD_Track.ID_CD
WHERE CD_Track.ID_CD IS NULL
```

MERGE

Syntax:
```
MERGE INTO [Zieltabelle]
USING [Quelltabelle] ON [JOIN-Bedingung]
WHEN MATCHED
   THEN UPDATE SET [Zuweisungen]
WHEN NOT MATCHED
   THEN INSERT ([Feldliste])
   VALUES ([Werte])
WHEN NOT MATCHED BY SOURCE THEN
   DELETE;
```
Beispiel:
```
MERGE INTO dbo.Buch
USING BuchImport ON Buch.Titel=BuchImport.Titel
WHEN MATCHED
   THEN UPDATE SET Buch.Autor = BuchImport.Autor,
      Buch.Titel = BuchImport.Titel,
   Buch.Kategorie = BuchImport.Kategorie
WHEN NOT MATCHED
   THEN INSERT (Autor, Titel, Kategorie)
   VALUES (BuchImport.Autor, BuchImport.Titel, BuchImport.Kategorie)
WHEN NOT MATCHED BY SOURCE THEN
   DELETE;
```

Data Definition Language (DDL)

Datenbanken erstellen und konfigurieren

Datenbanken erstellen

Syntax:
```
CREATE DATABASE [Datenbankname]
ON PRIMARY (NAME = N'[Logischer Dateiname]', FILENAME = N'[Dateipfad]', SIZE =
[Größe],
    FILEGROWTH = [Dateiwachstum])
LOG ON (NAME = N'[Logischer Protokolldateiname]', FILENAME =
N'[Protokolldateipfad]',
    SIZE = [Größe], FILEGROWTH = [Dateiwachstum])
```

Beispiel:
```
CREATE DATABASE MediaBase2
ON  PRIMARY ( NAME = N'MediaBase2', FILENAME = N'c:\Programme\Microsoft SQL
Server\MSSQL16.SQL2022\MSSQL\DATA\MediaBase2.mdf' , SIZE = 20480KB , FILEGROWTH =
10%)
LOG ON ( NAME = N'MediaBase2_log', FILENAME = N'c:\Programme\Microsoft SQL
Server\MSSQL16.SQL2022\MSSQL\DATA\MediaBase2_log.ldf' , SIZE = 10240KB ,
FILEGROWTH = 10%)
```

Datenbanken konfigurieren

Syntax:
```
ALTER DATABASE [Datenbankname]
SET [Einstellung]
```

Beispiele:
```
ALTER DATABASE MediaBase2 SET COMPATIBILITY_LEVEL = 100
ALTER DATABASE MediaBase2 SET READ_WRITE
ALTER DATABASE MediaBase2 SET RECOVERY SIMPLE
```

Schemas erstellen

Syntax:
```
CREATE SCHEMA [Schemaname]
```

Beispiel:
```
CREATE SCHEMA Auswertungen
```

Tabellen erstellen und ändern

Tabellen erstellen

Syntax:
```
CREATE TABLE [Tabellenname]
(
   [Feldauflistung mit Datentypen],
   CONSTRAINT [Primärschlüsselname] PRIMARY KEY CLUSTERED
   ([Primärschlüsselfeld] [Sortierung])
)
```

Beispiel:
```
CREATE TABLE dbo.Adresse
   (ID int IDENTITY(1,1) NOT NULL,
   Name nvarchar(80) NOT NULL,
   Strasse nvarchar(80) NULL,
   PLZ nchar(5) NULL,
   Wohnort nvarchar(80) NULL,
   CONSTRAINT PK_Adresse PRIMARY KEY (ID))
```

Graph-Tabellen erstellen

Syntax:
```
CREATE TABLE [Tabellenname]
(
   [Feldauflistung mit Datentypen],
   CONSTRAINT [Primärschlüsselname] PRIMARY KEY CLUSTERED
   ([Primärschlüsselfeld] [Sortierung])
)
AS NODE|EDGE
```

Beispiele:
```
CREATE TABLE Graph.Person
(
   ID int IDENTITY(1,1) NOT NULL,
   Nachname nvarchar(80) NULL,
   Vorname nvarchar(80) NULL
   PRIMARY KEY CLUSTERED (ID ASC)
)
AS NODE
CREATE TABLE Graph.IstBeteiligtAn
(
   Funktion nvarchar(80) NOT NULL
)
AS EDGE
```

Tabellen ändern (Spalte hinzufügen)

Syntax:
```
ALTER TABLE [Tabellenname] ADD [Spaltenname] [Datentyp]
```

Beispiel:
```
ALTER TABLE dbo.Adresse ADD Geburtstag datetime
```

Tabellen ändern (Standardwert definieren)

Syntax:
```
ALTER TABLE [Tabellenname] ADD CONSTRAINT [ConstraintName] DEFAULT
([Standardwert]) FOR [Spalte]
```

Beispiel:
```
ALTER TABLE dbo.Buch ADD  CONSTRAINT DF_Buch_Sprache DEFAULT ('deutsch') FOR
Sprache
```

Tabellen ändern (Fremdschlüssel definieren)

Syntax:
```
ALTER TABLE [Tabellenname] WITH CHECK ADD CONSTRAINT [Fremdschlüsselname]
FOREIGN KEY ([Fremdschlüsselspalte])
REFERENCES [referenzierte Tabelle]([Primärschlüssel der referenzierten Tabelle])
```

Beispiel:
```
ALTER TABLE dbo.CD_Track
WITH CHECK ADD  CONSTRAINT FK_CD_Track_CD
FOREIGN KEY(ID_CD)
REFERENCES dbo.CD(ID)
```

Sichten erstellen und ändern

Syntax:
```
CREATE | ALTER | CREATE OR ALTER VIEW [Sicht]
AS [SELECT-Abfrage]
```

Beispiele:
```
CREATE VIEW dbo.VW_CDsAb2005 AS
SELECT ID, Titel, Erscheinungsjahr
FROM dbo.CD
WHERE (Erscheinungsjahr > 2004)


ALTER VIEW dbo.VW_CDsAb2005 AS
SELECT ID, Titel, Interpret, Erscheinungsjahr
FROM dbo.CD
WHERE (Erscheinungsjahr > 2004)
```

Indizes erstellen und aktualisieren

Indizes erstellen

Syntax:
```
CREATE INDEX [Indexname]
ON [Tabelle] ([Feldauflistung])
```

Beispiel:
```
CREATE INDEX IX_VerlagErscheinungsjahrAutorTitel
ON dbo.Buch
   (Verlag, Erscheinungsjahr, Autor, Titel)
```

Indizes aktualisieren

Syntax:
```
ALTER INDEX [Indexname] ON [Tabellenname] REORGANIZE
ALTER INDEX [Indexname] ON [Tabellenname] REBUILD
```

Beispiele:
```
ALTER INDEX IX_VerlagErscheinungsjahrAutorTitel ON dbo.Buch REORGANIZE
ALTER INDEX IX_VerlagErscheinungsjahrAutorTitel ON dbo.Buch REBUILD
```

Gespeicherte Prozeduren erstellen und ändern

Syntax:
```
CREATE | ALTER | CREATE OR ALTER PROCEDURE [Prozedurname]
   [Parameterauflistung]
AS
BEGIN
   [SQL-Anweisungen]
END
```

Beispiele:
```
CREATE PROCEDURE dbo.BuecherVonAutor
   @Autor nvarchar(80)
AS
BEGIN
   SELECT * FROM dbo.Buch WHERE Autor = @Autor
END

ALTER PROCEDURE dbo.BuecherVonAutor
   @Autor nvarchar(80)
AS
BEGIN
   SELECT * FROM dbo.Buch WHERE Autor = @Autor
END
```

Benutzerdefinierte Funktionen erstellen und ändern

Skalarwertfunktionen erstellen bzw. ändern

Syntax:
```
CREATE | ALTER | CREATE OR ALTER FUNCTION [Funktionsname]
   ([Parameterauflistung])
RETURNS [Typ des Rückgabewerts]
AS
BEGIN
   [SQL-Anweisungen]
RETURN [Rückgabewert]
END
```

Beispiele:
```
CREATE FUNCTION dbo.UFN_JahreSeit
   (@Jahreszahl int)
RETURNS int
AS
BEGIN
RETURN YEAR(GETDATE())-@Jahreszahl
END

ALTER FUNCTION dbo.UFN_JahreSeit
   (@Jahreszahl int)
RETURNS int
AS
BEGIN
RETURN YEAR(GETDATE())-@Jahreszahl
END
```

Tabellenwertfunktionen erstellen bzw. ändern

Syntax:
```
CREATE | ALTER | CREATE OR ALTER FUNCTION [Funktionsname]
   ([Parameterauflistung])
RETURNS TABLE
AS
RETURN
(
[SELECT-Abfrage]
)
```

Beispiele:
```
CREATE FUNCTION dbo.UFN_TracksFromCD
   (@ID_CD int)
RETURNS TABLE
AS
RETURN
(
   SELECT * FROM dbo.CD_Track WHERE ID_CD=@ID_CD
)

ALTER FUNCTION dbo.UFN_TracksFromCD
   (@ID_CD int)
RETURNS TABLE
AS
RETURN
(
   SELECT * FROM dbo.CD_Track WHERE ID_CD=@ID_CD
)
```

Trigger erstellen und ändern

DML-Trigger erstellen und ändern

Syntax:
```
CREATE | ALTER | CREATE OR ALTER TRIGGER [TriggerName]
ON [Tabelle]
AFTER [Aktion]
AS
BEGIN
   [SQL-Anweisungen]
END
```

Beispiele:

```
CREATE TRIGGER dbo.TRG_ChangeLog
ON  dbo.Buch
AFTER UPDATE
AS
BEGIN
   SET NOCOUNT ON;
INSERT INTO AenderungsLog (Aenderung) VALUES ('Zeile in dbo.Buch geändert!')
END

ALTER TRIGGER dbo.TRG_ChangeLog
ON  dbo.Buch
AFTER UPDATE, INSERT, DELETE
AS
BEGIN
   SET NOCOUNT ON;
   INSERT INTO AenderungsLog (Aenderung)
   VALUES ('Datenänderung in Tabelle dbo.Buch!')
END
```

Servertrigger erstellen und ändern

Syntax:

```
CREATE | ALTER | CREATE OR ALTER TRIGGER [TriggerName]
ON  ALL SERVER
FOR [Ereignisse]
AS
BEGIN
   [SQL-Anweisungen]
END
```

Beispiel:

```
CREATE TRIGGER TRG_NewDB
ON  ALL SERVER
FOR CREATE_DATABASE
AS
BEGIN
   PRINT 'Achtung! Neue Datenbank! '
END
```

Datenbanktrigger erstellen und ändern

Syntax:

```
CREATE | ALTER | CREATE OR ALTER TRIGGER [TriggerName]
ON  DATABASE
FOR [Ereignisse]
AS

BEGIN
   [SQL-Anweisungen]
END
```

Beispiel:

```
CREATE TRIGGER TRG_Datenbank
ON DATABASE
FOR DDL_DATABASE_LEVEL_EVENTS
AS
BEGIN
   PRINT 'Datenbankänderung!'
   INSERT INTO MediaBase.dbo.DDLAenderungsLog (Aenderung) VALUES (EVENTDATA())
END
```

Datenbankobjekte löschen

Löschen vorhandener Datenbankobjekte

Syntax:
```
DROP [Objekttyp] [Objektname]
```

Beispiele:
```
DROP DATABASE MediaBase
DROP SCHEMA Auswertungen
DROP TABLE MeineBuecher
DROP VIEW dbo.VW_CDsAb2005
DROP INDEX IX_VerlagErscheinungsjahrAutorTitel ON dbo.Buch
DROP PROCEDURE dbo.BuecherVonAutor
DROP FUNCTION dbo.UFN_JahreSeit
DROP TRIGGER TRG_Datenbank
```

Löschen eventuell vorhandener Datenbankobjekte

Syntax:
```
DROP [Objekttyp] IF EXISTS [Objektname]
```

Beispiele:
```
DROP DATABASE IF EXISTS MediaBase
DROP SCHEMA IF EXISTS Auswertungen
DROP TABLE IF EXISTS MeineBuecher
DROP VIEW IF EXISTS dbo.VW_CDsAb2005
DROP INDEX IF EXISTS IX_VerlagErscheinungsjahrAutorTitel ON dbo.Buch
DROP PROCEDURE IF EXISTS dbo.BuecherVonAutor
DROP FUNCTION IF EXISTS dbo.UFN_JahreSeit
DROP TRIGGER IF EXISTS TRG_Datenbank
```

Data Control Language (DCL)

Anmeldungen und Benutzer anlegen

SQL Server-Anmeldungen anlegen

Syntax:
```
CREATE LOGIN [Anmeldename]
WITH PASSWORD = [Passwort], DEFAULT_DATABASE = [Standarddatenbank],
    CHECK_EXPIRATION = ON | OFF, CHECK_POLICY = ON | OFF
```

Beispiel:
```
CREATE LOGIN MediaBaseReadWrite
WITH PASSWORD=N'mbrw', DEFAULT_DATABASE=master,
CHECK_EXPIRATION=OFF, CHECK_POLICY=OFF
```

Windows-Anmeldungen anlegen

Syntax:
```
CREATE LOGIN [Anmeldename] FROM WINDOWS
WITH DEFAULT_DATABASE = [Standarddatenbank]
```

Beispiel:
```
CREATE LOGIN JAGUAR\mmustermann FROM WINDOWS
WITH DEFAULT_DATABASE=master
```

Datenbankbenutzer anlegen

Syntax:
```
CREATE USER [Benutzername] FOR LOGIN [Anmeldename]
```

Beispiele:
```
CREATE USER [MediaBaseReadOnly] FOR LOGIN [MediaBaseReadOnly]
CREATE USER [JAGUAR\mmustermann] FOR LOGIN [JAGUAR\mmustermann]
```

Server- und Datenbankrollen

Anmeldungen einer Serverrolle zuordnen

Syntax: `EXEC master..sp_addsrvrolemember @loginname = [Anmeldung], @rolename = [Serverrolle]`

Beispiel: `EXEC master..sp_addsrvrolemember @loginname = N'MediaBaseReadWrite', @rolename = N'diskadmin'`

Neue Datenbankrolle erstellen

Syntax: `CREATE ROLE [Rollenname]`

Beispiel: `CREATE ROLE MediaBaseCDRole`

Datenbankbenutzer einer Datenbankrolle zuordnen

Syntax: `EXEC sp_addrolemember [Rolle], [Datenbankbenutzer]`

Beispiele:

```
EXEC sp_addrolemember N'db_datareader', N'MediaBaseReadOnly'
EXEC sp_addrolemember N'db_owner', N'JAGUAR\mmustermann'
```

Server- und Datenbankrechte

Serverrechte für Anmeldungen erteilen, verweigern und entziehen

Syntax:

```
GRANT [Serverrecht] TO [Anmeldung] WITH GRANT OPTION
DENY [Serverrecht] TO [Anmeldung]
REVOKE [Serverrecht] TO | FROM [Anmeldung]
```

Beispiele:

```
GRANT SHUTDOWN TO [JAGUAR\rpanther] WITH GRANT OPTION
DENY ADMINISTER BULK OPERATIONS TO [JAGUAR\rpanther]
```

Datenbankrechte für Benutzer und Rollen erteilen, verweigern und entziehen

Syntax:

```
GRANT [Datenbankrecht] TO [Benutzer | Rolle] WITH GRANT OPTION
DENY [Datenbankrecht] TO [Benutzer | Rolle]
REVOKE [Datenbankrecht] TO | FROM [Benutzer | Rolle]
```

Beispiele:

```
GRANT SELECT ON [dbo].[CD] TO [MediaBaseCDRole]
GRANT UPDATE ON [dbo].[CD] TO [MediaBaseCDRole]
```

SQL Server-Datentypen

SQL Server 2017 bietet eine große Menge an verschiedenen Datentypen. Zur besseren Übersicht werden diese in fünf Kategorien unterteilt:

- numerische Datentypen
- alphanumerische Datentypen
- binäre Datentypen
- Datums- und Zeittypen
- sonstige Datentypen

Numerische Datentypen

Datentyp	Platzbedarf	Bedeutung
bit	1 Byte (kann bis zu 8 Bit-Felder beinhalten)	logischer Wert, gespeichert als 0 oder 1 (entspricht falsch oder wahr)
tinyint	1 Byte	ganzzahliger Wert zwischen 0 und 255
smallint	2 Byte	ganzzahliger Wert zwischen -2^{15} und $2^{15}-1$ (–32.768 bis 32.767)
int	4 Byte	ganzzahliger Wert zwischen -2^{31} und $2^{31}-1$ (–2.147.483.648 bis 2.147.483.647)
bigint	8 Byte	ganzzahliger Wert zwischen -2^{63} und $2^{63}-1$ (–9.223.372.036.854.775.808 bis 9.223.372.036.854.775.807)

Tabelle A.1: Numerische Datentypen (ganzzahlig)

Datentyp	Platzbedarf	Bedeutung
decimal(p,s)	5 Byte (für $1 \leq p \leq 9$) 9 Byte (für $10 \leq p \leq 19$) 13 Byte (für $20 \leq p \leq 28$) 17 Byte (für $29 \leq p \leq 38$)	numerischer Wert mit fester Genauigkeit und fester Anzahl an Dezimalstellen (identisch mit numeric): p = Precision (Genauigkeit): Gesamtanzahl an Stellen (1–36) s = Scale (Dezimalstellen): Stellen rechts vom Komma (0–p)
numeric(p,s)	5 Byte (für $1 \leq p \leq 9$) 9 Byte (für $10 \leq p \leq 19$) 13 Byte (für $20 \leq p \leq 28$) 17 Byte (für $29 \leq p \leq 38$)	numerischer Wert mit fester Genauigkeit und fester Anzahl an Dezimalstellen (identisch mit decimal): p = Precision (Genauigkeit): Gesamtanzahl an Stellen (1–36, Standardwert ist 18) s = Scale (Dezimalstellen): Stellen rechts vom Komma (0–p)
smallmoney	4 Byte	Kommawert (mit Währung) zwischen –214.748,3648 und 214.748,3647
money	8 Byte	Kommawert (mit Währung) zwischen –922.337.203.685.477,5808 und 922.337.203.685.477,5807

Tabelle A.2: Numerische Datentypen (Kommazahlen mit fester Genauigkeit)

Datentyp	Platzbedarf	Bedeutung
float(n)	4 Byte (für $1 \leq n \leq 24$) 8 Byte (für $25 \leq n \leq 53$)	Gleitkommazahl mit ungefährer Genauigkeit –1,79E+308 bis –2,23E–308, 0 und 2,23E–308 bis 1,79E+3088 n hat einen Wert zwischen 1 und 53 und gibt die Anzahl von Bits für die Speicherung der Mantisse an (Standardwert ist 53)
real	4 Byte	Gleitkommazahl mit ungefährer Genauigkeit –3,40E+38 bis –1,18E–38, 0 und 1,18E–38 bis 3,40E+38

Tabelle A.3: Numerische Datentypen (Gleitkommazahlen mit ungefährer Genauigkeit)

Alphanumerische Datentypen

Datentyp	Platzbedarf	Bedeutung
char(n)	1 Byte pro Zeichen	Zeichenkette fester Länge n ($1 \leq n \leq 8.000$)
varchar(n)	1 Byte pro Zeichen + 2 Byte für Länge	Zeichenkette variabler Länge bis maximal n ($1 \leq n \leq 8.000$)
varchar(MAX)	1 Byte pro Zeichen + 2 Byte für Länge	Zeichenkette variabler Länge bis maximal $2^{31}-1$ (2.147.483.647)
text	1 Byte pro Zeichen	Zeichenkette variabler Länge bis maximal $2^{31}-1$ (2.147.483.647) **Achtung:** Dieser Datentyp wird künftig nicht mehr unterstützt, stattdessen varchar(MAX) verwenden!

Tabelle A.4: Alphanumerische Datentypen (nicht Unicode)

Datentyp	Platzbedarf	Bedeutung
nchar(n)	2 Byte pro Zeichen	Zeichenkette fester Länge n ($1 \leq n \leq 4.000$)
nvarchar(n)	2 Byte pro Zeichen + 2 Byte für Länge	Zeichenkette variabler Länge bis maximal n ($1 \leq n \leq 4.000$)
nvarchar(MAX)	2 Byte pro Zeichen + 2 Byte für Länge	Zeichenkette variabler Länge bis maximal $2^{31}-1$
ntext	2 Byte pro Zeichen	Zeichenkette variabler Länge bis maximal $2^{30}-1$ (1.073.741.823) **Achtung:** Dieser Datentyp wird künftig nicht mehr unterstützt, stattdessen nvarchar(MAX) verwenden!

Tabelle A.5: Alphanumerische Datentypen (Unicode)

Binäre Datentypen

Datentyp	Platzbedarf	Bedeutung
binary	1 Byte pro Zeichen	binäre Daten fester Länge n ($1 \leq n \leq 8.000$)
varbinary	1 Byte pro Zeichen + 2 Byte für Länge	binäre Daten variabler Länge bis maximal n ($1 \leq n \leq 8.000$)
varbinary(max)	1 Byte pro Zeichen + 2 Byte für Länge	binäre Daten variabler Länge bis maximal $2^{31}-1$ (2.147.483.647) (kann auch als Filestream gehandhabt werden)
image	1 Byte pro Zeichen + 2 Byte für Länge	Binärdaten variabler Länge bis maximal $2^{31}-1$ (2.147.483.647) **Achtung:** Dieser Datentyp wird künftig nicht mehr unterstützt, stattdessen varbinary(max) verwenden!

Tabelle A.6: Binäre Datentypen

Zeit- und Datumstypen

Datentyp	Platzbedarf	Bedeutung
date	3 Byte	Datum ohne Uhrzeit 01.01.0001 bis 31.12.9999 (Standardwert ist 01.01.1900)
time(n)	5 Byte	Uhrzeit ohne Datum 00:00:00.0000000 bis 23:59:59.9999999 (Standardwert ist 00:00:00) n (0 ≤ n ≤ 7) definiert die Nachkommastellen der Sekunden
smalldatetime	4 Byte	Datum mit Uhrzeit (ohne Sekunden) 01.01.1900 00:00:00 bis 06.06.2079 23:59:59
datetime	8 Byte	Datum mit Uhrzeit 01.01.1753 00:00:00.000 bis 31.12.9999 23:59:59.997 (Standardwert ist 01.01.1900 00:00:00) (Genauigkeit gerundet auf 0.000, 0.003 und 0.007 Sekunden)
datetime2(n)	6 Byte (für 0≤n≤2) 7 Byte (für 3≤n≤4) 8 Byte (für 5≤n≤7)	Datum mit Uhrzeit 01.01.0000 00:00:00.0000000 bis 31.12.9999 23:59:59.9999999 (Standardwert ist 01.01.1900 00:00:00) n (0 ≤ n ≤ 7) definiert die Nachkommastellen der Sekunden
datetimeoffset(n)	10 Byte	Datum mit Uhrzeit und Zeitzonenoffset (maximal ± 14:00) 01.01.0000 00:00:00.0000000 bis 31.12.9999 23:59:59.9999999 (Standardwert ist 01.01.1900 00:00:00) n (0 ≤ n ≤ 7) definiert die Nachkommastellen der Sekunden

Tabelle A.7: Zeit- und Datumstypen

Sonstige Datentypen

Datentyp	Platzbedarf	Bedeutung
sql_variant		Datentyp, der Werte verschiedener SQL Server-gestützter Datentypen speichert, maximale Größe 8.000 Byte, ausgenommen varchar(max), varbinary(max), nvarchar(max), xml, text, ntext, image, timestamp und sql_variant, hierarchyid sowie benutzerdefinierte Typen
rowversion	8 Byte	automatisch generierte eindeutige binäre Zahlen (inkrementelle Werte)
timestamp	8 Byte	automatisch generierte eindeutige binäre Zahlen (inkrementelle Werte) **Achtung:** Dieser Datentyp wird künftig nicht mehr unterstützt, stattdessen rowversion verwenden!
uniqueidentifier	16 Byte	global eindeutige Werte (GUID) in hexadezimaler Darstellung
xml	max. 2 GB	Datentyp zur Speicherung von SQL-Daten, erfordert wohlgeformte XML-Fragmente (CONTENT) oder XML-Dokumente (DOCUMENT)

Tabelle A.8: Sonstige Systemdatentypen

Datentyp	Platzbedarf	Bedeutung
geography	(variabel)	räumliche Daten basierend auf einem Erdkugel-Koordinatensystem (z. B. GPS-Daten)
geometry	(variabel)	räumliche Daten basierend auf einem flachen (euklidischen) Koordinatensystem
hierarchyid	1–892 Byte	Systemdatentyp variabler Länge, speichert Position in einer Hierarchie

Tabelle A.9: .NET CLR-Datentypen

Mithilfe der CLR-Integration können auch eigene Datentypen in .NET implementiert werden.

Datentyp	Platzbedarf	Bedeutung
cursor	(variabel)	Datentyp für Variablen oder für OUTPUT-Parameter von gespeicherten Prozeduren, die einen Verweis auf einen Cursor enthalten
table	(variabel)	Datentyp zur Speicherung von Resultsets von Tabellenwertfunktionen (wird als lokale Variable genutzt)

Tabelle A.10: Datentypen, die nicht in Tabellen verwendet werden können

Systemobjekte

Es gibt eine große Anzahl an vordefinierten Systemobjekten, mit denen man sich unter Umständen viel Arbeit ersparen kann. Aufgrund der großen Menge wird im Folgenden nur eine Auswahl der wichtigsten Systemobjekte dargestellt (lediglich die Liste der Systemvariablen ist vollständig).

Systemsichten

Die Systemsichten geben eine Sicht auf die intern verwendeten Systemtabellen. Da die Sichten auch in jeder Benutzerdatenbank verwendbar sind, beziehen sich deren Ergebnisse in der Regel auch auf die Objekte der jeweiligen Datenbank.

Systemsicht	Bedeutung
INFORMATION_SCHEMA.COLUMNS	listet alle Tabellenspalten mit deren Datentyp und Größe auf
INFORMATION_SCHEMA.ROUTINES	listet alle benutzerdefinierten gespeicherten Prozeduren und Funktionen auf
INFORMATION_SCHEMA.TABLES	listet alle Tabellen auf
INFORMATION_SCHEMA.VIEWS	listet alle Sichten auf
sys.databases	listet alle Datenbanken des aktuellen Servers auf

Tabelle A.11: Überblick über die wichtigsten Systemsichten

Systemfunktionen

Systemfunktion	Bedeutung
LEN(String)	ermittelt die Länge der Zeichenkette
LEFT(String, Anzahl)	liefert eine bestimmte Anzahl Zeichen von der linken Seite ausgehend
RIGHT(String, Anzahl)	liefert eine bestimmte Anzahl Zeichen von der rechten Seite ausgehend
SUBSTRING(String, Start, Anzahl)	liefert eine bestimmte Anzahl Zeichen ab der angegebenen Position
LTRIM(String)	entfernt führende Leerzeichen
LTRIM(String1, String2)	entfernt in String1 alle führenden Zeichen aus String2
RTRIM(String)	entfernt folgende Leerzeichen
RTRIM(String1, String2)	entfernt in String1 alle folgenden Zeichen aus String2
TRIM(String)	entfernt führende und folgende Leerzeichen
TRIM(String1 FROM String2)	entfernt in String2 alle führenden und folgenden Zeichen aus String1
UPPER(String)	Umwandlung in Großbuchstaben
LOWER(String)	Umwandlung in Kleinbuchstaben
REPLACE(String, Suchzeichenfolge, Ersatzzeichenfolge)	sucht in einer Zeichenkette nach einer Zeichenfolge und ersetzt diese durch eine andere
TRANSLATE(String, Suchzeichenfolge, Ersatzzeichenfolge)	sucht in einer Zeichenkette nach einzelnen Zeichen aus einer Zeichenfolge und ersetzt diese durch das jeweils entsprechende Zeichen aus einer Ersatzzeichenfolge
CONCAT(String1, String2 …)	fügt mehrere Zeichenketten zusammen und ignoriert dabei NULL-Werte
CONCAT_WS(Separator, String1, String2 …)	fügt mehrere Zeichenketten unter Verwendung einer Trennzeichenfolge zusammen und ignoriert dabei NULL-Werte
STRING_AGG(String, Trennzeichenfolge)	fügt Inhalte aus mehreren Zeilen einer Spalte mithilfe einer Trennzeichenfolge zu einem aggregierten Wert zusammen
STRING_SPLIT(String, Trennzeichen)	trennt eine Zeichenkette anhand eines Trennzeichens in mehrere Tokens, die als Tabelle zurückgegeben werden
STRING_SPLIT(String, Trennzeichen, Position)	wenn Position auf 1 gesetzt ist, wird zusätzlich noch die Reihenfolge der Tokens als numerischer Wert zurückgegeben

Tabelle A.12: Überblick über die wichtigsten Zeichenkettenfunktionen

Systemfunktion	Bedeutung
GETDATE()	das aktuelle Datum
YEAR(Datum)	das Jahr des angegebenen Datums
MONTH(Datum)	der Monat des angegebenen Datums
DAY(Datum)	der Tag des angegebenen Datums
DATENAME(Einheit, Datum)	der zur Einheit passende Bestandteil des Datums (im Klartext)
DATEPART(Einheit, Datum)	der zur Einheit passende Bestandteil des Datums (numerisch)
DATEADD(Einheit, Anzahl, Datum)	addiert die angegebene Menge der übergebenen Einheit zu einem Datum
DATEDIFF(Einheit, Datum1, Datum2)	Differenz zwischen zwei Datumswerten in der angegebenen Einheit
DATEFROMPARTS(Jahr, Monat, Tag)	setzt ein Datum aus numerischen Einzelangaben zusammen
DATETRUNC(Einheit, Datum)	schneidet das Datum auf die angegebene Einheit zu
DATE_BUCKET(Einheit, Anzahl, Datum)	schneidet das Datum auf ein über die Anzahl definiertes Vielfaches der angegebenen Einheit zu
ISDATE(Zeichenkette)	prüft, ob die Zeichenkette ein gültiges Datum enthält

Tabelle A.13: Überblick über die wichtigsten Datumsfunktionen

Systemfunktion	Bedeutung
ABS(Zahl)	liefert den absoluten Wert (also die Zahl ohne Vorzeichen)
CEILING(Zahl)	gibt die kleinstmögliche ganze Zahl zurück, die mindestens so groß ist wie der übergebene Wert
COS(Zahl)	liefert den Kosinus des angegebenen Werts zurück
EXP(Zahl)	liefert den exponentiellen Wert der angegebenen Zahl zurück
FLOOR(Zahl)	gibt die größtmögliche ganze Zahl zurück, die höchstens so groß ist wie der übergebene Wert
GREATEST(Zahl1, ..., ZahlN)	gibt aus einer variablen Anzahl von Parametern den mit dem größten Wert zurück
LEAST(Zahl1, ..., ZahlN)	gibt aus einer variablen Anzahl von Parametern den mit dem niedrigsten Wert zurück
LOG(Zahl)	liefert den natürlichen Logarithmus des angegebenen Werts zurück
PI()	die Zahl Pi (3.14159265358979)
RAND(Zahl)	gibt eine zufällige Gleitkommazahl zwischen 0 und 1 zurück (der übergebene Wert dient lediglich zur Initialisierung der Zufallszahlengenerierung)
ROUND(Zahl1, Zahl2)	rundet die erste Zahl auf die in der zweiten Zahl angegebenen Nachkommastellen
SIGN(Zahl)	gibt das Vorzeichen der übergebenen Zahl zurück
SIN(Zahl)	liefert den Sinus des angegebenen Werts zurück
SQRT(Zahl)	gibt die Quadratwurzel der übergebenen Zahl zurück
SQUARE(Zahl)	gibt das Quadrat der übergebenen Zahl zurück
TAN(Zahl)	liefert den Tangens des angegebenen Werts zurück

Tabelle A.14: Überblick über die wichtigsten mathematischen Funktionen

Systemfunktion	Bedeutung
BIT_COUNT(Zahl)	gibt die Anzahl Bits zurück, die in der übergebenen Zahl gesetzt sind
GET_BIT(Zahl, Position)	gibt das Bit an der (0-basierten) Position der Zahl zurück
SET_BIT(Zahl, Position)	setzt das Bit an der (0-basierten) Position der Zahl
LEFT_SHIFT(Zahl, Anzahl)	verschiebt die gesetzten Bits in der übergebenen Zahl um die übergebene Anzahl von Stellen nach links
RIGHT_SHIFT(Zahl, Anzahl)	verschiebt die gesetzten Bits in der übergebenen Zahl um die übergebene Anzahl von Stellen nach rechts

Tabelle A.15: Überblick über die Bit-Funktionen

Systemfunktion	Bedeutung
AVG(Zahl)	gibt den Durchschnittswert des übergebenen numerischen Ausdrucks zurück
COUNT(Wert)	gibt die Anzahl von Werten des übergebenen Ausdrucks zurück, die nicht NULL sind
MAX(Wert)	gibt den maximalen Wert des übergebenen Ausdrucks zurück
MIN(Wert)	gibt den minimalen Wert des übergebenen Ausdrucks zurück
SUM(Zahl)	gibt die Summe des übergebenen numerischen Ausdrucks zurück

Tabelle A.16: Überblick über die wichtigsten Aggregatfunktionen

Die Aggregatfunktionen sind nur in Abfragen sinnvoll, da sie Werte aus verschiedenen Zeilen zusammenfassen (aggregieren).

Systemfunktion	Bedeutung
CHOOSE(Index, Wert1, Wert2 ...)	liefert den über den Index spezifizierten Wert zurück
IIF(Bedingung, Wert1, Wert2)	liefert Wert1 zurück, wenn die Bedingung wahr ist, ansonsten Wert2
ISNULL(Ausdruck, Ersatzwert)	ersetzt den Ausdruck durch den Ersatzwert, falls dieser NULL ist
NEWID()	liefert eine neue GUID zurück
APP_NAME()	liefert den Namen der aktuellen Anwendung zurück
DB_NAME	liefert den Namen der aktuellen Datenbank zurück
HOST_NAME()	liefert den Namen der Arbeitsstation zurück
USER_NAME()	liefert den Datenbankbenutzernamen zurück
GENERATE_SERIES(Start, Ende) GENERATE_SERIES(Start, Ende, Schrittweite)	liefert eine einspaltige Tabelle zurück mit Werten von Start bis Ende unter Nutzung der angegebenen Schrittweite (wenn keine Schrittweite angegeben ist, wird 1 als Schrittweite verwendet)

Tabelle A.17: Überblick über einige weitere Funktionen

Systemprozeduren

Systemprozedur	Bedeutung
master..sp_addrolemember	fügt einer Datenbankrolle einen Benutzer hinzu
master..sp_addsrvrolemember	fügt einer Serverrolle eine Anmeldung hinzu
sys.sp_renamedb	dient der Umbenennung von Datenbanken
sys.sp_rename	dient der Umbenennung von Objekten innerhalb einer Datenbank
sys.sp_databases	listet alle Datenbanken und deren Größe (in MB) auf
sys.sp_sqlexec	führt eine übergebene SQL-Anweisung aus
sys.sp_who	zeigt eine Liste aller Serverprozesse
sys.sp_who2	zeigt eine Liste aller Serverprozesse (ausführlichere Version)

Tabelle A.18: Überblick über einige Systemprozeduren

Systemvariablen

Systemvariable	Typ	Bedeutung
@@CONNECTIONS	*int*	Anzahl der (erfolgreichen und erfolglosen) Verbindungen seit dem letzten Start von SQL Server
@@CPU_BUSY	*int*	CPU-Zeit seit dem letzten Start von SQL Server (Angabe in Timeticks)
@@CURSOR_ROWS	*int*	Anzahl der Zeilen im aktuellen Cursor (negativ bei einem asynchron gefüllten oder dynamischen Cursor)
@@DATEFIRST	*tinyint*	erster Tag der Woche (1 = Montag, 7 = Sonntag)
@@DBTS	*varbinary*	letzter verwendeter Timestamp
@@DEF_SORTORDER_ID	*tinyint*	Standardwert für die ID der Sortierung (wird künftig eventuell nicht mehr unterstützt, da nicht dokumentiert)

Tabelle A.19: Gesamtüberblick der Systemvariablen

Systemvariable	Typ	Bedeutung
@@DEFAULT_LANGID	*smallint*	Standardwert für die Sprach-ID (@@LANGID) (wird künftig eventuell nicht mehr unterstützt, da nicht dokumentiert)
@@ERROR	*int*	Fehlernummer zur letzten SQL-Anweisung (0 = kein Fehler)
@@FETCH_STATUS	*int*	Status der letzten Cursor-FETCH-Anweisung (0 = erfolgreich)
@@IDENTITY	*numeric*	zuletzt eingefügter Identitätswert
@@IDLE	*int*	Leerlaufzeit seit dem letzten Start von SQL Server (Angabe in Timeticks)
@@IO_BUSY	*int*	I/O-Zeit seit dem letzten Start von SQL Server (Angabe in Timeticks)
@@LANGID	*smallint*	ID der aktuell eingestellten Sprache
@@LANGUAGE	*nvarchar*	Sprache des SQL Server
@@LOCK_TIMEOUT	*int*	Sperrtimeout für die aktuelle Sitzung in Millisekunden
@@MAX_CONNECTIONS	*int*	maximal mögliche Anzahl von Verbindungen
@@MAX_PRECISION	*tinyint*	Genauigkeitsgrad, der von den Datentypen decimal und numeric verwendet wird
@@MICROSOFTVERSION	*int*	Version des SQL Server (binär codiert) Die folgende Abfrage zeigt die Hauptversionsnummer an: `SELECT @@MicrosoftVersion / 0x01000000` (wird künftig eventuell nicht mehr unterstützt, da nicht offiziell dokumentiert)
@@NESTLEVEL	*int*	aktuelle Schachtelungsebene innerhalb von gespeicherten Prozeduren
@@OPTIONS	*int*	aktuelle SET-Optionen (binär codiert)
@@PACK_RECEIVED	*int*	Anzahl der empfangenen Netzwerkpakete seit dem letzten Start von SQL Server
@@PACK_SENT	*int*	Anzahl der gesendeten Netzwerkpakete seit dem letzten Start von SQL Server
@@PACKET_ERRORS	*int*	Anzahl der Netzwerkpaketfehler seit dem letzten Start von SQL Server
@@PROCID	*int*	ID des aktuellen T-SQL-Moduls (gespeicherte Prozedur, Funktion oder Trigger)
@@REMSERVER	*nvarchar(128)*	Name des Remote-Datenbankservers, von dem aus ein Zugriff erfolgt ist (wird künftig nicht mehr unterstützt)
@@ROWCOUNT	*int*	Anzahl Zeilen, auf die sich die letzte SQL-Anweisung ausgewirkt hat
@@SERVERNAME	*nvarchar*	Name (und Instanz) des SQL Server
@@SERVICENAME	*nvarchar*	Name des SQL Server-Diensts (entspricht dem Instanznamen)
@@SPID	*smallint*	SQL-interne Prozess-ID
@@TEXTSIZE	*int*	Anzahl Zeichen, die beim SELECT eines Felds mit den Datentypen varchar(max), nvarchar(max), varbinary(max), text, ntext und image ausgegeben werden
@@TIMETICKS	*int*	Anzahl Mikrosekunden pro Timetick
@@TOTAL_ERRORS	*int*	Anzahl der Schreibfehler seit dem letzten Start von SQL Server

Tabelle A.19: Gesamtüberblick der Systemvariablen (Forts.)

Systemvariable	Typ	Bedeutung
@@TOTAL_READ	*int*	Anzahl Lesezugriffe auf Datenträger (nicht auf Cache) seit dem letzten Start von SQL Server
@@TOTAL_WRITE	*int*	Anzahl Schreibzugriffe auf Datenträger seit dem letzten Start von SQL Server
@@TRANCOUNT	*int*	Zahl der offenen Transaktionen
@@VERSION	*nvarchar*	Name und Version des SQL Server

Tabelle A.19: Gesamtüberblick der Systemvariablen (Forts.)

Anhang B
Weiterführende Infos im Web

In diesem Anhang finden Sie Verweise auf hilfreiche Websites mit weiterführenden Informationen zur Datenbankentwicklung mit SQL Server 2022.

Websites von Verlag und Autor

Bedeutung	Hyperlink
Website des O'Reilly Verlags	*http://www.oreilly.de*
Unterseite zum aktuellen Buch	*https://dpunkt/produkt/datenbankentwicklung-lernen-mit-sql-server-2022*
Website des Autors	*http://www.panthersql.de*
Blog des Autors	*http://pantheronsql.wordpress.com*

Tabelle B.1: Die Links zum Verlag sowie zum Blog des Autors

Microsoft-Websites zu SQL Server

Bedeutung	Hyperlink
Allgemeine SQL Server-Seite	*https://www.microsoft.com/de-de/sql-server*
Seite zu SQL Server 2022	*https://www.microsoft.com/de-de/sql-server/sql-server-2022*
Microsoft Azure SQL	*https://azure.microsoft.com/de-de/products/azure-sql*

Tabelle B.2: Microsoft SQL Server-Produktseiten

Bedeutung	Hyperlink
Microsoft SQL-Dokumentation	*https://learn.microsoft.com/de-de/sql*
Technische Dokumentation zu SQL Server	*https://learn.microsoft.com/de-de/sql/sql-server*
Übersicht über SQL-Tools	*https://learn.microsoft.com/de-de/sql/tools/overview-sql-tools*
Tutorials für SQL Server	*https://learn.microsoft.com/de-de/sql/sql-server/tutorials-for-sql-server-2016*

Tabelle B.3: Offizielle Dokumentation von Microsoft

Abbildung B.1: Die deutsche Version der SQL Server-Website

Downloads zu SQL Server

Hier eine Zusammenstellung der wichtigsten Downloads zu SQL Server 2022:

Bedeutung	Hyperlink
SQL Server-Downloads	*https://www.microsoft.com/de-de/sql-server/sql-server-downloads*
SQL Server_Verwaltungstools (SQL Server Management Studio und Azure Data Studio)	*https://learn.microsoft.com/de-de/sql/ssms/download-sql-server-management-studio-ssms*
Azure Data Studio	*https://learn.microsoft.com/de-de/sql/azure-data-studio/download-azure-data-studio*
SQL Server Data Tools	*https://learn.microsoft.com/de-de/sql/ssdt/download-sql-server-data-tools-ssdt*
Visual Studio	*https://visualstudio.microsoft.com/de/downloads*
SQL Server Reporting Services	*https://learn.microsoft.com/de-de/sql/reporting-services/install-windows/install-reporting-services*
SQL Server Compact 4.0 SP1	*https://www.microsoft.com/de-de/download/details.aspx?id=30709*
SQL Server Compact 3.5-Onlinedokumentation	*https://www.microsoft.com/de-de/download/details.aspx?id=6497*

Tabelle B.4: Downloads zu SQL Server

Auf den folgenden Websites können Beispieldatenbanken für SQL Server heruntergeladen werden:

Bedeutung	Hyperlink
SQL-Beispiele	*https://docs.microsoft.com/de-de/sql/samples/sql-samples-where-are*
GitHub-Repository für SQL Server-Beispiele	*https://github.com/microsoft/sql-server-samples*
Microsoft SQL Server Community Projects & Samples	http://sqlserversamples.codeplex.com https://archive.codeplex.com/?p=sqlserversamples
AdventureWorks-Beispieldatenbanken	*https://learn.microsoft.com/de-de/sql/samples/adventureworks-install-configure*
WideWorldImporters Sample Database for SQL Server	*https://github.com/microsoft/sql-server-samples/tree/master/samples/databases/wide-world-importers*

Tabelle B.5: SQL Server-Beispieldatenbanken

Communitys, Events und Konferenzen

Bedeutung	Hyperlink
PASS Deutschland	*https://www.sqlpass.de*
SQL Konferenz	*https://sqlkonferenz.de*
Data Saturdays	*https://datasaturdays.com*
PASS Data Community Summit	*https://passdatacommunitysummit.com*
BASTA! (mit Data Access und Storage Track)	*https://basta.net*
IT-Tage (mit SQL Server Track)	*https://www.ittage.informatik-aktuell.de*

Tabelle B.6: SQL Server-Communitys, Events und Konferenzen

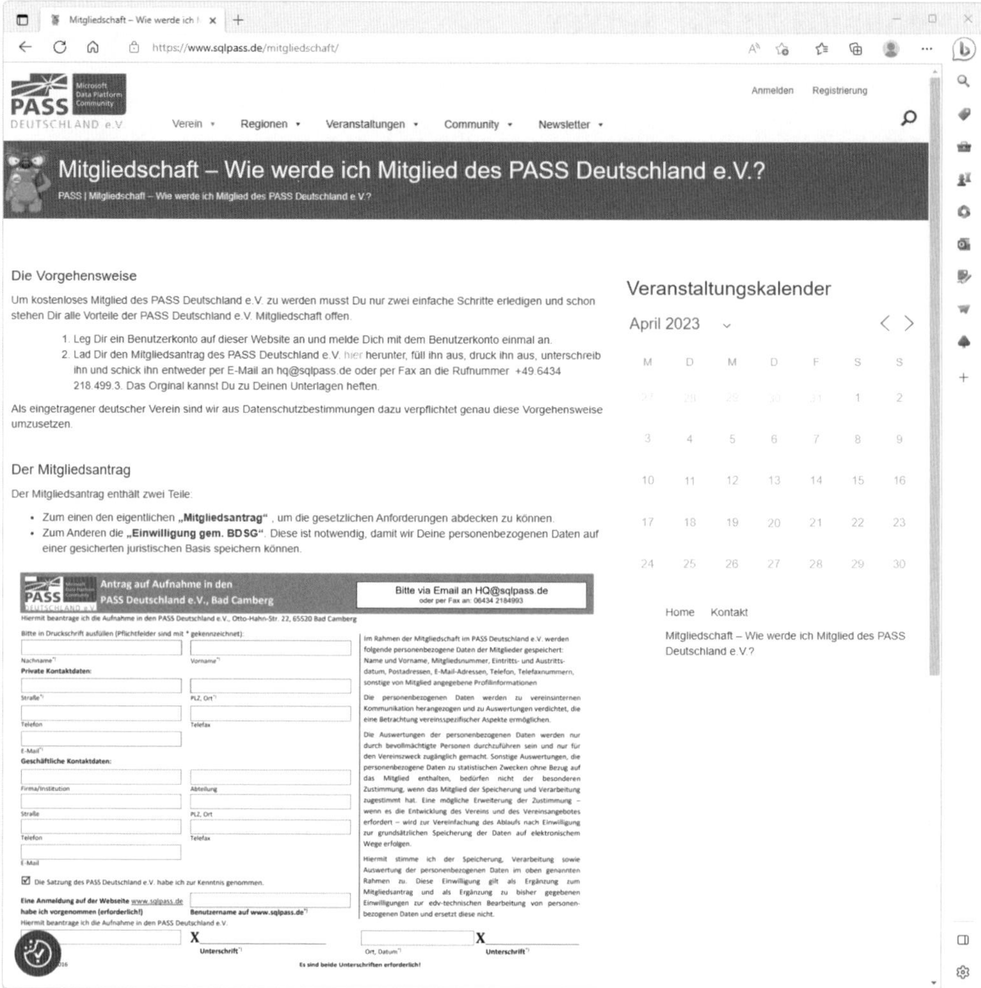

Abbildung B.2: Die Website der deutschen PASS (Professional Association for SQL Server)

SQL Server-Foren und -Blogs

Die Zahl der Foren und Blogs, die sich mit SQL Server befassen, wächst von Tag zu Tag. Daher habe ich hier eine Auswahl meiner persönlichen Favoriten zusammengestellt:

Bedeutung	Hyperlink
SQL Server (deutsch)	*https://social.msdn.microsoft.com/Forums/sqlserver/de-DE/home*
SQL Server Express (deutsch)	*https://social.msdn.microsoft.com/Forums/sqlserver/de-DE/home?forum=sqlserverexpressde*
SQL Server Express (englisch)	*https://social.msdn.microsoft.com/Forums/sqlserver/en-us/home?forum=sqlexpress*

Tabelle B.7: Von Microsoft betriebene Foren und Blogs

Bedeutung	Hyperlink
Inside-SQL (deutschsprachiges SQL Server-Portal)	*http://www.insidesql.org/blogs*
SQL Server Central (englisch)	*http://www.sqlservercentral.com*
Toadworld (englisch)	*https://blog.toadworld.com/tag/sql-server*
SQL Server Performance (englisch)	*http://www.sql-server-performance.com*
SimpleTalk (englisch)	*https://www.red-gate.com/simple-talk*
SQL Skills (englisch)	*https://www.sqlskills.com*

Tabelle B.8: Sonstige SQL Server-Foren und -Blogs

Anhang C
Lösungen zu den Übungen

Hier finden Sie die Lösungen zu den Übungen aus den verschiedenen Kapiteln dieses Buchs.

Kapitel 2: Der Microsoft SQL Server

Übung 2.1

Aufgabe: Wodurch unterscheidet sich das mit SQL Server 2022 neu überarbeitete Intelligent Query Processing NextGen von der Vorversion?

Lösung: Das Intelligent Query Processing NextGen nutzt Informationen aus dem standardmäßig aktivierten QueryStore, um noch effektivere Ausführungspläne für Abfragen erstellen zu können.

Übung 2.2

Aufgabe: Welche Möglichkeit bietet SQL Server neben dem XML-Format noch, um nicht einheitlich strukturierte Daten zu speichern?

Lösung: SQL Server bietet seit der Version 2016 als Alternative zu XML auch eine Unterstützung des JSON-Formats.

Übung 2.3

Aufgabe: Welche der beiden verfügbaren Express-Editionen (Express, Express mit Advanced Services) können Sie verwenden, wenn Sie die SQL Server Reporting Services nutzen möchten?

Lösung: Lediglich die Express Edition mit Advanced Services beinhaltet die Reporting Services.

Übung 2.4

Aufgabe: Wodurch unterscheiden sich Enterprise und Developer Edition von SQL Server?

Lösung: Der Funktionsumfang ist identisch, lediglich die Lizenzbedingungen unterscheiden sich insofern, als die Developer Edition nur für Entwicklungszwecke verwendet werden darf, während für den produktiven Einsatz die Enterprise Edition zu nutzen ist.

Kapitel 3: Installation und erste Schritte

Übung 3.1

Aufgabe: Womit können Sie Ihre Systemhardware am einfachsten aufrüsten, damit der SQL Server möglichst schnell arbeiten kann?

Lösung: Mehr Hauptspeicher hilft in der Regel am meisten (sofern dieser noch von der verwendeten SQL Server Edition genutzt werden kann).

Übung 3.2

Aufgabe: Wie können Sie verschiedene Versionen oder Editionen von SQL Server auf einem Rechner installieren?

Lösung: Indem sie mit verschiedenen Instanznamen belegt werden.

Übung 3.3

Aufgabe: Welcher Dienst muss für die Verwendung des SQL Server auf jeden Fall gestartet sein?

Lösung: Der SQL Server-Dienst.

Übung 3.4

Aufgabe: Welche zusätzlichen Möglichkeiten bietet der gemischte Authentifizierungsmodus im Gegensatz zum Windows-Authentifizierungsmodus?

Lösung: Im gemischten Authentifizierungsmodus können auch von SQL Server verwaltete Anmeldungen verwendet werden.

Übung 3.5

Aufgabe: Welche Varianten gibt es, um das Konto, unter dem ein SQL Server-Dienst ausgeführt wird, nachträglich zu ändern?

Lösung: Sie können dazu den SQL Server-Konfigurations-Manager oder die Windows-Systemsteuerung nutzen.

Kapitel 4: Allgemeine Datenbankgrundlagen

Übung 4.1

Aufgabe: Was können Sie tun, wenn auf der aktuellen Partition kein Platz mehr ist, um die Datenbankdatei weiter automatisch zu vergrößern?

Lösung: Eine zweite Datei auf einer anderen Plattenpartition anlegen und der Datenbank zuordnen.

Übung 4.2

Aufgabe: Erfassen Sie für die Tabellen *CD* und *DVD* ein paar Einträge mit Beispieldaten.

Lösung: Über die Benutzeroberfläche durchzuführen:

1. Suchen Sie die Tabelle *CD* im Objekt-Explorer und klicken Sie diesen mit der rechten Maustaste an. Wählen Sie im anschließend erscheinenden Kontextmenü die Option *Oberste 200 Zeilen bearbeiten* aus, um die Tabelle im Bearbeitungsmodus zu öffnen.
2. Tragen Sie ein paar Beispieldaten in die nächsten Zeilen ein (jeweils drei sollten genügen).
3. Beenden Sie den Bearbeitungsmodus der Tabelle, indem Sie auf das kleine *x* in der Titelleiste des Detailbereichs klicken.
4. Wiederholen Sie die Schritte 1 bis 3 für die Tabelle *DVD*.

Übung 4.3

Aufgabe: Fügen Sie für die Tabellen *Buch* und *CD* ebenfalls eine Spalte *Kategorie* mit den folgenden Einstellungen hinzu:

- *Datentyp*: varchar(80)
- *NULL-Werte zulassen*: Ja

Lösung: Über die Benutzeroberfläche durchzuführen:

1. Suchen Sie die Tabelle im Objekt-Explorer.
2. Wählen Sie über einen rechten Mausklick den Entwurfsmodus.
3. Tragen Sie das neue Feld ein, wählen Sie den Datentyp *varchar(80)* aus und speichern Sie die Änderung.

Übung 4.4

Aufgabe: Setzen Sie in der Tabelle *Buch* den Standardwert für das Feld *Sprache* auf *Deutsch*.

Setzen Sie in der Tabelle *CD* den Standardwert für das Feld *AnzahlCDs* auf *1*.

Lösung: Über die Benutzeroberfläche durchzuführen:

1. Öffnen Sie die Tabelle im Entwurfsmodus.
2. Klicken Sie die entsprechende Spalte an.
3. Tragen Sie in den Spalteneigenschaften den gewünschten Standardwert ein und speichern Sie die Änderungen.

Übung 4.5

Aufgabe: Definieren Sie die Spalte *ID* in den Tabellen *CD* und *DVD* als Identitätsspalte.

Lösung: Über die Benutzeroberfläche durchzuführen:

1. Öffnen Sie die Tabelle im Entwurfsmodus.
2. Klicken Sie die *ID*-Spalte an.
3. Setzen Sie in den Spalteneigenschaften unter *Identitätsspezifikation* den Eintrag *(Ist Identity)* auf *Ja* und speichern Sie die Änderungen.

Übung 4.6

Aufgabe: Erstellen Sie folgende Indizes für die Tabelle *CD*:

- *IX_Titel* (Spalte: Titel, nicht eindeutig, nicht gruppiert)
- *IX_Interpret* (Spalte: Interpret, nicht eindeutig, nicht gruppiert)

Erstellen Sie folgende Indizes für die Tabelle *DVD*:

- *IX_Titel* (Spalte: Titel, nicht eindeutig, nicht gruppiert)
- *IX_Originaltitel* (Spalte: Originaltitel, nicht eindeutig, nicht gruppiert)

Lösung: Über die Benutzeroberfläche durchzuführen:

1. Suchen Sie die jeweilige Tabelle im Objekt-Explorer.
2. Klicken Sie mit der rechten Maustaste auf den Untereintrag *Indizes* und wählen Sie die Option *Neuer Index* aus.
3. Tragen Sie den Indexnamen ein.
4. Fügen Sie das gewünschte Feld hinzu und speichern Sie die Änderungen über die *OK*-Schaltfläche.

Kapitel 5: Eine Tabelle kommt selten allein

Übung 5.1

Aufgabe: Wie können Sie verhindern, dass Datensätze mit ungültigen Fremdschlüsseln entstehen, sobald die Datensätze mit den entsprechenden Primärschlüsseln gelöscht werden?

Lösung: Durch eine Fremdschlüsseleinschränkung (engl. *Foreign Key Constraint*).

Übung 5.2

Aufgabe: Welcher Normalform entspricht die Tabelle *CD*, bevor deren Inhalte auf zwei Tabellen (*CD* und *CD_Track*) aufgeteilt wurden?

Lösung: Die Tabelle entspricht nicht einmal der ersten Normalform, da das Feld *Songs* verschiedene Informationen (in diesem Fall sogar desselben Typs) beinhaltet.

Übung 5.3

Aufgabe: Erstellen Sie ein Datenbankdiagramm *MediaBase_CD*, das lediglich die Tabellen *CD* und *CD_Track* enthält.

Lösung: Über die Benutzeroberfläche durchzuführen:

1. Klicken Sie im Objekt-Explorer bei der Datenbank *MediaBase* mit der rechten Maustaste auf den Eintrag *Datenbankdiagramme* und wählen Sie *Neues Datenbankdiagramm.*
2. Klicken Sie die Tabelle *CD* an.
3. Klicken Sie bei gedrückter `Strg`-Taste die Tabelle *CD_Track* an.
4. Klicken Sie zuerst auf die Schaltfläche *Hinzufügen* und dann auf *Schließen.*
5. Speichern und schließen Sie das neue Diagramm.

Übung 5.4

Aufgabe: Erstellen Sie eine Abfrage, die alle CD-Titel nach Interpreten und Erscheinungsjahr (Letzteres in absteigender Reihenfolge, sodass die neueren CDs zuerst erscheinen) sortiert zurückliefert.

Lösung: Über die Benutzeroberfläche durchzuführen:

1. Klicken Sie in der Symbolleiste auf den Eintrag *Neue Abfrage.*
2. Wählen Sie nun im Menü *Abfrage* die Option *Abfrage im Editor entwerfen* aus.
3. Fügen Sie die Tabelle *CD* hinzu.
4. Klicken Sie die Spalten *Titel*, *Interpret* und *Erscheinungsjahr* an.
5. Wählen Sie für die Spalte *Interpret* den Sortiertyp *Aufsteigend* und für die Spalte *Erscheinungsjahr* den Sortiertyp *Absteigend* aus.
6. Übernehmen Sie die Abfrage mit der Schaltfläche *OK* in den Abfrage-Editor.

Übung 5.5

Aufgabe: Erstellen Sie eine Sicht *VW_Fachbuch*, die alle Bücher der Kategorie *Fachbuch* nach Autoren sortiert zurückliefert.

Lösung: Über die Benutzeroberfläche durchzuführen:

1. Klicken Sie im Objekt-Explorer mit der rechten Maustaste auf *MediaBase/Sichten.*
2. Wählen Sie nun die Option *Neue Sicht...* aus.
3. Fügen Sie die Tabelle *Buch* hinzu.
4. Klicken Sie die Spalten *Kategorie*, *Autor* und beliebige weitere Spalten an.
5. Wählen Sie für die Spalte *Autor* den Sortiertyp *Aufsteigend* aus.
6. Tragen Sie für die Spalte *Kategorie* den Filter *Fachbuch* ein.
7. Führen Sie die Sicht mit einem Klick auf das grüne Dreieck in der Symbolleiste aus.
8. Speichern Sie die Sicht unter dem Namen *VW_Fachbuch.*

Kapitel 6: Kleine Einführung in SQL

Übung 6.1

Aufgabe: Wie können Sie erreichen, dass nur ein Teil eines SQL-Skripts im Abfrage-Editor des SQL Server Management Studio ausgeführt wird?

Lösung: Indem die auszuführenden Anweisungen zuvor mit der Maus (oder den Cursortasten bei gedrückter [⇧]-Taste) markiert werden.

Übung 6.2

Aufgabe: Schreiben Sie eine SQL-Abfrage, die die Anzahl aller in der Datenbank erfassten CDs zurückliefert.

Lösung: `SELECT SUM(AnzahlCDs) AS CDsGesamt FROM dbo.CD`

Übung 6.3

Aufgabe: Erstellen Sie eine Abfrage, die alle CD-Titel mit der Anzahl der darauf enthaltenen Tracks ausgibt.

Lösung:

```
SELECT CD.Titel, COUNT(CD_Track.Titel)
FROM dbo.CD LEFT JOIN dbo.CD_Track ON CD.ID=CD_Track.ID_CD
GROUP BY CD.ID, CD.Titel
```

Übung 6.4

Aufgabe: Erstellen Sie einige `INSERT`-Anweisungen, um jeweils mindestens ein Buch, eine DVD und eine CD (mit Tracks) in die jeweiligen Tabellen einzufügen.

Lösung:

```
INSERT INTO dbo.Buch (Titel, Autor)
VALUES ('Blabla', '(unbekannt)')

INSERT INTO dbo.CD (Titel, Interpret)
VALUES ('SingSang', '(unbekannt)')

INSERT INTO CD_Track (ID_CD, Titel)
SELECT ID, 'SingSangSong'
FROM dbo.CD
WHERE CD.Titel='SingSang'

INSERT INTO dbo.DVD (Titel)
VALUES ('ABC')
```

Übung 6.5

Aufgabe: Erstellen Sie eine `UPDATE`-Anweisung, die allen Büchern eines Autors aus Ihren Beispieldaten die Bewertung 1 gibt.

Lösung: `UPDATE dbo.Buch SET Bewertung = 1 WHERE Autor='Robert Panther'`

Übung 6.6

Aufgabe: Stellen Sie sich vor, Sie würden alle Ihre Bücher, die Ihnen gar nicht gefallen, vernichten. Um das auch in der Datenbank zu berücksichtigen, schreiben Sie eine Abfrage, die alle Bücher mit einer Bewertung schlechter als 4 (einem Wert größer als 4) löscht.

Lösung: `DELETE FROM dbo.Buch WHERE Bewertung > 4`

Übung 6.7

Aufgabe: Erstellen Sie eine Sicht mit dem Namen *VW_BestOfMedia*, die Ihnen die Titel aller Bücher, CDs und DVDs mit Bewertung 1 in einer Gesamtliste zurückgibt.

Lösung:

```
CREATE VIEW VW_BestOfMedia as
SELECT Titel, 'CD' AS Typ FROM dbo.CD WHERE Bewertung=1
UNION SELECT Titel, 'Buch' FROM dbo.Buch WHERE Bewertung=1
UNION SELECT Titel, 'DVD' FROM dbo.DVD WHERE Bewertung=1
GO

SELECT * FROM VW_BestOfMedia
```

Kapitel 7: SQL-Programmierung

Übung 7.1

Aufgabe: Entwickeln Sie eine `SELECT`-Anweisung, die zu allen Titeln der Tabelle *dbo.Buch* angibt, ob auch eine entsprechende DVD mit demselben Titel gespeichert ist.

Lösung:

```
SELECT Titel,
    CASE
        WHEN Titel IN (SELECT Titel FROM dbo.DVD) THEN 'ja'
      ELSE 'nein'
  END AS FilmVorhanden
FROM dbo.Buch
```

Übung 7.2

Aufgabe: Schreiben Sie eine `UPDATE`-Anweisung, die das Feld *Kategorie* der Tabelle *dbo.Buch* mit Kategorieeinträgen von gleichnamigen Filmen aus der Tabelle *dbo.DVD* füllt, sofern das Feld vorher leer war.

Lösung:

```
UPDATE dbo.Buch
SET Buch.Kategorie=DVD.Kategorie
FROM dbo.Buch INNER JOIN dbo.DVD on Buch.Titel=DVD.Titel
WHERE Buch.Kategorie IS NULL
```

Übung 7.3

Aufgabe: Entwerfen Sie eine MERGE-Anweisung, die die Tabelle *dbo.DVD* mit einer Tabelle *dbo.DVDImport* abgleicht, ohne bereits bestehende Datensätze in der Tabelle *dbo.DVD* zu löschen. Benutzen Sie für die Verknüpfung die Felder *Titel* und *Erscheinungsjahr*. Abzugleichen sind die Felder *Titel*, *Schauspieler*, *Produzent* und *Kategorie*.

Lösung:

```
MERGE INTO dbo.DVD
USING DVDImport
    ON DVD.Titel=DVDImport.Titel
        AND DVD.Erscheinungsjahr=DVDImport.Erscheinungsjahr
WHEN MATCHED
    THEN UPDATE SET DVD.Schauspieler = DVDImport.Schauspieler,
      DVD.Produzent = DVDImportProduzent,
      DVD.Kategorie = DVDImport.Kategorie,
WHEN NOT MATCHED,
    THEN INSERT (Titel, Schauspieler, Produzent, Kategorie) ,
    VALUES (DVDImport.Titel, DVDImport.Schauspieler, DVDImport.Produzent,
    DVDImport.Kategorie);
```

Übung 7.4

Aufgabe: Schreiben Sie eine SELECT-Abfrage, mit der die Zeilen aus der Tabelle *dbo.CD_Track* nach *Titel* sortiert und dann die Zeilen 6 bis 10 selektiert werden.

Lösung:

```
SELECT *
FROM dbo.CD_Track
ORDER BY Titel
   OFFSET 5 ROW
   FETCH NEXT 5 ROWS ONLY
```

Übung 7.5

Aufgabe: Erzeugen Sie eine Sequenz mit Namen *dbo.Wochentage*, die zyklisch Werte von 1 bis 7 erzeugt und dafür den kleinstmöglichen Datentyp nutzt. Fragen Sie zum Test der Sequenz anschließend die nächsten acht Sequenzwerte ab.

Lösung:

```
CREATE SEQUENCE [dbo].[Wochentage] AS TINYINT
   START WITH
   INCREMENT BY
   MINVALUE
   MAXVALUE
   CYCLE
GO

SELECT NEXT VALUE FOR dbo.Wochentage
GO 8
```

Übung 7.6

Aufgabe: Beschreiben Sie den Unterschied zwischen einer temporalen und einer temporären Tabelle.

Lösung: Temporale Tabellen bieten eine automatische Versionierung, indem sie einen Gültigkeitszeitraum zu den einzelnen Zeilen speichern. Temporäre Tabellen werden dagegen nur im Hauptspeicher (oder wenn dieser nicht ausreicht, in der *TempDB*) gehalten und sind nach Beendigung der Verbindung zur Datenbank nicht mehr vorhanden.

Übung 7.7

Aufgabe: Schreiben Sie eine Abfrage, die alle Daten der temporalen Tabelle *dbo.BuchTemp* abfragt, die unverändert länger als einen Tag in der Datenbank vorhanden waren.

Lösung: Hierzu müssen Daten aus der Original- und der Historientabelle zusammengefügt werden. Für die Filterbedingung ist in der Historientabelle die Zeitdifferenz zwischen *SystemTimeStart* und *SystemTimeEnd* relevant, in der Originaltabelle dagegen die Differenz zwischen *SystemTimeStart* und aktuellem Zeitpunkt, da es ja möglich wäre, dass der Datensatz bereits kurze Zeit später geändert wird:

```
SELECT * FROM dbo.BuchTemp
WHERE DATEDIFF(DAY, SystemTimeStart, getdate())>=1
UNION
SELECT * FROM dbo.BuchTemp_Hist
WHERE DATEDIFF(DAY, SystemTimeStart, SystemTimeEnd)>=1
```

Kapitel 8: Komplexe Datentypen

Übung 8.1

Aufgabe: Ermitteln Sie auf Basis der Daten in der Tabelle *HotSpots* die Entfernung zwischen Kölner Dom und Eiffelturm.

Lösung:

```
DECLARE @Startpunkt GEOGRAPHY

SELECT @Startpunkt = Geocode
FROM HotSpots
WHERE Bezeichnung = 'Kölner Dom'

SELECT @Startpunkt.STDistance(Geocode) AS Entfernung
FROM HotSpots
WHERE Bezeichnung = 'Eiffelturm'
```

Das Ergebnis wird in Metern ausgegeben und entspricht etwa 407 Kilometern.

Übung 8.2

Aufgabe: Fügen Sie der Tabelle *Orte* eine NULLable-Spalte mit Namen Geocode und Datentyp geography hinzu. Aktualisieren Sie mit einer `UPDATE`-Anweisung für den Eintrag mit der Bezeichnung *Big Ben* die Geodaten, die Sie zuvor über Google-Maps ermitteln.

Lösung: Über die Benutzeroberfläche durchzuführen:

1. Klicken Sie im Objekt-Explorer mit der rechten Maustaste auf die Tabelle *dbo.Orte*.
2. Wählen Sie nun die Option *Entwerfen* aus und ergänzen Sie die Spalte *Geocode* mit dem Datentyp *geography* und markiertem Kästchen bei *NULL-Werte zulassen*.
3. Schließen Sie den Entwurfsmodus und speichern Sie die Änderungen an der Tabelle.
4. Führen Sie anschließend folgende SQL-Anweisung aus:

```
UPDATE dbo.Orte
SET Geocode = geography::Point(51.50558, -0.07484, 4326)
WHERE Bezeichnung = 'Tower Bridge'
```

Übung 8.3

Aufgabe: Schreiben Sie eine SQL-Abfrage, die ID, Titel, Schauspieler, Regie, Erscheinungsjahr und Kategorie aus der Tabelle *dbo.DVD* ausliest und alles in einem XML-Dokument mit dem Wurzelelement *DVDList* ausgibt.

Lösung:

```
SELECT ID, Titel, Schauspieler, Regie, Erscheinungsjahr, Kategorie
FROM dbo.DVD
FOR XML PATH, ROOT('DVDList')
```

Übung 8.4

Aufgabe: Schreiben Sie eine SQL-Abfrage, die alle Autoren aus der Tabelle *dbo.Buch* ausliest und zusammen mit einer neuen Spalte *Bibliographie* in der Tabelle *dbo.AutorBibliographie* ablegt. Dabei soll die Spalte *Bibliographie* eine Auflistung aller Titel mit Erscheinungsjahr desselben Autors (absteigend sortiert nach Erscheinungsjahr) im JSON-Format enthalten.

Lösung:

```
SELECT DISTINCT Autor,
   (SELECT Titel, Erscheinungsjahr
   FROM dbo.Buch b2
   WHERE b1.Autor=b2.Autor
   ORDER BY Erscheinungsjahr DESC
   FOR JSON AUTO) AS Bibliographie
INTO dbo.AutorBibliographie
FROM dbo.Buch b1
```

Übung 8.5

Aufgabe: Schreiben Sie eine SQL-Abfrage, die aus der in der vorigen Übung erzeugten Tabelle *dbo.AutorBibliographie* alle Autoren zusammen mit dem Titel des aktuellsten Buchs ausgibt. Dabei ist es hilfreich, sich daran zu erinnern, dass die Titel absteigend sortiert nach Erscheinungsjahr im JSON-Dokument abgelegt wurden.

Lösung:

```
SELECT Autor,
   JSON_VALUE(Bibliographie, '$[0].Titel') AS Buch1
FROM dbo.AutorBibliographie
```

Übung 8.6

Aufgabe: Schreiben Sie eine SQL-Abfrage, die alle Autoren aus der Tabelle *dbo.Buch* ausliest und zusammen mit einer neuen XML-Spalte *Bibliographie* ausgibt. Dabei soll die Spalte *Bibliographie* eine Auflistung aller Titel mit Erscheinungsjahr desselben Autors (absteigend sortiert nach Erscheinungsjahr) im XML-Format enthalten. Dazu soll diese Spalte explizit in das XML-Format konvertiert ausgegeben werden, sodass auch der Hyperlink angezeigt wird, über den man das XML-Dokument in einem separaten Fenster vergrößert anzeigen kann.

Lösung:

```
;WITH CTE AS
(
   SELECT DISTINCT Autor,
      (SELECT Titel, Erscheinungsjahr
      FROM dbo.Buch b2
      WHERE b1.Autor=b2.Autor
      FOR XML AUTO, ROOT('Bibliographie')) AS Bibliographie
   FROM dbo.Buch b1
)
SELECT Autor, CONVERT(XML, Bibliographie) FROM CTE
```

Das auf den ersten Blick etwas umständlich erscheinende Konstrukt mit der Common Table Expression ist erforderlich, da `DISTINCT` nicht direkt auf einer XML-Spalte ausgeführt werden kann. Durch die Common Table Expression wird erreicht, dass zuerst das `SELECT DISTINCT` ausgeführt wird, indem die Spalte *Bibliographie* erst einmal als reine Textspalte zurückgegeben wird. Anschließend wird in dem so erzeugten Zwischenergebnis (`CTE`) die Spalte *Bibliographie* in das XML-Format konvertiert.

Kapitel 9: SQL-Skripte

Übung 9.1

Aufgabe: Schreiben Sie ein SQL-Skript, das alle CD-Tracks der CD mit der ID 1 in eine (lokale) temporäre Tabelle (*#CD1Tracks*) speichert und anschließend aus dieser temporären Tabelle die Tracks einmal nach *TrackNr* sortiert und einmal alphabetisch sortiert ausgibt.

Lösung:

```
SELECT *
INTO #CD1Tracks
FROM dbo.CD_Track
WHERE ID_CD=1

SELECT *
FROM #CD1Tracks
ORDER BY TrackNr

SELECT *
FROM #CD1Tracks
ORDER BY Titel
```

Übung 9.2

Aufgabe: Entwerfen Sie ein SQL-Skript, das die Jahre 1980 bis 2009 in einer Schleife durchläuft und für jedes Jahr prüft, ob CDs gespeichert sind, die in diesem Jahr erschienen sind. Ist das der Fall, sind die entsprechenden Titel und Interpreten (der CD, nicht der einzelnen Tracks) auszugeben, ansonsten soll die Meldung *Keine CD aus diesem Jahr gespeichert* erscheinen.

Lösung:

```
DECLARE @Jahr int=1980

WHILE (@Jahr<2010)
    BEGIN
        IF (SELECT COUNT(*) FROM dbo.CD WHERE Erscheinungsjahr=@Jahr)>0
           SELECT Erscheinungsjahr, Titel, Interpret FROM dbo.CD WHERE Erscheinungsjahr=@Jahr
        ELSE
           SELECT @Jahr, 'Keine CD aus diesem Jahr gespeichert'
        SET @Jahr = @Jahr+1
    END
```

Übung 9.3

Aufgabe: Schreiben Sie ein SQL-Skript, das ausgibt, wie viel Prozent der gespeicherten Bücher mit 1 oder 2 bewertet wurden. Fügen Sie diesem Skript eine Fehlerbehandlung hinzu, um den Fall abzufangen, dass noch keine Bücher erfasst wurden. Statt des üblichen Fehlers wegen Division durch 0 soll dann der Text *Keine Daten zum Auswerten vorhanden!* ausgegeben werden.

Lösung:

```
DECLARE @GuteBuecher int
DECLARE @BuecherGesamt int

SELECT @GuteBuecher = COUNT(*) FROM dbo.Buch WHERE Bewertung<=2
SELECT @BuecherGesamt = COUNT(*) FROM dbo.Buch

BEGIN TRY
    PRINT 'Gute Bücher (in Prozent):'
    PRINT @GuteBuecher * 100 / @BuecherGesamt
END TRY
BEGIN CATCH
    PRINT 'Keine Daten zum Auswerten vorhanden!'
END CATCH
```

Übung 9.4

Aufgabe: Zwei Transaktionen in separaten Prozessen greifen zuerst auf die Tabelle *dbo.Buch* und anschließend auf die Tabelle *dbo.DVD* zu. Welche der beiden Transaktionen kann komplett durchlaufen?

Lösung: Beide Transaktionen laufen komplett durch. Allerdings wird die zweite Transaktion erst gestartet, wenn die erste komplett durchgelaufen ist.

Da anfangs beide Prozesse versuchen, dieselbe Tabelle (*dbo.Buch*) zu sperren, wartet die langsamere Transaktion, bis diese wieder freigegeben ist.

Durch die einheitliche Reihenfolge des Tabellenzugriffs wurde somit ein Deadlock vermieden.

(Lediglich dann, wenn die erste Transaktion zu lange läuft, kann es zu einem Timeout und damit zum Abbruch der zweiten Transaktion kommen.)

Kapitel 10: Gespeicherte Prozeduren, Funktionen, Trigger und Cursor

Übung 10.1

Aufgabe: Erstellen Sie eine gespeicherte Prozedur mit Namen *dbo.USP_MedienAnzeigen()*, die alle Bücher, CDs und DVDs ausgibt, die einen Titel haben, der als Parameter übergeben wird. Der Medientyp (Buch, CD oder DVD) soll dabei als separate Spalte aufgelistet sein.

Lösung:

```
CREATE PROCEDURE dbo.USP_MedienAnzeigen
    @Titel nvarchar(80)
AS
BEGIN
    SELECT 'Buch' AS Medientyp, * FROM dbo.Buch WHERE Titel = @Titel
    SELECT 'CD' AS Medientyp, * FROM dbo.CD WHERE Titel = @Titel
    SELECT 'DVD', * FROM dbo.DVD WHERE Titel = @Titel
END
GO

EXEC dbo.USP_MedienAnzeigen 'Datenbankentwicklung lernen mit SQL Server 2017'
EXEC dbo.USP_MedienAnzeigen 'Greatest Hits'
```

Übung 10.2

Aufgabe: Entwerfen Sie eine benutzerdefinierte Skalarwertfunktion mit Namen *dbo.UFN_LastRelease*, die das letzte Veröffentlichungsjahr eines Autors bzw. Interpreten zurückgibt. Dazu sollen sowohl die Tabelle *dbo.Buch* als auch die Tabelle *dbo.CD* berücksichtigt werden.

Lösung:

```
CREATE FUNCTION dbo.UFN_LastRelease
(
    @Wer nvarchar(80)
)
RETURNS int
AS
BEGIN
    DECLARE @MaxJahr AS int
```

```
    SELECT @MaxJahr = MAX(Erscheinungsjahr)
    FROM (SELECT Erscheinungsjahr, Autor AS Wer FROM dbo.Buch
        UNION SELECT Erscheinungsjahr, Interpret AS Wer FROM dbo.CD) AS Gesamt
    WHERE Wer = @Wer

    RETURN @MaxJahr
END
GO

PRINT dbo.UFN_LastRelease('Robert Panther')
```

Übung 10.3

Aufgabe: Schreiben Sie eine benutzerdefinierte Tabellenwertfunktion mit Namen *dbo.UFN_CDTitelVon*, die alle gespeicherten CD-Titel eines als Parameter übergebenen Interpreten zurückgibt.

Lösung:

```
CREATE FUNCTION dbo.UFN_CDTitelVon
(
    @Interpret nvarchar(80)
)
RETURNS TABLE
AS
RETURN
(
    SELECT Titel FROM dbo.CD WHERE Interpret=@Interpret
)
GO

SELECT * FROM dbo.UFN_CDTitelVon('Queen')
```

Übung 10.4

Aufgabe: Erweitern Sie den Trigger *dbo.TRG_ChangeLog* so, dass nicht nur die IDs der hinzugefügten Zeilen, sondern auch die der gelöschten Zeilen protokolliert werden.

Lösung:

```
ALTER TRIGGER dbo.TRG_ChangeLog
  ON  dbo.Buch
    AFTER UPDATE, INSERT, DELETE
AS
BEGIN
    SET NOCOUNT ON;

    DECLARE @Aenderungen AS nvarchar(max)
    DECLARE @ID int

    DECLARE @IDsInserted AS nvarchar(max) = ''
    DECLARE CUR_Inserted CURSOR FOR SELECT ID FROM INSERTED

    OPEN CUR_Inserted
    FETCH NEXT FROM CUR_Inserted INTO @ID
```

```
    WHILE @@FETCH_STATUS = 0
    BEGIN
        SET @IDsInserted = @IDsInserted + ltrim(str(@ID)) + ', '

        FETCH NEXT FROM CUR_Inserted INTO @ID
    END
    CLOSE CUR_Inserted
    DEALLOCATE CUR_Inserted

    DECLARE @IDsDeleted AS nvarchar(max) = ''
    DECLARE CUR_Deleted CURSOR FOR SELECT ID FROM DELETED

    OPEN CUR_Deleted
    FETCH NEXT FROM CUR_Deleted INTO @ID

    WHILE @@FETCH_STATUS = 0
    BEGIN
        SET @IDsDeleted = @IDsDeleted + ltrim(str(@ID)) + ', '

        FETCH NEXT FROM CUR_Deleted INTO @ID
    END
    CLOSE CUR_Deleted
    DEALLOCATE CUR_Deleted

    SET @Aenderungen='Hinzugefügte IDs: ' + @IDsInserted
      + ' Gelöschte IDs: ' + @IDsDeleted

    INSERT INTO AenderungsLog (Aenderung)
    VALUES (@Aenderungen)
END

INSERT INTO dbo.Buch (Titel) VALUES ('TriggerTest1'),('TriggerTest2')
DELETE FROM dbo.Buch WHERE Titel LIKE 'TriggerTest%'
SELECT * FROM dbo.AenderungsLog
```

Übung 10.5

Aufgabe: Überarbeiten Sie den Trigger *dbo.TRG_ChangeLog* so, dass bei gleichbleibender Funktionalität statt `CURSOR` die Funktionen `STRING_AGG` und `CONCAT` verwendet werden.

Lösung:

```
ALTER TRIGGER dbo.TRG_ChangeLog
   ON  dbo.Buch
   AFTER UPDATE, INSERT, DELETE

AS

BEGIN

         SET NOCOUNT ON;

         DECLARE @Aenderungen AS nvarchar(max)
         DECLARE @IDsInserted AS nvarchar(max) = ''
         DECLARE @IDsDeleted AS nvarchar(max) = ''
```

```
            SET @IDsInserted=(SELECT STRING_AGG(CONVERT(nvarchar(20),ID), ', ') FROM
            INSERTED)

        SET @IDsDeleted=(SELECT STRING_AGG(CONVERT(nvarchar(20),ID), ', ') FROM DELETED)

        SET @Aenderungen=CONCAT('Hinzugefügte IDs: ', @IDsInserted,
                                ' Gelöschte IDs: ', @IDsDeleted)

        INSERT INTO AenderungsLog (Aenderung)
        VALUES (@Aenderungen)

END
```

Übung 10.6

Aufgabe: Schreiben eine SQL-Abfrage, die dasselbe Ergebnis (allerdings in einer Ergebnistabelle) liefert wie das folgende cursorbasierte Skript:

```
DECLARE CUR_CD CURSOR
FOR SELECT ID, Titel, Interpret FROM dbo.CD

DECLARE @ID int, @Titel nvarchar(80), @Interpret nvarchar(80)

OPEN CUR_CD

FETCH NEXT FROM CUR_CD INTO @ID, @Titel, @Interpret

WHILE @@FETCH_STATUS = 0
BEGIN
  SELECT @Titel AS Titel, @Interpret AS Interpret, (SELECT COUNT(*) FROM dbo.CD_Track WHERE
ID_CD=@ID) AS AnzahlTracks

  FETCH NEXT FROM CUR_CD INTO @ID, @Titel, @Interpret
END
CLOSE CUR_CD
DEALLOCATE CUR_CD
```

Lösung:

```
SELECT CD.Titel, CD.Interpret, COUNT(Tracks.ID) AS AnzahlTracks
FROM dbo.CD AS CD LEFT JOIN dbo.CD_Track AS Tracks ON CD.ID=Tracks.ID_CD
GROUP BY CD.Titel, CD.Interpret
```

Kapitel 11: Datenbankadministration mit SQL

Übung 11.1

Aufgabe: Formulieren Sie eine `CREATE TABLE`-Anweisung, um die in *Kapitel 11* im Abschnitt *»DDL-Trigger«* verwendete Tabelle *dbo.DDLAenderungsLog* zu erstellen.

Lösung:

```
CREATE TABLE dbo.DDLAenderungsLog
(
    ID int IDENTITY(1,1) NOT NULL,
```

```
    Benutzer nvarchar(128) NOT NULL,
    Zeitpunkt datetime NOT NULL,
    Aenderung xml NULL,
    CONSTRAINT PK_dbo.DDLAenderungsLog PRIMARY KEY CLUSTERED (ID ASC)
)
GO

ALTER TABLE dbo.DDLAenderungsLog
ADD CONSTRAINT DF_dbo.DDLAenderungsLog_Benutzer
DEFAULT (suser_sname()) FOR Benutzer
GO

ALTER TABLE dbo.DDLAenderungsLog
ADD CONSTRAINT DF_dbo.DDLAenderungsLog_Zeitpunkt
DEFAULT (getdate()) FOR Zeitpunkt
GO
```

Übung 11.2

Aufgabe: Schreiben Sie ein SQL-Skript, das alle Indizes für die Tabellen *dbo.Buch*, *dbo.CD*, *dbo.CD_Track* und *dbo.DVD* neu erstellt. Dieses Skript können Sie für eine regelmäßige Indexpflege verwenden.

Lösung:

```
ALTER INDEX ALL ON dbo.Buch REBUILD
ALTER INDEX ALL ON dbo.CD REBUILD
ALTER INDEX ALL ON dbo.CD_Track REBUILD
ALTER INDEX ALL ON dbo.DVD REBUILD
```

Übung 11.3

Aufgabe: Erstellen Sie einen DDL-Trigger *TRG_MediaBase_Views*, der jedes Erstellen, Ändern oder Löschen einer Sicht in der Datenbank *MediaBase* in der Tabelle *dbo.DDLAenderungsLog* mitprotokolliert.

Lösung:

```
CREATE TRIGGER TRG_MediaBase_Views ON DATABASE
FOR CREATE_VIEW, ALTER_VIEW, DROP_VIEW
AS
BEGIN
    INSERT INTO MediaBase.dbo.DDLAenderungsLog (Aenderung) VALUES (EVENTDATA())
END
GO
```

Kapitel 12: Benutzer, Rollen und Rechte

Übung 12.1

Aufgabe: Erstellen Sie eine neue SQL-Anmeldung *DBBackupGuy* mit dem Kennwort *dbbg* und ordnen Sie diese der Serverrolle *diskadmin* zu.

Lösung:

```
USE master
GO
CREATE LOGIN [DBBackupGuy] WITH PASSWORD=N'dbbg' MUST_CHANGE, DEFAULT_DATABASE=[master],
CHECK_EXPIRATION=ON, CHECK_POLICY=ON
GO
ALTER SERVER ROLE [diskadmin] ADD MEMBER [DBBackupGuy]
GO
```

Übung 12.2

Aufgabe: Erstellen Sie für die SQL-Anmeldung *DBBackupGuy* einen Datenbankbenutzer für die Datenbanken *MediaBase* und *MediaBaseContained* und erteilen Sie diesem für beide Datenbanken eine Mitgliedschaft in der Datenbankrolle *db_backupoperator*.

Lösung:

```
USE [MediaBase]
GO
CREATE USER [DBBackupGuy] FOR LOGIN [DBBackupGuy]
GO
ALTER ROLE [db_backupoperator] ADD MEMBER [DBBackupGuy]
GO
USE [MediaBaseContained]
GO
CREATE USER [DBBackupGuy] FOR LOGIN [DBBackupGuy]
GO
ALTER ROLE [db_backupoperator] ADD MEMBER [DBBackupGuy]
GO
```

Übung 12.3

Aufgabe: Erstellen Sie eine SQL Server-Anmeldung *MediaBaseBooksOnly* und richten Sie dafür einen entsprechenden Datenbankbenutzer ein. Erteilen Sie diesem Datenbankbenutzer anschließend Vollzugriff auf die Tabelle *dbo.Buch*.

Lösung:

```
USE master
GO
CREATE LOGIN MediaBaseBooksOnly WITH PASSWORD=N'mbbo', DEFAULT_DATABASE=MediaBase,
CHECK_EXPIRATION=OFF, CHECK_POLICY=OFF
GO

USE MediaBase
GO
CREATE USER MediaBaseBooksOnly FOR LOGIN MediaBaseBooksOnly
GO

GRANT UPDATE ON dbo.Buch TO MediaBaseBooksOnly WITH GRANT OPTION
GRANT ALTER ON dbo.Buch TO MediaBaseBooksOnly WITH GRANT OPTION
GRANT VIEW CHANGE TRACKING ON dbo.Buch TO MediaBaseBooksOnly WITH GRANT OPTION
GRANT SELECT ON dbo.Buch TO MediaBaseBooksOnly WITH GRANT OPTION
GRANT TAKE OWNERSHIP ON dbo.Buch TO MediaBaseBooksOnly WITH GRANT OPTION
```

```
GRANT VIEW DEFINITION ON dbo.Buch TO MediaBaseBooksOnly WITH GRANT OPTION
GRANT INSERT ON dbo.Buch TO MediaBaseBooksOnly WITH GRANT OPTION
GRANT DELETE ON dbo.Buch TO MediaBaseBooksOnly WITH GRANT OPTION
GRANT UNMASK ON dbo.Buch TO MediaBaseBooksOnly WITH GRANT OPTION
GRANT CONTROL ON dbo.Buch TO MediaBaseBooksOnly WITH GRANT OPTION
GRANT REFERENCES ON dbo.Buch TO MediaBaseBooksOnly WITH GRANT OPTION
GO
```

Kapitel 13: Daten sichern und bewegen

Übung 13.1

Aufgabe: Erstellen Sie eine differenzielle Sicherung der *MediaBase*-Datenbank, die den vorhandenen Mediensatz nutzt und die bestehenden Sicherungssätze beibehält. Lassen Sie dazu auch die SQL-Anweisung generieren.

Lösung:

```
BACKUP DATABASE [MediaBase]
TO  DISK = N'C:\SQLServer\Backup\MediaBase.bak'
WITH  DIFFERENTIAL , NOFORMAT, NOINIT,
NAME = N'MediaBase-Differenziell Datenbank Sichern',
SKIP, NOREWIND, NOUNLOAD,  STATS = 10
GO
```

Übung 13.2

Aufgabe: Exportieren Sie die Tabellen *dbo.CD* und *dbo.CD_Track* mithilfe des Import/Export-Assistenten in eine Excel-Datei.

Lösung: Über die Benutzeroberfläche durchzuführen:

1. Stellen Sie im SQL Server Management Studio eine Verbindung zur lokalen Serverinstanz *SQL2022* her und öffnen Sie im Objekt-Explorer den Zweig, der die *Datenbanken* beinhaltet.
2. Klicken Sie hier die Datenbank *MediaBase* mit der rechten Maustaste an und wählen Sie dann im Kontextmenü den Befehl *Tasks/Daten exportieren* aus, wodurch der Import/Export-Assistent in der 32-Bit-Variante gestartet wird.
3. Wählen Sie als Datenquelle den *SQL Server Native Client 11.0* aus und anschließend die Datenbank *MediaBase* von der lokalen SQL Server-Instanz.
4. Wählen Sie als Datenziel *Microsoft Excel* aus und geben Sie einen beliebigen Dateinamen mit Pfad an (z. B. *c:\SQLServer\MediaBaseCDs.xls*).
5. Wählen Sie die gewünschten Tabellen (*CD* und *CD_Track*) aus und übernehmen Sie die Voreinstellungen der restlichen Schritte des Assistenten.
6. Wenn Sie anschließend die neu erzeugte Excel-Datei öffnen, ist zu sehen, dass sich die Daten der beiden exportierten Tabellen (*CD* und *CD_Track*) auf verschiedenen Blättern der Excel-Datei befinden.

Kapitel 14: Komplexe Beziehungen mit Graphdatenbanken abbilden

Übung 14.1

Aufgabe: Legen Sie eine Knotentabelle zum Speichern von Büchern an, die die Spalten *ID*, *ISBN10*, *ISBN13*, *Titel* und *Verlag* beinhaltet. Dabei verwenden Sie die gleichen Datentypen wie bei der bereits existierenden relationalen Tabelle.

Lösung:

```
CREATE TABLE Graph.Buch
(
    ID int IDENTITY(1,1) NOT NULL,
    ISBN10 nchar(10) NULL,
    ISBN13 nchar(14) NULL,
    Titel nvarchar(80) NULL,
    Verlag nvarchar(80) NULL,
    PRIMARY KEY CLUSTERED (ID ASC)
)
AS NODE ON [PRIMARY]
```

Übung 14.2

Aufgabe: Fügen Sie die Bücher aus der relationalen Tabelle *dbo.Buch* in die neu erstellte Graph-Tabelle *Graph.Buch* ein.

Lösung:

```
INSERT INTO Graph.Buch (ISBN10, ISBN13, Titel, Verlag)
SELECT ISBN10, ISBN13, Titel, Verlag
FROM dbo.Buch
```

Übung 14.3

Aufgabe: Erzeugen Sie nun einen neuen Eintrag in der Kantentabelle *Graph.IstBeteiligtAn*, die einem Buch einen Autor aus der Tabelle *Graph.Person* zuordnet.

Lösung:

```
INSERT INTO Graph.IstBeteiligtAn($from_id, $to_id, Funktion)
VALUES (
    (SELECT $node_id FROM Graph.Buch WHERE Titel = 'Datenbankentwicklung lernen mit SQL Server
2017'),
    (SELECT $node_id FROM Graph.Person WHERE Nachname = 'Panther'),
    'Autor'
);
```

Übung 14.4

Aufgabe: Erstellen Sie eine Abfrage, die den in der letzten Übung verwendeten Autor mit all seinen Büchern aus der Graphdatenbank auswählt.

Lösung:

```
SELECT p.*, b.*
FROM Graph.Person p, Graph.IstBeteiligtAn iba, Graph.Buch b
WHERE MATCH(p<-(iba)-b)
    AND p.Nachname = 'Panther'
```

Kapitel 15: Integration weiterer Programmiersprachen

Übung 15.1

Aufgabe: Erstellen Sie ein R-Skript, das als Eingabe eine Abfrage aller IDs, Titel und Autoren der Tabelle *dbo.Buch* verwendet und diese Daten im Data Frame um eine Spalte *gelesen* erweitert. Die neue Spalte soll für eine einzige Zeile den Wert *ja* bekommen, für alle anderen *nein*. (Tipp: Bei der Syntax können Sie sich an den Python-Beispielen orientieren.)

Lösung:

```
-- R-Skript
DECLARE @rscript NVARCHAR(MAX);
SET @rscript = N'df <- InputDataSet;
    df["gelesen"] = "nein";
    df["gelesen"][df["Id"] == 6] = "ja"
    OutputDataSet <- df;'

-- SQL-Abfrage
DECLARE @sqlscript NVARCHAR(MAX);
SET @sqlscript = N'SELECT Id, Titel, Autor FROM dbo.Buch;';

EXEC sp_execute_external_script
    @language = N'R',
    @script = @rscript,
    @input_data_1 = @sqlscript
WITH RESULT SETS ((Id INT NOT NULL, Titel NVARCHAR(80) NULL, Autor NVARCHAR(80), Gelesen
NVARCHAR(80)));
```

Übung 15.2

Aufgabe: Bauen Sie das letzte Python-Beispiel in diesem Kapitel in eine gespeicherte Prozedur ein, die den Namen der Jazzband als Parameter übergeben bekommt, und testen Sie anschließend die gespeicherte Prozedur mit verschiedenen Aufrufen.

Lösung:

```
CREATE PROCEDURE dbo.USP_TracksProCD_Python (@PJazzBand NVARCHAR(80))
AS

BEGIN

    DECLARE @pscript NVARCHAR(MAX);
    SET @pscript = N'
df = InputDataSet

# Daten nach Interpret und Titel gruppieren
df = df.groupby(["Interpret", "Titel"], as_index=False).count()
```

```
# neue Spalte hinzufügen
df["Kategorie"] = "Pop/Rock"
df["Kategorie"][df["Interpret"] == JazzBand] = "Jazz"

OutputDataSet = df';

    -- SQL-Abfrage
    DECLARE @sqlscript NVARCHAR(MAX);
    SET @sqlscript = N'
    SELECT cd.Interpret, cd.Titel, cdt.Titel AS TrackTitel
    FROM dbo.CD AS cd
        LEFT JOIN dbo.CD_Track AS cdt ON cd.Id=cdt.ID_CD;';

    EXEC sp_execute_external_script
        @language = N'Python',
        @script = @pscript,
        @input_data_1 = @sqlscript,
        @params = N'@JazzBand NVARCHAR(80)',
        @JazzBand = @PJazzBand
    WITH RESULT SETS ((Interpret NVARCHAR(80) NULL, Titel NVARCHAR(80) NULL, TrackAnzahl INT,
Kategorie NVARCHAR(80)));

END

GO

EXEC dbo.USP_TracksProCD_Python @PJazzBand = 'Erwin Mustermann'
EXEC dbo.USP_TracksProCD_Python @PJazzBand = 'Queen'
```

Kapitel 16: SQL Server und .NET Framework

Übung 16.1

Aufgabe: Welche drei Schichten werden bei der 3-Tier-Architektur unterschieden?

Lösung:

- Datenbankschicht (Database Layer)
- Geschäftslogik (Business Layer)
- Präsentationsschicht (Presentation Layer)

Übung 16.2

Aufgabe: Von welcher Klasse müssen Sie zuerst ein Objekt erstellen, bevor Sie mit ADO.NET arbeiten können?

Lösung: *Connection* bzw. *SqlConnection*

Übung 16.3

Aufgabe: Wie wird bei LINQ to SQL die Trennung zwischen Datenbankschicht und Anwendungslogik realisiert?

Lösung: Für jede Tabelle wird genau eine Klasse erzeugt.

Übung 16.4

Aufgabe: Wo wird im ADO.NET Entity Framework die Zuordnung von Tabellen zu Objekten gespeichert?

Lösung: In einer *.edmx*-Datei, die das logische und das konzeptionelle Modell sowie die Zuordnungsschicht in einer XML-basierten Sprache enthält.

Kapitel 17: Datenebenenanwendungen

Übung 17.1

Aufgabe: Erstellen Sie eine Datenebenenanwendung auf Basis einer beliebigen Datenbank.

Lösung: Über die Benutzeroberfläche durchzuführen:

1. Verbinden Sie sich im Objekt-Explorer mit der SQL Server Express-Instanz.
2. Klicken Sie im Objekt-Explorer mit der rechten Maustaste auf die entsprechende Datenbank.
3. Wählen Sie die Option *Tasks/Datenebenenanwendung extrahieren* und folgen Sie dem Assistenten.

Übung 17.2

Aufgabe: Was ist der wesentliche Unterschied zwischen dem Extrahieren und dem Exportieren einer Datenebenenanwendung?

Lösung: Beim Extrahieren einer Datenebenenanwendung wird eine DACPAC-Datei erzeugt, in der die Datenstrukturen der Datenbank enthalten sind. Beim Exportieren wird eine BACPAC-Datei erzeugt, die neben den Datenstrukturen auch die Daten selbst enthält.

Kapitel 18: Datenbankprojekte und die SQL Server Data Tools

Übung 18.1

Aufgabe: Erstellen Sie im Datenbankprojekt *MediaBase_Datenstruktur* eine neue .NET CLR-Funktion *dbo.UFN_HashFromText*, die einen Text als Parameter entgegennimmt und dessen Hashcode zurückliefert (den Hashcode können Sie mit der Methode `GetHashCode()` ermitteln).

Lösung: Über die Benutzeroberfläche durchzuführen:

1. Wählen Sie im Menü *Projekt* die Option *Neues Element hinzufügen*.
2. Klicken Sie die Vorlage *SQL CLR C# - benutzerdefinierte Funktion* an und geben Sie als Namen *UFN_HashFromText.cs* ein.

3. Passen Sie die Klasse wie folgt an (unter Beibehaltung der Using-Anweisungen):

```
public partial class UserDefinedFunctions
{
    [Microsoft.SqlServer.Server.SqlFunction]
    public static SqlInt32 UFN_HashFromText(SqlString Zeile)
    {
        // Fügen Sie hier Ihren Code ein.
        return Zeile.GetHashCode();
    }
}
```

Übung 18.2

Aufgabe: Veröffentlichen Sie das Datenbankprojekt in der Datenbank *MediaBase* und testen Sie dort die Funktion *dbo.UFN_HashFromText.*

Lösung: Über die Benutzeroberfläche durchzuführen:

1. Veröffentlichen Sie das Datenbankprojekt, wie in *Kapitel 18* im Abschnitt »*Veröffentlichen von Datenbankprojekten*« beschrieben.
2. Verbinden Sie sich im Objekt-Explorer mit der SQL Server Express-Instanz.
3. Öffnen Sie ein neues Abfragefenster und führen Sie dort die folgende Anweisung aus:

```
SELECT dbo.UFN_HashFromText ('Hallo')
```

Übung 18.3

Aufgabe: Welche vorbereitenden Schritte müssen Sie auf einem SQL Server ausführen, um eine in .NET erstellte gespeicherte Prozedur nutzen zu können?

Lösung: Generell muss die CLR-Integration für die SQL Server-Instanz aktiviert sein. Wenn man keine komplizierteren Einstellungen vornehmen will, muss die Option *CLR Strict Security* ausgeschaltet sein. Außerdem muss die .NET Assembly auf der Instanz registriert werden.

Kapitel 19: Berichte erstellen mit den SQL Server Reporting Services

Übung 19.1

Aufgabe: Erweitern Sie den Bericht *CDsMitTracks* so, dass in der Titelzeile auch der Zeitpunkt der Ausführung angezeigt wird.

Lösung: Über die Benutzeroberfläche durchzuführen:

1. Öffnen Sie in den SQL Server Data Tools das existierende Berichtsprojekt.
2. Öffnen Sie den Bericht *CDsMitTracks.rdl.*
3. Wählen Sie im Menü *Ansicht* den Punkt *Berichtsdaten* und öffnen Sie hier den Bereich *Integrierte Felder.*
4. Ziehen Sie aus den Berichtsdaten das Feld *Ausführungszeit* in eine beliebige Stelle des Berichtsentwurfs.

Übung 19.2

Aufgabe: Erstellen Sie einen zweiten Bericht im selben Berichtsprojekt, der alle Bücher nach Autoren gruppiert auflistet.

Lösung: Über die Benutzeroberfläche durchzuführen:

1. Klicken Sie im Projektmappen-Explorer mit der rechten Maustaste auf *Berichte* und wählen Sie die Option *Neuen Bericht hinzufügen.*
2. Folgen Sie den Anweisungen des Berichts-Assistenten und nutzen Sie dabei die freigegebene Datenquelle *MediaBase.*
3. Verwenden Sie die folgende Abfragezeichenfolge:
   ```
   SELECT * FROM Buch ORDER BY Autor
   ```
4. Wählen Sie den Berichtstyp *Tabellarisch.*
5. Übernehmen Sie das Feld *Autor* in den Bereich *Gruppieren* und die Felder *Titel* und *Erscheinungsjahr* in den Bereich *Details.*
6. Behalten Sie als Tabellenlayout die Auswahl *Abgestuft* bei.
7. Wählen Sie als Berichtsnamen *BuecherNachAutor.*
8. Wenn der Assistent beendet ist, können Sie in der Vorschau das Ergebnis betrachten.

Kapitel 20: Zusammenarbeit mit anderen SQL Server-Instanzen und -Editionen

Übung 20.1

Aufgabe: Was sind die wesentlichen Unterschiede zwischen SQL Server LocalDB und SQL Server Compact?

Lösung: SQL Server LocalDB nutzt dieselben Datenbankstrukturen wie SQL Server Express und größere Editionen. Allerdings wird die Instanz nur bei Bedarf gestartet. SQL Server Compact stellt dagegen lediglich eine Teilmenge der Funktionalität zur Verfügung und nutzt auch ein eigenes Dateiformat. Dafür wird für SQL Server Compact kein eigener Dienst benötigt, sodass die Datenbanken sehr leicht zusammen mit einer selbst entwickelten Anwendung zu verteilen sind.

Übung 20.2

Aufgabe: Welche Upgrade-Strategie ist zu wählen, wenn Sie von SQL Server Express auf eine Enterprise Edition umsteigen wollen, dabei aber für den Problemfall die Möglichkeit benötigen, mit der Express Edition weiterzuarbeiten?

Lösung: Für das genannte Szenario ist eine »Side by Side«-Installation zu empfehlen, da damit die neue Enterprise-Instanz in Ruhe getestet werden kann und die SQL Server Express-Instanz erst dann abgeschaltet wird, wenn man sich sicher ist, dass alles funktioniert.

Kapitel 21: SQL Server und die Cloud

Übung 21.1

Aufgabe: Verbinden Sie sich im Azure-Portal mit der in die Cloud importierten *MediaBase*-Datenbank und führen Sie dort eine `SELECT`-Abfrage auf eine der Tabellen aus.

Lösung: Über die Benutzeroberfläche durchzuführen:

1. Melden Sie sich über den Link *https://portal.azure.com/* im Azure-Portal an.
2. Klicken Sie dort auf den Dienst *SQL-Datenbanken* und anschließend auf die Datenbank *MediaBase*.
3. Rufen Sie nun über die Option *Abfrage-Editor (Vorschau)* auf der linken Seite den Abfrage-Editor auf und melden Sie sich dann mit Ihrem Benutzernamen und dem passenden Kennwort an.
4. Geben Sie im Abfragebereich nun eine einfache SQL-Abfrage (z. B. `SELECT * FROM dbo.Autor`) ein und führen Sie diese anschließend durch Anklicken des mit *Ausführen* beschrifteten Symbols aus.

Übung 21.2

Aufgabe: Da Sie nun zwei Datenbanken in der Cloud angelegt haben, löschen Sie die Datenbank mit Namen *SQLAzureTest* dort wieder, um nicht unnötig Ressourcen zu verschwenden.

Lösung: Über die Benutzeroberfläche durchzuführen:

1. Melden Sie sich über den Link *https://portal.azure.com/* im Azure-Portal an.
2. Klicken Sie dort auf den Dienst *SQL-Datenbanken*, sodass die vorhandenen Datenbanken in einer Liste angezeigt werden.
3. Markieren Sie die Datenbank *SQLAzureTest* und klicken Sie anschließend auf das mit *Löschen* beschriftete Symbol.
4. Bestätigen Sie die Anforderung zum Löschen der Datenbank durch Eingabe von *Ja* und klicken Sie anschließend auf die Schaltfläche *Löschen*. Nach einer kurzen Wartezeit verschwindet die Datenbank aus der Auflistung.

Kapitel 22: Das Azure Data Studio

Übung 22.1

Aufgabe: Welche zusätzlichen Möglichkeiten bietet ein SQL Notebook im Vergleich zu einem normalen SQL-Skript?

Lösung: Mit einem SQL Notebook können zusätzlich zu SQL-Anweisungen noch formatierte Textblöcke sowie Ergebnisse von Abfragen gespeichert werden. Letztere enthalten immer das Ergebnis der letzten Ausführung, lassen sich auf Knopfdruck aber auch jederzeit aktualisieren.

Übung 22.2

Aufgabe: Sie möchten eine Tabelle anlegen und dazu anschließend eine gespeicherte Prozedur erstellen, die anhand der ID den entsprechenden Datensatz aus der neuen Tabelle zurückgibt. Welches Tool (SQL Server Management Studio, SQL Server Data Tools oder Azure Data Studio) können Sie dazu verwenden?

Lösung: Das ist mit jedem der drei genannten Tools möglich. Welches Sie letztlich dazu verwenden, ist primär Geschmackssache.

Anhang D
Glossar

Im Umfeld von Microsoft SQL Server wird man mit einer großen Menge an Spezialbegriffen und Abkürzungen konfrontiert. Dieses Glossar soll daher die wichtigsten Begriffe erläutern.

ActiveX Data Objects
Programmierschnittstelle zum Zugriff auf verschiedene Datenbanken (auch unterschiedlicher Anbieter).

ADO
siehe *ActiveX Data Objects*

ADO.NET
Nachfolgetechnologie von ADO, die mit dem .NET Framework eingeführt wurde. Dabei handelt es sich um eine Sammlung von Klassen zum Zugriff auf relationale Datenbanken, aber auch auf XML-Strukturen.

ADO.NET Entity Framework
O/R-Mapper von Microsoft, der seit dem Service Pack 1 des .NET Framework 3.5 Bestandteil des Frameworks ist.

AlwaysOn
Neue mit SQL Server 2012 eingeführte Hochverfügbarkeitstechnologie, die unter anderem Availability Groups nutzt.

ANSI
American National Standards Institute.

ANSI SQL
Standardisierte Form der SQL-Sprache.

Apollo
Codename für die mit SQL Server 2012 eingeführten spaltenbasierten Indizes.

Assembly
Vorkompilierte .NET-Komponente, die normalerweise in Form einer DLL-Datei gespeichert wird.

Authentifizierung
Vorgang, mit dem ein Benutzer identifiziert wird.

Autorisierung
Vorgang, mit dem bereits identifizierte Benutzer bestimmte Berechtigungen erhalten.

Availability Groups
Gruppen von redundanten SQL-Servern, die sich gegenseitig ersetzen können, um eine möglichst hohe Ausfallsicherheit zu garantieren. Gleichzeitig kann zumindest bei lesenden Zugriffen auch eine Lastverteilung erfolgen.

Azure
Microsofts Plattform für Cloud Computing. Basierend auf dieser Plattform sind verschiedene Dienste (Windows Azure, SQL Azure etc.) nutzbar.

Azure Data Studio
Verwaltungstool für SQL Server, das technisch auf der Basis von Visual Studio Code aufsetzt.

Azure-Portal
Webbasierte Oberfläche zur Verwaltung und Nutzung von Azure-Diensten.

Azure SQL-Datenbank
Verwaltete SQL Server-Datenbank in der Azure Cloud.

Azure SQL Managed Instance
Verwaltete SQL Server-Instanz in der Azure Cloud.

BCP
siehe *Bulk Copy Program*

BI Semantic Model
Mit SQL Server 2012 neu eingeführtes Modell, das die Vorteile von relationalem und tabellarischem Modell vereint.

BIDS
siehe *Business Intelligence Development Studio*

Bulk Copy Program
Kommandozeilentool zum Massenimport und -export von Daten.

Business Intelligence Development Studio
Auf der Entwicklungsumgebung Visual Studio basierende grafische Oberfläche, um mit den Projekttypen für die SQL Server Analysis Services, die Integration Services und die Reporting Services arbeiten zu können.

Cloud Computing
Bereitstellung bzw. Nutzung von Diensten, Infrastruktur oder Software über das Internet.

CLR
siehe Common Language Runtime

Common Language Runtime
Laufzeitumgebung von .NET, die vorkompilierten Code unmittelbar vor dessen Ausführung in eine ausführbare Form übersetzt.

Community Technology Preview
Vorabversion einer Software, die bereits den endgültigen Funktionsumfang beinhaltet und der Benutzercommunity schon zur Verfügung gestellt wird, noch bevor sie zur eigentlichen Produktion freigegeben ist.

Compact Edition
siehe *SQL Server Compact*

Conceptual Schema Definition Language
Schemadefinitionssprache, mit der das konzeptionelle Modell für das ADO.NET Entity Framework definiert wird.

Contained Databases
Mit SQL Server 2012 eingeführte Datenbankvariante, die keine serverseitigen Objekte (wie beispielsweise SQL Server-Anmeldungen) benötigt, da alles Notwendige direkt in der Datenbank selbst enthalten ist.

Crescent
Codename, unter dem das mit SQL Server 2012 eingeführte Power View entwickelt wurde.

CRUD (Create Read Update Delete)
Sammelbegriff für die grundlegenden Datenoperationen, mit denen Anwender mit einer Datenbank arbeiten.

CSL
siehe *Conceptual Schema Definition Language*

CTP
siehe *Community Technology Preview*

DAC-Paket
Datei, in der eine Datenebenenanwendung abgelegt ist. Die Datei ist eigentlich ZIP-komprimiert, verwendet aber *.dacpac* als Dateiendung.

Data Control Language
Befehle der SQL-Sprache, die zur Verwaltung von Benutzern, Rollen und Berechtigungen dienen.

Data Definition Language
Befehle der SQL-Sprache, die zum Erstellen, Ändern und Löschen von Datenstrukturen dienen.

Data Manipulation Language
Befehle der SQL-Sprache, die zum Einfügen, Ändern und Löschen von Daten dienen.

Data Query Language
Befehle der SQL-Sprache, die zum Abfragen von Daten dienen. Da sich dies vor allem auf die SELECT-Anweisung bezieht, wird die Abkürzung DQL nur selten verwendet.

Data Quality Services
siehe *SQL Server Data Quality Services*

Data Tier Application
siehe *Datenebenenanwendung*

Data Transformation Services
ETL-Technologie von Microsoft, die bei SQL Server 2000 verwendet wurde, inzwischen (seit SQL Server 2005) durch SSIS abgelöst. ETL-Abläufe wurden bei DTS in sogenannten DTS-Paketen definiert und gespeichert.

Data Warehouse
Meist denormalisierte Speicherung von Daten in einer relationalen Datenbank, um diese schneller auswerten zu können.

Datenbank
Sammlung von Daten, bestehend aus Tabellen, die wiederum Zeilen und Spalten enthalten, sowie anderen Datenbankobjekten wie beispielsweise Sichten, gespeicherten Prozeduren etc. Umgangssprachlich wird der Begriff Datenbank fälschlicherweise auch oft verwendet, wenn eigentlich ein DBMS gemeint ist.

Datenbank-Management-System
Software zum Bereitstellen und Verwalten einer Datenbank (z. B. Microsoft SQL Server), oft wird auch die Kurzform Datenbanksystem verwendet.

Datenebenenanwendung
Datenbankanwendung bzw. die Datenstrukturen dazu, die seit SQL Server 2008 R2 speziell im SQL Server verwaltet werden und somit einfacher auf andere Serverinstanzen verteilbar sind.

DB
siehe *Datenbank*

DBMS
siehe *Datenbank-Management-System*

DCL
siehe *Data Control Language*

DDL
siehe *Data Definition Language*

Denali
Codename, unter dem SQL Server 2012 entwickelt wurde (bezeichnet eigentlich einen Nationalpark in Alaska).

DLL
siehe *Dynamic Link Library*

DML
siehe *Data Manipulation Language*

DQL
siehe *Data Query Language*

DQS
siehe *SQL Server Data Quality Services*

DTS
siehe *Data Transformation Services*

DWH
siehe *Data Warehouse*

Dynamic Link Library
Bibliotheken, die Prozeduren, Klassen, Objekte und Konstanten zur Verfügung stellen.

Dynamic SQL
Zur Programmlaufzeit dynamisch generierte SQL-Anweisungen.

Embedded SQL
SQL-Anweisungen, die in den Quelltext von Programmen eingebunden sind.

Enterprise Manager
Vorgänger des SQL Server Management Studio, der noch bis SQL Server 2000 verwendet wurde.

Entity Framework
siehe *ADO.NET Entity Framework*

ETL (Extract, Transform, Load)
Standardvorgehen, um Daten aus verschiedenen Quellen zu lesen, zu transformieren und anschließend wieder zu schreiben.

Extensible Markup Language
Herstellerübergreifendes Standardformat, mit dem Daten strukturiert abgelegt werden können.

Extension
Nachträglich installierbare Erweiterung (gibt es sowohl für Visual Studio als auch für das Azure Data Studio)

File Table
Möglichkeit, über T-SQL auf Teile des Dateisystems zuzugreifen.

FileStream
Technologie, die es erlaubt, große Datenmengen aus binären Datenbankfeldern außerhalb der Datenbank und dennoch transaktional konsistent zu speichern.

Hauptspeicher
siehe *Random Access Memory*

GUID
siehe *Globally Unique Identifier*

Globally Unique Identifier
Global eindeutige Zahl mit 16 Byte Länge.

Graphdatenbank
Datenbank, die Graphen aus Knoten und Kanten benutzt, um vernetzte Informationen zu speichern. Dabei stehen neben den eigentlichen Entitäten (den Knoten) vor allem die Beziehungen zwischen diesen (die Kanten) im Vordergrund, die auch eigene Eigenschaften haben können.

Hekaton
Codename für die mit SQL Server 2014 eingeführte In-Memory-Technologie.

Hotfix
Update, das kleinere Fehler behebt und – insbesondere dann, wenn es sich um sicherheitsrelevante Fehler handelt – sehr zeitnah nach deren Behebung erscheint.

IIS
siehe *Internet Information Server*

Inline-SQL
siehe *Embedded SQL*

IntelliSense
Automatische Vervollständigung bei der Eingabe von Programmcode.

Internet Information Server
Webserverprodukt von Microsoft, das unter anderem genutzt werden kann, um für die Reporting Services Berichte zur Verfügung zu stellen.

IPYNB-Datei
JSON-basiertes Dateiformat für die Speicherung von Jupyter Notebooks.

JavaScript Object Notation
Datenformat, in dem hierarchisch strukturierte Daten in Form von Schlüssel/Wert-Paaren abgelegt werden.

Juneau
Codename, unter dem die SQL Server Data Tools entwickelt wurden.

JSON
siehe *JavaScript Object Notation*

Jupyter Notebook
siehe *Notebook*

Kumulatives Update
Zusammengefasstes Update, das alle Hotfixes und Einzel-Updates beinhaltet, die seit dem letzten Release oder Service Pack veröffentlicht wurden.

Language Integrated Query
Abfragesprache, die es ermöglicht, über verwalteten Code auf verschiedene Objekte (je nach LINQ-Implementierung) typsicher zuzugreifen.

LINQ
siehe Language Integrated Query

LINQ to Entities
LINQ-Implementierung zum Zugriff auf Entities, die vom ADO.NET Entity Framework zur Verfügung gestellt werden.

LINQ to SQL
LINQ- Implementierung zum Zugriff auf SQL-Datenbanken.

LocalDB
siehe *SQL Server LocalDB*

Machine Learning
Teilbereich der künstlichen Intelligenz, der sich mit der künstlichen Generierung von neuem Wissen aus bereits vorhandenen Daten befasst. Ein wesentliches Werkzeug dazu ist die Erkennung von Mustern, wie sie beispielsweise in der Sprach- und Bilderkennung genutzt wird. Im Zusammenhang mit dem Microsoft SQL Server werden für Machine Learning vorrangig die Programmiersprachen R und/oder Python genutzt. Daneben bietet Microsoft mit Azure Machine Learning noch eine Cloud-basierte Lösung an.

Management Studio
siehe *SQL Server Management Studio*

Mapping Specification Language
Schemadefinitionssprache, mit der die Zuordnung von Datenbankelementen auf Objektklassen für das Entity Framework definiert wird.

Master Data Services
Mit SQL Server ausgelieferte Technologie zum Verwalten und Verteilen von Referenzdaten.

MDS
siehe *Master Data Services*

Microsoft Data Engine
Vorgänger von SQL Server Express, der noch bis SQL Server 2000 aktuell war.

Microsoft Management Console
Mit dem Windows-Betriebssystem ausgeliefertes Administrationstool, mit dem verschiedene Serveranwendungen – wie beispielsweise SQL Server, aber auch der Internet Information Server – verwaltet werden können.

Microsoft Sync Framework
siehe *Sync Framework*

MMC
siehe *Microsoft Management Console*

MSDE
siehe *Microsoft Data Engine*

MSL
siehe *Mapping Specification Language*

Named Pipes
Netzwerkprotokoll, das auf benannten FIFO-Datenströmen basiert und auch bidirektional zwischen verschiedenen Rechnern genutzt werden kann. Pipes werden durch die folgende Zeichenfolge angesprochen:

```
\\ServerName\pipe\PipeName
```

Namespace
In .NET verwendetes Konstrukt zur Gruppierung von Basisklassen und weiteren Namespaces.

.NET
Von Microsoft entwickelte Plattform zum Entwickeln von Anwendungen auf Basis des .NET Framework.

.NET Framework
Laufzeitumgebung für .NET-Anwendungen.

Normalisierung
Aufteilung von Spalten auf Tabellen mit dem Ziel, Redundanzen zu vermeiden.

Notebook
Vom Azure Data Studio unterstützte Technologie, die in einer JSON-basierten Datei sowohl formatierten Text als auch Code (SQL, Python oder PowerShell) und den damit erzeugten Output verwalten und speichern kann.

O/R-Mapper
Entwicklertools, die Klassen generieren, um objektorientiert auf relationale Datenbanken zugreifen zu können.

Object Linking and Embedding Database
Programmierschnittstelle von Microsoft, um verschiedene Datenquellen über ein einheitliches Vorgehen ansprechen zu können.

OData
siehe *Open Data Protocol*

ODBC
siehe *Open Database Connectivity*

OLAP
siehe *Online Analytical Processing*

OLAP-Würfel (engl. OLAP Cube)
Repräsentiert die multidimensionale Speicherung von Daten. Auch wenn ein richtiger Würfel nur drei Dimensionen umfasst, kann ein OLAP-Würfel auch mehr Dimensionen umfassen.

OLEDB (auch OLE DB)
siehe *Object Linking and Embedding Database*

OLTP
siehe *Online Transaction Processing*

Online Analytical Processing
Beschreibt die Möglichkeit, komplexe Datenauswertungen auf Basis eines Data Warehouse oder OLAP-Würfels durchzuführen.

Online Transaction Processing
Beschreibt die transaktionale Verarbeitung von Daten, wie sie normalerweise in relationalen Datenbanksystemen stattfindet.

Open Data Protocol
Offenes Webprotokoll zum Abfragen und Aktualisieren von Daten.

Open Database Connectivity
Programmierschnittstelle von Microsoft, um verschiedene Datenquellen über ein einheitliches Vorgehen ansprechen zu können.

Pascal Casing
In der Softwareentwicklung weitverbreitete Schreibweise, bei der das erste Zeichen jedes Worts großgeschrieben wird (z.B. DatenLesen).

PASS
siehe *Professional Association for SQL Server*

PolyBase
Technologie, um relationale und nicht relationale Daten durch SQL-Syntax abzufragen.

Power View
Interaktive Technologie zum Erkunden, Visualisieren und Präsentieren von Daten aus verschiedenen Quellen.

PowerPivot
Mit SQL Server 2008 R2 eingeführtes Add-on für Excel und SharePoint, das schnelle und einfache Auswertungen auf OLAP Cubes ermöglicht, ohne dafür die gewohnten Tools verlassen zu müssen.

PowerShell
Kommandozeilen- und skriptgesteuertes Framework zum Automatisieren von administrativen Aufgaben.

Professional Association for SQL Server
Weltweite SQL Server-Community mit nationalen und regionalen Untergruppen. Die Mitgliedschaft ist kostenlos und jedem zu empfehlen, der sich intensiver mit Microsoft SQL Server auseinandersetzt.

Python
Universal einsetzbare Programmiersprache, die sich durch eine reduzierte Syntax und eine kompakte Schreibweise auszeichnet. Seit 2017 ist die Sprache Python auch in den Microsoft SQL Server integriert.

Query Store
Feature, das pro Datenbank aktiviert werden kann und Daten zur Ausführung von Abfragen protokolliert (Ausführungspläne, Ausführungszeiten etc.).

R
Funktionale Programmiersprache, die vor allem für statistische Analysen und Grafiken ausgelegt ist. Als Entwicklungsumgebung wird üblicherweise RStudio verwendet. Seit 2016 ist die Sprache R auch in den Microsoft SQL Server integriert.

RAM
siehe *Random Access Memory*

Random Access Memory
Flüchtiger Speicher eines Computers; der Zugriff erfolgt deutlich schneller als auf nicht flüchtige Speicher (wie beispielsweise Festplatten), dafür muss eine konstante Stromversorgung gegeben sein.

RC (Release Candidate)
Nahezu finale Version eines Softwareprodukts, bei der nur noch Fehler behoben werden, bevor diese als RTM in Produktion geht.

RDBMS
siehe *Relationales Datenbank-Management-System*

RDL
siehe *Report Definition Language*

Relationales Datenbank-Management-System
Datenbank-Management-System, das auf Tabellen basiert, die mit sogenannten Relationen verknüpft werden können. Fast alle aktuellen Datenbanksysteme arbeiten nach diesem Verfahren.

Replikation
Technologie zur automatisierten Verteilung von Datenänderungen zwischen verschiedenen Datenbankservern.

Report Definition Language
Von Microsoft entwickelte Sprache, um Reportdefinitionen zu speichern (wird inzwischen auch von anderen Anbietern eingesetzt).

RTM (Ready To Manufacturing)
Endgültige Version eines Softwareprodukts, das auch in derselben Form in Produktion geht.

Schema
Dieser Begriff wird in folgenden Bedeutungen verwendet:

- Ein Datenbankschema beschreibt die Struktur der Datenbank (also deren Tabellendefinitionen etc.).

- Ein SQL-Schema bildet eine logische Gruppierung von Datenbankobjekten (Tabellen, Sichten, gespeicherten Prozeduren etc.), um auf dieser Ebene leichter Berechtigungen erteilen zu können.

SEQUEL (Structured English Query Language)
Vorgänger der Sprache SQL, die 1975 von IBM entwickelt wurde.

Service Pack
Größeres Update eines Softwareprodukts, das nicht selten auch wesentliche Erweiterungen des Funktionsumfangs mitbringt. Ein Service Pack beinhaltet normalerweise alle bis dahin erschienenen Updates sowie vorherige Service Packs.

Sharding
Horizontale (zeilenweise) Aufteilung von strukturgleichen Daten auf mehrere Tabellen, die auf getrennten Datenbanken oder gar Servern liegen können.

Shared Memory
Interprozess-Kommunikationsprotokoll, bei dem zwei Prozesse einen gemeinsamen Teil des Hauptspeichers nutzen, wodurch dieses Protokoll nicht zur Kommunikation zwischen verschiedenen Rechnern verwendet werden kann.

SMO
siehe *SQL Server Management Objects*

SQL
siehe *Structured Query Language*

SQL Azure
Microsofts Cloud-basierte Variante von SQL Server.

SQL Azure DataMarket
Virtueller Marktplatz, über den Referenzdaten zu verschiedenen Themen bezogen werden können (teilweise sogar kostenfrei).

SQL Azure DataSync
Synchronisationsdienst auf Basis des Microsoft Sync Framework, mit dem Daten zwischen SQL Azure-Datenbanken synchronisiert werden können.

SQL Azure Reporting
Reporting Services-Komponente, die für SQL Azure eingeführt wurde.

SQL Data Services
Ursprünglich geplante Variante der Cloud-basierten SQL-Variante, inzwischen durch SQL Azure ersetzt.

SQL Operations Studio
Kostenloses Verwaltungstool für SQL Server und Azure SQL-Database, das sowohl unter Windows als auch unter macOS und Linux läuft. Derzeit nur in einer Preview-Version verfügbar.

SQL Server
Dieser Begriff wird in folgenden Bedeutungen verwendet:

- Oberbegriff für relationale Datenbanksysteme, die auf der Sprache SQL basieren.
- Produktname für das relationale SQL-basierte Datenbanksystem der Firma Microsoft (genauer: Microsoft SQL Server).

SQL Server Agent
Komponente von SQL Server, die der Verwaltung und Ausführung von wiederkehrenden Jobs dient.

SQL Server auf Azure Virtal Machines
SQL Server, der auf einer virtuellen Maschine in der Azure Cloud gehostet ist.

SQL Server Analysis Services
Serveranwendung von Microsoft, mit deren Hilfe Daten mehrdimensional modelliert und abgelegt werden können, um darüber effizientere Auswertungen erstellen zu können.

SQL Server Compact
Kompakte Variante von Microsoft SQL Server, die sowohl auf mobilen Geräten (Pocket PCs und Smartphones auf Basis von Windows Mobile) als auch auf vollwertigen PCs einsetzbar ist.

SQL Server Data Quality Services
Mit SQL Server 2012 eingeführte Komponente zum Verbessern der Datenqualität durch wissensbasierte Erkennung und Beseitigung von Doubletten und inkonsistenten Daten.

SQL Server Data Tools
Datenbank-Entwicklungsumgebung auf Basis der Visual Studio IDE, die mittlerweile aber voll in Visual Studio integriert und nicht mehr separat installierbar ist.

SQL Server Enterprise Manager
siehe *Enterprise Manager*

SQL Server Integration Services
Aktuelles ETL-Tool von Microsoft, das seit SQL Server 2005 verfügbar ist.

SQL Server LocalDB
Benutzerinstanz einer SQL-Datenbank, die nur bei Bedarf angelegt und gestartet wird.

SQL Server Management Objects
Sammlung von Objekten, die von Entwicklern genutzt werden können, um SQL Server zu verwalten.

SQL Server Management Studio
Grafische Benutzeroberfläche zum Verwalten von einem oder mehreren SQL Servern.

SQL Server Mobile
Mobile Variante von Microsoft SQL Server, die mittlerweile durch die Compact Edition abgelöst wurde.

SQL Server Operations Studio
siehe *SQL Operations Studio*

SQL Server Reporting Services
Serveranwendung von Microsoft, mit der Berichte auf Basis von verschiedenen Datenquellen erstellt und für Anwender bereitgestellt werden können.

SQLCMD
Kommandozeilentool zum Ausführen von einzelnen SQL-Befehlen oder ganzen SQL-Skripten.

SQLite
Frei verfügbare Programmbibliothek, die ein relationales SQL-basiertes Datenbanksystem implementiert. Für alle gängigen Plattformen verfügbar (Windows, macOS, Linux) sowie in Android, Symbian, iOS und Mozilla Firefox integriert.

SSAS
siehe *SQL Server Analysis Services*

SSCE
SQL Server für Windows CE (wurde später durch SQL Server Mobile und mittlerweile erneut durch die Compact Edition abgelöst).

SSDL
siehe *Storage Schema Definition Language*

SSDT
siehe *SQL Server Data Tools*

SSIS
siehe *SQL Server Integration Services*

SSMO
siehe *SQL Server Management Objects*

SSRS
siehe *SQL Server Reporting Services*

Storage Schema Definition Language
Schemadefinitionssprache, mit der das logische Modell (Datenmodell) für das Entity Framework definiert wird.

StreamInsight
Plattform zur Entwicklung von Tools zur komplexen Ereignisverarbeitung (insbesondere zur Verarbeitung von Massendaten in Echtzeit geeignet).

Structured Query Language
Standardisierte Datenbankabfragesprache, die von den meisten aktuellen Datenbanksystemen verwendet wird.

Sync Framework
Synchronisationsplattform, mit der Daten synchronisiert und offline verfügbar gemacht werden können.

T-SQL
siehe *Transact-SQL*

TCP/IP
siehe *Transmission Control Protocol/ Internet Protocol*

Transact-SQL
Microsofts Variante der Datenbanksprache SQL.

Transaktion
Gruppe von Operationen (z.B. SQL-Befehlen), die immer gemeinsam oder gar nicht ausgeführt werden. Tritt innerhalb einer Transaktion ein Fehler auf, wird automatisch ein Rollback ausgeführt, der alle Änderungen der Transaktion wieder rückgängig macht.

Transmission Control Protocol/ Internet Protocol
Betriebssystemunabhängige Familie von Netzwerkprotokollen, auf der auch das Internet basiert; Identifizierung von Rechnern erfolgt durch IP-Adressen.

Trigger
Variante einer gespeicherten Prozedur, die automatisch beim Auftreten gewisser Ereignisse gestartet wird.

Unicode
Zeichencodierung, die pro Zeichen zwei Bytes belegt, damit aber alle gängigen internationalen Sonderzeichen darstellen kann.

Unified Ressource Locator
Standard, der meist im Internet verwendet wird und beschreibt, wie eine Datei oder ein Server zusammen mit dessen Protokoll, Standort und Verzeichnis angegeben werden kann.

Unique Identifier
siehe *Globally Unique Identifier*

URL
siehe *Unified Ressource Locator*

VIA
siehe *Virtual Interface Architecture*

Virtual Interface Architecture
Von Microsoft, Intel und Compaq entwickeltes Netzwerkprotokoll, das auf geringe Prozessorlast und optimale Netzwerkauslastung ausgelegt ist.

Visual Basic .NET
.NET-Variante der Programmiersprache Basic bzw. Visual Basic.

Visual C#
.NET-Programmiersprache, die auf C++ basiert, allerdings verwalteten Code nutzt. Daher sind mit C# auch keine direkten Speicherzugriffe üblich.

Visual Studio
Entwicklungsoberfläche von Microsoft, die verschiedene Programmiersprachen unterstützt.

Visual Studio Marketplace
Zentrale Anlaufstelle, um Erweiterungen für Visual Studio herunterzuladen und zu installieren.

VSIX-Datei
Dateiformat für die Speicherung von Erweiterungen für Visual Studio oder das Azure Data Studio.

Webservice

Funktionalität, die über das Internet zur Verfügung gestellt wird und über eine fest definierte Schnittstelle nutzbar ist. Der Aufruf eines Webservice erfolgt – sofern die entsprechenden Referenzen hinterlegt sind – analog zu dem einer Prozedur oder Funktion.

Windows Azure

Cloud-Plattform, über die Windows-Anwendungen bereitgestellt bzw. genutzt werden können.

XML

siehe *Extensible Markup Language*

Index

3-Tier-Architektur 369
64-Bit-Version 22

A

Abfrage-Designer 116, 420
Abfrage-Editor 118
Abfragen 116
Abfragespeicher 28, 32
Abonnent 441
ABS 226, 511
ActiveX Data Objects 369, 549
Adaptive Query Processing 29, 31
Ad-hoc-Reports 423
Administrator 51
ADO 369, 549
ADO.NET 369, 549
- Command 370
- Connection 370
- DataAdapter 370
- DataReader 370
- DataRow 370
- DataSet 370
- DataTable 370
- SqlCommand 370
- SqlConnection 370
- SqlDataAdapter 370
- SqlDataReader 370

ADO.NET Entity Framework 378, 549
Aggregatfunktionen 131, 155, 240
- AVG 511
- COUNT 511
- MAX 511
- MIN 511
- SUM 511

alphanumerische Datentypen 87, 507
ALTER DATABASE 265, 308, 311, 499
- SET OFFLINE 308
- SET ONLINE 308
- SET SINGLE_USER 311

ALTER FUNCTION 501
ALTER INDEX 270, 501
- REBUILD 270
- REORGANIZE 270

ALTER PROCEDURE 501
ALTER TABLE 268, 500
ALTER TRIGGER 502
ALTER VIEW 139, 271, 500
AlwaysOn 28, 549
American National Standards Institute 125
Analysis Services 428, 550
Analysis Services Deployment Wizard 18 71
Anmeldungen 278
- sa (Systemadministrator) 278

ANSI 125, 549
ANSI SQL 549
Anweisungsblöcke 207
Apollo 549
APP_NAME 230, 512
APPLY 239
Artikel 441
Assembly 414, 549
Ausfallsicherheit 35
Authentifizierung 51, 277–278, 549
- gemischter Modus 51
- SQL Server-Authentifizierung 51, 278
- Windows-Authentifizierung 51, 278

Authentifizierungsmodus 73
automatische Vergrößerung 79, 93, 256
Autorisierung 278, 549
Availability Groups 549
AVG 131, 511
Azure 550, 556
- georedundanter Sicherungsspeicher 459
- Ressource 459
- Ressourcengruppe 459
- Sicherungsspeicher 459

Azure Data Studio 57, 66, 73, 201, 473, 487, 550
- Language Pack 484

Azure Data Studio Extension
- Admin Pack for SQL Server 484
- Database Administration Tool Extensions for Windows (preview) 484
- SQL Database Projects 484
- SQL Database Projects (preview) 484
- SQL Server Agent 484
- SQL Server Dacpac 484
- SQL Server Import 484
- SQL Server Profiler 484
- SQL Server Schema Compare 484

Azure DataMarket 556
Azure DevOps 402
Azure Purview 32
Azure SQL Database 37
Azure SQL Managed Instance 37, 456, 550
Azure SQL-Datenbank 455, 550
Azure Synapse Link 32
Azure Virtual Machine 455
Azure-Konto 456
Azure-Portal 458, 550

B

BACPAC 464
BACPAC-Dateien 398
BCP 70, 73
BCP (Bulk Copy Program) 313, 329, 550
- Formatdateien 332

BEGIN TRANSACTION 214
BEGIN...END 207
Beispieldatenbank 18, 517
benannte Instanz 48
benutzerdefinierte Funktionen 235
benutzerdefinierte gespeicherte Prozeduren 232
benutzerdefinierte Serverrollen 289
Benutzerinstanzen 53
Benutzerkonten
- Local Service 50
- Local System 50
- lokaler Dienst 50
- lokales System 50
- Network Service 50

Netzwerkdienst 50
Benutzerkontensteuerung 43
Berechtigungen 300
Bereitstellungs-Assistent für Analysis Services 58
Berichtsserverprojekt 429
Berichtsserverprojekt-Assistent 429–430
Besitzer 80
BI Semantic Model 550
BIDS 550
bigint 87, 506
binäre Datentypen 88, 507
binary 88, 507
bit 87, 506
BIT_COUNT 511
Bit-Funktionen
BIT_COUNT 511
GET_BIT 511
LEFT_SHIFT 511
RIGHT_SHIFT 511
SET_BIT 511
Blockierungen 223
Blogs 518–519
BREAK 208
Bulk Copy Program 71, 329, 550
BULK INSERT 313, 328
Formatdateien 332
bulkadmin 289
Business Intelligence 22
Business Intelligence Development Studio 403, 550
Business Layer 369

C

CASE 149, 494
CEILING 511
char 88, 507
CHECK OPTION 142
CHOOSE 151, 512
Cloud Computing 454, 550
CLR 414, 550
CLR-Integration 414
Codeanalyse 412
Columnstore-Index 26–27, 100
Command 370
COMMIT 213
COMMIT TRANSACTION 214
Common Language Runtime 414, 550
Common Table Expression 163, 202, 496
Community Technology Preview 25, 550
Compact Edition 446, 550
COMPUTE 156
CONCAT 228, 510
CONCAT_WS 228, 510
Conceptual Model 378
Conceptual Schema Definition Language 378, 550
Connection 370
Connection String 279
Contained Databases 293, 550
CONTINUE 208
COS 226, 511
COUNT 131, 511
count 363
CREATE DATABASE 263, 312, 498
FOR ATTACH 312
CREATE FUNCTION 501
CREATE INDEX 270, 501
CREATE LOGIN 280, 504
CREATE OR ALTER 263, 271
CREATE OR ALTER FUNCTION 501
CREATE OR ALTER PROCEDURE 501
CREATE OR ALTER TRIGGER 502
CREATE OR ALTER VIEW 140, 272, 500
CREATE PROCEDURE 501
CREATE ROLE 505
CREATE SCHEMA 298, 499
CREATE TABLE 268, 499
CREATE TRIGGER 272, 502
CREATE USER 504
CREATE VIEW 138, 271, 500
Crescent 550
CROSS APPLY 239
CROSS JOIN 133
CRUD 135, 550
Crystal Reports 423
C-S Mapping 378
CSDL 378
CSL 550
CTE *siehe Common Table Expression*
CTP, Community Technology Preview 25, 550
CU, kumulatives Update 26
Cursor 246
cursor 509

D

DACPAC-Datei 390, 398, 418
erzeugen 410
importieren 406
DAC-Paket 390, 393, 551
Data Center 454
Data Control Language 126, 280, 504, 551
Data Definition Language 126, 498, 551
Data Dude 403
Data Frame 362
Data Manipulation Language 126, 135, 496, 551
Data Mining 23
Data Query Language 126, 551
Data Tier Applications *siehe Datenebenenanwendungen*
Data Transformation Services 22, 551
Data Warehouse 551
DataAdapter 370
Database Layer 369
Database Owner 285, 296
DataReader 370
DataRow 370
DataSet 370
DataTable 370
date 88, 508
DATE_BUCKET 225, 510
DATEADD 510
DATEDADD 225
DATEDIFF 225, 510
DATEFROMPARTS 225, 510
Dateigruppen 81
Daten
ändern 90
anzeigen 91
DATENAME 510
Datenbank in Microsoft Azure SQL-Datenbank bereitstellen 464
Datenbankbenutzer 285
Datenbankdateien 80–81, 94, 264
Datenbankdiagramme 112, 262, 420
zum Ändern von Datenstrukturen 115
Datenbankeigenschaften 93
Datenbanken 77, 263, 551
offline schalten 306
online schalten 306
sichern 305, 313

trennen 308
verbinden 308
wiederherstellen 305, 313
Datenbank-Engine-Dienste 46
Datenbank-Management-System 77, 551
Datenbankname 80
Datenbankoptimierungsratgeber 58
Datenbankoptimierungsratgeber 18 71
Datenbankrechte 291
Datenbankrollen 291
db_accessadmin 291
db_backupoperator 291
db_datareader 291
db_datawriter 291
db_ddladmin 291
db_denydatareader 291
db_denydatawriter 291
db_owner 291
db_securityadmin 291
public 291
Datenbankschema 78
Datenbankschicht 369
Datenbanksystem 77
Datenbanktrigger 273
Datenebenenanwendungen 389, 403, 464, 551
aktualisieren 395
bereitstellen 394
exportieren 398
extrahieren 391
importieren 400
Überblick 389, 403
Datengenerierung 420
Datentypen 82, 85, 505
alphanumerische 87, 507
bigint 87, 506
binär 88, 507
binary 88, 507
bit 87, 506
char 88, 507
cursor 509
date 88, 508
datetime 88, 508
datetime2 89, 508
datetimeoffset 89, 508
decimal 87, 506
float 87
geography 89, 509
geometry 89, 509
hierarchyid 89, 509
image 88, 507
int 87, 506
money 87, 506
nchar 88, 507
ntext 88, 507
numeric 506
numerisch 87, 506
nvarchar 88, 507
nvarchar(MAX) 507
nvarchar(max) 88
real 87, 506
rowversion 508
smalldatetime 89, 508
smallint 87, 506
smallmoney 87, 506
sonstige 89, 508
sql_variant 508
table 509
temporale 88
text 88, 507
time 88, 508
timestamp 508
tinyint 87, 506
uniqueidentifier 89, 230, 508
varbinary 88, 507
varbinary(max) 88, 507
varchar 88, 507
varchar(MAX) 507
varchar(max) 88
xml 89, 508
Zeit und Datum 508
Datenvergleich 419
Datenverzeichnisse 52
DATEPART 224, 510
datetime 88, 508
datetime2 89, 508
datetimeoffset 89, 508
DATETRUNC 225, 510
Datumsfunktionen
DATE_BUCKET 510
DATEADD 510
DATEDIFF 510
DATEFROMPARTS 510
DATENAME 510
DATEPART 510
DATETRUNC 510
DAY 510
GETDATE 510
ISDATE 510
MONTH 510
YEAR 510
DAY 224, 510
DB 551
db_accessadmin 291
db_backupoperator 291
db_datareader 291
db_datawriter 291
db_ddladmin 291
db_denydatareader 291
db_denydatawriter 291
DB_NAME 512
db_owner 291
db_securityadmin 291
dbcreator 289
.dbml-Datei 377
DBMS 551
dbo 78, 285, 296
dbschema-Dateien 390
DCL 126, 280, 504, 551
DDL 126, 498, 551
DDL-Trigger 240, 272, 392
EVENTDATA 274
Deadlocks 216
Debuggen 209
decimal 87, 506
DECLARE 203
Defaults 89
Default-Werte 89
DELETE 137, 142, 146, 158, 497
DELETED 243
DELETE-Trigger 241
Denali 24, 551
Denormalisierung 111
DENY 302, 505
Developer Edition 449
Dienstkonten 72
differenzielle Sicherung 314
diskadmin 289
DISTINCT 129
Distributor 441
DLL 551
DML 126, 135, 496, 551
DML-Trigger 240

Docker 30
DQL 126, 551
DQS 551
Drag-and-drop 129
DROP 138
DROP DATABASE 267, 504
DROP DATABASE IF EXISTS 504
DROP FUNCTION 504
DROP FUNCTION IF EXISTS 504
DROP INDEX 271, 504
DROP INDEX IF EXISTS 504
DROP PROCEDURE 504
DROP PROCEDURE IF EXISTS 504
DROP SCHEMA 298, 504
DROP SCHEMA IF EXISTS 504
DROP TABLE 269, 504
DROP TABLE IF EXISTS 504
DROP TRIGGER 504
DROP TRIGGER IF EXISTS 504
DROP VIEW 271, 504
DROP VIEW IF EXISTS 139, 504
DTS 551
DWH 551
Dynamic Data Masking 28
Dynamic Link Library 552
Dynamic SQL 126, 552

E

Edge 337
.edmx-Datei 378, 381
einfaches Wiederherstellungsmodell 313
Embedded SQL 126, 552
Enterprise Manager 23, 65, 552
Entity Framework 372, 378, 552
    .edmx-Datei 378, 381
    Conceptual Model 378
    Conceptual Schema Definition Language 378, 550
    C-S Mapping 378
    CSDL 378
    CSL 550
    konzeptionelles Modell 378
    logisches Modell 378
    Mapping Specification Language 378, 553
    MSL 378, 553
    SSDL 378, 557
    Storage Model 378
    Storage Schema Definition Language 378, 557
    Zuordnungsschicht 378
Entity Framework Designer 378
ETL 552
Evaluationsversion 35
EVENTDATA 274
Exclusive Lock 213
EXEC 221
EXECUTE 221
EXISTS 153, 496
EXP 226, 511
Express Advanced 44
Express Core 44
Extensible Markup Language 186, 552
Extensions 483, 552

F

Fallunterscheidung 206
Featureauswahl 72
Fehler- und Verwendungsberichterstellung 71
Fehlerbehandlung 209
Felddefinitionen 94
Feldnamen, Schreibweise 84
FETCH NEXT 165
File Table 552
FileStream 53, 552
first 363
Flatfile-Import-Assistent 326
float 87, 506
FLOOR 511
FOR JSON 193
FOR XML 187
Foren 518–519
Formatdateien 332
Fremdschlüssel 105
FULL JOIN 133
Funktionen 271
    Aggregatfunktionen 240
    Skalarwertfunktionen 235
    Tabellenwertfunktionen 237
Funktionsauswahl 45

G

gemischter Modus 51
GENERATE_SERIES 169, 512
geography, Datentyp 89, 179, 181, 414, 509
geometry, Datentyp 89, 179, 414, 509
Geschäftslogik 369
gespeicherte Prozeduren 271
GET_BIT 511
GETDATE 224, 510
Globally Unique Identifier 89, 552
GO 139, 202
GRANT 302, 505
GRANT OPTION 302
GRAPH_ID_FROM_EDGE_ID 350
GRAPH_ID_FROM_NODE_ID 348
Graphdatenbank 337, 552
graphenorientierte Datenbank *siehe Graphdatenbank*
Graphentheorie 337
GREATEST 511
GROUP BY 132, 494
gruppierter Index 99
guest 285
GUID 552

H

Hardwarevoraussetzungen 41
Hauptspeicher 552
HAVING 132, 494
Hekaton 24, 552
hierarchische Daten 183
hierarchyid, Datentyp 89, 183, 414, 509
Hochverfügbarkeit 35
HOST_NAME 230, 512
Hotfix 26, 552
HTML 187
Hydra 24

I

Identitätsspezifikation 98, 344
IDENTITY 168, 268, 344
Identity 97
IF 206

IF EXISTS 268–269
IIF 151, 512
IIS 552
image 88, 507
Import/Export-Assistent 69, 73, 323
IN 152, 495
Index 98
  Columnstore 100
  gruppiert 99
  nicht gruppiert 99
  spaltenbasiert 100
Index Scan 99
Index Seek 99
Indizes 270
INFORMATION_SCHEMA.COLUMNS 509
INFORMATION_SCHEMA.ROUTINES 509
INFORMATION_SCHEMA.TABLES 509
INFORMATION_SCHEMA.VIEWS 509
Infrastructure as a Service 455
Inline-SQL 126, 552
In-Memory 26–27, 552
INNER JOIN 133
IN-Operator 130
INSERT 135, 141, 146, 157, 497
INSERT- und UPDATE-Spezifikation 109
INSERTED 243
INSERT-Trigger 241
Installation
  In Place 450
  Side by Side 449
Installationscenter 73
Instanz 48
  benannte Instanz 48
  Konfiguration 47, 72
  Standardinstanz 48
INSTEAD OF-Trigger 245
int 87, 506
Integration Services 428, 550
Intelligent Query Processing 31–32
Intelligent Query Processing NextGen 32
IntelliSense 375, 552
International Organization for Standardization 125
Internet Information Server 552
Internet Protocol 64
IPYNB-Datei 552
ISDATE 510
ISJSON 196
ISNULL 228, 512
ISO 125
Isolated Storage 33

J

Java 353
JavaScript Object Notation 193, 552
JOIN 133, 495
JSON 193, 553
JSON_MODIFY 197
JSON_QUERY 196
JSON_VALUE 196, 348
Juneau 553
Jupyter Notebook 553

K

Kanten 337
Katmai 24
Kilimanjaro 24
KILL 223
Knoten 337
Kompatibilitätsgrad 81
komprimierte Sicherung 314
Konfigurations-Manager 62, 73
  für Reporting Services 65
Konto 50
konzeptionelles Modell 378
kumulatives Update 26, 553

L

Language Integrated Query 553
last 363
Launchpad 50, 357
LEAST 511
LEFT 226, 510
LEFT JOIN 133
LEFT_SHIFT 511
LEN 226, 510
Liberty 24
LIKE-Operator 130
Linked Server 437
LINQ 553
LINQ to ADO.NET 372
LINQ to DataSet 372
LINQ to Entities 372, 553
LINQ to Objects 372
LINQ to SQL 34, 372, 553
  .dbml-Datei 377
LINQ to XML 372
Linux 30
Live Query Statistics 28
Local Service 50
Local System 50
LocalDB 36, 44, 47, 443, 553
LOG 226, 511
logisches Modell 378
lokaler Dienst 50
lokales System 50
LOWER 228, 510
LTRIM 226, 510

M

Machine Learning 553
Machine Learning Services 30, 353
Machine Learning-Dienste 46
Machine Learning-Spracherweiterungen 46
Management Studio 73, 553
Mango 447
Mapping Specification Language 378, 553
Marketplace 484
Massenoperationen 313
massenprotokolliertes
  Wiederherstellungsmodell 313
Master Data Services 28, 30, 553
master.dbo.sp_detach_db 311
MATCH 345, 352, 495
mathematische Funktionen
  ABS 511
  CEILING 511
  COS 511
  EXP 511
  FLOOR 511
  GREATEST 511
  LEAST 511
  LOG 511
  PI 511
  RAND 511

ROUND 511
SIGN 511
SIN 511
SQRT 511
SQUARE 511
TAN 511
MAX 131, 511
max 363
MDS 553
mean 363
Medien 316
Mediensatz 316
MERGE 159, 202, 498
Merge-Replikation 441
Microsoft Data Engine 34, 553
Microsoft Management Console 553
Microsoft Sync Framework 553
MIN 131, 511
min 363
MMC 553
Mobile BI 28
Mobile Edition 446
mobile Geräte 33
money 87, 506
MONTH 224, 510
MSDE 34, 553
MSL 378, 553

N

Named Pipes 64, 553
Namespace 554
nchar 88
.NET 554
.NET Framework 42, 554
.NET Framework Data Provider for SQL Server 464
.NET Framework-Integration 23
.NET-Assembly 414
Network Service 50
Netzwerkdienst 50
Netzwerkkonfiguration 64
Netzwerkprotokolle
Named Pipes 64, 553
Shared Memory 64, 556
TCP/IP 64, 558
VIA 558
NEWID 98, 230, 512
nicht gruppierter Index 99
Node 337
Normalisierung 110, 554
1. Normalform 111
2. Normalform 111
3. Normalform 111
Notebooks 480, 554
Notification Services 23
ntext 88, 507
NULL 89
NULL-Werte 228
numeric 506
numerische Datentypen 87, 506
nvarchar 88, 507
nvarchar(MAX) 507
nvarchar(max) 88

O

O/R-Mapper 369, 372, 554
Object Linking and Embedding Database 554
OBJECT_ID_FROM_NODE_ID 348
OBJECT_NAME 348
Objekt-Explorer 66, 78, 259, 417
OData 554
ODBC 554
offline schalten 306
OFFSET 164, 494
OLAP 554
Cube 554
Tools 22
Würfel 554
OLE DB Provider for SQL Server 464
OLEDB 554
OLTP 554
Online Analytical Processing 554
online schalten 306
Online Transaction Processing 554
Open Data Protocol 554
Open Database Connectivity 554
Oracle 22
ORDER BY 129, 494
OUTER APPLY 239
OUTER JOIN 133
OUTPUT 234

P

Paging 165
Pascal Casing 84, 554
PASS 554
Peer-to-Peer-Replikation 441
PI 226, 511
Platform as a Service 456
Plato 24
Pocket PC 33, 446, 557
PolyBase 28, 49, 554
PolyBase-Abfragedienst für externe Daten 46
PolyBase-Datenverschiebung 49
PolyBase-Engine 49
Power View 554
PowerPivot 555
PowerShell 487, 555
Präsentationsschicht 369
Presentation Layer 369
PRINT 207
print 358
processadmin 289
Professional Association for SQL Server 517, 555
Projektmappen-Explorer 377
Projektmomentaufnahme 413
Protokoll 79–80, 256
Protokolldatei 264
public 289, 291
Publikation 441
Publisher 441
Python 30, 360, 555

Q

Query Analyzer 65
Query Data Store 28
Query Store 32, 555

R

R (Sprache) 28, 30, 34, 358, 555
R Services 30, 353
RAISERROR 209

RAM 555
RAND 511
Random Access Memory 555
räumliche Daten 179
RC, Release Candidate 25, 555
RDBMS 555
RDL, Report Definition Language 435
Ready To Manufacturing 26, 555
real 87, 506
REBUILD 270
Rechte 289
  Datenbankrechte 291
  Serverrechte 289
RECONFIGURE 414
redundante Informationen 111
Refactoring 413
Referenzdaten-Deployment 420
referenzielle Integrität 109
Relationales Datenbank-Management-System 555
Relationen 105
  1:1-Relation 106
  1:n-Relation 106
  m:n-Relation 106
Release Candidate 25, 555
REORGANIZE 270
REPLACE 230, 510
Replikation 46, 440, 555
  Abonnent 441
  Artikel 441
  Client 441
  Distributor 441
  Merge-Replikation 441
  Peer-to-Peer-Replikation 441
  Publikation 441
  Publisher 441
  Replikationsmonitor 442
  Snapshot-Replikation 441
  Subscriber 441
  Transaktionsreplikation 441
  Verleger 441
  Veröffentlichung 441
  Verteiler 441
Replikationsclient 441
Replikationsmonitor 442
Report Builder 423
Report Definition Language 435, 555
Report Manager 424
Report Server 424
Report Server Configuration Manager 71, 424
Report-Designer 424, 428
Reporting Services 22, 34, 46, 423, 428, 550
  Berichtsserverprojekt 429
  Berichtsserverprojekt-Assistent 429–430
  Configuration Manager 424
  Datenquellen 424
  Konfiguration 424
  RDL 435, 555
  Report Definition Language 435, 555
  Report Manager 424
  Report Server 424
  Report-Designer 424, 428
REVOKE 302, 505
RIGHT 226, 510
RIGHT JOIN 133
RIGHT_SHIFT 511
ROLLBACK 213
ROLLBACK TRANSACTION 214
Rollen 289
  Datenbankrollen 291
  Serverrollen 289
Rollenzuordnung 287
ROLLUP 155, 495
ROUND 511
Row Level Security 28
ROWCOUNT 131
rowversion 508
RTM (Ready To Manufacturing) 26, 555
RTRIM 226, 510

S

sa 278
sa, Benutzerkonto 51
Schemas 78, 83, 296, 555
  Berechtigungen 300
  dbo 78, 296
Schemavergleich 418
Schichtentrennung 368
Schreibweisen 18
securityadmin 289
SELECT 129, 140, 146, 149, 207, 493, 551
  GROUP BY 494
  HAVING 494
  OFFSET 494
  ORDER BY 494
  TOP 493
  WHERE 494
SELECT DISTINCT 129
SELECT INTO 135, 313, 497
SELECT TOP 131
SEQUEL 125–126, 556
SEQUENCE 168–169
Sequenzen 166
Server 47
serveradmin 289
Serverdienste 49
  SQL Server Agent 50
  SQL Server Analysis Services 50
  SQL Server Integration Services 50
  SQL Server-Datenbankmodul 49
  SQL Server-PolyBase-Datenverschiebung 49
  SQL Server-PolyBase-Engine 49
Server-Explorer 375, 417
Serverrechte 289
Serverrollen 289
  benutzerdefiniert 289
  bulkadmin 289
  dbcreator 289
  diskadmin 289
  processadmin 289
  public 289
  securityadmin 289
  serveradmin 289
  setupadmin 289
  sysadmin 289
Servertrigger 272
Service Broker 23, 392
Service Pack 26, 556
SET 203
SET ROWCOUNT 131
SET_BIT 511
setupadmin 289
Sharding 36, 556
Shared Lock 213
Shared Memory 64, 556
Shiloh 24
SHORTEST_PATH 346
Sichern von Datenbanken 305, 313
Sicherung
  Automatisierung 323
  differenzielle Sicherung 314

komprimierte Sicherung 314
Medien 316
Mediensatz 316
Sicherungssatz 316
Sicherungsstrategie 321
Transaktionsprotokollsicherung 314
vollständige Sicherung 314
Sicherungssatz 316
Sicherungsstrategie 321
Sichten 118, 138, 146, 271
SIGN 511
SIN 226, 511
Skalarfunktionen *siehe Skalarwertfunktionen*
Skalarwertfunktionen 235
Skriptgenerierung 255
smalldatetime 89, 508
smallint 87, 506
smallmoney 87, 506
Smartphone 33, 446, 557
SMO 556
Snapshot-Replikation 441
Snapshots 413
sofortige Dateiinitialisierung 51
Softwarevoraussetzungen 42
sonstige Datentypen 508
Sortierung 81
sp_addrolemember 505, 512
sp_addsrvrolemember 505, 512
sp_databases 512
sp_execute_external_script 353, 357
sp_rename 512
sp_renamedb 512
sp_sqlexec 512
sp_who 512
sp_who2 512
Spalten 78, 85
spaltenbasierter Index 100
Spatial Reference ID 180–181
Sperren 212
Exclusive Lock 213
Shared Lock 213
Update Lock 213
Sphinx 24
SQL 125, 149, 556
ABS 226
Aggregatfunktionen 240
ALTER DATABASE 265, 308, 311, 499
ALTER FUNCTION 501
ALTER INDEX 270, 501
ALTER PROCEDURE 501
ALTER TABLE 268, 500
ALTER TRIGGER 502
ALTER VIEW 139, 271, 500
Anweisungsblöcke 207
APP_NAME 230
APPLY 239
AVG 131
BEGIN TRANSACTION 214
BEGIN...END 207
benutzerdefinierte Funktionen 235
benutzerdefinierte gespeicherte Prozeduren 232
BREAK 208
BULK INSERT 328
CASE 149, 494
CHECK OPTION 142
CHOOSE 151
COMMIT 213
COMMIT TRANSACTION 214
COMPUTE 156
CONCAT 228
CONCAT_WS 228
CONTINUE 208
COS 226
COUNT 131
CREATE DATABASE 263, 312, 498
CREATE FUNCTION 501
CREATE INDEX 270, 501
CREATE LOGIN 280, 504
CREATE OR ALTER FUNCTION 501
CREATE OR ALTER PROCEDURE 501
CREATE OR ALTER TRIGGER 502
CREATE OR ALTER VIEW 140, 272, 500
CREATE PROCEDURE 501
CREATE ROLE 505
CREATE SCHEMA 298, 499
CREATE TABLE 268, 499
CREATE TRIGGER 272, 502
CREATE USER 504
CREATE VIEW 138, 271, 500
CROSS APPLY 239
CROSS JOIN 133
Cursor 246
Data Control Language 504
Data Definition Language 498
Data Manipulation Language 496
DATE_BUCKET 225
DATEDADD 225
DATEDIFF 225
DATEFROMPARTS 225
DATEPART 224
DATETRUNC 225
DAY 224
DCL 504
DDL 498
DECLARE 203
DELETE 137, 142, 146, 158, 497
DENY 302, 505
DISTINCT 129
DML 496
DROP 138
DROP DATABASE 267, 504
DROP DATABASE IF EXISTS 504
DROP FUNCTION 504
DROP FUNCTION IF EXISTS 504
DROP INDEX 271, 504
DROP INDEX IF EXISTS 504
DROP PROCEDURE 504
DROP PROCEDURE IF EXISTS 504
DROP SCHEMA 298, 504
DROP SCHEMA IF EXISTS 504
DROP TABLE 269, 504
DROP TABLE IF EXISTS 504
DROP TRIGGER 504
DROP TRIGGER IF EXISTS 504
DROP VIEW 271, 504
DROP VIEW IF EXISTS 139, 504
EXEC 221
EXECUTE 221
EXISTS 153, 496
EXP 226
FETCH NEXT 165
FULL JOIN 133
GETDATE 224
GO 139, 202
GRANT 302, 505
GRANT OPTION 302
GROUP BY 132, 494
HAVING 132, 494
HOST_NAME 230
IDENTITY 268
IF 206

IIF 151
IN 152, 495
INNER JOIN 133
IN-Operator 130
INSERT 135, 141, 146, 157, 497
ISNULL 228
JOIN 133, 495
KILL 223
LEFT 226
LEFT JOIN 133
LEN 226
LIKE-Operator 130
LOG 226
LOWER 228
LTRIM 226
MATCH 495
MAX 131
MERGE 159, 202, 498
MIN 131
MONTH 224
NEWID 230
OFFSET 164, 494
ORDER BY 129, 494
OUTER APPLY 239
OUTER JOIN 133
OUTPUT 234
PI 226
PRINT 207
RAISERROR 209
RECONFIGURE 414
REPLACE 230
REVOKE 302, 505
RIGHT 226
RIGHT JOIN 133
ROLLBACK 213
ROLLBACK TRANSACTION 214
ROLLUP 155, 495
ROWCOUNT 131
RTRIM 226
SELECT 129, 140, 146, 149, 207, 493, 551
SELECT DISTINCT 129
SELECT INTO 135, 497
SELECT TOP 131
SET 203
SET ROWCOUNT 131
SIN 226
Skalarwertfunktionen 235
Skripte 201
sp_addrolemember 505
sp_addsrvrolemember 505
STRING_AGG 229
STRING_SPLIT 229
SUBSTRING 226
SUM 131
Systemvariablen 204
Tabellenvariablen 204
Tabellenwertfunktionen 237
THROW 212
TOP 164, 493
TRANSLATE 230
Trigger 240
TRIM 226
TRUNCATE TABLE 137, 497
TRY...CATCH 210
UNION ALL 134
UNION SELECT 134, 150, 495
UPDATE 136, 143, 146, 158, 496
UPPER 228
USE 127
USER_NAME 230
Variablen 203
WHERE 130, 494
WHILE 207
WITH 164
YEAR 224
SQL Azure 37, 454, 556
SQL Azure Database 464
SQL Azure DataMarket 556
SQL Azure DataSync 556
SQL Azure Reporting 556
SQL Data Services 37, 556
SQL Native Client 11.0-Konfiguration 64
SQL Operations Studio 66, 556
SQL Server 47, 556
Compact Edition 446
Developer Edition 449
LocalDB 443
Mobile Edition 446
SQL Server 2016 R Services 353
SQL Server 2017 Machine Learning Services 353
SQL Server 2022 Express mit Advanced Services 42
SQL Server Agent 50, 556
SQL Server Analysis Services 23, 30, 50, 59, 68, 556
SQL Server Business Intelligence Edition 38
SQL Server CE 33
SQL Server CLR-Integration 414
SQL Server Compact 557
SQL Server Compact Edition 33, 38, 446
SQL Server Data Quality Services 557
SQL Server Data Tools 47, 59, 61, 68, 73, 390, 404, 424, 487, 557
SQL Server Data Tools - Business Intelligence 403
SQL Server Data Tools - Development 404
SQL Server Developer Edition 36, 38, 449
SQL Server Enterprise Edition 35, 38
SQL Server Enterprise Manager 557
SQL Server Express 2019 LocalDB 61
SQL Server Express 2022 LocalDB 61
SQL Server Express Edition 34, 38
SQL Server Express mit Advanced Services 34, 423
SQL Server Express mit Tools 34
SQL Server Integration Services 23, 30, 50, 59, 68, 326, 557
SQL Server Launchpad *siehe Launchpad*
SQL Server LocalDB 34, 36, 443, 557
SQL Server Management Objects 557
SQL Server Management Studio 23, 35, 47, 57, 65, 73, 78, 106, 127, 202, 487, 557
Objekt-Explorer 259
Vorlagen-Explorer 261
SQL Server Mobile Edition 33, 446, 557
SQL Server Native Client 11.0 464
SQL Server Operations Studio 557
SQL Server Parallel Data Warehouse Edition 36, 39
SQL Server Profiler 58, 71
SQL Server Reporting Services 23, 30, 55, 59, 68, 423, 557
SQL Server Standard Edition 35, 38
SQL Server Web Edition 35, 38
SQL Server-Authentifizierung 51, 278
SQL Server-Blogs 518–519
SQL Server-Browser 50
SQL Server-Datenbank 59
SQL Server-Datenbankmodul 49
SQL Server-Datenbankprojekte 59
SQL Server-Dienste 63
SQL Server-Editionen
Business Intelligence Edition 38
Compact Edition 33, 38
Developer Edition 36, 38
Enterprise Edition 35, 38

Express Edition 34, 38
Express mit Advanced Services 34
Express mit Tools 34
Parallel Data Warehouse Edition 36, 39
SQL Azure 37
SQL Server 2022 Express mit Advanced Services 42
Standard Edition 35, 38
Web Edition 35, 38
SQL Server-Foren 518–519
SQL Server-Import/Export-Assistent 69, 73, 464
SQL Server-Installationscenter 44, 55, 57, 61, 73
SQL Server-Instanz 48
SQL Server-Konfigurations-Manager 62, 73
SQL Server-Netzwerkkonfiguration 64
SQL Server-Objekt-Explorer 377, 417
SQL Server-Replikation *siehe Replikation*
SQL Server-Tools 61
SQL Server-Verwaltungstools 57
sql_variant 508
SQL:1999 126
SQL:2003 126
SQL:2008 126
SQL:2011 126
SQL:2016 126
SQL/MDA:2019 126
SQL/XML:2006 126
SQL1 126
SQL2 126
SQL3 126
SQL-92 126
SQL95 24
SQLCMD 70, 73, 126, 202, 557
SqlCommand 370
SqlConnection 370
SQL-Cursor 246
SqlDataAdapter 370
SqlDataReader 370
SQLite 448, 557
SqlLocalDB.exe 443
SqlLocalDB-Hilfsprogramm 443
SQL-Skripte 201
SQRT 511
SQUARE 511
SRID 180
SSAS 23, 30, 557
SSAS, SQL Server Analysis Services 428
SSCE 557
SSDL 378, 557
SSDT 557
SSIS 557
SSIS, SQL Server Integration Services 23, 30, 326, 428
SSRS 23, 30, 557
SSRS, SQL Server Reporting Services 428
Standardinstanz 48
Standardwert 89
Startprogramm für SQL-Volltextfilterdaemon 50
statische Codeanalyse 412
Storage Model 378
Storage Schema Definition Language 378, 557
StreamInsight 36, 558
STRING_AGG 229, 510
STRING_SPLIT 229, 510
Structured English Query Language 556
Structured Query Language 125, 558
Subscriber 441
SUBSTRING 226, 510
SUM 131, 511
sum 363
Sybase 21
Sybase Adaptive Server 22
Sync Framework 558
sys.databases 509
sys.sp_databases 221
sys.sp_renamedb 223
sys.sp_sqlexec 223
sys.sp_who 223
sys.sp_who2 223
sysadmin 289
Systemadministrator 51, 278
Systemfunktionen 224, 510
ABS 226
APP_NAME 230, 512
CHOOSE 512
CONCAT 228
CONCAT_WS 228
COS 226
DATE_BUCKET 225
DATEDADD 225
DATEDIFF 225
DATEPART 224
DATETRUNC 225
DAY 224
DB_NAME 512
EXP 226
GENERATE_SERIES 512
GETDATE 224
HOST_NAME 230, 512
IIF 512
ISNULL 228, 512
LEFT 226
LEN 226
LOG 226
LOWER 228
LTRIM 226
MONTH 224
NEWID 230, 512
PI 226
REPLACE 230
RIGHT 226
RTRIM 226
SIN 226
STRING_AGG 229
STRING_SPLIT 229
SUBSTRING 226
TRANSLATE 230
TRIM 226
UPPER 228
USER_NAME 230, 512
YEAR 224
Systemobjekte 509
Systemprozeduren 221, 512
sp_addrolemember 512
sp_addsrvrolemember 512
sp_databases 512
sp_rename 512
sp_renamedb 512
sp_sqlexec 512
sp_who 512
sp_who2 512
sys.sp_databases 221
sys.sp_renamedb 223
sys.sp_sqlexec 223
sys.sp_who 223
sys.sp_who2 223
Systemsichten 509
INFORMATION_SCHEMA.COLUMNS 509
INFORMATION_SCHEMA.ROUTINES 509
INFORMATION_SCHEMA.TABLES 509
INFORMATION_SCHEMA.VIEWS 509
sys.databases 509
Systemvariablen 204, 512
Systemvoraussetzungen 41

T

Tabellen 78, 82, 268
Tabellen-Designer 409
Tabellennamen, Schreibweise 84
Tabellenvariablen 204
Tabellenwertfunktionen 237
table 509
Table Scan 99
TAN 511
TCP/IP 64, 558
Team Foundation Server 402
TempDB 52, 205
temporale Datentypen 88
temporale Tabellen 170
temporäre Tabellen 204
text 88, 507
THROW 212
time 88, 508
timestamp 508
tinyint 87, 506
TOP 164, 493
Transact-SQL 126, 558
Transaktion 558
Transaktionen 81, 159, 213
    BEGIN TRANSACTION 214
    COMMIT TRANSACTION 214
    ROLLBACK TRANSACTION 214
Transaktionslog 80, 312
Transaktionsprotokollsicherung 314
Transaktionsreplikation 441
TRANSLATE 230, 510
Transmission Control Protocol 64
Transmission Control Protocol/Internet Protocol 558
Trennen von Datenbanken 308
Trigger 240, 271, 558
    Datenbanktrigger 273
    DDL-Trigger 240, 272
    DELETED 243
    DELETE-Trigger 241
    DML-Trigger 240
    INSERTED 243
    INSERT-Trigger 241
    INSTEAD OF-Trigger 245
    Servertrigger 272
    UPDATE-Trigger 241
TRIM 226, 510
TRUNCATE TABLE 137, 497
TRY...CATCH 210
T-SQL 126, 558

U

Unicode 87, 558
Unicode-Komprimierung 88
Unified Ressource Locator 558
UNION ALL 134
UNION SELECT 134, 150, 495
Unique Identifier 558
UNIQUEIDENTIFIER 168
uniqueidentifier 89, 98, 230, 508
Unterabfragen 152, 495
UPDATE 136, 143, 146, 158, 496
Update Lock 213
UPDATE-Trigger 241
Upgrade 449
UPPER 228, 510
URL 558
USE 127
USER_NAME 230, 512

V

value 191
varbinary 88, 507
varbinary(max) 88, 507
varchar 88, 507
varchar(MAX) 507
varchar(max) 88
Variablen 203
    Lebensdauer 205
    Systemvariablen 204
    Tabellenvariablen 204
Verbinden von Datenbanken 308
Verbindungsserver 437
Verbindungszeichenfolge 279, 461
Verleger 441
Veröffentlichung 441
Verteiler 441
Views 118, 138
Virtual Interface Architecture 558
Visual Basic .NET 558
Visual C# 558
Visual Studio 68, 201, 367, 390, 487, 558
Visual Studio 2022 59, 61, 428
Visual Studio Community Edition 19, 59, 404
Visual Studio for Database Professionals 403
Visual Studio Marketplace 428, 558
vollständige Sicherung 314
vollständiges Wiederherstellungsmodell 313
Volltextkatalog 392
Volltextsuche 46
Vorlagenbrowser 261
Vorlagen-Explorer 261
VSIX-Datei 558
VSIX-Installer 429

W

Webservice 559
WHERE 130, 494
WHILE 207
Wiederherstellen von Datenbanken 305, 313
Wiederherstellungsmodell 81, 313
    einfach 81, 313
    massenprotokolliert 81, 313
    vollständig 81, 313
Windows Azure 37, 559
Windows Mobile 33, 441, 557
Windows Phone 33, 441, 447
Windows-Authentifizierung 51, 278
Windows-Benutzer 281
Windows-Benutzergruppen 281
WITH 164
World Wide Importers 517

X

XML 559
XML, Datentyp 89, 186, 414, 508
XML-Unterstützung 23

Y

YEAR 224, 510
Yukon 24

Z

Zahlenreihen 169
Zeichenkettenfunktionen
  CONCAT 510
  CONCAT_WS 510
  LEFT 510
  LEN 510
  LOWER 510
  LTRIM 510
  REPLACE 510
  RIGHT 510
  RTRIM 510
  STRING_AGG 510
  STRING_SPLIT 510
  SUBSTRING 510
  TRANSLATE 510
  TRIM 510
  UPPER 510
Zeilen 78
Zeilendaten 79–80, 256
Zeit- und Datumstypen 508
Zuordnungsschicht 378